KB161630

World Book 48

Ильин
КАК ЧЕЛОВЕК СТАЛ ВЕЛИКАНОМ
인간의 역사

미하일 일린/동완 옮김

동서문화사

디자인 : 동서랑 미술팀/표지그림 : Sumer「예배자상」

인간의 역사
차례

제3부 고대편 I

제4부 고대편 Ⅱ

까?

제1부 선사편 I

1 보이지 않는 우리 속에서

아득한 옛날, 사람은 거인과는 아주 다른 난장이였으며, 자연의 지배자가 아니라 자연에 순종하는 노예였다. 숲에 사는 동물이나 하늘을 나는 새와 같이 사람도 또한 자연 앞에서는 무력하였고 그다지 자유롭지도 못했다.

'자유로운 새'에 대해서

'새처럼 자유롭다'란 말이 있다.

하지만 새는 정말 자유로운 것일까?

새에게는 날개가 있다. 이 날개를 타고 숲을 넘어, 바다를 건너, 산을 넘고, 아무 데나 가고 싶은 곳으로 갈 수가 있다. 사람들은 가을에 따뜻한 남쪽 나라로 날아가는 두루미를 보고 부러워한다. 맑게 개인 하늘 높이 두루미 떼가 V자를 그리며 날아가면 사람들은 하늘을 올려다보며 생각한다.

'저것 좀 봐. 새는 아무 데고 마음 내키는 대로 날아가지 않는가!'

정말로 그럴까? 여행을 좋아해서 새들은 마음대로 날아가는 것일까? 그렇지는 않다. 새들이 날아가는 까닭은 기분이 내켜서가 아니라 필요한 일이기 때문이다. 수천 년 동안 새들은 생명을 지키기 위해 온 힘을 다해 철새의 이동을 하는 것이다.

새가 그렇게 쉽게 아무 데나 마음대로 옮겨가는 것이라면, 어떤 종류의 새도 벌써 오래 전에 세계 여러 곳에 널리 퍼져 살고 있어야 할 것이다.

만약 그렇다면 소나무 숲속에서도 자작나무 숲속에서도, 우리들은 녹색과 붉은 색 날개를 단 앵무새를 보게 될 것이다. 숲을 빠져나가면 머리 위에서, 귀에 익은 종달새의 노래를 들을 것이다. 그런데 그런 일은 일어나지도 않고, 또 일어날 수도 없다.

왜냐하면 새들은 우리가 보는 것처럼 그렇게 자유롭지 못하기 때문이다. 어떤 새든지 이 땅에서 저마다 결정된 거처가 있다. 숲에 사는 것도 있고,

들에 사는 것도 있고, 또 바닷가에 사는 것도 있다.

독수리의 날개는 굉장히 세다! 그래도 자신의 거처를 정하는 데는 마치 지도에 선이라도 그은 것처럼 분명하여 남의 영역으로는 들어가지 않는다. 흰죽지참수리는 거대한 집을, 숲이 없는 평야에서는 만들려고 하지 않는다. 반면 평야의 독수리는 숲속에는 집을 세우려고 하지 않는다.

숲과 평야는, 뭔가 눈에 보이지 않는 벽으로 분리되어 있는 것 같다. 어떤 짐승도, 어떤 새도, 이 벽을 넘을 수는 없는 것처럼 보인다.

산꿩이나 다람쥐 같은 숲의 주민을 평야에서는 볼 수 없다. 또 들기러기·들토끼 같은 평야의 주민을 숲에서는 찾아볼 수 없다.

게다가 어느 숲이나 어느 평야나 그 안은 또, 눈에 보이지 않는 벽으로 따로따로의 작은 세계로 구분되어 있다.

숲속의 산책

숲속을 헤매어 다닌다면, 여러분은 눈에 보이지 않는 벽을 계속 통과하고 있는 셈이다. 만일 나무에 올라간다면, 여러분은 눈에 보이지 않는 천장을 머리로 뚫어 부수고 있는 셈이다. 여러분의 눈에는 보이지 않지만 숲 전체가 커다란 건물처럼 층과 방으로 나뉘어 있다.

숲속을 산책해 보면, 숲의 모양이 바뀌어 감을 깨달을 것이다. 전나무 숲 다음에 소나무 숲이 있다. 소나무에도 키 큰 것이 있는가 하면 작은 것이 있다. 발밑에 녹색 이끼가 낀 습기 찬 곳이 있는가 하면, 키가 큰 풀이 나 있는 데가 있고, 또 흰 이끼로 덮여 있는 곳도 있다.

이 숲도, 별장에라도 와 있는 한가로운 사람에게는, 단순한 숲에 지나지 않는다. 그러나 삼림 학자에게 물어보자. 그러면 이것은 하나의 숲이 아니고 네 개의 숲이라고 가르쳐 줄 것이다. 습기 찬 낮은 곳에는 새털이불처럼 부드럽고 두툼한 이끼에 덮인 전나무 숲이 있다. 그 앞의 모래땅 비탈에는, 푸른 이끼로 덮인 소나무 숲이 있고, 여기에는 월귤나무가 많다. 좀더 높은 모래 땅 언덕에는 흰 이끼로 덮인 소나무 숲이 있고, 그리고 소택지(늪과 못이 많은 땅)에 가까와짐에 따라 키가 작은 소나무와 지의류(地衣類)의 숲이 시작되고 있다.

어느덧 여러분은 네 개의 숲을 구분하고 있는 세 개의 벽을 통과한 셈이다.

만일 숲속의 아파트에 살고 있는 생물에 이름표가 붙어 있다면, 아마도 나무들에 붙은 이런 이름표가 눈에 띌 것이다. 전나무 숲 앞에는 '전나무 집에 사는 잣새' '검은 방울새' '티티새' '세가락딱따구리'……

활엽수 앞에 가면, 여러분은 먼저와 아주 다른 '이름'을 읽게 될 것이다. 그곳에서 볼 수 있는 것은, 초록색딱따구리·금시작·박새·딱새·꾀꼬리·검은머리휘파람새·검은개똥지빠귀 등이다.

숲은 몇 개의 층으로 나뉘어져 있다.

소나무 숲은 이층 때로는 삼층으로 되어 있다. 일층에는 이끼와 풀, 이층에는 관목, 맨 위가 소나무로 되어 있다.

떡갈나무 숲은 당당한 7층 건물이다. 맨 위층이 떡갈나무·물푸레나무·보리수·단풍나무들로서 그 우듬지는 하늘로 뻗쳐 있다. 나뭇잎이 무성한 꼭대기는 여름에는 녹색, 가을에는 갖가지 색깔로 숲의 지붕을 이룬다. 그 밑으로 떡갈나무의 허리께에 이르기까지는, 마가목·야생능금·배나무 등이 수관을 뻗고 있다.

그 밑에는 호두·산사나무·참빗살나무 등의 관목이 가지와 잎을 얽히고 있다. 관목 밑에는 화초가 나 있다. 그러나 이 화초도 다시 몇 개의 층으로 나뉘어져 있다. 가장 키가 큰 것은 초롱꽃이다. 그 밑의 고사리 사이에는 은방울꽃과 비비추가 피어 있다. 그리고 그 밑에는 제비꽃과 나무딸기가 있다. 맨 밑의 지면에는 푹신한 이끼가 온통 퍼져 있다.

그리고 또 지하실(땅 속)이 있다. 숲의 풀과 나무들의 뿌리가 그 안에 들어가 있다.

활엽수의 숲에도, 침엽수의 숲에도, 저마다의 주민이 있다. 나무의 높은 곳에는 매가 살고 있다. 조금 아래로 내려간 나무 구멍 속에는 딱따구리가 살고 있으며, 관목 속에는 꾀꼬리가 집을 만들고 있다. 지면에서 어슬렁거리고 있는 것은 일층의 주민인 도요새다. 지하실에는 들쥐가 자기의 통로를 파서 집을 만들고 있다.

이 굉장히 큰 건물 안에 있는 방들은 저마다 다른 특색을 갖고 있다. 위쪽은 밝고 건조하며, 아래쪽은 어둡고 습기차다. 건물 안에는 여름에만 살 수 있는 추운 방도 있고, 일년 내내 살 수 있는 따뜻한 방도 있다.

땅 속에 판 굴——이곳은 따뜻하다——은, 땅 위 온도가 영하 18도나 되는 대단한 추위에도, 깊이 1미터50센티미터쯤 되는 굴 속의 온도는 영상 8도 정도이다.

나무 줄기 속의 빈 구멍 안은 굉장히 춥다. 겨울에 빈 구멍 안에 있으면 얼어 죽을지도 모른다. 그 대신, 여름에는 냉장고 같다. 특히 올빼미라든가 박쥐처럼 밤에는 '밤일' 때문에 집을 비우고, 낮에는 햇빛이 비치지 않는 어두운 곳에서 쉬는 동물들에게는, 그곳은 썩 좋은 장소이다.

사람들은 흔히 살던 집을 바꾸거나, 아파트의 경우 어떤 층에서 다른 층으로 옮기기도 한다. 그런데 어느 층에 사는 숲의 주민이 다른 층으로 옮긴다는 것은 매우 어려운 일이다.

도요새는 자기의 습기차고 어두운 방에서, 건조하고 양지바른 위층 방으로는 옮기지 않는다. 한편, 지붕방에 살고 있는 매가 나무 밑 땅 위에 집을 짓는 일은 없다.

숲의 포로들

다람쥐가 집을 바꾸고 싶어졌다고 생각해 보자. 다람쥐는 숲에 살며, 긴꼬리토끼는 초원 또는 들에 살고 있다.

다람쥐의 집은 나무의 높은 곳, 빈 구멍 안이나 가지들 사이에 있다. 한편 긴꼬리토끼는, 땅 밑이나 구멍에 살고 있다.

다람쥐와 바꾼 새 집으로 이사를 가자면, 긴꼬리토끼는 나무에 기어올라가야만 한다. 그러나 토끼의 발은 나무를 타기에는 알맞지 않으므로 올라갈 수가 없다.

다람쥐도 마찬가지로 땅 밑에 살 수는 없을 것이다. 여러 가지 삶의 방식과 습관이 다람쥐를 나무에 살도록 하고 있다. 그 꼬리와 발을 보기만 해도, 다람쥐가 사는 장소는 곧 짐작이 간다.

다람쥐의 발은, 나뭇가지를 잡고 호두나 솔방울을 따는 데 편리하게 되어 있다. 꼬리는 마치 낙하산과 같다. 가지에서 가지로 날아 옮길 때, 그것은 다람쥐의 몸을 공중에서 떠받친다. 담비에게 쫓겨 아슬아슬한 곡예를 해야 할 때, 그것은 다람쥐의 몸을 안전하게 해준다.

초원의 주민인 긴꼬리토끼의 꼬리와 발은 다람쥐와는 전혀 다르다. 초원을 죽 훑어보면, 몸을 숨길 덤불도 기어올라갈 나무도 없다. 적에게 들키면 땅속으로 파고들어 모습을 숨길 수밖에 없다. 그래서 토끼는 그렇게 한다. 올빼미라든가 수리부엉이가 눈에 띄면, 토끼는 제 집으로 달려가 땅 밑 구멍으로 기어든다. 따라서 발도 이에 편리하도록 생겨 있다. 긴 뒷다리로 땅을 차서 뛰어오르며 짧은 앞발로는 흙을 판다. 구멍 속에 기어들어가면 이제 적에게 잡힐 걱정은 없다. 게다가 구멍 속은 여름에도 그렇게 덥지 않으며 겨울에도 그렇게 춥지 않다.

그러면 꼬리가 하는 일은 무엇일까? 긴꼬리토끼의 꼬리는 발의 믿음직한 조수 구실을 한다. 뒷다리로 앉아서 주위를 바라보고 있을 때 꼬리는 마치 또 하나의 발처럼 토끼를 받쳐 주는 기둥이 된다. 그리고 뛸 때에는 핸들처럼 뛰는 방향을 결정한다. 꼬리가 없다면 긴꼬리토끼는 공중에서 뒤집혀져, 땅 위에 내동댕이쳐질 것이다.

긴꼬리토끼와 다람쥐가 집을 바꾸고 싶을 때에는 숲과 초원을 바꾸고, 나무의 빈 구멍과 땅 속의 구멍을 바꾸고, 동시에 그들의 꼬리와 발도 바꿔야만 한다.

그 밖의 숲과 들판의 주민을 이같이 조사해 나가면, 누구나 다 쉽게 끊어버릴 수 없는, 눈에 보이지 않는 사슬로 세계의 저마다에 매여져 있음을 알게 될 것이다.

예를 들면, 도요새는 가장 좋아하는 먹이가 지하 구멍에 있으므로 숲 건물의 일층에 살고 있다. 그의 긴 부리는 땅 속의 벌레를 잡아먹는 데 적합하다. 나무 위에서는 아무 쓸모가 없다. 그렇기 때문에 여러분은 나무 위쪽에서는 도요새를 볼 수 없다.

반면 세가락딱따구리나 오색딱따구리가 땅 위에 있는 것은 좀처럼 볼 수 없는 일이다. 딱따구리는 아침부터 밤까지 전나무나 자작나무 줄기에 달라붙어 있다.

딱따구리는 무엇 때문에 나무줄기를 쪼며, 나무껍질 위나 밑에서 무엇을 찾는 것일까?

전나무 껍질을 벗겨 보면, 꼬불꼬불한 통로가 나 있다. 이것은 전나무에 기생하고 있는 나무껍질벌레가 쏜 자국이다. 어느 통로에나 그 막다른 곳에는 침상(애벌레구멍)이 있고, 이 침상에서 나무껍질벌레의 애벌레가 번데기

참다람쥐

오색딱따구리

가 되고, 그 다음에 자란벌레가 된다. 자란벌레는 전나무를 먹이로 하고, 딱다구리는 자란벌레를 먹이로 한다. 딱따구리는 튼튼한 부리를 가지고 있다. 나무껍질을 쪼는 것쯤은 아무것도 아니다. 또 혀가 길고 자유자재로 움직이기 때문에, 통로 안의 애벌레를 긁어내어 잡을 수도 있다.

사슬은 이런 순으로 되어 있다. 전나무——전나무의 나무껍질벌레——딱따구리.

그러나 이 사슬은 딱따구리를 나무와 숲에 연결하고 있는 사슬의 하나에 지나지 않는다.

딱따구리가 나무에서 찾아 내는 식량은 나무껍질벌레만이 아니다. 그 밖의 여러 가지 벌레나 애벌레가 있다. 겨울이 되면 딱따구리는 솔방울을 나무줄기와 가지 사이에 끼고, 교묘하게 안의 열매를 쪼아 낸다. 집을 만들기 위해서 나무줄기에 빈 구멍을 판다. 탄력 있는 꼬리와 날카로운 발톱이 달린 끈적끈적한 발가락은 나무를 타는 데 알맞다. 이런 점으로 볼 때, 딱따구리는 나무에서 떨어져서는 살 수가 없는 것이다.

결국, 딱따구리도 다람쥐도 숲의 주민이라기보다는 숲의 포로인 셈이다.

육지에 올라간 물고기

숲이라는 작은 세계——그것은 이 세계를 구성하고 있는 수많은 작은 세계 가운데 하나일 뿐이다.

지구 위에는 숲과 초원뿐 아니라, 산도 있고 툰드라라는 얼어 붙은 땅이 펼쳐진 곳도 있으며, 바다도 있고, 호수도 있다.

산에도 보이지 않는 벽이 있어서, 하나의 산이라는 작은 세계를 이웃에 있는 또 다른 산의 작은 세계로부터 구분하고 있다.

바다도 눈에 보이지 않는 천장으로, 많은 바닷속의 층으로 나뉘어 있다.

파도가 밀려오는 해안 가까이의 바위에는 수많은 조개가 들러붙어 있다. 아무리 심한 폭풍우가 덮쳐도 그들은 저마다의 곳에서 버티며 끄떡도 하지 않는다.

햇빛이 비치는 조금 깊은 곳에서는 갈색이나 녹색의 해초 사이를 가지각색의 물고기가 헤엄치고, 투명한 해파리가 어슬렁거리고, 불가사리가 느릿느릿 바닥을 기고 있다. 바위에는 기분 나쁜 생물이 마치 식물처럼 꼼짝도 않은 채 고개를 쳐들고 있다. 이 생물은 자기 쪽에서 먹이를 찾으러 가지는 않는다. 먹이 쪽에서 입 속으로 날아드는 것이다. 입을 두 개 가진 병처럼 생긴 멍게는 물과 함께 먹이를 빨아들인다. 말미잘은 꽃잎 같은 촉각으로 곁을 지나는 작은 물고기를 잡는다.

훨씬 깊은 층에는 전혀 다른 세계가 있다. 그곳은 언제나 깜깜하며 절대로 낮이 찾아오는 법이 없다. 밤뿐이며 빛이 없기 때문에 빛을 필요로 하는 해초류도 없다. 바다 밑바닥은 동물이나 식물의 시체가 위에서 떨어져 오는 아주 깜깜한 묘지이다.

미끈미끈한 진흙 위를 긴 촉각이 달린 다리가 열 개 있는 생물이 기어다닌다. 어둠 속을 물고기들이 커다란 입을 벌리고 헤엄쳐 간다. 눈이 하나도 없는 물고기가 있는가 하면, 망원경처럼 눈 한 쌍이 튀어나온 물고기도 있다. 몸에 발광체를 띤 물고기도 있다. 이것은 마치 화려하게 전등을 켠 작은 기선처럼 지나간다. 또 머리에 등대를 단 물고기도 있다. 높은 기둥 위에서 등이 빛나고 있다.

이 불가사의한 세계는 우리들이 살고 있는 세계와는 전혀 닮은 데가 없다.

해안선이라는 단 하나의 선으로 구분되어 있을 뿐, 얕은 해안지대와도 또 육지와도 조금도 비슷한 구석이 없다.

한 세계의 주민이, 다른 세계로 옮겨와서 살 수가 있을까? 물고기가 바다에서 올라와, 육지의 주민이 될 수 있을까?

그런 일은 있을 수 없다고 여러분은 말할지도 모른다. 왜냐하면 물고기는 물속의 생활에 적응해 있기 때문이다. 뭍으로 올라가려면 물고기는 아가미가 아닌 폐를, 지느러미가 아닌 발을 갖추어야만 한다. 물고기 처지를 그만두지 않는 한 물고기는 바다를 떠나 육지를 택할 수는 없을 것이다.

그러나 물고기가 물고기 처지를 면하는 일이 있을 수 있을까?

한번 생물학자에게 물어보자. 그러면 생물학자는 여러분에게 이렇게 대답할 것이다. 아득한 옛날에 어떤 종류의 물고기는 확실히 뭍으로 올라와 물고기 처지를 면했다. 다만 물에서 뭍으로 이사하는 데는 1년도 2년도 아닌 수백만 년이 걸렸다고 말이다.

오스트레일리아의 바싹 마른 강에는 지금도 폐어(肺魚)라는 물고기가 살고 있다. 이 물고기에는 허파를 많이 닮은 부레가 달려 있다. 물이 말라붙게 되면, 강은 더러운 물구덩이를 점점이 이어붙인 것처럼 바뀌고, 물고기는 모두 죽어서 그 썩은 시체가 물을 더욱 오염시킨다. 그러나 폐어만은 그런 일에는 아랑곳없이 여전히 살아 있다. 그 이유는 아가미 이외에 허파가 있기 때문이다. 깨끗한 공기를 마시고 싶으면 폐어는 물속에서 머리를 내밀기만 하면 된다.

아프리카와 남아메리카에는 물이 없어도 조금도 겁을 내지 않는 물고기가 있다. 그들은 물이 없어지면 진흙 속에 기어들어 허파로 숨쉬면서 비가 올 때까지 가만히 기다리고 있다.

즉, 물고기에 허파가 생기게 됐다는 말이 된다. 그럼 발은 어떤가? 이것도 실제로 있었던 예가 있다. 열대의 나라에는 나는 물고기가 산다. 이 물고기는 물가에서 날아갈 뿐만 아니라 나무에도 올라간다. 가슴의 지느러미가 발의 구실을 하는 것이다.

이런 기묘한 생물은 물고기가 뭍에 올라오는 일도 있다는 사실의 산 증거가 된다. 하지만 그들이 정말로 물에서 뭍으로 올라갔다는 것을 어떻게 알 수 있을까?

죽은 동물의 뼈가 그것을 설명하고 있다. 고대의 지층 속에서 물고기를 아주 많이 닮기는 했지만, 이제 물고기가 아니고 개구리 또는 도룡뇽에 가까운 양서류가 된 동물의 뼈가 발견되었다. 이 동물은 스테고케팔리라는 견두류(堅頭類)인데 지느러미는 없고, 그 대신 발가락이 다섯 개 있는 진짜 발이 있다. 굉장히 느릿느릿하기는 하지만, 스테고케팔리는 물에서 기어올라가 그럭저럭 뭍에서 걸을 수 있었다.

그럼 지금 흔히 볼 수 있는 개구리는 어떤가? 개구리는 어린 올챙이 무렵에는 물고기와 거의 다를 바가 없다. 이것은 우리들을 하나의 결론으로 이끈다. 즉, 아득한 먼 옛날 어떤 종류의 물고기가 바다와 뭍을 나누고 있는 경계를 넘었다는 말이 된다. 그러나 이때 이들 물고기는 다른 종류의 생물로 변화됐다. 어류에서 양서류가 파생되었던 것이다. 또 양서류에서 파충류가 나왔다. 그리고 파충류에서 짐승과 새가 나왔다. 이리하여 이들 중에는 바다로 되돌아갈 것을 잊은 무리도 발생했던 것이다.

말없는 증인

고대 동물의 뼈는 무언의 증인이다. 그것은 몇백만 년 동안에 변화를 거치지 않은 생물은 없었다는 것을 우리에게 이야기하고 있다.

무엇이 생물을 변화시킨 것일까?

찰스 다윈(1809~1882년)이 종의 기원에 관한 학설을 세울 때까지 이것은 수수께끼였다. 러시아에서는 코발레프스키(1842~1883년)·티미랴제프(1843~1920년) 등의 학자들이 다윈의 연구를 이어받았다. 이런 학자들의 끊임없는 연구와 노력에 의해서, 우리는 선조들이 대답할 수 없었던 것을 이해할 수 있게 된 것이다.

어떤 생물도 세계 속의 저마다의 곳, 즉 자기가 살고 있는 환경에 적응하고 있다. 지상에서는 모든 것이 변화하고 있다. 더운 기후는 추워지고, 평야였던 곳에 산이 생기고, 바다가 뭍으로 바뀌고, 침엽수림이었던 곳이 활엽수림으로 바뀌었다.

이와 같이 환경, 즉 주위의 상황이 바뀌어 갈 때, 생물에는 어떤 변화가 생기는 것인가? 생물도 또한 다른 것으로 변하는 것이다.

다른 것이 된다고 해서 그들 자신의 힘으로 그렇게 되는 것은 아니다. 코끼리가 초식을 그만두고 육식으로 옮길 수는 없으며, 곰이 '더워서 견딜 수가 없다'며 입고 있는 털 외투를 벗을 수는 없다.

생물이 변하는 것은 자신의 생각에 따라 되는 것이 아니다. 그들이 달라지는 까닭은 음식이 새로워지고 사는 곳이 새로워지기 때문이다. 이러한 변화는 생물에 있어서 반드시 형편이 좋아지고 유리하게 된다고는 말할 수 없다.

새롭고 익숙치 못한 조건 가운데서, 자신에게 필요한 것 또 선조들이 얻을 수 있었던 물건을 얻지 못하여 차츰 쇠퇴하여 가는 동물이나 식물도 있다.

그들은 굶주리고, 얼어 죽든가, 아니면 익숙치 못한 더위나 추위에 괴로움을 받기도 한다. 또 손쉽게 적의 먹이가 되어 버리기도 한다. 새로이 생겨난 어린것은 더욱 환경에 적응하지 못하여 생활할 수 없게 자라난다. 따라서 이런 동물이나 식물은 변화에 견디지 못하고 차츰 멸망해 간다.

그러나 또 다른 경우도 있다. 변화가 해가 아니라 이익이 되는 생물도 있다. 이런 이익이 되는 변화는 조건만 갖춘다면 자손에게 전해져서(유전), 쌓이고 쌓여 차츰 그 자손은 강하고 튼튼한 것으로 바뀌어간다.

이렇게 되면, 자손에게서는 이제 조상들의 모습을 찾아볼 수 없게 된다. 태어났을 때부터 다른 것이 되고, 조상들이 적응할 수 없었던 환경과도 이제는 어우러진다. 그들은 생활의 새로운 조건에 적응한다. 마치 선발 시험 같은 일이 일어나는 것이다. 합격하지 못하는 것은 없어지고 합격한 것은 살아남는다. 이것을 자연 선택이라고 한다.

티미랴제프는 이런 예를 들고 있다. 배나무를 산에 옮겼다. 평지에서는 죽죽 줄기가 뻗고, 가지와 잎이 무성했었다. 그러나 산에서는 땅딸막한 식물로 바뀌었고, 가지들은 땅에 찰싹 달라붙었다(변이).

배나무가 다른 조건 안으로 들어갔기 때문에 이러한 변화가 생겼던 것이다. 산에서는 기후도 흙도 아래쪽과는 다르기 때문이다. 그러나 이 변화는 배나무에게는 유익한 변화였다. 땅딸막하게 되었기 때문에, 눈 밑에 숨어서 심한 추위나 차가운 바람을 피하기가 쉬워졌다.

지구의 역사 가운데에는, 생활 조건의 변화가 생물의 본성까지도 바꾸어 버린 예를 많이 찾아볼 수가 있다.

한 예로 물고기가 양서류로 바뀐 것을 들 수 있다.

이 일은 물이 얕아진다거나 말라붙는다거나 하는 바다나 호수에서 생겨났다.

물이 마른 곳에서 생활에 적응하지 못한 물고기는 차츰 줄어들고 없어져 갔다. 다만 물이 없어도 그럭저럭 살아나갈 수 있었던 물고기만이 살아남았다. 가뭄 때가 되면 그들은 진흙 속으로 기어들든가, 지느러미를 손발처럼 움직여서 근처에 있는 물구덩이까지 기어갔다.

그러던 중 뭍에서의 생활을 할 수 있도록 몸의 여기저기가 조금씩 바뀌어 갔다. 부레는 차츰 허파로 바뀌고 한 쌍의 지느러미는 발로 발달했다.

이리하여 유전·변이 그리고 선택이, 물에서 살던 생물을 뭍에서 살 수 있도록 만들어 갔던 것이다.

변이가 있기 때문에 새로운 생존 조건은 지느러미·부레, 물고기의 몸 전체를 바꾸었다.

선택은 유익한 변화만을 받아들이고, 해로운 변화를 버렸다.

유전은 이 유익한 변화를 자손에게 전하고 축적하여 강한 것으로 만들어 갔다.

코발레프스키가 연구한 말의 역사는 무척 흥미롭다.

말이 처음에는 아주 작은 동물이었다는 사실은 지금으로서는 믿기 어렵다. 그것은 쓰러진 나무 밑을 잽싸게 빠져나가, 솜씨 있게 밀림 속을 달려갔던 작은 동물이었다. 이 동물에는 지금의 말과 같은 발굽이 아니고, 다섯 개의 발가락에 보통의 발톱이 나 있었다. 숲의 울퉁불퉁한 땅을 밟는 데는 이 발톱이 편리했다.

그러던 중 나무는 시들어 죽고, 숲은 나무가 드문드문 하게 되었다. 숲에 살았던 말의 선조는, 이따금 넓은 빈터로 나가야만 했다. 이런 평지에서는 위험이 닥쳐도 숨을 곳이 없다. 쏜살같이 달리는 수밖에 없는 것이다. 지금까지의 숨바꼭질놀이는 술래잡기놀이로 바뀌었다. 이 놀이는 숲에 있던 대부분의 짐승들에게 좋지 않은 결과를 가져왔다. 빠르고 긴 발이 없다면, 적을 피해서 몸을 안전하게 보호할 수 없기 때문이다.

여기서도 선택이 행해졌다. 빨리 달릴 수 있는 자만이 살아남았으며, 빨리 달릴 수 없었던 자는 버림을 받았다.

생활이 이렇게 바뀌게 되자 말의 선조는, 발가락과 발톱은 아무리 여러 개라도 빨리 달리는 데에는 도움이 되지 않는다는 것을 깨달았다. 발가락은 하나만 있어도 되지만, 그 대신 튼튼하고 강해야만 했다. 그래서 먼저 발가락이 셋 있는 말이 나타나고, 얼마 있다가 발가락이 하나 있는 말이 나타났다.

말의 변화

지금 우리들이 보는 말은 모두 한 개의 튼튼한 발굽이 달린 발을 갖고 있다.

들판으로 나오자 발만이 아니고 말의 모양까지 완전히 바뀌었다. 예를 들면 목이 그렇다. 다리가 길어졌는데, 목은 그냥 짧은 채로 있다면 발밑의 풀에 닿을 수 없을 것이다. 이래서는 살아 나갈 수가 없다. 따라서 긴 다리에는 긴 목, 짧은 다리에는 짧은 목으로, 짝을 맞춰야 했다.

그러면 이빨은 어떤가? 이빨 또한 바뀌었다. 들판에서는 말은 거칠고, 단단한 음식을 먹을 수밖에 없었고, 따라서 이것을 비벼서 끊을 수 있는 이빨이 필요하게 되었다. 그래서 이빨도 또 바뀌었다. 오늘날의 말은 맷돌과 같이, 단단한 풀만이 아니고, 짚까지도 비벼서 잘라 낼 수 있는 강판식 이빨을 갖고 있다.

다리·목·이빨의 선택과 변이라는 이 커다란 일이 이루어지는 데는 몹시 오랜 세월——거의 5천만 년쯤 걸렸다. 그러기까지는 얼마나 많은 변화를 거쳤을까? 바다와 육지 사이의 벽도, 숲과 평야 사이의 벽도, 영원한 벽은 아니다. 바다는 말라붙기도 하고 육지를 채우기도 한다. 평야가 사막이 되는 일도 있다. 바다의 주민은 때로는 물가로 기어오르고, 숲의 주민은 때로는 평야의 주민이 되기도 한다. 그러나 주위의 자연에 매여 있는 사슬을 끊고 자기의 작은 세계 밖으로 나간다는 것은, 동물로서는 여간 어려운 일이 아니다. 게다가 동물은 사슬을 끊은 다음에도 자유롭게 되지는 않는다.

그것은 결국 눈에 보이지 않는 하나의 우리를 나와서, 다시 다른 우리로 들어가는 것뿐이다. 숲에서 평야로 나간 말은 숲의 동물 처지를 면하고, 그 대신 평야의 동물이 되었다. 뭍으로 올라간 물고기는, 변이를 통해 바다로 돌아가는 길을 자신이 끊어버렸다. 바다로 되돌아가려면 다시 한 번 변화해야만 한다. 뭍의 동물이 바다로 들어갈 경우에도 마찬가지다. 다리는 지느러

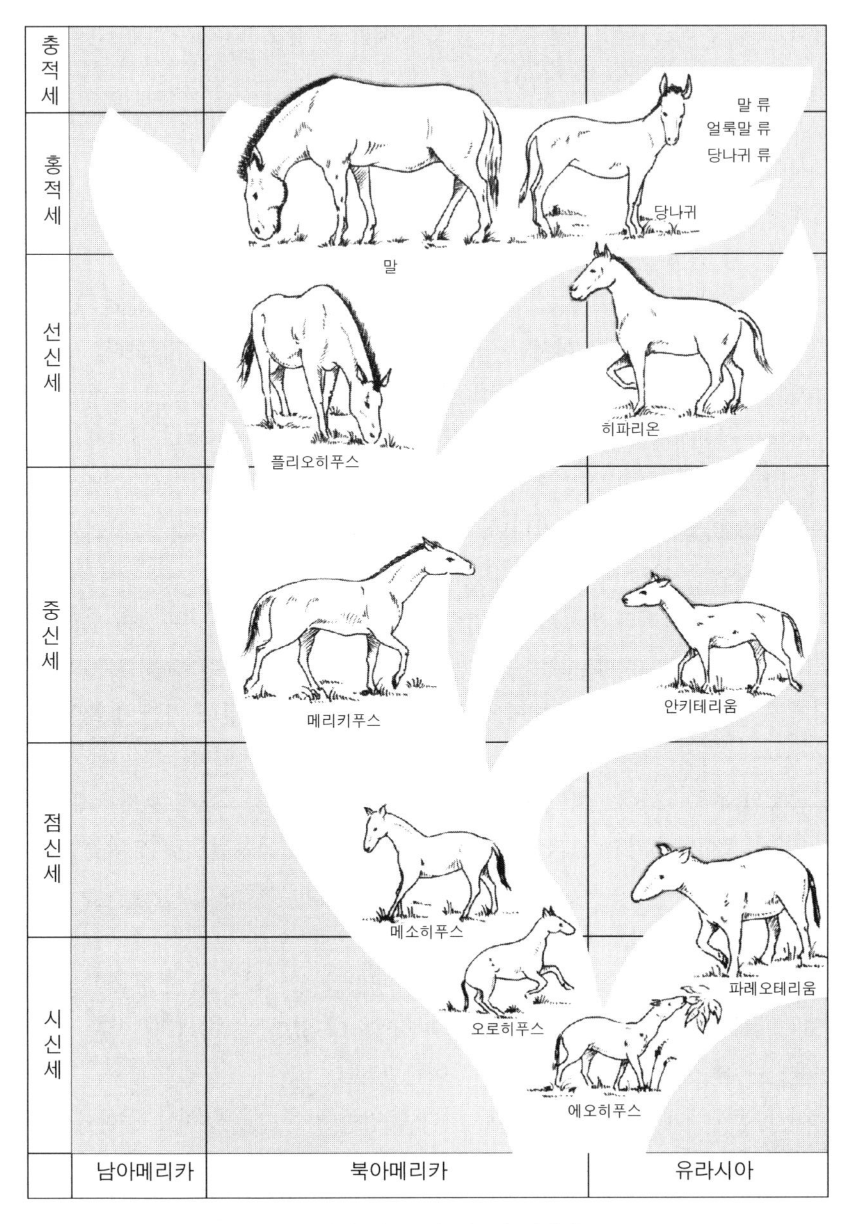

지질시대 말의 계통도와 대륙별 역사적 분포

미로 변했다. 예를 들면 고래는 물고기처럼 돼야만 했다. 고래는 생김새도, 살아가는 방식도, 물고기를 많이 닮았기 때문에 '물고기'라고 생각하는 사람도 있지만, 고래는 '어류'가 아니다.

사람은 자유를 향하여

지구상에 있는 동물의 종류는 약 백만이 된다고 한다. 그들은 어느 종류나, 자기가 적응하고 있는 저마다의 작은 세계에 살고 있다.

어떤 종족이 사는 곳에는 '들어오지 마시오'라는 표찰이 붙어 있고, 또 다른 종족이 사는 곳에는 '어서 오십시오'라는 표찰이 붙어 있기도 하다.

시험 삼아 북극곰을 열대의 숲으로 옮겨 놓으면, 한증탕 속에 집어 넣은 것처럼 곧 질식해 버릴 것이다. 북극곰은 입고 있는 두꺼운 털 외투를 벗을 수 없기 때문이다. 반대로 열대의 주민, 예를 들어 코끼리를 눈이 수북이 쌓인 북극 지방으로 데리고 간다면, 곧바로 얼어죽고 말 것이다. 코끼리는 마치 목욕탕에 들어갈 때처럼 벌거벗고 있기 때문이다.

북극곰이 코끼리와 만나는 곳, 추운 북쪽 동물도 따뜻한 남쪽 동물도 함께 볼 수 있는 장소, 숲에 사는 동물이 있는 곳에서 겨우 두어 걸음 되는 곳에 평야에 사는 동물이 있고, 평야에 사는 동물 바로 곁에 산에 사는 동물이 있는 곳——이런 곳은 세계에 하나밖에 없다. 바로 동물원이다.

동물원에서는 남아프리카가 오스트레일리아와 나란히 있고, 오스트레일리아 옆에 북아메리카가 있다. 동물들은 전 세계에서 동물원으로 모여들었다. 그러나 동물들 자신이 스스로 찾아온 것은 아니다. 사람이 그들을 한군데로 모이게 했던 것이다.

이 살아 있는 수집물을 돌본다는 것은 굉장한 일이다! 어느 동물이건 저마다의 특별한 작은 세계에서 사는 데에 익숙해 있다. 그래서 그 작은 세계와 잘 닮은 조건 속에 그들을 넣어두어야만 한다.

어느 동물에게는 커다란 탱크로 바다를 만들어 주고, 또 어느 동물에게는 20평방미터의 평지에 사막을 만들어 주어야만 한다.

짐승들이 굶주리지 않도록, 또 서로 잡아먹는 일이 없도록, 북극곰에게는 차가운 물속에서 헤엄을 칠 수 있도록, 원숭이들에게는 따뜻하게 지낼 수 있도록, 사자에게는 정해진 시간에 날고기를 먹을 수 있도록, 독수리에게는 날개를 펼 곳이 있도록 보살펴 주어야만 하는 것이다.

초원의 동물, 숲의 동물, 산의 동물, 평야의 동물, 그 밖의 모든 동물을 사람의 손으로 한곳에 모은 이상은, 사람이 특별히 만든 자연으로 에워싸 그들이 죽지 않도록 해주어야만 한다.

그러면 사람은 어떤 동물일까? 초원의 동물일까, 숲의 동물일까, 아니면 산의 동물일까?

숲에 사는 사람을 '숲의 사람'이라고 하고, 소택지에 사는 사람을 '소택지의 사람'이라고 말할 수 있을까?

물론 그럴 수 없다.

왜냐하면 숲에 사는 사람은 초원에서도 살 수 있기 때문이다.

소택지에서 사는 사람은 마른 곳으로 이사가는 것을 기뻐하면 했지 귀찮게 생각하지는 않을 것이다.

사람은 어디서나 살고 있다. 사람이 갈 수 없는 곳, 사람에게 '들어오지 마시오'라는 표찰이 걸려 있는 곳은 이 세계에는 거의 남아 있지 않다. 떠다니는 얼음덩이에 올라타, 9개월 동안이나 북극 해역에서 지낸 사람들도 있다. 만일 이 사람들에게 사막 안에서도 가장 더운 지대를 여행해야만 할 일이 생긴다면, 그들은 틀림없이 잘 해냈을 것이다.

평야에서 숲으로 또는 숲에서 평야로 옮겨 갈 때 사람은 자신의 다리나 손이나 치아를 바꾸어 만들 필요가 없다. 사람은 몸에 모피는 없지만 그래도 남쪽에서 북쪽으로 옮겼기 때문에 얼어죽는다든지 하는 일은 없다.

털외투·방한모와 방한화는, 모피가 동물을 돌보는 것에 못지 않게 사람을 돌본다.

사람은 말보다도 더 빨리 지상을 달리는 법을 배웠다. 그래도 그것 때문에 손가락 하나 희생시키는 일은 일어나지 않았다.

사람은 물고기보다도 더 빨리 물속을 헤엄쳐서 가는 일을 배웠다. 그러나 그것 때문에 손과 발을 지느러미로 바꾸는 것과 같은 일은 일어나지 않았다.

새가 된 도마뱀이 있지만 그러기 위해서는 수백만 년이라는 세월이 필요했다. 게다가 그것 때문에 비싼 대가를 치러야만 했다. 앞발이 없어져 날개로 바뀌어야 했던 것이다. 그런데 산람은 불과 백 년 만에 공중을 정복하였고, 게다가 그것 때문에 손이 없어지지도 않았다.

사람은 있는 모습을 그대로 간직한 채, 동물들을 포로로 삼은 눈에 보이지 않는 벽들을 통과할 수 있는 방법을 발견했다.

사람은 호흡할 공기가 모자라는 높은 곳에 올라가서도 무사히 되돌아올 수 있다.

성층권기구에 타고 고도의 기록을 세운 사람들도 있다. 이들은 생활의 천장을 밀어올려 생물이 살고 있는 세계의 경계 밖으로 나갔다.

짐승이나 새는 모두 자연에 의존하여 살아가고 있다. 어떤 문제를 풀 때, 답은 조건에 따라 달라진다. 이 경우에도 마찬가지다. 어느 동물도——그것은 생활에 따라서 풀 문제이다. 따라서 문제의 조건은——동물의 생존 조건이고, 가지가지의 손·발·날개·지느러미·부리·발톱·습성·습관……이 그 답인 것이다. 답은 그 동물이 어디서 어떤 생활을 해야만 하는가에 달려 있다. 수중인가 육상인가, 짠물 속에서인가 민물 속에서인가, 물가에서인가 넓은 바다에서인가, 깊은 곳에서인가 얕은 곳에서인가, 북에서인가 남에서인가, 산에서인가 평지에서인가, 땅 위에서인가 땅 밑에서인가, 초원에서인가 숲 속에서인가, 어떤 무리와 함께인가……답은 그것에 따라 결정된다.

동물은 자기 자신들의 생존 조건에 의존하고 있다.

그러나 사람은 그러한 조건을 자신을 위해 만들어 낸다. 그는 줄곧 문제집을 자연의 손에서 빼앗아 자기에게 적합하지 않은 조건을 지워 나간다.

자연의 문제집에는 '사막에는 물이 없다'고 쓰여져 있다. 우리들은 사막에 가지런한 수로의 선을 이어서 이 조건을 풀어 나간다.

자연의 문제집 가운데에는 '북방의 토지는 불모다'라는 문제가 있다. 우리들은 땅에 비료를 주어 이 조건을 정정한다. 또 밭에 다년초과라든가 콩과의 식물을 심어서 토지를 기름지게 한다. 자연의 문제집에는, '겨울은 춥고, 밤은 어둡다'라고 되어 있다. 우리들은 그와 같은 것을 문제삼지 않고, 우리 집의 겨울을 여름으로 바꾸고, 밤을 낮으로 바꾼다.

우리들 주위의 숲은 식림과 벌채 때문에 훨씬 전에 이미 모습을 바꾸었다. 오늘날의 초원은 예전의 초원이 아니다. 그것은 사람의 손으로 개간되고 씨가 뿌려졌다.

호밀·밀·사과·배——이런 우리들의 식물은, 인간이 들어가지 않았던 토지에 나 있던 야생의 풀이나 나무들과는 전혀 다른 것들이었다.

침팬지 : 이동할 때에는 땅 위를 두 발로 걷는 일이 많다.

배와 사과를 접붙여 만든 잡종으로 '베르가모트'라는 것이 있고, 버찌와 귀룽나무의 교잡 육종인 '제라파두스'라는 것도 있다. 이 밖에도 많은 진귀한 과일들이 있다. 이들은 모두 미추린이라는 식물 학자가 만들어 낸 것인데, 자연 속에서는 아무 데서도 찾아볼 수 없는 품종이다.

미추린적 과학에 의하여, 과학자들은 이미 변이·유전 그리고 선택을 사람에게 도움이 되도록 자유로이 제어하고 있다.

말·소·양 등의 가축은 미개한 자연에는 없는 동물이다. 그들은 사람의 손으로 만들어졌으며 사육되고 있다.

야생의 동물조차도 사람 때문에 습성을 바꾸기도 했다. 사람의 집이라든가 경작된 밭이라든가를 떠나지 않고 어떻게 해서든 이익을 얻으려고 하는 것이 있는가 하면, 그 반대로 사람에게서 떨어져 그때까지 본 적도 없던 먼 외진 곳으로 숨어버린 것도 있다.

사람의 손으로 바뀌지 않은 미개의 자연 그대로 남아 있는 곳은 이 나라에서는 자연 보호구 정도일 것이다.

자연 보호구의 경계선을 그으면서 우리들은 마음속으로 '알겠나, 너희에게 맡겨 두는 것은 이 곳뿐이다. 이곳 외에는 우리가 마음대로 한다'고 자연을 향해 말하고 있는 것이다.

사람은 차츰 더 자연을 마음대로 다루고 있다. 그러나 늘 그랬던 것은 아니다. 우리들의 먼 조상들은 다른 짐승들이나 그와 비슷한 동물들이 그랬듯이 자연에 사로잡힌 포로의 처지였던 것이다.

선조의 모습

몇백만 년 전, 지금 우리들의 숲이 있는 곳에는 전혀 다른 숲이 있었다. 다른 나무, 다른 풀이 났었고, 다른 동물이 살고 있었다.

이 숲에는 자작나무·보리수·단풍나무·월계수·목련나무 등이 서 있었다. 호두나무 옆에는 포도나무가 있었고, 아담한 수양버들 가까이에는 녹나무나 용연향나무가 꽃을 피우고 있었다.

커다란 떡갈나무도 매머드 같은 아메리카삼목 곁에서는 난장이로밖에 보이지 않았다.

현재의 숲을 빌딩에 비유한다면, 이 태곳적 숲은 단순한 빌딩이 아니라 진짜 마천루였었다.

마천루 위쪽은 밝고 떠들썩했다. 눈부시게 고운 커다란 꽃들 사이를 갖가지 새들이 날아다니며 지저귀고 있었다. 원숭이들은 가지를 흔들기도 하고 나무에서 나무로 뛰어넘기도 했다.

한 떼의 원숭이가 다리를 건너듯 가지 위를 달려간다. 엄마 원숭이는 아기 원숭이를 가슴에 껴안고, 잘 씹어 이긴 과일이나 나무열매를 입에서 입으로 옮겨 주고 있다. 조금 큰 아기 원숭이들은, 엄마 다리에 매달려 있다. 나이 먹은 한 털북숭이 족장이 솜씨 있게 나무줄기를 달려올라가자 일족은 그 위를 쫓아올라간다.

이것은 어떤 종류의 원숭이일까? 오늘날 이런 원숭이는 어느 동물원에서도 찾아볼 수 없다. 이것은 바로 인간의 선조이기도 하고, 침팬지의 선조이기도 하며, 또 고릴라의 선조이기도 한 원숭이인 것이다. 우리들은 지금 숲에서 생활했던 우리들의 선조와 만난 것이다.

우리들의 선조는 나무 위에서 살았다. 우리가 다리나 복도나 발코니를 달려가는 것과 같이 이 과거의 인류는 숲속 수십 미터나 되는 높은 곳을 건너

다녔던 것이다.

숲은 그들의 집이었다. 밤이 되면 그들은 나뭇가지가 갈라져나간 곳에 가지로 보금자리를 만들어 쉬었다.

숲은 그들의 요새이기도 했다. 가공할 적인 마하이로도 범의 단검 같은 긴 이빨을 피하여 그들은 나무 위에 숨었다.

숲은 또 그들의 창고이기도 했다. 위쪽 우듬지 사이에 과일이나 나무열매 등의 식량을 저장했다.

그러나 숲의 지붕 바로 밑에서 생활하기 위해서는, 가지에 매달리고, 나무줄기 위를 달리고, 나무에서 나무로 뛰어 건너며 과일을 잡아 따고, 나무열매를 깨뜨려 먹을 수 있어야 했다. 힘센 손가락, 날카로운 시력, 그리고 튼튼한 치아가 필요했었다.

우리들의 선조는 하나가 아닌 많은 사슬로 숲에 매어져 있었다. 숲에, 그것도 그 위쪽에 매어져 있었던 것이다. 그렇다면 사람은 이들 사슬을 어떻게 끊어 버릴 수 있었던 것일까? 이 숲의 동물은 어떻게 해서 자기의 우리를 빠져나와 감히 숲의 경계 밖으로 나갈 수 있었던 것일까?

2 인간과 그 친척

사람의 조상과 친척들

옛 작가들은 사람의 일생이나 모험담을 이야기할 때에는 조금도 서두르지 않았다. 우선 처음의 여러 절에서, 주인공과 친근한 사람들의 일을 세세하게 독자에 전하는 것이 보통이었다.

몇 페이지인가 읽어내려간 독자는, 주인공의 할머니가 젊었을 때에는 어떤 옷을 입고 멋을 부렸는가, 그의 어머니가 결혼식 전날 밤에 어떤 꿈을 꾸었는가를 알게 된다. 그 다음에 주인공에 관해서, 이가 처음 났을 때, 말을 처음 했을 때, 걸음마를 처음 떼었을 때, 그리고 처음에 장난을 쳤을 때 등의 이야기가 이어진다.

대체로 10절쯤 지난 다음에 주인공은 학교에 들어가고, 제2권 끝에서는 사랑을 속삭이고, 제3권에서는 모든 걸림돌을 극복하고 결혼한다. 이야기는 마침내 대단원을 맞아, 주인공은 그의 배우자와 함께 이제는 백발 노인이 되어 아장아장 걸음마를 시작한 불그스름한 뺨의 손자를 넋을 잃고 바라보는 데서 끝난다.

이 책에서는 우리들도 그와 마찬가지 방법으로 사람의 일생과 모험 이야기를 해나가려고 한다. 옛날의 이야기 작가들이 하듯이, 주인공의 먼 선조들의 일, 가까운 친척들의 일을 이야기하려 한다. 주인공은 이 세상의 어디에 나타났는가, 어떻게 걷고, 말하고, 생각하기를 배웠는가 하는 것에 대해서, 삶을 위한 싸움 즉 생존 경쟁에 대해서, 그들의 슬픔이나 기쁨에 대해서, 승리와 패배에 대해서 이야기하려 한다. 그러나 미리 말해 두어야 할 것은, 우리들은 처음부터 커다란 어려움에 부딪혔다는 사실이다.

우리들 자손의 할머니인 원숭이는 벌써 아득한 옛날에 이 세상에서 사라져 버렸기 때문에, 주인공의 '할머니'에 관해서 이야기할 방법이 없는 것이다. 알다시피 원숭이는 그림을 그릴 수가 없으므로, 그녀의 초상 따위는 남아 있지 않다. 앞의 장에서 이야기한 선조와의 만남이 가능하다고는 하지만, 그것은 박물관 안에 한정되어 있다. 그 박물관에서조차도 우리들의 할머니의 완전한 모습을 본다는 것은 쉬운 일이 아니다. 왜냐하면 그녀들의 유품이라는 것이 아프리카·아시아·유럽 등 여러 지역에서 따로따로 발견된 몇 개의 뼈와 한 움큼 정도의 이빨에 지나지 않기 때문이다.

그래서 이야기는 주인공의 다른 친척, 즉 그의 '사촌'들로부터 시작하는 것이 좋겠다.

아득한 옛날에 사람이 열대의 숲에서 나와 발로 설 수 있게 되었을 때도, 그의 가장 가까운 친척인 고릴라·침팬지·긴팔원숭이·오랑우탄 등은 여전히 야생의 숲에서 살고 있었다. 그러나 사람은, 자기의 불쌍한 친척에 대해서 친척으로서 회상한다는 것을 그다지 좋게 여기지 않는다. 때로는 불끈하면서 그들과의 유연 관계를 부정하려고까지 한다. 사람도 침팬지도 똑같은 조상에서 나왔다는 것을 넌지시 비치기만 해도, 그것을 '말도 안 된다'고 말하는 사람도 있다.

미국에서 재판 소동까지 일으킨 것은 그리 오래된 이야기가 아니다. 사람과 원숭이는 친척이라고 아이들에게 가르쳤다는 이유로 초등학교 교사가 제소되었다. 사람들이 우르르 법정으로 몰려 왔다. 팔에 흰 천을 감은 패들도 있었다. 흰 천에는 이런 말이 써 있었다.

"우리들은 원숭이가 아니다, 원숭이가 되고픈 사람이 어디 있는가!"

초등학교 교사는 이 멍청이들을 원숭이라고 하고 싶다는 생각은 꿈에도 하지 않았다. 그래서 빗발치는 비난에 어안이 벙벙했다. 재판관들의 난폭한 질문에 대답하면서, 그는 이렇게 생각하였을 것이 틀림없다.

'재판관들이 미친 게 아닐까? 이건 구구표를 가르친 죄로 재판에 회부된 거나 마찬가지야'

재판은 소송 절차에 따라 진행되었다. 증인들이 증언하였고, 피고는 자기의 의견을 진술했다. 이리하여 마침내 재판장이 판결을 내렸다.

"1. 사람과 원숭이는 친척이 아니라고 인정한다. 2. 피고를 백 달러의 벌금형에 처한다."

이리하여 미국의 판사는 다윈이나 그 밖의 많은 사상가나 연구가가 세운 인류의 기원에 관한 학문을 완전히 파기해 버렸던 것이다.

그러나 진리는 어디까지나 진리다. 재판의 판결 따위로 얼버무려질 수는 없는 것이다.

가령 법정으로 학자들이 호출되었다면, 어떻게 되었을까? 그들은 많은 사실을 들어서 초등학교 교사가 옳았으며, 학문에 관한 한 어느 판사도 판결을 내릴 수는 없음을 증명하였을 것이다.

우리들은 사람과 원숭이가 친척이라는 증거로 이 책 빽빽이 채울 수도 있다. 그러나 구구한 학자들의 연구는 미뤄두더라도, 그저 한 시간만 침팬지나 오랑우탄의 사회에 들어가 본다면, 누구의 눈에도 그들이 사람을 무척 많이 닮았음이 보일 것이다.

우리들의 친척, 로자와 라파엘

상트페테르부르크 근처에 코르투시라는 마을이 있었는데, 그곳은 '조건 반사의 수도'로 유명했다. 이 마을의 이반 파블로프(1849~1936년)라는 위대한 학자가 조건 반사라는 학문을 세웠기 때문이다. 이것을 기념하여 그곳은 지금 파블로프 마을이라 불리고 있다.

얼마 전의 일로 이 마을의 파블로프 연구소에, 라파엘과 로자라는 두 마리의 침팬지가 도착했다.

사람들은 불쌍한 숲에 거주하는 친척을 맞이할 때, 보통은 그다지 즐거운 얼굴을 하지 않는다. 곧 우리 안에 집어넣어 버린다.

그런데 이번에 이 아프리카의 숲에서 온 손님들은 아주 정중하게 맞아들여졌다. 먼저 훌륭한 거처가 제공되었다. 침실·식당·욕실·오락실·공부방까지 갖추어져 있었다. 침실에는 푹신한 침대가 있고 그 옆에는 조그만 탁자도 놓여 있었다. 식당 테이블에는 흰 식탁보가 덮여 있었고, 찬장에는 맛있는 음식이 잔뜩 채워져 있었다.

이 호화로운 집을 보고, 이것이 사람이 아니라 원숭이가 사는 집임을 알아맞힌 사람은 단 한 명도 없었다.

식사 때에는 테이블에 접시와 스푼이 나왔다. 밤에는 침대에 요와 이불을 깔고, 베개도 푹신하게 준비했다. 때로 이 손님들이 변덕스럽게 행동하는 일이 있었다. 테이블에 앉아서 스푼을 밀어젖히고 접시에 직접 입을 대고 핥아먹는가 하면, 잘 때에는 베개를 머리에 베는 대신에 머리 위에 올려놓기도

(위)'카드 집짓기놀이'를 하는 모습(침팬지의 지능 수준과 조작 능력 측정 실험)

(오른쪽) 초콜릿 자동판매기에 동전을 넣으며 다른 손으로 손잡이를 돌리는 모습

했다.

그런 까닭에 로자와 라파엘이, 사람들과 완전히 같다고는 할 수 없었다. 그러나 대체로는 사람들과 비슷하게 행동하고 있었다.

예를 들면 로자는, 보통 아주머니들에 못지않을 정도로 열쇠를 잘 썼다. 열쇠 꾸러미는 대개 수위의 호주머니에 들어 있었다. 로자는 수위 뒤로 살짝 다가서더니 눈치채지 않게 그의 호주머니에 손을 찔러넣었다. 그리고 눈 깜짝할 사이에——재빨리 찬장 앞에 있는 의자에 올라서서 조심조심 열쇠 구멍에 열쇠를 넣었다.

유리창 밖에서 보니, 맛있게 보이는 살구와 포도송이가 그릇에 잔뜩 들어 있었다. 열쇠를 돌린다——그러면 포도송이는 이제 로자의 손 안에 들어오는 것이다.

라파엘은 더 영리했다! 정말로, 공부하고 있을 때의 그의 모습을 여러분에게도 한 번 보여주고 싶다! 살구가 들어 있는 그릇과 여러 가지 크기의 블록이 교재였다. 블록이라고는 하지만 이것은 아이들이 쓰는 것보다 몇 배는 큰 것이었다. 가장 큰 것은 의자 정도로 높았으며, 가장 작은 것도 10센티미터 정도의 높이였다. 살구가 들어 있는 그릇은 바닥에서 훨씬 높은 곳에 매달려 있었다. 즉 살구에 손을 닿게 하여 집어먹는다는 것이 여기에 주어진 문제였다.

처음에 라파엘은 아무래도 이 어려운 문제를 풀 수 없었다.

숲속에서 살고 있다면, 나무에 기어 올라가면 과일을 딸 수가 있다. 하지만 여기서는 과일이 가지에 있는 것이 아니고 공중에 매달려 있다. 기어올라갈 수 있는 것이라고는 여기에는 블록밖에는 없다. 그 블록도 가장 큰 것에 올라가 봐도 살구에는 손이 미치지 못한다.

블록을 이리저리 만지작거리고 있는 사이에, 라파엘은 마침내 알아냈다——블록을 겹쳐 놓으면 살구에 훨씬 가까워질 것이라고. 차츰 라파엘은 블록으로 피라미드를 만들게 되었다. 세 개를 포개어 만든 피라미드, 그것은 네 개가 되고 이어 다섯 개로 되었다. 그로서는 쉽지 않은 일이었다. 적당히 되는 대로 쌓는 것이 아니고 일정한 순서에 따라 쌓아야만 했기 때문이다. 처음에는 가장 큰 것을, 다음에는 조금 작은 것을, 다음에는 더 작은 것을, 다음에는 더 작은 것을, 하는 식으로.

작은 블록 위에 큰 것을 올려놓으려 한 적도 한두 번이 아니었다. 그러자 피라미드 전체가 무섭게 흔들렸다. 피라미드는 라파엘과 함께 무너져 내릴 듯이 보였다. 하지만 사건은 거기까지는 이르지 않았다. 라파엘은 영리한 원숭이였다.

그러던 중 마침내 문제는 풀렸다. 라파엘은 블록에 비어 있는 번호를 읽어서 알았다는 듯이, 크기 순서에 따라 7개의 블록을 모두 포개 얹었던 것이다.

그릇에 손이 닿자, 흔들흔들하는 파라미드의 꼭대기에 앉아서 라파엘은 만족스러운 듯이 자기 힘으로 얻은 살구를 먹기 시작했다.

이만큼 사람답게 행동할 수 있는 동물이 또 있을까? 시험 삼아 개가 블록으로 피라미드를 세울 수 있는지 어떤지 생각해 보라. 개는 꽤 영리한 동물이긴 하지만.

이런 라파엘의 모습을 본 사람들은 그가 사람을 무척이나 닮아 깜짝 놀랐다. 라파엘은 블록을 들어, 그것을 어깨에 메고, 한쪽 손으로 누르면서 피라미드 쪽으로 옮겼다. 그런데 이 블록은 잘 포개어지지 않았다. 그러자 라파엘은 이것을 바닥에 내려 놓고, 생각하는 듯이 잠시 블록 끝에 앉아서 한숨을 지었다. 그러고는 다시 일에 덤벼들어서 재빨리 잘못된 것을 다시 시작하는 것이었다.

침팬지를 사람으로 만들 수 있을까

그러면 사람과 마찬가지로 걷고, 말하고, 생각하고, 일하는 것을 침팬지에게 가르칠 수 있을까?

이런 것을 실제로 생각했던 사람이 있다. 바로 동물 조련사였던 둘로프로, 그는 미무스라는 침팬지를 교육하는 데 무척 애를 먹었다. 미무스는 영리한 학생이었다. 스푼을 사용하고, 냅킨을 두르고, 의자에 앉고, 식탁보에 흘리지 않고 수프를 먹으며, 게다가 썰매를 타고 언덕에서 미끄러져 내려오는 일까지 잘 배웠다.

그러나 아무래도 사람으로 될 수는 없었다.

이것은 이해할 수 있는 일이다. 사람과 침팬지의 길은, 아득한 옛날에 이미 따로따로 나뉘어져 버렸기 때문이다. 사람의 선조는 나무에서 지면으로

침팬지 : 나무 위의 어미와 새끼. 침팬지는 손을 쓰는 일이 많다.

내려와, 두 발로 걷고, 두 손을 쓰게 되었다.

그런데 침팬지의 선조는 언제까지나 나무 위의 생활을 계속하여 더욱더 그런 생활에 적응해 왔다.

따라서 침팬지는 전혀 사람처럼 되어 있지 않다. 손도 사람 같지 않으며, 말도, 머리도, 혀도, 사람과는 다르다.

침팬지의 손을 보라. 그 손의 구조는 사람의 손의 구조와는 전혀 다르다. 침팬지의 엄지손가락은 새끼손가락보다도 작고, 게다가 사람의 엄지손가락처럼 옆으로 벌어져 있지도 않다. 엄지 손가락은 손가락 가운데서 가장 필요한 손가락이고, 5명으로 구성된 손이라고 불리는 팀의 팀장이다. 엄지손가락은 나머지 네 개의 어느 손가락과도 짝을 짓고, 또 전체의 손가락과도 함께 일할 수가 있다. 따라서 우리들 사람의 손은, 어떤 도구도 솜씨 있게 다룰 수 있다.

침팬지는 가지에서 과일을 따려고 할 때, 흔히 손으로 가지에 매달려 발로 딴다. 지면을 걸을 때는 손가락을 구부려서 몸을 받친다. 즉 언제나 발을 손으로 사용하며, 손을 발로 사용하는 것이다.

그런데 발과 손의 구조 이외에, 또 하나 아주 중요한 다른 점이 있다. 침팬지를 사람으로 바꾸려고 했던 동물 조련사들은 이것을 잊고 있었다. 바로 침팬지의 뇌가 사람의 뇌와 비교해서 훨씬 작으며, 구조도 단순하다는 사실이다.

파블로프 박사는 오랜 동안 사람의 뇌의 작용을 연구해 왔다.

따라서 자기의 손님——로자와 라파엘의 행동에 큰 흥미를 가지고 관찰을 계속했다. 저자가 들은 바에 의하면, 그는 그 행동을 연구하기 위해서, 이따금 우리 속에 오랜 시간 들어가 있었다고 한다. 그런데 침팬지의 행동은 전혀 무의미했고 무질서했다. 어떤 일에 손을 댔는가 싶으면 곧 다른 일을 시작하는 식이었다.

예를 들면 라파엘이 진지한 표정으로 피라미드를 쌓고 있다고 하자. 그러다가 공이 눈에 뜨이면 갑자기 블록을 버리고 털투성이 긴 손으로 공을 만지작거리기 시작한다. 그런가 하면 곧 공도 잊어버리고, 이번에는 바닥을 기고 있는 파리에게 정신이 팔린다.

어느 날, 침팬지의 뒤죽박죽인 동작을 바라보던 파블로프 박사는 저도 모르게 중얼거렸다.

"엉망이군, 엉망이야!"

침팬지의 무질서한 동작은 분명히 그 뇌의 무질서한 작용이 그대로 표현된 것이라 하겠다. 그것은 질서가 잡히고 잘 통제된 작용을 하는 사람의 뇌와는 도저히 비교가 될 수 없는 것이다. 그러나 원숭이는 영리한 동물이며, 숲속의 눈에 보이지 않는 많은 사슬에 매인, 작은 세계 속의 생활에 잘 적응하고 있는 동물임은 분명하다.

어느 날, 로자와 라파엘의 집에 영화 감독이 찾아왔다. 그들을 촬영하기 위해서다. 시나리오에 따르면 그들을 잠시 마음대로 놀도록 내버려 두게 되어 있다. 그래서 그들을 밖으로 내보내 주었다. 그러자 그들은 바로 근처에 있는 나무에 올라가, 두 손으로 나뭇가지에 매달려서 즐거운 듯이 몸을 흔들기 시작했다. 그들로서는 그 쾌적한 아파트보다도 나무 위가 훨씬 좋았던 것이다.

침팬지는 고향인 아프리카에서는 나무 위에서 생활한다.

침팬지는 나무 위에 집을 만든다. 적을 피하기 위하여 나무에 기어올라간다. 나무 위에서 과일이나 나무열매 따위의 먹이를 찾아 낸다.

침팬지는 나무에 잘 적응되어 있어서, 편편한 지면을 걸어가기보다는 수직인 나무줄기를 타는 쪽이 훨씬 쉽다. 숲이 없는 곳에서는 침팬지를 볼 수 없는 이유가 이 때문이다.

고향에서 침팬지가 어떻게 생활하고 있는지를 연구하기 위하여 아프리카의 카메룬 지방에 간 학자가 있었다.

학자는 침팬지를 열 마리 정도 붙잡아서 숲속의 농장 곁에 살게 했다. 그는 침팬지가 도망칠 수 없도록 눈에 보이지 않는 우리를 만들었다. 이 우리는 단 두 가지의 도구——도끼와 톱으로 만들어졌다.

학자의 지시에 따라, 나무꾼들은 작은 숲만 남겨 놓고 그 둘레의 나무를 모조리 잘라 버렸다. 그래서 그 장소는 훤히 트인 평원 속에 있는 숲의 고도처럼 되어 버렸다. 즉 이 숲의 고도에 침팬지들을 살게 했던 것이다.

학자의 계산은 정확했다. 원숭이는 숲의 동물이다. 따라서 자기 의지로 숲에서 밖으로 나가지는 않는다. 북극곰이 사막에서는 살 수 없는 것과 같이, 원숭이도 숲 속에서 평지로는 나가지 못하는 것이다.

그렇다면 침팬지는 숲 밖으로 나갈 수 없는데, 그 친척인 사람은, 어떻게 숲 밖으로 나갈 수 있었을까?

사람은 걷는 것을 배운다

숲에 살았던 우리의 선조들이 그 우리에서 빠져나온 것은, 하루 아침에 이루어진 일이 아니었다. 사람이 자유의 몸이 되어 나무가 없는 평지로 나올 수 있게 되기까지는 몇십만 년이라는 세월이 걸렸다.

나무에 사는 동물이 숲에 묶여진 사슬을 끊기 위해서는 무엇보다도 먼저 나무에서 내려와 땅 위에서 걷는 것을 익혀야만 했다.

오늘날에도 사람이 걸음을 배운다는 것은 그리 쉽지 않다.

탁아소 같은 곳에서 기어다니는 아기들을 볼 때가 있다. 기어다니는 아기들은 이제 가만히 있기를 원하지는 않으나, 아직 걸을 줄도 모른다. 이 기어다니는 아기들이 아장아장 걸음마를 할 수 있게 되기까지는 한 달 이상의 시간이 걸릴 것이다. 손을 짚는다든가, 주위의 물건을 잡지 않고 지면에서 걷기란 그리 쉬운 일이 아닌 것이다. 자전거 타기를 배우는 것보다 훨씬 어렵다.

유아는 몇 달 걸려서 걷기를 배우지만, 우리들의 선조의 경우에는 몇 달이 아니라 몇천 년의 세월이 필요했다.

과연 우리들의 선조는 나무 위에서 생활했을 때도 땅 위에 내려가는 일이 드물게나마 있었다. 그때, 그는 손을 지면에 대지 않고 침팬지가 가끔 하듯이 뒷발로 서서 두어 걸음 뛰어간 적이 있었을 것이다.

그러나 두어 걸음 뛰는 것과 50보 또는 100보 뛰어가는 것과는 전혀 문제가 다르다.

어떻게 손이 자유롭게 되었나

숲에 살았던 우리들의 선조는 나무 위에서 뛰어다닐 때에도, 손을 발과는 달리 사용하는 법을 배웠다. 그는 과일이나 나무열매를 땄고, 나무줄기 사이에 둥우리를 만들었다.

나무열매를 움켜잡을 수 있었다면, 그 손으로 돌이라든가 막대기도 움켜잡을 수 있었을 것이다. 그러면 돌이나 막대기를 움켜잡은 손은, 같은 손이

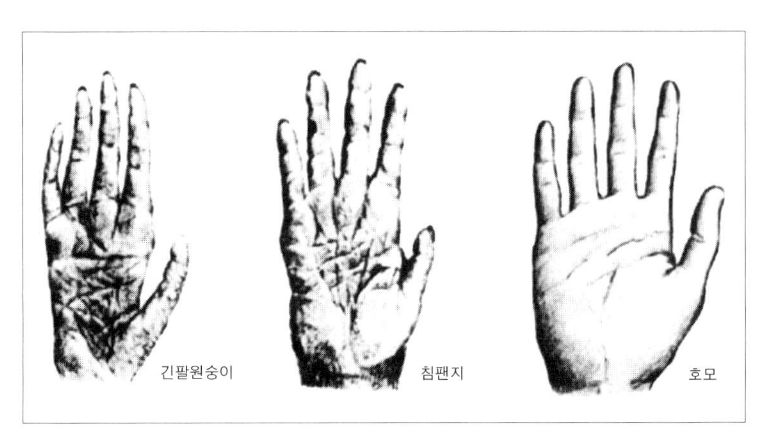

손의 진화

기는 하지만 더 세진 손, 더 길어진 손이라고 말할 수 있겠다.

이빨로는 깰 수 없는 껍데기가 단단한 나무열매라도 돌로 치면 깰 수가 있다. 막대기라면 먹을 수 있는 나무뿌리나 알뿌리를 땅 속에서 캐낼 수도 있다.

이리하여 사람은 새로운 방법으로 차츰 여러 가지 먹이를 얻을 수 있게 되었다.

돌로 낡은 그루터기에 구멍을 낸다든가 짓이긴다든가 하여, 그 안에 있는 곤충의 애벌레를 잡았다. 그러나, 손이 일을 하는 데 쓰이려면 보행에서 자유로워야만 했다. 손이 일로 바빠지면 바빠질수록 걷는 데 대한 발의 부담은 더 늘어날 수밖에 없었다.

그래서 손은 발로 하여금 걷게 하였고, 발은 일을 할 수 있도록 손을 자유롭게 해주었다.

마침내 지금까지 본 적도 없는 생물이 지상에 나타났다. 이 생물은 뒷다리로 걷고, 앞다리로 일을 했다.

얼른 보기에 이 생물은 아직도 짐승을 많이 닮아 있었다. 그러나 이 생물이 막대기나 돌을 도구로 사용하고 있는 장면을 볼 수만 있다면, 여러분은 당장에 이렇게 말할 것이 틀림없다.

"과연, 이들이라면 태고적 사람이라고 해도 어색하지 않군."

사실 도구를 사용할 수 있는 것은 사람뿐이다. 동물은 도구를 가지고 있지 않다.

땅쥐나 두더지가 땅을 팔 때에는 삽이 아니라 자신의 발을 사용한다. 쥐가 나무를 갉을 때에는 칼이 아니라 자신의 이빨을 사용한다. 또 딱따구리가 나무껍질에 구멍을 낼 때에도 끌이 아니라 자신의 부리를 사용한다.

우리들의 조상은 끌과 같은 부리, 삽과 같은 발, 칼과 같은 예리한 이빨도 가지고 있지 않았다.

그러나 어떤 이빨이나 부리보다도 뒤지지 않은 것을 갖고 있었으니, 바로 손이었다. 이 손으로 지면에서 이빨 대신 쓸 수 있는 돌도, 발톱 대신 쓸 수 있는 막대기도 주울 수가 있었다.

땅 위로 내려간 사람

이러한 일이 일어나고 있는 동안에 지상의 기후는 조금씩 바뀌어 갔다. 우리들의 조상이 살고 있던 숲은 밤이 되면 기온이 내려갔고, 겨울에는 더욱 추워졌다. 아직 따뜻한 기후로 덥다고는 할 수 없었다.

언덕 북쪽 비탈면에 있었던 종려·목련·월계수와 같은 상록수는 어느덧 자취를 감추어 버리고, 떡갈나무와 보리수가 대신 들어섰다.

지금도 강가의 지층 속에서, 고대의 떡갈나무와 보리수 잎의 화석이 흔히 발견된다. 비에 씻겨서 강으로 흘러내려온 것임에 틀림없다.

무화과나무나 포도나무는 추운 바람을 피하여 골짜기나 남쪽 비탈로 옮겼다. 열대림의 경계는 차츰 남쪽으로 물러났다. 그와 함께 그 숲의 주민도 역시 남쪽으로 물러났다. 고대의 코끼리는 사라졌고, 칼 같은 이빨을 가진 마하이로드 범도 줄어들었다.

전에는 발디딜 틈이 없었던 숲도 어느새 수목이 없어져 트인 빈터로 변하고, 거대한 사슴이나 코뿔소가 풀을 뜯게 되었다.

원숭이 종족들도 딴 곳으로 옮겨가거나 멸종되었다.

숲에는 차츰 포도가 적어지고 무화과나무를 찾아 낼 수 없게 되었다. 숲속을 걸어다니는 일도 쉽지 않아졌다. 나무들이 드물어졌기 때문에 한 나무 숲에서 다른 나무 숲으로 가려면, 그 사이의 지면을 달려 가야만 했다. 그러나 땅 위를 이동한다는 것은 나무 위 주민으로서는 여간 어려운 일이 아니었다. 꾸물거리다가는 날쌘 맹수의 먹이가 되어 버리기 십상이었다.

그렇다고 해서 달리 어떻게 할 도리도 없었다. 굶주림은 우리의 조상을 나

도구를 쓰는 우리들의 선조(상상그림)

무에서 쫓아냈다.

그는 자주 땅 위로 내려가 먹이를 찾아야만 살 수 있게 되었다.

살아오던 우리를 나간다는 것, 자기가 적응했던 숲이라는 세계를 나간다는 것은 생물에게 무엇을 뜻하는 것일까? 그것은 숲의 규칙을 위반하는 것이며, 자연의 한 부분에서 생물을 묶어 놓았던 사슬을 끊는 일이다.

물론 짐승도 새도 변화한다. 변화하지 않는 것은 이 세계에 하나도 없다. 그러나 변화한다는 것은 결코 쉽지도 간단하지도 않은 일이다.

발톱이 난 네 발을 가진 숲의 작은 짐승이 말로 변하기까지에는 몇백만 년이라는 세월이 흘렀다. 동물의 새끼는 양친과 거의 비슷하다. 종전의 품종을 닮지 않은 새로운 품종이 형성될 때까지는 수천만이라는 세대가 지나야 한다. 그렇다면 우리의 조상은 어떠했을까?

만일 우리들의 조상이 그의 습성이나 습관을 바꿀 수가 없었더라면, 그는 어쩔 수 없이 원숭이족과 함께 남쪽으로 물러나야만 했을 것이다. 그런데 그 무렵에는 그는 이제 원숭이와는 다른 것이 되어 있었다. 즉, 돌이나 나무로 만든 이빨이나 손톱을 써서 먹이를 얻을 수 있게 되었던 것이다. 숲에는 물기 많은 과일이 차츰 적어져 갔지만, 그는 별로 어려움을 겪지 않았다.

없으면 없는 대로 그럭저럭 해나갈 수 있었다. 숲에 나무들이 듬성하게 되어도 무서울 것은 없었다. 그는 이미 땅 위를 걸어다니는 것을 배웠고, 나무가 없는 평야도 두려워하지 않게 되었다. 적과 맞닥뜨렸을 때에는 한데 뭉쳐 저마다 손에 돌과 몽둥이를 들고 몸을 지켰던 것이다.

기후가 혹독하게 바뀌었어도, 그것은 아직 원숭이를 닮은 우리들의 조상을 멸망시킬 수는 없었으며, 물러가는 열대성 숲과 함께 그를 물러나게 하지도 않았다. 그것은 오히려 그를 인간으로 바뀌는 것을 촉진시켰을 뿐이었다.

그럼 우리들의 친척인 원숭이족들은 어떻게 되었을까?

열대성 숲과 함께 물러난 그들은 여전히 숲의 동물로 살았다.

물러나고 싶지는 않았지만, 물러나지 않을 수 없었다. 왜냐하면 그들은 우리들의 조상처럼 도구를 쓸 정도까지 발달하지 못했기 때문이다. 그들은 여전히 숲의 나무 위에서 생활하면서 나무에 올라간다든가 가지에 매달린다든가 하는 재주만 피울 뿐이었다.

몸이 그다지 가뿐하지도 않고, 나무 위 생활에 잘 적응할 수 없었던 원숭이들에게는 다른 운명이 기다리고 있었다. 그 가운데에서 가장 크고 센 것만이 살아남았던 것이다. 그러나 몸이 크고 무거워지면 무거워질수록, 나무 위에서 생활하기가 어렵게 되었다. 좋든 싫든 이들 거대한 원숭이는 나무 위에서 땅으로 내려가야만 했다. 예를 들어 고릴라는 지금도 숲의 아래에 살고 있다. 땅 위로 내려간 고릴라가 적으로부터 몸을 지킬 때에 사용하는 것은 돌이나 몽둥이가 아니고, 튼튼한 턱에 갖추어져 있는 커다란 송곳니이다.

이렇듯 사람과 그 친척들은 저마다 다른 길을 걷게 되었다.

없어진 사슬 고리

사람은 하루 아침에 두 발로 걷게 된 것이 아니다. 아마도 처음에는 꽤 위태롭게 뒤뚱뒤뚱 걸었을 것이다.

그 무렵의 사람——좀더 정확히 말하면 원인(猿人)——은 어떤 모습을 하고 있었을까? 원인의 모습은 아무 데도 남아 있지 않다. 그러나 적어도 그 뼈만이라도 지상의 어딘가에 남아 있지는 않을까? 그 뼈만 찾아 낸다면 인간의 기원이 원숭이라는 것은 분명히 증명될 수 있을 것이다. 왜냐하면 원인은

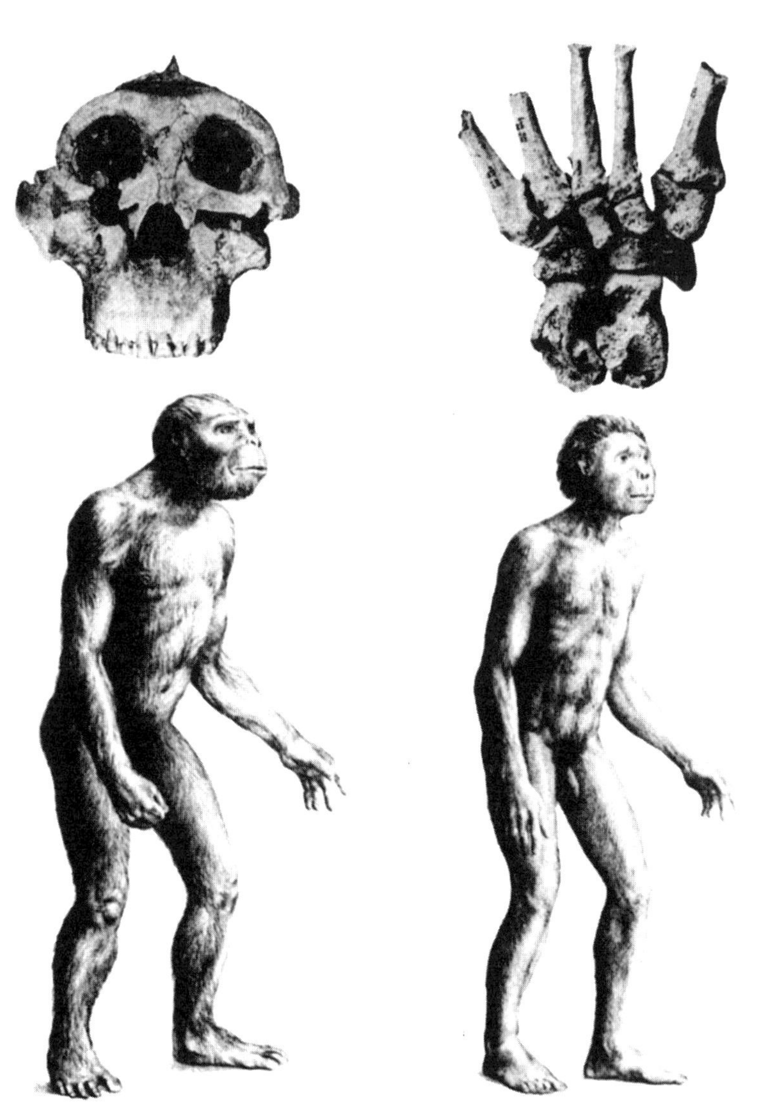

(위)오스트랄로피테쿠스 보이세이 두개골을 부분적으로 재결합시킨 것
(아래)오스트랄로피테쿠스 보이세이의 복원도

(위)호모하빌리스의 발뼈, 직립 보행했음을 알 수 있다.
(아래)호모하빌리스의 복원도.

가장 오래된 인간이며, 원숭이에서 오늘날의 인간으로 이어지는 사슬 중의 한 고리이기 때문이다. 그런데도 이 소중한 고리는 진흙이나 모래로 된 하천의 침전층 속에서 흔적도 없이 사라져 버렸던 것이다.

고고학자는 지면을 발굴한다. 다만 땅을 파기 전에 어디를 파서, 어디서 이 사라진 고리를 찾을 것인가를 결정해야만 한다. 지구상을 샅샅이 찾기는 그리 쉬운 일이 아니다. 지구에서 고대 인간의 뼈를 찾는다는 것은 사막에서 잃어버린 바늘을 찾기보다도 훨씬 어렵다.

19세기 말에 헤켈(1834~1919년)이라는 독일의 유명한 학자는 원인 즉, 학술어로 피테칸트로푸스의 뼈를 남아시아에서 발견할 수 있지 않겠는가 하는 가설을 세웠다. 게다가 헤켈은, 피테칸트로푸스의 뼈가 남아 있을 것으로 여겨지는 곳까지 지도상에서 정확히 가리켰다. 순다 열도가 바로 그곳이었다.

헤켈의 설은 그다지 믿을 수 없는 것으로 여겨졌다. 그러나 그의 설은 거기서 끝나 버리지 않았다. 그것이 옳다고 확신하는 사람이 나타났던 것이다. 이 사람은 모든 일을 내던지고 순다 열도로 가서 피테칸트로푸스의 뼈를 찾아보겠다고 결심했다. 바로 암스테르담 대학에서 해부학 강의를 하던 유진 뒤부아(1858~1940년) 박사였다.

그의 동료인 많은 대학 교수들은 머리를 흔들며 정상적인 지능을 가진 사람이라면 절대로 그런 행동은 하지 않을 것이라고 말했다. 즉 뒤부아 박사를 미치광이로 취급했던 것이다. 왜냐하면 이들 교수는 보통의 지능을 가진 사람들로서, 한 손에 우산을 들고 집에서 대학까지의 조용한 암스테르담 거리를 산책하는 것 이외에 다른 생각은 하지 않았기 때문이다.

자신이 결심한 계획을 실행하기 위하여, 뒤부아는 대학을 그만두고 육군에 들어갔다. 그리고 군의관의 자격으로, 암스테르담을 떠나 머나먼 땅 수마트라 섬으로 배를 타고 출발했다.

수마트라 섬에 이르자, 뒤부아는 자는 것도 먹는 것도 잊고 뼈를 찾기 시작했다. 그의 지시에 따라 인부들은 그 지방의 산들을 종횡으로 파해쳤다. 한 달이 지났다. 이어 두 달, 석 달이 지났지만, 피테칸트로푸스의 뼈는 나오지 않았다.

분실물을 찾는 사람은 적어도 그 물건이 어딘가에 있어서 열심히 찾으면 틀림없이 나올 것이라고 믿을 수 있다. 하지만 뒤부아의 조건은 그보다 훨씬 나빴다. 그는 피테칸트로푸스의 뼈가 있으리라고 예상하였을 뿐, 그것을 단정할 수는 없었다. 그래도 흔들림이 없이 끈기있게 그 탐색을 계속했다. 1년이 지나고 2년, 3년이 지나도, '잃어버린 사슬 고리'는 도무지 찾아 낼 수가 없었다.

뒤부아가 아니고 다른 사람이었다면 이런 뜬구름을 잡는 탐색은 벌써 오래 전에 집어치웠을 것이다. 아마도 뒤부아 자신도 때로는 실의에 빠졌을 것이다.

수마트라에서 피테칸트로푸스를 찾아 내지 못한 그는 순다 열도의 다른 섬——자바 섬에서 자신의 운을 시험해 보기로 했다.

그리고 마침내 여기서 그에게 행운이 돌아왔다(1891~1892년).

트리닐이라는 마을 부근에서 그는 피테칸트로푸스의 두개골과 아래턱의 조각과 몇 개의 이빨과 대퇴골을 발견했다. 그보다 조금 뒤에 다시 대퇴골의 파편을 몇 개인가 발견했다.

조상의 얼굴을 가만히 들여다보며 모자란 부분을 상상으로 보충하고 있는 동안에 뒤부아의 눈앞에는, 뒤로 깎인 듯이 달린 낮은 이마와 움푹한 눈위의 두툼한 눈썹의 선이 보였다. 이 얼굴은 인간보다도 훨씬 원숭이에 가까웠다. 그러나 두개골을 살펴보니 피테칸트로푸스는 원숭이보다는 훨씬 영리한 생물이었음을 알 수 있었다. 그 뇌의 용적은, 인간에게 가장 가까운 원숭이 것보다도 훨씬 컸던 것이다.

두개골·이빨, 몇몇 뼈의 파편——아무래도 충분한 자료라고는 할 수 없었다. 하지만 그것을 연구하는 것만으로도 뒤부아는 많은 부분을 복원할 수가 있었다. 대퇴골과 이에 붙어 있던 근육과 힘줄의 희미한 흔적을 살펴보고는, 피테칸트로푸스가 그럭저럭 두 발로 걸을 수 있었으리라고 판단했다.

이리하여 뒤부아는 자기 조상의 모습을 그려낼 수가 있었다.

그것은 무릎을 구부리고, 긴 팔을 늘어뜨리고, 몸을 앞으로 굽힌 채, 숲속의 빈터를 어슬렁거리고 있다. 늘어진 눈썹 밑에서 눈이 앞을 내다보며 뭔가 먹을 것이 없을까 하고 땅 위를 둘러보고 있다.

이것은 이제 원숭이는 아니지만, 그렇다고 해서 진짜 사람도 아니다. 뒤부아는 자기가 발견한 이 생물에게, '피테칸트로푸스 에렉투스'——서서 걸어가는 피테칸트로푸스'라는 이름을 붙였다. 원숭이와 비교하면 그가 곧장 서서 걸었다는 것은 틀림없었기 때문이다.

피테칸트로푸스가 발견되었기 때문에 목적은 이룩된 것으로 생각됐었다. 그러나 뒤부아에게는 가장 괴로운 세월이 이 순간부터 시작되었다. 사람의 완고한 편견을 타파하기란 두터운 지층을 파나가는 것보다도 훨씬 어려웠다.

인간의 기원이 원숭이라는 것을 완강하게 부인하려는 무리가 뒤부아의 발견에 대하여 빗발치는 비난을 퍼부었던 것이다. 사제복이나 프록코트를 입은 고고학자는, 뒤부아가 발견한 두개골은 긴팔원숭이의 것이고, 대퇴골은 현재 사람의 것이라고 주장하기 시작했다. 즉, 이 원인을 원숭이에게 사람을 보탠 것, '원숭이+사람=원인'이라는 수학의 식으로 바꾸어 버렸다. 그러고서도 아직 안심이 안 되었는지 한 걸음 더 나아가, 뒤부아가 판 것의 연대를 의심하기 시작했다. 그런 뼈는 몇십만 년이나 땅 속에 파묻혀 있던 것이 아니라 고작해야 몇 년밖에 되지 않은 것이라고 주장했던 것이다.

말하자면 피테칸트로푸스를 도로 땅 속에 묻어 잊어버리도록 온갖 짓을 저질렀던 것이다.

뒤부아는 용감하게 자기의 주장을 지켜나갔다. 이 발견이 학문에 있어서 중대한 발견임을 알게 된 사람들은 다 함께 뒤부아의 편이 되었다.

공격하는 사람들에게 뒤부아는 이렇게 대답했다――긴팔원숭이의 두개골일 수는 없다. 긴팔원숭이의 앞머리에는 융기가 없지만 피테칸트로푸스에게는 있다.

몇 해가 지났다. 피테칸트로푸스에게 향하는 눈길은 여전히 의혹으로 차 있었다. 그런 때에 피테칸트로푸스를 빼 닮은 새로운 원인이 갑자기 중국 베이징에서 발견되었다.

20세기 초, 베이징의 거리를 걷던 한 학자가 구경하기 위하여 어떤 한약방에 들렀다.

가게의 진열대에는 사람의 모습을 그대로 닮은 고려 인삼, 동물의 뼈와 이빨, 갖가지 부적 등 기묘한 것들이 늘어놓여 있었다.

그러한 물건 가운데서 한 이빨이 학자의 눈에 띄었다.

그것은 짐승의 이빨이라고는 할 수 없으나 그렇다고 현재 사람의 이빨도 아니었다.

학자는 그 이빨을 사서 유럽의 어느 박물관에 보냈다. 박물관에서는 조심

조심 '중국의 이빨'이라는 이름을 붙여서, 그것을 카탈로그에 실어두었다.

그리고 20년쯤 뒤, 이번에도 아주 뜻밖에 베이징 근처의 저우커우뎬(周口店)의 석회동굴 안에서 그와 같은 이빨이 두 개 발견되었고, 얼마 지난 뒤 그 이빨을 달고 있던 몸체도 발견되었다. 학자들은 이것에 시난트로푸스라는 이름을 붙였다.

몸체를 발견했다고는 하지만, 사실은 실물 그대로가 아니고 여러 가지 뼈의 집합체 모양으로 발견하였던 것이다. 이빨 50개 정도, 두개골은 3개, 턱뼈는 11개, 대퇴골은 1개, 추골·쇄골·완골 등이 각각 1개씩, 족골 한 조각——이것이 그곳에 있었던 것이다.

그렇다고 그 동굴 안에 살았던 동물이 머리가 세 개에 다리가 하나밖에 없었다는 말은 아니다.

문제는 매우 간단하게 해석할 수 있다. 즉 그 동굴에는 하나의 시난트로푸스가 아니라 여럿이 무리지어 살고 있었던 것이다. 그 많은 뼈는 몇십만 년 동안에 어디론가 사라져 버렸던 것이다. 짐승이 끌고 간 것도 있을 것이다. 그러나 지금 남아 있는 뼈만으로도 동굴 속의 살던 동물의 모습을 그려보기에는 충분했다. 학자는 손가락 하나만 가지고도 인간 전체의 모양을 상상해 낸다.

그럼 선사시대의 우리들의 조상은 어떤 모습을 하고 있었을까? 솔직히 말해서, 그는 결코 아름답다고 할 수 없었다.

갑자기 마주친다면, 누구라도 오싹해져서 뒷걸음질칠 것이다.

앞으로 툭 튀어나온 얼굴에 팔이 길고 털북숭이어서 원숭이 쪽에 가까웠다. 그래서 순간적으로, 이것은 원숭이다라고 생각하겠지만, 곧 그 생각을 취소할 수밖에 없을 것이다. 왜냐하면 이만큼 사람답게 서서 걷는 원숭이는 없으며, 이렇게 사람 얼굴을 닮은 원숭이도 없기 때문이다.

살짝 시난트로푸스의 뒤를 따라가서 그 동굴에 가까이 가 보았다고 한다면, 이러한 의심은 완전히 사라질 것이다.

시난트로푸스는 구부러진 다리로 뒤뚱뒤뚱 강가를 따라 나아간다. 그러다가 갑자기 모래밭에 주저앉아서 커다란 돌에 정신을 팔린다. 그는 돌을 주워서 이리저리 살펴본 다음 다른 돌에 대고 두들겨 본다. 그 다음에 일어서서 발견한 돌을 가지고 또 앞으로 나아간다.

시난트로푸스의 생활(상상그림)

좀더 뒤를 따라가노라면, 그는 강가의 조금 둔덕진 곳으로 나간다. 그곳에 동굴의 입구가 있으며 곁에는 거주자 전원이 모여 있다. 모두들 한덩어리로 되어 있다. 수염이 더부룩한 털북숭이 노인이 돌로 만든 연장으로 죽은 사슴의 몸을 찢고, 그 곁에서는 여자들이 손으로 고기를 찢고, 아이들은 고기를 달라고 조르고 있다. 이 광경을 동굴 안에서 불타고 있는 모닥불이 불그레 비쳐주는 것이다.

이렇게 되면 모든 의문은 사라져 버릴 것이다. 원숭이가 불을 피울 수 있으며, 돌 연장을 만들 수 있겠는가? 그러나 당연한 일이긴 하지만, 여러분은 어떻게 시난트로푸스가 도구를 만들고 불을 이용하였다는 것을 알 수 있는가, 하고 질문할 것이다.

이 물음에 대해서는 저우커우뎬의 동굴이 스스로 대답해 준다. 동굴을 발굴하는 동안에 뼈만이 아니고, 흙과 섞인 두꺼운 재의 층과 거친 석기류 등 여러 가지가 발견되었다.

석기는 2천 점 이상 발견되었고, 재의 층 두께는 7미터 이상이나 되었다.

이것을 보면 시난트로푸스는 꽤 오랜 동안 동굴에 살았으며, 기나긴 세월

동안 불을 끊이지 않고 계속 피웠다는 사실을 알 수 있다.

아마도 그들은 아직 불을 스스로 일으키지는 못했을 것이다.

먹을 수 있는 나무뿌리나 연장이 되는 돌을 주워 오는 것처럼 불도 주워 왔을 것이 틀림없다.

산불이 나면 그 근처에서 불을 얻을 수가 있었다. 아직 타고 있는 것을 끌어모아서, 시난트로푸스는 그것을 소중히 집으로 가지고 갔다. 그리고 비바람이 치지 않는 동굴 속으로 가지고 들어가 소중한 귀중품으로써 불을 계속 보존하였던 것이다.

최근 1959년에, 영국의 학자 루이스 리키가 탕가니카에서 시난트로푸스보다도 훨씬 오래된 인류 조상의 두개골을 발견했다.

진잔트로푸스라고 명명된 탕가니카의 원인(猿人)은, 170만 년 전에 아프리카의 숲에 살고 있었다. 최초의 피테칸트로푸스가 나타나기 몇십만 년 전의 일이다. 그리고 가장 중대한 것으로, 진잔트로푸스의 '손자'나 '증손자'에 해당되는 사람의 뼈가 아프리카에서 발견되었다. 상당히 가능성은 있는 일이지만, 이들 진잔트로푸스의 자손은 피테칸트로푸스와 '같은 연대의 사람'이었는지도 모른다.

3 손의 자취를 따라

사람은 법칙을 깨뜨린다

우리들의 조상은 돌이라든가 막대기를 손에 들게 되었다. 이로 말미암아 이제까지보다도 세어지고 자유로워졌다.

가까이에 알맞은 과일이나 견과나무가 있느냐 어떠냐는 그다지 중요하지 않게 되었다. 먹을 것을 찾아 집을 떠나 멀리까지 나갈 수 있게 되었기 때문이다. 그는 숲속의 한 작은 세계에서 다른 작은 세계로 옮긴다든가, 장시간 훤히 트인 평지에 머물러 있다든가, 지금까지는 먹지 못했던 것에까지 손을 대게 되었다.

이렇게 모험에 넘친 생활을 시작하면서부터 사람은 재빨리도 자연의 법칙을 깨뜨리는 존재가 되었다.

나무 위에 살면서도 나무에서 내려와 땅 위에서 어슬렁거리기 시작했다. 뿐만 아니라 뒷발로 서서 지금까지의 걷기와는 다른 걷기를 시작했다. 게다가 먹을 수 있는 것이 아니었던 것을 먹으며, 지금까지와는 다른 방법으로 먹이를 찾았다.

자연 속에서는 모든 동물·식물이 '먹이사슬'로 서로 묶여 있다. 숲 어딘가에서 다람쥐가 전나무 씨를 먹고 있으면, 이 다람쥐를 담비가 잡아먹는다. 여기서 전나무 씨——다람쥐——담비라는 사슬이 이루어진다. 그러나 다람쥐는 전나무 씨뿐만 아니고 다른 여러 가지 것, 예를 들면 버섯 종류나 견과 등도 먹는다. 또, 다람쥐를 잡아먹는 것도 담비만은 아니다. 예를 들면, 독수리과를 비롯해서 기타의 많은 육식 동물이 먹는다. 그래서 버섯과 견과——다람쥐——독수리라는 제2의 사슬이 이루어진다.

숲의 주민들은 모두 이와 같이 사슬로 매어져 있는 것이다.

우리들의 조상도 또한 주변의 세계와 먹이사슬로 묶여 있었다. 예를 들면 과일을 먹었고, 마하이로드 범에게 잡아먹혔다.

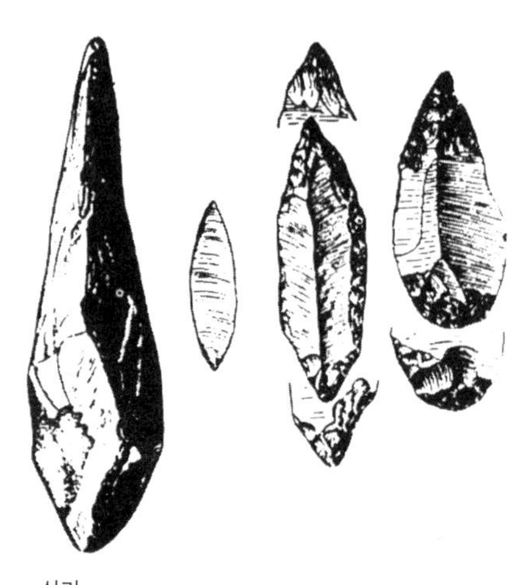

석기
사람의 손이 아니고는 돌로 이런 모양을 만들 수 없다.

그런데 그가 갑자기 이런 사슬을 끊어 버린 것이다. 그는 그때까지 먹지 않았던 것들을 먹기 시작했다. 그의 조상은 수십만 년 동안 마하이로드범에게 계속 먹혀왔지만, 이제 그는 이러한 범의 먹이가 될 것을 거부했다.

그는 어떻게 이렇게 강해졌나? 맹수의 날카로운 이빨이 기다리고 있는 지상으로 어떻게 내려갈 생각을 하게 되었나? 그것은 개가 이빨을 드러내고 기다리고 있는 지면에, 고양이가 나무에서 내려가는 것과 전적으로 같은 일이랄 수 있다.

사람에게 용기를 준 것은 손이었다. 손이 잡은 돌, 먹이를 잡는 데 사용한 막대기, 그것은 또 몸을 지키는 데 도움이 되었다. 사람의 최초의 연장은 그 무기도 되었다.

그리고 사람은 혼자서는 절대로 숲을 걸어다니지 않았다.

이제는 맨손이 아니었으므로 무기를 들고, 무리를 지어 맹수에 저항했다.

그 밖에 불의 사용도 중요한 일이다. 불을 사용하여, 사람은 아무리 무서운 짐승들도 위협을 하여 쫓아 버릴 수가 있었다.

손의 자취를 따라

나무에서 지상으로, 숲에서 하천이 흐르는 골짜기로――이것이 지금까지 나무에 묶이게 했던 사슬을 끊는 데 성공한 사람이 더듬었던 길이다.

그럼 사람이 하천을 낀 골짜기로 나아갔다는 것은 어떻게 알 수 있을까? 그쪽으로 간 흔적이 남아 있기 때문이다.

그렇다면 어떻게 현재까지 그런 흔적이 남아 있는 것일까? 그것은 발이 남긴 발자국이 아니고, 손이 남긴 흔적이다.

백 년쯤 전에 프랑스의 솜 강변 골짜기에서 일꾼들이 작업을 하고 있었다. 강가에 형성된 낡은 퇴적물에서 모래와 자갈 등을 채취하는 일이었다.

아득히 먼 그 옛날, 솜 강이 생긴 지 얼마 안 되었을 무렵에는 큰 바위도 쉽사리 밀려 내려갈 만큼 물살이 빨랐다. 강물은 흘러 내려가는 도중 돌과 돌을 맞부딪치게 했으며, 울퉁불퉁한 지면을 깎아 뭉개고, 바위의 파편을 갈아서 둥근 자갈로 변화시켰다. 그러던 중 강의 흐름이 완만해지고 조용해지자, 자갈 위에는 모래와 흙이 쌓이게 되었다.

일꾼들은 삽으로 이 흙과 모래 밑에서 자갈을 파내고 있었던 것이다.

여기서 기묘한 것이 발견되었다. 자갈 가운데에서 조금도 둥글지 않고, 오히려 그 반대로 양쪽을 잘라낸 것처럼 뾰족한 모양을 한 돌이 있었던 것이다. 누가 이런 모양으로 만들었을까? 강은 아니다. 강이라면 돌을 둥글게 갈 것이다.

기묘한 돌은 그 근방에 살고 있던 부셰 드 페르트(1788~1868년)라는 학자의 눈에 띄었다. 그의 집에는 솜 강변에서 발견된 수집물이 산더미처럼 있었다. 그곳에는 매머드의 이빨도, 코뿔소의 뿔도, 그리고 동굴에 살던 곰의 두개골도 있었다. 이들 동물은 지금은 말이나 양들이 그렇듯이 물을 마시기 위하여 이따금 솜 강가로 내려왔을 것이다.

하지만 선사시대의 사람은 어디에서 살았던 것일까? 부셰 드 페르트는 도저히 그 뼈를 찾아 낼 수 없었다.

마침 그 무렵에, 그는 모래 속에서 나온 기묘한 돌을 보게 되었던 것이다. 도대체 누가 돌의 양면을 이렇게 뾰족하게 깎았을까? 그런 일을 할 수 있는 존재는 사람뿐이라고 부셰 드 페르트는 판단했다.

그는 두근거리는 가슴을 안고 발견한 돌들을 지켜보았다. 틀림없이 그것은 고대인의 유골은 아니었다. 그러나 그의 흔적 ──그의 유품이었다. 이러한 일을 해낸 것은 강물이 아니라 사람의 손임에 틀림없었다.

부셰 드 페르트는 이 발견에 대하여 《창조에 대하여──생물의 기원과 진화론》이라는 제목을 붙인 저서를 썼다.

여기서 또 싸움이 시작되었다. 뒷날 뒤부아가 겪었던 것처럼 부셰 드 페르트는 여러 방면에서 공격을 받았다.

이름 있는 고고학자들은, 이 시골뜨기 고고학자가 말하는 것은 학문상으로는 아무런 가치도 없다고 비난하였고, 그의 '돌도끼'라는 것도 엉터리 가짜이고, 그의 저서는 교회의 인간 창조설에 위배되는 것이므로 재판에 회부하여야 한다고 주장했다.

부셰 드 페르트와 그의 반대자와의 싸움은 15년간이나 계속되었다.

부셰 드 페르트는 나이를 먹어 백발 노인이 되었지만, 인간의 씨가 먼 고대에 생겼음을 증명하려고 완강히 싸움을 계속했다.

최초의 책에 이어서 그는 제2, 제3의 책을 썼다.

수적으로는 비교가 안 되었으나 결국 부셰 드 페르트는 이겼다. 지질학자인 찰스 라이엘(1797~1875년)과 프레스트비치(1812~1896년)가 응원을 하기 위해 달려왔던 것이다. 두 사람은 솜 강 골짜기로 찾아와서 발굴 현장을 조사하고, 부셰 드 페르트의 수집물을 차분히 관찰·연구한 결과, 부셰 드 페르트가 발견한 연장은 고대 사람의 연장임에 틀림없다고 발표했다. 그것은 아직 코끼리나 코뿔소가 프랑스에서 걸어다녔던 시대에, 그곳에 살았던 사람의 석기였다.

《사람의 고대 문화의 지질학적 논증》이라는 라이엘의 책은 부셰 드 페르트의 반대자들의 입을 다물게 만들었다. 그러자 이번에는 부셰 드 페르트가 발견한 것은 새로운 것도 아무것도 아니다, 고대인의 연장 따위는 전부터 얼마든지 사람의 눈에 띄어왔다는 둥 트집을 잡았다.

이에 대해서 라이엘은 따끔하게 비꼬아 대답하고 있다.

"과학이 뭔가 중대한 발견을 할 때마다, 사람들은 처음에는 그것이 종교에 위배된다고 말하고, 다음에는 오래 전부터 알려져 있었던 것이라고 주장한다."

오늘날 부셰 드 페르트가 발견한 것 같은 석기는 얼마쯤이라도 발견되고 있다. 그것이 가장 많이 발견되는 곳은 강변의 모래나 자갈 채취장이다.

이리하여 오늘날 일꾼들의 삽은, 사람이 그걸 가지고 처음에 일하기 시작했을 무렵의 연장과 흙 속에서 마주치게 된다.

석기 가운데에서 가장 오래된 것은 다른 돌로 두들겨서 양쪽을 깎아낸 돌이다. 잘못 두들기면 돌은 산산조각이 나 버린다. 이러한 파편은 석기에 섞여 나오기도 한다.

이들 석기는 강변의 골짜기나 여울을 따라 흩어져 있는 손의 흔적인 것이다. 강가 퇴적물 안이나 여울에서, 사람은 인공적인 발톱이라든가 이빨로 적합한 재료를 찾았던 것이다.

이것은 정말로 사람이 한 일이었다. 짐승도 먹이라든가 집을 지을 건축 재료를 찾을 수는 있다. 하지만 자기의 발톱이나 이빨을 만들 재료를 찾는 일은 절대로 할 수 없다.

살아 있는 삽과 통

여러분은 동물의 기술에 관한 이야기를 읽거나 들은 적이 있을 것이다. 동물 가운데에는 건축기사도 있고 석공·목수·방직공, 그리고 재봉사까지 있다. 예를 들면 비버는, 그의 날카로운 강한 이빨로 나무꾼에 뒤지지 않을 정도로 솜씨 있게 나무를 잘라 쓰러뜨리고, 나무줄기와 가지로 둑을 만들어 물을 모으는 댐을 쌓는다.

가장 평범한 붉은 빛깔의 숲개미를 살펴보자. 막대기로 개미집을 파보면, 그것이 여러 층으로 된 훌륭한 건조물임을 알게 될 것이다. 실로 그것은 침엽수 잎사귀로 만들어진 고층 건물이다.

따라서 이런 의문이 생길 수 있다. 개미나 비버의 건조물을 사람이 부숴 버리지만 않는다면, 그들이 언젠가는 사람을 따라잡게 되지 않을까? 예를 들면 개미는 백만 년쯤 지나면, 개미의 신문을 읽고, 개미의 작업장에서 일하고, 개미의 비행기로 날아다니고, 라디오로 개미의 방송을 듣게 되지는 않을까? 물론 절대로 그렇게는 되지 않는다. 사람과 개미 사이에는 한 가지 아주 중요한 차이가 있기 때문이다.

그 차이란 무엇일까? 사람이 개미보다 크다는 것일까? 그렇지 않다. 개미는 다리가 6개 있는데, 사람에게는 2개밖에 없다는 것일까? 그것도 아니다. 이와는 다른 차이점이다.

사람은 어떻게 일을 하나? 사람은 맨손이나 이빨을 써서 일을 하지는 않는다. 도끼·삽·해머 등을 가지고 작업을 한다. 그런데 개미집에서는 아무리

비버

잣새

가문비나무 열매

뒤져도 도끼 하나, 삽 하나를 찾아볼 수 없다.

뭔가 자를 일이 생기면, 개미는 머리에 달려 있는 피가 통하는 가위를 사용한다. 흙을 파야 할 때는, 피가 통하는 삽 4개를 사용한다. 이것은 늘 몸에 달려 있는 4개의 다리이다. 2개의 앞발로 땅을 파고 2개의 뒷발로 판 흙을 뒤로 긁어낸다. 이때 가운데의 두 다리는 몸의 균형을 잡고 있다.

어느 종류의 개미는, 개미집 속에 창고가 있고, 그곳에 살아 있는 통이 잔뜩 채워져 있다. 어두운 지하실의 낮은 천장에 똑같은 모양의 통이 빈틈없이 매달려 있는 것이다. 그들의 통은 꼼짝도 않고 있다. 그러던 중 한 개미가 지하실로 기어들어간다. 수염 끝으로 몇 번 툭툭 두들기자, 통은 갑자기 꿈지럭꿈지럭 움직이기 시작했다.

자세히 보니, 이 통에는 머리뿐 아니라 가슴도 다리도 있다. 통이라고 한 것은, 실은 천장의 가로대에 달라붙어 매달려 있는 개미의 굉장히 부풀어 오른 커다란 배를 말한다. 턱을 열고 입 안에서 꿀물이 방울져 흐른다. 일개미는 기운을 돋우려고 여기에 찾아와서는 꿀을 핥고 다시 일하러 나간다. 그러면 통 구실을 한 개미는 다시 다른 통개미들 사이로 돌아가 꾸벅꾸벅 잠을 잔다.

개미의 기술이란 이와 같이 '살아 있는' 기술로, 연장과 그릇처럼 인간 세계의 인공적인 것이 아니라, 절대로 자기 몸에서 떼어 낼 수 없는 천연의 물건이다.

비버의 연장도 역시 살아 있는 연장이다. 그는 도끼가 아닌 자기 이빨로 나무를 자른다.

즉, 개미도 비버도 연장을 만들지는 않는다. 태어났을 때부터 만들어진 도구를 갖추고 있는 셈이다.

청딱따구리도 마찬가지다. 식사를 할 때, 딱따구리는 칼도 포크도 사용하지 않는다. 그의 식사 도구라고는 부리 하나밖에 없다. 딱따구리는 이것을 써서 아주 솜씨 있게 전나무 열매를 깨고, 안에서 열매를 쪼아 낸다. 딱따구리는 자기의 식기를, 비록 잠잘 때라 할지라도 절대로 몸에서 떼어 놓지 않는다. 그 이유는 간단하다. 부리가 바로 자신의 식기이기 때문이다.

호두까기를 호두알을 까는 데 사용하고, 병따개를 병 마개를 따는 데 사용하듯이, 이 부리를 전나무 열매를 깨는 데 사용하는 것이다.

다만 차이점이 있다면, 호두까기를 호두알에 사용하는 것은 사람인 데 반해서, 딱따구리의 부리는 기나긴 세월 동안 전나무 숲에서 전나무 열매를 까는 데 사용되어 온 것이다.

얼핏 생각하면 이것은 아주 편리하다. 살아 있는 몸이 연장이기 때문에 닳지도 않고, 어딘가에 잃어버리는 일도 없다. 그러나 좀더 생각해 보면, 이 연장은 생각한 것만큼 썩 훌륭한 물건이 아니라는 사실을 깨닫게 될 것이다.

그것은 고칠 수도 없고, 다시 만들 수도 없다.

비버는 나이를 먹어 이빨이 약해져도, 그것을 수리할 수 없다. 개미는 발을 다쳤다고 해서 공장에 주문하여 더 알맞고 재빨리 흙을 팔 수 있는 완전한 새 발을 만들어 끼울 수는 없다.

손 대신에 삽을 가진 사람

다른 동물과 마찬가지로 사람에게도 살아 있는 연장이 있을 뿐 나무·쇠·강철 등으로 만든 도구가 없다고 가정해 보자. 그는 새로운 연장을 발명할 수도 없고, 낡은 연장을 다시 고칠 수도 없을 것이다. 삽이 필요하게 되었다면, 그는 삽 같은 모양의 손을 가지고 태어나야만 한다. 이것은 물론 도저히 있을 수 없는 가정이다. 그래도 어쨌든, 그러한 불구자가 태어났다고 하자. 그는 아마도 멋있는 토공이 될 것이다. 그러나 자기의 기술을 남에게 물려주지는 못한다. 그것은 시각이 뛰어난 자가 남에게 자기 눈을 빌려 줄 수 없는 것과 같은 이치이다.

그는 삽 목적으로 쓸 손을 언제나 몸에 달고 다녀야만 한다. 뭔가 다른 일을 하게 될 때에는, 이번에는 그것이 방해가 될 수도 있을 것이다. 그리고 이 사람이 세상을 뜰 때에는, 이 삽도 함께 세상을 뜨게 될 것이다. 이 사람과 함께 묻혀 버리게 되기 때문이다.

그러나 어쩌면, 이 삽이 자손에게 전해질 수도 있을 것이다. 머리칼 색깔이라든가 코의 모양이 전해지는 것과 마찬가지로, 그의 손자라든가 증손자가 이 변이를 이어받을지도 모른다.

그럴지도 모르는 것이 아니라, 그것이 동물에게 해로운 것이 아니고 유익한 것이라면, 살아 있는 연장은 당연히 종족에게 전해지고 보존될 것이다.

가령 사람이 두더지처럼 땅 속에서 생활한다면, 물론 그 손 삽은 필요할 것이다.

그러나 지상에서 생활하는 자에게는 그런 모양의 손은 아무 소용도 없는 물건이다.

사람이 만드는 연장이 아니라, 자연히 주어지는 산 몸의 연장이 새로이 만들어지기 위해서는 이렇게 많은 조건이 필요하다.

다행히 사람은 다른 길을 택했다. 사람은 손 대신에 삽이 생겨나길 기대하지 않았다. 그는 스스로 그것을 만들었다. 삽뿐만이 아니라 칼도, 도끼도, 그 밖의 다른 많은 연장도 만들었다.

조상으로부터 물려받은 20개의 손가락과 발가락, 32개의 이빨 이외에, 사람은 긴 것에 짧은 것, 굵은 것에 가는 것, 뾰족한 것에 둥근 것, 빠개는 것, 자르는 것, 두드리는 것 등 몇천 개나 되는 갖가지 손가락·앞니·송곳니·손톱·주먹 등을 보탰다.

그 결과 다른 동물들과의 경주에서, 사람은 어떤 종도 따라잡을 수 없을 만큼 굉장한 속력을 내게 된 것이다.

사람의 일과 강물의 일

우리의 조상이 겨우 사람으로서의 모습을 갖추기 시작한 그 무렵에는, 그들 또한 '돌발톱'이나 '돌이빨'을 만들 줄은 몰랐으며, 그저 모아 가질 뿐이었다. 마치 지금 우리가 딸기라든가 버섯을 따서 모으는 식이었다. 강가를 돌아다니면서 자연의 손으로 깎이거나 갈려서 날카로워진 돌을 끈기 있게 찾아 냈다.

이렇게 생긴 '천연'의 날붙이는 대개 강물이 거칠게 소용돌이치고 있는 근처에서 찾을 수가 있었다. 소용돌이치는 물은 마치 큰 감자라도 씻을 때와 같이 돌들을 서로 맞부딪치게 하여 서로 깨지고 깎이게 했던 것이다.

그러나 소용돌이는 무엇을 만들어 내겠다는 생각은 없었으므로, 그 결과 생긴 수많은 돌 중에 사람에게 도움이 될 만한 것은 별로 눈에 띄지 않았다.

그래서 사람은 자기에게 필요한 것을 만들기 시작했다. 즉 연장을 만들기 시작했던 것이다.

이리하여 그 뒤의 인류 역사 속에서 끊임없이 되풀이되었던 일이 비로소 시작되었던 것이다. 사람은 자연·천연적인 것을 인공적인 것으로 바꾸기 시작하였다. 자연 속에는 없는 새로운 물건을 만들어 내기 위하여 자연이라는 거대한 작업장 한구석에 자신의 작업장을 세우게 되었다.

이리하여 석기를 만드는 작업장이 생겼고 그 다음에, 수천 년 걸려 금속을 만드는 작업장이 세워졌다. 쉽게 눈에 띄지 않는 자연 금속을 이용하는 대신에, 사람들은 광석에서 금속을 빼내기 시작했다. 이리하여 발견한 것에서 직접 손으로 만드는 것으로 옮겨갈 때마다, 사람은 자연의 엄한 지배를 벗어나 자유로이 새로운 한 걸음을 내딛었던 것이다.

처음에 사람은 연장을 만드는 재료를 스스로 만들어 낼 줄은 몰랐다. 그래서 자연 속에 이미 있는 재료를 가지고 와서, 그것을 새로운 모양으로 만드는 방법을 배웠다.

돌을 손에 잡고, 다른 돌로 이것을 두들겨서 칼날처럼 된 튼튼한 도구를 만들었다.

고고학자는 이것을 '뗀 석기'이라든가 '주먹 도끼'라고 부른다. 그런 연장은 돌을 자르는 데는 편리했다. 잘려 나간 조각도 도움이 되었다. 이 조각으로 자르거나, 갈거나, 빠개거나 할 수도 있었다.

땅 속 깊은 곳에서 발견되는 가장 오래 된 연장은 자연에 의해서 가공된 돌과 비슷하기 때문에 그것을 만든 것이 사람이었는지 강물이었는지 아니면 물과 더위 또는 추위였는지 확실히 분간할 수 없는 경우가 많다.

그러나 틀림없이 연장이라고 할 수 있는 것도 발견되고 있다.

고대의 모래톱이나 강가는 이제 진흙이나 모래의 두터운 층 밑에 묻혀 있지만, 이것을 파내서 고대인의 작업장을 고스란히 찾아 내는 경우도 있다. 거기에는 완성된 돌도끼나 돌도끼로 만들려고 하는 미완성품도 그대로 갖추어져 있다.

러시아에서는 남부 지방——카프카스의 호수 후미 부근의 연안 지대나, 크림의 키크 코바 동굴 같은 데서 이 돌도끼가 발견되고 있다.

미완성의 돌도끼를 잘 살펴보면, 돌을 깎아 내기 위해 사람이 어디를 두들겼는지, 어떻게 다듬었는지를 분명히 알 수 있다.

자연은 이런 반제품을 만들 수 없다. 이런 것을 만들 수 있는 존재는 사람뿐이다.

이 점은 이해할 수 있을 것이다. 자연에서는 일정한 목적이나 계획 없이 행해지는 일이 있다. 강물의 소용돌이는 아무 생각도 없이 닥치는 대로 돌을 부딪히게 한다. 사람도 같은 일을 하지만, 그 행위는 의식적이고 분명한 목적을 갖는다. 그 결과 세계에서 처음으로 목적과 계획이라는 것이 나타났던 것이다. 사람은 자연의 돌을 다루면서 조금씩 자연을 가공하고 개조하기 시작했다.

이것이 또 다른 동물의 윗자리로 사람을 밀어올리고, 보다 많은 자유를 사람에게 주었다. 사람은 이제 자연이 자기를 위해 알맞은 돌을 마련해 줄지 어떨지 걱정하지 않아도 되었다.

이제 사람은 스스로 자기를 위한 연장을 만들 수 있게 되었던 것이다.

전기의 시작

사람의 전기는 언제 어디서 태어났는가, 하는 것으로 시작하는 것이 보통이다.

'이반 이바노비치 이바노프는 1879년 11월 23일 탄보프 시에서 태어났다.' 하는 식이다.

때로는 같은 내용을 보다 격조 높은 문체로 나타내기도 한다.

'1879년의 가을은 궂은 날씨가 계속되고 있었다. 뒷날 자신의 이름과 고향 마을에 영광을 안겨줄 운명을 지니고, 이반 이바노비치 이바노프는 탄보프

의 변두리에 있는 초라한 오두막집에서 태어났다.'

그런데 이 이야기는 이제 제3장까지 왔건만, 우리들의 선조가 언제 어디서 태어났는가에 대해선 아직 아무 말도 하고 있지 않다.

그러기는커녕 이름조차도 밝히고 있지 않다. 어느 곳에서는 '원인(猿人)'이라고 했는가 하면, 다른 곳에서는 '고대인'이라고 했으며, 또 다른 데에서는 더 애매하게 '우리들의 조상인 숲의 주민'이라고도 했다.

이 일에 관해서, 두어 가지 변명을 하겠다.

우선 선조의 이름에서부터 시작하겠다.

무척 마음을 쓰기는 했지만, 아무래도 선조의 이름을 결정할 수 없었다. 왜냐하면 그 이름이 너무나 많았기 때문이다.

어떤 전기라도 훑어보면, 첫 페이지에서 마지막 페이지까지, 주인공의 이름은 하나뿐이다. 주인공은 성장하여, 아이에서 어른이 되고, 콧수염이나 턱수염이 나게 되어도 이름은 보통 바뀌지 않는다. 태어났을 때 이반이라는 이름이 붙여졌으면 죽을 때까지 이반이다.

그런데 우리들의 경우에는 사정이 매우 복잡하다.

우리들의 선조는 장마다 바뀌어 가기 때문에 그 이름도 어쩔 수 없이 바뀔 수밖에 없다.

또 원숭이를 빼닮은 가장 오래된 사람은 피테칸트로푸스라고도, 시난트로푸스라고도, 하이델베르크인이라고도 불린다.

하이델베르크인이 남긴 것은 겨우 턱뼈 하나만으로써 그것은 독일의 하이델베르크 시 부근에서 발견되었다.

이 턱뼈를 가지고 판단할 때 그 소유자에게 사람이라는 이름을 붙여줌은 정당하다고 할 수 있다. 그 이빨은 짐승의 것이 아니라 사람의 것이었고, 송곳니도 원숭이에서 볼 수 있는 것처럼 다른 이빨 위에 튀어나와 있지도 않다.

그래도 하이델베르크인은 진짜 사람은 아니다. 원숭이처럼 턱이 뒤로 빠져 있다.

피테칸트로푸스·시난트로푸스·하이델베르크인!

같은 나이, 같은 발달 단계에 있는 우리들의 선조는 이름이 3개나 주어져 있는 것이다.

그 뒤로도 우리들의 선조는 꾸준히 변화했다. 그는 차츰 지금의 사람에 가까워졌다. 유아가 소년이 되고 소년이 청년이 되듯이, 가장 오래된 사람 다음에 네안데르탈인이 이어지고 네안데르탈인 다음에 크로마뇽인이 이어졌다.

사람의 선조에게 이토록 많은 이름이 붙여진 것이다.

그러나 서두르지는 말자. 이 장에서 우리들 선조의 이름은 '피테칸트로푸스 시난트로푸스 하이델베르크인'이다.

이들은 연장을 만들 재료를 찾아 강가를 돌아다녔던 사람들이다. 돌로서 돌을 깎았던 옛날의 강변 퇴적물 속에서 지금 발견할 수 있는, 그 엉성하고 거친 돌도끼를 만든 주인공들이다.

이와 같이, 우리들 선조의 이름을 무엇이다라고 붙이는 것은 그리 쉬운 일이 아니다.

그보다 더 어려운 것은 이들이 언제 태어났는가 하는 것이다.

정확한 출생년을 말한다는 것은 도저히 불가능한 일이다. 왜냐하면 사람은 한 해에 사람이 된 것이 아니기 때문이다. 사람이 걸음을 배우고 연장을 만들 수 있게 될 때까지는, 실로 몇십만 년이라는 세월이 걸렸다. 인류는 몇 살인가? 라는 질문에 대해서는 아주 대략 약 백만 년이라고 대답할 수 있을 뿐이다.

가장 어려운 것은 우리들의 선조가 어디서 태어났는가 하는 문제이다.

우선 우리들은 인류의 할머니가 살고 있었던 곳을 확인하려고 하였다. 이는 화석으로 발굴할 수 있는 할머니 원숭이를 말하며, 이 원숭이로부터 사람도, 침팬지도, 그리고 고릴라도 태어난 것이다. 이 원숭이를 학자들은 드리오피테쿠스(Dryopithecus)라고 부르고 있다. 우리가 드리오피테쿠스의 거처를 찾기 시작하자, 드리오피테쿠스는 여기저기 여러 군데에서 발견되었음을 알게 되었다. 중부 유럽에도 있었고, 동아프리카에도 있었고, 또 남아시아에도 있었다. 학자에게 물어보니, 최근 남아프리카에서 여러 가지 재미나는 것이 발견되었다고 말했다. 숲에서가 아니고 확 트인 평지에 살았고, 벌써 뒷발로 걸을 수 있었던 원숭이의 뼈가 나왔다고 한다.

여기서 다시 한 번 피테칸트로푸스와 시난트로푸스의 뼈는 아시아에서, 하이델베르크인의 턱뼈는 유럽에서 발견되었음을 생각해 보자. 이래서는 어디가 사람의 고향인지 말할 수가 없다. 어느 나라는커녕 어느 대륙인지조차 밝히기가 어렵다.

그래서 우리들은 다시 생각해 보았다. 사람이 썼던 가장 오래 된 연장은 어디에서 발견되었을까? 왜냐하면 사람은 연장을 만들기 시작하였을 때에 비로소 사람이 되었기 때문이다. 어쩌면 이 연장 때문에 최초로 사람이 나타났던 곳을 알 수 있을지도 모른다.

세계 지도를 펴 놓고, 가장 오래 된 연장, 즉 돌도끼가 발견된 곳에 표시를 해보았다. 표시는 매우 많이 붙었다. 가장 많았던 곳은 유럽이었지만, 아프리카나 아시아에도 몇 개씩은 붙었다.

이렇게 놓고 보면, 결론은 단 하나밖에 없다. 사람은 구세계, 즉 유럽과 이에 이어지는 대륙에 나타났고, 그것도 한 군데가 아니라 여기저기에 나타났던 것이다.

이는 틀림이 없을 것이다. 사람의 씨가 단 한 쌍의 원숭이 부부, '원숭이인 아담'과 '원숭이인 이브'에서만 나온 것이라고 생각할 수는 없기 때문이다. 원숭이가 사람으로 바뀐 것은 한 곳에서만 생긴 사건이 아니다. 그것은 두 발로 걷고, 손을 쓰게 된 원숭이가 살았던 곳이라면 어디에서나 일어났던 일인 것이다. 그리고 그가 일을 시작함과 동시에 성질이 다른 새로운 힘이 작용하기 시작했다. 그 것은 그들을 사람으로 바꾼 힘으로 '노동력'이라고 불리는 것이었다.

사람은 시간을 벌다

쇠나 석탄이나 불을 어떻게 얻는가는 누구나 다 알고 있다.

그렇다면 시간은 어떻게 벌 수 있을까?

이것의 답을 아는 사람은 그리 많지 않다.

그런데 사람이 시간을 벌 줄 알게 된 것은 꽤 오랜 옛날의 일이었다. 도구를 만들기 시작하자, 사람의 생활 속에는 새로운 일, 진짜 사람의 일, 즉 노동이라는 것이 생겨났다. 그러나 노동에는 시간이 필요했다. 석기를 만들기 위해서는 우선 알맞은 돌부터 찾아야 했다. 아무 돌이나 쓸 수 있는 것은 아니었기 때문이다.

연장을 만드는 데 가장 알맞은 것은 단단하고 튼튼한 돌이다.

그러나 그런 돌은 아무 데나 뒹굴고 있는 것이 아니었으므로 찾아 내야만 했다. 사람은 그것을 구하는 데 많은 시간을 썼으나 헛수고로 끝날 때도 있었다. 그래서 일을 하기 위하여 할 수 없이, 그리 단단하지 않은 돌이라도 줍든가, 아니면 사암(砂巖)이나 석회암 같은 연한 재료로 만족해야 했다.

어쨌든, 알맞은 돌을 발견했다고 하자. 그것을 필요한 모양으로 만들기 위해서는, 다른 돌——즉 돌도끼로 평평하게 고르거나 깎아 내야만 했다. 그러자니 또 시간이 필요했다. 사람의 손가락은 일하는 것을 겨우 배우기 시작한 단계였으므로 솜씨있고 재빠르게 움직이지도 못했다. 그래서 거친 돌도끼 하나 만드는 데도 지금 우리가 강철로 도끼를 만드는 것보다 훨씬 많은 시간이 걸렸다.

그러면 대체 이 시간을 어떻게 장만하였을까? 원시인에게는 한가한 시간이 별로 없었다. 아마도 오늘날의 가장 바쁜 사람들보다도 더 짬이 없었을 것이다. 그는 아침부터 저녁까지 숲속이나 숲의 빈터를 걸어다니며 먹을 수 있는 것이라면 무엇이라도 찾아 내어 자신과 자기 아이들의 입에 집어 넣었다. 잠잘 시간 이외의 모든 시간은 먹을거리를 찾고 먹는 일에 썼다. 왜냐하면 먹을거리 그 자체가 많이 먹지 않으면 안 될 그런 것뿐이었기 때문이다.

딸기 종류·나무열매·달팽이·쥐·나무의 새싹·나무뿌리·애벌레 따위의 자질구레한 것들은 아무리 먹어도 배가 부르지 않았을 것이다.

오늘날 사슴의 무리는 숲속에서 이끼 종류를 먹고 산다. 사람의 무리도 그 무렵에는 숲속에서 그런 생활을 하였다. 그렇게 하루 종일 쉴 사이도 없이 먹이를 찾는 데 매달렸다고 한다면, 일할 시간은 별로 없었을 게 아닌가?

그런데 일에는 묘한 성질이 있다. 일은 시간을 빼앗을 뿐만 아니라, 시간을 주기도 하는 것이다. 사실 다른 사람이 8시간 걸려서 하는 일을 여러분이 4시간만에 해치웠다고 한다면, 여러분은 4시간을 번 셈이 된다. 또 두 배나 빨리 일을 할 수 있는 연장을 발명했다면, 그때까지 그 일 때문에 써 오던 시간의 절반을 마음대로 쓸 수가 있으니, 곧 벌어들인 결과가 되는 것이다.

이와 같이, 시간을 버는 방법을 고대인들은 이미 발견하였던 것이다.

돌을 깎는 데는 많은 시간이 걸렸다. 그 대신 그 다음부터는, 이 날카로운 돌을 사용하여 쉽게 나무껍질 밑의 애벌레를 잡을 수 있었다.

돌로 막대기를 다듬는 데도 상당한 시간이 걸렸지만, 그 대신 다음부터는 그 막대기를 써서 쉽게 땅 속에서 먹을 수 있는 나무뿌리를 캐내었고, 풀 사이에 나타난 작은 동물을 잡을 수도 있게 되었다.

이리하여 훨씬 빨리 먹이를 얻을 수 있게 되었다. 바꾸어 말해서 사람은 그만큼 더 일할 시간을 낼 수 있게 되었던 것이다. 그래서 먹이를 찾는 데서 벌게 된 시간에 다른 연장을 만든다든가, 더 날카로운 연장을 만들기 시작했던 것이다. 그리고 새로운 연장을 만들어 내면서, 차츰 더 많은 먹이를 얻게 되었고, 결국은 더 많은 시간을 벌기에 이르렀다.

특히 많은 시간을 사람에게 주었던 것은 사냥이었다. 고기는 반 시간 정도만 먹으면 하루 종일 배가 불렀다. 하기야 처음에는, 사람은 그리 자주 고기를 먹을 수는 없었다. 막대기라든가 돌로써는 커다란 짐승을 잡는 것이 어려웠고, 들쥐 정도는 잡았다 한들 별 보람도 없었던 것이다.

사람은 아직 본격적인 사냥꾼이 아니었다.

그렇다면 그는 무엇이었을까?

그는 먹이를 줍는 채집자였다.

사람·채집자

오늘날 채집자가 된다는 것은 조금도 어렵지 않다. 하루 종일 숲속을 헤매며 버섯이나 딸기를 딴 경험을 한 사람이 있을 것이다. 이끼 속에 갈색 버섯의 갓을 발견했을 때나 풀 속에서 윤이 반드르르 흐르는 빨간 버섯의 대가리를 발견하였을 때의 기분은 무어라고 형언하기 어려울 정도로 즐겁다. 이끼나 풀 속에 다섯 손가락을 밀어넣어 단단하고 두툼한 버섯 줄기를 살짝 당겨 뽑는 기분은 기가 막힌다!

하지만 만약 버섯이나 딸기를 따는 일이 본업이라고 한다면 어떤 기분이 들까? 늘 충족감을 느낄 수 있을까? 버섯을 따러 갔다고 해도, 바구니에 가득히 버섯을 채워서 돌아올 때도 있겠지만, 하루 온종일 숲속을 헤매어도 바구니 바닥에 두어 개만 넣고 돌아올 때도 있을 것이다.

우리가 잘 아는 열 살 되는 여자아이가 있는데, 그녀는 숲에 갈 때면 늘 이렇게 큰소리를 쳤다.

"오늘은요, 맛있는 버섯 백 개쯤 따 올게요."

그런데 돌아올 때는 언제나 빈손이었다. 가령 이 여자아이 집에 먹을 것이 달리 없었다고 한다면, 그녀는 굶어죽을 수밖에 없었을 것이다.

옛날의 채집자, 사람의 경우에는 더 형편이 나빴다. 그래도 굶어죽지 않은 까닭은 먹이를 이것저것 가리지 않고 온종일 찾아 다녔기 때문일 것이다. 과연 그는 조상들보다는 세어지고, 자유로워지기도 했다. 그러나 아직은 늘 굶주리는 불쌍한 처지였다.

게다가 이 지상에 무서운 재난이 닥쳐올 참이었다.

4 종말과 시작

재난이 닥쳐오다

지금도 그 원인을 잘 알 수는 없지만, 북쪽에 있었던 얼음덩어리가 남쪽으로 미끄러져 내려오기 시작했다.

무시무시한 얼음의 흐름은 산과 평야를 덮쳐 비탈을 도려내고, 산꼭대기를 뭉개고 바위를 부수어 마치 전리품이나 되듯이 파편 더미를 휩쓸고 갔다. 앞으로 나아감에 따라 얼음은 녹고, 이제는 빙하가 아닌 보통 강물이 되어 굉장한 기세로 강바닥을 파면서 더욱 앞으로 흘러갔다.

쳐들어오는 대군처럼, 얼음은 북쪽에서 밀어닥쳤다. 그러자 이와 장단을 맞추어서 산의 분지나 골짜기로부터 산악의 빙하가 쏟아져 내렸다. 빙하가 흘러간 길은 러시아나 그 주변 나라의 평야에 흩어져 있는 빙하석을 더듬으면 찾아볼 수 있다. 때로는 칼렐리아 근처의 깊은 소나무 숲에서 이끼로 덮인 거대한 돌을 만날 수 있다. 어디에서 이런 곳으로 왔을까? 빙하가 날라온 것이다.

북쪽의 빙하가 자리를 떠 남쪽으로 흘러내려 온 적은 전에도 여러 번 있었지만, 이렇게 멀리까지 내려온 것은 이번이 처음이었다. 러시아에서는, 빙하가 쭉 남쪽으로 내려와 지금의 볼고그라드 시나 드네프로페트로프스크 시 부근까지 밀려왔다. 서유럽에서는 중앙 독일 산맥에까지 미쳤고, 또 영국의 여러 섬을 거의 다 덮었다. 아메리카 대륙에서는 오대호(그레이트 레이크스) 이남 지방까지 밀려왔다.

빙하의 걸음걸이는 느릿느릿했으므로, 사람이 살고 있던 근방에서 그 낌새를 알아채기까지는 상당한 시간이 흘렀다. 빙하의 낌새를 가장 먼저 알아차린 것은 육지의 동물이 아닌 바다의 동물이었다.

해변은 아직 여전히 따뜻했다. 숲에는 월계수나 목련이 보였다. 평야에는 높이 자란 풀을 짓밟고 코끼리나 코뿔소와 같은 남쪽의 큰 짐승들이 걸어다니고 있었다. 그런데 바다속은 차츰 차가와졌다. 바다속을 흐르는 강, 즉 해류는 북쪽으로부터 빙하의 차가운 기운을, 때로는 빙하의 조각까지도 날라왔다.

해안의 흙을 조사해 보면, 따뜻한 바다에서 추운 바다로 바뀌어 간 모습은 지금도 분명히 알 수 있다. 육지에서는 아직도 따뜻함에 익숙한 식물이나 동물이 생활하는 동안에, 바다에서는 벌써 주민이 바뀌고 있었다. 그 무렵의 지층을 파 보면, 찬 물속이 아니면 살 수 없는 연체 동물의 껍데기가 수없이 발견된다.

숲의 싸움

비로소 육지에서도 빙하가 다가왔음이 느껴졌다.

북극 지방이 움직이기 시작하여 차츰 남쪽으로 밀려온다는 것은 예삿일이 아니었다. 게다가 그것 때문에 북방의 툰드라나 침엽수의 숲까지 남쪽으로 기어 내려왔던 것이다.

툰드라는 밀림에 싸움을 걸어왔고, 또 밀림은 물러서면서 활엽수의 숲을 압박하기 시작했다.

숲의 대전쟁이 시작되었다.

숲에서는 지금도 전쟁을 하고 있다. 예를 들면 전나무와 당버들은 늘 사이가 좋지 않다. 당버들은 그들을 두려워하지만, 전나무는 두려워하지 않는다.

전나무 숲에서 당버들은 자그마한 어린 나무인 채 발밑에 숨어 있다. 전나무의 그늘 때문에 자라지 못하는 것이다. 그런데 사람이 전나무 숲을 잘라버리면, 당버들은 따뜻한 햇볕을 받아 금방 생기가 돈아 부쩍부쩍 자라기 시작한다.

금세 주위의 모양이 바뀐다. 전나무 뿌리 밑에서 자라고 있던 그늘을 좋아하는 이끼 종류는 말라 죽어버린다. 아직 너무 작아서 사람이 베지 않고 남겨둔 어린 전나무는 햇볕을 잔뜩 받고 오히려 쇠약해져 간다. 커다란 어미나무가 살아 있었을 무렵에는, 그 넓고 푸른 치마 그늘 아래서 무사히 자랄 수 있었다. 그런데 햇볕을 막아 줄 존재가 사라지면 어린 전나무는 바삭바삭 말라 가게 된다.

그와 반대로 당버들은 활기를 띤다. 지금까지는 적이었던 전나무 때문에 어쩌다가 지상에 떨어진 얼마 안 되는 햇볕으로 겨우 연명해 왔던 터였다. 그 전나무가 잘린 지금은 당버들의 천하가 된 것이다.

이리하여 울창했던 전나무 숲 다음에 확 트인 당버들 숲이 나타난다.

세월은 흐른다. 시간은 위대한 일꾼이다. 조금씩 눈에 띄지 않게 시간은 숲의 구조를 바꾸어 나간다.

당버들은 차츰 높이 자라서, 가지를 뻗고, 위쪽에서는 가지와 가지가 서로 얽히게 된다. 그러자 처음에는 나무 사이사이가 훤히 들여다보였던 발밑의 그늘이 차츰 짙어져 어두워져 간다. 당버들은 승리자가 될 수 있었지만, 그 승리는 이미 멸망을 잉태하고 있었다.

사람이 자신의 그늘 때문에 멸망당한 일은 한 번도 없었다. 그러나 나무들의 사회에는 그런 일이 흔히 생긴다. 이제 당버들 그늘 밑에서, 그의 적인 전나무가 숨을 돌리게 되었다. 당버들이 빛을 좋아하는 것과 마찬가지로 전나무는 그늘을 좋아한다. 머지않아 지면은 젊은 전나무들의 억센 손 같은 푸른 잎으로 덮이게 된다. 그 다음에 몇십 년이 지나면, 전나무의 머리가 당버들의 머리를 따라잡게 된다. 숲은 얼룩배기의 혼성림으로 바뀐다. 그러다가 당버들의 밝은 녹색 위로 검푸른 전나무가 머리를 내민다. 전나무는 더욱 머리를 높이 쳐들고, 마침내 울창한 가지가 햇볕을 가로막아 당버들의 잎은 햇볕을 보지 못하게 된다.

이렇게 되면 당버들은 끝장나는 것이다. 이윽고 전나무 그늘 밑에서 마르기 시작한다. 전나무가 힘을 발휘하기 시작하여 전나무 숲은 옛 모습을 되찾게 된다.

사람의 도끼가 숲의 생활에 개입하면, 숲은 이런 싸움을 벌이게 된다.

그러나 빙하시대의 추위가 덮쳐 왔을 때, 숲속의 싸움은 더욱더 처절했다.

추위는 온대 식물을 멸망시켜 북쪽 식물에게 길을 열어 주었다. 소나무·전나무·자작나무 등은 떡갈나무·보리수 등에 싸움을 걸어왔다. 떡갈나무와 보리수는 후퇴하면서 끝까지 버티고 있었던 월계수·목련·무화과나무 등의 상록수를 숲에서 몰아냈다.

바람과 추위가 몰아치는 곳에서는 온대성의 연약한 나무들이 도저히 살아남을 수가 없었다. 그들은 공격군에게 자리를 넘겨 주고 멸망해 갔다.

그래도 산악 지형에서는 아직도 머물러 있기가 쉬웠다.

바람이 불어닥치지 않는 분지에서는 포위된 요새 안에 있는 것처럼, 온대성 나무들은 왜 오래 버틸 수가 있었다. 그러나 산 위에서 또 다른 빙하가 기어 내려왔다. 그 앞에는 산악 툰드라·전나무·자작나무 등이 마치 선봉대나 되듯이 밀어닥쳤다.

이 숲속의 싸움은 몇천 년 동안이나 계속되었다. 온대성의 나무들, 즉 패잔 부대는 차츰 남쪽으로 퇴각해 갔다.

그러면 침략자와의 싸움에서 패퇴한 나무들의 숲에서 살고 있었던 짐승들은 어떻게 되었을까?

오늘날에도 숲이 모조리 벌채되거나 산불이 나거나 하면, 숲이 멸망하는 일이 생긴다. 이때, 숲과 함께 운명을 같이하는 주민도 있지만, 잘 도망쳐서 멸망을 모면하는 주민도 있다. 전나무 숲이 벌채되면, 그곳의 주민인 잣새나 상모솔새나 그 밖의 무리도 모두 사라지게 된다.

울창했던 전나무 건물이 있었던 곳에 새로운 당버들 집이 들어선다. 그러면 이 집에서 다른 새들과 짐승들이 입주 잔치를 벌인다.

기나긴 세월이 흘러서 전나무가 당버들을 이겨 물리쳐서 당버들이 있던 곳에 전나무 숲이 늘어서게 되면, 그곳은 빈 채로 남아 있지 않고 잣새나 상모솔새나 그 밖의 무리가 이주해 온다.

숲은 식물과 동물의 우연한 결합이 아니고 떼어 버릴 수 없는 하나의 세계로서, 멸망도 하고 다시 되살아나기도 하는 것이다.

빙하시대에도 또한 마찬가지였다. 온대성의 숲과 함께 그의 주민도 사라졌다. 고대의 거대한 코끼리는 두 번 다시 모습을 보이지 않게 되었고, 코뿔소나 하마는 남쪽으로 사라졌고, 사람의 오랜 적이었던 칼날 같은 이빨을 가진 마하이로드 범도 멸망해 버렸다.

이들 거대한 짐승들과 더불어 그 밖의 여러 짐승이나 새들도 멸망하거나 또는 남쪽으로 피하거나 했다.

달리 방법이 없었던 것이다. 동물들은 저마다 자기의 세계인 자기의 숲에 묶여 있었다. 그래서 이 세계가 무너지기 시작하자, 그의 많은 주민도 그에 딸려 들어가지 않을 수 없었던 것이다.

나무·덤불·풀이 멸망하자, 그것들을 먹고 그 지붕 밑에 숨어 있었던 동물들도 먹이와 거처를 잃게 되었다. 그리하여 이들 동물은, 이번에는 다른 동물——육식동물의 멸망을 가져왔다.

초식동물이 줄어들자, 그들을 잡아먹고 살던 맹수들도 굶주려 죽어가기 시작했다.

'먹이의 사슬'로 서로 묶여 있었던 동물과 식물은 숲이 멸망하자 함께 사라져 버렸던 것이다.

마치 갤리선을 저었던 죄수들이 사슬로 배에 묶여 있었기 때문에 침몰하는 배와 함께 물에 빠져 죽었던 것과 같이.

짐승으로서는 어떻게든 살아 남으려면, 사슬을 끊어 버려야만 했다. 다른 먹이를 발견하여 발톱과 이빨을 고쳐 만들고, 추위를 견디기 위하여 긴 털을 길러야만 했다. 한마디로 짐승은 변화하지 않으면 안 되었던 것이다.

그러나 익히 아는 바와 같이, 짐승이 변화한다는 것은 쉬운 일이 아니다. 말의 역사를 생각해 보자. 발가락이 하나로 되기까지는 수백만 년이 걸렸다.

남쪽의 짐승이 갑작스레 북쪽 숲에 적응해서 살아남는다는 것은 어려운 일이었다.

게다가 북쪽으로부터는 밀려온 숲과 함께 털북숭이 맹수·코뿔소·매머드·동굴 사자·오소리 등의 맹수들이 찾아왔다. 그들은 북쪽의 숲을 차지하고 있는 무리였다.

폭신폭신하고 따뜻한 털옷만도 엄청난 것이었다. 남쪽의 벌거숭이인 코끼리·코뿔소·하마 따위와는 달리 매머드나 털코뿔소에게는 추위란 문제가 되지 않았다.

북쪽 짐승 가운데는 동굴 안에 숨는다는 한 가지 방법만으로도 추위를 견디어 낼 수 있는 것이 있었다. 게다가 숲은 그들의 숲이었고 그들의 세계였으므로 먹이를 얻는 데에도 불편이 없었다.

사라져 가는 숲의 주민들은 이제 이 새로운 맹수들과도 일전을 벌이게 되었다.

상황이 이렇다 보니, 살아남은 자가 적었던 것도 결코 이상한 일이 아니다.

그럼 사람은 어떻게 되었을까?

사람은 물론 살아남을 수 있었다. 만일 멸망해 버렸다고 한다면, 여러분이 지금 이 책을 어떻게 읽고 있겠는가?

따뜻한 지방에서도 기후가 바뀌고 차츰 서늘해지기 시작했지만, 그곳에 머무르던 사람은 비교적 쉽게 살아남을 수 있었다.

반면 그 무시무시한 빙하의 습격을 여지없이 받았던 곳에 살았던 사람들은 이만저만 혼이 났던 것이 아니다.

그들은 덜덜 이빨 소리를 내며 와들와들 떨었고 한덩어리로 모여 아이들의 몸을 녹였다. 그리고 처음 겪는 무서운 겨울을 맞아 처음으로 눈이라는 것을 바라보았다.

굶주림과 추위 그리고 맹수들까지도 사람들의 생명을 위협하기에 이르렀다.

만약 사람이 주위에서 일어난 일들을 이해할 수 있었더라면, 틀림없이 세계의 종말이 다가오고 있다고 생각했을 것이다.

세계의 종말

세계의 종말이 예언된 것은 한두 번이 아니었다.

중세 무렵에, 긴 꼬리를 단 혜성이 하늘에 나타나자 사람들은 성호를 그으면서 말했다.

"세계의 종말이 다가오고 있다."

'흑사병'으로 불리는 페스트가 널리 퍼져 마을에 사람 그림자가 드물어지고 묘지가 가득 차게 되자, 사람들은 말했다.

"세계의 종말이 다가오고 있다."

기근과 전쟁이 계속되어 세상이 불안해지면, 미신을 믿는 사람들은 절망어린 목소리로 중얼거렸다.

"세계의 종말이 다가오고 있다."

하지만 세계의 종말은 좀처럼 오지 않았다.

이제 우리는 사람들에게 미래가 어떻게 된다는 것을 알리기 위해 혜성이 나타나는 것이 아님을 알고 있다. 혜성은 그저 궤도를 따라 태양의 주위를 돌 뿐, 미신 가득한 지구의 주민이 자기에 대해서 어떻게 생각하건 아랑곳하지 않는 것이다.

우리는 또 기근·유행병 그리고 전쟁까지도 세계의 종말을 가져오지 않음을 알고 있다.

중요한 것은 재난의 원인을 아는 일이다. 그 원인만 안다면, 재난과 싸운다는 것은 그리 어렵지 않다.

그러나 세계의 종말을 예언하는 것은 무지하고 배우지 못한 사람들만은 아니다.

세계와 인류의 종말을 예언하는 학자도 있다. 그들은 이를테면 연료 부족으로 인류가 멸망한다고 잘라 말한다. 그리고 그 일을 증명하기 위해서 숫자를 들고 있다. 석탄의 매장량은 자꾸 줄어들어 가고, 삼림도 감소하고, 석유도 앞으로 몇백 년이나 견딜 수 있을지 의심스럽다는 것이다. 지구상에 연료가 없어지면, 공장의 기계는 멈추고, 기차의 경적 소리는 멎으며, 집이나 거리에서 불빛이 사라져 버린다. 대부분의 사람은 추위와 굶주림 때문에 죽고, 살아남은 사람들은 야성화하여 다시금 원시적인 미개인이 될 것이다.

확실히 놀라운 광경이다.

그러나 그대로 될까?

지구에 매장된 연료는 방대하며, 또 남김없이 모두 조사한 것도 아니다.

지질 학자들은 잇따라 새로운 석탄이나 석유 산지를 발견하고 있다. 삼림도 벌채만 하는 것이 아니라 식림도 하고 있다.

그렇다 하더라도 언젠가는 연료가 고갈될 때가 온다고 보았을 때, 그것이 세계의 종말로 이어질 것인가?

아니, 그렇지 않다.

연료만이 지구상의 유일한 열 에너지원은 아니기 때문이다.

가장 중요한 에너지원은 태양이다. 그래서 연료가 다 떨어지기 전에, 사람은 의심할 바 없이, 태양을 이용하여 기차를 움직이게 하고, 집이나 거리를 조명을 밝힐 뿐만 아니라, 기계를 돌아가게 하고, 밥을 짓게끔 할 것이다.

현재에도 이미 태양열 발전소라든가 태양열로 밥을 짓는 실험이 진행되고 있다.

"그러나 잠깐만" 하고 빨리 세계의 장례를 치르고 싶어하는 사람들은 말할 것이다.

"태양이라 하더라도 언젠가는 식어 버리겠지요. 태양은 이제는 어떤 젊은 별들만큼 뜨겁지도 밝지도 않습니다. 몇십억 년쯤 지나면, 태양의 온도가 내려가고, 지구는 훨씬 추워집니다. 사람이 만든 힘없는 건조물 따위는, 굉장한 얼음의 흐름 때문에 지상에서 깨끗이 씻겨 버릴 겁니다. 지금 야자수가 나 있는 근처에 북극곰이 어슬렁거리게 될지도 모릅니다. 이렇게 되면 사람도 끝장입니다."

지구상에 또다시 빙하시대가 찾아온다는 것은 물론 반가운 일은 아니다. 그러나 원시인들조차 얼음 속에서 살아남았지 않은가! 하물며 지금보다도 훨씬 강력한 과학을 무기로 삼은 미래의 사람이 얼음 속에서 그대로 멸망해 버릴까?

추위에 이기기 위하여 사람들이 어떤 일을 할 것인지, 지금도 예언할 수 있을 정도다. 그들은 태양 광선의 도움을 빌려 물질 속에 갇혀 있는 원자핵 에너지를 이용하게 될 것이다.

원자핵 에너지는 지구에 무진장하게 있다. 다만 이것을 전쟁이 아니고, 인류의 행복과 평화를 위해서 사용하면 되는 것이다.

그건 그렇다 치고, 여기 아득히 먼 미래로부터 다시 한 번 과거의 원시인에게로 되돌아가자.

세계의 시작

만약 사람이 익히 살아오던 숲과 연결된 사슬을 스스로 끊어 버리지 않았다면, 숲의 세계의 멸망과 함께 그도 멸망해 버렸을 것이다.

그러나 세계는 끝장을 본 것이 아니고 변화하였을 뿐이다.

옛 세계는 끝나고 새로운 세계가 시작되었다.

이 새로이 태어난 세계에서 살아남기 위하여, 사람은 자기 자신을 변화시켜야만 했다. 지금까지의 먹이가 없어졌기 때문에 새로운 먹이를 얻는 법을 배워야 했다. 남쪽 삼림의 물기 많은 과일과는 달리 도토리나 솔방울 같은 단단한 나무열매는 사람의 이빨에 맞지 않았다.

따뜻한 기후가 사라지고 추운 기후가 되었다. 태양이 지구에서 고개를 돌렸다면, 그 따뜻한 빛이 없어도 살아갈 수 있는 방법을 터득해야만 했다.

아주 짧은 기간에 다른 것이 돼야 한다는 소리다.

모든 생물 중에서 이 일을 할 수 있는 존재는 사람뿐이었다.

어떤 동물도 절대로 할 수 없는, 자기 자신을 바꾼다는 아슬아슬한 재주를 사람은 이 무렵에 이미 터득하고 있었기 때문이다.

사람의 강력한 적수였던 사벨 범도 푹신푹신한 털을 몸에 나게 할 수는 없었다. 그러나 사람은 그것을 할 수 있었다. 곰을 죽여서 그 털가죽을 벗기기만 하면, 문제는 해결되었던 것이다.

사벨 범은 모닥불을 만들 줄 몰랐지만, 사람은 할 수 있었다.

사람은 이미 불을 사용할 줄 알았기 때문이다. 그때로부터 수천만 년이 지나 인류가 자기 자신을 바꾸고, 자연에 손을 쓸 수 있을 정도로 성장했지만, 지금도 그 시절의 사람이 자연 속의 무엇에 손을 댔으며, 그리고 어떻게 바뀌었는가를 똑똑히 볼 수 있다.

돌로 된 책

우리가 살고 있는 대지는 한 권의 두꺼운 책과 같다.

지각의 하나하나의 주름, 저마다의 퇴적층은, 그 책의 한 장 한 장의 페이지이다.

우리는 맨 마지막 페이지 위에서 살고 있다. 첫 페이지는 대양의 밑바닥이나 대륙의 밑바닥의 어딘가 아주 깊은 곳에 있다.

이 첫 페이지까지는 도저히 우리의 눈이 미치지를 못한다. 따라서 우리가 할 수 있는 일은 거기에 무엇이 써 있을까 추측해 보는 것뿐이다.

그러나 우리가 살고 있는 마지막 페이지에 가까워지면 질수록 그것은 차츰 읽기가 쉬워진다.

불탄 데 투성이인 어느 페이지는 지하의 용암이 어떻게 해서 지상에 산맥을 부풀어 올렸는지를 우리에게 말해 준다.

또 다른 페이지는 지각이 융기한다든가 함몰한다든가 하면서 어떻게 바다를 넓히고 또는 줄였는가를 이야기해 준다.

페이지를 넘기노라면, 바다 조개의 껍데기처럼 새하얀 페이지 다음에 석탄처럼 시꺼먼 페이지가 이어지고 있다.

아니, 바로 그것이 석탄인 것이다. 이 시꺼먼 층을 보면 석탄을 형성하게 된 그 옛날의 숲의 역사를 읽을 수가 있다.

책의 그림과 같이 군데군데 나무의 흔적이나 짐승의 뼈가 섞여 있다. 이 뼈는 나중에 석탄이 되는 나무들 속에 살았던 동물의 유품인 것이다.

이렇게 해서 페이지에서 페이지로 읽어 나감에 따라서, 우리는 지구의 역사를 남김없이 읽어 나갈 수가 있다. 그리고 마지막 페이지에 이르면, 비로소 새로운 주인공인 사람이 나타난다. 처음에는 사람이 이 커다란 책의 주인공이라고는 생각되지 않을 것이다. 고대의 매머드라든가 털북숭이 코뿔소와 같은 괴물들과 견주어 보면, 아무리 보아도 사람은 단역으로밖에 보이지 않는다. 그러나 앞으로 나아가면 나아갈수록 새로운 주인공은 차츰 무대의 한가운데로 나오게 되고, 마침내는 이 두꺼운 책의 주인공일 뿐만 아니라 저자의 한 사람이 되기까지 한다.

예를 들어 강변 언덕의 단면을 보면, 빙하시대의 지층 사이에 한 줄기의 검은 선이 분명히 나 있는 경우가 있다.

이 검은 줄을 커다란 책에 그은 것은 숯이다. 도대체 어떻게 해서, 모래와 진흙 사이에 갑자기 숯의 엷은 층이 나타나게 되었을까? 마침 그 곳에서 산불이라도 있었단 말인가?

그러나 산불이라고 한다면, 넓은 범위에 걸쳐 탄 흔적이 남게 되었을 것이다. 그런데 이 숯의 줄기는 아주 짧다. 이렇게 엷은 숯의 층을 남길 수 있었던 것은 모닥불 이외에는 없다.

모닥불을 필 수 있는 것은 사람 이외에는 없다.

게다가 그 모닥불 둘레에는 사람의 손의 흔적까지 있다. 그것은 석기와 사냥으로 잡은 짐승의 뼛조각이다.

불과 사냥——이것이야말로 빙하의 습격을 맞았을 때, 사람을 구해 주었던 것이었다.

숲에서 나간 사람

썰렁한 북쪽의 숲에서 주울 수 있는 것이라고는 거의 없었다. 그래서 사람은 숲을 뛰어다니며 먹이를 찾기 시작했다. 그것은 주워 주기를 가만히 기다려 주는 것이 아니고 도망을 치든가, 숨든가, 저항하든가 하는 먹이들이었다.

이 무렵에 좀더 따뜻한 지방에서도 사람은 차츰 육류를 먹고 있었다.

고기 쪽이 배도 불렀고, 힘도 났으며, 일할 시간도 더 생겼다. 발달해 가는 사람의 두뇌도 영양 있는 육식을 찾았다.

이리하여 사람의 연장이 차츰 좋아짐에 따라서 사람의 생활 속에서 사냥이 차지한 자리도 차츰 커져 갔다.

따뜻한 남쪽에서도 사냥이 필요하게 되었다고 한다면, 북쪽에서는 사냥을 하지 않고는 살 수 없게 되었다고 말할 수 있다.

매머드와 털복숭이 코뿔소(상상그림)

사람은 이제 자그마한 것으로는 만족할 수 없게 되었다. 묵직한 큰 짐승이 필요했다. 북방의 숲에서는 눈·눈보라·혹한으로 사냥이 어려웠으므로, 장기간에 걸쳐 저장해 두어야 할 고기가 반드시 필요했던 것이다.

그렇다면 대체 어떤 짐승을 사람은 노리기 시작했을까? 숲에는 꽤 큰 짐승들이 적잖이 어슬렁거렸다. 숲의 빈터에 사슴이 이끼를 뜯으며 걸어다니고, 멧돼지는 숲의 흙을 파헤쳤다. 그러나 큰 짐승들이 가장 많았던 곳은 숲이 아니라 들판이었다.

끝없이 넓은 들판에서는 털이 긴 야생말들이 떼지어 풀을 뜯고 있었다. 혹 달린 소——바이슨 떼가 천지를 진동하고, 폭풍처럼 달려 지나갔다. 마치 살아 있는 산처럼 거대한 매머드는 느릿느릿 발을 옮기며 사라져 갔다.

원시인의 눈에 이들은 도망쳐 가는 고깃덩이요 따라오라고 유혹하는 먹이였다.

그래서 사람은 먹이를 따라 자기가 태어났고 자랐던 숲에서 밖으로 나가게 되었다.

사람은 차츰 멀리 나가게 되었고, 벌판 여기저기에 옮겨 살게 되었다. 이리하여 우리는 모닥불의 흔적이나 사냥의 유적을, 그때까지 채집민이 살지도 않았으며 살 수도 없었던 곳인, 숲에서 멀리 떨어진 곳에서 발견하는 것이다.

사람이라는 말

원시인의 사냥 유적에는 사냥 때에 사람에게 피살된 짐승들의 뼈가 남아 있다. 그곳에는 누렇게 된 말의 갈비뼈, 뿔이 달린 소의 머리뼈, 휘어진 멧돼지의 송곳니 등이 있다. 이들 뼈는 때로는 커다란 산더미를 이루고 있다. 이것은 한곳에 상당히 오랫동안 움직이지 않고 머물렀다는 증거이다.

가장 흥미 있는 것은 사냥 유적에서 발견되는 말·멧돼지·바이슨(들소) 등의 뼈 가운데 매머드의 거대한 뼈가 섞여 있다는 점이다. 매머드의 거대한 머리뼈, 활모양의 긴 앞니, 강판 같은 이빨, 그리고 몸통에서 떨어져 나간 커다란 다리 등이 나오는 것이다.

매머드와 같은 거대한 짐승을 잡으려면 얼마나 큰 용기와 힘이 필요했을까! 그러나 그 시체를 잘라 내어, 그것을 사람이 사는 곳까지 옮기는 데는 더 많은 힘이 들었을 것이다. 다리 하나의 무게만 해도 1톤 가까이 되었고, 머리뼈만도 사람 하나쯤 들어갈 수 있을 정도의 크기였기 때문이다.

특수한 코끼리 사냥용 총을 갖춘 현대의 사냥꾼이라 하더라도 매머드를 잡기란 그리 쉬운 일이 아닐 것이다.

하물며 총 같은 것도 없는 원시인은 오죽했을까. 원시인의 장비는 돌칼과 뾰족한 돌조각을 막대 끝에 매단 창뿐이었다.

확실히 오랜 세월 동안에 석기는 변화하여 날카로운 것으로 개량되어 있었다. 돌칼이나 창끝을 만들 때, 사람은 먼저 돌의 겉껍데기를 두드려 떨어뜨리고, 튀어나왔거나 울퉁불퉁한 곳을 깎아 내고, 돌을 얇은 널빤지 모양으로 쪼갠 다음, 마지막으로 이것에서 자기에게 필요한 날붙이를 만들어 냈던 것이다.

부싯돌과 같이 단단하고 다루기 힘든 돌로 날붙이를 만들 경우에는 상당한 기술과 많은 시간이 걸렸다. 그래서 이제는 한번 사용한 다음에도 석기를 버린다든지 하지 않고 소중하게 간수해 두었으며, 무디어지면 다시 손을 보았다.

마을사람이 집단으로 매머드를 사냥하는 모습(상상그림)

사람은 자신의 노동과 시간의 가치를 알고 있었으므로 연장을 소중히 여겼다.

그러나 아무리 애를 써 보아도, 돌은 역시 돌에 지나지 않았다.

부싯돌 조각을 끝에 단 창은 매머드와 같은 짐승을 상대할 때에는 좋은 무기가 되지 못했다. 매머드는 강철로 덮인 장갑차처럼 두꺼운 가죽으로 덮여 있었기 때문이다.

그런데도 사람은 매머드를 잡아 죽였다. 유적에서 발견된 매머드의 머리뼈나 송곳니가 이를 말해 주고 있다.

원시 사냥꾼들은 어떻게 매머드를 해치울 수 있었을까? 이것은 '사람'이라는 말을 옳게 이해하는 사람만이 알 수 있을 것이다. 사람 한 명이 아니고, 여러 명이 힘을 합쳐서 도구 만드는 법을 배우고, 사냥을 하고, 불을 얻고, 집을 짓고, 땅을 경작하는 법을 배웠던 것이다.

한 사람이 아니라 몇백만이라는 사람이 힘을 합하여 문화와 과학을 이룩할 수 있었던 것이다.

혼자 행동하였더라면, 사람 또한 짐승의 상태에 머물러 있었을 것이다.

사회 안에서의 노동이 짐승을 사람으로 바꾸었던 것이다.

로빈슨 크루소는 오로지 혼자서 노력하여 모든 것을 손에 넣었다. 원시시대의 사냥꾼을 이 로빈슨에 비유하는 책도 있다.

그러나 사람이 정말로 로빈슨 크루소처럼 전체 사회로서가 아니라, 저마다 흩어져 살았다고 한다면, 그는 결코 사회를 이룬 사람이 되지 못했을 뿐더러 문화도 만들어 내지 못했을 것이다.

로빈슨의 실제 상황도 디포(1660~1731년)가 그려 낸 이야기와는 조금도 닮은 데가 없었다. 디포는 실제로 있었던 어느 선원의 사건을 바탕으로 해서 로빈슨의 이야기를 썼다. 이 선원은 배에서 한 사고를 일으켰다가, 그 벌로 대양 한가운데에 있는 어느 작은 무인도에 버려졌다. 긴 세월이 흘러 이 섬에 탐험대가 들르게 되었다. 그들은 완전히 야성으로 돌아간 한 섬 주민을 발견했다. 말할 것도 없이 이는 이제 나이를 먹은 그 선원이었다. 그는 이제 거의 말도 제대로 할 수 없게 되었고, 사람이라기보다는 짐승에 훨씬 가까워져 있었다.

외롭게 산다는 것은 오늘날의 사람조차 어려운 일이다.

하물며 원시인들의 경우는 말할 것도 없다!

함께 살고, 함께 사냥하고, 함께 연장을 만들었다는 사실이, 그것만이 그들을 사람으로 만들었던 것이다.

매머드를 덮칠 때는 마을 전체가 총출동하였다. 한 자루의 창이 아니고, 수십 자루의 창이 털북숭이인 매머드의 옆구리에 꽂혔다. 수많은 손발이 달린 생물 모양으로, 사람은 한덩어리가 되어 매머드를 쫓았다. 거기에는 수십 개의 손발뿐만 아니라 수십 개의 머리도 작용했다.

매머드는 사람보다는 몇 배나 컸고 몇 배나 힘이 셌지만, 사람에게는 매머드에게 없는 지혜란 것이 있었다.

매머드는 사람을 가볍게 짓뭉갤 수 있을 정도로 무게가 나갔다. 대지조차 떠받치기 힘겨워할 정도로 거대한 이 짐승을 때려 눕히기 위하여, 사람들은 무게 그 자체를 이용했다.

사람들은 사방에서 매머드를 에워싸고, 초원에 불을 붙였다.

매머드는 불을 보자 눈앞이 캄캄해졌다.

털에 불이 붙어 털 타는 냄새를 풍기며, 매머드는 불길이 몰아치는 대로 정신없이 도망쳤다. 그러나 그 불은 사람들이 예상했던 대로 매머드를 곧바

원시화가가 그린 매머드·들소·말

로 늪지 쪽으로 몰고 갔다.

늪지에 빠진 매머드는 늪지에 세워진 석조 건물마냥 푹푹 진흙 탕 속으로 빠져들어갔다. 천둥 같은 울부짖음을 내어 대기를 진동시키면서, 매머드는 늪에서 발을 빼내려고 몸부림쳤다. 그러나 몸부림치면 칠수록 차츰 깊게 빠져들어갈 뿐이었다.

이렇게 되면, 이제 사람들에겐 매머드의 숨통을 끊는 일만 남았던 것이다.

매머드를 몰아내서 해치운다는 것도 쉬운 일은 아니었지만, 그것을 살고 있는 곳까지 나른다는 것은 더 큰일이었다. 주거지는 보통 물에 잠기지 않는 강변의 벼랑 위에 있었다. 강은 사람들에게 마실 물을 제공했고, 얕은 여울이나 강가에서는 연장 만드는 재료인 돌도 주울 수 있었다.

그렇다면 그들 사람은 가장 낮은 곳인 늪지에서 벼랑 위까지 매머드를 끌어 올려야 되었다는 말이 된다.

여기서 또다시 두 개의 손이 아닌, 수십 개의 손이 일을 했다.

사람들은 돌로 된 날붙이로서 끈기 있게, 매머드의 두꺼운 가죽을 찢고, 단단한 힘줄을 끊고, 억센 근육을 잘라냈다. 연륜이 쌓인 노인들은 머리나 다리를 동체에서 쉽게 잘라내려면 어디에 손을 대야 하는지 잘 알았다.

이렇게 시체를 여러 개의 토막으로 잘라내자, 사람들은 이것을 벼랑 위로 나르기 시작했다.

솜씨있게 일을 처리하려고 구령을 붙여 장단을 맞추면서 몇십 명이나 되는 사람들이 굉장히 큰 털북숭이 다리라든가, 땅 위에 늘어진 긴 코가 달린 머리를 부지런히 끌어올렸다.

땀투성이가 되고 지칠대로 지치면서, 그들은 마침내 주거지에 이르렀다. 그러나 힘든 만큼 그 즐거움도 또한 각별한 것이었으니! 이윽고 야영지에서는 굉장한 잔치가 벌어졌다. 매머드 사냥의 결과가 진탕 떠들고 흥청거리는 잔치와 같다는 것, 그들이 기다리고 기다리던 축제였다는 것을 사람들은 알고 있었다. 또한 매머드가 오랜 기간 동안 먹을 수 있는 저장 식품이라는 것도 그들은 잘 알았다.

경기는 끝났다

사람과 다른 동물과의 경기는 끝났다. 사람은 가장 큰 짐승을 이겨낸 승리자로서 결승선을 통과했다.

때문에 지구상에서 사람들의 수는 대단한 속도로 늘어나기 시작했다. 백 년마다, 천 년마다, 차츰 늘어나서 나중에는 세계 곳곳에서 그 모습을 볼 수 있게 되었다.

다른 어떤 동물에도 일어날 수 없는 일이 일어났던 것이다.

예를 들어 토끼가 사람처럼 많은 수로 늘어날 수 있을까? 물론 그런 일은 생길 수가 없다. 토끼의 수가 20억쯤 되면 그들의 식량이 모자라게 될 뿐만 아니라, 토끼의 수가 불어나면 곧 이리의 수도 불어나고, 이 이리들이 토끼의 수가 다시 줄어들도록 할 것임이 분명하다.

다시 말해서, 동물의 수가 끝없이 불어난다는 일은 일어날 수 없다. 그들이 넘으려야 넘을 수 없는, 뭔가의 경계선이 그어져 있는 것이다.

그러나 사람은 벌써 아득한 옛날에 모든 경계선을 넘고 영역을 넓혀 나가고 있었다. 연장을 만들기 시작하면서 그때까지 먹어본 적도 없는 먹이를 먹기 시작하였고, 필요한 것은 무엇이든지 자연으로부터 얻을 수 있게 되었다. 이전에는 한 무리의 사람만이 살 수 있었던 곳에서, 이번에는 두어 무리가 살아갈 수 있게 되었다.

다음에, 큰 짐승을 사냥하기 시작한 사람은 자연 속에 자신의 장소를 차츰 넓혀 갔던 것이다.

사람은 이제 식물성 먹이를 주우러 돌아다닐 필요가 없게 되었다. 사람 대신에 들소·말·매머드 등이 풀을 뜯고 다녔다. 그들의 떼는 들판을 어슬렁거리며 푸른 풀을 산더미만큼 먹었다. 그리고 몇 톤이나 되는 풀을 몇 킬로그램의 고기로 바꾸면서 나날이 살쪄 갔다. 사람은 이 들소라든가 매머드를 잡음으로써, 오랜 세월에 걸쳐 만들어진 물질과 에너지를 순식간에 자기 것으로 만들었다.

식량의 저장은 아주 소중했다. 폭풍우나 눈보라나 혹한이 닥칠 때에는 먹이를 찾아 나서기가 불가능했다. 겨울이나 여름이나 행복했던 시대는 이미 지나가 버렸던 것이다.

그런데 하나의 변화는 곧 그 다음의 변화를 불러 일으켰다.

저장품이 생기자, 사람은 함부로 돌아다니지 않게 되었고, 한곳에 정착해야만 하게 되었다. 매머드의 시체를 끌고 돌아다닐 수는 없었기 때문이다.

그리고 다른 이유에서도, 사람은 떠돌아다니는 생활을 그만두어야 했다. 전에는 나무 한 그루 한 그루가, 사람에게는 맹수를 피할 수 있는 하룻밤의 숙소였다.

그러나 이제 사람은 맹수를 그다지 두려워하지 않게 되었다. 그 대신 추위라는 다른 적이 나타났다.

추위나 눈보라에서 몸을 지키기 위하여 사람은 좀더 의지할 수 있는 피난처가 필요했던 것이다.

사람은 제2의 자연을 만들다

이윽고 사람은 드넓은 추운 세계 속에서 자기의 작은 따뜻한 세계를 만들기 시작했다. 동굴 입구 근처라든가, 튀어나온 바위 밑 같은 곳에 짐승 가죽과 나뭇가지 등으로 비도 눈도 맞지 않고, 바람도 피할 수 있는 자기만의 세계를 만들었다. 그리고 이 자그마한 세계 한가운데에 밤에도 밝고 겨울에도 따뜻한 태양을 켰다.

선사시대 수렵인의 유적에는, 지금도 '하늘' 즉 오두막집 지붕을 떠받치는 기둥을 질러 넣은 구멍이 남아 있다. 그 기둥과 기둥 사이, 오두막 한가운데는 아직도 불에 그을린 돌이 남아 있다.

이 돌들은 그 옛날 인공의 태양이었던 화로를 에워싸고 있었던 것이다.

벽은 오랜 옛날에 이미 무너져 흔적도 없이 사라졌으나 그것이 어디에 있었는지는 확실히 나타낼 수가 있다. 작은 세계 내부에서 볼 수 있는 모든 것이 이 세계를 만든 사람에 대해서 설명해 주고 있다.

돌칼, 부싯돌의 파편, 산산이 흩어져 있는 동물의 뼈, 화로에 있는 숯과 재, 이런 것들이 모래나 진흙과 뒤섞여 있다. 이런 혼합물은 아무리 보아도 자연히 생긴 것은 아니고 사람의 손으로 이루어진 것이다.

그러나 몇 발짝 걸어서 아득한 그 옛날에 사라져 버린 주거의 경계, 즉 이제는 눈에 띄지 않는 벽 밖으로 나가보면, 사람의 노동을 상기시킬 만한 것은 아무것도 남아 있지 않다. 땅을 파보아도 연장이든 모닥불의 숯이나 재든 뼈든 전혀 눈에 띄지 않는다.

이와 같이, 사람이 만들어 낸 제2의 자연은 눈에 보이지 않는 선으로 칸막이를 한 듯이 주위의 모든 것과 구분이 지어져 있다.

사람의 손의 흔적을 남기고 있는 이 흙을 파헤쳐, 돌칼이나 돌로 된 깎는 연장 그리고 아득한 그 옛날에 꺼져 버린 화로가 숯 등을 살펴보면, 우리는 그 이전의 세계의 종말이 사람에게는 종말이 아니었음을 분명히 알 수가 있다.

그것은 바로 인류가 자신을 위해 특별한 작은 세계를 만들 수 있었기에 가능했던 것이다.

5 수천 년 동안의 학교

과거로의 첫번째 여행

들소나 매머드를 잡았던 수렵인의 유적에서 발견된 연장 중에 가장 많이 눈에 띄는 것은 크고 작은 두 개의 연장이다.

큰 것은 양쪽에 날을 서게 한 묵직한 세모꼴 돌이고, 작은 것은 한쪽에 날을 세운 가벼운 반원형의 돌칼이다.

이들 도구는 각기 다른 일에 사용되었던 물건임에 틀림없다.

그렇지 않으면 이렇게 다를 수가 없다.

그러나 그것이 어떤 용도였는지 어떻게 아는가?

그것을 아는 가장 빠른 길은 석기시대로 되돌아가서 사람들이 석기를 어떤 식으로 썼는가를 보는 일이다.

소설에는 곧잘 이런 식으로 쓰여 있다.

'이야기는 10년 전으로 돌아가서……'

좋아하는 곳에 마음대로 갈 수가 있으니 소설가는 참으로 편하다. 그들은 또 소설의 주인공에 대해서도 제멋대로 늘어놓을 수 있다.

그러나 현실에서는 어떻게 하면 좋은가? 제멋대로 아무것이나 생각해서 쓸 수는 없는 노릇이다. 게다가 몇십 년도 아니고 몇만 년은 더 거슬러 올라가야만 한다.

그래도 석기시대까지는 갈 수가 있다.

만일 그럴 생각만 있다면, 우선 긴 여행에 필요한 준비물을 갖추어야 한다. 작은 자루에 들어가는 여행용 천막, 조립식 대나무 기둥, 천막끈을 매어서 고정시킬 말뚝, 말뚝을 박는 해머 등을 준비하는 것이 첫째로 중요하다. 천막 이외에도, 태양의 직사광선에서 머리를 보호해줄 콜크제 헬멧·도끼·반합·석유 버너·손잡이 달린 컵·스푼·자석·지도 등과 같은 여러 가지 물건이 필요하다. 이들을 남김없이 가방에 넣었으면 소총을 들고(석기 시대이므로 사냥을 해야 살아나갈 수 있다), 그 다음에 가까이에 있는 항구로 나가서 배표를 산다.

다만 표 파는 직원에게 석기시대로 간다는 따위의 말을 해서는 일을 그르치게 된다. 만일 진짜 계획을 입밖으로 내놓는다면, 배를 타는 대신 정신병원행이 될 것이다.

표에는 '석기시대 왕복'이라고는 쓰여 있지 않다. 흔히 '멜버른행'이라는 다른 글자가 쓰여 있을 뿐이다.

그 표로 오스트레일리아행의 원양선에 올라탄다.

몇 주 뒤에 배는 목적지에 도착할 것이다.

문제는 그곳이 오스트레일리아라 하더라도 아직까지 석기를 사용하여 일하고 있다는 점이다. 즉 시간의 여행을 공간의 여행으로 바꿀 수가 있다는 말이며, 그것이 가능하다면 옛 사람들이 어떤 생활을 하고 있었나 알고 싶은 때에는 이런 방법을 택하면 되는 것이다.

우리 나라에서는 선진적인 여러 민족이 후진 민족들을 도와서 읽기·쓰기의 능력을 키워 문화 수준을 높여 주었다.

그러나 외국에서는 훌륭한 고층 건물들이 늘어선 도시 가까이에서 아직도 원시적인 움막이나 토담집 같은 것을 종종 볼 수 있다.

오스트레일리아에는 아직도 석기를 사용하는 사람들이 있다. 우리는 이런 사람들이 있는 곳으로 가서, 그들이 일하는 모양을 보고 와야만 한다.

가시가 돋친 관목의 숲이 군데군데 있는 건조한 사막성 초원을 지나서, 우리는 이 나라의 오지에 있는 수렵인의 거주지에 이른다. 그러자 강가의 나무 밑에 나무껍질과 나뭇가지로 엮은 그들의 오두막이 보인다.

오두막 옆에서는 아이들이 놀고 있으며 남녀가 땅바닥에 앉아서 일하고 있다. 머리칼을 더부룩이 기른 수염투성이의 노인이 사냥에서 잡은 캥거루의 가죽을 벗기고 있다. 그의 손에 세모꼴 돌칼이 쥐어져 있다. 이 노인이야말로, 우리로 하여금 이렇게 먼 여행을 떠나게 했던 바로 그 석기시대 사람인 것이다.

물론 오늘날의 오스트레일리아 토착민은 원시인이 아니다. 그들과 원시인 사이에는 몇천이라는 세대의 간격이 있다. 그들 사이에 남아 있는 석기는 다만 살아남은 태고의 잔존물인 것이다. 그러나 이들 잔존물은 우리에게 많은 것을 설명해 주고 있다.

오스트레일리아인을 관찰하고 있으면, 우리는 예를 들면 세모꼴 돌이 사냥꾼인 남자의 연장이라는 것을 알게 된다. 그들은 사냥을 할 때, 이 세모꼴의 돌로 짐승의 숨통을 끊고, 시체를 가르고 그리고 가죽을 벗긴다.

또 하나의 낡은 연장인 반원형의 칼을 사용하는 모습을 보기 위해서는 더 먼, 오스트레일리아의 남쪽에 있는 태즈메이니아 섬까지 가야 한다. 그곳에서는 최근까지 이 칼을 사용하여 여인들이 옷을 마름질하고, 허리띠를 만들고, 가죽을 무두질했었다.

연장의 분업은 원시 수렵인의 시대부터 사람의 분업이 시작되었음을 말해 준다.

노동은 차츰 복잡해져 갔다. 일을 진척시키기 위해서는 한 사람이 한 일을 하고 있는 동안에 다른 사람은 다른 일을 해야 했다. 남자들이 짐승의 발자국을 찾는다든지 쫓아가든지 하고 있을 사이에, 여자들은 손을 놓고 있었던 것이 아니다. 여인들은 오두막을 세우고, 옷을 마르고, 식물의 뿌리를 모으고, 먹이를 저장했던 것이다.

이 밖의 분업도 있었다. 그것은 노인과 젊은이의 분업이었다.

천년 학교

어떤 일에도 기능은 필요하다. 그러나 기능은 하늘에서 거저 떨어지는 것이 아니다. 누군가에게서 이어받아야만 한다.

만일 한 사람 한 사람의 목수가 저마다 도끼·톱·대패 따위를 발명하고, 나아가서 이들의 연장을 사용해서 어떻게 일을 해야 하는지 알아서 생각해야만 한다면, 이 세상에 목수 따위는 한 사람도 없을 게 틀림없다.

가령 우리 한 사람 한 사람이 지리학 연구를 위하여 온 세계를 돌아다니며, 다시 한 번 아메리카를 발견한다든지, 아프리카를 탐험한다든지, 에베레스트에 올라간다든지, 곶이나 해협을 남김없이 조사해야만 한다면, 설령 사람의 수명이 천 배가 늘어난다고 해도 일생 동안에 이 일을 다하기란 도저히 불가능할 것이다.

세월이 흐르면 흐를수록 사람들이 배워야 할 것은 차츰 많아져 가고 있다. 새로운 세대는 그 전의 세대로부터 축적된 지식과 정보와 발견된 것을 더욱 많이 이어받게 된다.

200년쯤 전에는 16세에 교수가 된 적도 있었다. 그러나 어떨까? 오늘날 이 나이에 교수가 되어 보겠다고 한다면!

우리가 고등학교를 졸업하고 나면 벌써 10년이라는 세월이 가볍게 날아가 버리고 만다. 앞으로 사람들은 더 오랜 기간 동안 배우게 될 것이다. 저마다의 과학 분야에서 해마다 새로운 발견이 이루어지기 때문이다. 학문의 종류도 차츰 늘어 나고 있다. 옛날에는 물리학 하나밖에 없었지만, 지금은 지구 물리학이 있는가 하면, 천체 물리학도 있다. 화학도 하나밖에 없었는데, 지금은 지구 화학도, 생물 화학도, 농예 화학도 있다. 새로운 지식에 밀려서, 과학은 마치 살아 있는 세포와 같이 성장하고 분화하고 증식한다.

석기시대에는 물론 학문 따위는 전혀 없었다. 인류의 경험이 수집되고 축적되기 시작하였을 뿐이었다. 사람의 노동도 오늘날처럼 복잡하지 않았다. 따라서 배움에 쓰였던 시간이란 별게 아니었다. 그러나 그때에도 배움은 필요했다.

짐승의 발자국을 찾고, 그 가죽을 다루고, 오두막을 세우고, 돌칼을 만들기 위해서는 능력이나 기술이 필요했다.

그러면 능력은 어디에서 얻을 수 있는 것인가?

사람은 태어날 때부터 기술자는 아니다. 기술은 배워서 익히는 것이다.

이 점에 있어서도 사람은 다른 동물과의 거리를 더욱 벌어지게 하였다.

동물은 살아 있는 연장과 그것을 사용할 능력을 털의 색깔이라든가 몸의 생김새와 마찬가지로 부모에게 이어받는다. 돼지는 땅 파는 일을 따로 배우지 않아도 된다. 어김없이 주둥이를 가지고 태어나기 때문이다. 설치류 동물이 나무를 쏠거나 자르거나 하는 일을 배우는 것은 매우 간단하다. 앞니가 입 안에서 저절로 계속 자라나기 때문이다. 따라서 동물 세계에는 제작소나 학교라는 것이 없다.

새끼오리는 가르치지 않는데도 알에서 태어나면 곧 파리라든가 작은 새우 등을 붙잡으려고 한다. 뻐꾸기 새끼는 어미가 없어도 다른 새의 새집 안에서 성장한다. 그리고 가을이 오면 아무도 데려다 주지 않더라도 어김없이 여행길에 올라 아무도 가르쳐 주지 않는데도 아프리카로 가는 길을 찾아 낸다.

물론 동물은 부모로부터 생활 습성을 보고 배운다. 그러나 이것을 학교라고 할 수는 없다.

사람은 다르다.

사람은 스스로 자기의 연장을 만든다. 연장을 가지고 태어나지는 않는다. 즉, 사람은 연장을 사용하는 능력을 부모로부터 이어받는 것이 아니라, 스승이나 선배로부터 배우는 것이다.

사람이 문법의 규칙에 관한 지식이라든가 수학의 문제를 풀 능력을 가지고 태어난다면, 게으름뱅이들은 모두 크게 기뻐할 것이다. 그렇다면 사람에게 학교 따위는 필요 없게 된다. 그러나 이 일은 사람에게 반드시 편리한 것은 아니다. 학교가 없다면 새로운 것은 무엇 하나 알 수가 없을 것이다. 그러면 사람의 능력이나 생활 습성은 이를테면 다람쥐의 능력이나 생활 습성과 같은 수준에 머물러 버릴 것이다.

인류에게 다행스러운 일은 사람은 기술을 가지고 태어나지 않는다는 것이다. 사람은 가르치고 그리고 배우며, 저마다의 세대가 인류 공존의 경험이라는 창고에 뭔가를 더해 가고 있다. 이리하여 경험은 차츰 늘어난다. 인류는 자기가 모르는 것을 에워싸고 있는 장벽을 쉴새없이 무너뜨려 가고 있다.

아이들은 7살이 되면 모두 학교에 간다. 따라서 나라 전체로 보면, 나라도 또한 학교에 다니며 새로운 것을 하나하나 깨우쳐 나가고 있는 셈이다.

사람을 오늘날의 수준으로 키운 천년 학교는 인류에게 학문·기술·예술 등을 주고 모든 문화를 준 노동의 학교였다.

사람은 이미 석기시대부터 천년 학교에 입학했다. 경험을 쌓은 사냥꾼들이 젊은이들에게 어려운 사냥 기술을 가르쳤다. 땅바닥에 남은 짐승의 발자국을 판별하는 방법을 가르쳤고, 어떻게 하면 짐승들이 놀라지 않게 다가갈 수가 있는가 시범을 해보였다.

오늘날에도 사냥에는 기술이 필요하다. 그러나 사냥꾼 자신이 무기를 만들지 않아도 된다는 것만으로도 사냥꾼이 되는 것이 훨씬 쉬워졌다. 석기시대의 사냥꾼은 스스로 몽둥이나 칼이나 창 따위를 만들어야만 했다. 그래서 나이 먹은 숙련자는 젊은이들에게 여러 가지 일을 가르치는 일을 떠맡았다.

여자의 일에도 기술은 필요했다. 집안의 주부·건축 기사·나무꾼·재단사 등의 일을 겸해야 했기 때문이다.

저마다의 무리에는 나이를 먹은 박식한 남녀가 있어서 오랜 세월에 걸친 노동 생활의 경험을 젊은이들에게 전했다.

자기의 기능이나 경험을 어떻게 남에게 전할 수 있었을까?

모범을 보이고 이야기를 해주는 것이다.

하지만 그것을 하려면 말이 필요하다.

동물은 살아 있는 연장인 발톱이나 이빨의 사용법을 새끼들에게 가르쳐 주지 않아도 된다. 때문에 동물은 말을 하지 못해도 된다.

그러나 사람은 말을 해야만 했다.

말은 더불어 일하기 위해서도, 경험이나 일하는 기술을 연상의 사람이 젊은이에게 전하기 위해서도 필요했다.

그렇다면 석기시대의 사람은 어떤 식으로 말을 했을까?

과거로의 두 번째 여행

다시 한 번 과거를 향해 출발하도록 하자. 그러나 이번에는 좀더 간단한 방법으로 해보자. 여행은 배로 할 뿐만 아니라, 집에 가만히 앉아서도 할 수 있기 때문이다.

라디오의 스위치를 돌리기만 하면 방에서 밖으로 나가지 않더라도 한순간에 모스크바에서 블라디보스톡으로, 블라디보스톡에서 알마티로 옮겨 갈 수가 있다. 게다가 텔레비전이 있으면 멀리 떨어져 있는 사람의 목소리를 들을 수 있을 뿐만 아니라 모습까지 볼 수가 있다. 라디오나 텔레비전 덕분에 우리는 공간을 정복할 수 있는 것이다.

그러나 몇 마일 또는 몇 킬로미터 떨어져 있는 사람들이 아니라 몇만 년 전의 사람들의 목소리를 듣고 모습을 보려면 어떻게 해야 좋을까?

우리가 공중을 여행하듯이 시간 속을 여행할 수 있도록 해주는 기계가 어디 없을까?

그와 같은 기계는 틀림없이 있다. 바로 발성영화다.

우리는 스크린 위에서 세계의 모든 것을——현재의 세계뿐만 아니라 조금 전의 세계까지도——볼 수 있다.

모스크바의 붉은 광장에서 대군중이 영웅적인 북극 지방 탐험 대원들을 맞아 흥분으로 술렁거리고 있는가 하면, 성층권기구인 새하얀 곤돌라가 마치 새로운 스푸트니크(인공위성)처럼 아득한 상공으로 사라져 간다. 우리가 지금 보는 이 장면들은 벌써 20년 전에 있었던 일이다.

그러나 영화의 카메라는 그것이 만들어진 해보다 더 이전의 과거로는 우리를 데리고 갈 수 없는 기선이나 마찬가지이다.

게다가 그것이 만들어진 것은 그리 오래 되지 않았다. 1927년——이 해에 비로소 소리와 목소리를 가진 영화가 나타났다.

그보다 더 이전으로 '시간의 여행'을 하려면, 아무래도 이 배에서 다른 배로 갈아타야만 하며, 그럴 때마다 배는 차츰 전만 못해 간다. 기선에서 범선으로 갈아타고, 범선에서 단순한 보트로 갈아타는 식으로. 소리와 목소리를 가진 영화 이전에는 소리도 목소리도 없는 영화가 있었다. 여기서는 과거를 볼 수는 있지만, 들을 수는 없다.

다음에 축음기가 있다. 우리는 목소리의 그 미묘한 차이까지 들을 수가 있다. 그러나 말하는 사람의 모습은 보이지 않는다.

이 배 또한 밧줄을 풀고 출범했던 해변까지밖에 우리를 데려 가지 못한다.

영화는 1895년 이전의 일은 보여주지 않는다.

축음기는 발명된 1877년까지밖에는 데리고 가지 않는다.

목소리는 단조로우며 변화가 적은 책 속의 줄 사이에 글자라는 형태로 기호화되어 보존되고 있으며 이제 들을 수 없게 되었다.

사진이나 오래된 은판사진에서는 미소나 시선도 얼어붙은 채로 있다.

집에 있는 낡은 앨범을 들여다보자. 몇 세대에 걸친 생활이 청동 고정쇠가 달린 녹색 우단 표지 밑에 들어 있다.

판지에는 1870년대의 아이 의상을 걸친 여자아이의 빛바랜 사진이 붙어 있다. 여자아이는 사진사의 광 속에서나 찾아볼 수 있는 페인트로 그린 정원 그림에 기대어 서 있다.

같은 페이지에 그것과 나란히 면사포를 쓴 신부와 연미복차림의 대머리가 벗겨진 뚱뚱한 신랑의 사진이 붙여져 있다.

신랑은 반지를 낀 손을 단정하게 절반 높이로 자른 대리석 기둥 위에 올려놓고 있다. 이 신랑은 신부보다는 적어도 서른 살은 더 먹었다. 신부는 그 옆에 붙여 있는 여자아이와 꼭 마찬가지로 순진한 놀란 눈을 하고 있다.

그 다음에는, 4, 50년 뒤의 그녀의 사진이다. 이것이 동일인임은 여간해서는 알아보기가 힘들다. 검은 레이스의 스카프 밑에 주름 잡힌 이마, 체념한

네안데르탈인의 생활(상상그림)

듯 게슴츠레한 눈, 이가 빠져 오므라든 입 등이 눈에 띈다. 사진 뒤에는 사진기를 손에 든 천사가 그려져 있으며, 그 천사와 나란히 늙은이의 떨리는 손으로 쓴 문구가 보인다.

'귀여운 손자에게——사랑하는 할머니로부터'

앨범의 한 페이지에 사람의 일생이 들어가 있는 것이다. 과거로 거슬러 올라가면 갈수록 사진이 보이는 얼굴의 표정, 머리의 방향, 손의 놀림 등은 차츰 부자연스럽게 된다. 오늘날 우리는 전속력으로 달리고 있는 기수, 물속에 뛰어들려고 하는 수영 선수를 어려움 없이 카메라에 담을 수가 있다. 그런데 훨씬 전에는 사람을 촬영하려고 하면, 조임 나무가 달린 안락 의자에 앉히고, 목과 어깨를 단단히 눌러 꼼짝 못하게 해야 했다. 따라서 사람이 아닌 마네킹 같은 사진이 완성되었다고 해도 이상할 것은 없다.

1838년, 그 이전에는 그런 사진마저 없었다. 그 이전으로 여행하려고 한다면, 다른 과거의 증인들에게 모든 것을 의지해야만 한다. 하지만 이러한 증언들은 카메라와 같은 공평함도 없고 정확하지도 않다.

과거를 다시 한 번 알아보려면, 미술관이나 박물관, 도서관에 보존되어 있

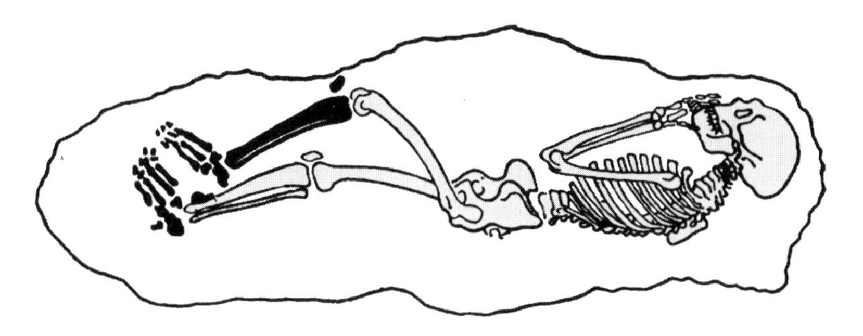

키크 코바 동굴에서 발견된 네안데르탈인 유해의 복원(검은 부분이 원형)

는 증거물을 대조해서 읽어본다든가 비교해 본다든가 해야 한다. 몇백 년이라는 세월이 길가의 이정표처럼 우리의 곁을 날아서 지나간다.

우리의 여행은 여기서 다시 갈아타야 된다. 1440년, 이 해를 넘어서 거슬러 올라가면, 이제 인쇄된 책도 없다. 읽기 쉬운 활자는 서기가 정성들여 쓴 필적으로 바뀌게 된다.

사본을 뜨는 사람의 거위 깃털 펜이 양피지 위를 천천히 미끄러져 간다. 우리는 그와 한 걸음 한 걸음, 한 글자 한 글자 더듬으면서, 과거 속으로 나아가는 것이다.

양피지에서 파피루스로 신전의 벽에 씌어 있는 것으로 우리의 여행은 차츰 더 먼 과거를 향해 나아간다.

과거의 사람들이 우리에게 남긴 글자는 차츰 더 알기 어려워지고, 수수께끼 같은 것으로 되어간다.

그리고 끝내는 문자도 사라져 버려 과거의 목소리는 완전히 침묵해 버린다.

그 이전으로는 어떻게 될까?

우리는 땅 속에 있는 사람의 흔적을 찾아서 잊혀져 버린 무덤을 발굴하고 오래된 연장, 아득한 옛날에 부서져 버린 주거지의 돈이나 화로의 재 등을 조사한다.

이러한 과거의 유물은 사람이 어떻게 생활하고 일하였는가를 우리에게 말해 준다.

하지만 사람이 어떻게 말하고 생각하였는지는 알려 주지 못한다.

말 없는 말

원시의 사냥꾼들이 야영하던 동굴 안에서 그들의 모습을, 아니 더 정확히 말해 그들이 남긴 물건을 발견하는 일이 가끔 있다.

1924년에 고고학자들은 그림 반도의 심페로폴리 시에서 얼마 멀지 않은 키크 코바 동굴에서 원시인의 뼈를 발견했다. 그것은 동굴 한가운데에 있는 장방형 구멍에 묻혀 있었다. 같은 곳의 바위 뒤에서 사슴의 뼈와 석기가 발견되었다. 우즈베키스탄의 테시크 타시 동굴에서도 석기시대 초기에 살았던 사람들의 유적이 발견되었다.

원시 수렵인은 이 골짜기 둔덕에 살고 있었다. 그들은 굉장히 날쌨던 모양으로, 그들의 주요한 먹을거리는 쉽게 잡히지 않는 영양이었다. 석기나 동물 뼈 이외에도 동굴에서는 8살 정도 되는 아이의 두개골과 뼈가 발견되었다.

석기시대 초기의 사람들의 유체는 아메리카를 제외하고 세계 곳곳에서 발굴되고 있다.

그러한 유골이 처음 발굴된 독일의 네안델이라는 골짜기의 이름을 따서 학자들은 이 시대의 사람들을 '네안데르탈인'이라고 부르고 있다. 그런데 그는 피테칸트로푸스 시대로부터 그의 시대에 이르는 수십만 년이라는 세월 동안에 완전히 다르게 바뀌었기 때문에, 새 이름이 필요하게 되었다. 그의 허리는 곧장 펴지게 되었고, 두 손도 훨씬 부드럽게 움직이게 되었고, 얼굴은 훨씬 사람의 얼굴을 닮게 되었다.

소설가는 대개 수식어를 아낌없이 써서 주인공의 외모를 상세하게 그려낸다. 눈은 '불같이 타오르고' 코는 '독수리같이 오만하고' 또 머리칼은 '까마귀 털처럼 검은'식이다. 그러나 소설가는 그 주인공의 두개골의 용적에 대해서는 절대로 다루지 않는다.

우리는 처지가 다르다. 우리 선조의 두개골의 용적은 그 눈의 표정이나 머리 빛깔 따위보다 훨씬 흥미를 끄는, 다른 무엇보다도 중요한 문제인 것이다. 우리는 네안데르탈인의 두개골을 세밀히 측정해 본 결과, 그 뇌가 피테칸트로푸스와 비교하여 커졌다는 사실을 자랑스럽게 지적할 수 있었다.

분명히 오랜 세월의 노동은 헛일이 아니었던 것이다. 노동은 사람의 모든 것을, 특히 손과 머리를 변화시켰다. 손은 일을 하지 않으면 안 되었고, 머리는 생각하지 않으면 안 되었던 것이다.

돌도끼를 만지작거리면서 새로운 모양의 것을 만드는 동안에, 사람은 저도 모르게 손가락을 개조하여 더 움직이기 쉽고 솜씨있는 것으로 만들었고, 뇌도 더 복잡한 것으로 만들어 갔던 것이다.

네안데르탈인을 보면 누구든지 한눈에 원숭이로는 생각하지 않을 것이다.

그러나 잘 뜯어보면 아직도 원숭이를 많이 닮아 있다.

낮은 이마는 모자 차양처럼 눈 위에 덮여 있고 이빨은 비스듬히 앞으로 삐져나와 있다.

이마와 턱——이것이 우리와 다른 점이다. 이마는 급경사로 뒤로 처지고, 턱은 있는지 없는지 모를 정도다.

거의 이마라고 할 만한 것이 없는 이 두개골에는 현대인에게 있는 뇌의 어느 부분이 빠져 있다. 비스듬히 깎아지른 듯한 아래 턱뼈는 아직 사람의 말을 하기에는 알맞지 않다.

이런 이마와 턱을 가진 사람은 우리가 하듯이 생각하고 말할 수 없다. 그래도 역시 말을 하지 않으면 안 되었다. 공동으로 일을 하려면 서로 의논을 해야 했기 때문이다. 사람은 턱이 발달하고 턱뼈가 넓어질 때까지 기다릴 수는 없었다. 몇천 년이라는 세월이 필요했을 것이기 때문이다.

그러면 자기의사를 어떻게 전달했을까?

사람은 자기가 할 수 있는 방법 즉 온몸으로 의사를 전달했던 것이다. 사람에게는 아직도 특별한 발성 기관이 없었기 때문에 온몸을 사용하여 말을 했다. 얼굴의 모든 근육을 움직여 말을 했고, 어깨로 말을 했고, 손발로 말을 했다. 그중 가장 많은 말을 한 것은 손이었다.

여러분은 개와 이야기를 한 적이 있는가?

개는 주인에게 무엇인가 알리려고 하면 눈을 들여다본다든가, 코로 밀든가, 무릎에 앞발을 올려놓거나, 꼬리를 흔들거나, 기지개를 켜거나, 나중에는 초조해서 견딜 수가 없다는 듯이 하품을 하든가 한다. 개는 말로 이야기하지 못하기 때문에 코끝에서 꼬리 끝까지 온몸을 써서 이야기를 하는 것이다.

원시인 역시 말로 이야기 할 수 없었다. 그러나 그에게는 손이 있었고, 그것이 다른 사람들과의 의사 소통을 가능하게 해주었다. 사실 그는 손으로 일을 했고, 혀는 일에는 필요 없었던 것이다.

'자르라' 하는 대신에 사람은 손을 흔들었다. '주어라' 하는 대신에 손바닥을 내밀었다. '이리 온' 하는 대신에 손짓으로 불렀다. 이때 그는 소리를 내어 손을 도왔다. 즉 외친다든지, 끙끙거린다든지, 소리친다든지 해서 상대방의 주의를 끌어 자신의 몸짓을 보게 하였다.

어떻게 그것을 알 수 있을까?

땅 속에서 발견되는 석기 파편 이외에 몸짓의 '파편'이라도 남아 있단 말인가? 아득한 옛날에 썩어 버린 손의 움직임을 어떻게 하면 볼 수 있을까?

만일 원시인이 우리의 조상이 아니고, 현대인에게 아무런 유산도 남기지 않았다면, 그것을 알기란 불가능한 일임에 틀림없다.

몸짓으로 하는 말

얼마 전에 상트페테르부르크에, 한 아메리카 인디언이 찾아온 일이 있었다. 이 인디언은 '코에 고리를 꿴다'라는 뜻의 네메프라는 부족에 속해 있었는데 얼핏 보아 미국의 소설가 페니모아후퍼(1789~1851년)가 쓴 것과 같은, 도끼로 무장된 인디언을 연상시키는 것은 무엇 하나 가지고 있지 않았다.

이 미국으로부터 온 손님은, 사슴 가죽으로 만든 신도 신지 않았고, 머리를 새의 깃털로 장식하지도 않았다. 그냥 우리와 똑같은 옷을 입고 있었으며, 자기 부족의 말과 함께 영어도 자유롭게 구사했다.

그런데 이 두 가지 말 이외에, 그는 또 하나의 말을 알고 있었다. 아득한 옛날부터 인디언들에게 전해 내려온 말, 세계에서 가장 간단한 말이다. 거기에는 어미 변화나 동사의 변화 같은 것도 없고 까다로운 접속법이나 가정법 따위도 없다. 왜냐하면 발음할 필요가 전혀 없기 때문이다.

찾아온 인디언이 이야기했던 말이라는 것은 발음이 없는 말, 즉 몸짓이었던 것이다.

이 말의 사전을 만든다고 하면, 대체로 다음과 같을 것이다.

몸짓말 사전의 첫 페이지

활 : 한쪽 손에 눈에 보이지 않는 활을 잡고 다른 손으로 눈에 보이지 않는 시위를 당긴다.

오두막 : 손가락을 교차시켜 맞잡고 양쪽으로 경사진 지붕 모양을 만들어 보인다.

인디언의 몸짓말

백인 : 손바닥을 벌린 손을 이마에 대고 모자 차양을 나타낸다.

이리 : 두 손가락을 앞으로 뻗어 두 귀를 나타내 보인다.

토끼 : 마찬가지로 두 손가락을 앞으로 뻗고, 다음에 활 모양을 그려 두 개의 긴 귀와 토끼의 둥근 등을 나타내 보인다.

물고기 : 손바닥을 세로로 세우고 공중에서 좌우로 움직인다. 이렇게 해서 꼬리를 좌우로 흔들고 헤엄쳐 가는 물고기의 모양을 나타낸다.

개구리 : 손가락 끝으로 물건을 줍는 모양을 만들고 깡충깡충 뛰는 흉내를 낸다.

구름 : 두 주먹으로 머리 위에서 구름이 덮여 있는 모양을 만든다.

눈 : 마찬가지로 두 주먹을 머리 위에 올린 다음, 천천히 손을 펴서 한들한들 밑으로 내린다. 눈이 내리는 것을 나타낸다.

비 : 마찬가지로 두 주먹을 올린 다음, 이번에는 홱 손바닥을 펴서 힘차게 밑으로 내린다.

별 : 두 개의 손가락을 높이 쳐들어 붙였다 떼었다 한다. 별이 깜박임을 나타낸다.

어느 모양도 공중에 그리는 그림이다.

가장 오래된 글자가 실은 글자가 아니라 그림이었던 것과 마찬가지로, 옛날의 손짓도 아마 손짓으로 그린 그림이었을 것이다.

물론 오늘날 인디언의 손짓말은 원시인의 그것과는 다를 것이다. 게다가 옛날의 손짓 이외에 원시인의 경우에는 있을 수도 없었던 몸짓이 보인다. 예를 들면 최근에 사용하게 된 손짓에는 이런 것들이 있다.

자동차 : 우선 두 손으로 원을 그려 바퀴를 나타낸다. 다음에 핸들을 돌리는 시늉을 한다.

기차 : 역시 두 개의 바퀴를 그리고 손을 물결 모양으로 움직여 기관차 굴뚝에서 나오는 연기의 시늉을 한다.

이들은 물론 새로운 몸짓이다. 하지만 몸짓 사전 속에는 아마도 원시인들로부터 오늘날까지 전해 내려왔으리라 생각되는 것들도 있다. 예를 들면 다음과 같다.

불 : 손을 물결 모양으로 움직여 밑에서 위로 올려간다. 모닥불에서 피어오르는 연기를 나타낸 것이다.

일 : 손바닥으로 허공을 자른다.

아마 원시인도 '일하라'고 말하려 할 때에는 손바닥으로 허공을 잘랐을 것이다. 최초의 연장은 돌도끼, 즉 물건을 자르는 것이었기 때문이다.

'일한다'와 '자른다'는 완전히 같은 것이었다. 따라서 지금도 손·팔·연장·무기·파괴한다는 등의 말이 서로 비슷하게 닮아 있는 나라들이 있다. 러시아 말에서는 손을 '루카', 연장을 '오르디에', 무기를 '오르지에', 자른다는 '루시치'라고 한다. 영어에서도 팔과 무기는 같은 '암'이며 군대는 '아미'라고 한다.

우리의 몸짓말

우리에게도 몸짓말은 있다.

'그렇다'라는 의사 표시를 할 때, 반드시 '그렇다'고 입밖에 내어 말하지만은 않는다. 조금 끄덕여 보이기만 할 때도 있다.

'저쪽이다'라든가 '거기다'라는 의사 표시를 할 때는 그곳을 손가락으로 가리킨다. 이 표시를 위한 손가락은 특별히 따로 있는데, 그것을 '집게손가락'이라고 부른다.

인사를 할 때는 머리를 숙인다. 그 밖에 머리를 좌우로 흔들고, 어깨를 움츠리고, 두 손을 벌리고, 눈살을 찌푸리고, 입술을 깨물고, 손가락으로 위협하고, 탁자를 두드리고, 발을 쾅쾅 울리고, 손을 흔들고, 머리를 감싸안고, 손을 가슴에 대고, 두 손으로 껴안고, 손을 내밀고, 헤어질 때는 손을 입에 대고 키스를 한다.

한마디도 입밖에 내지 않아도 이것으로 훌륭하게 이야기를 할 수 있는 것이다.

이와 같은 '말 없는 말' 몸짓말은 여간해서는 없어지지 않는다. 몸짓말에는 장점이 있기 때문이다. 때로는 몸짓만으로 장황한 말 이상의 것을 표현할 수도 있다. 뛰어난 배우는 반 시간 이상 한마디 말도 없이, 다만 그의 눈썹·눈·입술만으로 많은 말 이상의 것을 표현한다.

물론 몸짓말을 함부로 쓰는 것을 좋다고 할 수는 없다.

말로 할 수 있는 것을 일부러 손발을 써서 표현할 필요가 있을까! 그래서 우리는 원시인이 아닌 것이다. 발로 쾅쾅 울리고, 혀를 내밀고 사람을 손가락으로 쿡쿡 찌르는 것과 같은 짓은 하지 않는 편이 좋을 것이다.

그러나 '말 없는 말'이 둘도 없이 소중한 경우가 있다.

여러분은 손 깃발을 흔들어 배에서 배로 신호를 보내는 광경을 본 적이 있는가? 윙윙 하는 바람 소리, 파도 소리, 때로는 포성이 울리는 가운데서는 아무리 큰 목소리를 낸다고 해도 상대에게 들리기는 어렵다. 이럴 때, 귀는 벙어리가 되므로 눈이 큰 구실을 하게 된다.

여러분도 따지고 보면 줄곧 '말 없는 말'을 사용하고 있다. 학교에서 선생님에게 질문을 할 때, 손을 들지 않는가. 이것은 괜찮은 방법이다. 30명 내지 40명의 학생들이 동시에 지껄여댄다면 수업을 할 수 없을 것이다.

몇천 년 동안이나 계속되었고 아직도 사람들에게 필요한 것으로 몸짓말이 하찮은 것이 아님은 분명하다.

소리말이 이겼지만, 그래도 예로부터 내려온 몸짓말을 완전히 쫓아내진 못했다. 패자는 승자의 부하가 되었다. 많은 민족 사이에서 몸짓말이 부하·하인·하급자들의 말로서 남아 있다는 것은 결코 우연한 일이 아니다.

카프카스 지방의 아르메니아의 일부 마을에서는 10월 혁명 이전에는 여자가 남의 남자와 음성어로 말하는 것은 엄하게 금지되어 있었다. 따라서 의사를 소통하려면 손을 사용해야만 했다.

몸짓말은 시리아, 이란 그 밖의 많은 곳에서 볼 수가 있다.

예를 들어 이란에서는 왕궁의 하인들은 손짓으로만 이야기할 수 있었다. 신분이 같은 사람들끼리만이 소리말로 이야기할 수 있었다. 그들은 글자 그대로 '발언권'을 빼앗겼던 것이다.

지금도 신혼부부가 말부터 먼저 교환하는 것이 아니라 서로 절부터 하는 것이 좋은 예절로 되어 있는 것도 까닭 없는 일은 아니다.

이렇게 우리는 오늘날에도 아득한 옛날에 이미 사라져 버린 '말 없는 말'의 유품을 보고 있다.

사람이 지혜를 얻다

숲속의 짐승은 사방에서 보내오는 무수한 신호에 정신을 차리고 귀를 기울인다. 나뭇가지가 바스락거린다. 적이 몰래 다가오고 있는 신호일지도 모른다. 도망치든가, 아니면 반격할 준비를 해야 한다. 천둥이 치고, 바람이 나뭇잎을 흩날리며 숲속을 달려 빠져나간다. 이것은 폭풍의 조짐이므로 굴이나 둥지에 몸을 단단히 숨겨야 한다.

썩어가는 나뭇잎이나 버섯 냄새가 나는 땅바닥에서 아련하지만 날짐승의 냄새가 떠돌고 있다. 먹이를 쫓아가서 잡아야 한다.

희미한 소리, 냄새, 풀 위의 발자국, 외침 소리, 울음 소리 등 그 하나하나가 무엇인가를 뜻하고 있다.

원시인 역시 세계가 보내오는 신호에 귀를 기울이고 있었다. 그러나 그와 같은 신호 이외에 그들은 곧 그들의 종족이 보내오는 다른 신호를 이해하게 되었다.

숲속 어딘가에서 한 사냥꾼이 사슴의 발자국을 발견한다. 그는 손을 흔들고 뒤따라 오는 다른 사냥꾼들에게 신호를 보내어 이 사실을 알린다. 다른 사냥꾼에게는 아직 짐승의 모습이 보이지 않는다.

그러나 신호는 그들을 긴장시킨다. 사람들은 이제 비죽비죽 갈라져 나온 사슴의 뿔과 곤두세운 귀가 눈앞에 보이기라도 하듯이 꽉 무기를 움켜잡는다.

땅바닥에 남아 있는 짐승의 발자국은 바로 신호다. 발자국을 발견하였다는 것을 알리는 손짓——이것은 신호의 신호다.

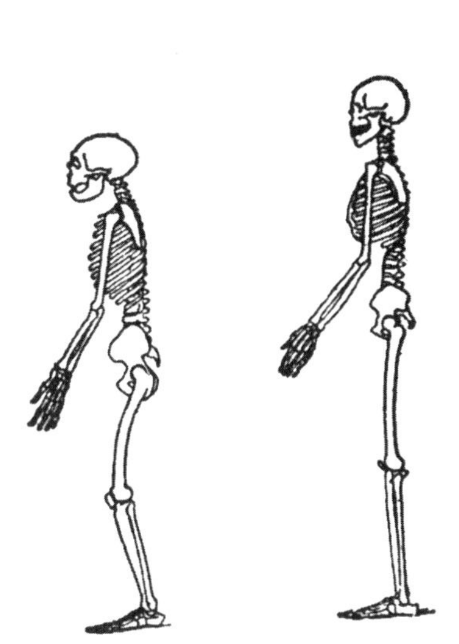
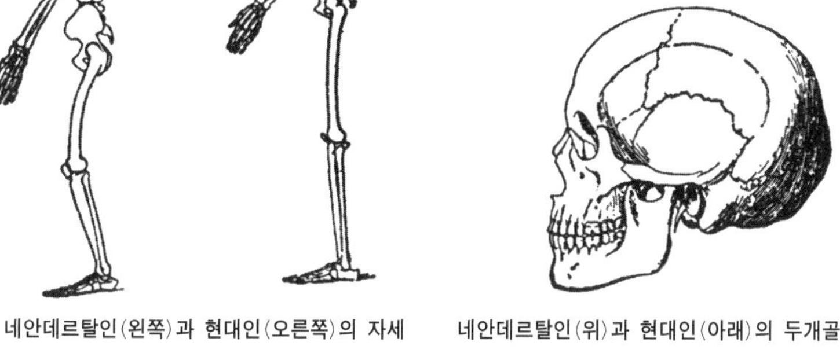

네안데르탈인(왼쪽)과 현대인(오른쪽)의 자세　네안데르탈인(위)과 현대인(아래)의 두개골

짐승의 발자국을 땅바닥에서 발견했다든가, 발 소리를 들었다든가 하면, 사냥꾼들은 이 신호를 마을의 사람들에게 신호한다.

이리하여 자연이 사람에게 보내는 신호에 사람이 사람에게 보내는 '신호의 신호' 즉, 말이 덧붙여졌다.

이반 페트로비치 파블로프는 어느 저서 속에, 사람의 언어란 '신호의 신호다.'라고 쓰고 있다.

처음에 그것은 몸짓과 외침 소리에 지나지 않았다. 눈과 귀에서 잡은 이 '신호의 신호'는, 마치 전화 신호가 중앙 전화국에 보내지듯이 사람의 뇌로 보내졌다. '짐승이 다가온다'는 '신호의 신호'를 받으면, 뇌는 즉시 명령을 내린다. 손으로 창을 꽉 움켜잡으라, 눈으로는 나뭇잎의 움직임을 가만히 지켜보라, 귀는 나무가 바삭하는 소리에 기울여라 하고 명령하는 것이다.

짐승 모습은 아직 보이지 않았고 소리도 들리지 않았지만 사람에겐 벌써 짐승을 맞을 준비가 되어 있었다.

몸짓과 외침 소리의 수가 늘어나고 '신호의 신호'가 자주 들어오면 들어올수록 두개골 안의 '중앙국'의 일은 불어갔다. 뇌 안에는 새로운 세포가 잇따라 나타나고, 그들의 세포 사이의 연락은 차츰 복잡해져 갔다. 뇌는 성장하고 용적은 커졌다.

네안데르탈인의 두개골 안 용적은, 피테칸트로푸스의 그것보다 400 내지 500 세제곱센티미터나 더 크다. 뇌가 발달하면서 사람은 생각하는 것을 배웠다.

'태양'을 뜻하는 신호를 본다든지 듣는다든지 하면, 사람은 비록 그때가 한밤중이라 하더라도 태양을 떠올렸다.

창을 가지고 오라는 신호를 받으면, 비록 당장 창을 가지고 있지 않더라도 창을 머리에 떠올렸다.

공동의 노동은 사람에게 말하는 것을 알게 했다. 말하기를 배우자, 사람은 생각하는 것도 배웠다.

사람은 지혜를 자연으로부터 선물 받은 것이 아니라 자신의 손으로 획득했던 것이다.

어떻게 해서 혀와 손의 구실이 바뀌게 되었나

연장이 적었고 사람의 경험도 그리 많지 않았던 동안은 경험의 전달은 매우 간단한 몸짓으로도 충분했다.

그러나 일이 복잡해짐에 따라 몸짓도 복잡해져 갔다. 저마다의 물건에 저마다의 몸짓이 필요하게 되었다. 그리고 그 물건을 정확히 묘사·표현하는 몸짓이 필요했다. 이리하여 몸짓 묘사가 생겼다. 사람은 공중에 짐승·무기·나무 등을 그려 나타냈다.

지금 여기에 호저(豪猪 : 호저과의 동물)를 그리는 사람이 있다고 하자. 그는 호저를 그리고 있을 뿐만 아니라, 그리는 도중에 자기가 호저로 바뀐 것처럼 되어 버리기도 한다. 호저가 네 발로 땅을 파서 흙을 앞발로 옆으로 젖혀놓고 있는 모양, 바늘털을 곤두세우고 있는 모양 등을 몸짓으로 해보인다.

이런 무언의 이야기를 해보이려면 오늘날의 뛰어난 예술가만이 가지고 있는 것과 같은 대단한 관찰력이 있어야 한다.

지금 '나는 물을 마신다'고 말했다고 하자. 그러나 어떻게 마신다는 것인지——컵에서인가, 병에서인가, 아니면 단순히 손바닥에 물을 떠서 마신다는 것인가? 이 말만 가지고는 잘 알 수가 없다.

손짓으로 말할 줄 아는 사람이라면 그렇게 말하지만은 않는다. 그는 손바닥을 자기 입가에 가져가서 눈에 보이지 않는 물을 게걸스럽게 마셔 보인다.

정말로 시원하고 맛있는 물이 충분히 목마름을 가시게 해준 것처럼 보인다.

우리는 '붙잡는다' '사냥한다'고 할 뿐이지만, 고대인은 몸짓으로 사냥의 장면을 생생하게 그려 보인다.

몸짓말은 빈약하기도 하지만 풍부하다고도 할 수 있다.

그것은 물건이나 사건을 생생하고 선명하게 그린 점에서 풍부했다.

몸짓으로는 왼쪽 눈도 오른쪽 눈도 가리킬 수가 있으나, 그냥 '눈'이라는 말로는 정확하게 알 수 없다.

그러나 동시에 몸짓말은 빈약하기도 하여, 추상적인 개념은 어떤 몸짓으로도 표현할 수 없었다.

몸짓말의 결점은 그 밖에도 있었다.

이것은 밤이 되면 할 수 없는 말이었다. 어둠 속에서는 아무리 손을 흔들어도 아무의 눈에도 보이지 않는다. 햇빛 아래서도 반드시 몸짓으로 말이 통한다고는 할 수 없었다.

확 트인 초원에서는 몸짓으로 문제없이 의사가 통했다. 그러나 사냥꾼들이 나무라는 벽을 사이에 두고 떨어져 있는 숲속에서는 의사 소통이 전혀 불가능했다.

이리하여 음성을 통한 의사 소통이 필요하게 되었다.

처음에는 혀와 목이 사람의 말을 잘 듣지 않았다. 한 목소리를 다른 목소리와 구별한다는 것은 불가능했다. 목소리를 내면, 곧 외치는 소리, 끙끙거리는 소리 등과 섞여 버렸다. 사람이 혀를 정복하여 혀로 하여금 목소리 하나하나를 똑똑히 발음하게 되기까지에는 매우 오랜 세월이 걸렸다.

처음에는 혀는 손을 거들 뿐이었다. 그런데 차츰 분명히 또 확실하게 말할 수 있게 되면서 혀는 차츰 오케스트라의 제1 바이올린의 구실을 담당하게끔 되어갔다. 손짓말의 보잘것없는 조수에 지나지 않았던 소리말은 제1선으로 뛰어올랐다.

입속의 혀의 움직임은 다른 몸짓과 비교하면 가장 눈에 띄지 않는 동작이다. 하지만 혀의 움직임에는 그것을 들을 수가 있다는 뛰어난 성질이 있다.

처음에 소리말은 몸짓말을 아주 잘 닮아 있었다. 그것도 역시 그림으로 물건 하나하나를, 동작 하나하나를 생생하고 분명하게 그리고 있었다.

서 아프리카의 가나와 토고에 에베라는 종족이 살고 있다. 이 종족의 말에는 단순히 '걷다'라는 단어가 없다. 그들은 바로 다음과 같이 말한다.

'조·제·제' : 확실한 걸음으로 육중하게 걷다.

'조·보코·보코' : 뚱뚱한 사람처럼 무거운 걸음으로 뚜벅뚜벅 걷다.

'조·브라·브라' : 길을 가리지 않고 급히 서둘러 황급히 걷다.

'조·피아·피아' : 종종걸음으로 걷다.

'조·고부·고부' : 머리를 앞으로 내밀고 약간 발을 절듯이 끌면서 걷다.

어느 표현도 음성으로 묘사한 것으로써 걸음걸이를 세밀하고 정확하게 그려내고 있다. 여기에는 확실한 걸음걸이가 있을 뿐만 아니라, 키 크고 훤칠한 사람의 확실한 걸음이 있는가 하면, 다리를 굽히지 않고 걷는 사람의 확실한 걸음도 있다.

걸음걸이의 수만큼 표현이 있는 셈이다. 이윽고 몸짓 묘사는 언어 묘사로 바뀌었다. 사람은 이리하여, 몸짓과 말에 의해서 말하는 것을 배웠다.

강과 그 원천

과거를 향해 여행하며 우리는 무엇을 발견하였는가?

여행자가 강의 흐름을 따라 거슬러 올라가 원천을 발견하듯이, 우리도 사람의 경험이라고 하는 넓은 하천의 근원인 작은 개울까지 더듬어 갈 수가 있었다.

상류 지방에서 사람이 모여 사는 사회의 시작을 찾아냈고, 말과 사고의 시작을 발견했다.

지류가 물을 날라 강물에 합쳐질 때마다 강물이 불어나듯이, 사람의 경험이라는 강 또한 하나하나의 세대가 경험을 쌓아 감으로써 차츰 넓어지고 깊어 갔던 것이다.

사람의 세대는 잇따라 과거로 사라져 갔다. 사람들도 종족도 자취도 없이 사라져 버렸고, 도시도 마을도 아무런 유품도 남기지 않은 채 사라졌다. 시간의 파괴력에 견딜 수 있었던 것은 무엇 하나 없는 것처럼 생각되었다. 그러나 인류의 경험은 사라지지 않았다. 그것은 시간에 이겨서 언어·기술·과학 속에 살아남았다. 언어 속의 하나하나의 단어, 노동 속의 하나하나의 동작, 과학 속의 하나하나의 개념은 모이고 쌓이고 통합된 모든 세대의 경험인 것이다.

강물에 흘러드는 어느 지류의 물도 한 방울의 헛됨이 없는 것처럼 이들 세대의 노동도 무익하게 끝나지 않았다. 옛날 사람들의 노동은 요즘 사람들의 노동과 일체가 되어 사람의 경험이라는 강물 속에서 합쳐졌다. 우리는 강의 원류 쪽으로, 우리의 모든 일의 시초 쪽으로 다가갔다. 일하고, 말하고, 생각하는 존재로서의 사람은 이렇게 태어났다.

사람과 원숭이를 격리시킨 길고 긴 세월을 되돌아볼 때, 우리는 '노동이 사람을 만들어 냈다'고 하는 프리드리히 엥겔스의 유명한 말을 상기하지 않을 수 없다.

제2부 선사편 Ⅱ

1 버려진 집을 돌아보며

고향의 폐가

사람이 살다가 떠난 집에는 대개 버리고 간 물건이 남아 있는 법이다. 휑뎅그렁한 방들의 방바닥 위에는 종이 부스러기나 깨진 찻잔 조각이나 빈 병 따위가 뒹굴고 있다.

오랫동안 불을 지핀 적이 없는 화덕 위에는 깨진 단지나 사발 조각들이 아무렇게나 쌓여 있다. 창문틀에 오도카니 잊혀져서 놓인 등피 없는 램프가 이 황폐한 광경을 우울하게 내려다보고 있다. 창가에는 가죽 덮개 밑에서, 붉은 털뭉치가 비어져 나와 있는 작은 안락의자 하나가 편안히 잠들고 있다. 이 안락의자는 그 다리 하나가 훨씬 전부터 부러져나가 사람들과 함께 여기를 떠날 수 없었던 것이다.

이렇게 남아 있는 물건을 가지고, 사람들이 이 집에서 어떤 생활을 했었는가를 상상하기란 쉬운 일이 아니다. 그런데 이런 문제와 씨름을 하는 것이 바로 고고학자들의 일이다. 고고학자들은 늘 맨 마지막에 그 집에 나타난다. 그래도 집이 본디 있었던 대로 남아 있다면 다행이지만, 고고학자가 찾아오는 것은 대개 마지막 집 주인이 집에서 떠난 지 몇백 년도 더 지난 다음이다. 때로는 집이 아니고 허물어진 벽과 남아 있는 바탕돌 밖엔 눈에 띄지 않는 경우도 있다. 그곳에서는 하나하나의 조각이 발견이고 하나하나의 부스러기가 성공이나 마찬가지다. 낡은 집은 그의 말을 알아들을 수 있는 자에게는 실로 많은 것을 이야기해 준다!

남루한 이끼를 걸친 탑, 풀로 덮인 낡은 벽은 얼마나 많은 사람, 얼마나 많은 사건을 지켜보았을까?

하물며 세계에서 가장 오래 된 집인 동굴은 그의 생애를 통해 얼마나 많은 것을 보아 왔을까!

동굴 중에는 5만 년 전에 사람이 살았던 것도 있다. 다행히도 산은 아주 굳건하여 그가 품고 있는 동굴 벽도 사람들이 세운 집의 벽 모양도 그렇게 빨리 무너져 내리게 하지는 않았다.

여기에 그런 동굴이 하나 있다. 동굴 주인은 여러 번 바뀌었다. 맨 먼저 들어섰던 주인은 지하수였다. 동굴 안에 진흙·모래·자갈 등이 굉장히 많이 쌓여 있는 것은 이 때문이다.

이윽고 물은 물러났다. 동굴에 사람이 들어와 살았다. 진흙 안에서 발견된 엉성한 돌칼이 이를 설명해 주고 있다. 원시인들은 이런 돌칼로 짐승의 시체를 가르고, 뼈와 살을 발라내고 다음에 뼈를 빠개서 골수를 꺼냈다. 이것으로써 여기에 찾아온 사람들은 벌써 사냥꾼이 되어 있었음을 알 수 있다.

많은 세월이 흘렀다. 사람들은 동굴을 떠났다. 새로운 주인이 동굴에 찾아들었다. 동굴 벽이 닳아 떨어졌고 그리고 닦여 있었다. 이렇게 된 것은 입주한 오소리가 암벽에 그의 털북숭이 등을 문질러댔기 때문이다. 그리고 여기서 발견된 것은 바로 그 오소리의 뼈, 정확히 말해서, 넓은 이마, 뾰족한 주둥이가 달린 두개골이었다.

그보다 한 층 위에는, 다시금 사람이 들어와 살았던 흔적이 엿보인다. 모닥불을 피운 숯과 재, 으깨진 뼈, 석기, 그리고 뼈로 만든 연장 등이 나타났다. 우리는 그들 사람을 볼 수는 없지만, 그래도 그들에 대해서 많은 것을 말할 수 있다. 그들이 남기고 간 물건을 보는 것만으로 이는 충분하다.

익숙하지 못한 눈에는 그것이 단순한 돌조각으로 밖에 비치지 않을 것이다. 그러나 정신을 가다듬어 잘 살펴보면 뒷날의 칼이나 톱이나 송곳에 해당되는 것을 찾아볼 수가 있을 것이다. 이처럼 날이 서 있는 것, 송곳처럼 끝이 뾰족한 것, 그리고 톱처럼 언저리가 들쭉날쭉한 것들이 그것이다.

이런 것들이야말로 우리 연장의 조상이다. 그중에서도 가장 오래된 것은 해머의 조상인 둥근 모양을 한 두드리는 돌이다. 이 둥근 돌로 돌을 빠개고, 깎아 내고, 두들겨서, 엷은 돌 조각으로 만들고, 이것을 재료로 해서 연장을 만들었던 것이다.

해머가 있다면 그곳에는 모루와 같은 받침돌도 있어야만 한다.

그래서 동굴 바닥에 쌓인 먼지를 조심조심 파보니까, 과연 있었다! 해머에서 그리 떨어져 있지 않은 곳에서 받침돌이 발견되었다.

해머는 돌로 만들어져 있다.

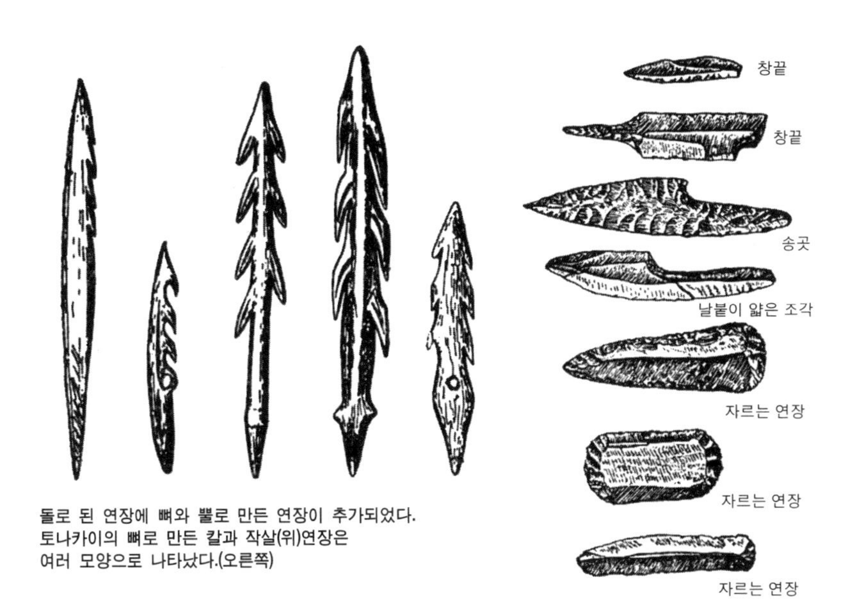

돌로 된 연장에 뼈와 뿔로 만든 연장이 추가되었다. 토나카이의 뼈로 만든 칼과 작살(위)연장은 여러 모양으로 나타났다.(오른쪽)

받침돌은 뼈로 만들어져 있다.

그것은 오늘날의 모루를 그다지 닮지는 않았다. 그래서 조심스레 살펴보면 그것이 얼마나 충실하게 제구실을 다했는가를 알 수 있다. 일부는 떨어져 나갔고 나머지는 상처투성이가 되어 있다. 필요한 모양을 내려고 해머가 연장을 두드리는 동안 받침돌은 단단히 혼이 났을 것이다.

이들 연장은 우리에게 무엇을 말해 주는가?

동굴의 새 주인은 여러 가지 점에서 최초의 거주자들보다도 앞섰음을 말해 주고 있다. 지나간 긴 세월 사이에 사람의 노동은 더 다양하고 복잡하게 진화했던 것이다.

전에는 뾰족한 돌만으로 모든 일을 해내고 있었다. 이번에는 자르는 연장, 빠개는 연장, 깎는 연장, 두들겨 자르는 연장 따위를 따로따로 만들게 되었다. 끝이 가늘고 뾰족한 연장은 송곳으로, 옷을 꿰맬 때 짐승 가죽에 구멍을 냈던 것이다. 들쭉날쭉한 날이 달린 것은 톱으로서 고기나 가죽을 잘라 냈다. 가늘고 길게 깎은 것은 창끝이었다.

분명히 사람의 일도 걱정도 늘어났다. 때마침 매서운 추위가 닥쳐왔다. 사람은 곰가죽 옷을 장만하고, 월동용 고기를 저장하고 또 따뜻한 집을 만드는

데 마음을 써야 했다. 이런 일을 하기 위해서는 한두 개의 연장으로는 안 되었고 한 벌의 연장이 필요했던 것이다.

따라서 우리의 선조가 살던 곳에서, 우리는 오늘날 연장의 선조도 보게 되었다.

그런데 우리의 눈에 띄는 것은 시간이 보존해 준 물건뿐이다. 그러나 시간은 그다지 훌륭한 관리인이 못 된다. 그것은 돌이라든가 뼈라든가로 만들어진 가장 강하고, 가장 튼튼한 물건밖에 보존해 주지를 않았다. 나무나 짐승의 가죽으로 만들어진 것은 모두 도중에서 없애버렸다. 그래서 송곳은 남았지만, 그 송곳을 써서 꿰맨 옷은 남아 있지 않다. 창의 돌촉은 남았지만, 그 돌촉을 붙였던 막대기는 전해지지 않았다.

그래서 우리는 남은 물건을 보고 도중에 사라진 물건을 미루어 살필 수밖에 없다. 어렴풋한 자취나 조각을 근거로 해서 우리가 태어날 때까지의 기나긴 세월 동안에 썩어서 사라진 물건, 이제는 없는 물건을 다시 한 번 만들어 내야만 한다.

그것은 어쨌든 좀더 발굴을 계속해 보기로 하자.

발굴은 위에서 아래로 해나가는 것이 보통이다. 처음에는 가장 위층을 발굴하고 이어서 아래로 아래로 땅 속 깊은 곳으로, 즉 더 먼 오랜 역사 쪽으로 파나간다. 고고학자는 책을 뒷부분에서 거꾸로 엮어가는 것이나 같다. 맨 마지막의 페이지로부터 시작하여 최초의 페이지에서 끝낸다.

우리의 이야기는 그것과는 다르다. 우리는 가장 밑층에서, 즉 동굴의 역사의 맨 첫 장으로부터 시작했다. 그리고 차츰 위로 올라가서 우리의 시대 쪽으로 다가왔다.

그런데 그 뒤, 동굴에서는 어떤 일이 벌어졌을까?

퇴적층을 조사해 보면 사람들이 여러 번 동굴을 떠나고 되돌아왔음을 알 수 있다. 사람들이 동굴을 비워 두었을 때에는 곰이나 하이에나가 주인으로 들어섰고, 그 사이에 동굴 안에 진흙이나 먼지가 쌓였다. 천장에서 바위가 떨어졌다. 그래서 오랜 세월이 지난 뒤 사람들이 다시 동굴을 발견하였을 때에는 그 속에서 전 주인의 일을 말해 주는 것은 아무것도 눈에 띄지 않았다.

몇 년, 몇백 년, 몇천 년이라는 세월이 흘렀다. 사람들은 푸른 하늘 아래 자기의 집을 세워 자연이 만들어 준 은신처를 이용하지 않게 되었다. 동굴은

곰과 싸우는 사람들(상상그림)

비게 되었다. 이따금 푸른 산중턱에서 소나 양 떼를 먹이던 목자나 산속에서 궂은 날씨를 맞게 된 길손들이 잠시 그 안에 찾아들 뿐이었다.

그리하여 마침내 동굴 역사의 마지막 장이 시작되었다. 다시금 사람들이 동굴에 찾아 들었던 것이다. 그러나 그들은 살기 위해서가 아니고, 옛날에 그 안에서 사람들이 어떻게 살았는가를 알아보기 위해서 찾아온 것이다.

그들은 돌로 만들어진 가장 오래된 연장을 파내기 위하여 철제의 최신식 연장을 가지고 왔다.

과거의 연구가들은 차례차례로 지층을 발굴하여 동굴의 역사를 처음부터 끝까지 읽어 냈던 것이다.

그들은 연장을 비교하여 세대를 걸치면서 기술이 어떻게 진보했으며, 사람들의 경험이 어떻게 증대해 갔는가를 살폈다. 그리하여 사람의 연장이 몇 천 년 동안 제자리걸음을 하고 있었던 것이 아니라 끊임없이 바뀌어 개선되어 나갔음을 알았다. 거칠게 다듬은 돌도끼는 엷게 벗겨진 재료로 만들어진 창끝·대패·송곳·칼 등으로 바뀌었다. 돌 연장에 뼈와 뿔의 새로운 재료로 만들어진 연장이 더해졌다. 돌을 두드려 깨는 해머 이외에 뼈나 가죽이나,

나무에 가공하는 연장이 나타났다. 같은 돌에서도 사람은 뼈를 자르는 칼을 만들고, 가죽을 완성시키는 대패를 만들고, 나무에 구멍을 뚫는 송곳을 만들었다. 인공의 발톱이나 이빨은 더욱 예리하고 다양해졌으며 사냥거리를 잡는 손은 차츰 길어져 갔다.

긴 손

사람이 막대기에 돌촉을 매달아 창을 만들었을 때, 사람의 손은 그만큼 길어졌다.

그리고 그 때문에 더욱 세어지기도 했고 대담해지기도 했다.

전에는 곰 같은 것과 맞닥뜨리게 되면, 사람은 질겁을 하고 뒷걸음질쳐 달아났다. 사람에게는 이 털북숭이 동굴 주민이 힘겨운 존재였던 것이다. 작은 동물에게는 문제없이 이길 수가 있었지만 곰과 결투할 생각은 나지 않았다. 날카로운 발톱을 세운 곰에 걸리기만 하면, 끝장이라는 것을 사람은 잘 알았던 것이다.

사람이 창을 손에 잡기까지의 상황은 그러했다. 창은 사람에게 용기를 주었다. 그는 이제 곰을 보아도 달아나지 않고 반대로 자기 쪽에서 곰에게 덮쳐갔던 것이다. 거대한 곰은 우뚝 서서 사냥꾼 쪽으로 나아왔다. 그러나 곰의 손이 사람의 몸에 닿기도 전에 돌촉이 달린 창끝이 털북숭이 옆구리에 푹 꽂히고 말았다. 곰의 발보다는 창이 더 길었기 때문이다. 상처를 입은 곰은 화가 나서 무턱대고 창으로 덮쳐왔는데, 그것 때문에 돌촉은 차츰 깊숙이 그의 몸속으로 파고들었다.

손에 잡고 있는 창자루가 부러지기라도 한다면 그야말로 사냥꾼으로서는 큰일이었다.

곰은 사람을 깔아뭉개고 발톱과 이빨로 얼굴과 어깨를 쥐어 뜯어 버릴 것이다. 그러나 곰이 사람을 이기는 일은 여간해서는 없었다. 그 시대의 사람은 혼자서는 사냥하러 나가지 않았기 때문이다. 구원을 청하는 외침 소리가 들리기 무섭게 동료들이 총동원되어 달려갔다. 여기저기에서 곰에게 덤벼들어 돌칼로 마구 쳐서 곰의 숨통을 끊어 버렸다.

창은 사람에게 전에는 꿈에도 생각할 수 없었던 먹이를 가져다 주었다. 지금도 동굴 안에서 돌판자로 만들어진 광이 발견되는 경우가 있다. 안에는 곰의 뼈가 산더미처럼 쌓여 있다. 여기에 곰 고기를 잔뜩 저장해 둔 것이라면, 곰 사냥은 확실히 잘 되었던 것임에 틀림없다.

상대가 언제나 곰과 같은 굼벵이였다면, 창만큼 만족스러운 것도 없었을 것이다. 그러나 사람은 더 잽싸고 눈치빠른 동물도 상대해야만 했다. 들판을 걸어다니고 있는 동안에 사냥꾼들은 말이나 들소 떼와도 마주쳤다. 사냥꾼들은 살금살금 기어서 그 곁으로 다가갔다. 그러나 무리는 그 낌새를 알아차리고 그 자리에서 폭풍과 같은 기세로 멀리 도망쳐 갔다.

말이나 들소에 대해서는 사람의 손은 아직 너무 짧았던 것이다. 그런데 사냥은 스스로 뼈라는 튼튼한 재료를 새로이 가져다 주었다.

돌칼로 뼈를 깎아서 가벼우면서도 날카로운 뼈촉을 만들어, 이것을 짧은 막대기에 매달았다. 새로운 연장, 투창이 만들어진 것이다. 달아나는 말에 무거운 창을 던질 수는 없었지만, 가벼운 뼈촉이 달린 투창이라면 던질 수가 있었다. 그것도 훨씬 멀리까지 던질 수가 있었다.

이것으로써 사람의 손은 더욱 길어졌다.

투창이라는 나는 무기 덕분에 사람은 말이 도망치는 것보다 더 빠르게 그것을 따라잡았다.

달리는 표적을 맞힌다는 것은 그리 손쉬운 일은 아니었다. 이를 위해서는 강한 팔과 확실한 눈이 필요했다.

사냥꾼들은 어렸을 때부터 투창을 던지는 일에 익숙해져 있었다. 그러나 막상 사냥을 하게 되면, 몇백 개의 투창 중에서 몇 개만이 표적에 맞는 것이 예사였다.

몇백 년, 몇천 년이란 세월이 흘렀다. 말이나 들소의 무리는 차츰 수가 줄어들었다. 사람이 너무 많이 죽였기 때문이다. 사냥꾼은 차츰 빈손으로 돌아오는 일이 많아졌다. 보다 먼 곳까지 닿는 연장을 생각해 내서, 손을 더욱 길게 만들어야 할 필요성이 생겨났다.

이리하여 사람은 다시 새로운 연장을 만들어 냈다.

그는 탄력있고 가느다란 나무를 잘라 와서, 그것을 둥글게 휜 다음 양끝에 줄을 비끄러맸다.

활이 사냥꾼 사이에 나타났다. 사냥꾼이 천천히 시위를 당기면, 긴장한 팔 근육의 에너지가 시위에 모여 담긴다.

사냥꾼은 활을 손에 넣었다. (동굴 벽에 그려진 그림)

다음에 사냥꾼이 시위를 놓으면, 시위에 모인 에너지가 단번에 그대로 화살에 옮겨진다. 자유로워진 화살은 먹이를 덮치는 매처럼 곧장 앞으로 날아갔다.

화살은 손으로 던지는 투창보다도 훨씬 멀리까지 날았다.

화살과 투창은 마치 형제처럼 잘 닮아 있다. 하지만 형인 투창의 입장에서 보면 아우인 화살은 몇천 년이나 어리다.

즉 사람이 화살을 만드는 데까지는 몇천 년이나 걸렸다.

처음에 활에서 쏜 것은 화살이 아니라 먼저의 투창이었다. 그래서 그 당시의 활은 사람의 키만큼이나 컸다.

사람은 자신의 약하고 짧은 손을 길고 강한 것으로 만들었다.

사슴의 뿔이나 매머드의 앞이빨로 예리한 촉을 만들어 짐승의 무기인 뿔이나 송곳니를 거꾸로 이용하여 그들 자신의 것으로 만들었던 것이다.

그리고 이것은 바로 사람을 새계에서 가장 강한 존재로 만들어주었다.

투창을 던지고 활시위를 당기는 손은 이제 보통의 손이 아니라, 거인의 손이었다.

이제 사냥터에 나가 이 젊은 거인은 한 마리의 짐승을 쫓아가 잡는 것이 아니라, 짐승 떼 모두를 잡았던 것이다.

산 짐승의 폭포

프랑스의 솔뤼트레라는 곳에 바위로 된 험준한 언덕이 있다.

고고학자들은 이 언덕의 기슭에서 굉장히 많은 뼈의 퇴적을 발굴했다. 그곳에는 매머드의 어깨뼈도, 원시시대의 소뿔도, 오소리의 두개골도 있었다.

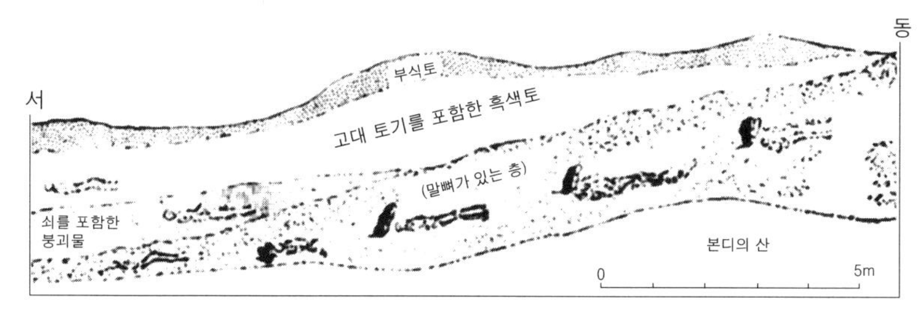

솔뤼트레 유적의 매장

그중에서도 가장 많았던 것은 말뼈였다. 사람의 키보다 높이 쌓여 있는 곳도 있었다. 이 뼈더미를 조사한 결과 학자들은 적어도 십만 마리의 말뼈가 있다는 계산을 해냈다.

어떻게 해서 이렇게 큰 말의 묘지가 생겼을까?

학자들이 살펴본 결과 대부분의 뼈는 으깨어지고, 쪼개지고, 불에 탄 것들이었다.

그러고 보니 뼈는 원시시대의 요리사 손을 거쳐서 이곳에 내버려졌음이 틀림없다. 말의 묘지는 실은 묘지가 아니라 부엌 쓰레기를 내다 버리는 곳이었던 것이다.

이렇게 큰 쓰레기 더미가 1년이나 2년 동안에 생길 수는 없다. 그것은 꽤 오랫동안 사람들이 이곳에서 살았다는 증거이다.

그러나 어째서 쓰레기 더미가 다른 곳도 아닌 이곳에, 이 절벽 밑에 쌓이고 쌓였는가? 원시 사냥꾼들이 들판의 평평한 곳을 놓아 두고 색다르게 이런 곳에다 캠프를 치고 있었던 것일까?

아마도 다음과 같은 사건이 여기에서 일어났을 것이다.

사냥꾼들은 말 떼를 발견하자 무성하게 자란 이 큰 풀숲에 숨으면서 조심조심 다가갔다. 저마다 손에는 몇 개씩의 투창을 들고 있었다. 앞선 자가 말이 있는 곳, 그 수, 걸어가는 방향 등을 신호로 알렸다.

사냥꾼들은 사슬처럼 이어져서 말떼를 멀리 에워싸고 그 포위망을 차츰 좁혀 갔다. 들판 안의 검은 점으로밖에 보이지 않았던 말이 이제는 눈에 분명히 들어왔다. 커다란 머리, 가느다란 다리, 그들의 몸은 억세고 긴 털로 덮여 있었다.

말들은 질겁을 했다. 적의 낌새를 알아차리고 도망치려고 했다. 그러나 이미 때는 늦었다. 투창이 긴 부리를 가진 새처럼 후드득 날아왔던 것이다.

투창은 말의 허벅다리에, 등에, 목덜미에 꽂혔다. 어디로 도망가면 될까? 말은 세 방향에서 적에게 포위되어 있다. 갑자기 나타난 이 사람 울타리에는 한 군데만 문이 있었다. 말 떼는 사냥꾼들을 피하기 위해 비명을 올리고 발굽 소리를 울리면서 이 문으로 몰려갔다. 그것이야말로 사냥꾼들이 노리던 바였다. 그들은 말 떼를 단 하나의 방향으로, 즉 절벽 위로 몰아붙였다. 두려움 때문에 제정신이 아닌 말들은 앞에 무엇이 있는지는 생각할 틈도 없이 곧장 달려갔다. 등은 땀투성이가 되고, 꼬리를 휘날리며, 하나의 생물의 흐름이 되어 오로지 달리기만 했다. 흐름은 언덕 위를 달려 올라갔다. 갑자기 낭떠러지가 나타났다. 선두에서 달리던 말은 이제 낭떠러지 끝에 다다랐다. 비로소 위험을 깨달았다. 콧소리를 울리고 뒷발로 버텼으나 멈추어 설 수는 없었다. 뒤에서 밀어닥친 다른 말들 때문에 그대로 밀려 떨어지고 말았다.

생물의 흐름은 높은 곳에서 폭포수처럼 떨어져 내려갔고, 낭떠러지 밑에는 피투성이인 시체더미가 생겼다.

사냥은 끝났다.

벼랑 밑에서는 모닥불의 연기가 올라갔다. 야영지에서는 노인들이 사냥거리를 분배하고 있었다. 수확물은 집단 전체의 소유물이었다. 그러나 좋은 살이 붙어 있는 부분은 가장 용감하고 잽쌌던 사냥꾼들에게 주어졌다.

새로운 사람들

시계 바늘을 잠깐 볼 때면 움직이고 있는 것 같지가 않다. 그러나 한두 시간 지나면, 틀림없이 바늘이 움직였음을 알게 된다.

사람들의 생활도 그와 같은 것이다. 우리는 우리의 둘레나 자신 안에서 일어나고 있는 변화는 바로 알아차리지를 못한다. 역사의 시계는 움직이고 있는 것 같지가 않다. 몇 년인가 지난 다음 우리는 바늘이 움직였고, 우리 자신도 변화했으며, 둘레의 모든 것도 완전히 다른 것이 되었음을 문득 깨닫게 된다.

옛것과 새것을 비교해 보려면 일기나 사진, 신문이나 책 같은 것을 보면 된다. 우리에게는 비교해 볼 수 있는 자료가 있다. 그러나 우리의 조상에게는 비교해 볼 것이 아무것도 없었다. 그들에게 생활은 움직이지 않는 것, 바뀌지 않는 것으로 여겨졌다. 마치 아무 표시도 되어 있지 않은 새하얀 글자판에서는 바늘의 움직임이 눈에 띄지 않는 것과 마찬가지로, 새것과 옛것을 비교하지 않고는 변화를 알기란 불가능하다.

석기를 만들었던 사람은 누구나 그들에게 기술을 가르쳐 주었던 자의 동작이나 수법을 정확하게 흉내내려고 애썼다.

집을 지을 때, 여자들은 그의 할머니가 가르쳐 준 대로 화덕을 만들었다.

사냥꾼들은 관례의 법칙에 따라 짐승을 쫓았다.

그래도 사람들은 어느덧 자신들의 연장도, 집도, 일도 바꾸어 나갔다.

처음에는 새로운 도구도 모두 다 옛것과 아주 비슷했다. 처음에 만들어졌던 투창은 그때까지의 보통 창과 그다지 다르지 않았다. 처음에 만들었던 화살은 그 전의 투창과 비슷했다. 하지만 창과 화살은 이제는 다른 물건이다. 또 활과 화살로 사냥하는 것은, 투창을 가지고 사냥하는 것과는 완전히 다른 방법인 것이다.

사람의 연장이 바뀌었을 뿐만 아니라, 사람 자체도 바뀌었다. 발굴된 골격을 보면, 이 사실을 잘 알 수 있다. 동굴로 들어간 사람과 빙하시대 말기에 그곳에서 나온 사람을 비교하면, 이 두 사람이 같은 생물이라고는 도저히 믿어지지 않는다.

동굴로 들어간 것은 네안데르탈인으로서, 등을 구부리고 뒤뚱뒤뚱 걸었고 이마도 턱도 거의 없는 것 같은 얼굴을 하고 있었다. 동굴에서 나온 것은 크로마뇽인으로서 훤칠하게 키가 크고 겉보기에 우리와 그다지 다르지 않은 모습을 하고 있었다.

집의 역사 제1장

사람의 생활이 바뀜에 따라 그들의 주거도 바뀌어 갔다. 집의 역사는 동굴에서 시작된다. 자연에 의해서 만들어진 이 집을 사람은 세우지 않고 발견했던 것이다.

그러나 자연은 그렇게 좋은 건축기사는 아니었다. 산을 만들고 그곳에 동굴을 만들기는 했지만, 동굴 안에 누가 살든 말든 알 바 아니라는 태도였다. 때문에 그것을 찾아 냈다 하더라도 사람이 살기에 좋을 경우는 그다지 없었

원시인은 자기 집을 이렇게 그렸다. (동굴 그림)

다. 방의 천장이 너무 낮다든가 언제 벽이 무너져 내릴지도 몰랐고 네 발로 기어서 들어가기 힘들 정도로 입구가 너무 좁기도 하였다.

살기 좋게 만들기 위해서 온 집안 식구가 함께 일을 했다. 동굴 바닥과 벽을 돌 조각이나 나무토막으로 깎고 다듬었다.

입구 가까이에 화덕을 만들기 위해 구멍을 파고 돌로 둘러쌌다. 어머니들은 어린아이들을 위해서 부지런히 잠자리를 만들었다. 땅바닥을 얕게 판 다음, 요 대신 그 속에 화덕의 따뜻한 재를 깔았다.

한쪽 구석에는 곰 고기라든가 여러 가지 식료품을 저장해 둘 광을 만들었다.

이처럼 사람들은 자연이 만들어 놓은 동굴을 자신의 노동으로 개량하여 사람의 집으로 바꾸어 놓았던 것이다.

그리고 시간이 가면 갈수록 사람들은 자신들의 집을 만들기 위해서 더욱 손질을 하게 되었다.

천연의 지붕인 튀어나온 바위를 발견하면 그들은 벽을 붙였다. 벽을 발견하면 그 위에 지붕을 얹었다.

프랑스 남쪽의 산간 지방에는 원시인의 집이 남아 있다. 그 지방 사람들은 이것에 '마귀의 화덕'이라는 이상한 이름을 붙여 놓았다. 큰 돌로 만들어진 동굴 안의 화덕으로 몸을 따뜻하게 할 수 있는 것은 마귀말고는 있을 수가 없다고 생각하였던 것이다. 만일 사람들이 자기들의 조상에 관한 역사를 좀 더 잘 알았더라면, '마귀의 화덕'이 마귀가 아닌 사람의 손으로 만들어졌다는 사실을 깨달았을 것이다.

원시시대의 사냥꾼들은 언젠가 이곳의 튀어나온 바위 밑에서 벽 두 개를 발견했다. 그것은 산비탈에서 굴러떨어진 돌이었다. 이 두 개의 자연이 만들어 놓은 벽에 그들은 다시 벽 두 개를 덧붙였다. 그중 하나는 커다랗고 넓적한 돌을 쌓아올린 것이고, 다른 하나는 통나무 말뚝 벽으로 나뭇가지를 얽어 매어서 짐승의 가죽으로 싼 벽이었다.

이 벽은 시간이 파괴해 버렸기 때문에 우리는 다만 그랬으리라고 추측해 볼 뿐이다.

벽은 움막집을 둘러싸고 있었다. 움막집은 널찍한 구멍을 말하며, 그 안에는 석기 조각이라든가, 뼈나 뿔로 만들어진 연장의 조각이 남아 있었다.

'마귀의 화덕'은 절반은 집이고, 절반은 동굴이다. 말하자면 집과 동굴의 튀기 같은 것이었기 때문에 그것에서 오늘날의 집까지는 이제 그리 멀지 않다.

이미 두 개의 벽을 세울 수 있었기 때문에 네 개의 벽을 세운다는 것은 이제 그리 큰일은 아니었다.

이리하여 동굴 안도 아니고 튀어나온 바위 밑도 아닌, 훤히 트인 푸른 하늘 아래 맨 처음의 집이 나타나게 되었다.

원시 사냥꾼의 집

1925년 가을, 돈 강 유역에 있는 가가리노라는 마을의 자기 집 안에서 안토노프라는 농민이 찰흙을 파고 있었다.

새로 지은 집의 벽에 칠할 찰흙이 필요했던 것이다.

이따금 삽이 뭔가 뼈 같은 것에 부딪혀 딱딱 소리가 났다.

안토노프는 마침 지나쳐 가던 블라디미로프라는 선생님에게 불평을 했다.

"이런 곳에 뼈가 있다니 어떻게 된 일이지요? 덕분에 도무지 팔 수가 없어요. 하마터면 삽이 부러질 뻔했다니까요……."

상대가 그 선생님이 아니고 다른 사람이었다면 잠시 서서 이야기를 한다음 부지런히 가버렸을 것이 틀림없다.

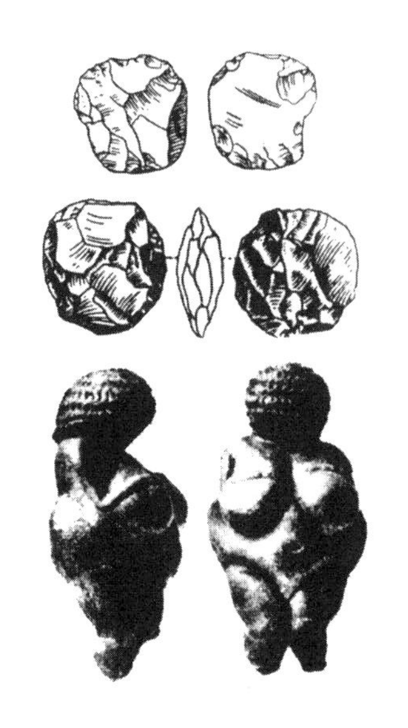
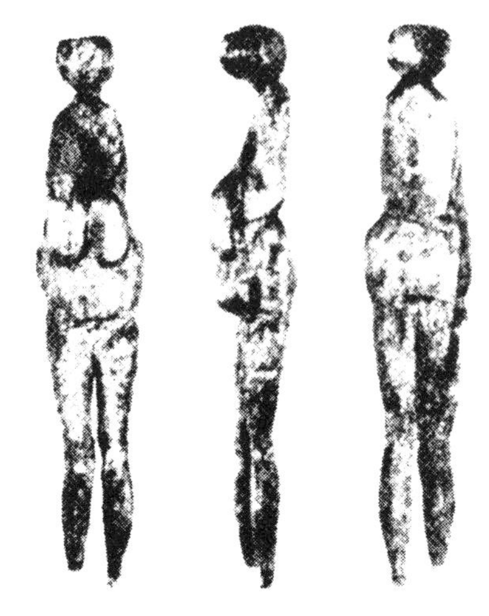
가가리노 마을에서 발견된 석기와 상아부인상

그런데 이 선생님은 학문을 아주 좋아했다.

그는 곁으로 다가가서 구멍 속에서 막 끌어낸, 마치 반질반질 닦인 것과 같은 굵고 누런 색깔의 송곳니 조각을 이리저리 뜯어보고 만져 보기 시작했다.

이렇게 큰 송곳니는 거대한 매머드의 것임이 분명했다.

돈의 매머드라! 이것은 실로 놀라운 일이었다.

선생님은 구멍에서 파낸 뼈를 모아 그것을 짐마차에 싣고 곧 옆 동네에 있는 박물관으로 옮겨 갔다.

이런 작은 박물관에는 때로 생각지도 않았던 진기한 물건이 나와 있는 수가 있다. 어느 방에는 대리석의 큐피드와 에카테리나 여제(1684~1727년)시대 고관의 초상화가 나란히 진열되어 있다. 다른 방에는 그 지방에서 수집된 광석과 식물 등과 나란히 털북숭이 손으로 몽둥이를 쥐고 있는 종이 찰흙의 피테칸트로푸스의 모습이 세워져 있다. 가가리노 마을에서 발견된 뼈를 선생님이 날라간 곳은 이런 박물관이었다.

박물관에서의 일은 매머드의 송곳니나 그 밖의 뼈를 목록에 기입한 다음, 피테칸트로푸스나 광물 옆에 늘어놓으면 그것으로 끝이었다.

그러나 박물관장은 그것만으로 끝내지 않았다. 그는 곧 책상에 앉아, 상트페테르부르크 인류학·민족박물관 앞으로 편지를 썼다. 이곳은 네바 강가에 있는 작은 건물로서, 러시아의 학자나 탐험가가 온 세계에서 모은 굉장한 수집품들이 보존되어 있다.

이윽고 자먀틴이라는 고고학자가 상트페테르부르크에서 가가리노 마을로 찾아왔다. 자먀틴은 블라디미로프 선생님의 도움을 받아 연구를 시작했다.

이것은 흔히 있는 일이다. 학교 선생님이나 마을의 도서관장이 뭔가 옛것을 발견하면 그 일을 시에 알린다. 그러면 시는 학자를 마을로 보내서 연구시킨다.

그런데 가가리노 마을에서는 무엇이 발견되었을까?

일을 시작하자 돌대패와 돌도끼·뼈송곳·구멍 뚫린 여우 이빨·화덕의 숯에 섞인 매머드와 다른 동물의 뼈 등이 나왔다.

석기나 송곳니의 조각은 구멍 안에서뿐만 아니라 광의 벽에 칠해진 찰흙 안에도 있었다. 즉 벽토에 섞여 있을 정도로 많은 뼈와 석기가 있었다는 것이다.

발굴은 몇 달이고 계속되었고 발견물도 차츰 늘어갔다. 이들의 발견물——칼·장식품·작은 형상·짐승의 뼈는 정성들여 상자에 넣어서 포장되어 상트페테르부르크로 보내졌다. 상트페테르부르크에서는 여러 전문가들이 연구에 착수했다.

광물학자는 연장이 무슨 돌로 만들어졌는가를 감정했다. 고생물학자는 원시인들이 어떤 사냥감을 잡았나를 알기 위해서 뼈를 조사했다.

고미술 복원가는 오랜 세월로 상한 매머드 뼈로 작은 형상을 복원시켰다.

그 사이에도 고고학자들은 그들의 학문의 법칙대로 신중히 발굴을 계속했다. 이리하여 그들의 눈에는 선사시대 사냥꾼들의 집 모습이 차츰 분명히 떠오르게 되었다.

그것은 둥근 움막집이었다. 벽을 따라서 넓적한 돌과 매머드의 송곳니와 턱뼈 등이 둘러쳐져 있었다. 벽은 짐승 가죽으로 싼 막대기로 되어 있었던 모양이다. 몇 개의 나무 장대는 꼭대기에서 하나로 합쳐져 지붕을 만들었다. 큰 돌과 매머드의 뼈는 벽을 튼튼히 하기 위해서 그곳에 쌓아 두었다.

밖에서 보면 이 집은 커다란 천막과 같았다.

벽 근처에서 매머드의 송곳니를 새겨서 만든 부인상이 발견됐다.

하나는 무척 뚱뚱한 여자였고, 하나는 마른 여자였다. 아마도 그런 모델이 있었기 때문에 만든 것이리라. 특히 머리칼 모양은 아주 정성들여 새겨져 있었다.

움막 가운데쯤에 있는 바닥 밑에는 상자용으로 쓴 둥근 구멍이 있었다. 여우의 송곳니로 만든 목걸이 구슬, 뼈바늘, 매머드의 꼬리 등 소중하게 보관해 두고 싶은 물건들이 들어 있었다.

바늘은 꿰맬 때 쓰고, 목걸이는 목에 걸었다고 치고, 매머드의 꼬리는 어째서 이렇게 소중하게 보관하였을까?

다른 곳에서 발견된 작은 형상에서 추측하건대 원시 사냥꾼들은 가끔 짐승 가죽을 뒤집어쓰고 뒤에 꼬리를 매달았던 것 같다. 짐승 흉내를 내기 위해서이다. 그러면 그들은 왜 그런 짓을 했을까? 지금은 원시인의 집을 이야기하고 있으니 그것에 관해서는 뒤에 알아보기로 하겠다.

가가리노에 있었던 집은 다른 곳에서도 많이 발견되었다. 뼈를 토대로 추측하면, 그곳에 살았던 사람들은 매머드·동굴사자·동굴곰 그리고 말을 사냥했던 것으로 보인다.

고고학자 에피멘코는 자먀틴과 함께 코스촌키 마을의 집을 자세히 조사했다.

그 결과 코스촌키 마을 사람들이 하나의 움막이 아니라 몇 개의 움막에 살았음을 알아 냈다. 그들은 공동으로 마을 전체가 사냥을 했다. 석기도 골제품도 아주 잘 만들어져 있었다. 상아로 만든 부인상도 발견되었다. 작은 형상 가운데는 입묵(먹물로 살 속에 글씨·그림을 새겨 넣음)한 것도 있었고, 가죽 앞치마를 두른 것도 있었다. 그 당시에 벌써 가죽을 무두질할 수 있었던 것으로 보인다.

원시 사냥꾼들의 집은 우리가 지금 살고 있는 집과는 매우 다르다. 밖에서는 둥근 언덕 같은 지붕밖에 보이지 않는다. 집 안에 들어가려면 '굴뚝'을 통해서 들어가야만 했다. 출입구는 연기를 나가게 하기 위해서 지붕에 만들어진 구멍밖에 없었기 때문이다.

진흙 벽 곁에는 의자 대신에 매머드의 턱뼈가 놓여 있었다. 어머니인 대지는 그대로 잠자리가 되었고, 사람들은 흙베개에 머리를 올려놓고 다져진 장방형의 땅바닥에서 잠을 잤다.

뼈의자와 흙베개 이외에 돌책상도 있었다.

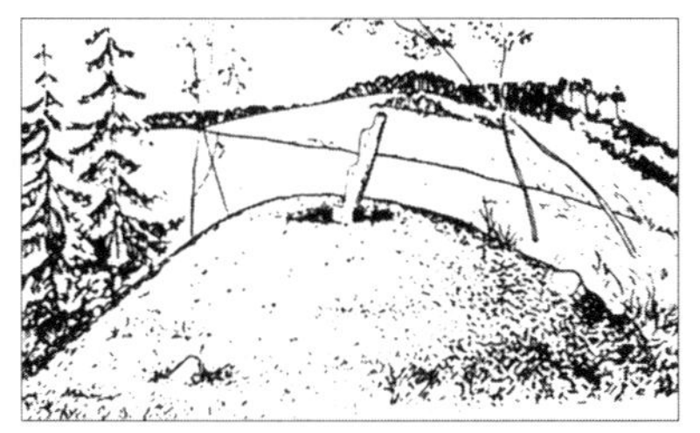

북아메리카 톰슨 강 인디언들의 겨울집(왼쪽). 그 내부로, 구조는 원시인 주거를 많이 닮아 있다(오른쪽).

화덕 앞의 가장 밝은 곳에는 평평한 넓은 돌로 만들어진 작업대가 놓여 있었다. 이러한 작업대 위에서 여러 가지 연장, 여러 재료의 부스러기 그리고 미완성품 등을 볼 수가 있다.

대 위에는 뼈로 만든 작은 구슬들이 흩어져 있었다. 개중에는 반들반들 닦여 구멍이 뚫려 있는 것도 있었다. 미완성인 것도 보였다. 막대기 모양을 한 뼈에 많은 금을 새겨 놓고, 시간적 여유가 없어 구슬 하나하나로 만들지 못한 것도 있었다. 무엇인가 사람들로 하여금 집에서 떠날 수밖에 없도록 만들었던 것이 틀림없다. 분명히 커다란 위험이 닥쳤던 모양이다. 그렇지 않고서는 이렇게 잘 만들어진 창촉이라든가, 바늘귀가 달린 뼈바늘이라든가, 여러 가지 일에 쓰일 수 있는 가지가지 돌도끼를 여기에 남겨 두고 갈 턱이 없다.

이러한 물건을 만든다는 것은 결코 쉬운 일이 아니었다. 그 하나하나에 매우 오랜 시간이 걸렸다. 뼈바늘, 즉 인류 역사상 최초의 바늘의 예에서도 알 수가 있다. 아주 작은 물건이긴 하지만 그것을 만들려면 대단한 기술이 필요했던 것이다.

어느 유적에서는 뼈바늘 공장이 그대로 발견되었다. 그곳에는 여러 가지 도구·원료·반제품이 그대로 남아 있었다.

혹시 뼈바늘이 필요하다는 사람이 있다면 내일이라도 일을 다시 시작할 수 있을 정도였다.

하기야 이 일을 할 수 있는 기술자를 지금 찾아 낼 수 있을지는 장담할 수 없지만.

바늘을 만들자면 우선 돌도끼로 토끼 뼈를 깎아서 막대기 모양으로 만들어야 했다. 다음에 울퉁불퉁한 돌칼로 그것을 뾰족하게 했다. 다음에 돌송곳으로 그것에 바늘귀를 냈다. 마지막에 숫돌로 바늘을 갈았다.

이처럼 단 하나의 바늘을 만드는 데 얼마나 많은 연장과 수고가 들었겠는가.

어느 집단에나 바늘을 만들 수 있는 솜씨 있는 기술자가 있었던 것도 아니었다. 뼈바늘은 아주 소중한 귀중품이었던 것이다.

여기서, 원시 사냥꾼의 야영지를 잠깐 들여다보자.

눈 덮인 벌판에 몇 개의 작은 언덕이 있으며, 그곳에서 연기가 피어 오르고 있다. 그들 언덕 중의 하나로 다가가서, 연기가 눈에 스며 들어가는 것은 개의치 않는 것으로 하고 지붕에 나 있는 구멍을 통해 안으로 기어들어가 보자.

우리는 요술 모자를 쓰고 있기 때문에 아무도 우리를 볼 수 없다고 가정하자. 이 움막 안은 연기가 자욱하고, 어두컴컴하고, 게다가 소란스럽다. 그곳에는 적어도 어른이 열 명 그리고 그보다 많은 아이들이 있다.

눈이 연기에 익숙해짐에 따라 사람들의 얼굴이나 몸뚱이를 확실히 분별할 수 있게 된다. 이들 사람에게는 이제 원숭이다운 데는 한 군데도 남아 있지 않다. 등은 훤칠하게 곧게 펴지고 힘도 있을 것 같다. 광대뼈는 튀어나오고, 두 눈은 훨씬 다가서 있다. 거무튀튀한 몸에 붉은 물감으로 뭔가 온통 그려져 있다.

여자들은 바닥에 앉아서 뼈바늘로 털가죽 옷을 꿰매고 있다. 아이들은 달리 장난감이 없으므로 말의 다리뼈라든가 사슴뿔을 만지작거리고 있다. 화덕 옆의 작업대에는 한 기술자가 편히 앉아서 일을 하고 있다. 그는 투창 자루에 뼈촉을 달고 있다. 그 옆에는 다른 기술자가 돌칼로 뭔가 그림을 파고 있다.

곁으로 다가가서 무엇을 새기고 있는지 알아보자. 몇 줄기의 가느다란 선으로, 그는 뼈판에 풀을 뜯고 있는 말의 모습을 새기고 있다.

놀라운 솜씨와 인내로 그는 늘씬하게 뻗은 다리, 쭉 뻗은 목, 짧은 갈기, 커다란 머리를 그려 나가고 있다. 말은 마치 살아 있는 듯 뛰어나올 것만 같다. 눈앞에 말을 놓고 그리기라도 하듯이 이 예술가는 그만큼 솜씨좋게 발의 움직임, 머리의 경사진 각도를 나타내고 있다.

그림은 완성되었지만 예술가는 아직도 손을 멈추지 않고 계속 일을 한다. 그는 말 몸뚱이에 사선을 그어 나간다. 다음 줄, 또 다음 줄, 평판에 그려진 말 위에 기묘한 도형이 나타난다. 이 원시인 예술가는 도대체 무엇을 하고

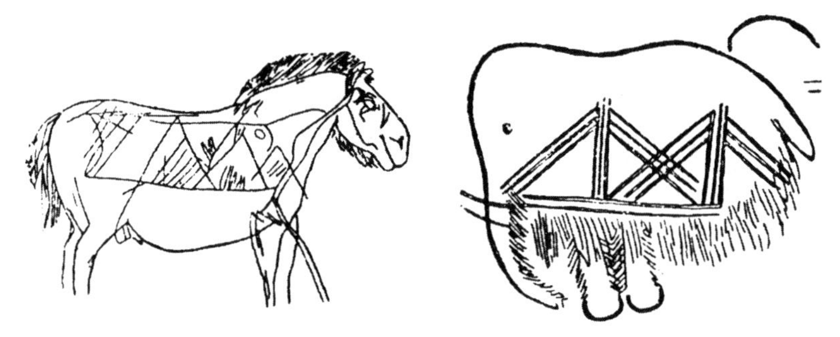

몇 개의 오두막집(또는 움)이 있는 말의 그림(왼쪽)과 두 채의 오두막집(또는 움)이 있는 매머드의 그림(오른쪽)

있는 것일까? 그는 어째서 오늘날의 화가조차 부러워할 것 같은 그림을 망쳐 버리고 있는 것일까?

도형은 차츰 복잡해 진다. 놀랍게도 말 몸뚱이 뒤에는 오두막이 그려져 있다. 처음에 그린 오두막 옆에다 예술가는 오두막을 두 개 더 그렸다. 이리하여 마을 전체가 그려졌다.

이 기묘한 그림은 무엇을 뜻하는 것일까? 그 순간 머리에 떠 오른 영상이었을 뿐일까?

그렇지 않다. 모으려고 하면, 우리는 이와 같은 기묘한 도형을 얼마라도 모을 수가 있을 것이다. 이쪽의 매머드 그림 뒤에는 오두막이 두 개 그려져 있으며 저쪽의 들소 뒤에는 오두막이 세 개 그려져 있다. 중앙에는반쯤 먹어 치운 들소의 시체가 그려져 있다. 남은 것은 머리와 등뼈와 앞발뿐이다. 이마 부분이 튀어나오고 목에 긴 털이 나 있는 머리 부분은 앞발 사이에 놓여 있다. 양쪽에 사람들이 두 줄로 늘어서 있다.

동물·사람·오두막 등을 그린 수수께끼 같은 그림은 골판에도 석판에도 바위에도 많이 그려져 남아 있다. 그러나 그것을 가장 많이 볼 수 있는 것은 동굴의 벽이다.

동굴을 발굴하였을 때는 벽에 그림은 보이지 않았다. 그 이유는 우리가 사람들이 먹고, 잠자고, 일을 하던 입구만 들여다보았기 때문이다.

이번에는 동굴 안 깊숙이 들어가 보자. 그 구석이나 동굴의 골목을 샅샅이 조사하고 몇십 미터, 몇백 미터나 이어져 있는 바위의 갈라진 틈새로 들어가 보기로 하자.

지하의 화랑(상상그림)

지하의 화랑

손전등을 들고 동굴에 들어가 보자. 도중에서 꺾여지는 모퉁이나 십자로는 잘 기억해 두어야 한다. 지하의 미로에서 길을 잃으면 큰일이기 때문이다.

바위 복도는 차츰 좁아졌다. 천장에서는 물이 뚝뚝 방울져 떨어졌다. 우리는 손전등을 치켜들어 그 빛으로 조심조심 벽을 살펴보았다.

지하에 흐르는 물이 반사하여 결정체마냥 동굴을 장식하고 있었다. 그러나 그곳에 사람의 손이 닿은 흔적은 없었다. 좀더 안으로 들어갔다.

갑자기 누군가가 소리쳤다.

"있다!"

검은 물감과 빨간 물감으로 벽에 들소가 그려져 있었다. 들소는 앞발을 꺾고 쓰러져 있었다. 그 둥글게 튀어나온 허리에는 투창이 꽂혀 있었다.

우리는 몇만 년 전에 여기서 그렸던 작품을 보고 언제까지나 그곳을 떠날 줄을 몰랐다. 그러다 정신을 차리고 좀더 안으로 들어가서 다시 다른 그림을 발견했다. 벽에 이상한 괴물이 춤추고 있었다. 사람인가 생각하면 짐승 같기도 하고, 짐승인가 생각하면 사람 같기도 했다. 괴물의 머리에는 뒤로 젖혀

짐승도 아니고 사람도 아닌 활을 든 이 괴물은 무엇일까?

진 긴 뿔이 나 있었고, 등에는 혹이 있으며, 털투성이 꼬리를 늘어뜨리고 있었다.

손과 발은 사람의 것으로 그 손에 활이 쥐어져 있었다.

잘 주의해서 살펴보자. 들소 가죽을 뒤집어쓴 사람임을 알 수가 있다.

그 그림에 이어 계속해서 또 다음 그림, 또 다음 그림이 발견되었다.

이 이상한 화랑은 도대체 무엇일까? 요즘 세상에서는 화가는 밝은 아틀리에에서 일을 한다. 전람회에서는 잘 보이게 하려고 밝은 데에 걸어 놓는다.

대체 무슨 까닭으로 원시인은 이렇게 사람 눈에 띄지 않는 캄캄한 지하실에 미술 전람회를 열었을까?

분명히 남에게 보이기 위해 그린 그림은 아니었던 것이다.

그렇다면 무엇 때문에 그렸을까? 우리는 도무지 알 수 없지만, 짐승 가죽을 뒤집어쓰고 춤추고 있는 사람들의 그림에는 뭔가 까닭이 있는 것이 아닐까?

수수께끼와 풀이

"춤추는 사람들은 사냥꾼들입니다. 저마다 들소 머리에서 벗겨 낸 가죽 또는 그 흉내를 내서 만든 발 달린 가면을 뒤집어씁니다. 손에손에 활이나 창을 들고 있습니다. 춤은 들소 사냥을 나타낸 것입니다. 이윽고 그중 한 사람이 지친 시늉을 하고 쓰러집니다. 그러자 다른 한 사람이 활 쏠 준비를 하고 화살 끝이 둥글게 된 화살을 그에게 쏩니다. '들소'는 부상당합니다. 사람들은 발을 붙잡고 그 토인을 춤판에서 끌어낸 다음, 이 '들소' 몸 위에 칼을 휘둘러댑니다. 이 토인이 풀리게 되면, 역시 들소 가면을 쓴 다른 토인이 즉시 교대에 들어갑니다. 1분 동안의 휴식도 없이 2주간이나 3주간 춤이 계속될 때가 있습니다."

이것은 원시 사냥꾼들의 춤을 본 사람의 이야기다. 그런데 그는 어디에서 그런 춤을 볼 수 있었을까?

바로 북아메리카의 초원에서이다. 그곳 인디언 종족들 가운데에는 원시시대 수렵인의 풍습을 아직도 보존하고 있는 종족이 있다.

우리는 뜻하지 않게 원시시대 예술가가 동굴 벽에 그린 사냥 춤과 거의 같은 춤에 대해 적은 것을 어느 탐험가의 일기 속에서 발견하였던 것이다.

이리하여 그 까닭을 알 수 없었던 그림의 뜻을 깨닫게 되었다. 그러나 그 수수께끼 풀이 속에는 또 다른 수수께끼가 들어 있었다.

우리가 볼 때 춤은 오락이든가 예술이다. 그러나 예술 애호나 오락만을 위해서 인디언이 3주일 동안 쓰러질 때까지 계속해서 춤춘다고는 생각할 수 없다. 게다가 그들의 춤은 춤이라기 보다는 의식과 더 비슷하다.

주술사가 어느 방향으로든지 파이프 연기를 내뿜는다. 그러자 춤추던 사람들은 짐승이 그 방향에 있을 것으로 생각하고 그 쪽으로 달려간다. 주술사는 연기로 지휘를 하여 춤추는 사람들을 동서남북으로 달리게 한다.

주술사가 지휘하는 춤이고 보면 그것은 이제 춤이 아니라 일종의 주술 의식일 것이다.

기묘한 동작으로 인디언은 들소에게 주술을 걸고, 주술의 주문을 외우고, 주술의 신비로운 힘으로 들소를 대초원에서 불러들이려고 하는 것이다.

동굴 벽에 그려져 있는 춤추는 사람이 뜻하는 바는 바로 이 점에 있는 것이다! 그들은 그저 춤추고 있는 것이 아니라, 주술 의식을 행하는 중인 것이다. 그렇다면 지하에 들어가서 횃불의 불빛으로 그림을 그렸던 사람은 예술가인 동시에 주술사이기도 했던 것이다.

그는 짐승의 가면을 쓴 사냥꾼과 상처를 입은 들소를 그리면서, 사냥이 성공할 수 있도록 주술을 걸었던 것이다.

우리의 눈에는 무의미하게 보이지만 그는 춤이 일에 도움이 될 것임을 믿어 의심치 않았다.

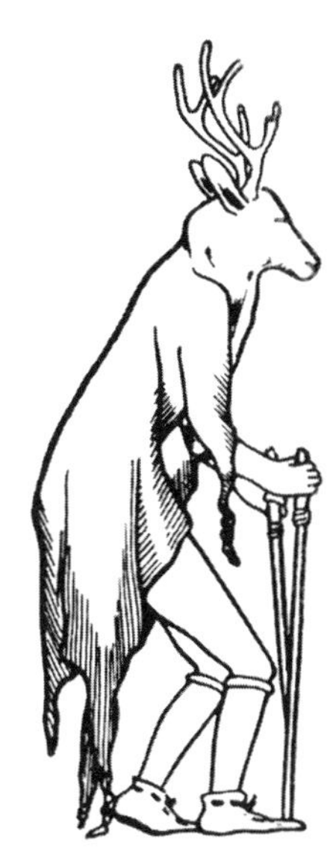

사슴 가면을 쓴 사냥꾼
(북아메리카 인디언)

사슴 가면을 쓴 고대 사냥꾼
(트로와 · 프레르 동굴 벽화)

남양 비스마크 제도에 속하는 뉴보멜라니아 섬의 마법의 춤

집을 지을 때 우리는 석수나 목수의 동작을 흉내내면서 춤추지는 않는다. 사냥하기 전에 총을 손에 들고 춤춘다든지 하지는 않는다. 그러나 우리가 어리석다고 생각하는 것이 우리 조상에게는 아주 중대한 일이었던 것이다.

이로써 수수께끼 같은 그림의 비밀이 풀렸다. 무엇 때문에 동굴 안의 벽에 춤추는 사람이 그려져 있는가 하는 까닭도 알았다. 그러나 우리는 이에 못지 않게 수수께끼 같은 그림을 그 밖에도 보지 않았는가?

좀 전에 이 동굴에서 돌칼로 골판에 새긴 이상한 그림을 보았다. 한가운데에 들소가 그려져 있으며, 그 주위에 사냥꾼들이 서 있었다. 들소는 대부분이 먹어치워져서 머리와 앞발밖에 남아 있지 않았다.

이 그림은 무슨 뜻일까?

이 수수께끼를 풀기 위해서는 이번엔 아메리카가 아니라 북극 지방으로 가야 한다.

시베리아에서는 3, 40년 전까지만 해도 곰을 잡으면 '곰 축제'를 행한 곳이 있었다. 곰을 집 안에 들여놓아서는 경건하게 제단에 올려놓았다. 곰의 머리 부분은 앞발 사이에 끼웠다.

그 머리 앞에 곡초 또는 자작나무 껍질로 만든 사슴 모형이 몇 개 놓여진다. 이것은 곰에게 바치는 제물이다. 곰의 코끝을 자작나무 껍질로 만든 고리로 장식하고, 눈에는 은화를 끼웠다. 그 다음에 사냥꾼들은 곰 곁으로 다가가 그 코끝에 입을 맞추었다.

이것은 며칠이고 이어지게 될 축제의 서막에 불과하다. 밤마다 사람들은 곰 시체 앞에 모여서 노래하고 춤춘다. 자작나무 껍질이나 나무로 만든 가면을 쓰고 사냥꾼들은 곰에게 다가서서 경건하게 절을 하고, 그 다음에 곰의 뒤뚱거리는 걸음걸이를 흉내내어 춤추기 시작한다.

한바탕 노래와 춤이 끝나면 사람들은 마침내 식사를 시작한다. 곰고기는 먹을 수 있었으나 머리와 앞발에는 손을 대지 않는다.

이것으로써 골판 위에 새겨진 그림이 무슨 뜻인가를 알았다. 그것은 '들소 축제'였다. 사람들은 들소를 에워싸고 고기를 베풀어 준 은혜에 감사하고 앞으로도 이러한 은혜가 베풀어지기를 빌고 있는 것이다.

인디언에게도 이와 똑같은 사냥 축제가 있다.

어떤 인디언 종족의 사냥꾼들은 잡은 사슴을 밑에 내려 놓을 때, 뒷다리가

그리스인의 '곰축제'. 곰 얼굴 앞에 물고기 몇 마리가 공물로 바쳐져 있다.

동쪽을 향하도록 한 뒤에 코끝 앞에다 여러 가지 먹을 것이 담긴 잔을 늘어놓는다. 사냥꾼들은 차례로 사슴 앞으로 나아가 오른손으로 코 끝에서 꼬리까지 사슴의 몸을 쓰다듬으며, 일부러 죽어 주어서 고맙다는 인사를 한다.

"형이시여, 편히 쉬시라!"

이때 그들은 죽은 사슴에 대해 이렇게 말한다.

주술사는 사슴에게 엄숙하게 입을 연다.

"그대는 우리에게 뿔을 베풀어 주셨습니다. 따라서 우리는 그대에게 깊이 감사를 드립니다."

2 그 조상들과의 대화

그곳에 이상한 일이

어렸을 때, 우리는 누구나 '이반 왕자' '불새' '꼽추 망아지' '사람으로 둔갑하는 짐승' 그리고 '마음대로 짐승으로 변하는 사람' 등의 이야기를 열심히 읽었을 것이다.

그런 이야기가 사실이라면 그런 세계에는 이상한 생물이 잔뜩 살고 있다는 말이 된다. 착한 것이 있는가 하면 악한 것도 있고, 눈에 보이는 게 있는가 하면 눈에 보이지 않는 것도 있다. 또 화를 잘 내는 마법사나 심술궂은 마녀의 노여움을 사지 않도록 늘 조심해야만 한다.

그곳에서는 자기의 눈을 믿을 수 없다. 추한 두꺼비가 눈 깜짝할 사이에 굉장한 미녀가 되는가 하면, 훌륭한 청년이 순식간에 무시무시한 큰 뱀으로 변한다. 그곳에서는 특별한 법칙에 따라서 무슨 일이라도 생길 수 있다. 죽은 사람이 되살아나고, 잘려 떨어진 머리가 말을 하고, 물에 빠져 죽은 여인들이 어부를 물속으로 끌어들인다.

푸시킨(1799~1837년)의 시에 다음과 같은 것이 있다.

> 그곳에는 수많은 이상한 일이,
> 숲의 요정은 헤매고,
> 물의 요정은 나뭇가지에 앉아……

이야기를 읽고 있을 동안은 별로 이상하다는 생각이 들지 않는다. 그러나 일단 책을 덮으면 우리는 그 순간에 현실 세계로 되돌아온다. 이제 마법사도 마녀도 없다. 현실 세계에서는 일을 하나하나 확인할 수도 있고 설명할 수도 있다. 이야기가 제아무리 매력에 차 있다 하더라도 우리는 이야기의 세계에 살고 싶다고는 생각하지 않는다. 그곳에서는 이성과 지혜는 맥을 추지 못한다. 요괴나 마법사를 만나는 순간 죽임을 당하지 않으려면 이반 왕자처럼 좋은 운을 타고 나는 수밖에 없기 때문이다.

그런데 우리의 조상들에겐 세상이라는 것이 바로 그런 세계로 보였던 것이다. 그들은 동화의 세계와 현실 세계를 구별할 줄 몰랐다. 그리하여, 모든 일은 세계를 지배하고 있는 이상한 마력의 뜻에 좌우되는 것이라고 생각했다.

돌에 채어 굴러도 우리는 그것을 자기 탓으로 하여 자신의 부주의를 나무랄 뿐이다.

그런데 원시인은 자신을 나무라지 않고 길에 돌을 놓은 악마 탓으로 돌렸다.

사람이 단검에 찔려 죽으면 우리는 '사람이 단검에 찔려 죽었다'고 말한다.

그러나 원시인은 찔린 단검에 마술이 걸려 있었기 때문에 사람이 죽었다고 말할 것이다.

하기야 오늘날에도 아직 이상한 것을 믿는 사람이 있다. 어떤 신을 숭배하지 않았기 때문에 병들게 되었다든가, 무슨 일이든 월요일에는 시작하지 않는 것이 낫다든가, 토끼가 앞길을 가로질러 가면 재액이 일어난다는 등.

우리는 이런 사람들을 비웃는다. 미신은 오늘날에는 허용되지 않는다. 이상한 힘을 믿는 것은 무지의 소산이기 때문에 거미집처럼 어두운 구석에서 생긴다.

그러나 주술사라든가 영혼을 믿었다고 해서 우리 조상들을 비웃지는 말자. 그들은 주위에서 일어나는 모든 일을 어떻게든지 확실히 알려고 무던히 애를 썼다. 다만 가지고 있는 지식이 너무나 적었기 때문에 올바른 설명을 찾아 내지를 못했던 것이다.

지금도 문명에서 멀리 떨어져 있는 오스트레일리아나 아프리카 토인들 가운데는 이와 비슷한 사람들이 있다.

그런 종족 사이에, 아직도 석기시대의 미신이나 편견이 남아 있다 하더라도 결코 이상한 일은 아니다.

어느 아프리카 탐험가는 이렇게 말한다.

"서해안에 있는 로앙고 연안의 주민들은, 새로운 돛을 단 배 또는 다른 배보다 큰 연통을 단 배를 보면 즉시 떠들기 시작한다. 레인 코트·눈에 선 모자·흔들의자, 그 밖에 조금이라도 이상한 연장은 모두 토인들이 가장 싫어하는 의심을 불러일으킨다."

즉, 낯선 물건은 무엇이건 간에 토인의 눈에는 마법의 도구로 비친다는 것이다.

이런 토인들도 여러 가지 경험에 의해서 세상의 모든 것은 서로 관계가 있음을 어렴풋이나마 알고 있다. 그러나 그것이 어떤 관계인가를 모르기 때문에 어떤 것이 다른 것에 주술을 건다고 하는 신념을 버리지 못하는 것이다.

그래서 그들은 액막이로 탤리즈먼이란 것을 몸에 지녀야만 한다고 생각한다. 탤리즈먼이란 코끼리 꼬리 끝에 나는 털로 만들어진 팔찌 또는 악어 이빨로 만든 목걸이 같은 물건으로 닥쳐 오는 모든 재액에서 몸을 지켜주는 부적 같은 것이다.

원시인은 로앙고의 토인만큼도 세상을 몰랐다.

때문에 그들도 또한 주술이나 요술을 믿고 있었을 게 틀림없다. 발굴된 탤리즈먼과 동굴 안 깊숙한 곳의 이상한 그림이 그것을 말해 주고 있다.

우리의 조상은 세계를 어떻게 생각했나

사람은 자연의 법칙에 대해 아는 바가 없었다. 그런 자연에서 생활한다는 것은 사람으로서는 쉬운 일이 아니었다. 사람은 자신을 이상한 힘에 지배당하는 약하고 무력한 존재라고 생각했다. 그의 생각으로는 모든 것이 탤리즈먼이었고 모든 사람이 다 주술사로 보였다. 고이 잠들지 못한 죽은 자의 영혼이 근처에서 어슬렁거리고 있으며 살아 있는 사람에게 죽은 자의 소리가 들린다고 생각했다. 사냥에서 잡힌 짐승은 죽인 사람에게 복수할 기회를 엿보고 있다고 생각했다. 재액을 면하려면 줄곧 영혼에게 기원하고 제물을 바쳐서 비위를 맞추려고 애써야만 했다.

무지는 두려움을 낳는다.

사람은 지식이 없었기 때문에 세계의 주인 노릇을 하지 못하고, 겁먹은 듯한 가련한 기원자가 되어 버렸다.

확실히 자신을 자연의 지배자로 생각하기엔 아직 일렀던 것이다. 세계의 어떠한 동물보다도 세어지고 매머드를 이기기도 했지만, 그래도 자연의 굉

사냥이 잘되게 해달라고 선조에게 기도하는 라플란드인(16세기 판화)

장한 힘에 비교하면 보잘것없는 약자였고 자연을 제어한다는 일은 생각도 할 수 없었다.

한번 사냥에 실패하면 며칠이고 굶는 수밖에 없었다. 또, 한 번 눈보라가 휘몰아치면 그들의 집은 눈에 깔리고 말았다.

이런 사람에게 싸울 힘을 주고 한 걸음 한 걸음, 서서히 자연 정복을 향해서 나아가게 했던 것은 무엇이었을까?

그것은 사람은 혼자가 아니었다는 사실이다.

사람들은 마을이 총동원되어, 즉 사회 전체가 그들에게 적대적인 자연의 힘과 싸웠다. 한덩어리가 되어 일을 했고, 일하는 가운데서 경험과 지식을 쌓아 나갔던 것이다.

사실, 그들 자신은 이 일을 잘 이해하지 못했다. 그들은 일을 자아류(自我流 : 자기 자신이 가지고 있는 독특한 경향)로 이해하고 있었던 것이다.

사람이 모여 사는 사회란 무엇인가를 그들은 알지 못했다. 그러나 서로가 서로 결합되어 있다는 것, 공동체에 속하는 자는 많은 손을 가지고 있는 거대한 사람과 같다는 것을 느끼고 있었다.

그들을 하나되게 한 것은 무엇인가? 바로 혈족 관계였다. 사람들은 씨족 단위로 생활하고 있었다. 아이들은 어머니들과 함께 생활했고, 이들 아이들에게 다시 아이들이 태어나면, 그대로 형제·자매·숙부·숙모·어머니·할머니 등과 함께 생활했다.

이리하여 일족은 번창해 갔다.

원시 사냥꾼에게 사회라는 것은 같은 조상에서 나온 일족이었다. 사람들은 모든 면에서 조상의 은혜를 입고 있었다. 사람들에게 사냥과 연장 만드는 법을 가르쳐 준 것도 조상이었고, 집과 불을 준 것도 조상이었다.

일하는 것과 사냥하는 것, 이것은 조상의 뜻을 잇는 것을 뜻했다. 조상의 말씀에 따르는 자는 재앙이나 위험을 피할 수 있었다. 조상은 자손과 함께 살았고, 눈에는 보이지 않으나 집에도 사냥터에도 있다. 조상들은 모든 것을 보고 있었으며, 모든 것을 알고 있었다. 그들은 나쁜 짓을 하면 벌했고, 좋은 일을 하면 상을 주었다.

이와 같이 원시인의 머릿속에서는 모두의 이익을 위해 모두가 일한다는 뜻이 공통의 조상의 뜻을 받들어 이에 복종한다는 것으로 바뀌어 갔다.

일에 대한 그들의 생각 또한 우리와는 달랐다.

우리 생각으로는 들소 사냥꾼을 먹여 살리고 있는 것은 사냥이다

그런데 원시 사냥꾼은 들소가 그를 먹여 살리고 있다고 생각했다. 그러고 보면 지금도 우리는 옛부터 내려온 습관에 따라 소를 '길러 준 어버이'라고 부르고 대지를 '어머니'라고 부르기도 한다. 우리는 달리 소의 허락도 받지도 않고 그 젖을 짠다. 그러면서 소가 '베풀어 준다'라고 말한다.

원시 사냥꾼을 '길러 준 어버이'는 들소·매머드·사슴 등의 짐승이었다. 사냥꾼의 생각에 따르면, 그가 짐승을 죽인 것이 아니라 짐승이 스스로 그의 고기와 가죽을 사냥꾼에게 베풀어 준 것이다.

인디언은 짐승의 뜻을 거슬러서 짐승을 죽여서는 안 된다고 믿고 있다. 들소가 잡힌 것은 사람들을 위해서 자신을 희생하길 원했기 때문이라는 것이다.

들소는 '길러 준 어버이'이고, 종족의 보호자이다. 동시에 종족의 보호자는 모두의 조상이기도 하다.

그리하여 아직 이 세계에 대해서 뚜렷한 이해를 갖지 못한 그들의 머릿속에선 보호자로서의 조상과 종족을 양육해 준 보호자로서의 짐승이 하나로

인디언의 머리 위 저마다 있는 것은 그 일족의 토템

혼동되어 들어앉아 있었다.

"저희는 들소의 자손입니다" 하고 사냥꾼들은 말한다. 그리고 실제로 자신들의 조상은 들소였었다고 믿고 있다. 원시 예술가는 들소를 그리고 다시 그 뒤에 오두막 세 개를 덧붙여 그렸다.

'들소 자손의 마을'이라는 뜻이다.

사람은 노동에서 짐승과 연결되고 있었다. 그러나 사람은 혈족 관계나 유사성이 없는 사람끼리의 결합은 이해할 수가 없었다. 짐승을 죽이면 사람은 짐승을 형님이라고 부르고 용서를 빌었다. 의식을 치를 때나 춤출 때에는 되도록 짐승을 닮도록, 즉 자기 형님을 닮도록 짐승 가죽을 뒤집어쓴다든지, 그의 동작을 흉내낸다든지 하였다.

사람은 아직 자기 자신을 '나'라고 부르지 않았다. 그는 자기 자신을 씨족의 일부분이고 씨족의 연장이라고 생각했다.

씨족마다 고유의 이름과 토템이 있었다.

토템이란 그들과 깊은 관계가 있는 것으로서, 그들이 숭배하는 동물 같은 것 또는 그 모양의 형상을 말한다. 그들의 이름은 보호자이며 조상인 동물의 이름이다. 이리하여 '들소'니 '곰'이니 '사슴'이니 하는 이름의 씨족이 생겼다. 사람들은 자기 씨족을 위해서라면 생명을 바치는 것도 서슴지 않았다. 씨족의 관습을 토템의 명령이라며, 토템의 명령은 그대로 자신들의 법도라고 생각했던 것이다.

선조와 이야기하다

다시 한 번 원시인의 동굴에 들어가 화덕가에서 그와 무릎을 맞대고 앉자. 그리고 그들의 신앙과 관습에 대해서 여러 가지 이야기를 들어 보기로 하자.

그러면 우리의 수수께끼 풀이가 옳았는지 어떤지, 우리를 위해서 일부러 동굴의 벽이나 뼈나 뿔에 그려서 남겨 주었다고까지 생각되는 그림을 우리가 맞게 이해했는지 어떤지 알 수 있게 될 것이다.

그러나 동굴 주인에게 이야기를 시키려면 어떻게 해야 될까?

화로에 있는 재는 아득한 옛날에 바람에 날려 버렸다. 언젠가 이 불 앞에서 돌이나 뼈 연장을 만들고 짐승 가죽으로 옷을 꿰매고 있었던 사람들의 뼈는 이미 오래 전에 썩어 버렸다. 때때로 땅 속에서 누렇게 바래고 금이 간 두개골을 발견할 수 있을 뿐이다.

이 두개골에게 말을 시키려면 어떻게 하면 된단 말인가?

동굴을 발굴했을 때 우리는 연장을 사용해서 사람이 어떻게 일을 했는가를 알아보기 위해서 연장의 조각이나 부스러기를 찾았다.

이제 선사시대의 말의 자취나 부스러기를 찾으려면 어디에서 찾아야만 하는가?

그것은 지금도 남아 있는 말 속에서 찾을 수밖에 없다.

이러한 발굴에 삽은 필요하지 않다. 땅 속이 아니라 사전 안에서 찾아 내야 하기 때문이다. 어느 사전에나, 어느 말에나, 귀중한 과거의 자취가 보존되어 있다. 그것은 그럴 수밖에 없다. 몇백, 몇천이라는 세대의 경험이 우리에게 전해져 내려온 것은 이 말의 덕분이기 때문이다.

책상에 앉아 사전 속을 찾으면 되는 일이기 때문에 언어의 연구나 조사 같은 것은 매우 간단한 일처럼 보일지도 모른다. 그런데 실제는 그렇지 않다.

옛말을 찾아서 연구가들은 온 세계를 돌아다니고, 산에 올라가고, 바다를 건넌다. 때로는 벽과 같은 산맥 저 너머에 사는 작은 민쪽 사이에서 다른 언어에는 남아 있지 않은 옛말이 발견되는 수가 있다. 낱낱의 말은 인류의 길 도중에 있는 숙영지와 같은 것이다. 오스트레일리아·아프리카·아메리카 등지의 사냥 종족의 말은 우리가 훨씬 이전에 지나쳐 온 숙영지와 같다. 그래서 지금 연구가들은 바다를 건너, 우리가 잊어버리고 만 고대의 관념이나 표현을 찾아내려고 어디고 출발해 가는 것이다.

'사슴 사냥' 동굴 그림(왼쪽), 들소와 부메랑 동굴 그림(위)

연구가는 말을 찾아서 남쪽의 사막으로 가는가 하면 북쪽의 툰드라 속에라도 찾아 들어간다.

북극의 여러 민족 사이에는 소유라는 관념이 아직 없었던 시대의 말이 어엿이 남아 있다. 그 당시의 사람들은 '나의 무기'라든가, '나의 집'이라는 말을 사용해 본 적이 없었다. '나의'라는 말의 뜻을 몰랐기 때문이다.

고고학자들이 유적에서 집터나 연장의 조각을 발굴하듯이, 옛날의 자취를 발굴하기 위해서는 이런 말을 살펴볼 필요가 있다.

물론 아무나 사전의 고고학자가 될 수는 없다.

준비나 지식이 없이는 불가능한 일이다. 박물관과 달라서 옛 단어가 언어 안에 어엿이 보존되어 있는 것은 아니기 때문이다. 오랜 세월이 흐르는 동안에 단어는 수없이 여러 번 바뀌었다. 그들은 한 언어에서 다른 언어로 옮겼고, 서로 어울리고 어미나 접두사가 바뀌곤 했다. 때로는 불타버린 나무처럼, 단어의 낡은 뿌리만이 남았다. 다만, 뿌리라도 있으면 그 말의 유래도 알 수 있다.

몇천 년이라는 세월이 흐르는 동안에 단어는 형태뿐만이 아니고 그 뜻도 달라졌다. 오래된 단어가 새로운 뜻을 갖게 되는 경우도 자주 생겼다.

지금도 그렇다. 새로운 사물이 나타났을 때, 반드시 그에 해당 되는 새로운 용어가 만들어진다는 법은 없다. 우리는 쌓여 온 말 가운데에서 흔한 옛

말 하나를 골라 이것을 새로운 사물에 붙여 버린다.

우리가 글씨를 쓸 때 사용하는 펜은, 이제 새의 펜(깃털)은 아니다. 펜 홀더(펜대)는 일종의 핸들인데, 핸들은 핸드(손)와는 전혀 다른 것이다. 우주선이라고 해도 그것이 배는 아니다. 스팀 해머(증기 해머)는 해머의 일을 할 뿐 생김새는 망치가 아니다. 사수는 화살을 쏘는 사람이었는데, 지금은 총으로 쏜다.

우리는 편지를 쓸 때, 손으로 쓰지 않고 가끔 타이프라이터라는 기계를 사용한다. 타이프는 '활자', 라이터는 '쓰는 사람'인데 이 기계로 '글을 쓰는'것이 아니라 '인쇄하는' 것인데도 '라이터'라는 말을 사용하고 있다.

'펜', '해머', '사수', '라이터' 등은 어느 것이나 옛말이다. 우리는 이들 옛말을 골라서, 새 사물에 이름을 붙였다.

이들은 아주 최근에, 말의 맨 위층에 쌓인 퇴적물이다. 때문에 우리는 별 어려움 없이 이들 단어의 본디의 뜻을 찾아 낼 수 있었다.

그러나 좀더 깊은 곳을 팔 단계가 되면, 일은 훨씬 어려워진다. 언어의 역사를 잘 알지 못하고는 어딘가로 사라져 버린 옛말의 뜻을 찾아 내기란 어려운 일이다.

러시아의 언어학자로 니콜라이 마르라는 사람이 있었다. 그는 고대 민족과 현대 민족의 말을 연구하여, 오늘날의 말 가운데에는 옛날에 아주 다른 뜻으로 사용되었던 것이 많음을 증명했다. 예를 들면, 어느 지방에서는 '말'이라는 말이, 옛날에는 '사슴' 또는 '개'의 뜻으로 사용되었다. 그 당시에는 말보다도, 개 또는 사슴을 타고 다니는 일이 많았기 때문이다. 마르 박사의 증명에 의하면, 초기의 농민은 빵을 '도토리'라고 말했다 한다. 왜냐하면 빵을 먹게 될 때까지는 도토리가 주식이었기 때문이다.

사자를 '큰개', 여우를 '작은개'라고 하는 말도 있다. '사자', '여우'라는 말 이전에 '개'라는 말이 나타났었기 때문이다.

고대어의 조각

말의 발굴을 계속한 연구가들은 가장 오래된 말의 조각을 찾아냈다. 이러한 조각에 대해 메시차니노프 박사는 그의 저서에서 이렇게 말하고 있다.

예를 들면, 시베리아 동북부에 살고 있는 유카기르 민족은 문자 그대로 번역하면, '사람사슴죽임'이라는 말을 쓴다. 발음하기도 힘들지만 그 뜻은 더욱 알기 어렵다.

이것으로서는 누가 누구를 죽였다는 것인지 아리송하기만 하다. 사람이 사슴을 죽였다는 것인지, 아니면 사슴이 사람을 죽인 것인지, 또는 사람과 사슴이 함께 다른 누구를 죽였다는 것인지, 또는 다른 누군가가 사람과 사슴을 죽였다는 말인지 알 수 없다.

그러나 유카기르인은 알고 있다. '사람이 사슴을 죽였다'고 하고 싶을 때에 이 말을 사용한다.

이것은 어찌된 일일까? 어째서 이런 기묘한 말이 생겼을까?

이 단어는 사람이 아직 자기를 가리켜 '나'라고 하지 않았던 때, 일을 하고, 사냥을 하고, 사슴을 쫓아 죽이는 것이 자기 자신임을 아직 깨닫지 못했던 시대에 태어난 말이다. 그는 사슴을 죽인 것은 자기가 아니라 씨족 전체, 아니 씨족도 아니고 세계를 지배하는 눈에 보이지 않는 신비적인 존재였다고 믿었다. 사람은 자연 앞에 나가면, 아주 미약하고 불안한 존재였던 것이다. 자연은 사람 마음대로 되지는 않았다.

무엇인지 알 수 없는 힘 때문에, 어제는 '사람사슴죽임'이 잘되었고 오늘은 아무것도 잡히지 않아 빈손으로 돌아와야 했다.

'사람사슴죽임'이라는 말에는 등장 인물이 없다. 원시인은 등장인물이 자기 자신인지 사슴인지 알지 못했다. 그는 사슴과 사람의 조상이었던 눈에 보이지 않는 보호자가 사람에게 사슴을 주었다고 생각했던 것이다.

이렇게 발굴을 계속하여 음성어의 가장 오래된 층에서 차츰 새로운 층으로 옮겨간다고 할 때, 우리는 매우 오랜 동안 사람이 자기 자신을 신비적인 힘에 잡혀 있는 연장이라고 생각했던 시대의 말 부스러기를 만나게 될 것이다.

또한 시베리아 북쪽의 민족 추크치인에게 이런 표현이 있다.

"사람에 의해 그 개에게 고기를 준다." 알 수 없는 표현이다. 이 문장은, 사람이 오늘날의 우리와는 다른 사고방식을 가지고 있었던 아득한 옛날 퇴적된 말 층에서 파낸 것이다.

그들은 '사람이 개에게 고기를 준다' 대신에 '사람에 의해 그 개에게 고기를 준다'고 말했던 것이다.

그렇다면 도대체 누가 사람을 시켜 개에게 고기를 주었단 말인가?

그것은 사람을 연장처럼 움직이는 신비스러운 힘이다.

다코타라는 아메리카 인디언 종족은 '내가 짠다'고 하는 대신 '나에게 짜인다'고 말한다. 마치, 자기가 편물 바늘로 일하는 것이 아니라, 사람이 그 편물 바늘이나 된 듯한 말투다.

고대어의 조각은 유럽인의 말에도 남아 있다.

프랑스인들은 '춥다'는 말을 '일 패 프루아(Il flit froid)'라고 한다. 그러나 문자 그대로 번역하면, '그것이 춥게 만든다'가 된다. 여기에도 또 세계를 지배하는 '그것'이 나온다.

일부러 다른 나라 말을 파내지 않더라도, 고대어 즉 옛날 사고 방식의 조각은 러시아 말 가운데에서도 발견된다.

러시아 사람들은 '그를 벼락에 의해 죽였다'고 말한다. 죽인 것은 누구인가? '그것'이다. 그 신비스러운 힘이다.

또 '그를 오싹하게 만들었다'는 말이 있다. 사람을 오싹하게 만들고 기뻐하는 것은 대체 누구인가?

'밝게 했다(날이 샜다)', '밝게 한다(날이 샌다)', '가랑비를 내리게 한다'는 등의 말에도 뭔지 모르는 신비로운 '그것'이 작용하고 있다.

러시아 사람들은 어떤 신비로운 힘도 믿지 않지만, 말은 이런 힘을 믿었던 옛 사람들의 말의 조각을 보존하고 있다.

예를 들면, 러시아 사람들은 '시계가 나왔다'라든가 '책이 나왔다'는 등의 말을 한다. 마치 시계나 책을 찾아 낸 것이 아니라 그것들이 뭔가 신비스러운 작용에 의해서 스스로 나타난 것과 같은 느낌을 준다.

이와 같이 말의 층을 발굴하는 동안에 우리는 원시인의 단어뿐만 아니라 그 사고방식도 파냈다. 원시인은 신비에 찬 알 수 없는 세계에 살고 있었다.

그곳에서 일하거나, 사냥을 했던 것은 사람이 아니었다. 누군가가 사람에게 일을 시켰고, 누군가가 사람의 손을 빌려서 사슴을 죽였다. 모든 일이 그 누군가의 뜻대로 움직여지고 있었다.

그렇게 오랜 세월이 흘렀다. 사람은 강해짐에 따라서 세계도, 또 세계 속의 자신의 위치도 차츰 분명히 이해하게 되었다. '나' 라는 단어가 생겼고, 행동하고 투쟁하며 사물과 자연을 자기 뜻대로 따라오게 하는 사람이 나타났던 것이다.

러시아 사람들은 이제 '사람에 의해서 사슴을 죽였다'고 하지 않고, '사람이 사슴을 죽였다'고 말한다. 그래도 아직 러시아 말에는 어딘지 모르게 과거의 그림자가 어른거리고 있다. 지금도 '운이 좋다', '그런 운명이다', '그런 운명이 아니다'는 등의 말을 하지 않는가.

누가 그런 운이나 운명을 가져왔는가?

천명이고, 인연이다!

천명과 인연이야말로 원시인이 그토록 두려워했던 '신비스러운 힘' 바로 그것이다.

'운명'이라는 단어는 여전히 우리의 말 가운데에 있다. 그러나 그것은 언젠가는 사라져 버릴지도 모른다.

농부는 누구나 자신감에 차서 밭에 씨를 뿌린다. 풍작이냐 흉작이냐는 오로지 자기가 어떻게 하느냐에 달려 있음을 그는 잘 알고 있다.

불모의 땅을 기름진 땅으로 만드는 기계와 식물의 생활 관리를 도와주는 과학을 농민은 잘 이용하고 있다.

선원은 태연하게 바다로 나간다. 그는 깊은 물속의 암초를 볼 수 있으며, 폭풍우가 올 것인지 아닌지도 알 수가 있다. '그렇게 될 운명'이니 '숙명'이니 하는 말은 이제 차츰 들을 수 없게 될 것이다.

무지는 두려움을 낳는다. 지식은 자신을 주고, 사람을 자연의 노예가 아닌 지배자로 만든다.

3 위대한 봄

얼음은 물러간다

해마다 눈이 녹기 시작하면 숲·들·마을의 길거리, 길가의 도랑 할 것 없이 곳곳에 소란스런 시냇물과 작은 폭포가 모습을 나타낸다.

그들은 봄이 와서 집 안에 가만히 엉덩이를 붙이고 있을 수 없는 아이들처럼, 쌓이고 뭉쳐지고 더럽혀진 눈 밑에서 흘러 나온다.

물은 명랑한 소리를 내면서 돌을 뛰어넘고 거리를 비스듬히 가로질러 곧장 앞으로 나아간다.

눈은 양지바른 비탈이나 훤히 트인 들판에서 골짜기나 도랑이나 벽의 그늘로 물러간다. 때로는, 햇빛을 피해서 5월이 될 때까지 숨어 있기도 한다.

눈 깜짝할 사이에 자연은 바뀌고 만다. 며칠 사이에, 햇빛은 벌거벗은 비탈에 풀을 입히고, 벌거숭이 가지에 잎을 두르게 한다.

봄은 언제나 겨우내 쌓인 눈이 녹을 무렵이 되면, 같은 일을 되풀이한다.

그러면 지구의 머리 부분에 흰 모자처럼 뒤덮여 있었던 거대한 얼음 껍데기가 녹기 시작했을 때, 대체 어떤 일이 벌어졌을까?

그때 얼음 밑에서 흐르기 시작했던 것은 시냇물 정도가 아니라 철철 넘쳐 흐르는 큰 강물이었다. 이들 강물의 대부분은 지금도 도중에서 크고 작은 물줄기를 모으면서, 바다로 흘러 들어가고 있다. 그것은 잠에서 깨어난 위대한 자연이며, 북방의 벌거숭이 평원에 드넓은 삼림의 옷을 입힌 광대한 봄이었다.

그러나 봄이라고 하지만, 단번에 봄이 된 것은 아니다. 5월에 들어서서 따스한 날씨가 계속되다가도 갑자기 찬 바람이 불 때도 있다. 아침에 눈을 떠보면, 주위는 다시 새하얘지고, 지붕에는 눈이 쌓여 있다. 언제 봄이 왔단 말인가, 하는 모습이다. 그 위대한 봄도 또한 단번에 추위를 몰아낸 것은 아니었다. 얼음은 몇백 년이나 같은 자리에 머물러 있어서, 마지못한 듯이 천천히 물러갔다.

얼음은 조금 뒤로 물러서서 세력을 되찾으려는 듯이 잠시 멈추어 섰다가 새로 공격해오곤 했다. 그러자 얼음과 함께 툰드라는 충실한 길동무인 순록을 데리고 남쪽으로 이동했다.

이끼와 지의류가 풀을 밀어내고 온 들에 퍼졌다. 들소와 말은 남쪽 목초지로 사라졌다.

오랜 동안 따뜻함과 추위의 싸움이 계속되다가는 마침내 따뜻함이 이겼다.

녹는 얼음 밑에서 물이 힘차게 흘렀다. 지구의 눈 모자는 차츰 작게 줄어들었다. 얼음의 경계는 북으로 북으로 물러나고, 툰드라의 경계도 그 뒤를 쫓았다. 이끼와 지의류가 나던 곳, 빈약한 잎사귀의 작은 소나무가 엉성하게 들어서 있던 곳에 두 아름이나 되는 소나무 숲이 울창하게 우거졌다.

날이 갈수록 따뜻해졌다.

어두운 빛의 소나무 잎 사이로 백양나무와 자작나무의 밝은 머리 부분이 차츰 모습을 보이게 되었다.

이어서 떡갈나무·보리수 등의 활엽수가 강력한 군대처럼 북상했다.

'소나무 시대'는 '떡갈나무 시대'로 바뀌었다. 한 숲의 주인은 타인에게 그 자리를 양보했던 것이다.

어느 집에도 저마다의 주민이 있었다.

활엽수와 더불어 관목·버섯·딸기 종류가 그들을 좋아하는 동물들과 함께 북쪽으로 이동해 갔다. 멧돼지가 갔고, 큰사슴과 유럽들소가 갔고, 나뭇가지 같은 예쁜 뿔을 단 고라니사슴도 갔다. 단 것을 좋아하는 곰은 야생 꿀을 찾아서 나뭇가지를 꺾기 시작했다. 조심조심 떨어진 잎사귀를 밟으며 이리가 토끼의 뒤를 쫓았다. 둥근 얼굴에 다리가 짧은 비버가 시냇물가에 댐을 만들기 시작했다. 숲속은 갖가지 새들의 노랫소리로 가득 찼다. 백조와 거위는 숲속의 호수에서 떠들기 시작했다.

얼음의 포로

이런 변화가 자연 속에서 일어나고 있는데 사람이라고 모른 체하고 곁에서 멍하니 바라보고만 있을 수는 없었다. 무대 장치가 바뀌듯이, 둘레의 모든 것이 바뀌었다. 다만 연극과 달랐던 것은 하나하나의 막이 여기서는 몇천 년이라는 세월 동안 계속되 었다는 점과, 무대가 몇백만 제곱킬로미터라는 어마어마한 면적을 차지하고 있다는 점이었다.

사람은 이 대규모적 연극의 관객이 아니라 바로 그 등장인물이었다.

따라서 막이 바뀔 때마다, 그 장면에 알맞도록 자기 생활을 정비하거나 바꿔야만 했다.

툰드라가 남쪽으로 기어 내려갔을 때, 얼음의 포로인 순록은 마치 사슬에라도 묶여 있는 듯이 함께 이끌려 갔다. 이 눈에 보이지 않는 사슬의 한쪽 끝에는 순록이 묶여 있었고 다른 쪽 끝에는 이끼와 지의류가 묶여 있었다.

순록은 이끼와 지의류를 뜯으며 툰드라로 이동했고 그 뒤를 따라서 사람도 이동해 갔다.

초원에서 사람은 말과 들소를 마주하고 있었다. 그러나 툰드라에서는 순록의 사냥꾼이 될 수밖에 없었다.

툰드라에서는 사냥을 나가면 순록 이외에는 아무것도 없었던 것이다.

매머드는 완전히 모습을 감추어 버렸다. 그도 그럴 것이, 사람은 거처 근처에 매머드 뼈를 산더미같이 쌓아 놓을 정도로 매머드를 마구 잡았다. 사람은 말도 많이 잡아 먹었다. 살아남은 말은 싱싱한 초원의 풀이 메마른 지의류로 바뀌었을 때, 먼 남쪽으로 가버리고 말았다.

툰드라에서 사람을 먹여 주었던 것은 순록뿐이었다. 사람은 순록의 고기를 먹었고, 순록의 모피를 입었고, 순록의 뿔로 창이나 작살을 만들었다. 따라서 사람의 생활은 순록의 생활에 전부 의지하게끔 되었다.

순록이 가는 곳, 그곳에 사람도 갔다. 알맞은 곳에 이르자 여자들은 서둘러 오두막을 짓고, 그 위에 짐승의 가죽을 덮었다. 여자들은 한군데에 오래 머물지 못한다는 것을 알고 있었다. 순록이 못살게 구는 파리매 떼에 쫓겨 다른 목초지로 옮기기 시작하면, 사람도 지금까지 살던 곳을 떠날 수밖에 별 도리가 없었다. 여자들은 오두막을 헐어서 등에 짊어지고 기진맥진 휘청거리면서 툰드라를 걸어갔다. 남자들은 작살이나 창만을 손에 든 홀가분한 차림으로 여자들의 곁을 걸어갔다. 집 걱정을 하는 것은 남자들의 일이 아니었기 때문이다.

그런데 바야흐로, 툰드라는 순록까지 거느리고 후퇴하기 시작했다. 툰드라가 물러난 곳에는 발도 들여놓을 수 없는 빽빽한 밀림이 들어섰다. 이때 사람들은 어떻게 하였을까?

순록의 떼를 따라서 어느덧 북쪽으로, 북극 지방으로 옮겨 버린 종족도 있다. 이것은 가장 번거롭지 않은 방법이었다. 사람은 이제 북쪽의 자연에 익숙해져 있었기 때문이다. 혹한의 시대는 몇만 년이나 계속되었다. 이 몇만 년이나 되는 동안에 사람은 추위와 싸우는 방법을 배웠고, 짐승으로부터 따뜻한 털가죽을 벗겨 입는 방법을 배웠다. 주위가 차츰 추워짐에 따라, 바람을 막은 움막집 안에는 화덕불이 빨갛게 피어 올랐다.

같은 곳에 남아 있기보다는 북극 지방으로 옮기는 쪽이 간단했다. 그러나 편한 길이 반드시 최선의 길은 아니었다. 툰드라와 함께 북쪽으로 옮겨 간 사람들은 많은 것을 잃었다. 그들로서는 빙하시대가 언제까지나 계속된 결과가 되었기 때문이다. 그린랜드의 에스키모인은 혹독한 추위와 빈약한 자연과 영원한 싸움을 계속하면서 지금도 얼음 속에서 살고 있다.

본디의 곳에 남았던 종족의 운명은 이와 달랐다. 처음에는 주위가 숲으로 에워싸여, 그들은 고생스럽게 살아야 했다. 그 대신에 그들의 조상을 오랫동안 괴롭혀 오던 얼음의 노예 상태에서는 빠져나올 수 있었다.

사람이 숲과 싸우다

툰드라가 물러난 다음에 나타난 숲은 오늘날의 숲 같은 것이 아니었다. 그것은 발 들여놓을 틈도 없을 정도의 밀림이었다. 이 밀림은 몇천 킬로미터나 퍼져서 강가나 호수가까지 빽빽이 뻗어 나갔고, 곳에 따라서는 바닷가까지 뻗쳐 나와 있었다.

이 새롭고 익숙하지 못한 세계에 산다는 것은 사람에게 쉬운 일이 아니었다. 숲은 그 털북숭이 손으로 사람의 목을 죄어 숨통을 막았고, 길도 집도 베풀어 주지 않았다. 그래서 사람은 나무를 잘라 내어 빈터를 만드는 등 끊임없이 숲과 싸워야만 했다.

툰드라나 초원에서라면, 별 어려움 없이 머무를 곳을 찾아낼 수 있었다. 주위가 온통 벌판이었기 때문이다. 그런데 숲에서는 우선 그 장소부터 싸워 얻어야만 했다.

여기서는 아무리 작은 땅이라 하더라도, 나무와 덤불이 점령하고 있었다. 적의 요새나 마찬가지로 싸워서 숲을 함락시켜야만 했던 것이다. 그런데 무기가 없으면 전쟁을 할 수가 없다. 나무를 잘라 내기 위해서는 도끼가 필요했다. 그래서 사람은 세모꼴의 무거운 돌을 긴 자루에 달았다.

지금까지 딱따구리가 쪼는 소리밖에 나지 않았던 밀림 속에서, 최초의 도끼 소리가 울리기 시작하여 새나 짐승들을 놀라게 했던 것이다.

날카로운 돌은 나무의 몸속 깊이 파고들었다. 그 상처에서 짙은 나무즙이 뚝뚝 떨어졌다. 나무는 우지직 비명을 올리며 벤 사람 발밑에 쓰러졌다.

사람들은 날이면 날마다 숲속에 자신의 설 땅을 마련하기 위하여 끈덕지게 나무를 베어 나갔다.

나무를 베어 낸 뒤에는 불을 질러 그루터기나 덤불을 불살라 버렸다.

이리하여 사람들은 숲과 싸워 이겼으나, 그래도 항복한 적을 그대로 내버려 두지는 않았다.

가지를 잘라 내고 통나무의 끝을 깎았다. 통나무를 뾰족하게 만든 다음, 그것을 돌망치로 두드려서 땅 속에 박았다. 최초의 기둥과 나란히 제2·제3·제4의 기둥을 박아 울짱 모양을 만들었다. 나뭇가지로 엮은 벽이 나타났다. 숲속에 그 숲과 아주 닮은 통나무 집이 만들어졌다. 여기에도 숲과 마찬가지로 나무줄기가 늘어서고 나뭇가지가 그들에 휘감겨 있었다. 하지만 이들 나무줄기는 아무렇게나 제멋대로 마구 걸쳐 있는 게 아니고 사람이 생각한 대로 질서있게 늘어서 있었다.

숲속에서 자기 자리를 만든다는 것이 사람으로서 쉬운 일은 아니었다. 그리고 먹을거리를 손에 넣는다는 것은 아마 더 어려운 일이었으리라.

초원에서는 사람은 떼지어 돌아다니고 있는 짐승들을 사냥했다. 짐승의 떼는 멀리서도 잘 보였다. 자그마한 언덕에 올라가면, 초원은 자기 손바닥 들여다보듯이 한눈에 볼 수 있었다.

숲에서는 사정이 달랐다. 숲이라는 건물에는 저마다 주인들이 꽉 차 있었으나, 그들의 모습은 보이지 않았다. 그들 나름대로의 특유한 목소리, 바스락거리는 소리, 소란스러운 소리로 각 층을 채우고 있었으나 그들이 어디에 있는지는 잘 알 수 없었다.

뭔가가 발밑에서 바스락거렸는가 하면, 나뭇잎 스치는 소리가 났고 뭔가가 머리 위를 날아갔다.

이들의 희미한 소리나 냄새를 알아채고 여러 빛깔의 나무줄기 사이에 있는 여러 빛깔의 얼룩점을 식별할 수 있으려면 어떻게 해야 할 것인가?

숲의 짐승이나 새는 저마다 보호색이라는 것을 가지고 있다.

새의 깃털은 얼룩덜룩한 나무껍질을 닮았고, 갈색 짐승의 몸은 어두컴컴한 곳에서는 갈색의 낙엽과 섞여 알아볼 수 없었다.

짐승을 발견한다는 것은 어려운 일이었다. 발견했다고 하더라도 우거진 초목 속으로 사라지기 전에 단번에 해치워야만 했다.

그래서 사냥꾼은 투창 대신에 빠르고 명중률이 좋은 화살을 사용하게 되었던 것이다. 활을 손에 잡고 화살통을 등에 메고, 사냥꾼은 우거진 초목을 헤치고 들어가 멧돼지를 겨냥했고, 소택지에서는 거위나 물오리를 쏘았다.

네 발 달린 친구

사냥꾼에게는 훌륭한 친구가 있다. 이 친구는 발이 네 개이고, 민감하고 큰 귀와 호기심이 강한 검은 코를 가지고 있다.

사냥터에 나가면, 네 발 달린 친구는 주인을 도와 새나 짐승을 찾아낸다. 식사 때에는 곁에 앉아서 '내 몫은?' 하고 묻는 듯한 표정으로 주인의 눈을 들여다본다.

네 발 달린 친구는 한두 해가 아니라, 벌써 몇천 년이나 충실하게 주인을 섬겨왔다. 사람은 깃털 달린 가벼운 화살로 새나 짐승을 쏘아 잡고 있었던 시대부터 벌써 개를 길들였던 것이다. 예니세이 강을 낀 아폰토포 산에서 러시아의 고고학자들은 고대 사냥꾼의 숙영지 터에서 개의 뼈를 파냈다. 그것은 이리를 닮았지만 콧등이 훨씬 짧았다.

아마도 개는 그 시대에 이미 사람의 집을 지키고 있었을 뿐만 아니라, 짐승이 있는 곳을 찾아 낸다든가, 사냥감을 몰아세운다든가 해서 사람을 도왔을 것이다. 숲속의 마을터에 있었던 부엌의 쓰레기 더미 속에는 지금도 개 이빨 자국이 난 짐승 뼈가 남아 있다. 지금과 마찬가지로 식사 때면 주인 곁에 앉아 뼈를 졸라댔을 게 틀림없다.

설마 아무 도움도 안 되는데 사람이 개를 길렀을 턱이 없지 않은가?

사냥꾼은 개 새끼를 길들여서 그를 조수로 삼았다. 즉, 새나 짐승을 발견하도록 가르쳤던 것이다. 이 선택은 현명했다. 사람이 멧돼지의 발자국을 발견하기도 전에, 사슴의 발소리를 듣기도 전에, 개는 벌써 무섭게 노려보며 코를 벌름거리기 시작했다.

끄는 개(코리악인의 그림)

어째서 나뭇잎에서 냄새가 나는가? 무엇이 그곳을 지나갔는가? 두어 번 공기 냄새를 맡자, 벌써 발자국이 발견됐다. 주위에는 아무것도 눈에 뜨이지 않고 들리는 소리조차 없는데도 개는 자신만만히 숲속을 달려 추적해 갔다. 사람은 그 뒤를 쫓아만 가면 되었다.

개를 길들여서 사람은 전보다도 훨씬 강해졌다. 자기 코보다도 훨씬 냄새를 잘 맡는 개의 코를 이용할 수 있게 되었다.

개의 코뿐만이 아니라, 개의 다리도 도움이 되었다. 말을 수레에 달기 훨씬 전부터 개는 이미 사람을 끌고 있었다.

시베리아에 있는 고대 사냥꾼 마을에서, 개의 뼈와 수레를 끄는 기구가 함께 발견되었다.

즉, 개는 사냥꾼을 도왔을 뿐만 아니라, 사람을 나르기도 했던 것이다. 이리하여 우리는 사람의 자취 가운데에서 비로소 그의 친구인 개와 만나게 된 셈이다.

이 영리한 동물에 관해서는 이미 많은 이야기에 나와 있다. 개는 산속에서 나그네를 살려 냈으며, 싸움터에서 부상병을 운반해 냈고, 집을 지켰고, 국경을 수비했다.

개는 집에서도, 사냥에서도, 전투에서도, 학문 연구소에서도, 충실히 사람에게 봉사하고 있다.

개는 과학을 위해서, 인류의 이익을 위해서, 학자의 손으로 수술대 위에 놓이게 될 때도 신뢰에 찬 눈길을 학자에게 보낸다.

그것은 주인에게 목숨을 바칠 각오가 되어 있는 자의 눈길이다. 상트페테르부르크 근처의 파블로프 연구소에서는 학자들이 뇌의 작용을 연구하는데, 그 건물 앞에 커다란 기념비가 서 있다.

이 기념비는 우리의 충실한 네 발 달린 친구의 명예를 기리기 위한 것이다.

사람이 강물과 싸우다

사람들은 차츰 밀림 속에서 강이나 호수의 물가로 나가게 되었다.

그리고 물가와 숲 사이에 있는 아주 좋은 곳에다 통나무집을 세웠다.

강가 쪽이 숲속보다는 널찍했다. 그러나 그곳에서 산다는 것 또한 쉬운 일은 아니었다.

강은 믿을 수 없는 이웃이었다. 봄이 되면 범람하여 강가는 물에 잠겼다. 얼음 덩어리나 쓰러진 나무와 함께 사람이 지은 오두막집도 강물에 휩쓸려 내려가는 일이 드물지 않았다. 홍수의 난을 피하여 사람들은 나무에 기어올라가 기진맥진한 채 강의 노여움이 빨리 자비로 바뀌어지기를 빌면서 가만히 기다렸다. 그러다가 강이 본디의 강바닥으로 되돌아가면, 사람들은 물가로 내려가서 부서진 자기들의 모래탑을 다시 세웠다.

처음에 사람들은 홍수 때마다 어쩔 줄을 몰랐다. 그러나 강과 익숙해지고, 그의 버릇이나 습관을 알게 되면서, 지혜를 써서 상대를 이길 수 있는 방법을 생각해 냈다.

사람들은 몇 개의 나무를 잘라서 그것을 한데 묶어 물가에 놓았다. 이번에는 이 제1단의 통나무 위에, 제2단의 묶은 통나무들을 열십자로 엇갈리게 돌려 놓았다. 이렇게 서로 엇갈리게 통나무를 차츰 쌓아올려 마침내 높고 넓은 단이 만들어졌다. 이 단 위에 사람들은 자신들의 오두막집을 실었다. 이것으로서 이제 홍수도 무섭지 않게 되었다. 물이 성을 내 강변으로 밀어닥쳐도 집의 토대에는 미치지 못했다.

이것은 사람의 대승리였다. 낮은 물가를 높은 물가로 바꾼다는 것은 그리 쉬운 일이 아니다. 강물을 제어하기 위해서 만드는 둑이나 댐도, 사실은 이 통나무로 만들어진 높은 단에서 유래되는 것이다.

사람은 강물과의 싸움에 많은 노력과 시간을 들였다.

그런데 사람을 강 쪽으로 불러 강가에서 살게 한 것은 무엇이었을까?

온종일 끈기있게 낚시찌를 들여다보며, 강에서 떠나려고 하지 않는 낚시꾼에게 한번 이 질문을 해보자.

강이 사람을 끄는 것은 강에 물고기가 있기 때문이다.

그런데 사냥이 본직인 사람이 어찌하여 낚시꾼 따위가 되었을까? 물고기를 잡을려면 사냥과는 전혀 다른 도구, 전혀 다른 특기나 방법이 필요한 법인데.

사건의 사슬에 끊어진 데가 있음을 알게 되면, 그 없어진 고리를 찾아보려고 해야 한다.

사냥꾼이 단번에 낚시꾼으로 된 것은 아니다. 물고기를 낚기 전에 우선 물고기 사냥을 해야만 했다.

사실이 그랬다. 물고기를 잡는 최초의 도구는 창과 그다지 다르지 않은 작살이었다.

허리까지 물속에 잠기면서 사람은 작살을 들고 돌 틈에 숨어 있는 물고기를 찔렀다. 얼마 뒤에 사람은 다른 방법으로도 물고기를 잡게 되었다. 그물로 새를 잡는 것을 이미 알고 있었다. 시험 삼아 물속에도 그물을 던져 보았다. 이리하여 사람은 조금씩 물고기를 낚는 도구를 갖추어 나갔다.

고고학자들은 땅 속에서 작살과 함께 그물에 쓰는 돌낚시봉, 뼈낚시바늘 등을 파내었다.

사냥꾼·어부의 집

고고학자 톨스토프 일행은 고대의 사냥꾼·어부 마을을 발견했다. 중앙 아시아의 대하 아무다리야 강이 아랄 해에 흘러 들어가고 있는 부근의 키질쿰 사막에서였다.

기역자 모양의 사구 꼭대기에서 학자들은 모래와 찰흙 층 밑에서 잘 다듬어진 석기, 토기 조각 그리고 부엌의 쓰레기 더미 등이 묻혀 있는 것을 발견했다. 부엌의 쓰레기 더미 속에는 멧돼지·사슴·노루 등의 뼈가 많았다. 그러나 가장 많았던 것은 꼬치고기와 메기의 뼈였다. 이 부락에 살던 사람들의 주식이 물고기였음을 알 수 있다.

불에 탄 집의 자취도 그곳에서 찾아 냈다. 남아 있던 것은 재와 숯이 가득 들어 있는 구멍, 반쯤 탄 큰고랭이의 지저깨비, 우산살처럼 가운데에 둥글게 모여 있는 검게 그을은 막대기 따위였다. 집 한가운데에는 깨끗한 흰 재가 두꺼운 층을 이루고 있었고, 그 재 밑에는 심까지 불이 통했던 빨간 모래가 있었다.

사슴뿔로 만든 작살

아이누의 어부들(중국 그림)

이 가운데 화덕 주위에는 다른 화덕이 여기저기 있었는데 화덕의 재는 검고 더러웠으며 부엌의 쓰레기가 섞여 있었다.

학자들이 발견한 것은 이것이 모두였다. 이제는 학자들이 풀 과제만 남아 있었다. 그것은 이 흔적을 근거로 해서, 그곳에서의 생활, 또 아득한 옛날에 타버린 집의 모양과 구조를 생생하게 복원하는 일이었다.

고고학을 모르는 사람이라면, 이 문제를 풀 수 없었을 것이다.

그러나 고고학자는 확실히 알 수 있었다. 세 군데에 남은 숯과 재가 채워져 있는 구멍에는 지붕을 받치는 기둥이 서 있었던 것이다. 그리고 지붕은 큰고랭이로 이어져 있었다. 불에 탄 큰고랭이의 지저깨비가 그 사실을 말해주고 있었다.

가운데 화덕에서는 식사 준비를 하지 않았을 것이다. 그렇지 않다면 재가 이렇게 깨끗하고 흴 턱이 없다. 또 재가 많이 모인 까닭은 옛날의 습관에 따라서, 이 화덕에서는 밤낮으로 꺼지지 않고 불이 타고 있었기 때문이다.

화재가 나서 이 불은 비로소 꺼졌다. 집의 기둥과 기둥 사이에 있는 다른 화로에서는 주부들이 음식을 만들었다. 그 때문에 재가 더러워졌고, 주위에 뼈가 뒹굴고 있었던 것이다.

화덕이 많았다는 것은 주부들이 많았다는 말이 된다. 그리고 이들 여자와 남편과 아이들이 혈연으로 맺어진 하나의 공동체를 이루고 있었던 것이다.

공동체는 작지 않았다. 100명 또는 그 이상의 인원으로 이루어져 있었다. 사람들이 이렇게 넓은 집을 세워야만 했던 것은 그 때문이다. 그러나 겉으로 보아 이 집은 아직도 지붕이 뾰족한 그 둥근 움막집을 닮았다. 말하자면 집의 조상의 모습 그대로였던 것이다.

입구에서 영원한 불을 향해 기둥이 두 줄로 늘어서고, 그 사이에 긴 통로가 나 있었다. 통로의 오른쪽에는 취사를 하는 화덕이 차지하고 왼쪽은 비어 있었다.

어째서 사람들은 이 빈터가 필요했을까?

학자들은 이것을 이해하기 위해 중앙아시아에서 멀리 떨어진 앤다만 제도에서 발견된 공동체의 오두막을 떠올려야만 했다.

그곳에서는 주술의 춤이나 의식이 이 빈터에서 행해지고 있었다.

그 밖의 어부의 집에서도 학자들은 통로 왼편 창가에서 아주 작은 화덕의 자취를 발견했다. 아마도 여기에는, 가족이 없는 독신자들이 살았을 것이다.

이와 같이 얼마 안 되는 유물을 근거로 학자들은 옛날 어부들이 살았던 집을 머릿속에서 복원할 수가 있었다.

그러나 이들 어부가 어떻게 물고기를 잡았는지, 통나무 배를 갖고 있었는지 어떤지——이것에 대해서는, 발견된 유물은 아무것도 말해 주지 않았다.

선사시대의 통나무 배는 러시아의 다른 지방——북쪽에 있는 라도가 호숫가에서 발견되었다.

배의 조상

80년쯤 전에 라도가 호 근처에서 사람들이 운하를 타고 있었다. 그들은 토탄이나 모래층을 파는 동안 사람의 두개골과 석기를 여러 개 발견했다.

이 말이 고고학자들의 귀에 들어갔다. 토탄 이외에 다른 것이 있을 수 없는 소택지에서 고고학자들은 마치 박물관 진열장이라도 연 듯 온갖 물건을 끌어냈다. 그것들은 돌도끼·돌칼·낚시바늘·화살촉, 톱날같이 들쭉날쭉한 날이 달린 것, 바다 표범 모양으로 뼈를 깎은 탤리즈먼 등이었다. 돌과 뼈로 만든 도구에 이어서 완전한 형태의 통나무 배를 토탄지에서 통째로 끌어냈을 때, 학자들은 함성을 올렸다. 그 통나무 배는 보존이 잘되어서 당장에라도 타고 나갈 수 있을 정도였다.

그것은 겉보기엔 오늘날의 배를 닮지 않았다. 오늘날의 보트·기선·발동기선의 조상은 하나의 굵은 떡갈나무 속을 돌도끼로 엉성하게 도려내 간 것이었다.

배의 선조인 원시 통나무배

나무결을 따라 도끼질한 곳은 그래도 그럭저럭 고르게 깎여져 있었다. 그러나 이물이나 고물처럼 결을 옆으로 잘라야 하는 부분에서는 무척 애를 먹었던 자취가 엿보였다. 나무는 이리저리 난도질되어 있었다. 군데군데의 울퉁불퉁한 모양은 마치 돌 이빨이 맹렬하게 물어뜯은 자국 같았다. 여러 곳의 마디나 모래층에 부딪히면, 이제 도끼는 별 볼일 없게 되었다. 그래서 도끼와 나무와의 이 싸움에 도끼를 거들기 위해 불이 등장하게 되었다.

통나무 배의 고물 표면은 타서 시꺼멓게 그을르고 금이 가 있었다.

그 무렵에 통나무배를 만든다는 것은 오늘날 큰 기선을 만드는 것보다 훨씬 힘든 일이었을 것이다.

통나무배와 함께 그것을 도려내는 데 사용되었던 돌도끼도 발견되었다. 도끼날은 잘 갈려져 있었다. 근처에서 숫돌도 발견되었다. 그 시절의 연장은 돌을 깎아 고르게 다듬는 데 그치지 않고 그것을 갈았던 것이다. 무딘 도끼로 어떻게 단단한 나무를 당할 수 있겠는가!

오랜 동안 떡갈나무와 맞붙은 결과, 돌도끼는 마침내 떡갈나무를 통나무배로 바꾸어 놓았다.

이제 통나무 배는 물에 띄워졌다. 사람들은 작살·낚시바늘 그리고 여러 가지 그물을 가지고 물고기를 잡으러 나갔다.

호수는 넓고 물고기는 많았다. 그러나 사람들은 물가에서 멀리 나간다는 것은 엄두도 못 냈다.

물은 사람들에게 익숙하지 않은 새로운 자연이었던 것이다. 그 기질도 잘 몰랐고, 그의 생각도 전혀 알 수가 없었다. 물은 얌전하게 가만히 있다고 생각하면, 갑자기 화를 내어 술렁거렸고 파도를 치기 시작하는 것이었다.

어떤 폭풍에도 꿈쩍하지 않았던 거대한 떡갈나무도 파도에 걸리면 마치 가벼운 널빤지 조각처럼 춤추며 마구 휘둘렸다.

사람들은 질겁을 하고 물가로 되돌아왔다. 그곳에는 그들이 익히 걸어다녔던 끄떡도 않는 대지가 있었다. 대지는 흔들리지도, 미쳐 날뛰며 파도치지도 않았다.

사람은 어린애처럼 자신을 키워 준 대지에 단단히 매달렸다.

먼 하늘 끝까지 이어진, 믿을 수 없는 수면의 아득한 곳까지 가기보다는 고기 쪽에서 물가로 다가오기를 기다렸다.

그래도 사람은 조심스럽게 수역을 조금씩 자기 것으로 만들기 시작했다.

지금까지 사람의 세계는 땅에 한정되어 있었다. 물가에 가면 '들어오지 마시오'라고 쓰인 벽이 둘러쳐져 있다고 느꼈다.

그런데 지금 사람은 이 눈에 보이지 않는 벽을 통과했다. 아직 그에게는 새로운 물의 세계의 경계에서 들락날락하고 있었다. 그러나 무슨 일이라도 가장 어려운 것은 시작이다. 때가 오면, 사람은 물가를 떠날 게 틀림없다.

그뿐인가. 위태위태한 통나무 배 따위가 아니고, 커다란 배에 타고 사람들은 그들과 같은 사람들이 사는 새로운 대륙을 발견하기 위해서 넓은 바다를 건너게 될 것이다.

최초의 기술자

여러분은 최근에 도끼와 대패, 해머와 드라이버 등을 손에 든 기술자이다!

여러분은 미래의 야금기사이고, 화학자이며, 기계나 비행기의 설계사이자, 빌딩이나 비행기의 건조자들이다!

자기의 도구, 자기의 일을 사랑하는 사람들을 위해서 이 책은 쓰여졌다.

여러분은 공구와 재료와의 싸움이 얼마나 어려운지, 그 대신에 그 싸움에서 얻은 승리가 얼마나 기쁜 일인지 알고 있다.

나무 조각을 손에 들면, 여러분은 벌써 이것으로 어떤 물건을 만들어야 할지를 확실히 머리에 떠올릴 것이다. 처음에는 아무것도 아닌 듯 보인다.

우선 톱을 사용하고, 다음에 구멍을 내고, 그 다음에 깎기만 하면 된다. 그런데 재료는 여간해서는 말을 들어주려 하지 않는다. 온 힘을 다해서, 칼날을 들이대는 칼에 저항한다.

도구들이 잇따라 싸움에 참가한다. 칼이 물러서자, 도끼가 도전해 온다. 도끼로 되지 않는 곳에서는, 톱이 몇십 개의 날카로운 칼이 되어 대들어 온다.

결국 필요한 형태를 숨기고 있던 재료의 불필요한 부분은 대팻밥이나 끄트러기나 지저깨비로 바뀌어 버림을 받는다.

여러분은 이긴 것이다. 그러나 여러분만이 승리자는 아니다. 몇 세기에 걸쳐 연장을 발명·개량하고, 새로운 재료와 작업 방법을 찾아온 모든 기술자가 여러분과 함께 이긴 것이다. 여러분은 이미 이 책 속에서 칼·도끼·망치를 만들어 낸 최초의 기술자들과 만났다. 그리고 그들이 일하는 모습을 보았다. 그것은 여러분의 일만큼이나 어렵지만 즐거운 것이었다.

이들 최초의 목수·토공 그리고 석공들은 짐승 가죽을 걸치고 있었다. 그들의 도구는 울퉁불퉁하고 엉성한 것이었다. 찰흙으로 취사용 토기를 만들기는 그들로서는 우리가 조각상을 만들기보다도 더 어려웠다.

그런데 오늘날 지구를 바꾸고 있는 건축기사·화학자·야금기사들은 모두 이들 목수· 토공· 도공의 자손인 것이다.

예를 들어 선사시대의 도공을 생각해 보자. 자연에는 없는 것을 찰흙으로 처음 만들어 냈던 것은 그들이었다.

그 이전의 원시시대 기술자들은 돌로 도끼를, 뼈로 작살을 만들기는 했지만, 재료의 성질을 바꾸어 놓지는 못했다. 단지 재료의 모양을 바꿀 뿐이었다. 그런데 그때까지 전혀 없었던 일이 발생했다. 사람이 찰흙으로 그릇을 만들어 불에 구웠던 것이다. 불은 찰흙의 특질을 바꾸어 그것을 몰라볼 정도의 물건으로 탈바꿈시켰다.

전에는 찰흙이 물을 만나면, 질벅질벅해지고 죽처럼 되어 버렸다.

그러나 일단 불 속에 들어갔다 나오면 그것은 물을 두려워하지 않게 되었다. 물을 들이부어도 이제는 모양도 바뀌기는커녕 물렁물렁해지지도 않았다.

불을 사용하여 사람은 찰흙의 성질을 바꾸었다. 그것은 이중의 승리였다.

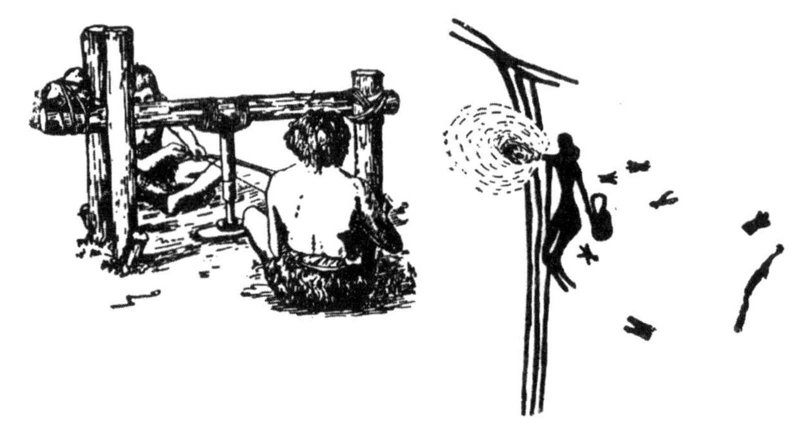

돌에 구멍을 파는 원시시대 공작기계(왼쪽)와 벌꿀을 따는 여자(오른쪽 동굴 그림)

찰흙에 대한 승리임과 동시에 물에 대한 승리이기도 했다. 확실히 불은 전부터 사람들에게 봉사해 왔다. 추위에서 사람들을 지켜주고, 틈을 노리는 들짐승을 쫓아 버리고, 숲을 개간하는 데 도움을 주고, 도끼로 통나무 배를 만드는 데 도끼를 응원하러 달려왔다. 사람들은 이제 불을 일으키는 방법을 잘 알고 있었다. 나무토막과 나무토막을 마찰하면 불은 얌전하게 사람들 앞에 모습을 나타냈다.

그런데 사람은 이번에는 불에게 어떤 물질을 다른 물질로 바꾸라는 복잡하고 새로운 임무를 맡겼다. 불의 성질을 알게 되자, 사람은 불로 찰흙을 굽고, 음식을 끓이고, 빵을 굽고, 구리를 정련하게 되었다.

지금은 불을 쓰지 않는 공장, 그 불이 어떤 물질을 다른 물질로 바꾸는 일을 하지 않는 공장은 아마 한 곳도 없을 것이다.

광석에서 쇠를, 모래에서 유리를, 나무에서 종이를 만들 때, 불은 우리를 거들어 주고 있다. 야금기사나 화학자의 큰 무리가 공장의 용광로 안에서 타는 불을 자기 마음대로 다루고 있다. 이들 용광로는 모두 그 옛날의 도공이 모양 없고 엉성한 최초의 사발을 구워 냈던, 그 화덕의 핏줄을 잇는 것이다.

낟알의 증언

어느 원시인의 유적에서, 고고학자들은 여러 가지 잡동사니 중에서 몇 개의 토기 조각을 발견했다.

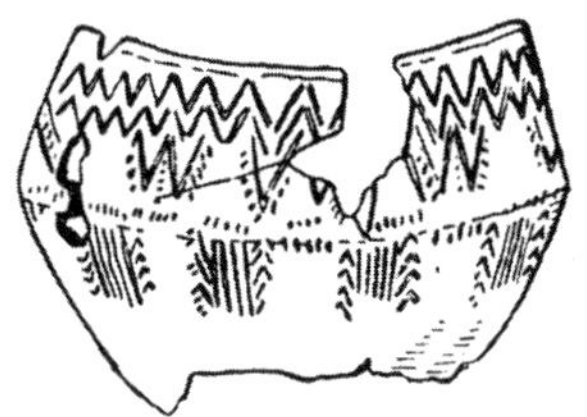

무늬 있는 도자기

그들 조각의 표면에는 소박한 모양이 온통 새겨져 있었다. 그것은 격자 무늬로 교차된 선이었다. 일부 학자들은 이 선으로 토기가 어떻게 모양이 잡히고 구워졌는가를 설명한다. 원시인들은 엮은 바구니 안쪽에 찰흙을 바른 다음 그것을 불 속에 넣어서 구웠다. 그 결과, 바구니는 타고 토기만 남았던 것이다.

그래서 바구니를 엮은 재료와 맞닿았던 토기 표면에 비스듬한 격자 모양이 생기게 된 것이다.

그 후에 바구니 없이도 더 훌륭한 토기를 만들 수 있게 되자, 도공은 눈에 익은 비스듬한 선을 토기에 일부러 새겼던 것이다. 할머니와 증조할머니가 늘 쓰던 토기를 닮지 않으면, 음식이 잘 끓지 않으리라 생각했기 때문이다. 당시의 기술자들은 어떤 물건이라도, 뭔가 신비스러운 힘과 성질이 그 속에 깃들어 있다고 여겼다. 토기의 비밀은 무늬 속에 있는지도 모른다! 무늬를 바꾼다면 큰일이다. 토기는 틀림없이 불행·결핍·자아를 가져올 것이다. 그래서 불길한 눈에게 놀림을 받지 않도록, 토기에 개의 그림을 새기는 일도 있었다. 개는 사냥에서 사람을 거들어 줄 뿐만 아니라 집을 지키기도 했다.

개의 그림을 새기면서 도공은 이렇게 생각했다. '개는 파수꾼이다. 토기와 그 안에 든 물건까지 지키게 하자.'

격자 무늬가 새겨진 토기 조각이 많은 곳에서 발견되고 있다. 그중 프랑스의 캉피니 마을 근처에서 발견된 것은 특히 유명해졌다. 파편을 조사하는 동안에 고고학자들이 바닥에 보리 낟알 자국이 분명히 나 있는 것을 보았기 때문이다.

고고학자들은 두근거리는 가슴을 안고 이 출토품을 유심히 들여다보았다. 왜냐하면 이것은 단순한 곡식의 낟알이 아니라, 사람의 생활이 하나의 커다란 변화를 겪었음을 말해 주는 작은 증언이었기 때문이다.

곡식 알이 있다면, 농사도 지었을 것이다. 바로 그 유적에서 곡식 알을 가는 돌접시와 씨뿌리기 전에 흙을 연하게 풀어주는 돌괭이가 발견된 것은 결코 우연한 일이 아니었다.

분명히 우리의 수렵인이나 어부는 농사꾼으로도 되었던 것이다. 어떻게 그런 일이 생겼을까?

우선, 종족 모두가 사냥이나 고기잡이에 종사했던 것은 아니었음을 말해 둘 필요가 있다. 남자들이 사냥을 나가 있는 동안, 여자나 아이들은 손에 손에 바구니나 단지 같은 것을 들고 마을 부근을 돌아다니며 먹을 수 있는 것이라면 아무거나 닥치는 대로 주워 모으고 있었다. 바닷가에서는 조개류를 주웠고, 숲에서는 버섯·딸기·나무열매 따위를 땄다. 도토리도 버리지 않았다. 도토리는 나중에 빻아서 과자를 만들어 먹을 수 있었다. 어느 민족은 오랫동안 곡물을 도토리라고 부르고 있었는데, 그것도 결코 이상한 일은 아닌 것이다.

유달리 기뻤던 것은 야생 꿀벌 집과 불쑥 마주쳤을 때였다.

이 꿀을 따고 있는 여자의 그림이 한 동굴에 남아 있다. 여자는 나무 위에 올라가 있다. 한 손은 벌집 속에 쑤셔 넣고 다른 한 손에는 단지를 들고 있다. 벌들은 몹시 화가 났는지 여자 주위를 맴돈다. 그러나 여자는 그런 것에는 아랑곳하지도 않는다. 꿀이 담겨 있는 벌집을 끄집어내는 데 집중할 뿐이다.

여자와 아이들은 나갈 때마다 과일·벌꿀, 야생의 사과나 배 같은 것을 잔뜩 들고 돌아왔다.

이 정도만 있으면 배를 부르게 할 수 있었다. 그러나 주부들은 마구 먹어치울 수가 없었다. 아이들을 쫓아낸 다음 그녀들은 저장해 둘 수 있는 것은 모두 단지·사발·통 같은 데다 넣어 두었다.

저장해 둔 것은 언제고 도움이 되었다. 어쨌든 사냥이란 믿을 수 없는 일이었기 때문이다.

이리하여 날씨가 따뜻해지면 사람들은 또다시 채집인이 되었다. 이것은 후퇴한 것처럼 보이지만 실은 진보적인 도약이었다. 사람들은 채집에서 씨뿌리기로 옮겼다. 채집인과 농사꾼 사이에 있는 경계선을 뛰어넘었던 것이다.

나무열매·풀열매와 함께 여자들은 야생 밀이나 보리 등의 낟알도 주웠다.

이들 낟알은 단지나 바구니에 저장해 두었다. 그때 낟알을 땅바닥에 흘리기도 했는데, 떨어진 낟알 중에는 싹이 트는 것도 있었다. 즉 저절로 씨뿌리기가 이루어진 것이다.

처음에는 사람들은 그저 아무렇게나 씨를 뿌렸다. 뿌렸다기보다는 낟알을 흘렸다. 그 다음에는 차츰 일부러 흘려서 그것을 거둬들이게 되었다.

많은 민족에게는 낟알이 흙에 묻힌 다음에 부활한다고 하는 신화나 전설이 전해지고 있다.

옛날에 여자들이 괭이로 땅을 고르고 낟알을 묻을 때에는 고마우신 하느님을 대하는 기분으로 했다. 이 하느님은 이윽고 황금의 이삭이 되어 자기들에게 돌아오시게 된다. 그래서 가을에 여문 이삭을 딸 때가 오면, 여자들은 지하의 세계에서 하느님이 돌아오신 것을 마음으로 기뻐했다. 맨 마지막의 이삭 다발을 땅에 놓고 여자들은 그 주위에서 춤을 추거나 노래를 불렀다. 이것은 이제 단순한 춤이 아니었다. 주술 의식이었다. 여자들은 부활한 낟알을 찬양하고, 그것이 대지를 향해서 언제까지나 사람들에게 이렇게 친절하시길 믿었던 것이다.

새로운 것 속의 낡은 것

금세기에 들어와서도 해마다 추수가 끝난 다음에 '추수 감사제'를 행했던 곳이 러시아에 남아 있었다.

여자들은 맨 마지막에 벤 이삭 다발에다 목도리와 스커트를 걸쳤다.

그 다음에 손에 손을 잡고 그 주위를 춤추고 돌며, 있는 힘을 다해 큰 소리로 노래불렀다.

우리의 밭에
오늘은 추수제
하느님 고마워요
이 밭은 베고
저 밭은 씨 뿌렸네
하느님 고마워요.

야성적이고 어딘지 애조를 띤 기도의 노래다. 그 울림은 밤마다 마을의 젊은 남녀들이 마을 둘레를 돌아다니며 부르는 그 활기찬 민요와는 매우 달랐다.

'추수제'는 원시 농사꾼의 시대부터 쭉 이어져 내려온 전통 의식이다.

이러한 의식은 유희나 노래가 되어 오늘날까지 수없이 전해지고 있다. 아이들은 손을 마주잡고 노래한다.

> 수수를 뿌렸다 우리는 뿌렸다
> 보아라 디드 라드(후렴)
> 뿌렸다 뿌렸다.

이 유희의 노래 또한 옛날에는 의식이었다. 몇천 년이라는 세월이 흐르는 동안에 의식의 주술적인 뜻은 완전히 지워져 버리고 다만 즐거움만이 남았다.

크리스마스 트리도 그렇다! 전나무도 옛날에는 신성한 나무였다. 사람들은 이상한 손놀림 몸놀림으로 이 나무 둘레에서 춤을 추었는데, 그것은 잠자는 숲이나 밭을 깨워서 겨울에 이어지는 봄이 돌아오도록 하기 위한 것이었다.

전나무를 장식하기를 좋아하는 요즘 아이들에게 전나무가 신성한 나무라는 말을 해주면 크게 웃을 것이다. 요즘 아이들에게 전나무는 한겨울의 즐거운 축제를 상징하는 것이자 학기말 시험 끝의 위안거리일 뿐이다.

옛날의 의식·기원·주문은 아이들 사이에도 많이 살아 남아 있다.

> 비야 비야 그쳐라!
> 비야 비야 내려라!

비를 부르기 위해서 또는 비구름을 쫓아 버리기 위하여 아이들이 이런 노래를 부르는 것은 아니다. 아이들은 기도의 구절 따위로는 비를 부를 수 없음을 잘 알고 있다. 그들은 노래하기가 즐거워 노래할 뿐이다.

어른들도 옛날에는 전혀 다른 뜻을 가지고 있었던 춤이나 노래를 즐길 때가 있다.

이리하여 고대의 의식과 신앙은 즐거운 유희 가운데에 오늘날까지 살아남았다.

아니 유희 안에만 살아남은 것이 아니다.

교회에서 부활절 예배가 행해질 때에 아득한 옛날 주술 노래의 여운이 기도의 말에 실려 우리의 귀에 전해져 오는 것이다.

원시 농사꾼의 노래와 마찬가지로 이 기도는 죽음과 부활을 이야기하고 있다.

교회 밖에서는 이제 유희나 춤으로 변해 버린 것이 교회 안에서는 아직 의식으로 남아 있는 것이다.

먼 옛날부터 오늘날까지 전해져 온 미신이나 사교도 적지 않다.

편자를 발견하면 운이 좋다든가 초승달을 왼쪽에서 바라보면 불행한 일을 당하게 된다든가, 아직도 그런 것을 믿는 사람이 있다.

러시아의 중앙부, 볼가 강가에 우글리치라는 오래된 도시가 있다. 그 부근의 집단 농장에 있는 부인 이야기를 들어보면, 혁명 전까지 그 시골에서는 부인들이 닭이 앉는 홰에 '새의 신'을 걸어 놓았다고 한다.

'새의 신'이라고 하면, 한가운데에 구멍을 낸 돌을 말한다. 이것을 걸어두면 닭이 좋은 알을 많이 낳는다고 믿어왔던 것이다.

이와 같이 수명이 꽤 긴 미신도 있다. 석기시대 그대로의 돌신은 실로 20세기 초까지 살아남았던 것이다.

기적의 곳간

여자들이 밭을 갈 때 남자들이라고 멍하니 앉아 있지는 않았다. 그들은 온종일 사냥을 하고 저녁 늦게 사냥한 것을 메고 집으로 돌아왔다. 자기 아버지나 형들의 모습이 멀리 보이면, 아이들은 와르르 마중을 나갔다. 사냥이 잘 되었는지 어떤지 빨리 알고 싶었기 때문이다. 아이들은 눈을 반짝이며, 입 밖에 굽은 송곳니를 드러낸 피투성이의 멧돼지 얼굴이나 가지를 친 사슴뿔을 둘러보았다. 그러나 아이들이 가장 기뻐했던 것은 살아 있는 짐승을 데리고 왔을 때였다. 그것은 겁많은 새끼 양일 때도 있었고, 아직 뿔도 나지 않은 송아지일 경우도 있었다.

네 발 달린 짐승(동굴 그림)

사냥꾼들은 이들 네 발 달린 포로들을 즉시 죽이지 않았다. 그들을 우리 안에 넣어서 길렀다. 커질 때까지 기다릴 생각이었던 것이다. 집 근처에서 송아지나 새끼 양의 울음소리가 나는 동안은 안심할 수 있었다. 그때는 설령 사냥이 잘 되지 않아 고기가 없어도 어려울 일이 없었던 것이다. 지금 우리 안에는 먹을 게 저장되어 있다. 게다가 그것은 스스로 커지고 스스로 늘어난다.

처음에 사람들은 그저 고기와 가죽을 얻기 위해서 가축을 먹였다. 가축을 길러서 오는 이익을 몰랐기 때문이다. 사냥꾼들은 가축을 포획물로 보고, 포획물은 잡는 것이라고 믿고 있었다. 암소나 수양은 잡지 않고 살려 두는 쪽이 이득임을 알게 되기까지에는 상당한 시간이 걸렸다.

먹어치워 버리면 그뿐이었지만, 우유를 먹을 생각이라면 몇 해라도 계속 마실 수가 있다. 고기도 그렇다. 죽이지 않고 내버려 두면 결국은 훨씬 많은 고기가 생긴다. 왜냐하면 암소는 해마다 새끼를 낳기 때문이다.

양도 또한 마찬가지였다. 가죽을 벗기기는 쉽다. 그러나 그것은 가죽 한 장의 이득으로 끝이다. 가죽을 남겨 두고, 털만 베는 쪽이 훨씬 유리하다. 한 마리의 양에서 한 장이 아니라 몇십 장의 가죽을 벗기는 것과 다름없다.

네 발 달린 포로들을 잡지 않고 살려주는 대신에 그들로부터 세금을 징수하는 쪽이 확실히 유리했다.

소·양·말을 길들여 사람은 이들을 먹일 연구를 했다. 추울 때에는 살 집을 주었고, 굶주리지 않도록 마음을 썼다. 그 대신에 소는 지금까지보다도 훨씬 많이 젖을 생산해야만 했다. 송아지뿐만이 아니고 주인도 먹여야 했기 때문이다. 말은 어떤 짐이라도 운반할 수 있도록 길들여졌다. 양은 자기 몫

이집트인이 그린 신들(모두 사람 모습이되 머리는 짐승이나 새의 그것으로 되어 있다)

과 사람의 몫 양쪽의 털을 떠맡게 되었다.

사람들은 가장 많이 젖이 나오는 소, 가장 털이 긴 양, 가장 힘이 센 말 등을 번식용으로 선택했다. 이리하여 차츰 가축의 신품종이 태어났던 것이다.

사람들이 단번에 여기까지 생각해 낸 것은 아니었다. 사냥꾼이 목축업에 종사하게 되기까지는 몇천 년이라는 세월이 걸렸다.

그래서 결국은 어떻게 됐을까? 사람들은 기적의 곳간을 찾아냈던 것이다. 그들은 모았던 곡식 낟알을 땅 속에 감추었다. 그러자 대지는 한 알이 아니라 몇십 배로 되돌려 주었다.

사냥에서 잡은 짐승을 살려 두면, 그 짐승은 그 덕분에 커지고 수도 늘어났다.

사람은 더욱 자유로워지고 이제 자연에 사로잡혀 있다는 것을 차츰 느끼지 않게 되었다. 그 이전에는 짐승이 있는 곳을 찾아내 잘 몰아서 잡을 수 있을지, 바구니 가득히 곡식 낟알을 모을 수 있을지 전혀 알 수가 없었다. 자연의 신비로운 힘이 늘 먹을 것을 주기만 하지는 않았다. 그런데 지금 사람은 자연에 협력하는 법을 배웠다. 곡초의 이삭을 키우고 소나 양을 먹이는 방법을 익혔다. 여자들은 이제 이삭을 찾으러 멀리까지 나가지 않아도 되었다. 사냥꾼은 이제 숲속에서 짐승을 찾아내어 그를 쫓을 필요가 없게 되었다.

이삭은 집 둘레에서 자랐고 소나 양도 바로 부근에서 풀을 뜯고 있었다.

사람이 기적의 공간을 찾아낸 것이었다. 좀더 정확히 말한다면 찾아낸 것이 아니라 자신의 노동으로 만들어 냈던 것이다.

밭과 목장을 가지려면 땅이 필요했다. 이 땅은 숲에서 얻어 내는 수밖에 없었다. 그 다음에 씨를 뿌리기 전에 땅을 판다든가 괭이질을 해야만 했다. 이것은 아주 대단한 노동이다!

자유를 손에 넣으려면, 자연으로부터 독립하려면 한가하게 앉아 있을 수 없었다. 사람은 노동으로 수많은 걸림돌을 극복하여 전진했던 것이다. 새로운 노동에는 즐거움과 더불어 걱정도 있었다. 가뭄이 계속되면 농작물은 마르고 목장의 풀은 탔다. 비가 계속되면 곡식 알은 썩어 버렸다.

원시 사냥꾼은 들소나 곰에게 고기를 달라고 부탁했다. 원시 농경민은 수확을 베풀어 달라고 땅·하늘·태양·물 등에게 빌었다.

사람들은 새로운 신들을 만들어 냈다. 그들은 아직 그 이전의 신들을 많이 닮아 있었다. 옛날 관습대로 짐승의 형상이나, 짐승의 목을 단 사람의 모양을 하고 있었다. 그러나 이들 짐승에게는 새로운 이름이 붙여졌고 새로운 직무가 주어졌다. 하나는 '하늘', 하나는 '태양', 또 하나는 '땅'이라고 불렸고 빛과 어둠, 비와 가뭄 등을 가져오는 것이 그들의 일이었다.

사람은 거인으로 성장하고 힘도 강해졌지만 아직도 자기 힘을 잘 몰랐다. 그는 여전히 나날의 양식을 베풀어 주는 것은 하늘이지 자신의 노동이 아니라고 믿고 있었다.

4 문명의 새벽

역사의 바늘을 돌려서

여기서 역사의 바늘을 수천 년쯤 앞으로 돌려 보자. 그러면 꼭 오늘날부터 오천 년 전의 옛날이 된다.

오천 년! 한 사람의 생애를 놓고 생각할 때, 아니 한 민족의 역사를 놓고 생각한다 하더라도 오천 년이라고 하면 꽤 오랜 세월이다. 그러나 여기서 말하는 것은 한 사람 한 사람을 두고 하는 말이 아니고 인류를 말하는 것이다.

인류의 나이는 약 백만 년이다. 그렇다면 오천 년 정도는 별로 긴 세월이 아닐 것이다.

어쨌든 바늘을 돌려 놓았다. 즉 지구는 몇천 번이나 태양의 주위를 돌았던 것이다. 이 동안에 지구는 어떻게 변했을까? 잠깐 보아도 그 머리가 상당히 벗겨졌음을 알아볼 수 있을 것이다.

새하얀 눈 모자 주위에 밀림이 빽빽이 무성해진 것은 그리 오래 전의 일이 아니었다. 그런데 바야흐로 그 숲은 나무가 드문드문해지고 군데군데 넓은 초원이 끼어들어 있다. 숲속에서도 햇볕을 잔뜩 받은 빈터가 여기저기에서 무성한 숲을 밀어 내고 있다. 강이나 호수가에도 숲은 수초나 관목 덤불을 남겨 놓은 채 멀찍이 물러났다.

그런데 강 모퉁이에 있는 저 언덕에 보이는 것은 무엇일까? 뭔가 누런 천 조각으로 살짝 덮여 있는 것 말이다.

그것은 사람의 손으로 바뀌어진 한 조각의 땅이다. 앞으로 굽힌 여자들의 등이 곡물의 이삭 사이에서 들여다보인다. 낫으로 이삭의 목을 재빨리 베어 나가고 있다.

우리가 망치와 만난 지는 꽤 오래되었지만, 낫과 만나는 것은 이번이 처음이다. 그것은 오늘날의 낫과는 전혀 다르며, 돌과 나무로 만들어져 있다. 나무 끝에 얇은 돌날을 낀 것이다.

우리가 본 경치는 지구에서도 가장 먼저 만들어진 밭의 하나이다. 사람의 손이 닿지 않은 미개의 자연 속에서 이렇게 누런 천을 발견한다는 것은 아직도 매우 드문 일이었다.

잡초가 사방에서 이삭을 짓눌렀다. 사람은 아직도 잡초와 싸울 수가 없었다. 그래도 여전히 이삭은 그럭저럭 자란다. 때가 오면, 이삭은 황금의 바다가 되어 대지를 덮을 것이다.

강가의 푸른 초지 멀리 희고 누렇고 얼룩진 빛깔의 작은 점들이 보인다. 그들은 움직이고 있다. 이리저리 흩어졌는가 했더니 다시 한군데에 모였다.

모양이 큰 것이 있는가 하면 작은 것도 있었다. 그것은 소·양·염소 등의 무리다. 사람의 노동으로 길들여지고 개량된 짐승들로서 그 수는 아직 빈약했다. 그러나 이 동물은 자기 일을 스스로 돌봐야 하는 그의 야생 동족들보다는 훨씬 빨리 늘어갔다.

이삼천 년만 지나면 야생 물소의 수는 사람 손에 사육되는 소의 수보다 적어질 것이다.

경작지와 가축의 무리…… 그렇다면 어딘가에 마을이 있을 것이다. 역시 그것은 강을 낀 험한 물가 언덕에 있었다. 이제 그곳은 옛날의 사냥꾼이 머물던 곳이 아니었다. 나무 기둥과 나뭇가지로 만든 움막집이 아니라 지붕이 두 개의 비탈로 된 진짜 목조 집이었다. 벽은 찰흙으로 발라져 있다. 입구 쪽에는 지붕 밑에서 들보가 튀어 나와 있으며, 그것에는 목각(木刻)된 소 머리가 걸려 있다. 소는 집의 수호신이다. 마을은 높은 통나무 울과 토담으로 둘러싸여 있다.

연기가 피어오르고 두엄 냄새와 갓 짜낸 우유 냄새가 난다.

집 옆에는 아이들이 놀고 있으며 돼지와 그 새끼들은 진흙투성이가 되어 꿀꿀거리고 있다. 활짝 열려 있는 문 너머에 집 안의 불이 보인다. 화덕 옆에서 할머니가 과자를 굽고 있다. 뜨거운 재 위에 올려진 토기를 치우고 있다. 토기는 오늘날의 오븐 대신에 쓰였던 것이다. 옆의 의자에는 무늬가 새겨진 나무 대접과 접시가 놓여 있다.

마을을 나가서 강 쪽으로 내려가 보자. 물로 젖어 있는 통나무 배가 강물에 흔들리고 있다. 강을 따라 수원지인 호수에 이르자, 또다시 그곳에 마을이 있다. 그러나 이번 마을은 전혀 다른 모습을 하고 있다. 물가가 아니라,

호수 위에 있던 마을의 복원도

마치 섬처럼 호수 가운데에 자리 잡은 것이다.

호수 바닥에 말뚝을 박고, 그 위에 통나무를 건네고, 그 위에 널빤지를 깔았다. 물가와 이 섬 사이에는 작은 다리가 걸려 있다. 집집의 벽에는 그물이라든가 그 밖의 고기잡이 연장이 걸려 있다. 분명히 호수에는 물고기가 많았다. 그러나 마을 주민이 고기잡이만으로 생활하는 것은 아니다. 집과 집 사이에 나뭇가지로 엮은 끝이 뾰족한 둥근 곳간이 보인다. 곳간에는 곡류가 저장되어 있다. 그리고 곳간 옆에 있는 가축 우리에서는 소의 울음 소리가 들려 온다.

우리가 이렇게 분명히 상상할 수 있는 고대의 작은 마을은 아득한 옛날에 모습을 감추어 버렸다. 집이 서 있었던 근처는 물에 잠기게 되었다. 그러면 호수 바닥에서 집의 유적을 찾아내려면 어떻게 하면 좋을까? 그것은 불가능한 일처럼 여겨진다. 그러나 드문 일이긴 하지만 호수가 스스로 물러나 몇 세기에 걸쳐 보존해 오던 것을 우리 눈앞에 나타낼 때도 있다.

호수 이야기

1853년 스위스에 심한 가뭄이 들었다. 골짜기를 흐르는 냇물은 얕아지고 호수는 물가에서 빠져 진흙 바닥을 드러냈다. 취리히 호반에 있는 오벨마이렌이라는 작은 마을의 주민들은 이 가뭄을 이용하여 호수의 일부를 육지로 만들려고 했다.

그러기 위해서는 댐을 쌓아서 물이 빠진 지대를 호수와 구분지어 막아야 했다.

작업이 시작되었다. 일요일이면 화려한 옷차림의 사람들이 파랑 또는 초록색 보트를 저으며 놀았던 근처에서, 이제는 댐에 흙을 나르는 말을 다그치는 마부들의 목소리가 울려 퍼지고 있었다. 흙은 육지가 된 호수 바닥에서 파냈다. 그런데 갑자기 한 인부의 삽이 반쯤 썩은 말뚝에 부딪혔다. 잇따라 말뚝이 발견되었다. 옛날에 이곳에서 사람들이 일했음이 확실했다. 거의 삽으로 한 번 파낼 때마다 돌도끼·낚시바늘·토기 조각 등이 계속 나왔다. 고고학자들이 달려왔다. 호수 바닥에서 나온 말뚝 하나하나와 그 밖의 물건을 조사한 다음, 그들은 그들의 저서에서 그 옛날 취리히 호수 위에 있었던 말뚝 위에 세워진 마을을 복원시켰다.

말뚝을 박고 통나무 바닥 위에 세운 이러한 마을은 러시아에도 있었다. 지금의 모스크바에서 그다지 멀지 않은 크랴지마 강과 무롬 시에 가까운 웰레치마 강 같은 곳에서도 물고기의 뼈·작살·낚시바늘 등이 많이 발견되었다.

최근에 고고학자들은 스위스의 다른 호수——뇌샤텔 호를 연구했다. 호수 바닥을 파 보니, 바닥이 몇 단의 층으로 되어 있었다.

만두를 쪼개면 표피와 알맹이가 쉽게 구별되듯이 여기서도 층과 층의 구별을 쉽게 볼 수 있었다. 맨 밑이 모래층, 다음이 집· 가구· 연장 등의 자취가 섞여 있는 진흙층, 다음이 또 모래층으로 되어 있었다. 이 상태가 몇 번이고 되풀이되었다. 단, 한 군데만이 모래층과 모래층 사이에 두꺼운 석탄층이 끼여 있었다.

이런 층은 어떻게 이루어진 것일까?

모래는 물이 날라 옮겨 왔을 것이다. 그러나 석탄은 어디에서 가져온 것일까?

분명히 여기서는 불도 한몫을 했던 것이다.

학자들은 지층을 조사하여 호수의 역사를 완전히 알게 되었다. 아득한 옛날에 사람들은 이 호수에 찾아왔다. 그리고 물가에 마을을 세웠다. 그러던 많은 세월이 흐른 어느 날, 호수가 범람하여 물가를 삼켜 버렸다.

사람들은 물에 가라앉은 마을을 버리고 떠났다. 건물은 물 속에서 썩고 무너져 버렸다. 전에는 제비가 앉아 지저귀던 지붕 위에 이제는 작은 고기 떼가 헤엄치게 되었다. 활짝 열려진 문을 통해 날카로운 이빨을 드러낸 곤들매기가 지느러미를 흔들면서 나왔다. 난로 옆에 놓인 의자 밑에는 가재가 수염을 움직이고 있었다. 폐가는 진흙에 묻히고 그 위에 모래가 쌓였다.

그러나 호수는 그대로 있지 않았다. 조금씩 물이 물가에서 물러나기 시작하더니 이윽고 바닥을 드러냈다. 언젠가 마을이 있었던 그 모래층도 햇빛을 보게 되었다. 그래도 마을은 이제 온데간데없게 되었다. 그 폐가는 모래층 밑 깊숙이 파묻혀 버렸다.

또다시 사람들이 물가에 찾아왔다. 도끼 소리가 울려 퍼졌다. 노란 모래 위에 대패밥이 흩날렸다. 물가에 잇따라 튼튼한 새 집이 세워졌다.

이와 같이 이기고 지고 하면서 사람들과 호수 사이에 싸움이 계속되었다. 사람들이 세우면 호수는 그것을 파괴했다.

나중에 사람들은 이것이 지겨워졌다. 그래서 호수 바닥에 긴 말뚝을 박고, 물가가 아닌 물 위에서 살게 되었다.

마룻바닥 틈으로 들여다보면 물은 훨씬 밑에 있는 것처럼 보였다. 이렇게 되면 이제 물은 무섭지 않았다. 아무리 물이 늘어난다 해도 바닥까지 미치지는 못했다.

그러나 물 이외에 사람에겐 또 하나 불이라는 적이 있었다.

아득한 옛날, 사람들이 동굴 안에서 살았을 무렵에 불은 사람들에게 무서운 존재는 아니었다. 동굴의 암벽은 타려야 탈 수 없었기 때문이다.

그런데 최초의 목조 가옥과 함께 최초의 화재도 찾아왔다.

오랜 동안 묵묵히 사람에게 복종해 왔던 빨간 불길이라는 짐승이 마침내 발톱을 드러냈던 것이다.

뇌샤텔 호의 바닥에서 발견된 두꺼운 탄층은 옛날에 화재가 났던 흔적이다.

그 때 호수 위의 광경은 무시무시했을 것이 틀림없다. 사람들은 아이들을 안고 물속으로 뛰어들어 재난을 피하려 했다. 우리 안에서는 동물들이 미친 듯이 울부짖었다. 그러나 사람들은 동물들에 마음을 쓸 여유가 없었다. 마치 거대한 화톳불처럼 불티를 사방에 흩날리면서 목조 마을은 타올랐던 것이다.

마을에 살던 사람들에게 화재는 커다란 재난이었다.

그러나 그들의 집을 태웠던 그 불이 우리와 우리의 박물관을 위해서는 목제 집기·어망·곡식 알·식물의 줄기 등 아주 귀중한 물건을 보존해 주었다.

아무리 우리를 위해서라고 하지만, 불이라는 파괴자가 태워 버리려고 하면 아주 쉽게 태울 수도 있었던 물건들을 무슨 변덕스런 마음이 생겨서 보존해 주었을까?

그 까닭은 이렇다.

타기 시작하자 물건은 물에 떨어졌다. 물은 그 불을 끄고 물건을 지켜 주었다. 물건은 파손되지 않고 바닥으로 가라앉아 갔다. 그런데 그곳에는 다른 위험이 기다리고 있었다. 썩지 않을 수 없었던 것이다. 그런데 불을 쪼여서 표면이 그을은 덕분에 그 물건은 살아 날 수 있었다. 엷은 탄화막이 물건이 썩는 것을 방지해 주었던 것이다.

불과 물이 따로따로 작용했다면 물건은 자취도 없이 사라져 버렸을 것이다. 그런데 이 두 가지는 함께 작용했다. 따라서 몇천 년 전에 짜인 아마포처럼 썩기 쉬운 물건까지도 오늘날 볼 수 있는 것이다.

최초의 직물

최초의 직물은 기계가 아니라 손으로 짠 것이었다.

지금도 에스키모인은 직물을 짜는 것이 아니라 손으로 뜨개질을 한다. 먼저 날실(세로로 놓은 실)을 틀에 걸고, 다음에 씨실(가로로 건너는 실)을 북 같은 것은 하나도 사용하지 않고 손 가락으로 날실 사이에 꿰어 나간다.

실을 건 틀에서 오늘날의 직조기를 상상하기는 어렵다. 그러나 직기의 계보는 네 개의 각재로 만들어진 이 간단한 틀에서 비롯되었던 것이다.

호수 바닥에서 발견된 탄화하여 까매진 헝겊 조각은, 인류의 생활에 일어난 굉장히 중요한 사건을 우리에게 말해 주고 있다. 그때까지 동물의 가죽을 입었던 사람은 이제 아마라는 인조 가죽을 만들게 되었고, 그 원료를 밭에서 기르게 되었다.

바늘은 직물이 태어나기 몇천 년 전에 태어났다. 그것이 이제 간신히 짐승의 가죽이 아니라, 아마포를 꿰매는 그의 본디의 일에 덤벼들었던 것이다.

온통 하늘색의 예쁜 꽃을 피운 아마 밭은 여인들에게 새로운 일과 분주함을 가져왔다.

낫을 들었던 손을 미처 쉬기도 전에, 아마를 땅 속에서 뿌리째 뽑아야 했다. 그 다음에는 이 아마를 말리고 씻고 그리고 다시 말렸다.

그러나 일은 그것으로 끝난 것이 아니었다. 말린 아마를 방망이로 두드리고 문질러서 연하게 푼 다음 빗질을 했다. 이렇게 해서 간신히 하얗게 표백되고 빗질이 된 아마가 만들어졌던 것이다. 이번에는 물레가락이 돌기 시작하고 섬유를 실로 바꾸었다. 그 다음에 비로소 베틀에 올려놓을 수 있었다.

베를 짠다는 것은 여인들로서는 아주 귀찮은 일이었으나, 그 대신 예쁜 스카프·앞치마, 화려한 술이 달린 스커트 등을 얻을 수 있게 되었다.

최초의 광부와 야금기사

오늘날에는 어느 집에서도 인공의 재료, 즉 자연 속에 없는 재료를 써서 만든 물건을 얼마쯤이라도 볼 수 있다.

자연 속에는 벽돌도 도자기도 무쇠도 종이도 없다. 도자기나 무쇠를 손에 넣으려면 사람들은 자연 속의 재료를 그 본디의 모습을 알아볼 수 없을 정도로 변형시켜야만 했다. 무쇠는 그것이 만들어지기 전의 광석을 닮았을까? 얇고 투명한 사기 찻잔 속에서 원료인 찰흙을 찾아 볼 수 있을까?

콘크리트·셀로판·플라스틱·나일론·인조 고무 등은 어떤가! 산에서 콘크리트로 된 바위를 볼 수 있을까? 견직물을 만드는 누에를 나무에서 볼 수 있을까?

사람들은 물질을 자기의 것으로 만들면서 차츰 깊숙이 자연의 공장 속에 파고들어갔다. 그는 돌로 돌을 깎는 일부터 시작했다. 그러나 지금은 눈에 보이지 않는 미립자, 즉 분자까지도 이용하고 있다.

이 일은 화학이라고 하는 물질에 관한 학문이 아직 나타나지 않았던 훨씬 옛날에 시작되었다. 사람은 자기의 행위에 대해서 거의 아무것도 모른 채 손으로 더듬다시피 하면서 물질을 변화시키는 방법을 배워 나갔다.

찰흙을 구운 최초의 도공은, 실은 그런 줄도 모르고 물질을 자기 것으로 만들었다. 그것은 쉬운 일은 아니었다. 물질의 미립자는 돌을 변형시키듯이, 손으로 변형시킨다든가 개조한다든가 할 수 없다. 여기서는 손의 힘이 아니라 물질의 조직을 바꿀 수 있는 뭔가 다른 힘이 필요했다.

사람은 불을 자기의 조수로 만들면서 이 힘을 발견했다. 불은 찰흙을 굽고, 곡물을 빵으로 바꾸고, 구리를 녹였다.

우리는 석기와 함께 호수 바닥에서 최초의 동기도 발견했다.

몇십만 년이나 석기를 만들었던 사람이 어째서 갑자기 구리로 도구를 만들기 시작했을까? 대체 어디에서 금속을 발견했을까?

숲이나 들을 헤메고 다녀도 한 조각의 구리도 우리의 눈에는 띄지 않는다. 자연동은 이제는 아주 희귀한 물건이 되어 버렸다. 하지만 옛날에도 그랬던 것은 아니다. 몇천 년 전에는 지금보다도 자주 눈에 띄었다. 곳에 따라서 그것은 사람들의 발 밑에 뒹굴고 있었다. 그러나 그것은 전혀 사람들의 주의를 끌지 못했다. 왜냐하면 도구라면 벌써 돌로 만들고 있었기 때문이다.

사람들이 천연동을 눈여겨보게 된 것은 부싯돌처럼 단단한 돌이 부족해지기 시작했을 때였다. 부싯돌이 모자라게 된 이유는, 사람들이 그것을 소홀히 다루었기 때문이다. 사람들은 일을 하는 동안에 이제 소용없게 된 돌 부스러기를 주위에 산더미처럼 쌓아 올렸다. 요즘으로 말하면 목수의 일터에 대패밥이 잔뜩 흩어져 있는 것과 마찬가지다.

몇십만 년이라는 긴 세월 동안에 부싯돌의 양은 눈에 띄게 줄어들었다. 지금 우리가 부싯돌로 도구를 만들려고 해도, 조상들이 남겨 놓지 않았기 때문에 여간해서는 원료를 손에 넣을 수 없다. 지상에는 부싯돌의 기근이 시작되었다. 그것은 커다란 재난이었다. 오늘날 공장에 쇠가 부족하게 되었다고 하면 어떻게 될지 한번 상상해 보라! 쇠를 구하기 위하여 그 광석이 나오는 땅 속 깊이 더욱더 파고들어가야만 할 것이다.

선사시대의 사람들도 그와 같이 했다. 그들은 갱도를 파기 시작했다. 세계 최초의 광산인 셈이다.

깊이 10~12미터의 고대의 광산은 이따금 백악층에서 발견된다. 부싯돌과 백악은 함께 있는 경우가 많기 때문이다.

지하에서 일한다는 것은 당시의 사람들로서는 겁나는 일이었다. 갱내로 가려면 밧줄이나 디딜 곳으로 파놓은 기둥을 타고 내려가야만 했다. 밑은 어둡고 매웠다. 사람들은 횃불이나 작은 칸델라에 불을 켜고 일을 했다. 지금은 안전을 위해 수직 갱도나 수평 갱도 할 것 없이 재목으로 받치고 있지만, 그 무렵에는 지하도의 벽과 천장을 받칠 줄을 몰랐다. 이따금 바윗덩이가 떨어져서 사람들을 생매장시켰다. 옛날에 부싯돌 갱도였던 곳에서는 백악의 바윗덩이에 깔려 죽은 갱부의 해골과 나란히 그들의 도구인 사슴뿔 곡괭이도 발견된다.

어떤 곳에서는 어른과 아이의 뼈가 하나씩 발견되었다. 아버지가 아들을 일터로 데리고 가서 그대로 둘 다 집으로 돌아가지 못했던 것이다.

질 좋은 부싯돌은 여간해선 손에 들어오지 않았다. 그러나 사람은 부싯돌이 필요했다. 도끼도 칼도 괭이도 부싯돌로 만들었기 때문이다.

사람들은 부싯돌 이외의 모든 광물을 시험해 보았다. 그러다 자연동도 눈여겨보기 시작했다. 이 녹색의 돌은 무엇일까? 뭔가 도움이 되지는 않을까?

구리 덩이를 들고 사람들은 망치로 두드려 보았다. 구리를 돌이라고 생각하고 돌을 가공하듯이, 가공해 보았던 것이다. 그런데 구리는 망치로 두들길 때마다 단단해지고 모양이 바뀌었다. 다만 두드리는 데는 요령이 필요했다. 너무 세게 치면 구리는 깨져 산산조각이 났다.

이처럼 사람들은 처음으로 금속을 가공하기 시작했다. 물론 그것은 냉식 가공이었다. 그러나 냉식 가공에서 가열 가공까지는 이제 멀지 않았다.

때로는 자연동이나 동광석의 조각이 화톳불 안에 떨어졌다. 어쩌면 사람들은 찰흙을 굽는 것처럼 구리를 구워 보았는지도 모른다. 화톳불이 다 탄 다음, 그 탄 자리 밑에 녹은 구리 덩이가 남아 있었다.

사람들은 자기 손으로 만들어 낸 '기적'을 놀란 눈으로 들여다 보았다. 그들은 '불의 신'이 흑녹색의 돌을 아름다운 광택을 지닌 구리로 바꿔 놓은 것이라고 생각했다.

그들은 구리덩이를 몇 개의 조각으로 나누어 그것을 돌망치로 두드려서 도끼·곡괭이·칼 등을 만들었다.

이리하여 사람들은 기적의 곳간 속에서 치면 울리는 광택이 좋은 금속을 발견했던 것이다. 그들은 광석을 화톳불 속에 집어 넣었다. 그러자 광석은 구리가 되어 그들의 손으로 되돌아왔다.

이 기적을 만들어 낸 것이 사람들의 노동이었음은 두말할 것도 없다.

최초의 농경인

19세기 말, 러시아의 키에프 지방에 있는 트리폴리에라는 마을 근처에서 프로이코라는 고고학자가 고대 농촌의 유적을 발견했다.

남러시아에서 발견된 화덕 있는 집의 복원도

그것이 계기가 되어 러시아 남부에서는 그러한 농촌이 잇따라 발견되었다. 소비에트 시대에 들어서자, 고고학자 파세므 여사(1903~?)와 보가에프스키가 그 연구를 이어받았다. 이 두 사람의 연구 덕분에 지금 우리는 오천 년 전에 살았던 농사꾼의 생활을 생생하게 상상할 수가 있다.

마을은 높은 울타리로 에워싸여 있었다. 한가운데에 가축을 넣어 두는 우리를 포함한 광장이 있고, 그 둘레로 찰흙을 칠한 목조 집이 늘어서 있었다.

그 당시 찰흙으로 만든 집 모형이 지금까지도 남아 있다. 그것은 아마도 장난감 따위가 아니라 뭔가 주술적 목적으로 만든 물건일 것이다.

안에 여인상을 넣어 둔 이 자그마한 집은 진짜인 큰 집의 악귀막이 액막이, 즉 부적이었음에 틀림없다.

이 모형 집에는 입구 오른쪽에 화덕이 있고, 더욱 높게 되어 있는 왼쪽에는 여러 가지 물건을 넣어 두는 그릇이 늘어서 있다. 그 옆에는 돌접시 위에 웅크리고 있는 여인상이 놓여 있다. 입구 반대편의 창가에는 선반이 있다. 화덕가에는 화덕 지기인 여인의 작은 상이 서 있다.

이것이라면 충분히 집이라고 할 수 있겠다. 지붕은 서까래에 받쳐져 있었다. 잠자리가 달려 있는 화덕은 오늘날의 러시아식 페치카 그대로다. 바닥은 찰흙을 구워서 굳혀져 있었다. 집을 세울 때 바닥 전체에 불을 피워서 찰흙을 구웠던 것으로 보인다. 벽도 찰흙으로 발라져 있었고, 거기에는 장식 무늬가 그려져 있었다.

어느 집에도 칸막이로 구분된 방이 몇 개씩 달려 있었다. 이런 집들 이외에 마을에는 커다란 움막도 있었다.

마을 사람들 가운데에는 도예의 명인도, 대장장이도, 동기 기술자도 있었다.

도공은 높이 1미터나 되는 그릇을 만들 수도 있었고, 거기에 여러 가지 그림을 그릴 수도 있었다. 리본·나선·소용돌이 모양 등 재치 있는 무늬가 온통 새겨진, 연분홍색의 찰흙으로 만들어진 그릇도 있다. 모양 가운데에는 눈을 부릅뜬 사람 얼굴을 닮은 것, 짐승을 연상시키는 것, 해 모양을 뜬 것도 있다.

마을터의 땅 속에 남은 출토품을 보면, 석기에서 동기로 어떻게 옮겨갔는가를 분명히 알 수가 있다.

가장 오래 된 연장—칼·도끼·화살촉—은 부싯돌과 뼈로 만들어져 있다.

흙은 돌이나 사슴뿔로 만들어진 괭이로 팠고, 괭이에는 나무자루를 달기 위한 구멍이 뚫려 있었다.

곡물은 소의 견갑골이나 나무로 만든 낫으로 베었다. 나무낫은 그 자체로서는 이삭의 목을 자를 수 없다. 그래서 거기에 날카로운 부싯돌 이빨을 끼어 사용했다.

최초의 동기는 폭이 넓은 도끼다. 이것을 부어서 만드는 거푸집도 같은 마을에서 발견되었다.

어떤 역사가들은, 러시아인의 조상인 슬라브인은 농사꾼이 아니라 짐승을 사냥했던 사냥꾼이었다고 주장한다.

그러나 트리폴리에나 코로미시치노의 출토품을 보면 이야기가 다르다. 그레코프(1882~1953년) 박사는 이렇게 주장했다.

"슬라브인뿐만 아니라 그 조상도 역시 본토박이 농경인이었다. 그러면서도 가축을 기르고, 짐승이나 새를 잡는 것이 아주 재치가 있었다."

그들이 어떤 씨를 뿌렸는가도 알 수 있다. 코코미시치노 마을의 집에 바른 벽토 안에서 학자들은 밀·보리·호밀·수수 등의 낟알과 이삭을 발견했다. 그들은 농업의 학문에 있어서 결코 누구에게도 뒤지지 않는다. 그들의 과거에는 오천 년 이상의 농사 경험이 쌓여 있기 때문이다.

일의 역법

우리는 시간을 몇 년, 몇백 년, 몇천 년 하는 식으로 말하는 데 익숙해져 있다. 그러나 고대 인류의 생활을 연구하는 사람은 다른 역법, 다른 시간의

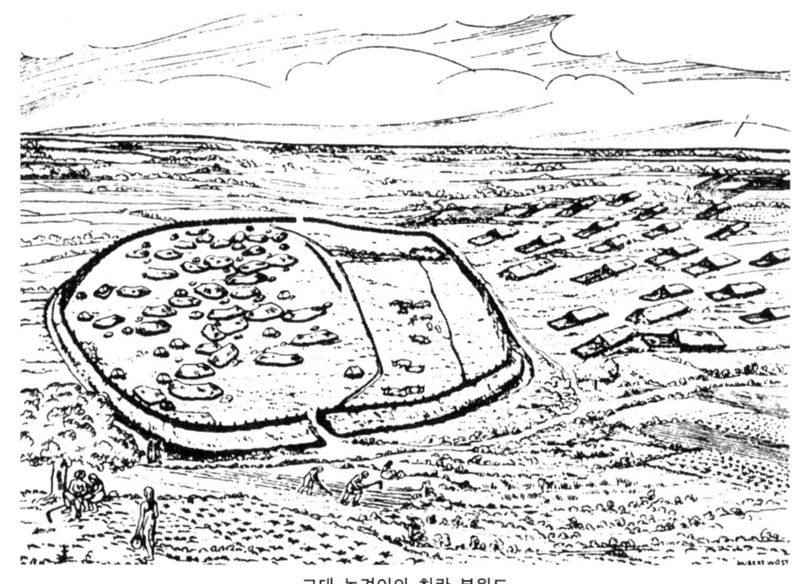

고대 농경인의 취락 복원도

척도를 사용할 필요가 있다. '몇천 년 전' 하는 대신에, '구석기시대' '신석기시대' '동기시대' '청동기시대' '철기시대'로 말한다. 이것은 해의 역법이 아니라 일의 역법이다. 이 역법을 사용하면, 사람이 그의 발전 과정에서 어느 단계에 이르렀는지, 어느 역에 도착했는지, 한눈으로 알 수 있다.

보통의 '해'의 역법에는 크고 작은 시간의 척도가 있다. 세기·년·월·일·시 등이 그것이다.

일의 역법에도 또한 큰 척도와 작은 척도가 있다. 예를 들면, '석기시대——뗀석기 시대'라든가, '석기시대——간석기 시대' 등으로 부를 수 있다.

이 책에서는 지금 석기가 금속 도구에게 자리를 양보해 주고, 농업과 목축이 막 나타난 인류 역사상의 한 시점에 이르러 있다. 노동의 문화와 함께 교환이라는 것이 시작되었다. 어딘가에 구리 도끼가 나타나자, 그것은 서서히 한 종족에서 다른 종족으로 옮겨갔다.

사람들은 통나무배를 강에 띄우고 마을에서 마을로 저어가서 곡물을 가죽과, 직물을 토기와 서로 주고받았다. 구리를 많이 가진 종족이 있는가 하면, 도자기를 만드는 명인이 있는 종족도 있었다. 어느 호수의 말뚝 위에 세워진 마을 주민들이, 교환을 하기 위해 자기들의 제품을 가지고 온 손님을 환영했다. 그러자 제품과 함께 경험이 종족에서 종족으로 전해졌고, 새로운 노동의 방법도 전달되었다.

여기에서 사람들은 다시 몸짓말로 되돌아가야 했다. 왜냐하면 말은 종족에 따라서 저마다 달랐기 때문이다. 그래도 손님이 돌아갈 때에는 물건뿐만 아니라 무심코 흘려들은 귀에 선 말까지도 선물로 가지고 갔다. 종족의 방언은 이렇게 해서 서로 섞였다. 그러자 말과 함께 말과는 떨어지려야 떨어질 수 없는 사상도 함께 섞였다.

다른 종족의 우상이 자기들의 우상 옆에 앉게 되었다. 수많은 신앙 중에서 뒷날 전 민족을 사로잡게 될 신앙이 키워져 나갔다. 신들이 여행을 했다. 그들은 새로운 곳에 가면 흔히 새로운 이름으로 불렸다. 그러나 그것이 어떤 신인가를 알기는 조금도 어렵지 않았다.

고대 여러 민족의 종교를 조사해 보면, 바빌로니아의 탐무즈도, 이집트의 오시리스도, 그리스의 아도니스도 하나의 같은 신임을 알 수 있다. 어느 것이나 다 죽은 다음에 부활한다고 하는 같은 고대 농경인의 신이다.

때로는 신들의 여행 경로를 지도상에서 볼 수도 있다. 예를 들면 아도니스는 시리아, 즉 셈계 여러 종족이 살았던 나라들로부터 그리스에 이르렀다. '아도니스'라는 이름 그 자체가 이것을 말해 주고 있다. 셈족의 말에서 이것은 '주(主)'를 뜻한다. 그리스인은 그 뜻을 몰랐으므로 이 말을 신의 이름으로 썼던 것이다.

어쨌든 이와 같이 하여 물건·말·신앙의 교환이 이루어졌다.

교환이 언제나 충돌 없이 평화롭게 행해졌던 것은 아니다. 구리·직물·곡물 등을 주먹다짐으로 빼앗을 수 있을 때 '손님들'은 그러한 일을 별로 사양하지 않았다.

그렇지 않아도 서로 속이기가 일쑤였으므로, 교환은 대낮에 공공연히 벌어지는 약탈로 바뀌기도 했다. 손님과 주인은 무기를 잡고 난투극을 벌여 분쟁을 해결했다. 다른 종족을 대상으로 약탈한다거나 죽인다거나 하는 것은 별로 나쁜 일이 아니었던 것이다.

그렇다면 마을이 요새화됐다고 해서 놀랄 일은 없을 것이다. 초대도 하지 않은 손님이 들어오지 못하도록 마을 주위를 둑이나 통나무 울로 둘러치게 되었다.

다른 종족 사람들은 완전히 신용하지 않았다. 자기들은 사람이지만, 다른 종족은 사람이 아니라고 생각했다. 자기네를 '태양의 아들' 또는 '하늘의 아들' 등으로 부르면서, 다른 종족에게는 지독한 별명이나 이명을 붙였다. 그것이 어느 민족에게는 딱 달라붙게 되어 마침내 그의 이름이 되어 버린 경우도 가끔 있었다.

인디언 중에는 지금도 '먼지투성이 코'라든가 '구부러진 엉덩이' 같은 종족이 있다. 그들이 설마 이렇게 달갑지 않은 별명을 스스로 생각해 냈을 리는 없다.

역사가나 탐험가들이 쓴 책에는, 다른 종족에 대한 그런 옛날 민족의 적의에 관한 것이 흔히 쓰여 있다. 오늘날에도 다른 민족을 증오하게끔 유도하는 나라들이 더러 있다. 그들도 또한 자기들만이 사람이며, 다른 종족은 뭔가 열등 동물이라도 되는 듯이 생각하고 있다.

다른 민족, 유대인·흑인 등에 대한 이러한 적의를 선전하는 사람들은, 자기들의 역사적인 패배를 느끼고 세계를 다시 고대의 동물 세계로 되돌리려고 기를 쓰는 자들임에 틀림없다.

이 땅에는 고등 민족이라든가 열등 민족이 없다고 역사는 가르치고 있다. 다만 진보한 민족과 문화에 뒤떨어진 민족이 있을 뿐이다. 일의 역법에서 볼 때에, 현대인이라고 해서 다 같은 시대의 사람들이라고는 말할 수 없다.

러시아에서도 10월 혁명 전까지는 어느 민족이고 같은 발전 단계에 있었던 것은 아니다. 기계시대에 들어선 민족이 있는가 하면, 아직도 원시시대의 가래로 땅을 갈고, 원시시대의 직기틀로 천을 짜는 민족도 있었다. 뿐만 아니라 철이라는 것을 모른 채 뼈로 연장을 만드는 민족조차 있었다.

지금은 진보한 민족이 뒤떨어진 민족을 이끌어 올려 주고 있다. 불과 30년쯤 되는 동안에 중앙아시아, 시베리아, 북극 지방의 여러 민족은 몇 세기 몫을 전진했다.

그런데 아직까지도 흑인이나 인디언이나 오스트레일리아 토인의 세계인 듯한 나라들도 있다. 그곳에서 이들 몇천만이라는 사람은 도저히 사람이 산다고는 할 수 없는 비참한 생활을 하고 있다.

5 세계의 싸움

두 개의 법률

배를 타고 출발한 탐험가가 새로운 나라들뿐만 아니라, 잊혀진 지 오래된 시대도 발견하였다는 것은 별로 신기한 일이 아니다.

유럽인이 오스트레일리아를 발견한 것은 크나큰 성공이었다. 이로써 대륙 하나를 점령하게 되었기 때문이다. 그러나 오스트레일리아 원주민 입장에서 보면, 그것은 굉장한 불행이었다. 일의 역법에 따르면 그들 오스트레일리아인은 다른 시대에 살고 있었기 때문이다. 그들은 유럽인의 관습을 몰랐고 유럽인의 제도에 따르고 싶지도 않았다. 그래서 들짐승처럼 몰리고 죽임을 당했다. 오스트레일리아 원주민은 움막집에 살았지만, 유럽의 도시에는 큰 건물들이 하늘을 찌르고 있었다. 오스트레일리아 원주민은 아직도 사유재산이 무엇인지 알지 못했으나, 유럽에서는 다른 사람의 숲에서 사슴을 잡았다는 이유로 사람들을 교도소에 처넣었다.

오스트레일리아인에게 합법이었던 것이 유럽인에게는 범죄였던 것이다.

오스트레일리아의 사냥꾼들이 양 떼를 만나자 환성을 올리며 그들을 에워싸고는, 놀라 울부짖는 양들에게 사방에서 창이나 부메랑을 던졌다. 그러자 유럽인인 목장주와 그의 엽총이 바로 개입해 들어왔다.

유럽인 목장주에게는 사유물인 양이 원시적인 오스트레일리아 사냥꾼들에게는 더할 나위 없는 발견물이었다.

'양은 그것을 샀거나 또는 사육한 주인의 물건이다'——이것이 유럽인의 법률이다. '짐승은 그것을 발견한 사냥꾼의 물건이다'——이것이 오스트레일리아인의 법률이다.

오스트레일리아 원주민이 자기 시대의 법률에 따랐다는 이유로, 유럽인은 그들을 사람 취급하지 않고 양 우리에 숨어든 이리 떼에게 하듯이 총탄을 퍼부었던 것이다.

콜럼버스. 피온보 그림, 1519년. (1451~1506) 이탈리아의 탐험가. 에스파냐 여왕 이사벨의 후원을 받아, 3차에 걸친 항해 끝에 쿠바·아이티·트리니다 등을 발견했다.

두 개의 법률의 충돌은 오스트레일리아 원주민의 여인들이 어딘가에서 감자밭을 발견했을 때에도 생겼다. 여인들은 아무런 망설임도 없이 신기한 알뿌리를 캐기 시작했다. 먹을 수 있는 알뿌리가 이렇게 많이, 그것도 한군데에 있다니 꿈만 같은 일이었다. 다른 때 같았으면 한 달이 걸려도 채집할 수 없을 정도의 분량을 이곳에서는 한 시간이면 모을 수 있었다.

그러나 이 행운은 곧 커다란 불행으로 바뀌었다. 총성이 울리고, 왜 죽음을 당하는지 알지도 못한 채, 여인들은 감자를 손에 든 채 쓰러져 갔던 것이다.

아메리카의 발견 또한 이런 두 세계의 싸움으로 이어지게 되었다.

오래된 '신세계'

아메리카를 발견한 유럽 사람들은 새로운 세계를 발견했다고 생각했다. 콜럼버스에게는 다음과 같은 글귀가 새겨진 훈장이 수여되었다.

카스틸랴와 레온을 위해
콜럼버스는 신세계를 발견했다.

카스틸랴와 레온은 둘 다 에스파냐의 땅 이름이다.

그런데 사실 이 '신세계'는 오래 된 세계였다. 유럽인들은 그런 줄도 모르고

콜럼버스의 귀환. 들라크루아 그림, 토레도 미술관 소장. 콜럼버스가 에스파냐 이사벨 여왕을 알현하고 있다.

아득한 옛날에 잊어버린 자신들의 과거를 아메리카에서 발견했던 것이다.

대양 건너에서 찾아온 사람들에게는 인디언의 풍습이 야만적이고 이상한 것으로 보였다. 인디언의 집도 옷도 질서도 유럽의 그것과는 사뭇 달랐다.

북부에 사는 인디언은 돌과 뼈로 막대기나 창끝을 만들었다. 쇠 같은 것은 전혀 몰랐다. 그러나 농사일은 알아서 옥수수 씨를 뿌리고, 호박·콩·담배 등을 밭에서 재배하고 있었다. 그러나 그들의 주된 일은 사냥이었다. 그들은 나무로 지은 집에 살았고, 마을 둘레에는 높은 울짱이 둘러쳐져 있었다.

남쪽의 멕시코 인디언들은 구리로 만든 기구, 황금으로 된 장식품을 가지고 있었고, 불에 구운 것이 아닌 햇볕에 말린 벽돌로 큰 집을 지어 겉에다 석고칠을 했다.

이러한 사실은 최초의 아메리카 개척자나 정복자가 일기에 세세하고 정확하게 기록해 놓았다.

그러나 이와 달리 사회 질서를 기록하는 문제는 그리 간단하지가 않다. 아메리카의 질서는 실로 기묘해서 유럽인들은 전혀 이해할 수가 없었다. 따라서 그들이 써 놓은 것은 앞뒤가 맞지 않고 종잡을 수 없는 것이 되어 버렸다.

'신세계'는 돈도 상인도, 부자나 가난한 자도 없는 세계였다. 인디언 가운데는 돈이 무엇인가를 아는 종족도 있었지만, 그 가치는 전혀 몰랐다.

콜럼버스 일행이 처음 보았던 인디언들은 코에는 작은 황금 막대기를 꽂았고 목에는 황금 목걸이를 걸치고 있었다. 그들은 서슴지 않고 이들 장식품을, 흔들면 딸랑딸랑 소리나는 장난감 또는 헝겊 조각 따위와 바꿨다.

바다 건너에서 온 사람들이 이 세상 사람들은 다 주인과 하인, 지주와 농민으로 나뉘어져 있다고만 믿는데 반해 여기서는 누구나가 평등했다. 적을 생포하면 그를 노예나 하인으로 삼지 않고 죽여 버리거나 양자로 두었다.

여기에는 사유의 성·집·영지 따위는 없었다. 사람들은 '긴 집'이라고 불리는 공동의 집에서 살았다. 일족이 함께 살고 함께 집안 살림을 이끌어갔다. 땅은 개인의 물건이 아니라 종족 전체의 물건이었다. 여기서는 다른 사람의 땅에서 일하는 농노 따위는 없이 모두 자유인이었다.

이것만으로도 봉건시대, 농노시대에 살았던 유럽인들을 어리둥절케 하기에는 충분했으나, 놀라운 일은 그것만이 아니었다.

유럽에서는 누구나 남의 물건을 훔치면 당장에 순경에게 목덜미를 잡혀, 제대로 조사 받지도 못한 채 감옥에 보내졌다. 그러나 여기에는, 사유 재산이라는 것도 없거니와 감시하는 사람도 없고 감옥도 없었다. 그러면서도 일정한 질서가 있었다. 사람들은 이 질서를 지키고 있었지만, 유럽과는 사정이 달랐다.

유럽에서는 가난한 자가 부자의 재산을 훔치지 못하도록, 하인이 주인의 말을 듣도록, 농노가 지주를 위해 일하도록, 국가가 감시하고 있었다.

그런데 여기서는 사람은 그의 씨족과 종족의 보호를 받고 있었다. 누군가가 피살되면, 씨족 모두가 죽은 사람의 복수를 했다. 사건을 화목하게 해결하는 일도 있었다. 죽인 자의 일족이 사죄하고 죽은 자의 일족에게 선물을 했다.

유럽에는 황제·왕·귀족 등이 있었다. 그러나 이곳 아메리카의 숲이나 초원에는 왕이라는 것도 없거니와 왕권이라는 것도 없었다. 종족의 문제는 종족 전체가 모인 자리에서 장로 회의가 결정했다. 그 사람의 공적에 따라 장로를 뽑았고, 일의 성적이 좋지 않을 때에는 당장에 해임되었다. 장로는 결코 동족의 주인은 아니었다. '장로'라는 말 그 자체가 어느 인디언 말에서는 '변사'를 뜻하는 데 지나지 않는 것이다.

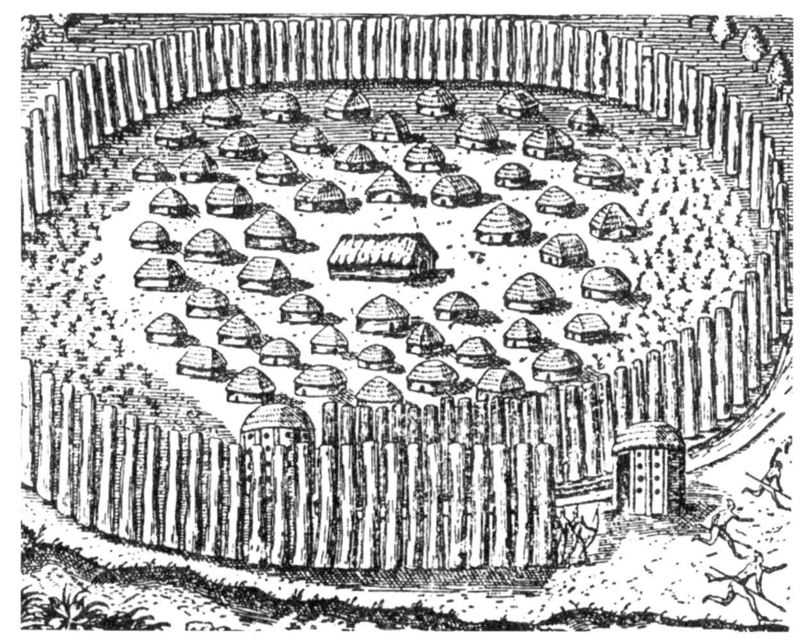

인디언은 목조집에 살고, 마을은 높은 울짱으로 둘러싸여 있다.(16세기 판화)

구세계에서는 국가의 우두머리는 왕이고, 가족의 우두머리는 아버지였다. 사람들의 가장 큰 집단이 국가이고, 가장 작은 집단이 가족이었다. 왕은 국민을, 아버지는 아이들을 재판하고 벌했다. 왕은 왕자에게 나라를 물려주고, 아버지는 아들에게 재산을 물려주었다.

여기 신세계에서는, 아버지는 아이들에게 아무런 권위도 행사하지 않았다. 아이들은 어머니에게 속하였고, 어머니에게서 떠나지 않았다. '긴 집'에서는 여자들이 모든 것을 도맡아서 처리했다. 유럽에서는 아들들이 집에 남고, 딸들은 보금자리에서 흩어져 떠나갔다. 반면 여기서는 남편이 아내를 집으로 맞아들이는 것이 아니고, 아내가 남편을 맞아들였다. 그리하여 집안의 권력은 여인들이 쥐고 있었다.

한 여행가는 다음과 같이 기록하고 있다.

'대개의 경우 여자들이 집안일을 도맡아 처리했다. 물론 여자들은 모두 협력했다. 재산은 공동 소유물이었다. 그러나 좀처럼 사냥거리를 들고 돌아오지 못하는 운이 나쁜 남편은 실로 불쌍했다. 아무리 자식이 많아도, 또 그 집에 아무리 많은 재산이 있다고 해도, 그는 언제 어느 때 이불 보따리를 싸 들고 나가라는 명령을 받게 될는지 모를 일이었다. 명령을 거스르기라도 한다면, 더 크게 혼날 각오를 해야 할 것이다. 더욱이 집 안에 있기가 차츰 견디기 어렵게 될 것이다. 만일 아주머니라든가 할머니가 감싸 주지 않는다면, 그는 자기 일족에게 되돌아가든가, 다른 씨족 여자와 결혼하는 도리밖에 없었다. 여자들에게는 대단한 힘이 있었다. 여자들은 마음만 먹으면 언제라도 장로의 머리에서 '뿔을 뽑을 수 있었다'. 즉, 장로를 일개 병사로 끌어내렸다. 장로의 선거 역시 항상 그녀들의 손에 달려 있었다.'

구세계에서는 여자는 남편을 따랐다. 인디언 사이에서는 여자는 일가의 우두머리였고, 때로는 일족의 우두머리이기도 했다.

1836년에 푸시킨은 '존 테너'라는 매우 긴 작품을 썼다. 이것은 존 테너라는 실존했던 미국인이 인디언 부락에서 경험한 것을 쓴 일기로, 앞서 출판된 프랑스어로 번역된 것을 읽고 푸시킨이 자기의 감상을 쓴 것이다. 그것에 따르면, 존 테너는 인디언의 포로가 되어 네트 노 크아라는 여자의 양자가 되었다. 네트는 오타브아프족의 우두머리였다. 그녀의 배에는 늘 깃발이 걸려 있었다. 네트가 영국의 요새에 찾아오자, 환영의 예포가 울려 퍼졌다. 인디언뿐만 아니라 백인까지도 이 여자에게 깊은 경의를 표했던 것이다.

이러한 질서 아래에서는 가계가 아버지가 아니라 어머니의 혈통을 따른다는 것은 당연한 일일 것이다. 유럽에서는 아이들이 아버지의 성을 따랐는데, 여기서는 아이들이 어머니의 씨족 이름을 이었다. 가령 아버지가 '사슴'이란 씨족 출신이고 어머니가 '곰'이란 씨족 출신이라고 한다면, 아이들은 '곰'씨족에 속하는 것으로 여겨졌다. 어느 씨족이고 그 구성원은 여자와 그 아이들, 딸들과 그 아이들, 손녀들과 그 아이들이었다.

유럽인들은 이러한 일을 이해할 수 없었다. 그들은 인디언의 관습을 야만이라 했고, 인디언을 야만인이라 했다.

그들은 활과 화살을 들고 통나무배와 괭이를 처음 썼던 시대에는 그들 유럽인의 조상 또한 이와 같은 질서 아래 생활했다는 사실을 깨닫지 못하고 있었다.

아메리카에 관한 기록 가운데에 최초의 개척자나 정복자들은, 씨족의 장을 영주나 지주처럼 묘사하고 있다. 그들은 우두머리라는 호칭이 지위이고,

토템이 씨족의 표지라고 생각했다. 또한 장로 회의를 원로원이라 불렀으며, 수석 군사적 장로는 왕이라 했다. 우리가 군사령관을 왕이라고 부르는 것처럼 말이다.

몇백 년 동안, 에리카의 백인들은 토착민의 관습을 이해할 수 없었다. 이 상태는 아메리카의 인류학자 모건(1818~1881년)이 그의 저서 '고대 사회' 안에서 아메리카를 재발견할 때까지 계속되었다. 모건은 이로쿼이족과 아스텍족의 씨족 사회는, 유럽인들이 아늑한 옛날에 지나온 한 단계임을 증명한 사람이다.

모건이 이 책을 쓴 것은 1877년이다. 우리의 이야기는 아직 거기까지는 이르지 않았다. 지금 우리는 아메리카 최초의 정복자들의 시대까지 와 있다.

백인들은 인디언을 이해하지 못했고, 인디언 또한 백인을 이해하지 못했다. 왜 백인들이 겨우 한 줌의 황금 때문에 서로 상대의 숨통을 끊으려고 하는지, 인디언으로서는 그 까닭을 몰랐다. 무엇 때문에 백인이 일부러 아메리카 대륙에 찾아왔는지, '남의 땅을 정복한다'는 것이 도대체 무엇인지 도무지 알 수가 없었다.

땅은 종족 전체의 것이고, 이를 수호신이 지켜 준다는 것이 원시인의 신앙이었다. 따라서 남의 땅을 점령한다는 것은 남의 신의 노여움을 사는 것 이외에는 아무것도 아니다.

인디언도 전쟁을 할 때가 있다. 그러나 상대의 종족을 패배시켜도 그들을 노예로 만들지는 않고 자기의 질서를 상대에게 강요하지도 않고, 또 상대의 우두머리들을 격하하지도 않고, 그저 공물을 내게 할 뿐이다. 우두머리를 격하시킬 수 있는 것은 그 자신의 씨족이나, 그 자신의 종족에 한정되어 있었다.

이리하여 지금 두 개의 세계, 두 개의 체제가 충돌했다. 아메리카 대륙 정복의 역사——그것은 두 세계의 싸움의 역사이다.

그 한 예로 머리에 떠오르는 것은 에스파냐의 멕시코 정복이다.

실수의 연속

1519년에, 멕시코 해안에 대함대가 나타났다. 돛대 3개가 달린 군함 11척이었다. 어느 배도 선복이 불룩했고, 이물과 고물은 위로 쑥 치솟았고, 네모진 창구(艙口)로부터는 대포가 내다보았으며, 뱃전에는 창과 소총이 즐비하게 늘어서 있었다. 기함 이물에는, 카이저 수염을 세운 키가 작은 사나이가

코르테스. 마드리드 해사 박물관 소장. (1485~1547). 에스파냐의 멕시코 정복자. 신식민지 탐험 대장으로 파견되어 황제 몬테수마 2세에게 에스파냐 왕에 대한 충성을 서약케 했다.

베레모를 깊숙이 쓴 채 서 있었다. 그의 시선은 평평한 해안과 그 곳에 모여든 반나체의 인디언들에게 날카롭게 쏠리고 있었다.

이 사나이는 에르난 코르테스(1485~1548년)로, 멕시코 정복을 위해 파견된 원정대의 대장이었다. 사실 그의 호주머니에는 임명을 취소한다는 에스파냐 총독의 편지가 들어 있었다. 그러나 코르테스와 같은 무모한 탐험가에게 면직의 명령 따위는 아무 뜻도 없었다. 끝없는 대양이 그와 에스파냐를 떼 놓고 있었다. 여기 이 함대에서는 그가 왕이었던 것이다.

배는 닻을 내렸다. 도중의 여러 섬에서 코르테스에게 사로잡힌 인디언 노예들이 포신·포가·탄약 상자, 그리고 소총 다발 등을 보트로 내리기 시작했다. 갑판에 끌려나와 기겁을 한 말들은 뒷발로 곧추섰다. 이들을 보트에 옮겨 싣고, 물가까지 끌고 가는 것이 가장 큰 일이었다.

인디언들은 바다에 떠 있는 성과, 옷으로 몸을 가리고 있는 살갗이 흰 사람들과, 그들의 기묘한 무기 등을 어안이 벙벙하여 바라보고 있었다. 그러나 무엇보다도 그들을 놀라게 했던 것은 더부룩한 갈기와 꼬리를 가진, 웃는 듯이 울부짖는 커다란 짐승이었다. 이런 괴물은 아직 한 번도 본 적이 없었다.

멕시코를 정복한 코르테스 일행. 파리 국립미술관 소장. 코르테스는 쿠바 원정군을 격파하고 멕시코를 탈환하여 노바 에스파냐 식민지를 건설하고 총독을 지냈다.

백인이 찾아왔다는 소문은 곧 연안 일대에 퍼졌고, 깊숙한 오지나 산간 지방까지 전해졌다. 산너머 골짜기에는, 아스텍족 사람들이 푸에블로에 살고 있었다. 푸에블로라는 것은 그들의 마을을 말하며, 가장 큰 것은 테노치티틀란이라고 불리었다. 그것은 호수 한가운데에 있었고, 몇 개의 다리로 물가와 연결되었다. 집들의 흰 벽과 사원의 황금빛 지붕이 반짝반짝 빛나서 멀리서도 잘 보였다. 개중에서 가장 큰 집에 자기의 부대와 함께 아스텍군의 최고 지휘자인 몬테수마가 진을 치고 있었다.

백인들이 상륙했다는 소식을 듣자, 몬테수마는 장로 회의를 소집했다. 어떻게 대처해야 할 것인가를 장로들은 오랫동안 의논했다. 무엇보다 중요한 일은 백인들이 왜 왔으며 원하는 게 뭔지를 알아 내는 것이었다. 장로들은 백인들이 황금을 좋아한다는 사실을 소문을 들어 알고 있었다. 그래서 회의에서는, 백인들에게 많은 선물을 주어서 그들이 그들 나라로 되돌아가 주도록 부탁하자는 것으로 합의를 보았다.

그러나 그것은 애당초 돌이킬 수 없는 실수였다. 황금은 백인의 탐욕스런 마음을 불러일으킬 뿐이었다. 그러나 아스텍족은 이 사실을 꿈에도 몰랐고 또 알 수도 없었다. 아스텍족은 지금 막 계급 제도로 옮겨가는 중이었고, 인디언과 백인은 전혀 다른 시대에 살고 있었기 때문이다.

사절들은 출발했다. 그들은 수레바퀴만큼이나 큰 금고리와 황금 장식품, 황금으로 된 인형이나 동물상 등을 산더미처럼 가지고 갔다.

아스텍 사람으로서는, 이들 보물을 땅 속에라도 묻어 버렸더라면 훨씬 나았을 것이다.

코르테스와 그 일행이 이 보물을 본 순간에 아스텍족의 운명은 결정되어 버렸다.

사절들은 코르테스에게 이만 물러가 달라고 부탁했으나, 이 불청객은 응하지 않았다. 길이 험난하다고 겁도 주어 보았으나 이제는 소용이 없었다.

그동안 소문으로만 들었던 멕시코의 황금을, 에스파냐 사람들은 지금 두 눈으로 똑똑히 보고 있었던 것이다. 그들의 눈은 빛나기 시작했다. 정말 소문 그대로였다. 그들에게는 사절들의 부탁이 우스꽝스럽게 여겨졌다. 보물을 눈앞에 두고, 어떻게 바다 건너 저쪽으로 되돌아갈 수가 있겠는가! 그야말로 미친 짓이 아닌가.

지금까지 얼마나 고생을 거듭해 왔던가! 이빨도 안 들어가는 단단한 빵, 좁아 터진 선실 안의 딱딱한 잠자리, 기름투성이인 선구를 다루는 고된 노동, 폭풍우와 암초——이 모든 고생을 밤마다 꿈에 보는 보물을 위안 삼아 꾹 참아 오지 않았던가.

코르테스는 출동 명령을 내렸다. 노예들의 등에 무기와 식량을 메게 했다. 짐 나르는 동물로 변한 사람들은 끙끙거리면서 휘청휘청 걸어갔다. 걷지 않을 수 없었다. 느리면 칼로 몰아세우고, 말을 듣지 않으면 목을 잘랐기 때문이다.

아스텍족 자신이 그린 이 행군의 그림이 남아 있다. 한 사람은 포가의 바퀴를, 다른 한 사람은 소총 다발을, 그리고 또 한 사람은 짐궤짝를 짊어지고 있고, 에스파냐 사람이 인디언 머리 위로 몽둥이를 휘둘러 올리고 있다. 한 에스파냐 사관은 인디언의 머리채를 거머잡고, 장화 끝으로 배를 걷어차고 있다. 옆쪽에 바위가 있고, 그 위에 십자가상이 세워져 있다.

정복자는 자신들을 '선량한 가톨릭 교도'라고 생각하고 있었다. 그들은 정복한 땅에 십자가를 가지고 왔다.

그림에는 여기저기에 잘려 떨어진 인디언의 목과 팔이 뒹굴고 있었다.

자유로운 인디언은 여기서 비로소 사람이 사람을 노예로 삼는다는, 있을 법 하지도 않은 사실을 목격했던 것이다.

에스파냐 사람들은 한 걸음 한 걸음 나아갔다. 그리하여 마침내 호수와 그 한가운데에 있는 마을이 한눈에 내다보이는 언덕 위에 섰다.

아스텍인은 저항하지 않았다. '손님들'은 마을로 들어왔다. 그런데 이 손님들은 완전히 예의에 어긋나는 짓을 했다. 그들은 느닷없이 왕으로 생각되는 사람을 포로로 잡았다. 바로 군 지휘관이었던 몬테수마였다.

코르테스의 명령에 따라 몬테수마는 사슬에 묶였다. 코르테스는 에스파냐 왕에게 충성할 것을 맹세하라고 몬테수마에게 강요했다. 그는 되풀이하라고 명령을 받은 말을 순순히 되풀이했다. 몬테수마는 왕이라는 게 무슨 뜻인지, 충성이란 게 무엇인지 전혀 알 수 없었다.

이것으로써 승부는 끝났다, 코르테스가 멕시코의 왕을 포로로 잡았다고 믿었기 때문이다. 포로로 만든 왕이, 그의 권력을 에스파냐 왕에게 양도했으니 만사가 잘 된 것 아닌가. 그러나 그것은 어림도 없는 착각이었다. 몬테수마가 에스파냐의 질서를 몰랐던 것과 마찬가지로 그 역시 멕시코의 질서를 몰랐던 것이다. 그는 몬테수마를 왕이라고 생각했지만, 사실 몬테수마는 군 지휘관에 지나지 않았다. 한 나라를 떠맡는 권력은 가지고 있지 않았다.

아스텍인은 생각지도 못한 일을 해치웠다. 몬테수마의 아우를 새로운 지휘자로 뽑았던 것이다. 새 우두머리는 종족의 전부대를 이끌고, 에스파냐 사람들이 점령하고 있는 큰 저택을 급습했다.

에스파냐 부대는 대포와 소총으로 맞섰다.

아스텍인은 돌을 던지고 활을 쏘았다. 포탄과 총탄은 돌이나 화살보다 강하다. 그러나 아스텍인들은 자신들의 자유를 위해 싸웠다. 어떤 것도 그들을 저지할 수는 없었다. 열 명이 쓰러지면 백 명이 나타났다. 아우는 형을 위해, 큰아버지는 조카를 위해 복수했다. 누구 하나 죽음을 두려워하는 자가 없었다. 씨족이 위험에 놓이고, 씨족과 함께 종족까지 위험에 놓이게 되자, 아스텍인으로서는 이제 자신의 목숨 따위는 아무래도 좋았던 것이다.

형세가 불리해졌다고 판단하고, 코르테스는 아스텍인과 협상할 결심을 했

몬테수마가 지붕에 올라가 아스텍족에게 말을 하고 있다. (그 즈음의 그림)

다. 그는 몬테수마를 중개인으로 하는 게 좋다고 생각했다. 몬테수마는 왕이기 때문에 그들에게 무기를 버리라고 명령할 수 있으리라 생각했던 것이다.

몬테수마는 사슬에서 풀렸다. 그는 평평한 지붕 위에 올라갔다. 그러나 그는 겁쟁이 배반자로 사람들에게 받아들여졌다. 돌과 화살이 그를 향해 날기 시작하고, 여기저기에서 아우성이 터졌다.

"입 닥쳐, 못난 놈! 넌 사나이가 아니다, 계집애다. 너 따윈 베나 짜고 있으면 돼! 개새끼들의 포로가 되어서 말이야! 정말로 겁쟁이다!"

몬테수마는 치명상을 입고 쓰러졌다.

코르테스는 가까스로 포위망을 뚫을 수가 있었다. 그가 이끄는 병사는 절반이나 피살되고 말았다. 다행히 아스텍인은 그를 뒤쫓아가지 않았다. 그렇지 않았다면 그는 살아서 돌아가지 못했을 것이다.

그러나 코르테스를 살아서 돌아가게 한 것은 아스텍인이 저지른 두 번째의 큰 실수였다. 코르테스가 새로운 부대를 편성해서 다시 돌아와 테노치티틀란을 포위했기 때문이다. 아스텍인은 잘 버텼다. 몇 달 동안이나 이 마을을 지켜 냈다. 그러나 활과 화살은 대포의 상대가 되지 않았다. 테노치티틀란은 점령당하고 무참하게 짓밟히고 말았다.

이리하여 철기시대의 사람들은 동기시대의 사람들에게 이겼다. 낡은 씨족 제도는 새로운 제도의 압력에 무릎을 꿇고 퇴각해 버렸다.

자유롭고 긍지가 높았던 전사들의, 살아남은 얼마 안 되는 자손들은 지금 날품팔이 노동자가 되어 농원에서 일하고 있다.

그 옛날 아메리카 대륙에서 벌어졌던 두 세계의 싸움을 되돌아볼 때, 오늘날 벌어지고 있는 싸움이 절로 머리에 떠오른다.

6 살아 있는 연장

마법의 신

19세기 한 작가의 이야기에 이런 것이 있다. 어떤 사람이 시장에서 신발을 샀는데, 알고 보니 보통 신발이 아니라 천리화(千里靴)였다. 주인공은 좀 멍한 성격이었기 때문에 자기 잘못을 곧바로 깨닫지를 못했다. 뭔가 생각에 잠겨 시장에서 집으로 돌아가는데, 주위가 갑자기 추워졌다. 그는 정신을 차리고 주위를 둘러보았다. 그러자 지평선 위에 어렴풋이 붉은 해가 보였고, 그 일대는 얼음 천지였다. 천리화가 눈 깜짝할 사이에, 그를 북극으로 데리고 왔던 것이다.

만일 다른 사람이었다면 이 우연히 얻은 진귀한 물건을 써서 큰 돈을 벌 궁리를 했을지도 모른다. 그런데 이 이야기의 주인공은 돈 같은 것에는 전혀 욕심을 내지 않았다. 그가 이 세상에서 가장 좋아하는 것은 학문이었다. 그래서 그는 이 기회를 놓치지 않고, 지구를 구석구석 남김없이 돌아다니며 연구해 보기로 했다.

그는 천리화를 신고 온 세계를 누비고 다녔다. 북에서 남으로, 다시 남에서 북으로. 겨울을 만나면 시베리아의 밀림에서 아프리카의 사막으로 피해 가는가 하면, 밤이 오면 서둘러서 동반구에서 서반구로 옮기기도 하였다.

남루한 검정옷에 수집 상자를 걸치고, 그는 오스트레일리아에서 아시아로, 아시아에서 아메리카로, 아메리카에서 유럽으로, 마치 징검돌을 딛고 걸어다니기라도 하듯이, 여러 섬을 따라 이동했다.

한 걸음 한 걸음, 조심조심 봉우리에서 봉우리로 건너가면서, 때로는 불을 뿜는 화산 곁을 지나가기도 하고, 때로는 눈에 덮인 산을 넘어서, 그는 진기한 광석과 화초를 모으고, 고대의 사원과 동굴을 살펴가면서 지구와 그곳에 사는 생물들을 샅샅이 연구해 갔다.

인류의 생활을 연구하는 역사가 또한 그런 마법의 신을 신어야 한다. 실제로 우리도 이 책에서, 대륙에서 대륙으로 건너고, 시대에서 시대로 옮겨다녔다.

때로는 공간과 시간이 너무나 드넓게 퍼져 있음에 어지럼증을 느낀 적도 있었다. 그럼에도 우리는 멈춰 서지 않고 계속 걸어왔다. 그러나 천천히 멈춰 서서 일일이 세세하게 연구할 수는 없었다.

어쩌면 단숨에 몇 세기인가를 뛰어넘었을 때, 뭔가 빠뜨려 버렸는지도 모른다. 그래도 단 일 분이라도 마법의 신을 벗고 보통 걸음으로 걸었다면, 너무나 세세한 일이 많아 그 안에서 빠져나올 수 없었을 것이다. 나무를 한 그루 한 그루 살피다 보면, 숲 전체는 보기 힘든 법이다.

마법의 신을 신은 우리는 시대에서 시대로 옮겨갔을 뿐만 아니라, 학문에서 학문으로 날아다니기도 했다.

식물과 동물에 관한 학문에서 언어에 관한 학문으로, 언어에 관한 학문에서 도구의 역사로, 도구의 역사에서 신앙의 역사로, 신앙의 역사에서 지구의 역사로 날아다녔다.

이것 또한 그리 쉽고 간단한 일이 아니다. 그래도 우리는 그것을 피할 수 없었다. 모든 학문은 사람의 손으로 사람을 위해 만들어진 것이기 때문이다. 지상의 인류의 생활, 세계 속 사람의 위치가 문제가 될 때 학문은 꼭 필요해지기 때문이다.

우리는 이제 막 코르테스시대의 아메리카를 들여다보았을 뿐이다.

이 시점에서 다시 3, 4천 년 전의 유럽으로 되돌아가 보자. 우리는 그곳에서, 이로쿼이족 또는 아스텍족과 같은 씨족을 발견할 것이다. 또 여인들이 모든 일을 떠맡고 처리하는 공동의 '긴 집'도 볼 수 있을 것이다.

집안에서는 여자가 존경을 받고 있다. 여자는 가장이고, 씨족장이기 때문이다. 여자는 겨울 준비를 하고, 땅을 갈고, 곡식을 거둬들인다.

여자들은 남자 이상으로 일을 했다. 그 때문에 여자 쪽이 더 많은 존경을 받았다. 그 시절에는 어느 마을 어느 집에서도 찰흙으로 만든 모성상을 받들었다. 이것은 씨족의 으뜸이 되는 선조인 여성이었다. 그녀의 영혼이 집을 지키고 있었다. 사람들은 곡식을 베풀고, 적으로부터 집도 지켜달라고 그녀에게 기도드렸다.

세월이 흐르고 이 어머니인 수호신은 정말로 무장한 아테네라는 여신——도시의 수호자로 탈바꿈했다. 그리고 이번에는, 작은 여인상이 아니라 거대한 입상이 그 여신의 이름을 딴 도시를 지키게 되었다.

금이 간 낡은 건물

우리의 말 속에는 아직도 씨족 생활의 자취가 남아 있지만, 우리의 기억에는 이제 아무것도 남아 있지 않다.

아이들이 남의 집 어른을 '아저씨' '아주머니' 또는 '할아버지' '할머니'라고 하는 것은 마을 사람들이 모두 친척이었던 시대의 자취이다.

우리도 때로는, '형님' '아우님'이라고 말한다.

이러한 옛날 생활의 자취는 다른 나라말 속에도 전해져 있다. 독일어에서는 '조카' 대신에 '자매의 아이'라고 한다. 이것은 옛날에 자매의 아이들은 씨족에 남았지만, 형제의 아이들은 다른 씨족에게, 그의 아내의 씨족에게 들어갔음을 뜻하는 흔적인 것이다. 자매의 아이들은 일가로 '조카'였다. 그러나 형제의 아이들은 일가 친척으로는 인정되지 않았다. 그들은 다른 씨족에 속했던 것이다.

고대 국가에서 왕권을 이은 것은 왕자가 아니고 여자 형제의 아들이었다.

19세기에 아샨티라는 나라가 아프리카에 있었는데, 그 왕은 '나네'라고 불렸다. '어머니들의 어머니'라는 뜻이다.

중앙아시아의 사마르칸트에서는 왕을 '아프신'이라고 했다. 이것은 옛날에는 '안주인' '주인 마님'이라는 뜻이었다.

그런 예는 얼마든지 들 수가 있다. 그것은 어머니가 씨족의 주인이었던 모계 제도의 향수가 언제까지나 사람들의 마음에 남았기 때문이다.

그럴 정도로 씨족은 튼튼한 것이었다. 그것이 어떻게 해서 무너졌을까?

아메리카에서는 유럽의 정복자가 건너옴으로써 씨족이 무너졌다. 그러나 유럽에서는 흰개미가 먹어서 휩쓴 집처럼, 그것은 스스로 무너지고 말았다.

아득한 옛날부터 여자는 땅을 갈고, 남자는 가축을 먹였다. 가축수가 적었을 때에는 여자의 농경 노동은 존중되었다. 고기는 어쩌다가 먹을 수 있었고 우유도 모두에게 돌아가지는 못했다. 여자들이 모은 곡식이 없었다면 집에는 아무것도 먹을거리가 없었을 것이다.

그 시절의 식사는 대개 보리로 만든 과자나, 그렇지 않으면 한 줌의 낟알 곡식이 모두였다. 반찬은 벌꿀이라든가 야생의 과일로 역시 여자들이 채집

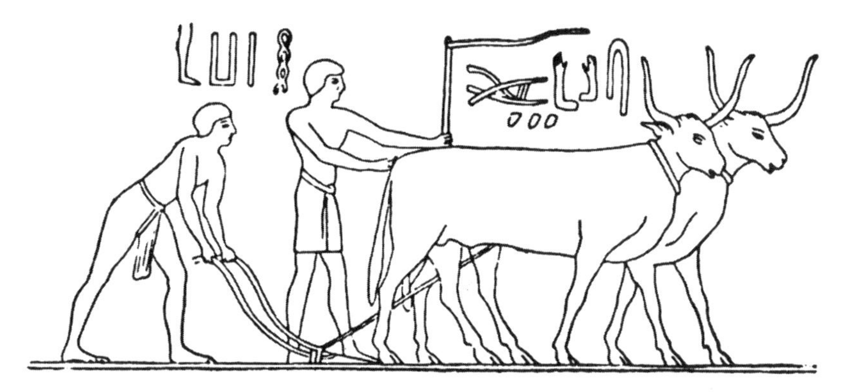

땅을 가는 소(이집트의 그림)

했다. 집안일은 여자들이 도맡아서 보았고 따라서 모든 일에 대한 지휘는 여자들이 하였다.

그러나 언제나 어디서나 그랬던 것은 아니다. 초원 지대에서는 곡식이 잘 자라지 않았다. 초원의 잡초는 곡초에게 장소를 양보하지 않았다. 그들은 뿌리를 단단히 박고 한사코 땅에 매달렸다. 괭이를 땅에 들이쳐도, 흙이 부드러우면 좋지만, 단단한 잔디풀이어서 힘에 부쳤다. 그것은 처녀지여서 좀처럼 파헤칠 수가 없었다.

괭이 하나에 여자가 서너 명이나 덤벼들었다. 그래도 땅의 표면을 긁는 게 고작이었다.

깊이 갈지 못한 땅에 씨를 뿌리면 햇볕을 쬐어 말라죽든가, 새가 쪼아먹어 살아남는 곡초는 얼마 되지 않았다. 게다가 가뭄이라도 계속되면, 곡초는 말라죽고 어떤 일이 일어나도 꿈쩍도 하지 않는 억척스러운 잡초만이 살아남았다.

때문에 곡식을 거둬들일 때가 되어도 거둬들일 것이 아무것도 없었다. 잡초 사이에 이삭의 모습은 보이지 않았다. 쫓겨났다가 다시 쳐들어온 적군의 깃발처럼, 잡초는 들바람에 한들거리고 있었다.

곡초 대신 잡초라! 이래서는 모처럼 등을 구부리고 손발을 놀렸던 보람도 없지 않은가!

그러나 그것은 사람에게는 잡초였어도, 가축에게는 곡식과 마찬가지였다. 초원에 있는 소나 양은 배불리 먹을 수가 있었다! 동화에 나오듯이, 스스로 음식을 늘어놓는 식탁보가 곳곳에 널려 있었던 것이다.

해마다 가축은 차츰 늘어갔다. 남자들은 허리에 단검을 차고 가축을 몰았다. 목자의 충실한 친구는 개였다. 개는 양들을 한 덩어리로 모아서 들에 흩어지는 것을 막았다. 가축은 자랐고 그 수도 불어나서 우유·고기·털을 차츰 많이 내었다.

집에는 곡식이 부족했지만 양의 치즈는 잔뜩 있었고, 냄비에는 양고기 수프가 끓고 있었다.

초원 지방에서는 가축을 돌보는 남자들의 일이 가장 중요한 자리를 차지하게 되었다.

얼마 뒤에는 북쪽의 숲에서도 남자는 여자를 밀어젖혀 버렸다.

스웨덴에서 바위 뒤에 경작하는 농부가 그려져 있는 그림이 발견되었다. 그 그림은 거칠고 서툴러서 어린아이가 그린 것 같다. 그러나 여기서는 잘 그리고 못 그린 것이 문제가 아니다. 우리에게 그것은 그림이라기보다는 증인인 것이다. 지금 이 증인은 농부가 쟁기 뒤에 서서 그것을 끄는 모습을 뚜렷이 보여주고 있다.

그것은 아마도 인류 사상 최초의 쟁기였을 것이다. 그것은 아직도 괭이를 많이 닮아 있다. 다만 다른 데가 있다면 쟁기에는 긴 막대기가 달려 있고, 이것을 사람이 아니라 소가 끈다는 점이다.

사람은 이제 동력을 발견했던 것이다! 쟁기에 매여져 있는 소는 살아 있는 동력이고, 금속으로 만들어진 오늘날 트랙터의 산 조상인 것이다. 사람은 소 어깨에 멍에를 메우고, 자기가 할 일을 소에게 밀어 버렸던 것이다. 그때까지 고기·우유·가죽 등을 제공했던 가축은 사람에게 힘까지 주기 시작했다.

느려도 힘이 센 소가 밭에서 나무 멍에를 메고 쟁기를 끌면서 걷기 시작했다. 쟁기는 괭이보다도 땅 속을 깊이 파고들었다. 쟁기가 지나간 뒤에는 일궈진 흙이 검은 띠처럼 이어졌다.

최초의 농부는 있는 힘을 다해서 쟁기의 손잡이를 눌렀다. 그러자 소도 힘닿는 데까지 일해야만 했다. 소는 밭을 일굴 뿐만 아니라 탈곡과 곡식 운반도 하게끔 되었다. 가을에 소는 탈곡장으로 끌려가서, 발로 밟아서 이삭에서 낟알을 튀어나오게 했다. 그 다음에 '짐 운반대'라고 하는 바퀴도 달리지 않은 무거운 수레에 매여져, 낟알이 들어 있는 포대를 밭에서 집까지 끌고 돌아갔다.

목축은 농사를 돕게 되었다. 목자인 남자들은 농부이기도 했다. 때문에 남자는 자기 집에서 커다란 권력을 쥐게 되었다.

그렇다고 해서 여자들이 맡은 일이 없어진 것은 아니었다. 베를 짠다든가, 물레를 돌린다든가, 곡식을 받아서 챙긴다든가, 아이들을 보살핀다든가, 하는 일들이 아직도 상당히 남아 있었다.

그러나 지금까지와 같은 존경은 이제 받지 못하게 되었다. 목장에서도, 밭에서도, 남자가 우위를 차지하게 되었다.

집안에서 남편을 야단치는 목소리는 차츰 들을 수 없게 되었다. 남편은 약세에서 강세로 옮겨갔다. 전에는 장모에게도, 백모에게도, 또 할머니에게도, 밖에서 장가들어 온 남편을 쫓아내는 일은 아무것도 아니었다. 그런데 이번에는, 그를 추어올리고 얼러맞추며 소중히 대해야만 하게 되었다. 왜냐하면 다른 씨족에서 온 이 사람이 모두를 위해서 일을 하고, 일족을 먹여 살리기 때문이다. 이렇게 되자 이번에는 씨족이 자기의 남자들을 내놓기를 꺼렸다.

남자들은 공동체 안에서 지배적인 지위를 차지하기 위하여, 서로 공수동맹을 맺기에 이르렀다.

그때까지 사람이 죽으면, 그의 여자 형제의 아이들에게 유산이 건네졌다. 이제 남자들은 이 관습을 바꾸려고 노력하기 시작했다.

투아레그라는 아프리카 유목민 사이에는, 유산은 '정유산'과 '부정유산'으로 나뉘어져 있다. '정유산'은 자매의 아이들의 손에 들어간다. 이것은 죽은 사람이 그의 어머니에게서 받은 유산과 그가 가업에 힘을 써서 번 것이다. '부정유산'이란 전리품과 장사를 통해 번 것으로, 죽은 자의 아이들에게 건네진다.

모계 씨족 사회는 몇천 년 동안이나 계속된 것일까!

그러나 이제 낡은 질서는 오래 된 떡갈나무에 금이 가듯, 금이 가기 시작했다.

사람들은 잇따라 관습을 깨뜨리기 시작했다. 지금까지는 아내가 자기 집에 남편을 맞아들였다. 그러나 이제는 남편이 자기 집에 아내를 맞아들이게 되었다.

이것은 낡은 풍습의 파괴였다. 때문에 파괴자는 범죄인으로 여겨졌다.

신랑은 신부를 자기 집으로 쉽사리 데려 갈 수 없으므로 약탈해야만 했다.

신랑과 그 일족의 사람들은 캄캄한 밤에 창과 단검으로 무장하고, 신랑의 씨족이 선택한 처녀가 있는 집으로 살짝 숨어들었다. 개들의 짖는 소리로 집안 식구들이 잠에서 깨었다. 백발의 할아버지들도, 아직 수염도 나지 않은 형제들도 손에 손에 무기를 잡았다. 싸우는 사람들의 사납고 용맹스러운 목소리는 여자들의 비명 소리를 지워 버렸다.

신랑은 몸부림치는 노획물—신부를 껴안고, 동족의 보호 아래로 물러갔다.

세월은 흘렀다. 관습의 위반 그 자체가 차츰 관습으로 바뀌어 갔다. 신랑과 신부의 일족들 사이의 싸움은 의식으로 변했다.

유혈은 선물과 몸값의 제공으로 탈바꿈했다. 신부를 떠나보내는 신부의 어머니나 정다운 자매들의 흐느낌조차 어느덧 결혼의 연기로 변하였다. 이 연기는 성대한 잔치로 끝난다.

그러나 다른 씨족, 다른 집 사람이 된 새색시가 자신의 신세를 한탄하여 부른 침통한 옛날 노래는 지금도 사람들의 기억에 남아 있다.

그의 운명은 결코 부러워할 만한 것이 못 되었다. 시집간 여자는 남편의 권력 밑에 놓였다. 자기의 괴로운 마음을 들어줄 사람은 아무도 없었다. 시아버지와 시어머니 그리고 그 밖의 남편의 일족은 모두 남편을 편들었기 때문이다. 집에 여자 일꾼이라도 하나 들여온 듯이 여기는 그들은 눈을 부라리며, 그녀가 멍하니 앉아 있지나 않나, 몰래 뭘 훔쳐 먹지나 않나, 하고 신부의 거동을 감시했던 것이다. 모계 씨족은 부계 씨족으로 바뀌었다.

아이들은 이제 어머니 곁에 남는 것이 아니고, 아버지 곁에 아버지의 씨족과 함께 남게 되었다. 따라서 친척 관계도 어머니가 아니라 아버지 계통으로 따지기 시작했다. 사람의 이름과 씨족의 이름 앞에 '아무개의 아들'이라고 덧붙여지게 되었다. 이 '아무개'는 말할 것도 없이 남성이었다.

사람을 부칭으로 부르는 풍습은 그 당시의 흔적이다.

러시아에는 특히 분명히 남아 있어서 '표트르 이바노비치'는 옛날식으로 말하면, '이반의 아들 표트르'가 된다. 이반의 딸이 엘리너라면, 마찬가지로 '엘리너 이바노프나'가 된다.

이름 앞에 어머니의 이름을 덧붙이려고 생각하는 사람은 없다. 표트르의 어머니가 예카테리나였다고 해도, 또 마리아의 어머니가 타티아나였다고 해

묵직한 송이를 따서 이를 짜는 돌그릇에 옮겼다. (이집트의 그림)

도 결코 '표트르 에카테리노비치'라든가, 또 '마리아 타티아노프나'라고 부르지는 않는다.

최초의 유목민

옛날에 사람이 찾아냈던 기적의 곳간은 차츰 더 많은 것을 내놓았다. 초원에는 몇천 마리의 양이 풀을 뜯게 되었다. 밭에서는 부드럽고, 검은 흙을 느릿느릿 밟고 가는 소들에게 호통치는 농부들의 목소리가 울려 퍼졌다. 기름진 골짜기에서는 최초의 과수원과 포도밭에 꽃이 피어 향긋한 냄새를 풍겼다. 해가 저물자 사람들은 문 앞의 무화과나무 그늘에 모여들었다.

노동은 차츰 사람에게 풍족함을 가져다주었으나, 그 대신 차츰 더 많은 일을 시켰다. 포도 한 송이, 밀 이삭 하나하나에 사람의 땀이 스며들고 있었다.

포도만 하더라도 얼마나 많은 손이 갔던가! 묵직한 포도 송이를 잡고, 그것을 돌 압착기에 넣어서 눌러 으깨어 즙을 짜냈다. 그 거무스름한 피는 양피 포대에 흘러 들어갔다. 사람들은 포도주를 찬양하고, 양피를 입은 아름다운 신에 감사하고, 이 신의 괴로움에 감사하는 축제의 노래를 불렀다.

강 하류 지방에서는 해마다 봄에 범람하는 홍수가 땅을 적시고, 땅을 기름지게 해주었다. 자연이 스스로 농사 걱정을 해주는 것과 같았다.

그러나 농민은 여기서도 손을 쉬지 않았다. 밭에 물이 남아 있도록 사람들은 수로를 만들고, 둑을 쌓고, 가장 필요한 곳으로 물을 끌어 왔다. 그 전의 사람들은 자신들의 노동 없이는 땅에 잡초밖에 자랄 수 없다는 사실을 깨닫지 못하고 그저 농사가 잘 되어 줄 것을 강물에게 빌었다.

농민들 수고는 차츰 늘어 갔다. 목자들 또한 쉴 겨를이 없었다. 초원의 싱싱한 풀을 뜯으며 가축들은 목장에서 날로 무럭무럭 자라났다. 가축 수가 늘어날수록, 그만큼 가축을 돌보는 일은 바빠졌다. 10마리 키우는 것과 1,000마리 키우는 것과는 문제가 달랐다. 수가 많아지면 눈 깜짝할 사이에 목장의 풀은 뜯기고 만다. 그러면 그들을 다른 곳으로 옮겨 먹여야 했다. 이리하여 목장은 차츰 마을에서 멀어지기 시작했다.

끝내는 마을 전체가 그들의 터전을 떠나 가축의 뒤를 따라가야 하게 되었다. 사람들은 낙타 등에 천막을 싣고, 살아 있는 재산을 앞세우고 여행길에 올랐다.

뒤에 남은 밭은 버림을 받아 잡초투성이가 되었다. 그러나 사람들은 별로 아쉬워하지도 않았다. 메마른 땅이라 작물이 잘 되지도 않았기 때문이다.

세계에서 처음으로 같은 종족 사람들 사이에서가 아니라 종족과 종족 사이에서 분업이 나타났다.

초원에 목축을 전문으로 하는 종족이 나타나 가축을 곡식과 교환했던 것이다. 그들은 한군데에 자리잡는 일 없이 목장에서 목장으로 돌아다니게 되었다. 이것이 유목이다.

그들은 나무도 집도 없는, 아무것도 시야를 가로막을 것이 없는 넓디넓은 초원의 하늘 아래 천막을 쳤다. 초원 전체가 그들의 집이었다. 긴 이동을 할 때, 아이들의 잠을 깨우는 것은 요람이 아니라 흔들리는 낙타 등이었던 것이다.

이 무렵에 진짜 유목민은 목축 종족 가운데에 그다지 많지는 않았다.

살아 있는 연장

유목민의 생활은 평화롭고 조용하지는 않았다. 여행하는 도중에 농민의 경작지나 가축 떼를 만나면, 유목민은 때때로 자기가 씨 뿌리지도 먹이지도 않았던 남의 재산을 주먹다짐으로 빼앗았다. 강을 따라 골짜기에 들어서거나, 초원을 지나 숲가까지 찾아오면, 그들은 마을을 약탈하고 불을 질렀으며, 밭을 짓밟고 가축이나 사람들을 채갔다. 사람이라면 일을 시킬 수도, 가축을 지키게 할 수도 있었기 때문이다.

목축을 업으로 하는 유목민은 이런 식으로 행동했다. 그러나 농민도 결코 평화로운 사람들은 아니었다.

가을이 되어 추수가 끝나면 흔히 이웃 종족 마을에 쳐들어가서, 그들의 곡식·직물·장식품·연장류 등을 주먹다짐으로 빼앗았던 것이다.

그중에서도 가장 값진 노획품은 또한 사람이었다.

농촌에서도 도랑을 파고, 둑을 쌓고, 밭에서 소를 부리려면, 사람의 손이 필요했던 것이다.

전에는 포로를 노예로 하지는 않았다. 그렇게 해보아야 별다른 이득이 없었기 때문이다. 사람은 일을 하고, 그 일한 양만큼을 먹어 치웠던 것이다.

이제 가축의 대군이 나타나고, 기름진 땅이 생기게 되자, 한 사람의 노동은 자기 혼자에 필요한 분량 이상의 곡식·고기·털을 생산해 낼 수 있게 되었다. 그러자 모든 것은 달라졌다. 농민은 곡식을 털가죽과 교환하기 위해서 자기들에게 필요한 분량 이상으로 곡식을 생산하려고 애를 쓰게 되었다. 목축민도 역시 그들이 입기 위하여 필요로 하는 것 이상으로 면양을 키우려고 애를 썼다. 털은 곡식과도 무기와도 바꿀 수 있었던 것이다.

어떤 씨족이나 가족은 교환에 의해서 또 때로는 약탈에 의해서 다른 사람들보다 더 풍요롭게 되었다. 그들은 가축도 훨씬 많이 가지고 있었고, 곡식도 훨씬 많이 심었다. 그들이 모자랐던 것은 양을 먹이고, 땅을 가는 일손뿐이었다. 이렇게 되자 사람이 사람을 노예로 삼을 필요가 생겨나게 되었다.

노예는 노동으로 자기 자신과 주인을 부양할 수 있었다. 주인은 노예가 일을 많이 하고 적게 먹도록 감시하기만 하면 되었다.

이리하여 사람은 다른 사람을 자기의 살아 있는 연장으로 쓰기 시작했다.

마치 소와 마찬가지로, 사람에게 멍에를 메우고 사람을 업신여겼다.

자유를 향하는 도중에, 자연을 정복하는 도중에, 사람은 다른 자의 노예가 되었던 것이다.

그 이전에는, 땅은 경작하는 자 모두의 공유 재산이었다. 이번에는 노예가 자기 것이 아닌 다른 사람의 땅을 갈기 시작했다.

그가 부리는 소는 자신의 소가 아니었고, 그가 거둬들이는 작물도 그 자신의 작물이 아니었던 것이다.

고대 이집트의 노예는 소를 몰면서 이런 노래를 불렀다.

이집트인의 전리품(이집트의 그림)

소들아 이삭을 짓밟아라!
이삭을 짓밟아 버려라!
어차피 그건 주인 것이다.

이리하여 비로소 사람들 사이에 주인과 노예가 나타났던 것이다.

기억과 기념비

지금까지 계속해 온 우리의 과거로의 여행은 결코 편안한 것은 아니었다. 우리는 구경꾼으로서가 아니고 연구가로서 동굴의 미로를 헤매고 다녔다. 발견되었던 것은 무엇이나 풀어야만 하는 수수께끼뿐이었다. 우리가 지나온 길에는, 탐색을 도와 줄 만한 지표나 푯말 비슷한 것도 보이지 않았다. 우선 석기시대의 사람들이 우리를 위해서 비문 따위를 남겨 둘 턱이 없었다. 글자 따위는 쓸 줄 몰랐기 때문이다.

그러나 우리는 마침내 길 안내 표지가 있는 길 근처까지 오게 되었다. 우리는 묘비나 신전의 벽에서 최초의 글자를 발견했다. 이것은 이제 영혼에 바쳐진 그 옛날의 주술적인 그림이 아니다. 완전한 이야기이며, 사람을 위한, 사람에 관한 이야기인 것이다.

여기에는 오늘날의 글자를 닮은 것은 하나도 없다. 소는 소 모양으로, 나무는 가지들을 펼친 모양으로 그려져 있다.

글자의 역사는 그림글자로 시작된다. 이들 그림이 간단해지고 기호화되기까지는 꽤 오랜 세월이 필요했다.

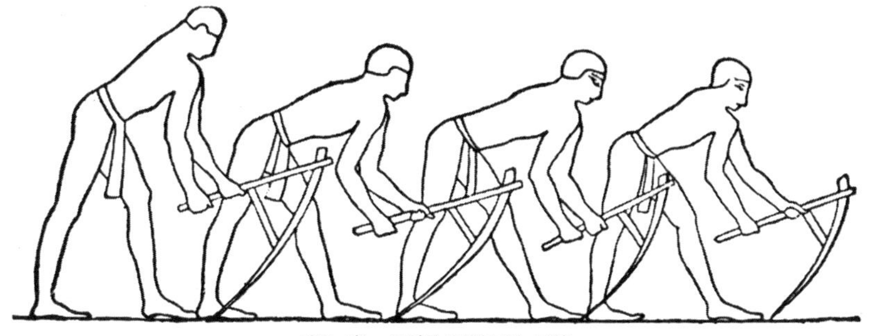

땅을 가는 토인들(이집트의 그림)

지금의 글자에서, 그것을 낳은 본디의 그림을 찾아내기란 이제 쉬운 문제가 아니다. 'A'라는 글자가 본디는 소의 머리였다고 누가 알아차릴 수 있겠는가? 그러나 'A'라는 글자를 거꾸로 놓으면, 뿔이 난 머리가 된다. 고대 셈족의 알파벳에서는 이 뿔이 달린 머리로 'A'를 나타냈다. 이 최초의 자모 '알레프'는 소를 뜻했다.

이와 같이 저마다의 글자를 더듬어 볼 수가 있다. '0'는 눈이고, 'P'는 긴 목 끝에 달린 머리라는 식으로 어느 것이나 증명할 수 있을 것이다.

아차, 우리의 천리화가 너무 앞서 가 버린 것 같다.

이야기는 이제 겨우 최초의 그림글자가 나타났던 시대에 막 이른 참이다.

사람은 아주 느릿느릿하게 자못 자신이 없다는 듯 쓰기를 익혀 나갔다.

사람은 이제 쓰기를 배워야 할 단계에 와 있었던 것이다.

지식이나 정보가 많지 않았던 때에는 그런 것들을 간단히 기억 속에 남겨두는 것으로 충분했다. 전설이나 옛날이야기 따위는 입에서 입으로 전해졌다. 노인 한 사람 한 사람이 '살아 있는 책'이었다. 사람들은 옛날이야기·전설·처세훈 등을 하나하나 기억하고 있다가 마치 보물이나 되듯이 자식들에게 전했고, 자식들은 다시 이것을 그들의 자식들에게 전했다. 그러나 이 보물이 무거워지면 질수록, 그것을 머릿속에 간직해 두기가 차츰 어렵게 되었다.

여기서 기억을 남기는 것으로서, 기념비라는 것이 등장하게 된다. 경험을 전달할 때, 문자화된 말이 말하는 말을 돕기 시작했다. 자손들에게 알리기 위해서 족장의 묘비에 그의 행군과 전투의 모양이 그려지게 되었다.

묘비는 최초의 책이고, 자작나무 껍질은 최초의 편지였다.

노예 소몰이와 가축 소유주(이집트의 그림)

우리는 전화도 라디오도 녹음기도 가지고 있다. 그 덕분에 거리나 시간을 정복할 수 있게 되었다. 우리는 몇백, 몇천 킬로미터나 떨어져 있는 곳에 말을 보낼 수 있다. 필름이나 레코드에 녹음된 우리의 목소리는 몇십 년, 몇백 년 뒤에도 들을 수 있을 것이다. 우리는 많은 것을 이룩했다. 그러나 우리보다도 먼저 살았던 사람들의 공적을 결코 잊어서는 안 된다.

까마득하게 앞서서 우리의 조상은, 나무껍질에 그려진 그림으로 거리를 정복했고, 비문으로 시간을 정복했던 것이다.

지금도 그 옛날의 원정이나 전투를 훌륭하게 전해 주는 기념비가 꽤 많이 남아 있다. 칼과 창을 든 전사의 모습이 새겨진 돌도 있다. 승리자가 의기양양하게 자기 집을 향해서 가고, 뒷짐결박이 된 포로들이 고개를 늘어뜨린 채 그 뒤를 따르고 있다. 이 그림 속에서 문득 수갑이 눈에 띄었다. 이것은 노예의 기호, 불평등의 기호였다. 이 기호는 인류 역사의 새로운 장의 시작을, 노예제도의 서막을 입증하는 것이다.

얼마 후에, 이번에는 이집트의 여러 신전의 벽에서 우리는 그런 그림의 증인을 적잖이 발견하게 될 것이다.

그중 하나에는, 건축장에 벽돌을 나르는 노예들의 긴 행렬이 그려져 있다. 벽돌을 몇 개씩이나 어깨 위에 올려놓고, 그것을 두 손으로 누르고 있다. 또 한 사람은 우리가 물통을 나를 때처럼 멜대로 벽돌을 나르고 있다. 석공들이 벽을 쌓고 있다. 이쪽 벽돌 위에는 감독이 앉아 있다. 그는 무릎에 팔꿈치를 짚고, 손에는 긴 몽둥이를 들고 있다.

포로가 된 토인의 등록(이집트의 그림)

그는 일을 하지 않아도 된다. 그가 할 일은 다른 사람에게 일을 시키는 일이기 때문이다. 또 한 사람의 감독은 세우고 있는 건물 부근을 어슬렁거리고 있다. 그는 겁주듯이 노예의 머리 위에 손을 쳐들고 있다. 노예가 뭔가 그의 마음에 들지 않는 일을 한 모양이다.

노예와 자유인

> 장미는 양파에서 나지 않으며
> 자유인은 여자 노예로부터 태어나지 않는다.

노예제도가 이미 굳어져 사회제도의 기초를 이루고 있을 무렵 그리스 시인 테오그니스는 이렇게 노래했다.

그러나 처음에는 노예도 그렇게 비천한 인종으로 여겨지지는 않았다. 자유인과 노예는 함께 살고 함께 일을 해서, 하나의 대가족 하나의 공동체를 이루었다.

이 가족 공동체의 우두머리이자 주군이었던 것은, 아버지였고 족장이었다. 이 아버지의 아들들은 그들의 처자와 함께, 아버지의 노예들도 그들의 처자와 함께, 아버지와 함께 같은 지붕 밑에서 살았고, 모든 일에 있어 그에게 복종하고 있었다. 아버지는 말을 듣지 않으면, 아들들도 노예들도 똑같이 '채찍'으로 벌을 주는 권위를 가지고 있었다.

나이 먹은 노예는 주인에게 소탈하게 '도련님'이라고 불렀고, 주인은 주인대로 오래된 습관에 따라서 늙은 노예에게 '아버지' 라고 부르고 있었다.

《오디세이아》를 읽은 사람이면 아마도 돼지치기인 에우마이오스라는 노인을 기억할 것이다. 그는 주인과 같은 식탁에서 마음 편하게 마시고 먹고 했다.

《오디세이아》를 지은 음송 시인들은 족장을 '신격자'로 불렀고, 동시에 돼지치기에 대해서도 '신격자'로 부르고 있다.

그러나 그들의 가사를 말 그대로 믿을 수는 없다. 돼지치기인 에우마이오스는 신이나 주인과는 같을 수 없었다. 그는 강제로 일을 하고, 주인은 자유의사에 따라 일을 했다. 노예에게는 가족들보다 더 많은 일이 부과되었으나, 그에게 베풀어진 것은 훨씬 적었다. 노예는 소유물이었고, 자유인은 소유주였던 것이다.

주인이 죽자 모든 재산과 함께, 가축들과 함께, 노예는 물건으로서 주인의 아들들의 손으로 넘어갔다.

이 가족 공동체에는 이제 전과 같은 평등은 없었다.

아버지는 아이들의 군주이고, 남편은 아내 위에, 시어머니는 며느리 위에, 나이 먹은 며느리는 젊은 며느리의 윗자리에 있었다. 가장 낮은 것은 언제나 노예였다. 모든 사람은 노예를 마음대로 부렸다.

씨족 사이에도, 공동체 사이에도, 이제 전과 같은 평등은 볼 수 없게 되었다. 가축을 많이 가진 사람이 있는가 하면, 적게 가진 사람도 있었다. 많이 가진 자는 부자이고, 적게 가진 자는 가난뱅이였다. 가축은 커다란 재산이었다. 소는 옷감과도 무기와도 바꿀 수 있었다. 최초의 청동 화폐가 소 가죽 모양으로 주조된 것도 결코 우연이 아니다.

그러나 노예는 그것보다 더 큰 재산이었다. 노예는 돼지·소·양 등을 지켰다. 저녁때가 되면 가축을 튼튼한 울짱이 둘러쳐진 울 안으로 몰아 넣었다. 노예는 곡식 거둬들이는 일을 거들었고, 포도즙이나 올리브 기름을 짜기도 했다. 황금빛 낟알이 곳간에 산더미처럼 쌓아올려졌다.

향긋한 기름은 홈통을 통해서 커다란 토기 속으로 흘러 들어갔다.

노예는 자유인을 도왔으며, 힘든 노동은 모두 노예가 하도록 했다.

전쟁은 이익이 있는 일이 되었다. 왜냐하면 전쟁은 노예를 만들어 주며, 그 노예는 부를 만들어 주었기 때문이다.

그래서 자유인은 노예를 집에 두어 가축을 기르고 땅을 갈게 하고는, 자기는 전쟁하러 나갔던 것이다.

전쟁 덕분에 할 일이 더욱더 늘어났다. 습격을 하기 위해서는 칼이나 창, 전차가 필요했다. 전차에는 발 빠른 말이 붙여져 전사를 끌고 전장을 질주했다.

그러나 공격과 방어는 떼어 낼 수 없다. 적의 칼이나 창의 타격으로부터 몸을 지키기 위해서 전사들은 머리에 투구를 쓰고, 왼손에는 방패를 잡았다. 씨족 공동체 집들의 주위에 커다란 돌을 쌓아올려서 튼튼한 벽을 만들었다.

씨족은 부유해지고 강해질수록 더욱 방어에 신경을 쓰기 시작했다. 그만큼 지켜야 할 것이 많아졌기 때문이다.

높은 언덕 위에 몇십 개의 방과 광이 있고, 벽을 따라 감시탑이 세워지고, 튼튼한 문을 갖춘 거대한 집――성채가 나타나기 시작했다.

어떻게 해서 움막집이 집이 되고, 집이 도시가 되었는가

러시아의 역사학자 톨스토프 박사는 중앙아시아의 사막 속에서 거성 몇 개의 폐허를 발견했다. 이에 관해서 그는 《고대 코레즘》이라는 책에서 이야기하고 있다.

그것은 거성이라기보다는 하나의 도시에 맞먹는 규모를 가지고 있다.

길이가 수 킬로미터나 되는 높은 흙벽이 휑뎅그렁한 대광장을 쭉 둘러싸고 있었다. 공동체의 사람들은 이 벽 안에――천장에 작은 창을 단 터널식 복도에 살고 있었다.

어째서 수천의 사람들이 비좁게 어두컴컴한 복도에 살고, 한가운데의 광장은 휑뎅그렁하니 빈터로 되어 있는가, 보고서는 그 까닭을 얼른 알 수 없을지도 모른다.

톨스토프 박사는 이것을 아주 간단하게 설명하고 있다.

코레즘은 아무다리야 강 하류에 있는 오아시스에 위치하며, 따라서 고대 코레즘 사람들의 주요한 재산은 가축이었다. 네모진 광장은 무수한 가축을 놓아 두는 곳이었고, 발사구와 감시탑이 있는 벽이 이 재산을 적의 습격으로부터 지키고 있었다.

적이 습격해 오면, 거성의 주민은 모두 다 발사구로 달려가서 적군에게 화살을 펴부었다.

그러나 그들이 공동으로 지키는 재산은 이제 공유의 재산이 아니었다. 양·소·말 등을 남보다 더 가진 집안이 있는가 하면, 조금밖에 가지지 않은 집안도 있었다.

이 무렵에 벌써 '재산가'라는 말이 생기고 있었다는 것을 오래 된 전설이 말해 주고 있다. 그러나 단순히 '재산가'라고는 하지 않고, '양의 재산가'라든가, '말의 재산가'라 했다. 새로이 다른 거성을 습격할 때마다 부대장의 가축 수는 늘어나고, 재산가와 가난뱅이와의 거리는 그만큼 벌어져 갔다.

톨스토프 박사 일행은 또다시 훨씬 뒤가 되는 시대의 거성과 시성을 발굴했다.

그것은 몇 년에 걸친 힘겨운 대사업이었다. 아득한 옛날에 사라져 버린 세계의 폐허를 찾아서 러시아의 학자들은 낙타·자동차·배·비행기 등을 타고 돌아다녔다. 낙타에서, 또 언덕 위에서 둘러보아도 흰 소금으로 덮인 거친 땅뿐일 때도 있었다. 그런데 비행기로 사막 상공에 올라가 보니 눈앞에 커다란 공동체의 집·길·벽 등의 평면도가 뚜렷이 펼쳐졌다.

이렇게 발견한 집과 도시를 여러 모로 비교해 본 다음 학자들은, 원시 공동체에서 노예 제도로 옮겨간 모습을 마치 책이라도 읽듯이 알아볼 수가 있었다.

그곳에는 중앙아시아의 카라칼팍 자치 공화국에서 발견한 잔바스칼라의 유적이 있었다. 그것은 아득한 옛날에 살았던 어부의 움막집이었다. 여기에는 아직 재산가도 가난뱅이도 없었다. 다 똑같이 가난했고, 화덕도 같았고, 사람들도 평등했다. 집은 조금도 방비되어 있지 않았다. 지켜야 할 만한 재산이 없었기 때문이다.

또한 이 마을에서 조금 떨어진 잔바스 칼라 근처에서 학자들은 흙으로 쌓은 '긴 집'의 자취를 발견했다. 길이 50미터쯤 되는 두 개의 복도에는 사슬과 같이 화덕이 늘어서 있었다.

이 긴 집 역시 방비가 되어 있지 않았다.

그러나 몇백 년이 흐른 다음, 긴 집은 어느덧 서로 밀착하여 넓은 빈터를 주거의 벽이 에워싸게 되었다.

퀴젤리 이일의 가축을 가두는 집도 그렇다. 다만 여기에는 이제 감시탑과 벽에 발사구가 있었다. 사람들이 적의 습격으로부터 가축을 지키고 있었다. 그렇다고 해서 자기가 이웃을 습격해서 남의 재산을 약탈하기를 싫어한다는 것은 아니었다. 또 여기에는 부유한 일가가 있는가 하면 가난한 일가도 있었다. 하기야 이것은 발굴했던 학자의 눈에 띈 것은 아니었고, 다른 나라에 살고 있는 여러 민족의 풍습을 연구해서, 그러한 불평등이 있었다고 학자가 추측한 것이다.

다음 단계는 잔바스 칼라의 거성이다. 성벽 안 네모진 광장에는 많은 방이 달려 있는 커다란 공동주택이 2채 서 있었다. 두 채의 아파트 사이에 한 줄기의 길이 '불의 궁전'으로 통해 있었다. 어부의 움막집 안에서 꺼지지 않는 불을 태우던 그 고대의 화덕은, 여기서는 신전으로 변해 있었다.

거성에는 이제 한 씨족이 아니라, 몇 개의 씨족이 2개의 집단을 이루어 살고 있었다. 그 집단 하나가 아파트 하나를 차지하고 있었다. 주민의 본업이 목축이 아니라 농업이었기 때문에 여기에는 가축을 가두는 우리는 없었다. 거성 주위에는 물을 대는 도랑으로 여러 개의 밭이 있었다. 거성은 이 밭과 도랑을 유목민으로부터 지켰던 것이다.

이보다 훨씬 뒷단계는, 옛날의 코레즘의 수도인 토프라크 칼라의 거성이다. 여기에는 이제 2채가 아니라, 10채 정도의 아파트가 있었다.

여러 개의 탑이 있는 두꺼운 벽이 사방에서 도시를 에워싸고 있었다. 손님이 와도 문에서 바로 도시 안으로 들어갈 수는 없었다. 쉽사리 입구에 다다를 수 없을 듯한 복잡한 길이 만들어져 있었기 때문이다. 손님은 우선 이 길을 빠져 나가야 했다. 입구에서 도시 변두리까지는 한 줄기의 중앙 통로가 곧장 달리고 있었다. 그 길 양쪽에는, 방이 몇백 개씩이나 달린 대씨족 아파트가 즐비하게 늘어서 있었다. 저마다 작은 안뜰과 작은 탑이 있었다. 중앙 통로의 막다른 끝에는 '불의 궁전'과 감시탑 3개가 달린 당당한 시장의 성이 있었다.

지금 남아 있는 것은 진흙과 모래투성이인 폐허뿐이다. 따라서 이 도시를 복원시키기까지 학자들은 여간 애를 쓴 것이 아니다.

출토품은 학자들의 수고에 보답했다. 특히 감시탑 3개의 성 안에서 많은 흥미로운 물건이 발견되었다. 중앙홀의 벽에는 명공들이 그린 벽화의 조각이 남아 있었다. 과거의 살아 있는 화면이었다. 하프를 켜는 아가씨, 머리에 바구니를 올려놓은 포도 따는 소녀, 검은 외투를 입은 사나이, 호랑이 몇 마리, 말, 꿩 등. 조상의 매우 훌륭한 조각도 발견되었다.

성 안에 있었던 것은, 성주가 시민들보다도 훨씬 부유했고 훨씬 사치스러웠음을 말해 주고 있다.

성 자체만 보더라도, 다른 집들 위에 위압하듯이 우뚝 솟아 있어서 벌써 그 모양만으로 일반 시민 따위는 문제가 안 된다고 과시하는 것 같았다.

여기에 코레즘 왕이 그의 가족과 무수한 노예를 거느리고 살았다. 그는 이 도시와 온 나라의 군주였다.

이것은 이제 진짜 국가였다. 시장, 즉 군주는 군대를 가지고 있었다. 이 군대가 노예와 가난한 자들을 군주에게 복종시키고, 재산 있는 일족의 권리를 지키고, 물을 대는 도랑을 만드는 지시를 했다. 커다란 도랑을 만들자면, 몇천 명의 노예 노동이 필요했다. 한 거성만이 아니라 많은 거성과 대군대가 코레즘의 밭 도랑, 무방비의 농가를 지키고 있었다.

이리하여, 몇천 년이라는 세월을 여행해서 학자들은 그 눈으로 똑똑히 보았다. 어떻게 움막집이 집이 되고, 집이 도시로 변했는가를, 또 어떻게 해서 평등한 사람들의 공동체가 노예제 국가가 되었는가를.

고고학자는 커다란 거성을 중앙아시아뿐만 아니라 모처럼 모은 재산을 적으로부터 지켜야만 했던 사람들이 살았던 다른 장소에서도 많이 발견했다.

성의 포위

성벽 위에서는 먼 곳까지 둘러볼 수 있었다. 초원 저쪽에 흙먼지가 일고 햇빛에 반짝이는 창이 눈에 띄면, 성은 재빨리 방비 태세를 굳혔다. 급히 서둘러서 농부는 소를, 목자는 가축 떼를 몰아 넣었다.

이윽고 마지막 한 사람이 문 안에 들어서면 묵직한 성문이 닫혔다. 전사들은 벽이나 보루 위에 서서 적군에게 빗발치는 화살 세례를 퍼부으려고 대기하고 있었다.

공격군은 성에 접근해서는 그 근방에 진을 쳤다. 성이 쉽게 함락되지 않으리란 것을 잘 알았기 때문이다. 높은 성벽을 부수려면 한 달 정도로는 모자랄 것이다. 매일 아침 성문은 삐걱거리면서 열렸다. 넓은 들판에서 전쟁의 결판을 내려고 한 무리의 전사들이 창을 겨드랑이에 끼고 문에서 달려 나갔다. 말의 꼬리털을 장식한 반짝반짝 빛나는 적의 투구를 향해서 함성을 지르며 칼을 내리쳤다. 적의 목숨은 말할 것도 없고, 자신의 목숨도 돌보지 않고 그들은 힘 다하는 데까지 계속 싸웠다.

수비군은 씨족 일가와 처자들을 지키려는 마음에 불타 있었다. 공격군은 여간해서는 손에 넣기 힘든 보물을 차지하겠다는 욕심에 광포해져 갔다. 밤늦게 살아남은 수비병들이 성안으로 철수했다. 전투는 새벽까지 중단되었다.

이렇게 여러 날이 지났다. 수비군은 공격군과 용감히 싸웠다. 그러나 적의 칼이나 창보다도 더 무서운 것은 굶주림이었다.

곡식이 바닥나서 광 속에는 먼지만 남고, 커다란 토기 단지에서 흘러나오는 기름이 뚝 끊기어 기름 방울만 떨어지자 성 안에서는 울음 소리가 일었다. 아이들은 배가 고파서 울었고, 여자들은 남자들의 화를 돋우지 않기 위하여 살며시 눈물을 닦았다.

출격할 때마다 성의 수비병의 수는 줄어들었다. 그리고 마침내 어느 날, 적이 퇴각하는 병사들을 쫓아서 성 안으로 어지러이 쳐들어왔다. 적은 높은 성벽을 허물어 버렸다. 지금까지 사람들이 생활하고 일하고 잔치를 벌였던 곳은 폐허가 되고, 시체더미만 남게 되었다. 승리자는 자유인을 노예로 만들기 위해서 남은 어른과 아이들을 데리고 갔다.

죽은 사람은 말한다

러시아 남부에 드넓게 펼쳐진 초원에는 작은 언덕만 한 고분이 지평선까지 이어진 곳이 더러 있다. 그곳 주민들에게 물어 보아도 이런 평지 한가운데에 어떻게 이런 언덕이 생겼는지, 대체 누가 이것을 쌓았는지, 아는 사람은 아무도 없다.

그래도 끈질기게 물어보면, 그럭저럭 100살이나 될 것 같은 할아버지가, 그것은 '마마이'나 '마마이의 딸'의 무덤이라고 가르쳐 줄지도 모른다. 마마이라면 킵차크 한국(汗國)의 왕의 이름으로, 그의 자손도 역시 마마이라고 부른다. 그래서 이것이 몇 대째의 '마마이'이고 언제 여기에 살았는가, 하고 물어보면 이번에는 할아버지도 대답이 막혀 버릴 것이다.

그 대신에 할아버지는 언젠가, 지주 나리가 몇 년 걸려서 고분을 발굴했었다 하는 말도 꺼낼 것이다. '풀을 헤치고' 보물을 찾아보았지만 결국 아무것도 발견되지 않았다. 그러던 중 혁명이 일어나고 나리는 '지주 신분을 잃게 되어서' 보물 찾기는 그것으로써 중지되었다.

할아버지에게 물어보아도 아무런 결말을 얻지 못한다고 생각하면, 고분을 발굴하고 있는 고고학자에게 물어보면 될 것이다. 할아버지는 자기 일대에 있었던 일밖에 기억하지 못하지만, 고고학자는 자기들이 태어나기 몇 세기 전의 일이라도 알고 있기 때문이다.

고분이란 옛날의 무덤을 말한다. 이 고분은 초원에 살았던 사람들이 묻힌 곳이다. 무덤을 파보면 사람 해골과 토기 항아리, 석기 또는 청동기, 그리고 약간의 말뼈 등이 발견된다. 그것은 저승길을 떠나는 죽은 사람에게 주어지는 작별의 짐이다.

그 시절 사람들은 죽은 뒤에도 먹고 일해야 한다, 여자의 영혼에는 물레가, 남자의 영혼에는 창이 필요할지도 모른다고 믿었다.

아득히 먼 옛날의 무덤은 어느 것이나 마찬가지이다.

죽은 자와 함께 그의 소지품을 묻었다.

그러나 그 무렵의 사람들은, 소지품이라고는 별로 없었다. 무엇을 '자기 것'이라고 할 수 있었을까? 기껏해야 목에 걸고 있었던 부적이라든가, 적을 쓰러뜨렸던 창 정도였을 것이다.

집안에서는 모든 것이 공동 소유였다. 생계는 씨족 전체에 의해서 공동으로 해결되었던 것이다.

그러므로 가장 오래된 고분은 부유한 자의 무덤이고, 가난한 자의 무덤이고 할 것 없이 모두 평등하다.

부자와 가난한 자의 무덤이 나타났던 것은 훨씬 뒤의 일이다. 돈 강 유역의 엘리자비에토프스카야라는 카자흐 마을 부근에 세 계급으로 나뉘어진 고분식 무덤이 발견되었다. 그 하나에는 부자, 또 하나에는 중류층, 또 하나에는 가난한 사람들이 묻혀 있었다.

가장 큰 고분 중앙에는 넓은 묘혈이 있고, 그 무덤 속에서 예쁘게 채색된 무늬가 그려진 그리스의 단지, 황금 장식이 달린 갑옷, 기교를 다해 만들어진 단검 등이 발견되었다.

그보다 작은 고분에는 황금으로 만들어진 물건은 별로 발견되지 않았고, 채색된 무늬가 있는 단지는 전혀 찾아볼 수 없었다. 그러나 그래도 이 정도의 묘라면 빈약하다고는 할 수가 없었다. 만일 죽은 사람이 가난했었다면, 검은 옻칠을 한 접시나 금속판으로 솜씨 있게 만들어진 갑옷 같은 것을 무덤 속에 넣지는 않았을 것이다.

무덤 중에서 가장 많이 눈에 띄는 것은 조그맣게 흙을 쌓아올린 무덤이다.

이것은 가난한 사람의 무덤이다. 좁은 구멍 속에는 사자의 오른손 근처에 창 한 자루, 왼손 근처에 목마를 때 마실 수 있도록 물단지가 하나 놓여 있었다. 가난한 사람은 무덤 속에 들어가도 가난했던 것이다.

'무덤처럼 말이 없다'는 말이 있지만, 이들 무덤은 과연 말이 없는 것일까? 그들은 이 세상에 처음으로 부자와 빈자가 나타났었던 그 시대의 일을 우리에게 이야기하고 있는 것이 아닐까? 그렇다, 죽은 자들은 그들이 살아 있었던 시대의 일을 우리에게 이야기하고 있다.

묘지에서 나와 그곳에서 가까운 어느 마을의 폐허를 찾아보면, 거기에서도 그 옛날의 부자와 빈자의 흔적을 보게 될 것이다. 고고학자들은 그 마을에 울짱이 두 개 있었던 것을 발견했다. 하나는 마을 외부에서 마을을 에워싸고 있었고, 다른 하나는 강가에 있는 마을 중심부를 둥글게 에워싸고 있었다. 중심부에서는 멀리 그리스에서 가져온 값진 기물이나 단지의 조각이 발견되었다. 그런데 안 울타리와 바깥 울타리 사이에는 그러한 조각이 거의 없었다. 그곳에는 이 지방에서 아주 흔했던 단지 종류의 조각이 뒹굴고 있을 뿐이었다. 중앙에 살았던 사람들이 그 주변에 살았던 사람들보다 부자였음을 알 수 있다. 그들은 값비싼 접시나 잔 같은 것을 살 수 있었던 것이다.

그 후에 그들의 무덤 위에 흙을 쌓아서 멀리서도 볼 수 있는 높은 고분이 만들어졌던 것이다.

이와 같이 무덤은 그곳에 묻혀 있는 사람들에 관해서 이야기해 준다. 때로는 무서운 이야기도 해준다. 주인을 모시고 가야 한다며 강제로 죽임을 당했던 노예, 남편 뒤를 따라야 한다며 강제로 흙에 묻힌 여인의 일 등을 이 무덤은 말해 주고 있다.

무덤은 어떤 책에서보다도 웅변으로, 부유한 씨족장이었던 아버지의 무자비한 권력에 대해 말하고 있다. 씨족장은, 죽은 뒤에도 아내나 노예를 무덤으로 데리고 갔던 것이다.

아내나 노예는 청동이나 황금으로 만들어진 귀중품과 마찬가지로 그의 소유물이었던 것이다.

사람이 새로운 금속을 만들다

몇천 년 동안이나 어두운 무덤 속이나 마을의 폐허 밑 여기저기에서 잠자던 귀중품은 지금 박물관에 보관되어 있다. 오랜 동안 사람들의 눈에 띄지 않았던 물건이 진열된 덕분에 누구든지 자기의 눈으로 먼 과거를 볼 수 있게 되었다.

박물관을 찾아간 사람들은 황금 손잡이가 달린 칼, 섬세하게 세공한 사슬, 황금으로 만든 송아지, 머리를 달아맨 목걸이, 소나 사슴 모양으로 만든 은제 그릇 등을 바라보면서 언제까지나 진열장 앞을 떠날 줄을 모른다.

이들 물건 하나하나를 만드는 데 얼마나 많은 노동과 기술이 필요했던 것일까!

평범한 청동제 단검을 만드는 데도 상당한 시일이 걸렸을 것이다.

우선 광석을 구해야만 했다. 자연동이 발밑에 뒹굴고 있었던 시대는 이미 지나간 지 오래였다. 동광을 얻기 위해서는 부싯돌의 경우와 마찬가지로, 땅속 깊이 파고들어가야만 했다. 깊은 수직갱도 속으로 들어간 사람들은 곡괭이로 광석을 캐어, 그것을 가죽주머니에 넣어서 위로 올렸다.

광석을 빨리 깨뜨리기 위해서는 갱내에 불을 피웠다. 광석이 빨갛게 달아오르면 물을 끼얹었다. 물은 칙칙 소리를 내면서 증기로 변했다. 광석은 여기저기 금이 가고 갈라져서 조각이 났다. 불과 물이 갱부의 곡괭이를 도왔던 것이다.

이럴 때의 수직갱도는 화산처럼 되었다. 마치 분화구처럼, 아래쪽에 불빛을 받은 증기가 소용돌이치면서 수직갱도 입구에서 뿜어 나왔다. 우리가 지금도 화산을 로마의 대장간의 신 불카누스의 이름으로 부르고 있는 것은 결코 우연이 아니다.

광석을 캐내면, 사람들은 그것을 녹여서 금속을 얻었다. 이것 또한 대단한 숙련을 필요로 했다. 단단하고 세공하기 쉬운 금속을 만들어 내기 위해서 동광석에 주석을 섞었다.

광석을 녹이면 구리와 주석의 합금이 나왔다. 이것은 이제 보통의 구리가 아니고, 사람의 손으로 만들어진 청동이라는 새로운 성질을 띤 새로운 금속이었다.

아득한 옛날, 엉성한 석기를 쓰던 때에는, 누군가가 다른 사람의 일을 대신한다는 것은 쉬운 일이었다. 기술을 배우기가 별로 어렵지 않았기 때문이다. 수렵 종족에서 남자는 모두 사냥꾼이었고, 자기의 활과 화살을 만들 수가 있었다.

그러나 나긋나긋한 나무를 활모양으로 구부려서 그 양쪽 끝에 시위를 걸어 매는 일과 광석 조각을 반짝반짝 빛나는 청동검으로 만드는 일과는 전혀 차원이 다른 것이다.

사람들은 여러 해 걸려서 무기 만드는 기술을 익혔다. 아들은 아버지에게 배웠다. 기술은 씨족의 재산이고, 세습 재산이었다.

부락민 모두가 도공이었고, 또는 무기 제조공이었고, 또는 동세공인 경우도 있었다. 그런 명성은 꽤 멀리까지 울려 퍼졌다.

내 것과 남의 것

처음에는 어느 기술자도 공동체인 자기 부락만을 위해서 일하고 있었다.

그러나 세월이 흐름에 따라 무기 제작자나 도공은 자기의 제품을 곡식이나 옷감, 그리고 다른 기술자가 만든 여러 가지 물건과 바꾸기 시작했다.

갱내에서 물을 끼얹은 빨갛게 단 광석처럼, 오래된 씨족 제도에 금이 가기 시작했다.

전에는 부락민 모두가 평등했었다. 그런데 지금은 한 덩이의 금이 부유한 씨족과 가난한 씨족을 분리하며, 또 다른 한 덩이의 금이 기술자와 농민을 나누어 버렸던 것이다. 기술자가 공동체를 위하여 일할 때에는, 공동체는 그의 생활을 돌보아주었다. 사람들은 함께 일했고, 손에 들어 온 것은 다같이 나누어 가졌다.

그러나 칼이나 냄비 따위를 남에게 내놓기 시작하자, 기술자는 자기 제품과 교환으로 받게 된 곡식이나 직물을 같은 씨족 사람들과 나누어 가지기를 꺼리게 되었다.

이 곡식도, 저 직물도, 자기와 자기 아들들이 열심히 일을 해서 벌어 들인 것이고, 남의 도움을 받은 일은 없기 때문이다!

이리하여 사람들은 내 것과 남의 것, 자기 가족과 같은 씨족에 속하는 다른 가족과를 구별하기 시작했던 것이다.

사람들은 따로따로 생활하게 되었다.

그리스 미케네에서 거주지의 폐허가 발견되었다. 여기에서는 이런 분리를 확실히 말해 주고 있다.

높은 언덕 위에 튼튼한 벽이 둘러쳐져 있고, 가장 부유하고 유력한 가족이 그 안에서 생활하고 있었다. 이 가족은 성벽 안에 숨겨 두어야 할 물건들을 가지고 있었던 것이다. 이곳에는 전 종족의 군 지휘자가 그의 아들, 아들의 아내와 아이들과 함께 살았다. 언덕 밑 평지에는 그보다는 가난한 농민들이 오막살이에서 살았다. 그리고 주변 언덕에는 무기 제조공, 도공, 동세공인 등의 집들이 여기저기 흩어져 있었다.

이 거주지에서 사람들은 이미 서로 평등한 사람으로서 대하고 있지 않았으며, 농부들은 부유하고 권력 있는 종족장의 모습이 눈에 띄면, 벌써 먼 발치에서부터 공손히 그에게 고개를 숙여야 했다. 강한 사람은 신의 가호를 받는다고 그들은 믿고 있었다.

그들은 어렸을 때부터 신관들의 가르침으로 그렇게 믿어 왔던 것이다.

농민들은 기술자나 갱부도 자기들의 형제로는 보지 않았다. 불을 내뿜는 땅 속에서 구리를 캐내는, 이 그을음투성이의 시커먼 사람은 어쩌면 주술사일는지도 모른다. 어떻게 해서 그는 땅 속의 일을 알고 있을까? 그는 어떻게 해서 광석을 찾아내는 것일까? 틀림없이 누군가가 어디쯤을 파야 하는지 가르쳐 주고, 광석을 얻은 다음에는 이상한 방법으로 그것을 구리나 청동으로 바꾸는 일을 도와줄 것이다. 땅 밑에 갱부를 도와 주는 신통력 있는 보호자가 있을 것이다. 보통 사람은 되도록 그런 자에게는 접근하지 않는 게 좋을 것이다.

그리스에서뿐만 아니라 어디에서나 사람들은 이렇게 생각했던 것이다.

주술을 쓰는 대장장이의 이야기는 아득한 옛날로부터 오늘날까지 전해져 내려오고 있다. 사람들은 어떻게 부자와 빈자의 차이가 생겼는지 이해할 수 없었다. 사람의 운명은 신이 정해 놓은 것이었다.

러시아 말의 '보가트이(부자)'는 '보그(신)'에서 나온 단어이다. 이것은 사람들이, 신들은 부자를 돕고 빈자에게는 불행밖에 베풀어 주지 않는다고 믿었던 시대에 생긴 말이다.

새로운 제도의 시작

사람이 지나온 길을 다시 한 번 되돌아보자.

아득한 그 옛날에는 사람들 사이에 부자도 빈자도 없었고, 노예도 노예 소유자도 없었다.

원시 수렵인은 보잘것없는 움막집에 살았고 누구나 똑같이 가난했다. 돌이나 뼈로 만든 그들의 도구는 완전한 것이 못 되었다. 맹수로부터, 굶주림과 추위로부터 사람들을 구해 냈던 것은 그들이 함께 살았고, 함께 사냥했고, 위험이 생기면 모두의 힘으로 몸을 지켰고, 힘을 합쳐서 집을 세웠다는 일뿐이었다.

매머드나 곰을 사람 혼자의 힘으로는 대항할 수 없었다.

혼자의 힘만으로는 화덕을 쌓는 커다란 돌도 날라올 수 없을 것이고, 바위 밑에 넓적한 돌로 벽을 쌓을 수도 없었다.

사람들 사이의 모든 것은 공동 소유였다. 사냥이 잘 되었을 때에는 노인들이 사냥해 온 것을 잘라서, 짐승을 몰아세워 잡은 사람 모두에게 골고루 분배했다.

그 후에 몇백 년이라는 세월이 흘렀다. 움막집이나 오두막 대신에 집이, 석기·골기 대신에 금속기가 나타났다.

처음에 사람들은 괭이, 다음엔 나무로 된 쟁기로 땅을 갈기 시작했다. 또 소·말·양 등을 길들였다. 대장간에는 망치 소리가 울리기 시작했다. 도공의 돌림판이 돌기 시작했다. 사람들 사이에 분업이 시작됐다. 대장장이는 자신이 땅을 갈지 않아도 되었다. 도끼나 낫을 곡식과 바꿀 수 있었기 때문이다. 농민은 양 떼가 없어도 살아갈 수 있었다. 목축하는 사람에게 난알을 주고 필요한 양털을 받을 수가 있었던 것이다.

곡식·양털·도끼·토기 등을 실은 크고 작은 배가 마을에서 마을로 돌아다녔다. 다른 땅에서 온 '손님'은 때로는 강도로 돌변했다. 교환과 강탈은 사이좋게 손을 잡고 있었다.

이전에는 누구나 자기 씨족의 사람들보다 부자가 될 수 없었다. 다 똑같이 가난했다.

그러나 이제는 언덕 위에 세워진 부유한 일족이나 힘센 일족의 저택이 높은 벽으로 에워싸여, 빈민들의 초라한 집을 위압하고 있었다. 그들의 광에는 물건이 넘쳐흐를 듯이 채워졌다. 그곳에는 보물이 해마다 쌓이고 늘어났다.

부자들은 가난한 사람들을 복종시켜 권력을 한 손에 쥐게 되었다.

가난한 사람들은 차츰 부자인 이웃집에 인사를 하러, 도움을 청하러 가게 되었다. 그러나 이 도움은 높은 값을 치르게 했다. 어려울 때에 빌린 곡식을 갚기 위해 그 후 몇 년 동안 일을 해주어야 했다.

이리하여 어떤 사람이 다른 사람을 노예로 삼는다는 일이 시작되었던 것이다.

그러나 그런 방법으로만 노예를 만들었던 것은 아니다. 전쟁에서 포로가 된 자유인 또한 노예가 되었다.

전에는 모두가 일했다. 그런데 지금은 전혀 일을 하지 않는 사람이 있는가 하면, 채찍을 맞으며 일해야만 하는 사람도 있게 되었다.

전에는 모든 것이 공동 소유였다. 사냥의 도구도 사냥거리도 그랬다. 그러나 이제는 땅, 가축의 떼, 일터는 물론 땅을 갈고, 가축을 지키고, 일터에서 일을 하는 노예까지 노예 소유자의 물건이었다.

전에는 같은 공동체 사람들끼리 평화롭게 지냈으며 서로 다투는 일 따위는 없었다. 러시아에서는 평화로운 생활도, 공동체의 일도 다 함께 '비르'라고 하는데, 이것은 결코 우연이 아닌 것이다.

그러나 노예제가 나타나자, 어느 마을에서나 또 어느 도시에서나 싸움이 시작되었다.

노예 소유자는 노예를 천대했고, 노예는 노예 소유자를 증오했다.

노예는 자기의 주인으로부터 도망가는 일밖에 생각하지 않았다. 노예제 국가는 자유인의 재산을 무력으로 지켰다. 노예들이 모반이라도 꾀하면, 붙잡아서 엄벌에 처했다.

이리하여 오래된 원시적 공동체 대신에 노예제가 새로이 나타났다.

7 넓어지는 세계

학문의 시작

이 세계는 사람에게는 마치 꿈같이 덧없는 존재였다. 모든 것이 설명할 수도 이해할 수도 없는 것투성이였다.

사람의 일거수일투족이 불가사의한 힘을 움직이고, 그 힘이 사람을 파멸시킬 수도 행복하게 할 수도 있었다.

경험이 미숙하고 모자랐으므로 사람들은 밤 하늘에 낮이 이어지고, 겨울 다음에 봄이 올는지 어떤지, 그런 일에서도 확신을 가질 수가 없었다.

사람들은 태양을 하늘에 떠오르게 하기 위하여 주술적인 의식을 거행했다. 이집트에서는 태양의 화신으로 여겨졌던 왕이 매일 신전 둘레를 걸어서 돌았다. 그렇게 해야 태양을 여느 때와 마찬가지로 돌아가게 할 수가 있다고 생각했기 때문이다.

가을이 되면 이집트인들은 '태양의 지팡이'라는 축제를 벌였다. 가을이 되면 태양은 눈에 띄게 힘이 약해진다. 때문에 그의 손에 지팡이를 쥐어 주어 이제까지와 같이 여행을 계속해 주기를 비는 것이었다.

그러나 사람들은 일을 하면서 끊임없이 연구를 하였고, 그러던 중에 차츰 세계를 알게 되고, 물질의 성질을 알게 되었다.

원시시대 기술자들은 돌을 깎고 갈고 하는 동안에 자기의 손, 자기의 눈으로 돌의 성질을 배웠다. 기술자는 알았다——돌이란 단단하다는 것을, 세게 치면 깨진다는 점을, 그리고 아무리 쳐도 돌은 절대로 울지 않는다는 사실을. 물론 돌에도 여러 가지가 있었다. 이 돌은 아무 말이 없지만, 저 돌이라면 어쩌면 말을 할지도 모른다. 웃지 말길 바란다. 우리와는 달리 원시인들은 실제로 그렇게 생각했던 것이다.

원시인은 아직 법칙을 만들어 낼 줄 몰랐다. 따라서 생활은 그들로서는 예외로 가득 찬 것이었다. 이 세상에 같은 돌이란 두 개가 있을 수 없다는 것을 그들은 보았다. 그래서 돌은 저마다 다른 특질이 있을지도 모른다고 생각했다. 돌로 새로운 괭이를 만들 때, 될 수 있으면 전의 것과 닮은 것을 만들려고 애를 썼다. 그렇게 해야만, 또한 땅을 잘 갈 수가 있을 테니까 말이다.

이렇게 몇백 년이 지나고, 몇천 년이 지났다. 여러 가지 종류의 돌이 잇따라 사람의 손을 거쳐 갔고, 그러는 동안에 돌이라는 것 모두에 대한 개념이 쌓여져 갔다. 어느 돌이나 단단하다는 것은, 바꾸어 말한다면 돌은 단단한 물질이라는 말이 된다. 말을 하는 돌이 하나도 없다는 것은, 결국 돌은 말을 하지 않는 것이라는 말이 된다.

이리하여 최초의 학문이 움트기 시작했다. 즉 물질에 대한 개념이 나타난 것이다.

부싯돌은 단단한 돌이라고 기술자가 말했다면, 그것은 이제 지금 손에 들고 있는 부싯돌뿐만 아니라 부싯돌 모두에 대해서 말하고 있는 것이다.

즉, 그는 이제 어떤 자연의 법칙, 세계에 존재하고 있는 뭔가의 법을 알고 있다는 말이 된다.

'겨울이 오면, 봄도 멀지 않으리.'

우리는 이런 말을 들어도 조금도 놀라지 않는다. 겨울 다음에 오는 것은 가을이 아니라 봄이라는 것은 매우 당연한 일이기 때문이다. 그러나 우리의 조상들로서는, 사계절의 변천은 최초의 학문상의 발견의 하나였다. 그것은 오랜 관찰 끝에 겨우 알게 된 것이었다. 겨울과 여름이 아무렇게나 되풀이되지 않는다는 것, 겨울 다음에는 반드시 봄이, 봄 다음에는 반드시 여름이, 그 다음에는 가을이 온다는 것을 알았을 때, 사람들은 비로소 1년이라는 세월을 헤아리게 되었던 것이다.

이집트인은 나일 강의 물이 범람하는 것을 관찰하고, 그것을 발견했다. 한 번 넘치고, 다음에 넘칠 때까지의 기간을 1년으로 계산했다.

강의 관찰은 신관의 역할이었다. 왜냐하면, 사람들이 강을 신으로 믿었기 때문이다. 지금도 강가에 있는 이집트 신전의 벽에는 신관들이 수위를 재기 위해서 그은 선이 남아 있다.

7월이 되어 더위 때문에 밭에 금이 가고 갈라지게 되면, 농민들은 진흙으로 탁해진 나일 강의 누런 물이 언제 도랑으로 흘러들어올까, 하고 고대했던 것이다. 정말 물은 흘러올 것인가? 만일 신들이 사람의 일을 노여워하여 물을 보내주지 않으면 어쩌나?

신전에는 각지에서 들어온 제물이 바쳐졌다. 농민들은 마지막 남은 한줌의 낟알을 가지고 와서 신관들에게 내놓으면서, 좀더 간곡히 신에게 기원해달라고 공손하게 부탁했다.

매일 아침 날이 샐 무렵이면, 신관들은 물이 불었는지 어떤지를 보기 위하여 강가로 내려갔다.

매일 밤 그들은 신전의 평평한 지붕 위에 올라가 무릎을 꿇고, 아득히 먼 저쪽의 별들을 바라다보았다. 별이 총총한 하늘은 그들의 달력이었던 것이다. 이윽고, 신관들은 신전에서 엄숙히 선언했다.

"신은 염원을 들어주셨소. 세 밤이 지나면, 밭에 물이 들어갈 것이오."

이리하여 사람은 한 걸음 한 걸음, 서서히 미지의 세계를 걸어 나갔다. 그것은 꿈같이 덧없는 세계가 아니라 지식의 세계였다. 신전의 지붕은 최초의 천문대였다. 도공이나 대장장이의 일터는 실험실로 그곳에서 최초의 실험이 행해졌다. 사람들은 관찰하고, 계산하고, 결론을 이끌어 내는 것을 배웠다.

이 고대 학문은 오늘날 우리의 학문과는 상당한 거리가 있다. 그것은 아직도 마술과 비슷했다. 마술에서 빠져 나온다는 것은 그리 쉽지 않았다. 사람들은 별들을 관찰했을 뿐만 아니라, 별들을 통해 점도 쳤다. 하늘과 땅을 연구하는 한편, 하늘과 땅의 신들을 예배했던 것이다. 그래도 안개는 조금씩 걷혀 가고 있었다.

신들은 올림푸스로 떠나다

꿈 이야기 같은 세계의 안개 속에서 물질의 참 윤곽이 차츰 사람들 앞에 떠올라왔다.

원시인들은 돌·나무·동물 할 것 없이 온갖 것에 영혼이 깃들어 있다고 믿었다.

그런데 이 신념에도 종말이 왔다.

사람은 어느 동물에나 영혼이 있다고는 생각하지 않게 되었다. 사람의 관념 속에 이번에는, 짐승의 영혼 대신에 덤불에 사는 숲의 신이라는 생각이 나타났다.

농민은 어느 곡초에도 영혼이 있다고 믿기를 그만두었다. 곡식의 영혼 모두가 하나가 되어 이삭을 자라게 하는 풍요의 여신으로 바뀌었다.

옛날의 영혼들과 교대하기 위하여 찾아온 이러한 신들은 이제 사람들 세계에서는 살고 있지 않았다. 지식이 신들을 사람이 사는 곳에서 차츰 멀리 몰아내기 시작했던 것이다. 그래서 신들은 아직 사람의 발이 미치지 못했던 곳, 대낮에도 어두운 신성한 숲이라든가, 나무가 울창한 산꼭대기 같은 곳으로 옮겨가게 되었다.

그러나 사람은 그곳에도 찾아왔다. 지식이 밀림을 비추고, 산의 경사면에 걸려 있는 안개를 날려 버렸던 것이다.

새로운 은신처에서도 쫓겨난 신들은 하늘에 올라가고, 바다 밑에 잠기고, 땅 속 나라로 숨어 버렸다.

신들이 사람들 사이에 모습을 나타내는 일은 차츰 드물어졌다. 신들이 지상에 내려와서 전투나 요새의 포위 등에 참가했다는 이야기가 입에서 입으로 전해지게끔 되었다.

칼이나 창을 쥔 신들이 사람들의 싸움에 끼어들어, 마지막 순간에 지휘관을 검은 구름으로 가리고, 번갯불을 쳐 내려서 적을 패배시켰다. 이리하여 신들을 가까운 곳에서 먼 곳으로 몰아 내고, 현재에서 과거로, 이승에서 저승으로 몰아 내면서, 사람의 경험은 차츰 넓어지고, 차츰 둘레를 밝혀 갔던 것이다.

이제 신들과 교섭하는 것도 어렵게 되었다. 전에는 누구나 '기적을 나타내고' 주술적 의식을 행할 수가 있었다. 무엇보다도, 주술 그 자체가 간단하였기 때문이다. 예를 들면, 비를 부르기 위해서는 입에 물을 머금고, 춤을 추면서 여기저기 뿜어 내면 되었다. 비구름을 물리치려고 생각하면, 지붕 위에 올라가서 바람의 시늉을 하면서, 그 근처를 푸우푸우 하고 불면 되었던 것이다.

그러나 이제 사람은, 이런 방법으로는 비구름을 쫓아내는 것도, 비를 부르는 일도 할 수 없음을 깨달았다. 신들은 그리 쉽게 기원에 응해 주지 않았다. 그래서 보통 사람과 신들 사이의 복잡한 의식을 비롯해 신비로운 신들의 전설을 모두 아는 신관이 서게 되었던 것이다.

옛날의 주술사는 사냥춤의 지휘자에 지나지 않았다. 그는 같은 혈연자들보다도 영혼에 더 가까운 인물은 아니었다.

신관은 이와는 달랐다. 그는 신성한 숲속에서 신들과 이웃해서 살고 있었다. 신전의 지붕에 올라가, 별이라는 책을 읽고, 신들의 마음을 알았다. 별이라는 책을 읽을 수 있는 사람은 그뿐이었다. 그는 전투가 벌어지기 전에 동물의 내장을 보고 승패를 예언했다. 신관은 사람들과 신들 사이의 중개자가 되었던 것이다.

신들은 차츰 보통 사람들로부터 멀어져 갔다. 신들이 모두를 평등하게 대하던 시대는 지났다. 사람들은 자기 자신과 자기의 생활을 둘러보고 옛날의 평등이 사라졌음을 깨달았다. '그건 당연한 일이다. 사람은 모든 것을 신에게 맡겨야 한다. 왕이나 지도자가 사람들을 다스리듯이, 신들이 세계를 다스리는 것이다'라고, 신관은 가르쳤다. 하지만 모두가 다 신관의 설교를 고분고분 들었던 것은 아니다. 신들의 뜻에 머리를 숙이는 것은 바보 같은 짓이라고 생각하는 사람들도 있었다.

이윽고 그리스의 한 시인은 이렇게 읊었다.

> 어디에 제우스의 정의가 있는가
> 착한 자는 괴로움을 당하고
> 악한 자는 번영을 누리다니
> 아버지 죄 때문에
> 자식이 벌을 받다니
> 이제는 사람들 마음속의
> 단 하나의 신, '희망'의 신에게
> 빌 뿐이다. 다른 신들은 모두
> 올림푸스로 사라져 버렸다.

세계는 넓어지다

원시인은 진실과 꿈 이야기, 지식과 미신을 구별할 줄 몰랐다.

우유에서 크림이 분리되듯이, 미신에서 지식을 분리하는 데는 수천 년, 수만 년의 세월이 걸렸다.

오늘날까지 전해져 온 노래나 이야기 가운데에서, 종족이나 족장의 역사는 신들이나 영웅의 이야기와 밀접하게 관련되어 있다.

그리스인은 우리를 위해서, 오래된 노래와 이야기를 《일리아드》와 《오디세이아》 가운데에 남겨 주었다. 이것은 그리스인이 어떻게 해서 트로이 성을 포위·공격하였는가, 또 그리스의 한 종족의 우두머리인 오디세우스가 그 후에 자기의 고향인 이타케에 돌아가기까지 얼마나 오랫동안 바다를 떠돌아다녔는가를 노래한 것이다.

트로이의 성벽 아래서 신들은 사람과 함께 더러는 공격군에 가담하고, 더러는 방어군 편이 되어 싸웠다. 마침내 신들이 사랑하는 주인공의 생명이 위태로워지자, 신들은 그를 빼돌려 상처를 입기 전에 안전한 곳으로 옮겼다. 신들은 올림푸스 산 꼭대기에서 잔치를 베풀면서, 전투를 재개할 것인가, 아니면 적대하는 사람들을 화해시킬 것인가를 의논했다.

이 이야기에는 진실과 엉터리가 뒤섞여 있다. 어디까지가 역사이고 어디까지가 만들어 낸 이야기일까?

그리스인들은 언젠가 트로이의 성벽 밑에서 정말로 싸운 일이 있었을까? 그보다도 이 트로이 성이라는 것이 실제로 있었던 것일까?

이에 대해서 학자들 사이에 여러 가지 의견이 있었는데, 결국은 고고학자들의 연구가 모든 의문을 해결했다.

《일리아드》에 나타나 있는 대로 학자들은 소아시아에서 트로이의 폐허를 발견했던 것이다.

《오디세이아》도 엉터리만은 아니었다. 이번에는 지리학자들이 이를 증명했다. 지리학자들은 지도상에서 오디세우스가 간 길을 더듬을 수 있었다. 여러분도 지도를 펼쳐 놓고 보면, 시름을 잊는 나무열매(로터스)인 연밥을 먹는 사람들의 나라——로터파고이도, 아이올로스의 섬도, 또 오디세우스의 배가 이르렀을 때, 하마터면 전멸을 당할 뻔했던 그 괴물 스킬라의 깎아지른 듯한 낭떠러지와 무시무시한 카리브디스의 소용돌이조차도 찾아볼 수가 있을 것이다.

로터파고이는 아프리카의 트리폴리 해안, 아이올로스의 섬은 지금의 리파리 제도, 그리고 스킬라와 카리브디스는 시칠리아 섬과 이탈리아 사이에 위치한다.

이와 같이 《오디세이아》에는 사실도 들어 있다. 그렇다고 해서, 《오디세이아》를 믿고 고대 세계의 지리를 연구해 보겠다고 한다면, 그것은 터무니없는 잘못일 것이다.

이 최초의 여행기 중에서 지리는 동화의 옷을 입고 있다. 산들은 괴물로 변하고, 섬들에 사는 미개인들은 사람을 잡아먹는 외눈박이 거인으로 바뀌어 있다.

그 무렵의 사람들은 자기가 태어난 고향땅 이외에는 잘 몰랐다. 하기야 상인들이 배를 바다에 띄우기는 했다. 그러나 해안에서 그리 멀리는 나가지 못했다. 사람들은 육지가 보이지 않는 바다로 나가는 것을 무서워했다. 그 당시에는 아직 컴퍼스도 해도도 없었고, 태양이나 별들을 보고 더듬다시피하면서 항로를 찾아야 했기 때문이다. 눈에 띄는 섬의 바위라든가, 해안의 높은 나무라든가가 등대의 구실을 했다.

바다는 무수한 위험을 감추고 있었다. 폭이 넓은 사발 모양의 배는 조금만 파도가 일어도 흔들렸다. 뻣뻣한 돛을 다루는 데도 애를 먹었다. 바람은 사람의 말을 듣지 않고 배를 나뭇잎처럼 가지고 놀았다.

그래도 그럭저럭 배는 바닷가에 닿았다. 지칠대로 지친 뱃사람들은 배를 모래밭으로 끌어올렸다. 뭍에서라면 휴식할 수가 있었다. 그러나 그들의 마음은 편안하지 못했다. 낯선 땅은 바다보다도 더 겁이 났다. 다른 뱃사람들로부터 들은 식인종이 금방이라도 나올 것만 같았다. 눈에 익지 않은 짐승들은 모두 커다란 괴물로 보였다. 선원들은 도저히 육지의 오지로는 들어가 볼 생각이 나지 않았다.

그렇기는 하나 여행을 하면 할수록 세계는 그만큼 넓어져 갔다. 미지의 세계, 동화의 세계의 경계는 차츰 멀어져 갔다. 뱃사람 중에서 특히 용감한 사람들은 바다의 문, 즉 대양이 시작되는 곳까지 이르렀다. 이 대양은 우주처럼 끝이 없는 것 같았다. 집에 돌아온 그들은 세계의 끝까지 갔다왔다고 했고, 대지는 사방이 대양으로 에워싸여 있다고 말했다.

몇천 년이라는 세월이 흘렀다. 사람들은 유럽에서 인도, 중국에서 유럽으로 들어갔다. 항해자는 대양을 횡단하고, 그 건너에서, 사람이 살고 있는 대륙을 발견했다. 그래도 아직 동화는 오랫동안 지구에 관한 학문의 길동무가 되어 있었다.

아메리카를 발견한 콜럼버스조차 지구상 어딘가에 높은 산이 있으며, 그곳에는 낙원이 있다고 믿었다. 그 낙원 곁으로 가서 그 근처를 탐험해 보고 싶다고 그는 에스파냐의 여왕에게 편지를 써 보냈다.

러시아 사람들은, 15세기에 들어와서도 아직 우랄 산맥 저쪽에 겨울이 되면, 곰처럼 동면하는 사람들이 산다고 믿었다. 《동쪽 나라의 미지의 왜인(矮人)에 대하여》라는 옛날 수기가 오늘날까지 전해지는데, 여기에서는 입이 머리 꼭지에 달린 사람들과, 눈이 가슴에 달리고 머리가 없는 사람에 대해 자세히 이야기하고 있다.

웃음이 저절로 나오는 이야기다. 그러나 우리 시대에도 공상 소설 작가들은, 사람이 아직 가본 적 없는 세계에 여러 가지 괴물을 풀어놓지 않는가.

지상의 일은 이제 잘 연구되어 있다. 그래서 작가들은, 그들의 주인공을 지구의 내부나 달과 화성 등에 자주 내보내는 것이다.

최초의 가수에 대해서

세기를 거듭함에 따라 사람들의 생활에는 이상한 것, 까닭모를 일들이 차츰 줄어들게 되었다. 기술자는 차츰 자기의 솜씨나 견식을 믿게 되었고, 주술 따위는 거의 거들떠보지 않게 되었다. 해가 솟아오르면 골짜기의 안개가 흩어지듯, 주술은 서서히 생활에서 멀어져 갔다.

언제까지나 주술이 위세를 부렸던 분야는 의식·제전·춤·노래 등에서였다. 그러나 눈뜨기 시작한 이성은 사정없이 이런 곳에서도 주술을 쫓아 버리게끔 했다.

주술은 주술적인 춤과 노래 속에서 사라져 뒤에는 춤과 노래밖에 남지 않았다.

그리스의 농민은 사람들에게 과일을 베풀어 주는 디오니소스를 찬양하는 제전을 행했는데, 처음에 이것은 주술적인 제전이었다. 그들은 디오니소스의 죽음과 부활의 노래를 합창했다. 노래에는, 자연이 겨울의 죽음의 잠에서 다시 한번 부활하여 사람들에게 곡식·과일·술을 베풀어 주시도록 주선해 주십시오, 하는 기원이 담겨져 있었다.

그들은 짐승의 탈을 쓰고, 마을의 제단 주위를 춤추며 돌아다녔다.

소리 메기는 사람이 디오니소스의 수난을 노래하면, 합창단이 그에 응해서 후렴을 불렀다. 이 고대의 제전은, 이제는 연극에 가까워졌다. 소리 메기는 사람도, 탈을 쓴 사람들도, 이제 장래의 배우를 연상시키기에 충분했다. 소리 메기는 사람은, 신의 수난을 노래할 뿐만 아니라 이것을 몸짓으로 표현

디오니소스를 칭송하는 춤

했다. 그는 자기 가슴을 두드렸고, 울음 소리와 함께 두 손을 하늘에 치켜올렸다. 신이 부활하자, 탈을 쓴 사람들은 갑자기 들떠서 떠들어대기 시작했고, 서로 상대의 흉내를 내며 익살을 떨거나 농담을 주고받았다.

또 몇 세기가 지났다. 그러자 주술은 주술적인 제전에서도 떠나고 말았다.

그러나 연극 그 자체는 남았다. 사람들은 지금까지대로 연기를 하거나, 노래부르거나, 춤추거나 했다. 그러나 이제 신들의 수난이 아니라, 사람들의 수난을 표현하기에 이르렀다. 사람들은 무대를 보면서 용감한 행위나 훌륭한 행동에 감탄하고, 실수나 어리석음을 비웃고, 울고 웃고 했던 것이다.

이리하여 고대 합창대의 소리 메기는 사람은 비극 배우가 되었고, 탈을 쓰고 떠들어대던 친구들은 희극 배우 또는 익살꾼으로 바뀌었다. 이 소리 메기는 사람은 최초의 배우였을 뿐만 아니라 최초의 가수이기도 했다. 처음에 그는 합창대와 함께 노래했다. 그 다음에 혼자서도 노래하게 되었다.

노래는 의식에서 분리됐다. 가수는 제전 때나 족장과 전사들이 술잔치를 벌이는 자리에서 노래를 불렀다.

가수는 현악기를 퉁기면서 노래했고, 때로는 오랜 관습에 따라 말과 음악과 몸짓을 섞어 가면서 춤을 추기도 했다. 그는 소리를 메기는 동시에 합창도 했고, 후렴도 불렀다.

가수가 불렀던 것은 무엇이었을까? 그는 신들이나 영웅에 대해서, 그리고 무적이라고 불렸던 적을 몰아냈던 종족의 우두머리에 대해서도 노래했다. 그는 또, 전장에서 쓰러진 전사와 복수를 해주지 않으면 안 될 동포에 대해서도 노래불렀다.

이 노래는 주문도 아니고, 주술도 아니었다. 그것은 새로운 공훈을 세우라고 호소하는 공훈에 대한 이야기였다.

그 밖에 사랑·봄·슬픔 등을 노래한 것도 있었다. 이런 노래들은 어디에서 나왔을까? 그것 역시 의식에서 딴 것이었다. 결혼식이 있는가 하면 장례식도 있었다. 밭에서 추수할 때나 포도를 딸 때에도 의식이 행해졌다. 합창은 짧은 가사의 합창으로 바뀌었다.

이 노래를 아가씨가 물레를 돌리면서 노래했다. 그 노래를 어머니가 아기를 달래면서 되풀이했다.

봄 노래를 부르는 것은 봄에만 한하지 않았고, 사랑 노래를 부르는 것도 결혼식 때에만 한하지 않았다.

영웅의 노래·사랑 노래를 맨 처음에 만든 것은 대체 누구였을까?

맨 처음에 칼이나 물레를 만든 사람이 누구였는지를 모르는 것과 마찬가지로 우리는 그것을 모른다. 연장·노래·말을 만들어 낸 것은 어떤 한 사람이 한 것이 아니라 몇백이라는 세대를 걸쳐 나온 것이다. 가수는 자기의 노래를 만든 것이 아니고, 들었던 노래를 다른 사람에게 전했던 것이다. 가수에서 가수로 옮겨가는 동안에 노래는 성장도 하고 바뀌어 가기도 했다.

작은 시냇물이 모여서 강을 이루는 것과 같이, 노래는 모여서 서사시가 되었다.

우리는 《일리아드》를 호메로스의 작품이라고 말한다. 그러나 호메로스란 누구일까? 그에 대해서는 전설로 전해져 있을 뿐이다. 호메로스는 그가 노래한 영웅들과 마찬가지로 전설적인 인물이다.

처음 영웅들에 대한 노래가 만들어졌을 때에는, 가수는 아직도 자기의 씨족이나 종족과 단단히 결부되어 있었다. 사람들은 무슨 일이건 공동으로 행하고 있었다. 노래도 또한 몇 세대의 사람들에 의해서 공동으로 만들어졌던 것이다.

가수는 그가 이어받은 노래를 바꾸어서 더욱 아름다운 것으로 만들었을 때에도, 자기를 작자라거나 또는 창작자로 여기지는 않았다.

그런데 이윽고 사람은 '내 것'과 '남의 것'을 구별하기 시작했다. 씨족은 무너지고 이제 옛날과 같은 통일은 없어지게 되었다.

기술자는 자기를 위해 일을 하고, 자신을 씨족의 손에 잡혀 있는 말 잘 듣는 연장이라고는 생각하지 않게 되었다. 그 다음에 몇 세기가 지나자 시인인 테오그니스는 이런 노래를 부르게 되었다.

> 나의 예술의 열매인 이들의 시대
> 나는 자신의 도장을 눌렀다
> 아무도 이것을 훔친다거나
> 바꾼다거나 할 수 없다
> '이것은 메가라의 테오그니스의 시다'
> 라고, 모두는 말할 것이다.

씨족 공동체의 사람이라면, 이런 말은 못했을 것이다.

사람은 차츰 '나'라는 말을 하게 되었다. 자기가 일하고 있는 게 아니라, 누군가가 자기로 하여금 일하도록 시킨다고 생각했던 시대는 아득한 옛날이 되어 버렸다. 가수는 아직도 자기에게 노래를 불어넣어 주었던 무사(문예·음악·춤, 기타 온갖 지적 활동의 여신)들을 찬양하고, 신들이 그에게 '노래의 재능'을 베풀어 주셨다는 등의 말을 하면서도 이제는 자기 자신의 일도 잊지 않게 되었다.

> 나에게 말을 내려 주신 것은
> 무사 여신들이지만
> 나의 이름도 사라지지 않으리.

이 시는 그리스의 여류 시인인 사포의 작품의 일절로, 여기에는 벌써 낡은 것과 새로운 것이 어울리고 있다. 사포는 아직도 그녀에게 말을 내려 준 것은 무사들이고, 광부가 산에서 광석을 발견하듯이, 그녀 자신이 말을 발견하였던 것은 아니라고 믿고 있다.

그러나 이 말에는 이미 자기의 이름도 불멸이라는 작자의 긍지가 엿보인다. 사람은 이렇게 성장해 갔다. 그리고 성장과 더불어 시계(視界)도 또한 넓어져 갔다.

제3부 고대편 I

1 거인의 출발

세계로 나아가다

5천 년 전에 살았던 사람은 좁은 세계 속에서 그들의 삶을 꾸려나갔다. 이집트인이 볼 수 있었던 주위의 세계란 리비아와 아라비아 사막의 돌벽처럼 이어진 산들뿐이었다. 그리고 그 복판을 나일 강이 흐르고 있었다. 앞에는 무시무시한 바다가 거무죽죽하니 펼쳐져 있고 뒤에는 급류와 여울이 있었다. 그곳은 지옥이었고, 나일 강이 이곳에서 지상으로 솟아나오고 있었다. 이런 것들 위에 천장인 푸른 하늘이 산들의 벽으로 떠받쳐지듯 펼쳐져 있었다. 이집트인은 이런 좁은 방 속에 전세계가 들어앉아 있다고 생각했다.

그들은 고향의 강을 다만 '강'이라 불렀고, 자기들을 '사람'이라 불렀다. 이밖에는 다른 강도 사람도 없는 줄로 믿었다. 그들은 바로 이웃에 사는 베드윈 사람조차 사람이 아니라 아페피라는 악마의 자식들이라고 여겼다. 타국인은 사람이 아니라고 보았던 것이다. 포로는 무조건 죽여 버렸다. 군사는 상을 받기 위해 적의 팔을 잘라 장군한테로 가져갔다.

검정은 좋은 색깔로 여겨졌다. 이집트의 흙이 검은 빛이었던 것이다. 붉은색은 나쁜 것으로 믿어졌다. '붉은 땅', 즉 사막에는 타국인이 살고 있었기 때문이다. 세계의 끝은 바로 근처에 있었다. 그러나 이집트인들은 그곳에는 얼씬도 하지 않았다. 푸른 바다가 그들 앞에 세계의 문처럼 열려 있었지만 그것은 타 넘을 수 없는 벽처럼 생각되어졌다.

소금은 해로움을 끼치는 바다 신이 입에서 내뿜는 거품이므로 식탁에 올려선 안 된다고 신관들은 말했다.

몇백 년이나 이집트인들은 그 좁은 방에서 밖으로 나가지 않았다. 그러나 세월은 흘렀다. 은혜로운 강 나일은 사람들에게 더욱 많은 곡식을 주게끔 되었다. 물론 나일이 거저 은혜를 베푼 것은 아니었다. 사람들이 땀을 흘려 일을 했던 것이다. 물을 끌어들였고 둑과 보를 막았다. 밭에 나일의 물을 끌어

누비아의 상품. 금·짐승 가죽·가축·야수·부채 등(이집트의 벽화)

들이고 가뭄에 대비해서 저수지를 만들었다. 공동체 모두가 힘을 합쳐 허리까지 물에 잠기면서 일을 하여도 일손이 모자랐다. 그러자 차츰 그때까지처럼 전쟁에서 포로를 죽이든가 팔을 자르는 일은 손해라는 걸 알게 되었다. 포로에게 팔을 남겨 주어, 그 팔로 일을 시키게끔 되었다. 이리하여 포로들은 발을 절룩거려가며 이집트 군 뒤를 걷게 되었다. 그들은 양팔이 묶인 채 몽둥이로 짐승처럼 몰려갔다. 그들은 타국인이고 악마의 자식들이었다.

'노예'라는 말은 아직 없었다. 낯설고 새로운 것에 대해선 낡은 말이 사용되었다. 포로들은 '산송장'이라 불렸다. 이 단어가 신전이나 무덤의 벽에 자주 나타나기 시작한다. 산송장은 수로를 팠고 둑이나 보를 쌓았다.

이집트의 생활은 바뀌어 갔다. 원시 공동사회에 노예제도가 생겨났다. 이리하여 옛날에는 모든 자에게 공동이었던 노동이 사람들에 따라 나눠지게 되었다.

무덤 벽에는 일하는 농부와 직공의 모습이 그려져 있다. 도공은 웅크리고 돌림판을 돌린다. 목수는 톱으로 널을 켠다. 구두 직공은 낮은 걸상에 앉아 샌들을 만든다. 대장장이는 발을 번갈아 움직여 풀무를 밟고 화덕의 불을 피운다. 농부는 두 갈래 난 채찍으로 소를 몰며 쟁기질을 한다.

분업이 있는 곳에는 교환도 있기 마련이다. 무덤이나 신전 벽에 그려진 사람들은 일할 뿐 아니라 자기들의 제품을 바꾸고 있다. 어부는 바구니 앞에 무릎을 꿇고 낚시 다발을 받은 대신 대장장이에게 물고기를 건넸다. 농부는 샌들 한 켤레와 과일을 바꾸었다. 새 장수는 교묘하게 만들어진 목걸이와 새가 든 새장을 바꾸었다.

전에는 모든 것이 공동 소유였고 사람들은 밭에서 함께 일했지만, 지금은 신분이 높고 부유한 자는 많은 땅을 가지고 가난한 자는 조금밖에 가지지 못했다. 부유한 자는 노예를 부리며 자기 자신은 경작을 하지 않았다. 밭갈이나 추수 때에는 자유 농민 또한 주인을 위해 일했다. 죽은 다음까지 농민들은 그 무덤에 예물을 바쳤다. 무덤 벽에 남녀 농민의 줄 선 모습이 그려져 있다. 그들은 제물로 바칠 새끼양을 끌고 있으며 기도나 제물을 위한 과일 바구니 또는 포도주 항아리를 머리에 이고 있다.

이집트인의 세계는 아직도 좁았다. 그러나 몇 세기가 지나면서 그들은 차츰 '집'에서 밖으로 나가게 되었다. 그들을 이끄는 것은 전쟁신이며 길 발견자이기도 한 웨푸아트였다. 이집트인에겐 노예가 필요했다. 그 노예는 전쟁을 통해서만 손에 넣을 수 있었다. 그들로선 건축용인 삼나무, 도끼를 만드는 구리, 궁전·신전·무덤 용 금과 상아가 필요했다.

이집트인은 자주 다른 고장의 사람들과 만나게 되었다. 그들은 타국인 또한 사람임을 이해하기 시작했다. 그러나 여전히 타국인도 그들과 똑같은 사람이라는 걸 인정하는 데에 이르지는 못했다. 타국인이란 구질구질한 질 낮은 사람이라고 그들은 말했다. 태양신은 그들을 싫어했다. 태양은 타국인을 위해서가 아닌 이집트인을 위해 빛나는 것이다. 재물을 가로채기 위해 타국인을 죽여도 그것은 나쁜 짓으로 생각되지 않았다.

이집트인은 칼로 얻을 수 없는 것은 곡식·연장·장식품과 교환함으로써 이웃 사람들로부터 손에 넣었다.

이집트 남쪽 경계에 있는 코끼리 섬(엘레판티네)에서 이집트인은 이웃하는 누비아인과 만났다. 누비아인은 흑인으로 코끼리 사냥꾼이었다. 이집트인이 땅에 구리칼·목걸이·팔찌 등을 늘어놓으면 누비아인은 상아나 사금을 가져왔다. 값에 대한 흥정이 오고갔다. 이런 일이 오가는 마을을 '세베네(값)'라고 부르게 되었다.

북쪽에 사는 이웃 사람은 자기 쪽에서 물건을 이집트에 가져왔다. 페니키아의 배가 끊임없이 해안에 나타났던 것이다. 배를 모래 위에 끌어올리고 밧줄로 바위에 단단히 맨 다음, 통나무와 구리 광석을 부리기 시작했다. 거래와 더불어 지구에 대한 연구도 발전했다. 섬·산·골짜기에 이름이 붙여졌다. 이름을 사용하면서 그 나라의 특산물을 금방 알 수 있게 되었다.

페니키아의 시다 골짜기는 삼나무 산지였다. 구리섬이라 불리는 키프로스로부터는 구리가 운반되어 왔다. 공작돌 반도, 즉 시나이 반도에선 녹색의 동광석인 공작돌이 채굴되었다. 은은 지금 타우루스 산맥이라 불리는 은산에서 보내졌다.

일찍이 사람들은 모래알보다 작은 것은 없고 산보다 큰 것은 없다고 생각했다. 지금까지도 아주 큰 것을 가리켜 '산과 같다'고 하며, 아주 작은 것은 '모래알 같다'고 한다. 하지만 사람은 자기 세계의 경계를 넓혀 갔다. 사람은 산에 올라가 산이 하늘에 닿아 있지 않음을 알고서 놀랐다. 그는 돌을 갈고, 작은 돌기나 숫돌이 지난 자국인 홈을 찬찬히 살폈다.

사람은 차츰 눈으로 판별하지 못하는 미세한 물질 세계를 알아 갔다. 그는 쇠붙이에의 길을 찾으면서 장님처럼 '작은 세계'의 어둠을 더듬어 나갔다. '구리집', 즉 대장간에선 약삭빠른 대장장이가 불을 일으켜 일을 돕게 하고 있었다. 불은 구리의 미립자——원자를 광석 내부에 붙들어 매고 있던 사슬을 때려 부수었다. 이윽고 구리가 높은 소리를 내고 번쩍거리면서 감옥 안에서 나왔다.

물질의 작은 세계 속에서 '큰 세계'의 통로를 찾아내기 위해, 사람은 작은 상자라도 열어 보듯 광석 조각을 열어 보았다. 사람은 광석에서 쇠붙이를 손에 넣고, 쇠붙이로 도끼를 만들고, 도끼로 배를 건조하고, 배로 바다를 정복했으며, 지구라는 행성의 큰 세계를 자기 것으로 삼아 나갔다.

낮에도 어두운 레바논(페니키아)의 산기슭이며 시다 골짜기에서 수백 년의 나이테를 가진 거목이 베어졌다. 페니키아의 뱃사람들은 날카로운 구리도끼로 단단한 나무를 다듬었다.

긴 들보를 만들고 먹줄을 긋고 그것을 똑바로 깎은 뒤, 등뼈처럼 그것에 갈비뼈를 붙여 나갔다. 갈비뼈를 연결시키기 위해 위쪽에 갑판을 깔았다. 배 고물은 물고기 꼬리 모양으로 만들고 이물은 새 머리를 본떴다.

이리하여 페니키아의 뱃사람들을 미지의 세계로 데려갈 이상한 괴물은 완성되었다. 이 괴물이 물고기처럼 물에 잠기지 않고 파도 사이로 하늘을 나는 새처럼 달려가기를 사람들은 기원했다.

그런데 페니키아의 뱃사람들이 고물에다 조심스럽게 장치하고 있던 나무 형상은 대체 무엇이었을까? 그것은 망치의 신인 난쟁이 피그미였다. 피그미

페니키아인의 선단

를 데리고 가지 않는 긴 항해란 상상도 할 수 없었다. 메르히, 즉 '공작돌 반도'의 컴컴한 광산에서 광석을 캐낼 때 이 신은 그들을 도와주었다. 대장간에서 도끼를 만들어 준 것도 이 신의 힘이었다. 목수들이 배를 건조할 때도 몸을 아끼지 않고 일해 주었다. 작은 세계에서 나온 이 난쟁이 신에게 넓고 큰 세계로 나아가는 그의 아들인 배를 지켜달라고 부탁해야만 했다.

시간은 지나갔다. 현대까지 5천 년, 아니 4천 년을 남길 뿐이었다.

페니키아의 배는 지중해의 파도를 가르며 나아갔다. 배는 더욱더 멀리 찾아갔고 여기저기의 해안에 이주자를 내려놓아 시장과 거주지를 건설했다. 페니키아인은 바다의 문에 이르러 눈앞에 솟은 지브롤터의 바위를 보았다. 그들은 '메르쿠리우스의 기둥'이라는 이름을 바위에 붙였다.

메르쿠리우스는 페니키아의 신이었다. 그들은 이 신이 그들의 도읍 틸스의 성벽을 쌓은 것이라고 믿었다. 이 신은 대양에서의 출구에도 기둥을 세우고 누구도 그곳부터는 더 나가지 못하도록 했던 것이다. 마치 뱃사람에게 바위가 외치고 있는 것만 같았다.

"멈춰라! 이곳에서 한 발짝도 앞으로 나가서는 안 된다. 너는 고국의 성벽을 떠나 이렇게도 멀리 왔다. 이제 이 세계의 끝에서 그만 정지해라."

뱃사람들은 몇백 년 동안 이 금지령을 어기려고 하지 않았다. 지브롤터의 문 저편에 펼쳐진 끝없는 대양이 무서웠다. 그러나 미지의 나라들에 있을 재물이 용기 있는 상인들을 자꾸만 손짓해 불러 냈다.

배는 차례로 대양에 나갔다. 노를 한 번 저을 적마다 걸상에 묶여져 있는 수부들의 쇠사슬이 절그럭거렸다. 구슬땀이 낙인을 찍은 이마며 밀어올려진 머리 꼭지에서 흘러 떨어졌다. 머리칼로 낙인이 가려지지 않도록 노예들은 까까머리였다.

한 번 노를 저을 적마다 바다는 더욱더 넓어졌다. 그 무렵 아직도 야만인이 살고 있던 에스파냐와 프랑스 해안을 따라 페니키아의 상인은 주석섬——브리타니아며 호박 해안——발트 해 연안까지 이르렀다.

사람들은 지구를 돌아다녔다. 그 사이 지구 또한 자기의 길을 나아가며 태양의 둘레를 돌고 있었다.

다시 몇백 년이 지났다. 현대까지는 4천 년, 아니 3천 년을 남길 뿐이었다. 노동의 달력으로선 철기시대가 시작되고 있었다.

작은 팔레스티나에서 솔로몬 왕이 배를 건조하고, 친구인 이웃 페니키아의 히람 왕에게 바다에 대해 잘 아는 뱃사람을 파견해 달라고 부탁했다. 배에 탄 이들 유대인과 페니키아인은 홍해를 거쳐 먼 인도로 향했고, 궁전이나 신전에 쓸 금·은·상아·원숭이·공작새를 그곳에서 가져왔다.

항해자들은 세계의 벽을 더욱더 멀리 넓혀 나갔다. 그러나 키잡이들은 아직도 해안에서 멀리 떨어지는 것을 꺼려했다. 바깥 바다로 나가는 게 무서웠던 것이다. 바깥 바다에 나가면 항로를 잃어버리기 쉬웠다. 바다와 육지는 전혀 다른 두 개의 세계인 것이다.

레바논의 숲이라면 나그네는 자기의 발자국을 따라 걸어갈 수도, 삼나무에 찍어놓은 도끼 자국을 찾을 수도 있었다. 그러나 물에선 발자국 따위는 남지 않았다. 노가 물을 갈라 놓아도 곧 그것은 아무런 일도 없었던 것처럼 본디의 모습으로 되돌아갈 뿐이었다.

아라비아의 사막에서 옛날 집터에 잿더미가 남아 있는 흔적이 발견되었다. 대상의 통로엔 깨진 그릇 조각이 뒹굴고 있거나 양이나 낙타 뼈가 비바람을 맞고 있거나 하였다.

돌마저 입을 열어 길을 찾아내는 데 도움을 주었다. 사람들은 신에게라도 빌듯이 길안내 표적인 검은 돌에 빌었다.

대지 또한 숱한 표적으로 길을 사람들에게 가르쳐 주었다. 사람은 대지를 살피고 언덕이나 웅덩이 모양에 주의를 기울이면서 걸어갔다. 그러나 바다의 물결은 어느 것이나 모두 같고 모양도 끊임없이 변했다. 바다는 집터 따위는 남기지 않는다. 물은 배의 조각과 뱃사람의 시체를 영원히 물속에 장사지냈다. 아래는 푸른 바다이고 위는 푸른 하늘뿐이라고 한다면, 길을 잃을 수밖에 없잖은가! 아래를 본들 아무런 소용이 없었다. 그래서 항해자는, 이런 때에는 아래를 보지 않고 위를 보아야 한다는 것을 깨달았다.

항해자는 하늘을 우러러 별 사이에서 자기 항로의 길잡이를 찾았다. 정오에는 태양이 그들을 남으로 이끌어 주었다. 밤이 되면 작은곰자리가 북으로 가는 길을 가르쳐 주었다. 페니키아인이 작은곰자리를 '마차'라고 불렀던 것은 우연이 아니었다. 이것은 여행자의 별자리였던 것이다.

이렇듯 사람은 태양과 별을 관찰하면서 자기의 행성——지구를 정복해 나갔다. 사람은 이 세계에의 열쇠를 찾아 나갔다. 그리하여 겁없이 큰 별세계 속에서 이윽고 그것을 찾아냈다.

일찍이 각 부족은 바다에 의해 격리돼 있었다. 그런 바다가 바야흐로 각 부족을 연결시키려 하는 것이었다. 식기·피륙·노예 등과 함께 각 부족의 관습·신앙·기술이 바다를 건넜다. 글자는 이집트에서 페니키아, 페니키아에서 그리스로 전해졌다. 그것은 도중에서 변화되어, 그림에서 알파벳으로 변했다.

페니키아의 배에는 반드시 읽고 쓸 줄 아는 자가 타고 있었다. 그는 장부를 적고 계산도 했다. 돌아와서 배 임자와 짐 주인에게 자세한 보고를 해야만 하기 때문이었다.

페니키아의 갤리선(양 뱃전에 상하 두 줄로 노를 갖춘 배)으로 아시아에서 유럽에 전해졌던 것은 팔레스티나의 독한 포도주나 보라색의 키톤(고대 그리스에서 사용된 속옷을 겸한 바지)만이 아니었다. 세계 최초의 알파벳 자모도 전해졌다. 유럽의 여러 언어에는 갤리선·포도주·키톤· 알파벳 등 이들 페니키아의 말이 변화된 형태로 남아 있다. 민족은 멸망되고 나라는 무너졌으며 파피루스의 두루마리는 화재의 불길을 만나 재가 되었으나, 자모는 소멸되지 않았다. 자모는 불타지 않고 불을 빠져나왔다. 시간 그 자체도 자모에게는 영향을 미치지 못한 것이다.

이들 수십 개의 기호보다 뛰어난 사람의 보물은 없었다. 이 기호는 가볍지만 튼튼한 다리가 되어 민족과 민족, 세기와 세기를 연결시켰다. 만일 이것이 없었다면, 누가 몇 세기에 걸쳐 사람의 두뇌가 만들어 낸 것을 기억에 남겨 둘 수 있었을 것인가?

이런 기호를 알고 있는 자에겐 기억이 무한한 것이나 다름없었다. 기억의 도움을 받는다면, 아득한 옛날 사라져 버린 세계를 또다시 만들어내어 보일 수 있다. 그리하여 우리는 지금 없는 것을 눈으로 보고, 침묵한 입이 들려주는 말을 들을 수가 있는 것이다. 산 사람과 죽은 사람, 가까운 사람과 먼 사람을 영원히 사는 하나의 인류로 모으면서 자모는 민족에서 민족으로, 세대에서 세대로 전해졌다.

이제 다시 페니키아의 뱃사람한테로 돌아가 보자. 낯선 해안에 접근하면 뱃사람들은 정찰자를 내보냈다. 어떤 사람이 이곳에 사는가, 예의를 모르는 야만인인지 신을 공경하는 자들인지 알아 두어야 했다. 바다 건너편에서 온 손님을 창이나 소나기 같은 화살로 맞는 본토 사람들도 때때로 있었던 것이다. 이것은 손님들에겐 하나의 교훈이 되었다. 그 다음에는 손님들도 좀더 신중히 행동했다.

그들은 기슭의 모래에 자기들 물건을 늘어놓고, 화톳불을 피웠다. 그런 뒤 자기들은 닻줄을 올리고서 바다로 나갔다.

본토 사람들은 연기를 발견하고는 조심하면서 기슭에 다가와 주어진 선물을 받고 자기 쪽에서도 손님에게 줄 선물을 남겨 두었다. 이렇듯 사람들은 모습이 없는 자들처럼 서로 얼굴을 마주침 없이 만나고 있었다.

상인의 행선지가 낯익은 해안일 때에는 모든 일이 전혀 다른 형태로 진행되었다. 상인들은 모래 위에 배를 끌어올리고 배 고물을 판매대 삼아 상품을 진열했다. 그러면 여자들은 고물을 둘러쌌다. 추장의 딸도 친구와 함께 자주 나타났다.

거래는 평화로운 가운데 이루어졌다. 그러나 물건이 모두 나가고 마지막으로 배가 수면에 떴을 때에 이르러, 교활한 상인은 강도로 둔갑하여 구매자를 약탈해 가는 일도 있었다. 여자가 붙잡혀 배로 끌려들어갔다. 비명을 듣고 사람들이 달려왔을 때는 이미 늦은 뒤였다. 흰 돛은 순풍으로 부풀고 수부는 일제히 노를 저었다.

배는 멀어지고 차츰 작아졌다. 어머니들이 옷을 쥐어뜯으며 울부짖으면, 나이 먹은 여자들이 이런 말로 위로했다. "저 기품이 높은 추장님네 아씨마저 노예의 괴로움을 맛보게 되었어요. 그러니 모두 신의 뜻이 아니고 무엇이겠어요."

새로운 미지의 세계

배는 조금씩 세계를 넓혀 갔다. 새로운 거대한 세계, 비밀과 기적으로 가득 찬 세계가 사람들 앞에 펼쳐졌다. 낯선 남의 해안에 배를 대었더니 그곳은 곧 동화의 나라였다.

이 새로운 세계에 발을 들여놓은 사람들은 눈으로 보고 귀로 듣는 것을 아직도 이해할 수 없었다. 이해되지 않는 다른 고장의 말은 박쥐의 울음소리나 새들의 지저귐처럼 들렸다. 높은 산은 하늘을 떠받치고 있는 기둥처럼 보였다. 처음으로 큰 원숭이를 보고서 사람들은 털 많은 사내인 줄로 알았다. 이 털 많은 사람에게 다가가자, 그는 할퀴거나 물거나 하였다.

나그네들은 해안의 들불을 바다로 흘러들고 있는 큰 불의 강이라고 생각했다.

새로운 세계에 들어가기 위해서 사람은 자기 또한 새로운 다른 것이 되어야만 했다.

사람은 말의 재빠른 네 다리와 끈질기고 낙타의 참을성 많은 등을 갖게 되었다. 이것은 사막과 초원의 문을 여는 무기가 되었다. 또 '노'라는 지느러미를 만들어 파도 위를 미끄러져 가는 방법을 알았다. 그는 다른 나라에 가서 이제껏 한 번도 보지 못한 것을 보았다. 그러나 사람은 본 일이 없는 데서 그칠 뿐 아니라, 영문을 알 수 없는 것을 이해해야만 했다. 그것이 가장 어려운 일이었다.

사람은 흔히 무엇이고 자기의 척도, 조상으로부터 이어받은 익숙해진 낡은 척도로 사물을 재는 데 익숙하다. 새로운 것을 보면, 사람은 그 속에서 낡은 것을 찾아내려고 한다. 그리하여 만일 잘 알고 있는 낡은 것이 발견되지 않으면, 한동안은 어리둥절해하며 눈에 띈 것을 알려고도 하지 않는다.

일찍이 이집트인들은 세계에 그들의 강밖에는 강이 없는 줄로 알았다. 이 강은 남에서 북으로 흐르며, 그것 이외에 흐르는 방법은 없다고 생각했다. 이집트인은 '북'을 나타내려고 할 때, 돛을 올리지 않고 물을 따라 흘러가는 배의 그림을 그렸다. '남'을 나타내기 위해선 돛을 올리고 강물을 거스르며 올라가는 배의 그림을 그렸다.

이제 이집트인은 그들의 좁은 집 밖으로 나갔다. 그들은 이윽고 유프라테스 강까지 이르렀다. 유프라테스는 고국의 강과는 전혀 다르게 흐르고 있었다. 남에서 북으로가 아닌, 북에서 남으로 흐르고 있었던 것이다. 이집트인의 놀라움은 컸다. 그들은 그 발견을 자손에게 줄 교훈으로써 영원히 기록해 두리라고 결심했을 정도였다. 이집트 왕 투트모세 1세(재위 기원전 1524~1507년)의 명령으로 석비(石碑)에 이런 말이 새겨졌다.

'유프라테스 강의 물은 역류하여 위로 흐르고 있다.'

살던 작은 세계를 나와 큰 세계로 발을 들여놓은 이집트인으로선 놀라운 일투성이였다.

훨씬 옛날부터 그들은 밭에 강물로 물을 대고 있었다. 이집트는 강우량이 적다. 그래서 만일 나일 강이 범람하지 않았다면, 그들의 나라는 오랜 옛날에 사막으로 바뀌었을 것이다. 그들은 다른 나라에 가보고서 그곳 밭이 지상의 나일이 아닌 하늘의 나일로 물을 공급 받고 있음을 알고 놀랐다. 하늘의 나일이란 그들이 비에게 붙인 별명이다.

우리로선 비가 오는 것은 아주 평범한 일이다. 그러나 이집트인으로선 비는 하늘에서 떨어져 오는 이상한 강이었던 것이다. 이집트의 석비는 더욱더 이동해 갔다. 거기에는 '동쪽으로도 서쪽으로도 길이와 폭을 가진 땅을 정복했다'고 이집트 왕들을 찬양하는 글이 새겨졌다. 그러나 이집트인이 알고 있는 세계의 경계가 넓어지면 넓어질수록 이집트는 세계에서 오직 하나뿐인 것도, 가장 좋은 것도 아니라는 점이 뚜렷해졌다.

이집트의 사절들은 바빌론의 거대한 성벽을 보았다. 그것의 폭은 네 마리의 말이 지나갈 정도였다. 그들은 바빌론에서 기둥 위에 꾸며진 '공중 정원(세계 7대 불가사의 중 하나)'을 보았다. 하늘을 날고 있는 것처럼 보이는 이 정원에는 큰 나무가 우거져 있고 못에선 고니가 헤엄치고 있었다. 사절들은 도읍 하늘에 솟아 있는 계단 모양의 신전을 신기한 듯이 바라다보았다.

이집트인은 자기들의 박학을 자랑으로 여겨 왔었다. 그런 그들로서도 바빌론의 신관에게 갖가지로 배울 것이 있다고 인정하지 않을 수 없었다. 이집트인은 타국인과 그 관습·신앙에 차츰 존경심을 갖게 되었다. 그리하여 이윽고 그때까지 한 핏줄의 자매하고만 결혼했던 이집트 국왕이 타국의 왕녀 중에서 왕비를 고르게 되었다.

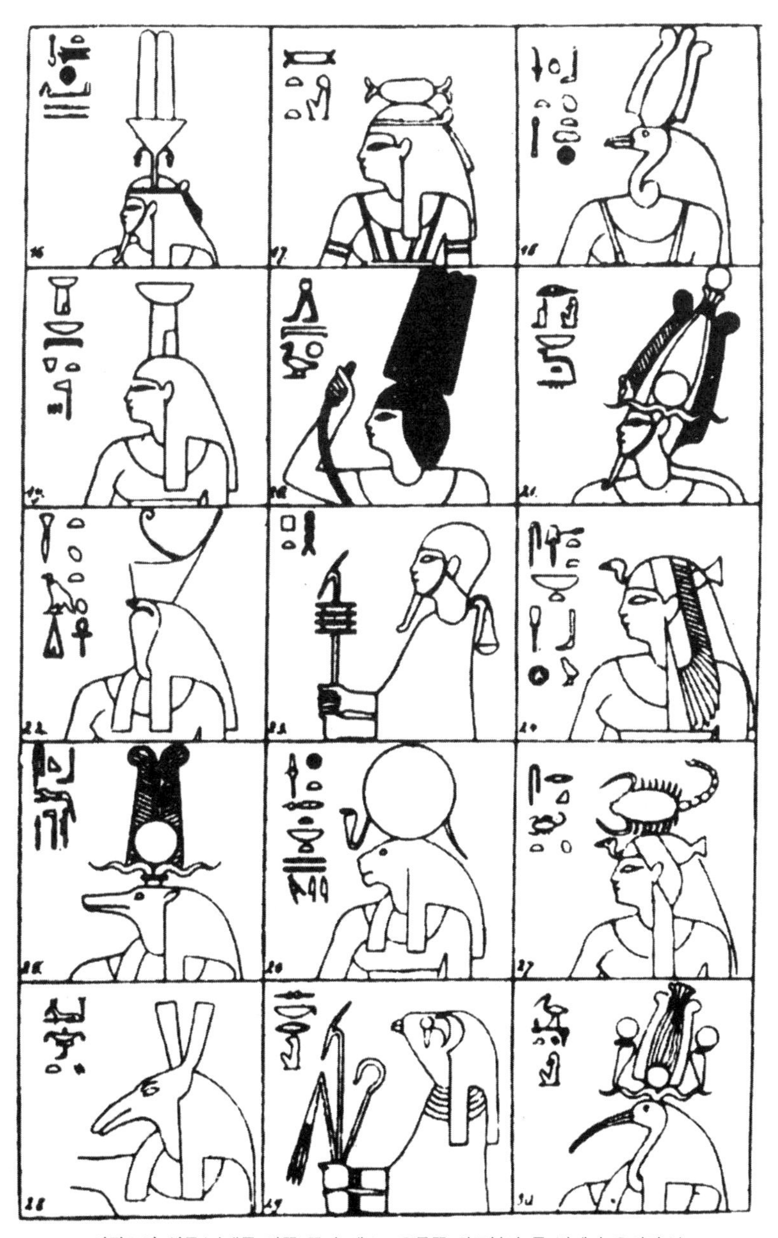

이집트의 신들(아랫줄 왼쪽 끝이 세스, 오른쪽 위로부터 두 번째가 오시리스)

어떤 신전의 벽에는 몰아치는 북국의 눈을 무릅쓰고 이집트 왕비가 되기 위해 히타이트의 왕녀가 시집온 이야기를 새겨 놓았다. 하늘의 나일이 밭에 물을 대는 것을 보고 이집트인이 놀란 것은 그리 먼 옛날의 일이 아니었다. 그런데 그들은 이제 비뿐 아니라 눈까지 하늘에서 내리는 나라가 있음을 알게 되었던 것이다.

사람들은 새로운 것을 보고 새롭게 사물을 생각하는 것을 배웠다. 다만 그 무렵에는 생각이란 곧 신앙을 의미했다. 그때는 아직 지식이 종교와 단단히 얽혀 있었던 것이다.

한때는 저마다의 도시가 저마다의 신을 받들었다. 그 수호신——신으로서의 조상은 자기 도시의 사람만을 사랑했고, 그들이 타국인을 정복하는 것을 도왔다.

그러나 이제 도시와 도시, 부족과 부족을 갈라놓고 있었던 벽은 무너지기 시작했다. 처음에 '동족'과 '타국인'은 경멸과 불신감, 적의를 갖고 만났으나 차츰 부드럽게 얼굴을 마주 보게 되었다.

그들은 이미 전장뿐이 아니고, 장이 서는 광장에서도, 부두에서도, 축제날 신전 앞에서도 만나게 되었다. 다른 말을 지껄이고 다른 신을 믿는 사람들이 군중이 되어 한데 뒤섞였다. 그들은 남의 신의 얼굴을 놀라움의 눈으로 쳐다보았고, 그 얼굴 생김에서 낯익은 모습을 발견했다.

페니키아인은 이집트의 신 오시리스가 죽은 뒤 반드시 살아나는 자기들의 자연 신 아드니스임을 알게 되었다. 이집트에선 봄마다 파피루스로 공을 만들었다. 이것은 악신 세트에게 죽임을 당한 오시리스의 머리였다. 이 머리는 바닷길로 페니키아에 보내졌다. 페니키아에선 여자들이 울면서 이를 맞이했다. 그러면 아드니스, 즉 오시리스는 살아나고 온갖 민족에 공통되는 영원한 봄축제인 부활제가 시작되었다. 사람들은 자기들의 신뿐 아니라 남의 신도 믿기 시작했다. 바빌로니아 왕은 여신 이슈타르의 상을 이집트에 보내면서 이집트 왕 앞으로 다음과 같은 편지를 써보냈다.

"만국의 주인 니네베의 이슈타르는 사랑하는 나라 이집트에 간다고 하셨습니다."

그 뒤 얼마쯤 지나자 사람들은 온갖 민족의 수호자인 전 세계의 신에게 빌기 시작했다. 이집트 왕 아크나톤(재위 기원전 1377~1358년)은 이 새로운 신을 위해 신전을 짓고 영감에 넘친 성가를 불러 신을 찬양했다.

"당신의 승천은 아름다워라, 오오 세계를 지배하는 분이시여! 당신의 빛은 골고루 인류를 비춘다. 당신이 빛을 내려주실 때 모든 나라는 기쁨으로 춤춘다."

일찍이 이집트인은 태양이 그들을 위해서만 빛나는 것으로 생각했었다. 그러나 그들의 앞에 세계는 열리고 그들의 태양이 아득하게 먼 민족도 비추고 있음을 보았다.

"당신은 멀리 떨어진 나라들에도 생명을 주셨다. 당신은 그곳에 하늘의 나일을 베푸셨다."

이집트인은 그들만이 진짜 사람이고 신들은 타국인을 싫어한다고 생각했었다. 그러나 이제 그들은 타국인을 가까이 알게 되었다. 이집트 안에서도 타국인이 자기들 나라의 사람들보다 많아졌다. 타국의 용병이 왕의 마차를 따르게 되었다. 다른 나라 손님인 상인이 먼 나라의 물자를 가져다 주었다.

"사람들의 언어는 다르고 사람들의 피부 색깔 또한 다르다……. 하지만 당신은 하나하나에게 장소를 주셨고 그 사람이 필요로 하는 것을 베푸셨다……."

어떤 언어를 쓰든 지상에는 저마다의 민족이 사는 장소가 있는 것이다. 이렇듯 3300년 전인 아크나톤 왕 시대에 벌써 세계의 벽이 멀리 밀어젖혀져, 나일의 강기슭으로부터 다른 나라들이 보이게 되었다. 이리하여 이집트의 신전 벽에는 비로소 '인류'라는 말이 나타났다.

그러나 아크나톤처럼 먼 곳을 본 사람이 많았던 것은 아니다. 신분이 높은 권력자에게 쌀쌀하고, 타국인이나 '평민'이라 불리던 신분이 낮은 자를 가까이한 이 왕에게는 적이 많았다. 그가 죽은 뒤 권력은 다시금 신관과 신분이 높은 자의 손에 쥐어지고 말았다. 아크나톤에게는 죄인의 누명이 씌워졌고, 석공들에 의해 그 이름은 무덤이나 신전의 벽에서 쪼여 없어지고 말았다.

주위에는 그지없이 거대한 세계가 열리고 있었다. 그러나 낡은 것을 편드는 사람들은, 이집트인이 아직도 좁고 작은 세계에서 생활하던 무렵 태어난 낡은 신앙이며 낡은 벽을 고집스럽게 지키고 있었다. 이것은 이집트에서만 볼 수 있는 일은 아니었다.

몇백 년 뒤의 그리스에서도 그러했다. 그리스의 항해자들은 바다를 노젓고 다니며 새로운 나라들을 발견했다. 그들은 북쪽의 스키타이, 서쪽의 시칠리아, 이탈리아까지 가 닿았다. 그릇·직물·장식품 등을 배로 날랐고 곡식·포도주·기름 등을 가지고 돌아왔다.

전에 그리스에서는 어느 집이든 여자들이 스스로 실을 물레질하고 길쌈을 했었다. 어느 마을이건 대장장이가 있어 칼을 만들었고, 농기장이가 있어 그릇을 굽고 그것에 소박한 무늬를 새겼다.

그런데 이제는 모든 것이 바뀌어 그리스 여러 도시의 생활은 다른 것이 되었다. 장인 하나가 그릇을 굽고 다른 장인이 무늬를 그렸다. 어떤 대장장이는 칼을 만들었고 다른 대장장이는 갑옷을 만들었다. 분업은 장인 사이뿐 아니라 도시 사이에서도 이루어졌다.

밀레투스는 모직물, 코린토스는 갑옷, 아테네는 무늬가 그려진 항아리로 유명했다.

일찍이 농경민은 모두 자기가 농사지은 곡식을 먹고, 자기가 키운 포도를 발효시킨 포도주를 마시고, 자기 집 양털로 길쌈한 겉옷을 입었다. 그런데 이제는 밀레투스의 직물공 가운데 자기 조상이 농경민이었다는 아는 사람은 하나도 없었다.

직물공이 스스로 곡식의 씨를 뿌리든가 포도나무를 돌본다든가 할 필요가 없었다. 바다 건너에서 가져오는 곡식이나 포도주와 바꾸어 직물을 파는 편이 이익이었다.

매일 옆구리에 검은 칠을 한 배가 밀레투스의 항구를 출항했다. 배는 이탈리아나 스키타이와 같은 먼 나라를 향해서 갔다. 이런 타국 해안에는 벌써 그리스의 식민도시가 있었고 그리스인과 그 고장 주민 사이에서 물물교환이 이루어지고 있었다.

흑해안에 있는 오르비아든가 테오도시야든가에서 밀레투스의 상인이 스키타이인 추장들에게 검은 무늬의 항아리나 수를 놓은 모직물을 팔았다. 그 대신 그리스인들은 밀가루 부대를 배에 실었다.

그리스의 뱃사람들은 세계를 자꾸만 넓혀 갔다. 하지만 노인들은 여전히 미지의 타국에 사는 괴물 이야기를 아이들에게 들려 주고 있었다. 메시나 해협 기슭에는 벌써 그리스의 도시가 건설되어 있었지만, 그들은 아직도 스킬라며 카립디스라는 괴물이 있어 이 좁은 해협에서 뱃사람들을 잡아먹으려 한다고 믿었다.

아톤의 태양면에 예배하는 아크나톤

세계는 주석섬이나 호박 해안, 스키타이나 인도까지 넓혀졌다. 하지만 많은 사람들은 아직도 세계를 오디세우스 왕(호메로스의 《오디세이아》 주인공) 시절처럼 좁고 작은 것이라 믿고 있었다. 이 작은 세계에서 대지는 평평하고 그 위에 구리의 둥근 하늘이 대접처럼 덮여 있었다.

동과 서에 문이 있었다. 매일 새벽의 여신은 문을 열었다. 그러면 날개 달린 네 마리의 말이 눈부시게 빛나는 여신의 명을 좇아 힘차게 달려나갔다. 저녁때가 되면 오케아노스 강 건너 저편 서쪽에서 또 하나의 문이 열렸다. 지친 말들은 하늘의 비탈길을 따라 천천히 밤의 나라를 향해 내려갔다.

오디세우스의 영토였던 이타케 섬 가까이 레우카스라는 흰 바위가 있었다. 그 바로 뒤쪽에 땅 속 나라의 입구가 있었다. 땅 속 나라의 들판엔 푸르스름한 아스포로데스(시들지 않는 꽃)가 피어 있고 죽은 이의 그림자가 공중을 너울너울 떠다녔다.

사람들은 이와 같은 터무니없는 이야기에 귀를 기울이고, 자기 눈으로 보는 진짜로 살아 있는 세계를 외면했다. 그러나 이 사람들은 차츰 바다를 건너 자기들 세계의 벽을 무너뜨렸다.

하지만 새로운 세계에 들어가자 다시금 하나의 걸림돌에 가로막혔다. 습관이 되어 버린 사물의 관찰법, 옛날부터 뿌리를 내리고 있는 지식 등, 눈에 보이지 않지만 몹시 두터운 벽이 가로막고 있었던 것이다. 예로부터의 신들이 이 벽을 단단히 지키고 있었다. 이 벽을 깨뜨릴 수 있는 것은 오직 과학뿐이었다.

과학의 요람

우리는 최신 과학 지식을 곧잘 입에 올린다. 그렇다면 최초의 과학 지식이 태어난 것은 언제쯤이었을까? 우리가 알고 있는 최초의 과학책이 세상에 나타났을 때에 과학이 태어났다고 한다면, 그것은 기원전 547년 그리스의 식민도시 밀레투스였다. 책의 이름은 《자연에 관해서》로 밀레투스의 학자 아낙시만드로스(기원전 611~546년)의 저서이다.

그렇다면 우리는 1953년 과학 탄생 2500년을 기념하여 축하회를 열어야만 했다. 그러나 과학의 나이는 정말로 2500년에 지나지 않았던 것일까? 아낙시만드로스에겐 제자는 있었지만 스승은 없었던 것일까? 그렇지는 않다. 그에게도 스승이 있었음을 우리는 안다.

그것은 밀레투스의 상인이자 항해자요 학자였던 탈레스(기원전 624~546년)이다. 기원전 585년(5월 28일), 밀레투스의 주민들은 일식을 보았다. 그것은 언제나처럼 사람들에게 큰 소동을 일으켰다. 하지만 이번에는 일식 그 자체보다도 그것이 예고되었다는 점이 밀레투스의 주민들을 놀라게 했다. 이를 내다본 사람은 같은 동족인 탈레스였다. 그러나 탈레스 또한 최초의 학자는 아니었다. 그에게도 스승이 있었던 것이다.

오랜 전설에 의하면 그는 소금을 사기 위해 배를 타고 이집트에 갔으며, 거기서 피라미드 높이를 재는 방법을 배웠다. 또 일식의 예언을 바빌로니아인에게서 배웠다. 과학은 밀레투스에서 태어난 게 아니었던 것이다.

그것은 다른 나라로부터 전해졌다. 밀레투스는 때마침 세계의 사방으로 통하는 뭍과 바닷길의 교차점에 위치하고 있었던 것이다. 매일 항구에서 밀레투스의 모직물과 항아리를 실은, 옆구리에 검은 칠을 한 배가 출항했다.

어떤 배는 오르비아의 스키타이인에게, 다른 배는 나우크라티스의 이집트인에게 또는 슈발리스의 이탈리아인에게로 향해 떠나갔다. 한편 평야 지대에서는 포도밭이나 올리브의 숲이나 털이 고운 면양이 방목되는 목장 곁을, 대상이 동방의 리비아·페르시아·바빌론을 향해 느릿느릿 지나갔다.

바빌론의 신전은 어느 것이나 관찰과 사색을 위한 곳으로 생각되었다. 겉보기에도 신전은 우주나 행성이나 항성을 연상시켰다. 그것은 산을 연상시키고 우주를 연상케 하는 건물이었다. 차례로 쌓아올려진 일곱 개의 탑은 하늘까지 닿는 거대한 계단의 층계인 것만 같았다.

일곱 개의 층계는 일곱 개의 천체의 수를 나타낸 것이었다. 신전의 기초 곁에 있는 대리석 저수지는 못을 나타내고 있었다. 바빌로니아인은 세계가 그곳에서부터 생겼다고 믿었던 것이다.

둘레에는 기둥의 열이 이어져 있었다. 그러한 기둥이나 높은 벽 뒤에 학교·도서관·문서보관소 등이 있었다.

학교는 작고 좁은 방에 지나지 않았으며 학생들은 교사의 발 아래 앉았다. 날씨가 좋은 날이면 그들은 찰흙 노트와 책을 들고 신전의 경내로 나갔다.

옆에 자리한 도서관에는 이런 찰흙판의 책이 높다랗게 쌓아올려져 있었다. 거기에는 몇천 년이나 걸려 쌓인 지식이 기록돼 있었다.

어떤 찰흙판은 '에누마 엘리시' 즉 위쪽이란 말로 시작되어, 위쪽의 하늘에 아직도 이름이 붙지 않고 아래의 대지에 이름이 없었을 무렵의 일을 전했다.

계속되는 일곱 장의 찰흙판에선 세계의 시작이 이야기되었다.

다른 찰흙의 책에는 '풀을 뜯는 암양' 다시 말해서 항성에 대하여, '일곱 마리의 수양' 즉 행성에 대하여, 태양이 지나가는 황도의 여러 별자리에 대하여, 1년의 날과 달 계산법, 일식과 월식의 예언에 대해 기록되어 있었다.

거기에는 나라·산·강·용수로·신전의 안내서와 일람표도 있었다. 또한 사전·문집·문법 용례집도 있었다. 그뿐 아니라 의학 입문서와 문집, 최초의 지도도 있었다.

이런 지도에는 대지가 둥글게 그려져 있었다. 이 원을 '짠 강' 즉 대양이 둘러쌌다. 대지의 중앙에는 산에서 흘러나온 유프라테스 강이 흘렀으며, 그 양편에 세계의 나라들이 둥글게 그려져 있었다. 도서관에 가면 동물학 책도 눈에 띄었다. 이런 책은 온갖 동물을 '강'과 '종'으로 분류했다. 하나의 강에는 조류, 또 하나의 강에는 어류, 그리고 또 하나의 강에는 네발짐승이 들어 있었다.

이어서 네발짐승류는 개·나귀·소로 분류되었다. 이 일람표에선 사자는 개 속에, 말은 나귀 속에 넣어져 있었다. 그러고 보면 바빌로니아인이 사자나 말에 대해 알게 된 것은 개나 나귀보다 뒤졌음이 틀림없다.

도서관에는 수학책도 많았다. 바빌로니아인은 산술의 사칙(더하기·빼기·곱하기·나누기)을 알고 있었을 뿐 아니라, 제곱하는 방법, 루트를 찾아 내는 것, 2차방정식까지도 풀었다. 그들은 원둘레의 길이나 각뿔의 부피도 산출했다. 원둘레의 길이를 지름으로 나눗셈하여 파이(π)라는 수를 얻었다. 이것은 뒷날에 이르러 수학자들이 자주 사용하게 된다. 하기야 이들은 이 수를 대충 가까운 값으로 정하여 π는 3과 같다고 했다. 그렇기는 하지만 우리도 계산할 때 보통 $\pi=3.14$라는 근사치로 만족하고 있다.

지금껏 우리는 바빌로니아인과 마찬가지로 원을 360도로 나누고 1년을 12달로 나눈다. 현재 1주일이 7일인 것은, 바빌로니아인이 일곱 개의 행성을 알았다는 데서 비롯된 것이다(그들은 달과 태양도 행성으로 보았다).

이후 프랑스인이 월요일을 달의 날, 화요일을 화성의 날, 수요일을 수성의 날, 목요일을 목성의 날, 금요일을 금성의 날로 부르게 되었다. 또 영어에서 토요일은 지금도 토성의 날이 된다.

영국인과 독일인이 일요일을 태양의 날로 부르는 까닭은 고대 셈족의 바빌로니아인이 그렇게 칭한 것을 따랐기 때문이다. 시계의 글자판을 보면 기호와 선, 즉 12시간과 60분 표시가 되어 있다. 하루와 1시간을 이렇게 나눈 것도 역시 바빌로니아인이었다.

우리는 지금 밀레투스를 떠나 과학의 발자취를 더듬고 있다. 발자취는 우리를 바빌론의 신전까지 데려가고 있다. 그러나 발자취가 신전 경내에서 뚝 끊어져 있지는 않다. 그것은 다시 유프라테스 강의 용수로, 둑과 보, 세계 최초의 수로 다리, 바빌론의 상인들 거래소, 왕궁의 입구로 이어져 있다.

신전 안에선 신관들이 학문을 연구하고 있었다. 그들이 학문을 닦았던 이유는 무엇일까? 학문이 필요했기 때문이었다.

학교에선 아이들이 찬가, 주문, 신들의 이야기를 암기했다. 덧붙여 땅 넓이의 측정법, 사무적인 편지쓰기, 장부 기입법, 별을 보고 강의 범람을 예언하는 방법 등도 배웠다. 학생들은 성장하여 신관이 되었다. 그러나 찰흙판에는 '신관'이라는 낱말과 '계산'이라는 낱말이 같은 설형 문자로 표현돼 있다.

바빌로니아인들이 생각했던 세계지도

신관들은 신뿐 아니라 왕도 섬기고 있었다. 그들은 왕실의 관이나 재판소나 문서관리소의 서기이기도 했던 것이다.

바빌로니아에선 학문을 하는 일과 신을 섬기는 일이 결부되어 있었다. 바빌론의 의사는 모두 마법사였고 천문학자는 모두 점술가였다. 수학만이 최초부터, 신관들 또한 그것을 쓰고 있었는데도 종교에서 떨어져 과학으로서 성장했다. 하지만 바빌로니아인은 세계의 광경을 설명하려고 할 때 지식과 신앙을 분리하지 못했다.

몇천 년의 세월이 흘렀다. 바빌론의 종교에 대해선 약간의 사람이 아는데 지나지 않지만, 바빌론의 과학은 지금껏 달력이나 시계나 수학 교과서 속에 살아 있다.

지금 우리는 바빌론의 과학에 대해서 이야기하고 있다. 그러나 그것은 지금의 과학과는 너무도 동떨어진 것이다. 바빌론의 과학은 현대의 과학과는 비교도 되지 않을 만큼 빈약하고 좁다. 그러나 차이는 이 점만이 아니다. 다시 한 번 찰흙판을 손에 들고 찬찬히 보기로 하자.

이 넓적한 벽돌 모양의 것에는 우리의 낯익은 책을 연상시키는 것이 무엇 하나 없다. 비록 그것을 읽을 수 있더라도 거기에 쓰여진 내용의 의미는 금방 이해되지 않는다.

몇천 년 전에 살았던 사람들은 우리와 전혀 다른 사고방식을 가졌기 때문이다. 따라서 바빌로니아어를 다른 언어로 번역하기 위해선 아는 것만으로는 부족하다. 하나의 사물을 보는 사고방식을 다른 사고방식으로 옮기는 법 또한 배워야만 한다.

"'에누마 에리시'……. 위쪽의 하늘에 아직 이름이 붙지 않고 아래의 대지에 이름이 없었을 무렵, 태초의 창조자 아푸스와 티아마트는 자기들의 물을 뒤섞고 있었다. 들도 없고 섬도 보이지 않고 한 신도 나타나지 않았고 누구에게도 이름이 없었으며 운명도 정해져 있지 않았다. 이때 신들이 만들어졌다……."

이어서 아푸스 신과 그 아내 티아마트가 아들인 마르두크 신과 전쟁을 시작했다고 나온다. 마르두크는 아푸스를 죽이고, 티아마트를 조개를 쪼개듯이 두 쪽을 내어 한쪽을 하늘로 삼고 다른 한쪽을 대지로 삼았다.

이것을 쓴 사람들은 아직도 우리와 똑같은 사고방식으로 생각할 수가 없었다. 그들은 '깊이를 알 수 없는 것', 즉 우주 공간을 신들의 아버지인 아푸스라는 형태로 상상하고 있었다. 그들은, 세계는 물의 깊은 못에서 생겼다고 믿었지만, 이것을 다만 물이라고는 부르지 않았다. 그들에게 그것은 어머니인 티아마트였다.

그들은 모든 것이 왜 어떻게 해서 생겼는지 묻지 않았다. 누구로부터 모든 것이 생겼는가, 즉 어떤 아버지와 어떤 어머니로부터 태어났는가 하는 식으로 물었던 것이다.

천 년 동안이나 사람들은 혈족의 유대로 단단히 묶여 있었다. 그리하여 그 뒤에도 오랫동안 세계의 모든 사물은 어버이와 자식과 같은 혈연 관계가 있는 것으로 믿었다.

몇천 년의 세월이 지난 뒤인 오늘날의 우리도 때로는 어머니인 대지라고 말하지 않는가. 또 하나의 찰흙판에는 일식에 대해서 기록되어 있다.

"니산의 달 1일에 태양이 캄캄해지면, 아카드의 왕이 죽게 되리라. 1일 후에 태양이 어두워져도 해 너머의 빛이 밝고 또한 같은 달에 월식이 있다면, 그 해에 왕은 죽으리라. 만일 식이 11일에 있다면 야만족의 대군이 나라를 짓밟아 나라는 멸망하여 사람들은 인육을 먹게 되리라. 만일 타무즈의 9일에 식이 있다면, 이슈타르는 지상에 신의 은총을 내려 지상에 옳은 일을 가져다 주리라."

사람들은 식과 식의 사이가 몇 년, 몇 달, 며칠인지 이미 알았던 것이다.

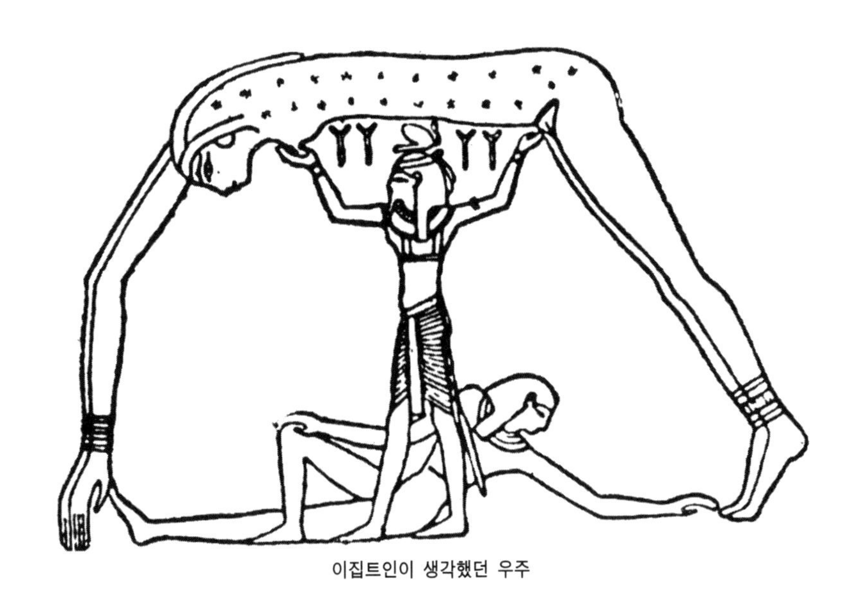

이집트인이 생각했던 우주

그러나 그들에게 식은 하늘의 현상이 아니었다. 그들은 그것을 행복 또는 불행을 예고하는 하늘의 표시라고 보았다. 바빌로니아인들은 오랜 세월에 걸쳐 그들의 관찰을 모아 나갔다.

그들의 문서 보관서나 도서관에는 찰흙의 목록이나 일람표가 수북이 쌓여 있었다. 거기엔 많은 지식이 들어 있었다. 그러나 그 지식은 아직도 미신을 벗어나지 못했다. 이들 책에는 주문이나 기도문이 가득 쓰여져 있었다. 히요스(가지과의 월년초, 잎사귀를 진통제로 씀)와 섞은 송진을 이빨에 채울 때에도, 그 전에 신이 어떻게 하늘을 만들고 대지를 만들고 대지가 강을 만들고 강이 용수로를 만들고 용수로가 진흙을 만들고 진흙이 구더기를 만들고 구더기가 어떻게 이빨로 들어오게 되었나에 대해서 긴 주문을 외우게끔 되어 있었다. 주문은 '신의 거룩하신 손의 힘으로 너를 죽여주소서'라는 구더기에의 경고로 끝나고 있었다.

과학의 근원을 찾는 사이, 우리는 과학이 종교나 주술과 단단히 결부되었던 시대까지 이르렀다. 밀레투스를 떠나 동방의 바빌로니아에 가지 않고 남방의 이집트로 향했다 하더라도 우리는 이와 똑같은 것을 보게 되었으리라.

이집트에서도 어린이들은 학교에서 찬가와 더불어 밭의 측량법과 사무 문서의 서식을 배우고 있었다.

이집트에서도 신관은 학자이고 학자는 신관이었다. 신관은 돌 층계를 밟고 나일 강에 내려가서 수위를 조사했으며, 신전 벽에 금을 그어 물 높이를 나타냈다. 신관들은 낮에는 해시계로, 밤에는 별을 보아 시간을 짐작했다.

두 명의 신관이 마주 보며 평평한 지붕 위에 앉아 있었다. 그들은 정해진 곳에 바른 자세로 앉아 꼼짝도 하지 않았다. 어쩌다가 앞으로 구부리든가 뒤로 젖혀지지 않도록, 그들은 줄에 맨 납으로 자세를 바로잡았다. 두 사람은 어느 쪽이나 관측자이고 계기(計器)였다. 계기는 정확해야만 한다. 신관은 자기 장소에 꼼짝도 않고 앉아 시리우스(큰개자리의 으뜸별)나 다른 별이 자기 앞에 앉아 있는 신관의 어깨에 가까워지는 것을 보았다. 이윽고 별은 어깨 위에 이르러 귀를 스친다. 그러면 전면을 보는 것만으로 몇 시인지 알 수 있었다.

이집트의 신관들은 시간 측정에 있어선 뛰어났다. 그들은 이때 물시계를 가지고 있었다. 이 시계는 그릇의 구멍으로 물이 얼마 만큼 흘러나왔나에 따라 시간을 재는 장치였다. 이집트의 달력은 현재의 달력과 별로 차이가 없으며, 1년은 12개월, 한 달은 30일로 그해 끄트머리에 가서 모자라는 몫인 닷새를 덧붙이도록 되어 있었다. 이리하여 1년은 365일이 되었다.

그런데 이집트의 신관들은, 어째서 이렇듯 자세하게 시간을 조사했던 것일까? 다만 예배 시간이나 축제일 또는 의식을 올리는 달을 정하기 위해서였을까? 그렇지 않다. 나일 강의 범람을 정확히 예언해야 했기 때문이다. 이집트에서도 과학은 생활과 사람의 노동에 있어 절실했기 때문에 성장하고 발달했던 것이다.

우리는 대수 문제를 풀 때 곧잘 미지수를 'X'로 표시한다. 대수 기호 X 대신 이집트의 신관들은 '산'을 그렸다. 이것은 숫자가 지상에서 태어난 것으로 하늘나라의 것이 아님을 밝혀주고 있다. 처음에 X는 곡식의 더미였다. 곡식 더미의 높이와 밑변을 재고 한 더미에 낟알이 얼마쯤 있는지 산출할 필요가 있었던 것이다. 이집트인은 하늘과 땅을 나타낼 때, 이것을 신의 모양으로 그렸다. 땅의 신은 아래에 누워 있고, 그 위에 대기의 신이 서서 두 손으로 하늘의 여신을 떠받치고 있다. 하늘의 여신 몸에서 별이 반짝인다. 여기선 어디가 종교의 끝이고 어디가 과학의 시작인지 금방은 구분이 되지 않는다.

우리는 밀레투스를 떠나 제3의 길을 걸을 수도 있으리라. 그것은 동방의 바빌론이나 남방의 이집트에의 길이 아니고 밀레투스 주민의 고향인 서방에의 길이다. 그들은 옛날의 고향인 그리스로부터 무엇을 가져왔을까? 바로 언어와 신앙과 관습이었다. 밀레투스에서도, 헬라스(고대 그리스인이 자기 나라를 불렀던 호칭)에서도 똑같은 신을 믿었고, 고대의 호메로스가 만들었다고 전해지는 같은 노래를 불렀다.

이런 노래를 읽게 되면, 우리는 또 종교와 과학과 시가 세 가지가 되어 한 그루의 줄기에서 갈라지기 이전의 시대와 마주치게 된다.

《일리아스》와 《오디세이아》는 그리스인이 무엇을 믿고 무엇을 알며, 무엇을 할 수 있었는가를 이야기해 준다. 호메로스에겐 기술이 종교와 뒤엉켜 있다. 그는 무구사(武具師)의 일터를 노래했고 늠름한 대장장이가 무거운 매를 휘둘러 아킬레우스를 위해 방패를 만드는 모습을 그려준다. 하지만 이 대장장이는 보통 사람이 아니라 헤파이스토스라는 신인 것이다.

《오디세이아》로부터는 당시의 항해술을 알게 된다. 호메로스는 폭풍의 상태를 정확히 묘사하고 있어 그의 이야기를 바탕 삼아 천기도(天氣圖)를 작성할 수 있을 뿐 아니라, 어떤 열대성 저기압이나 바람이 오디세우스의 배를 파괴했는지를 판단할 수 있을 정도이다. 하지만 호메로스의 경우, 바람은 모두 단순한 바람이 아니고 신이었다.

그렇다면 헤시오도스(고대 그리스의 시인, 《테오고니아》의 작자)의 노래는 어떤가? 이 농민 시인은 보이오티아라는 산지의 아스쿠라 마을에 살았었다. 그는 자기의 노래를 왕이나 귀족의 연회석에서 노래하지 않고, 자기 집이나 마을 사람의 밤 모임에서 불렀다.

전설에 의하면 헤시오도스의 고향은 뮤즈 신(음악 신)의 고향과 같았다. 그들은 이웃끼리의 정으로 헬리콘 산에서 윤무를 함께 추었다. 이 마을 농민들은 돌을 쌓아 집을 얽을 줄 알았을 뿐 아니라 단어를 이어 노래를 지을 줄도 알았다.

추운 겨울날, 달리 할 일이 없을 적에 아스쿠라의 주민들은 양지 바른 언덕 위에 모였다. 헤시오도스는 리라(고대 그리스의 현악기)나 키타라(고대 그리스의 발현악기)를 연주하는 법을 몰랐다. 그는 옹이투성이 막대기를 잡고 땅을 두들겨 가며 그가 아는 일이며 할 수 있는 모든 것을 갖추어진 시의 형태로 이야기했다.

그는 프레아데스(샛별)가 지평선 위에 나타나면 추수를 시작하고, 프레아데스가 지기 시작하면 밭갈이를 시작하라고 말했다. 또 상품을 싣고 바다 건너로 가는 옆구리에 검은 칠을 한 배를 물에 내리는 것은 언제가 좋은지를 가르쳤다. 겨울에는 파도에 휩쓸리지 않도록 배에 돌을 달아두고, 키는 화덕 위에 매달아 잘 말려야 한다고 충고했다.

이런 이야기를 한 뒤 그는 신들의 탄생담, 카오스(혼돈)에서 빛과 어둠, 하늘과 땅이 태어났다는 이야기, 하늘과 땅의 결혼으로 기가스·티탄·귀클롭스 들(모두 거인족)이 태어난 이야기로 옮겨갔다. 그는 자연의 힘에 관해 노래했지만, 그들 자연력은 신들의 모습을 갖추었고 고유한 이름으로 불렸다.

그런데도 이 낡은 용모에는 벌써 새로운 특징이 나타났다.

헤시오도스의 신들이나 거인족은 호메로스의 경우처럼 활기로 넘치지는 않았다. 그들은 이제까지처럼 땅·빛·낮·북풍·늙음·근심·거짓과 같은 고유한 이름으로 불렸다. 그러나 이미 살아 있는 것이라고는 믿기 어려웠다. 헤시오도스의 신들은 서로가 닮아 있었다. 그는 어느 여신이고 '발이 예쁜 여신'이라고 말했다. 분명 헤시오도스에겐 이미 신들의 구별이 명확치가 않은 것이다. 호메로스의 경우에는 아직도 싱싱하기만 했던 신도 여신도 애매한 존재로 바뀌고 말았던 것이다. 신들의 모습은 더욱 아련해지고 사람들에겐 자연의 모습이 한결 또렷하게 보여 왔다.

사람들은 새로운 사고방식을 배우게 되었다. 보이오티아의 마을 농민들은 아직도 헤시오도스의 노래를 부르고 있었지만, 그때 상업 도시의 어느 번화한 항구에선 이미 대담하고도 새로운 대화가 오가고 참신한 노랫소리가 들리기 시작하고 있었다.

종교에서 독립하는 학문

여기서 다시 번화한 교차로인 밀레투스로 돌아가 보자. 밀레투스에선 아침부터 밤까지 웅성거리는 소리가 끊이지 않았다. 항구에선 배목수들의 망치 소리가 들려왔다. 시장에선 꼬리를 끌며 신음하듯이 나귀들이 울었다. 부두에선 일꾼들이 힘을 내기 위해 단조로운 구령 소리에 맞추고 있었다.

그러나 주민들이 모이는 날의 광장의 시끄러움은 유별난 것이었다. 때로는 큰 싸움이 벌어졌다. 한편은 부유한 상인·고리대금업자·선주 들이고, 다른 한편은 장인·수부·인부 같은 사람들이었다.

어떤 때에는 향수 냄새를 풍기는 건달들의 연보라색 겉옷이나 공들여 가꾼 머리 매무새가 엉망이 되는 일도 있다.

우리도 인파 속을 걸어보자. 여기선 갖가지 언어를 듣게 된다. 온갖 사투리·관습·신앙이 부딪치고 섞여 있다. 이윽고 지껄임과 말소리를 헤치고 피리와 고함 소리가 들려온다. 도착한 페니키아의 뱃사람들이 메르카르트 신을 찬양하는 소리이다. 그들은 피리에 맞추어 춤추든가 껑충 뛰든가 한다. 해상의 먼 섬들로부터 온 그리스인들이 모래 위로 배를 끌어올리고 제물을 바치기 위해 불을 피운다.

옛날엔 사람이 조상의 땅에서 평생을 살고 조상의 신앙을 굳게 지켰었다. 그런데 바다는 사람과 신들을 뒤섞어 버렸다. 세계를 다니면서 온갖 것을 보거나 듣게 되었다. 신들의 이야기만 하더라도 천차만별이었다. 예를 들어, 이디오피아의 신들은 살갗이 검고 주먹코였으며, 트라키아의 신들은 머리칼이 붉고 눈이 파랬다. 어째서 그리스인만이 옳고, 이디오피아나 트라키아인은 그르다고 할 수 있겠는가?

밀레투스의 주민은 상인이나 항해자로 실무가였다. 그들은 이미 오래 전부터 옛날 신들과 영웅들의 이야기를 의심하고 있었다. 방랑 가수의 노래대로라면 명문의 사람들은 모두 신들의 자손이 되는 셈이다.

그렇다고 한다면 밀레투스의 상인·직물공·수부·인부 들이 명문의 사람들을 죽였을 때, 신은 어째서 자기들 자손을 편들지 않는 것일까? 밀레투스 태생의 헤카타이오스(기원전 550~475년)는 세계를 돌아다녔고 산에 올라가 동굴을 들여다보았다. 그는 아직 젊었을 무렵 지옥의 입구가 둘 있다는 말을 들었다. 하나는 북쪽의 레우카스 바위, 하나는 남쪽의 타이나론 곶에 있다는 것이었다. 헤카타이오스는 타이나론 곶에서 깊은 동굴을 찾아내, 횃불을 손에 들고 안에 들어갔다. 그는 지옥 입구에 머리가 셋인 무서운 케르베로스란 개가 서 있다는 이야기를 들은 터였다. 이 개의 꼬리는 뱀이었다. 헤카타이오스는 이런 이야기를 믿지 않았다. 그는 대담하게도 동굴 깊숙이 들어갔고 갈래길도 두루 돌아다녔다. 마침내 그의 횃불은 낡은 미신을 깨뜨려 버렸다.

그는 친구한테 뱀과 박쥐 말고는 아무것도 보지 못했다고 알렸다. 아마도 사람들은 동굴 안에서 큰 뱀을 만나 깜짝 놀라고, 어둡기 때문에 그것을 기묘한 괴물의 꼬리로 잘못 알았을 거라고 그는 말했다.

이와 같이 사람은 칼이 아닌 의문으로 이야기의 괴물을 물리쳤던 것이다.

"헬레네스(그리스인)의 의견은 앞뒤가 맞지 않는다. 나로선 그것이 우스꽝스럽게 여겨진다."

헤카타이오스는 이런 대담한 말을 저서 첫머리에 적고 있다. 그러나 헤카타이오스는 외톨이가 아니었다. 그가 아직 태어나지도 않았을 때 밀레투스에는 벌써 새로운 사고방식을 가진 사람들이 있었다. 그것은 그리스 최초의 학자 탈레스와 아낙시만드로스였다. 그들은 무엇을 가르쳤던 것일까?

만일 우리가 그들의 저서를 펼치고 첫 줄부터 마지막 줄까지 읽을 수 있다면 일은 간단하리라. 그러나 안타깝게도 몇몇 단편적인 문구 이외에는 전혀 남아 있지 않다.

고대 과학의 운명은 모두가 이와 같은 것이었다. 연구자는 고생을 하며 나중에 나타난 저술 중에서 최초의 학자의 사상을 찾아냈다. 이들의 사상은 다른 책의 페이지나 때로는 대립적인 다른 사회 속에 호젓하니 몸을 숨기고 있었다.

중세의 수도사는 신학 논문 속에서 고대 사회의 이교도인 철학자에 관해 몇 줄을 인용했다. 하지만 이 피난처를 위해 손님은 비싼 값을 치러야 했다. 그곳에 넣어준 것은 마음껏 공격하려는 속셈에서였기 때문이다.

첫 과학책의 토막글이 파괴된 건물의 조각처럼 우리 앞에 놓여져 있다. 우리는 그것이 어떤 책이었는지, 건물의 기둥은 어떤 식으로 세워져 있고, 어떤 지붕을 떠받치고 있었는지를 상상하기 위해, 그러한 조각들을 고생하면서 모으고 이어맞춘다. 많은 것이 영영 없어져 버려 대부분은 추측할 수밖에 없다. 이런 책은 파피루스 두루마리에 쓰여져 있다. 파피루스는 그다지 질긴 재료는 아니다. 또한 2500년이라면 짧은 세월도 아니다. 그렇지만 파피루스는 무사히 남을 수도 있으리라. 실제로 훨씬 옛날의 이집트 문서가 많이 전해지고 있다.

그럼 시간의 파괴 작업을 도운 것은 무엇이었을까? 그것은 사람의 손이었다. 최초의 그리스 학자의 책은 새롭고 대담한 사상을 세계에 가져다 주었다. 어느 줄이고 낡은 신앙에 대한 도전적인 비웃음이 들어 있었다. 그러나 낡은 것도 만만히 물러나지는 않았다. 새로움의 적이 자신들의 방해가 되는 책을 몽땅 사들여 불태워 버리는 사태가 때때로 일어났던 것이다.

지금 우리 앞에 최초의 그리스 학자에 관해 얼마간 알려 줄, 실마리가 될 몇 페이지의 글이 있다. 그것을 읽어 보면, 그 학자의 이름은 탈레스며, 아마도 페니키아 태생으로 고대 세계의 7현인의 하나로 꼽혔다는 점을 알게 된다.

탈레스의 목소리는 우리에겐 전해지지 않지만, 그와 논쟁한 사람들의 목소리는 똑똑히 들린다. 그들의 진지한 말과 함께 사람들의 소문이나 욕설 등도 우리의 귀에 들린다.

과학과 함께 멍청이 학자들의 일화도 나타났다. 사람들 사이에서 이야기된 최초의 일화는 탈레스에 관한 것이었다. 사람들로선 탈레스가 왜 별을 쳐다보는지 잘 몰랐다. 그들은 다음과 같은 이야기를 서로 전하면서 비웃었다.

언젠가 탈레스는 별에 한눈을 팔다가 샘에 빠졌다. 그러자 트라키아 태생의 한 여자 노예가 이렇게 핀잔을 주었다는 것이다.

"주인님은 하늘에 무엇이 있는지 알고 싶어하시는데 자기 발밑에 있는 것은 보이지 않는군요."

알다시피 이런 종류의 일화는 꽤나 옛날부터 있는 법이다.

고대에는, 노동은 노예나 장인이나 농민이 할 일이고 상업은 상인의 일이라고 생각되었다. 학자는 이런 세계와는 아무런 관계가 없는 사람이었다. 탈레스도 데모크리토스도 아르키메데스도 그 밖의 많은 학자들도 세상과는 동떨어진 멍청이로 묘사되는 까닭도 그 때문이었다. 그러나 탈레스는 주위의 세계를 연구한 까닭에 위대한 학자로 뽑히는 것이다. 그는 발밑의 땅을 잘 보았을 뿐 아니라 뭍 이외에 바다를 갈 수도 있었다. 탈레스는 상인이었고 항해자였고 기술자였다. 그는 배를 타고 이집트로 소금을 사러 갔으며 다리를 놓았고 운하를 팠다.

어느 해 그는 하늘을 관찰하고, 봄에 벌써 올리브의 풍작을 예언했다. 그는 있는 돈을 모두 털어 기름집을 사버렸다. 올리브 열매의 수확기가 되었다. 그러자 보기드문 풍작으로 기름집은 불티가 났다. 탈레스는 사두었던 기름집을 비싼값으로 팔았다.

이 이야기의 전승자는 이렇게 덧붙이고 있다.

"이런 방법으로 많은 돈을 번 탈레스는 그렇게 함으로써 철학자라 할지라도 마음만 먹으면 쉽사리 부자가 될 수 있다는 것, 다만 그것은 철학자의 욕망이 아닐 뿐이라는 것을 증명해 보였다."

대관절 탈레스는 어떤 새로운 것을 발견했을까? 그에 관해 이야기되고 있는 것을 샅샅이 모아보자. 탈레스는 사계절을 발견했고, 1년을 365일로 나누었다고 한다. 그러나 이것이라면, 이집트에서도 알 수 있었다. 그는 마차, 즉 작은곰자리에 관해 가르쳤다. 하지만 페니키아의 뱃사람들은 항해중 이 별자리로 이미 항로를 정하고 있었다. 탈레스는 태양의 지름을 천구의 720분의 1로 계산했다. 그러나 이것에 대해선 바빌론의 신관들도 알고 있었다. 아마 바빌론에서 밀레투스로 전해졌으리라. 밀레투스는 갖가지 길의 교차로에 위치하고 있었기 때문이다.

탈레스는 일식을 예언했다. 그러나 이것도 바빌론 사람들은 이미 알고 있었다. 그는 각뿔의 그림자를 재고 그 높이를 아는 방법을 찾아냈다. 그러나 기하학은 이집트인도 연구하고 있었다. 탈레스는 그것을 고향에 소개했을 뿐이었다.

그는, 대지는 둥근 나무 뗏목처럼 물에 떠 있다고 말했다. 물은 대지를 진동시키고 아래쪽부터 땅 속으로 스며들어간다. 그 때문에 지진이 일어난다. 바빌로니아인 또한 대지는 물 위에 얹혀져 있다고 말했다.

탈레스는 물이 만물의 근원이라고 했다. 그러나 바빌로니아의 신관들도 또한 세계는 어머니인 티아마트, 즉 물의 혼돈으로부터 생겨났다고 믿고 있었다. 그리고 이집트의 신관은 처음에 '눈', 즉 물이라는 원소가 있었다고 하였다. 그렇다면 탈레스는 어떤 새로운 것을 발견했던 것일까?

그는 이집트·바빌론·페니키아 등지에서 오랫동안 축적된 사상과 지식을 모아 고국에 가져왔던 것이다. 이것은 엄청난 일이었다. 그러나 그가 한 일은 이것뿐이 아니었다.

그는 다른 사람들이 발견한 것을 모았을 뿐 아니라, 새로운 눈으로 사물을 보았다. 이것이 그의 공적이다.

바빌론의 신관이 물의 혼돈 여신 티아마트로 본 것을 그는 물이라는 원소로 보았다. 신관들이 깊은 못 아푸스 신이라고 본 것을 그는 공간으로 보았다.

이집트인은 천지를 신들의 모습으로 나타냈다. 탈레스는 이집트의 신관들에게 배웠지만, 배운 내용을 자기의 눈으로 이해하기 쉽게 고쳤다. 그에게 태양은 이미 신이 아니었다. 태양은 흙의 성질, 즉 대지와 같은 재료로 이루어져 있다고 그는 말했다. 달도 본질적으로 흙의 성질과 같았다. 달이 태양을 일직선으로 가로질러 가면 일식이 생긴다.

'누가'를 '무엇이'라고 바꾸어, '세계는 누구로부터 생겼는가?'대신, '세계는 무엇으로부터 생겼는가?'로 고쳐 묻는 것은 별로 큰 정정이 아닌 듯 보인다. 그러나 과학이 자기의 길을 나아가고 더욱이 종교로부터 독립하는 데는 이 변화만으로 충분했다.

세계는 물에서 생겼다. 물은 모든 것의 기원이라고 탈레스는 말했다. 이 항해자는 온갖 것의 속에서 물을 보았다. 대지조차도 그로선 물에 흔들리고 있는 배처럼 생각되었다.

대체 탈레스는 어째서 물을 모든 물질의 근원이라고 보았을까?

그는 만물의 근원인 재료를 자연 속에서 찾았다. 그러다가 물을 가장 알맞은 재료로 찾아냈던 것이다. 물은 담긴 그릇에 따라 어떤 모양으로도 된다. 그러고 보면 물은 어떤 물질의 모양으로도 될 수가 있는 게 아닐까? 물은 유동적이다. 세계가 운동으로 차 있는 것은 그 때문이 아닐까? 물은 모든 것에 생기를 준다. 물 없는 곳에는 생명도 없다.

물은 물질의 근원이고 또한 그것으로 돌아가는 재료이다. 세계에는 아무것도 생겨나는 것이 없고 아무것도 소멸되는 것이 없다. 물질은 쉴새없이 변화되고 있지만, 무(無)로부터 나타나는 일도 없고 또한 사라져 없어지는 일도 없다.

학문의 최초의 말 속에서 학문의 마지막 말을 보고 우리는 놀라지 않을 수 없다. 놀랍게도 이것은 '물질불멸의법칙'이 아닌가!

과학은 세계를 넓혔다

과학은 대단한 속도로 빠르게 성장했다. 그래서 얼마 되지 않아 이제까지의 작은 세계가 갑갑하게 느껴졌다. 낡은 벽은 과학을 압박했다. 과학은 두 팔로 벽을 밀어 넓히기 시작했다.

오랫동안 사람들은 대접을 엎어놓은 모습으로 하늘이 대지 위에 덮여 있는 줄로 생각했었다. 하지만 바야흐로 하늘은 대지의 끝으로부터 멀어지기 시작했다.

하늘은 눈을 인 올림푸스의 꼭대기로부터 떨어져 더욱더 높아졌다. 지면은 공기 속에 매달렸다. 하늘은 아래에도, 발밑에도 있었다. 거기에는 이미 캄캄한 땅 속의 나라 따위는 남아 있지 않았다. 하늘의 벽은 더욱 멀리 밀려 나갔다. 그리하여 이윽고 그 벽마저 없어지고 말았다. 둘레에 있는 것은 무한이었다. 이 무한 가운데, 숱한 소우주 사이에 지구가 어떤 것에도 얽매이는 일 없이 떠 있었다.

2500년 전에 나온 최초의 과학책에는 우주가 이와 같이 그려져 있었다. 이 자연에 관한 책을 저술한 것은 탈레스의 친구이며 제자인 아낙시만드로스였다.

제자는 스승보다도 좀더 앞으로 나아갔다. 탈레스는 지구가 평평하고 둥근 뗏목처럼 대양의 파도에 흔들리고 있다고 생각했었다. 그런데 그의 제자는 지구를 무한의 공간에 매달았다.

그는 아직 지구가 구형(球形)임을 몰랐다. 그에게는 지구가 원주를 옆으로 썰은 것처럼 생각되었다. 지구라는 원반에 어느 정도의 두께를 줄 필요가 있었던 것이다. 이 기둥은 하늘을 떠받치고 있지는 않았다.

무한한 것!

무한의 공간을 상상하기란 어렵다. 우리는 지금이라도 하늘을 가리켜, 마치 머리 위에 있는 지붕이기나 한 것처럼 '푸른 천장'이니 '창공'이니 라고 말한다.

그러나 2500년 전의 사람들은 그렇게 말할 뿐 아니라 그와 같이 생각하고 보았던 것이다.

모두의 눈에 그렇게 보이는 것을 물리치고 세계는 무한이다, 공간이나 시간의 한계는 없다, 라고 말하기 위해선 얼마나 용기가 필요했을까?

우주에는 시작도 끝도 없다. 현재는 우리도 그렇게 생각한다. 그러나 아낙시만드로스의 동향인이나 동시대인으로선 과거를 돌이켜 보았을 때, 신들이 세계를 창조한 무렵부터 수백 년밖에 지나지 않은 것처럼 생각되었다.

여행자인 헤카타이오스조차 조상인 신들로부터 15대밖에 지나지 않은 것처럼 생각하고 있었다.

15대, 600년, 그로부터 앞은 옛날이야기 시대로 그 무렵에는 아직도 사람의 어린이는 불사의 신들로부터 태어나고 있었다.

아낙시만드로스도 과거를 돌아보았다. 그러나 그 경우라도, 그로선 다른 사람들보다 멀리 보았다. 그에게는 신들로부터가 아닌 동물로부터 최초의 사람이 나온 시대가 보였던 것이다. 그는 이미 위로부터 아래로, 즉 신들로부터 사람에로가 아니고, 아래로부터 위로, 즉 동물로부터 사람에로의 길이 이어져 있음을 거의 꿰뚫어 보았다. 아낙시만드로스는 말했다

"처음에 사람은 물고기를 닮았었다. 최초의 동물은 축축한 곳에서 태어났다. 몸은 가시가 있는 비늘로 덮여 있었다. 동물들이 뭍으로 기어올랐을 때 비늘은 떨어졌다. 동물의 겉모습이 바래었고 그 생활도 또한 바래었다."

그렇다면 축축한 곳과 메마른 곳은 어디서 나타나고, 대지는 어떻게 하여 생겨난 것일까?

아낙시만드로스는 눈을 크게 뜨고 멀리 바라보았다. 그러자 눈 앞에 있는 시간의 벽은 더욱 옛날로 물러갔다. 대지엔 이미 사람은 없었고 대지조차 존재하지 않았다.

그럼 무엇이 있었을까?

만물의 근원인 '무한'이 있었다. 이 무한의 '질료'가 끝없는 공간을 채우고 있었다. 이 질료는 죽어 있는 것도 부동의 것도 아니었다. 그것은 운동으로 가득 차 있었다. 몇 개의 세계가 그것으로부터 생겼다. 하나의 것이 둘로 갈라졌다. 뜨거운 것에서 차가운 것이, 습한 것에서 마른 것이 분리되었다. 불의 구름이 세계를 둘러싸고 있었다. 불의 구름은 찢겨져 고리가 되고 이런 고리로부터 천체가 생겼다.

이리하여 많은 세계가 태어났다. 동시에 어떤 세계는 생기고 다른 세계는 사라졌다.

이 자연의 영원한 창조는 그칠 줄을 몰랐다. 그칠 수가 없는 것이었다. 자연을 만들어 내는 것은 그치는 일이 없는 것이었다.

아낙시만드로스는 스승인 탈레스의 '물은 만물의 기원이다'라는 말에 대해 생각했다.

'아냐, 물은 만물의 기원이 될 수가 없어. 물은 무한이 아니거든. 대양조차도 기슭이 있지 않는가. 그러나 물질의 대양에는 기슭이 없다. 시간의 대양에도 한계가 없다.'

아낙시만드로스는 주위를 둘러보았다. 무엇인가 영원한 것이 있을까? '사

람은 태어나서는 죽고, 나라는 일어났다가는 망하고, 세계도 생겼다가는 사라진다. 그러나 단 한 가지 영원한 것이 있다. 그것은 운동이다. 운동에는 시작도, 끝도 없다'

이리하여 과학은 공간의 벽과 시간의 벽을 무한까지로 넓혀 놓았다.

그러나 이와 같은 최초의 판단에서부터 완전한 확신까지는 아직도 얼마나 먼 길일까? 판단은 번갯불처럼 세계를 밝게 비추었다. 하지만 눈 깜빡할 사이도 없이 번갯불은 벌써 사라져 버렸다.

아낙시만드로스의 우수한 제자들조차 무한의 공간을 들여다보려 하면 어지럼증을 느꼈다. 그들은 어떤 벽이라도 좋으니까 다시 한 번 벽을 세워보려 했다.

이리하여 다시금 태양의 둘레에 튼튼한 푸른 천장이, 눈부신 수정등이 빛나게 되었다.

이 천구에는 별이 금못이기나 한 것처럼 못질되어 있었다. 천구는 머리 둘레의 둥근 모자처럼 지구 둘레를 돌고 있었다. 그리하여 지구와 천구 사이에서 태양과 달과 행성이 가을의 나뭇잎처럼 휘날리고 있었다.

아낙시만드로스의 제자 아낙시메네스(기원전 585년 무렵~528년 무렵)는 우주를 이와 같이 상상했다.

이것은 완전한 후퇴는 아니더라도 후퇴인 것만은 틀림없었다. 다시금 지구에 하늘의 껍질이 씌워졌다. 그러나 이 껍질은 이제 지구의 기슭에 붙어 있지는 않고 멀리 밀어젖혀져 있었다.

그 대신 다른 점에서 아낙시메네스는 스승보다 앞으로 나아갔다.

아낙시만드로스는 아직 항성과 행성을 구별하지 않았다. 그러나 아낙시메네스는 항성과 행성이 다른 것임을 깨닫고 있었다. 행성은 지구에 보다 가깝고, 공간을 방황하고 있었다. 항성 쪽이 멀었다. 항성이 따뜻하지 않은 것은 멀리 있기 때문이었다.

아낙시메네스는 하늘을 바라보고 구름이 나타나는 상태나 태양 광선이 두꺼운 검은 구름을 꿰뚫지 못할 때 하늘에 무지개가 걸리는 광경 따위를 관찰했다. 그는 새보다 빨리 나는 바람 소리에 귀를 기울였다. 그리하여 만물을 생성시키는 물질, 즉 최초의 질료는 무엇이었을까, 하고 생각했다.

그것은 물은 아니다. 물은 불을 꺼뜨린다. 물에는 기슭이 있다. 하지만 만물의 근원은 전세계에 가득 차 있어야 할 것이 아닌가.

그것은 무엇일까? 무한한 것일까? 그렇다면 무한한 것이란 무엇일까?

아낙시만드로스는 그것의 정의를 내리지 못했다. 제자는 스승보다는 앞으로 나아가고 싶었다. 그는 전세계를 채우고 만물의 근원이 될 수 있는 질료를 자연 속에서 찾았다.

그것은 공기가 아닐까? 공기가 농축되면 구름이 형성된다. 공기가 좀더 치밀해지면 비가 내리기 시작한다. 빗방울이 어는 일도 있다. 그러면 우박이 쏟아진다. 구름 그 자체가 얼면 눈이 내린다.

아낙시메네스는 다시금 생각했다. 만일 그렇다면 공기는 좀더 농축화되어 흙과 돌이 된다. 그 흙으로부터 나무가 나고 동물이 태어난다.

이리하여 아낙시메네스는 다음과 같은 결론에 이르렀다. 만물은 공기로 형성된다. 그리하여 만물은 공기가 된다. 물로부터는 안개가 생기고 나무는 불타면 연기가 된다.

공기의 입자는 집합하든가 분리하든가 한다. 입자의 이와 같은 운동이 지구와 태양과 별까지도 낳은 것이다. 이 운동은 영원히 계속된다. 세계가 쉴새없이 변화되는 것은 그 때문이다. 이리하여 학자의 시선은 물질의 깊은 곳을 들여다보기 시작한 것이었다.

바로 얼마 전까지 사람들은 물질 중에서 가장 작은 것은 모래 알이라고 생각했었다. 그런데 아낙시메네스는 눈에 보이지 않는 작은 입자가 있음을 꿰뚫어 보았다.

그것으로 또 하나의 벽이 무너졌다. 무너진 벽의 저편에는 작은 세계가 펼쳐져 있었다.

사람은 큰 세계인 우주의 열쇠를 찾아내기 위해 다시금 작은 세계를 향해 나아갔다. 사람은 눈에 보이지 않는 미세한 미립자 운동에 의해 거대한 세계의 생성을 설명하려 했다. 하기야 그 설명은 아직도 부정확했다. 그러나 이곳에서부터는 벌써 원자설을 향한 길이 닦였던 것이다.

2 변경의 싸움

새로운 노래를 부른 노시인

과학은 자기 앞에 펼쳐진 세계를 탐욕스럽게 바라본다. 둘레의 모든 것이 새롭게 느껴진다. 아침이 되면 해가 떠오른다. 그것은 수레를 타고 하늘을 달려가는 빛의 신이 아니라 불덩어리 천체이다. 무지개가 걸린다. 그것은 갖가지 색깔의 옷을 입은 여신이 아니라 태양빛으로 물든 구름이다.

오랫동안 신들이 살았던 천국의 집들의 윤곽은 안개처럼 사라져 버렸다. 그 옛날 신들이 술잔치의 식탁 앞에 누워 젊고 아리따운 헤베(청춘의 여신)가 따르는 향기높은 넥타르(신들의 술)를 금잔에 받아 마시던 하늘 언저리에는, 만년설을 머리에 인 올림푸스 산(마케도니아와 테살리아 국경지대에 솟아 있는 그리스 최고봉)의 바위 꼭대기가 뚜렷하게 나타났다. 시인들이 노래하던 괴물이나 영웅은 전설의 나라로 떠나 버렸다.

젊은이들은 신중한 헤시오도스에 대해, 그가 쓴 길고 지루한 '신통기(신들의 계보를 설명한 것)'를 비웃고 있었다. 호메로스의 가난한 자와 부유한 자에 관한 이야기에도 옛날처럼 이제는 경의를 표하지 않았다. 헤시오도스의 시대로부터 꼭 100년이나 지났고, 호메로스의 노래는 그보다 훨씬 전에 만들어져 있었다. 그 뒤로 세상은 전혀 달라진 것이다.

호메로스는 제우스의 자손인 신들을 찬양했고 가문이 낮은 사람들은 천한 자라고 불렀다. 그러나 그들 낮은 가문 출신으로 부유해진 상인이나 장인들이 이제는 곳곳에서 명문의 사람들의 권력을 뒤엎으려 하고 있었다.

새로운 시대가 온 것이었다. 따라서 노래 또한 새로운 것이 필요했다.

크세노파네스(기원전 6세기 무렵의 사람)라는 시인은 그리스의 길을 걷고 있었다. 그는 가난했다. 그의 전재산이라곤 몇 가닥의 줄이 있는 키타라와 생활 도구를 등에 진 늙은 노예뿐이었다. 이 노예는 하인이라기보다 오히려 충실한 길동무이고 벗이었다. 두 사람은 헬라스를 구석구석까지 돌아다녔다. 겨울에는 함께 떨었고 여름에는 함께 더위에 시달렸다. 12월의 비는 노예와 주인 구별없이 두 사람의 얼굴을 모두 때렸다.

지금 두 사람은 작은 거리로 들어서고 있었다. 광장의 군중이 그들을 둘러쌌다. 부유한 자는 그들을 자기 집에 초대했다. 방랑 시인의 노래를 듣고 싶었기 때문이다.

그 뒤 무슨 일이 생겼는지, 우리가 추측할 필요는 없다. 그 점에 대해선 크세노파네스가 자기의 노래로 부르고 있기 때문이다. 그 조각은 오늘날까지 전해진다.

"때는 겨울, 벌겋게 불타는 난로 앞, 부드러운 긴의자에 누워 달콤한 술잔을 들면서 풍족한 사람은 말했네. 당신은 어떤 분으로 어디서 왔지요? 나이는 몇 살입니까? 언제부터 이런 일을 하고 계십니까? ――시인은 대답했네. 손수 지은 노래를 밑천 삼아 헬라스를 누빈 지 벌써 67년이나 되지요. 이 노릇을 시작한 것은, 만일 기억이 틀리지 않다면 제가 26살을 막 넘긴 무렵이었습니다."

노시인은 식탁에 청해졌다. 그는 키타라를 머리 위 못에 걸었다. 여자 노예가 손님에게 손 씻을 그릇을 내밀었고 빵을 놓았으며 잔에 술을 따랐다. 손님은 허기와 갈증을 없앴다. 그런 뒤 그는 키타라를 잡고 노래를 부르기 시작했다.

다시 그의 목소리를 듣기로 하자.

"이제 바닥은 치워졌고 손님들의 손도 술잔도 깨끗하다. 공들여 엮은 화환을 목에 걸고 있는 사람이 있는가 하면 향기로운 기름을 잔에 따르는 사람도 있다. 술이 넘치는 항아리는 잔치의 기쁨이다. 한 잔, 또 한 잔, 이제 그만. 항아리 속에서 꿀처럼 향기롭고 흥을 돋우어주는 술. 향기가 우리 사이에 좋은 냄새를 풍겨준다. 이번에는 물. 차갑고 달콤하고 깨끗한 물. 호박색 빵이 앞에 있고 식탁은 치즈와 꿀 무게로 다리가 휘어질 것만 같다. 한가운데에는 꽃으로 장식된 제단. 저택 안은 노랫소리·춤·웃음소리로 터질 것만 같다.

즐겁게 모인 사람들은 우선 먼저 신에게 찬미의 말을 공손히 바친다. 그리고 제주를 올려 가장 중요한 일, 즉 잔치가 무사히 끝나고 어지간한 늙은이 외에는, 한 술에 곯아떨어지지 않고 누구든 노예의 도움 없이도 자기 집에

식탁의 그리스인

돌아갈 수 있도록, 신들이 힘을 베풀어 주실 것을 기도한다. 손님에게도 행운이 있기를 빈다. 그러면 손님은 술잔을 들며 덕을 찬양하는 고상한 말을 한다.

우리는 격렬한 전쟁 따위는 노래하지 않는다. 그것엔 조금도 득될 것이 없다. 조상의 꾸며 낸 이야기를 되풀이하여 티탄 족·기가스 족·켄타우르 족 등과의 전쟁을 회상하지는 않으리라……."

술잔을 앞에 두고 크세노파네스는 어떤 이야기를 하려는 것일까? 그는 다른 방랑 시인과는 달랐다. 대개의 시인들은 호메로스나 헤시오도스의 노래를 몇 번이고 되풀이할 뿐이었다. 그러나 크세노파네스는 호메로스도 헤시오도스도 우습게 여겼다. 그는 말했다.

"호메로스와 헤시오도스는 사람들 사이에서 악덕이라고 여겨지는 것을 모조리 신들에게 뒤집어씌웠다. 그들은 도둑질을 하거나 서로 속이거나 하는 신들의 무법에 대해서 우리에게 들려 주었다."

모인 사람들은 이 대담한 말을 듣고서 놀랐다. 이 수염이 새하얀 시인은 신들을 두려워하지 않는 것일까?

하지만 시인은 서둘러 사람들을 안심시켰다. 그는 말했다.

"사람은 신들을 공경해야 합니다. 그러나 신이란 대체 무엇일까? 신들이 사람과 마찬가지로 태어나고, 같은 옷, 같은 목소리, 같은 겉모습을 갖고 있다고 여러분은 생각하십니까? 그러나 언젠가 신들이 태어났다고 하는 것은 불경(不敬)이나 같습니다. 왜냐하면 신은 영원하지 않다, 일찍이 신들은 존재하지 않았다, 라고 하는 것과 같기 때문입니다. 여러분은 신들이 우리를 닮았다고 생각하십니까? 하지만 만일 말이나 소에 손이 있어 자기들 신을 그릴 수 있다고 한다면, 소나 말은 자기 모습을 본떠 말은 말 모습, 소는 소 모습으로 신을 그리겠지요."

예전이었다면, 이런 말은 청중을 두려움으로 떨게 만들었으리라. 그러나 낡은 신앙은 이미 흔들리기 시작하고 있었다. 그래서 사람들은 크세노파네스의 이야기를 듣고 무엇이 진실이고 신은 어떤 것인지 그에게 물었다. 크세노파네스는 대답했다.

"신을 아는 사람은 없었습니다. 앞으로도 없을 겁니다. 비록 진실을 이야기할 수 있는 사람이 있다 하더라도 그것을 모른다는 점에선 같습니다. 여기서 얻어지는 것은 지식이 아니라 한낱 의견일 뿐입니다. 신은 맨 처음부터 사람에게는 아무것도 보여주지 않았습니다. 사람들은 탐구하고 연구하면서 한 걸음 한 걸음 진실을 향해 나아갈 수밖에 없는 것입니다."

크세노파네스는 다시 키타라를 손에 잡고 노래하기 시작했다.

"신들과 사람들 중에서 가장 거룩한 단 하나의 신은 모습이든 지혜이든 사람과는 닮지 않으리. 이 신은 모든 것을 보고 모든 것을 생각하고 모든 것을 듣고 계시므로. 그분은 모든 것의 세계를 지배하리. 그분은 한곳에 있으면서 움직이지 않으리. 장소를 바꾼다는 것은 그분에게 어울리지 않으므로."

크세노파네스는 새로운 신에 대해 노래하고 있었다. 자연이 영원하듯 이 신은 영원했다. 공간이 무한이듯 이 신은 무한이었다. 자연이 하나인 까닭에 신은 하나였다. 신이란 모든 것이었고 온 자연, 온 우주였다.

사물의 겉모습은 바뀐다. 사람들이 천체라 부르는 구름은 불타며 사라진다. 생물은 대지에서 태어났다가 다시 대지로 돌아간다. 큰 바다에서 바람과 검은 구름이 일어난다. 검은 구름은 비가 되어 내린다. 땅 속의 소금을 씻어

내면서 물은 강을 흘러 바다로 돌아간다. 그 때문에 바다는 짠 것이다. 눈에는 보이지 않지만 육지는 느릿하게 바다에서 떨어지고 있다. 지금껏 우리는 산꼭대기에서 조개 껍질을 발견하고 채석장 깊숙한 곳에서 고기의 화석을 발견한다. 그런 뒤 육지는 또다시 그 위에 사는 사람들을 멸망시키면서 물 속으로 가라앉는다.

모든 것은 변화하지만 우주는 그대로이다. 오로지 우주만이 형성되지도, 소멸되지도 않는다…….

이렇듯 크세노파네스는, 세계를 덮는 다채롭고 쉴새없이 변화하는 베일 속에서 영구불변인 세계의 근원을 찾았다.

이튿날이 되어서야 크세노파네스와 그의 길동무는 대접받은 집을 떠났다. 나이 먹은 노예는 싱글벙글 하고 있었다. 등의 짐이 인심 후한 선물로 무거워졌기 때문이었다. 크세노파네스도 또한 흐뭇했다. 제자들이 스승의 이야기를 듣듯 사람들이 존경심을 갖고 그의 노래를 들어주었기 때문이다.

그러나 언제나 이렇지는 않았다. 호메로스나 헤시오도스, 신들이나 영웅들에 대한 노시인의 비웃음이 모든 사람의 비위에 맞을 리는 없었다. 때로는 명문의 주인이 자기는 신들의 일족이라고 주장하는 일도 있었다! 방랑 시인이 하늘에 있는 그 집 조상에 대해 섣부른 말이라도 하여 치도곤을 맞는 일도 없지 않았다.

크세노파네스는 교만한 명문의 값비싼 반지나 요상한 머리 매무새를 자랑하는 사람들을 아주 싫어했다. 이런 사람들은 따뜻한 난로 곁에 앉아 맛좋은 술이 담긴 잔을 앞에 두고 나이 먹은 시인의 가난이나 살 집도 없는 떠돌이 생활을 비웃기 좋아했다. 그들은 크세노파네스에게 이런 말을 했다.

"호메로스는 죽은 뒤에도 몇천 명의 소리꾼을 먹여 살렸는데, 당신은 고작 노예 하나를 먹이고 있나?"

그러나 크세노파네스가 가난한 것은 바로 이와 같은 사람들의 탓이 아닐까? 전투 경기에 나가 승리한 자는 국가가 먹여 준다. 이들 명문의 사람들은 지혜가 주먹의 힘보다 앞선다는 것을 몰랐다.

산의 오솔길은 사람들로부터 크세노파네스를 더욱더 멀게 만들었다. 위에서 굽어보면 그들의 집도 직업도 욕망도 얼마나 조그맣게 보이는가! 얼마나 하찮고 비좁은 세계에서 그들은 살고 있는가.

하늘은 산 위로 높게 펼쳐지고 세계를 품에 안는다. 그리하여 산이 높으면 높을수록 멀리 굽어볼 수 있었다.

크세노파네스는 조상의 땅도 그 신앙도 모두 잃어버렸다. 그가 태어난 마을은 정복자인 메디아인——페르시아인에게 지배되고 있었다. 그에게는 이미 친척도 친구도 없었다. 뒤를 돌아보자 기나긴 방랑의 세월만이 이어져 있었다. 하지만 모든 것을 포용하며 영원히 사는 자연을 자기 둘레에서 볼 적마다 그의 마음은 훈훈해졌다. 자연은 지칠 줄을 모르고, 결코 늙는 일도 없으며, 멸망도 않는 것이었다.

숫자와 과학

요새의 벽이 성벽 파괴기로 두들겨져 무너지듯, 낡은 신앙은 새로운 사상의 세찬 일격을 만나 무너지고 말았다. 무너진 벽 사이로 새로운 세계가 널리 보였다. 그 세계는 오랫동안 사람들이 생활해 온 세계와는 전혀 달랐다.

그래서 낡은 것을 옹호하는 사람들은 과학을 자기편으로 끌어들였다. 일은 밀레투스에서 그리 멀지 않은 사모스 섬에서 생겼다. 여기서는 벌써 꽤나 오래 전부터 옛날 신을 우러르는 기풍은 사라지고 없었다. 사모스의 주민들 사이에는 새로운 신이 생겨나 있었다.

그들은 바로 얼마 전까지 정체를 몰랐던 둥근 모양의 금이나 은을 예배했다. 전에는 무게 32~33킬로그램이나 되는 바빌론의 달란트라는 덩어리가 유통되었다. 그런 것은 한 소유주의 집에서 몇 년씩 잠자곤 했다.

그런데 리디아의 소상인들이 둥글고 작은 돈을 쓰기 시작했다. 그것은 오늘 어떤 사람을 섬겼다가도 내일은 재빨리 다른 사람을 섬겼다.

이 돈을 많이 가진 자에겐 신의 도움 따위가 필요 없었다. 돈은 탐나는 것을 무엇이든지 주었던 것이다.

예를 들어, 폴리크라테스(기원전 ?~522년 무렵)의 경우 그러했다. 그는 사소한 일에서 출발했다. 이 목공장에선 20명의 노예가 아침부터 밤까지 부유한 사람들이나 귀족들이 사용하는 술자리의 카우치(긴의자의 일종)와 같은 값비싼 가구를 만들어냈다. 장사는 잘되었다. 둥근 돈은 귀족의 흰 손에서 가구상의 까칠까칠한 손으로 성큼 옮겨졌다. 상인은 돈을 놀리지 않았다. 배를 건조하고, 항구에

포세이도니아 은화(바다의 신 포세이돈의 형상을 딴 것. 지름 3㎝)

네아폴리 은화(메두사의 얼굴 형상을 딴 것. 지름 2㎝)

서 력이 있는 수부를 모집했다. 배는 섬에서 섬으로 다녔다. 난폭자의 집단은 고용된 일에 열심이었다. 그들은 사내는 죽이고 여자는 납치했으며, 황금이나 값나가는 직물을 뱃전에 실었다.

행운은 폴리크라테스를 저버리지 않았다. 둥근 돈은 여기저기서 그한테로 굴러 들어왔다. 그것들은 원하는 것은 무엇이든 그에게 주었다. 그에게는 여러 가지 소원이 있었다. 그리하여 마침내 돈이 그의 가장 큰 소원을 이루게 해줄 때가 왔다. 돈은 그를 동족 위에 올라서게 했던 것이다.

상인·장인·선주들은 기뻐했다. 동료가 권세가로 출세했기 때문이다.

그러나 귀족들은 벼락치기로 출세한 자가 호화로운 저택을 가진 것을 보고 미간을 잔뜩 찌푸렸다. 신들이 앞으로도 그를 감싸 줄 것인가? 아니다, 이런 행복이 언제까지나 계속될 리가 없다.

벌을 내린다는 계시가 벌써 신들로부터 내려졌다는 소문이 사람들 사이에서 나돌았다. 폴리크라테스는 샘 많은 운명의 마음을 누그러뜨리기 위해 값비싼 반지를 바다에 던졌다. 그러나 많은 선물을 그에게 베푼 바다는 그의 답례품을 받으려 하지 않았다. 반지는 어부가 궁전에 바친 큰 고기 배에 들어가 또다시 그의 손으로 돌아왔다.

신들은 올림푸스 산에서 모든 것을 보며 무엇이든 알고 계시다. 평민들에게 부와 명예가 주어져, 신들의 자손이 사람들로부터 경멸되고 비참한 생활을 보내는 것을 그대로 보아 넘기지만은 않으시리라.

많은 사람들은 아직껏 이렇게 생각하고 있었다. 그러나 불운한 사람들 중에는 이런 이야기를 듣고 쓴웃음을 짓기도 했다. 도대체 올림푸스의 신들은 어디에 있단 말인가? 옛날의 신앙은 이제 흔들려 믿으려는 자가 아무도 없지 않은가.

옛날의 용맹심은 찾아볼 수 없었다. 영웅의 자손들은 참주 폴리크라테스의 이름만 들어도 벌벌 떠는 판이었다. 그들의 모든 걸 무기력하게 만든 새로운 정신에 물들어 있었다. 그들은 무엇이 옳고 그른지도 잊은 참이었다. 어디에 구원이 있는가? 누구에게 길을 물어야 좋단 말인가?

이때 하나의 소문이 입에서 입으로 은밀히 전해졌다. 구원의 길을 신도에게 알려주는 성자·현인이 있다는 소문이 큰 비밀이기나 한 것처럼 수군거려졌다. 제자가 되기 위해선 길고 어려운 시련을 거쳐야만 했다. 오랜 시간 동안 자기의 주장과 이성을 버리고 복종과 침묵을 배워야만 했다. 무엇이 자기에게 좋은 것인지 사람 자신으로선 모르는 법이다. 그것을 알고 있는 것은 신·반신·영웅과 같은 최고의 존재뿐이었다.

사람과 신의 중간에 서는 이와 같은 최고 존재——현인 피타고라스(기원전 570~496년 무렵)가 바로 그였다. 그는 석수장이 무네살코스의 아들로 되어 있지만, 그것은 잘못이다. 그의 아버지는 신 헤르메스였다. 아니, 아폴론일지도 모른다. 언젠가 극장에서 바람이 불어 피타고라스의 망토 자락이 펄럭였다. 그러자 그의 정강이가 황금처럼 빛나는 것을 모두들 보았다는 이야기다. 그는 기적을 나타냈고 신들과 대화를 했다. 저승에도 갔었지만 아득한 옛날의 시인 오르페우스처럼 살아 돌아왔다.

명문의 자제가 피타고라스를 찾아갔다. 피타고라스가 무엇에 관해 그들과 이야기하는지 아무도 알 수 없었다. 그러나 그 비밀의 대담에 관한 소문은 폴리크라테스의 귀에도 들어갔다. 폴리크라테스는 새로이 나타난 반신을 엄중히 감시하도록 부하에게 명했다. 비밀 대담을 가장하여 음모를 무르익힐지도 모르는 일이기 때문이다.

피타고라스는 사모스를 떠나갔다. 그의 숭배자들은 작별에 즈음하여 그의 말을 전했다.

"폭정이 너무나 강해져 자유인은 감시와 횡포에 견딜 수 없게 되었다."

그는 행방불명이 되었다. 이집트나 바빌론의 야만족한테 갔다느니 그 고장의 신관이 그에게 '성령'을 주었다느니 하는 소문이 나돌았다.

그러나 이웃고 사람들은 세계의 또 하나의 끝인 이탈리아의 해안 도시 크로톤에 그가 정착했음을 알게 되었다.

이곳 크로톤에서는 아직도 저울대가 상하로 흔들리고 있었다. 누가 지배할 것인가. 부유한 상인인가 아니면 명문의 자손인가, 하는 그리스 각 도시의 싸움은 아직 어느 쪽이라고 결판이 나지 않고 있었다.

명문 쪽에는 올림픽 경기에서 숱한 우승의 영예를 차지한 투기사 밀론이라는 지도자가 있었다. 그는 얼핏 보아 헤라클레스를 닮았다. 그가 몽둥이를 손에 잡고 사자의 모피를 어깨에 걸친 채 전장에 나타나면, 적은 칼이고 창이고를 모두 버리고 도망쳤다. 그러나 밀론은 현인이라곤 할 수 없었다. 그는 철학보다도 투기에 뛰어났다.

크로톤엔 지도자는 있었지만 스승은 없었던 것이다.

그런 곳에 피타고라스가 나타났다. 그는 젊은이들을 모으고 오랫동안 이야기를 주고받았다. 그는 말했다.

"젊은이들이여, 잠자코 내 말을 공손히 들으라. 주위를 둘러보아라. 우주의 곳곳에 정연한 질서가 있고, 모든 것은 조화와 균형과 숫자를 좇고 있다. 소리까지도 수에 지배된다."

피타고라스는 널빤지에 친 줄을 죄든가 늦추든가 했다. 그가 줄을 짧게 하든가 길게 하자 눈에 보이지 않는 층계를 오르내리듯 올라가거나 내려가곤 했다.

소리와 소리의 거리를 재는 것은 음악가의 민감한 귀가 아니고는 불가능하다고 생각되었다. 그런데 그 비밀을 푸는 열쇠가 발견된 것이었다.

리라(현악기의 하나)는 수를 좇고 있었다.

피타고라스는 모래에 삼각형을 그렸다. 이 도형의 세계 역시 수가 지배하고 있었다. 수(數)·선(線)·면(面)——이것이 우리 세계의 사물을 혼돈으로부터 구별하고, 형체 없는 것에 형체를 주고, 혼돈에 질서를 가져다주는 것이다.

이를테면, 세 가닥의 '선분'은 어느 쪽이고 유한의 삼각형을 무한의 공간에서 베어 만들어 낸다.

헤라클레스 〈헤라클레스의 12공업〉 가운데 9가지 사실을 묘사한 부조. 로마국립박물관 소장

밤이 되자 피타고라스는 제자들 앞에서 하늘을 가리켰다. 그곳 또한 수와 균형과 율동이 지배하고 있었다. 천체는 무리를 짓고 무질서하게 움직이는 것이 아니다. 그것들은 정해진 운행을 계속 하면서 정해진 시간, 정해진 계절에 오르든가 지든가 한다. 우주의 중심에는 마치 제단처럼 모든 걸 비추고 따뜻하게 해주는 불이 타고 있다(중심불). 그 둘레는 10개의 투명한 공이 회전한다. 그것들이 달·태양·행성·항성을 운반하고 있는 것이다. 지구 또한 천체의 법칙을 좇는다. 지구는 움직이지 않고 가만히 있는 것이 아니다. 또한 중심부의 둘레를 도는 정연한, 율동적인 천체의 운동에 참가하고 있는 것이다.

투명한 공은 천천히 회전되고 그 하나 하나가 줄(현)처럼 소리를 낸다. 온 우주의 공은 10현의 리라 속에서 저마다의 자기 소리를 가진다. 모든 것에는 정연한 질서가 있고 모든 것은 수를 좇고 있다.

신성한 수가 있다. 그것은 1·3·4·10이다. 1은 최초의 수이다. 3은 처음, 중간, 끝이다. 10은 계산의 기초이고, 수 가운데 가장 완전한 것이다. 4는 10을 완전한 것으로 만드는 수이다. 처음의 네 수, 즉 1·2·3·4를 합치면 10이 되지 않는가.

'피타고라스는 자기의 발견에 스스로 감동했다. 그는 우주에 대해 얼마쯤 이해하고 있었다. 그러나 그로선 모든 것을 찾아낸 것으로 생각되었다. 모든 걸 수로 잴 수 있다고 안 그는 수가 모두이고 우주의 기원임과 동시에 본질이라고 생각했던 것이다.

제자들은 놀라면서 스승의 말에 귀를 기울였다. 그들은 스승을 믿었다. 소리와 도형과 천체의 비밀을 푸는 열쇠는 발견됐다. 이 열쇠는 우주의 비밀에도 들어맞는 게 아닐까? 스승은 제자들에게 대답했다.

"틀림없이 맞다."

수는 행복과 불행·성공과 실패의 열쇠이기도 하다. 행복한 수와 불행한 수가 있다.

우주의 곳곳에서 수·균형·조화가 지배하고 있다. 신들에 의해 온갖 곳에 균형이 잡힌 불변의 질서가 세워지고 있는 것이다. 별도 이 질서 아래 있다. 그렇다고 한다면, 사람도 이것을 좇을 수밖에 없지 않은가? 혼돈이 지배하며, 군중의 횡포로 모든 것이 해결되고 옛날의 제도가 가벼이 여겨지는, 귀인을 존경하지 않고 신들이 오래도록 세운 질서를 존중하지 않는 도시는 불행하다.

피타고라스는 제자들에게 이와 같이 이야기하면서 자기 설의 비밀을 가르쳤다. 이것은 이제 터무니없는 가공적인 이야기가 아니었다. 낡은 신들을 옹호하는 새로운 학문이었다.

피타고라스의 제자는 날로 늘어갔다. 그들은 '우애연맹'이라는 단체를 만들고 체조·수학·음악을 배우면서 매일을 보냈다. 체조는 몸의 리듬이었다. 몸이 리듬을 알지 못한다면 영혼의 질서도 갖지 못한다. 음악은 고상한 조화를 빚는다. 순수한 과학인 수학은 영혼을 깨끗이 해준다.

피타고라스 학파는 자기들의 의식과 비법을 가지고 있었다.

그 과학은 반쯤 종교였다. 그들에겐 교도 이외의 자로선 이해하지 못할 많은 규칙·제한·금지가 있었다.

왜 양고기는 먹어도 좋은데 다른 동물의 고기는 먹어선 안 되는 것일까? 왜 옷을 입을 때는 오른발이 먼저이고, 벗을 때에는 왼발이 먼저여야 할까? 왜 저 길을 걸어선 안 되는 것일까?

학생 자신도 그 까닭을 분명히 알지는 못했다. 또 알아야 할 것도 아니었다. 스승이 그렇게 말했으니까 따라야 하는 것이었다. 스승이 옳은지 옳지 않은지 그런 토론은 할 것이 못 되었다.

극장에서도 시장에서도 광장에서도 피타고라스 학도와 보통의 사람들은 금방 식별이 되었다. 그들은 언제나 사람들과 떨어져 있었다. 모두와 함께 같은 길을 걷고 싶어하지 않았다. 그들은 무식하고 어리석은 군중을 오만하게 깔보았다. 군중은 완전하고 빼어난 사람들을 묵묵히 따르게끔 운명이 정

모래 위에 삼각형을 그리는 피타고라스

해져 있었으니까. '완전한 사람들' 가운데에는 헤라클레스와 같은 근육과 소와 같은 목과 작은 머리를 가진 투기사 밀론도 들어 있었다.

규율과 복종과 질서는 그 효과를 발휘했다. 귀인들을 모두 하나의 연맹에 결집시키고 게으름과 타락을 막았다. 우애연맹은 학문에만 힘쓴 것이 아니었다. 고향 거리의 권력은 이미 피타고라스 학도들에게 쥐어져 있었다. 그들은 근처의 여러 도시에도 질서를 보급시켜 균형과 조화에 복종시키려 했다. '조화'란 소수의 '우수한' 사람들이 군중을 지배하고 귀인이 권력을 잡는 것이었다. 피타고라스 학도들은 그렇게 말하고 있었다.

연맹은 곳곳에 손길을 뻗쳐 이탈리아에 있는 식민도시를, 그리스 전역을 끌어들였다.

이제 필요한 것은 구실뿐, 이들은 당장이라도 말을 실행에 옮기려 했다. 그들은 조화를 말하고, 다투든가 서로 미워하는 자들의 화해를 늘 입에 올렸다. 그런데 그들은 이제 적의를 제거시키기 위해 칼을 준비하고 남의 벽을 무너뜨리면서까지 '질서'를 세우려 하고 있었던 것이다.

그들의 학문은 이런 목적에 봉사했던 것이다!

구실은 발견되었다. 이웃 도시 슈발리스로부터 도망자가 찾아와서 제단을 은신처로 삼았다. 그들은 슈발리스의 권력이 평민의 손에 옮겨져 고향을 도망쳐 온 명문의 사람들이었다. 슈발리스 사람들은 그들의 인도를 요구했지만 크로톤 측은 이를 거절했다.

거절은 곧 전쟁임을 누구라도 알고 있었다. 그러나 크로톤 시민은 이웃과의 전쟁이 싫지 않았다. 그들은 꽤 오래 전부터 부유한 슈발리스를 부러워하고 있었던 것이다.

슈발리스의 창고에는 밀레투스의 양털이 터질 듯이 쌓여 있었다. 술도 많고, 지하에 수로가 있어 그것을 지나 술이 저장못에서 항구까지 흘러가는 장치가 되어 있을 정도였다. 약삭 빠른 슈발리스의 상인들은 술에 대해서뿐 아니라, 그 밖의 생활의 즐거움을 알고 있었다. 그런데 크로톤에는 밭과 물고기가 있을 뿐이었다.

크로톤의 사람들은 진군을 시작했다. 헤라클레스와 같은 분장을 하고 머리에 올림픽 관을 쓴 투기사 밀론이 앞장섰다. 밀론은 명문의 사람들과 규율 바른 피타고라스 학도로 이루어진 군대에 둘러싸여 있었다.

전쟁은 오래 가지 않았다. 피타고라스 학도는 승리했다. 슈발리스에 '질서'가 이루어져 남자들은 몰살을 당하고, 여자와 어린아이는 노예로 끌려가고, 큰 도시는 자취도 없이 사라졌다. 산처럼 수북한 전리품은 '우수한' 사람들이 나누어 가졌다. 그러나 진격에 참가한 어부나 농민은 구멍이 뚫린 자신의 거룻배나 연기로 가득 찬 오두막집에 빈손으로 되돌아갔다.

어부나 농민은 불평을 말하고 성난 목소리를 높여 '조화'를 어지럽혔다. 그들은 전리품에서 자신들의 몫을 요구했다.

불만을 품는 사람들 중에는 평민 출신인 부자도 있었다. 그들은 어제까지의 도공이나 무구사였다. 그들 또한 전리품 배분에 참가하기를 바랐다.

우애연맹 그 자체에도 전과 같은 우애는 없었다. 피타고라스의 우수한 제자 중 하나인 히파스는 평민 쪽으로 옮겼다. 히파스는 연맹에서 제명되고, 마치 죽어버리기나 한 것처럼 그의 묘비가 세워졌다. 그러나 그는 살아 있었고 '국민회의'에 모습을 나타냈다. 그리하여 다른 자들과 함께 피타고라스 학도의 추방을 요구했다. 그는 평민에게 피타고라스의 '신성한 말'을 낭독하고 피타고라스 학도를 그들 자신의 말로 폭로했다.

피타고라스는 크로톤을 떠났다. 피타고라스파의 사람들은 신이 다시금 기적과 표적을 나타내어 그 뜻을 보여 주셨다고 떠벌렸다. 피타고라스가 강을 건너려니까 신비로운 목소리로 "피타고라스, 잘 있었나!" 하고 외쳤다든가, 스승은 이미 멀리 떨어진 메타폰툼에 있건만 돌연 크로톤에서 그를 보았다며 떠벌리고 다녔던 것이다.

아직 모든 것을 잃지는 않았다고 피타고라스 학도들은 생각했다. 피타고라스의 제자들은 이제 그를 휴페르볼레이오스인(북쪽 극지에 살며 아폴론을 숭배하는 전설적 민족)의 아폴론이라 부르며, 그런 그나 우수한 사람들과의 싸움에서 평민이 이기는 것을 신들이 용서할 까닭이 없다고 하였다.

그들은 투기사 밀론의 집에 모여 비밀 집회를 열었다. 그러나 그 집회는 적에게 발각이 되고 말았다.

곳곳에서 사람들이 몰려왔다. 손에 든 횃불이 연기를 나부끼며 타고 있었다. 대군중은 우르르 집을 둘러쌌다. 횃불이 차츰 다가와서 울타리와 벽에 닿았다 싶자 뜰에 심어진 올리브의 나뭇잎에 옮겨 붙었다.

순식간에 집도 불길에 싸였다. 큰 화톳불처럼 집은 거리의 하늘을 그을리며 불탔다. 피타고라스 학도는 부질없이 집 밖으로 도망치려고 좁은 입구로 몰려서 몸싸움을 벌였다.

그러나 운좋게 빠져나온 사람을 기다리는 것도 죽음뿐이었다. 연기의 소용돌이 속에 그 모습이 나타난 순간 사방에서 공격이 퍼부어졌다. 헤라클레스와 같은 힘을 과시하던 밀론도 무력했다. 불길 속에서 달아날 수 있었던 것은 가장 젊고 날렵한 두 사람뿐이었다.

중심불과 그 둘레의 정연한 천체의 합창대——소리·수·별에 관해 배울 무렵에 이 젊은이들이 상상하던 우주는 이와 같은 것이었다. 그런데 그들은 지금 새빨간 화재의 불길과 그 둘레에서 날뛰고 있는 평민들을 보았다. 그들이 살아가야만 했던 이 세계, 투쟁으로 넘친 이 세계는 정연한 불변의 질서로부터 얼마나 동떨어져 있는 것인가!

투쟁은 더욱 심해졌고 돌의 성벽도, 낡은 관습과 신앙의 탄탄한 기반도 흙더미로 바뀌고 말았다. 모든 것이 원시적 씨족제의 잔재와 새로운 노예제 사이의 투쟁에 휩쓸렸다. 시인의 노래, 수학자의 '정리'조차 그 싸움에 끼어들었다.

우리는 학교에서 피타고라스의 정리를 배우고 무리수나 소리에 관한 설을 공부하지만, 의심의 여지가 없는 이 진실을 둘러싸고 그 옛날 얼마만큼 격렬한 투쟁이 벌어졌는지 상상조차 하기 어렵다. 컴퍼스가 칼 못지 않은 날카로운 무기가 되었던 것이다.

해와 더불어 과학은 더욱 그 힘을 더해 갔다. 그러나 서로 싸우는 두 개의 세력은 과학을 자기의 동맹자로 하려고 힘을 기울였다.

피타고라스 학도들은 과학이 그들에게 힘을 빌려주어 역사를 멈추게 하고 낡은 신앙과 낡은 제도의 벽을 지켜 주기를 바랐다. 그러나 그것은 얼마나 큰 잘못이었을까!

그들은 과학을 그들과 명문가의 보호자로 만들기 위해 키우고 사랑했다. 그런데 과학은 성장함에 따라 자기를 키운 사람들의 벽을 밀어젖히고 뒤엎었다. 피타고라스 학도들은 자기들의 발견을 숨겨야만 했다. 그러나 과학에 자물통을 채울 수 있을까?

비밀의 가르침은 밖으로 뛰어나갔다. 피타고라스 학도들은 자기 입으로써 이를 퍼뜨렸던 것이다. 변절자는 죽은 자로 취급되어 묘비가 세워졌다. 그러나 그와 같은 사람들은 과학과 마찬가지로 살아 있었다.

과학은 그 힘을 발휘하여 습관적 관념을 뒤엎었다. 지구를 움직이지 않는 우주의 토대라고 사람들이 생각했었던 것은, 그리 옛날의 일이 아니었다. 그러나 피타고라스 학도의 비밀 모임은 벌써, 지구는 중심불의 둘레를 회전하는 공임을 깨닫고 있었다. 이들은 낡은 기반을 고수하기를 바랐으나 스스로 자기의 발 아래 대지를 헐뜯고 팽이처럼 회전시키기 시작했던 것이다.

그들은 과학을 자기들의 부하로 만들려 했다. 그런데 과학 쪽이 그들에게 자기를 섬기게끔 만들어 버렸다.

그로부터 몇 세기가 지나자, 일찍이 피타고라스 학파와 그 적 사이에 펼쳐졌던 논쟁과 싸움은 잊혀졌다. 역사가들조차 역사의 안개에 가려 당시의 사람들을 구별하지 못하고 있다.

유명한 '피타고라스의 정리(定理)'를 발견한 것이 피타고라스인지, 지구는 우주의 중심이 아니며 대지는 둥근 모양이라는 사실을 밝혀낸 사람이 그였는지, 연구자들은 그마저도 의문으로 여기고 있다.

아마도 이는 피타고라스 자신의 업적이 아니고 피타고라스 학도라 불린 사람들의 업적이었을지도 모르는 일이다.

수를 빼놓고 과학을 생각할 수는 없다.

별·원자·해류·지상의 바람, 어떤 문제이든 판단에 수와 식이 나타날 때에 비로소 우리는 사물의 관계를 이해할 수 있다.

수와 식이 없다면 비행기 제작도 터널 개통도 다리를 놓는 일도 하지 못한다.

매일 온 세계의 학교에서 수백 명의 학생들이 소수와 합성수를 입에 올리고, 비례나 급수의 문제를 풀고, 직각삼각형의 빗변의 제곱이 직각을 만드는 두 변의 제곱의 합과 같음을 증명한다.

수를 소수와 합성수로 나눈 것은 피타고라스 학도가 처음이었다. 비례와 급수를 연구하기 시작한 것도 피타고라스 학도가 처음이었다.

우리는 흔히 피타고라스의 정리와 만났을 때만 피타고라스 학도에 대해 떠올린다.

그러나 그들은 그 정리만이 아니라, 삼각형 내각의 합은 2직각과 같다는 사실도 발견해 냈다.

거리를 걸으면서 건물의 번호를 볼 때에도 우리는 피타고라스 학도를 무시하지 못한다. 거리의 한쪽은 짝수의 번호이고 반대쪽은 홀수의 번호다.

그렇다면 수를 짝수와 홀수로 분리한 것은 누구일까? 역시 피타고라스 학도이다.

우주 연구에서 수가 얼마나 큰 의의가 있는지를 그들은 제시했다. 그러나 그들 학설의 기초는 그 자체가 잘못이었고 과학으로서 해로운 것이었다. 피타고라스 학도는 말했다. "수——그것이 모든 것이다. 만물의 근원은 물질이 아니고 수이다."

그리하여 이 잘못된 '가정'이 탈레스 시대 이후 과학이 걸어온 진로를 옆으로 빗나가게 만들었던 것이다.

생각하는 것을 가르친 사람

흐르는지 흐르지 않는지 알 수 없을 정도로 천천히 삶의 강이 흐르고, 하루하루가 똑같이 생각되는 시대가 있다. 거기에 갑자기 폭풍우가 휘몰아친다. 둘레를 돌아보면 모든 것이 갑자기 변하고, 습관이 되었던 먼 옛날부터의 기구는 무엇 하나 남아 있지 않다. 하루하루 정도가 아니라, 시간에 따라 모든 것이 변하기 시작하여 과거의 것은 모조리 사라져 버리고 만다.

세계는 백 년 사이에 그 전의 천 년 이상으로 변한다.

지금부터 2천4백 년 전의 사람들은, 이러한 불안한 시대에 살고 있었던 것이다. 몇백 년에 걸쳐 서 있던 벽은 무너져 깨진 조각으로 변하고 말았다. 옛날의 습관과 신앙과 규칙은, 신들이 정한 변하지 않는 것으로 생각되고 있었다. 그러나 지금은 모든 사람의 눈앞에서 새로운 규칙이 어제까지의 규칙을 없애버리고 말았다. 바로 얼마 전까지 선했던 것이, 악한 것으로 여겨지게 되었다. 아무것도 없던 사람이 갑자기 부자가 되기도 했다. 반대로 많은 것을 가졌던 사람이 단 하룻밤 만에 모조리 잃기도 했다. 평민이 존경을 받게 되는가 하면, 왕의 자손이 집없는 떠돌이처럼 헤매고 다니는 궁지에 빠졌다. 폭풍우에 짓밟히게 된 사람들은 이렇게 물었다.

"대체 무슨 일이 일어난 것인가? 언제쯤이면 모든 것이 전처럼 될 것인가? 언제쯤이면 옛날의 좋은 시대로, 전날의 기분 좋은 세계로 돌아갈 것인가?"

사람들은 현명한 사람을 찾았다. 현명한 사람은 저마다 자기 생각대로의 대답을 했다.

피타고라스는 사람들에게, 확고한 우주의 조화와 개벽 이래로 정해져 있는 질서에 대해 이야기했다. 폭풍우로 파괴된 이 질서를 회복해야만 한다고 말했다.

헤라클레이토스(기원전 540?~480?)는 사람들에게 다른 대답을 했다.

헤라클레이토스를 찾아 내기 위해서는, 그가 사람들을 피해 숨어 있는 어두운 밀림으로 헤치고 들어가야만 했다.

그도 또한 새로운 기구의 반대자였다. 그의 조상은 에페소스의 왕이었는데, 그는 그 도시를 버리고 사냥꾼이었던 여신 아르테미스의 성역과 가까운 산 속에 살고 있었다. 외부 사람들은 조심스레 그의 집으로 다가갔다. 그들은 이 늙은 현자의 음울하고 까다로운 기질을 에페소스의 주민들로부터 들어서 이미 알고 있었다.

그가 사람들을 호통쳐 내쫓을지도 알 수 없었다. 이 음울한 사람으로부터는 즐거운 일 같은 것은 무엇 하나 들을 수 없었다. '잘 우는 헤라클레이토

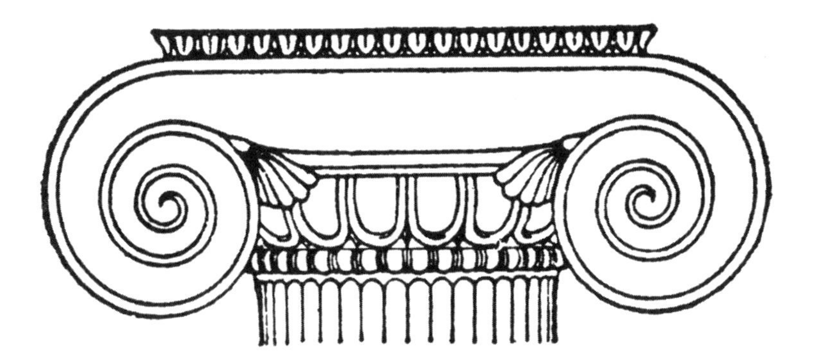

에페소스 아르테미스 신전의 기둥

스'라고 불리는 것도 이상할 일 없었다. 그리고 그의 이야기를 이해하기도 쉽지 않았다. 마치 일부러 그러는 것처럼, 그는 델포이의 신탁처럼 알기 어려운 수수께끼 같은 말을 했다. 그 때문에 또 하나 '어두운 헤라클레이토스'라는 별명이 붙여졌다.

그러나 헤라클레이토스의 명성은 좋지 못한 기질이란 평판보다도 높았다. 외부에서 찾아온 사람들은 용기를 불러일으켜 숲속에 있는 짐승의 굴에라도 다가가듯이, 조심스레 그의 움막으로 다가갔다. 헤라클레이토스가 난로에 불을 쬐는 것을 보고, 그들은 머뭇거리며 문지방 옆에 멈춰섰다. 그러자 노인은 그들을 돌아보며 이렇게 말했다.

"빨리 들어오는 게 좋아. 이 곳에도 신은 있지만 말이야……."

이야기가 시작되었다. 노인은 손님들에게, 산 아래 에페소스에서 일어난 일을 물었다. 그는 대대로 내려온 명문의 지배를 뒤엎은 한 고향 사람들을 용서하지 않았다. 그는 에페소스 사람들의 새로운 질서를 비웃었다.

"그들의 이성은 어디에 있는가? 어디에 상식이 있는가? 그들은 방랑시인의 노래를 귀담아 듣고 있다. 그들의 지도자는 군중이야. 그들은 악한 사람이 많고 선한 사람이 적다는 것을 알지 못한다. 내가 생각하기에는, 훌륭한 사람 한 명은 천 명과 맞먹는다. 그들은 뛰어난 시민을 내쫓고 있어. '훌륭한 사람 따위는 없어도 좋다, 만일 그런 사람이 있으면, 우리가 없는 다른 어디에선가 살기 바란다'고 말하고 있어. 만일 그들이 내게 묻는다면, 나는 그들에게, 도시는 아이들에게 물려주고, 당신들은 목을 매어 죽으라고 권할 것이다. 아이들이 더 영리할테니."

외지 사람들은 이 노여움에 찬 말을 듣고 놀라고 말았다. 그래서 그들은 서둘러 옛날에 일어났던 사건과 사람들의 이야기 같은, 다른 것들을 이야기하기 시작했다. 그러나 이 성 잘 내는 노인은 같은 시대의 사람들에 대해서와 마찬가지로, 과거 사람들에게도 묻고 대들었다. 자기였다면, 호메로스 따위는 노래 시합에서 내쫓아 채찍질을 할 것이다, 헤시오도스는 군중의 교사다, 헤시오도스는 자신이 다른 사람보다 아는 것이 많다고 생각하지만, 밤과 낮이 같은 것이라는 사실조차 모른다, 라고.

헤라클레이토스는 신들 또한 사람 못지 않게 공격했다. 아르테미스의 성역에 사는, 이 왕족인 신관의 자손이 여기 엄연히 있는데도, 옛 신들을 믿지 앉았다. 그는 말했다.

"신들의 상 앞에서 비는 것은 벽과 이야기하는 것과 같다."

자기 동료인 사상가 역시 그는 내려다보고 있었다. 헤라클레이토스로부터 비난을 받지 않은 것은 탈레스뿐이었다. 헤라클레이토스는 말했다.

"피타고라스는 다른 사람들보다도 열심히 공부를 했다. 다른 사람이 한 일을 발판으로 하여, 그는 박식과 거짓 과학이라는 자기 학문을 만들어 낼 수 있었다. 박식은 지혜의 가르침은 아니다. 그렇지 않다면, 피타고라스와 헤시오도스, 헤카타이오스와 크세노파네스는 박식에서 보다 나은 것을 배웠을 것이다."

외지 사람들은 어리둥절해하며 물었다.

"그렇다면 누구에게 배우는 것이 좋겠습니까?"

헤라클레이토스는 대답했다.

"우리의 스승은 눈과 귀다. 보고 들으라. 그렇지 않으면 아무것도 알 수 없다. 만일 자연이 연기로 변하고 말았다 해도, 우리는 그것을 콧구멍에 의해 알 것이다. 자연의 목소리에 귀를 기울여야만 한다. 그러나 듣는 것만으로는 충분치 않다. 들려 오는 것을 이해해야 한다. 만일 사람의 정신이 우둔하면, 눈과 귀는 좋은 증인이 될 수 없다. 눈은 귀보다도 확실하지만, 언제나 믿을 수는 없다. 자연은 숨기를 좋아한다. 그러므로 그 비밀을 알아 내는 능력이 있어야 한다. 자연의 소리를 듣는 것이 좋다. 자기 자신에게 묻는 것이 좋다. 사람은 우주를 닮은 존재요 무한한 세계이므로."

손님들은 현명한 사람의 한마디 한마디에 가만히 귀를 기울였다. 헤라클레이토스는 이어 말했다.

"주위를 둘러보라. 모든 것은 움직이고 흐른다. 같은 강에 두 번 흘러들 수는 없다. 해도 날마다 새롭다. 휴식이나 평안은 아무 데도 없다. 도처에 다툼과 싸움이 있다. 싸움은 한쪽을 노예로 만들고, 다른 쪽을 자유민으로 만든다. 호메로스는 '오오, 신과 사람에게서 적의가 물러가면 좋겠다'라고 했다. 그러나 그렇게 되면 무엇이고 다 소멸될 것이다. 모든 것은 싸움에 의해서 생기고 없어지기 때문이다. 싸움은 세계의 지배자다. 어느 사람의 죽음은, 다른 사람에게는 사는 것이다. 난로에서 장작이 탈 때, 그것은 나무에 있어서는 죽음이요, 불에 있어서는 사는 것이다."

불가에서 이야기하는 헤라클레이토스

난로의 불꽃이 헤라클레이토스의 얼굴과, 이마의 깊은 주름과, 굳게 다문 입술과, 물결치는 흰 수염을 밝게 비추었다.

그의 목소리, 현명한 사람의 목소리가 또 들리기 시작했다.

"세계를 만들어 낸 것은, 어떤 신도 사람도 아니다. 세계는 과거와 현재와 미래를 통해, 이치에 따라 불타오르고, 이치에 따라 사라지는, 영원히 사는 불이다. 전세계의 불이 꺼질 때에 세계가 생겨나고, 모든 것이 식어 농축화한다. 다음에 다시 세계의 화재가 모든 것을 불로 바꾼다. 이처럼 생성과 멸망, 삶과 죽음은 결합되어 있다. 이와 같이 서로 다투는 원리가 세계의 조화를 만들어 내고 있는 것이다. 세계는 하프의 줄과 같다. 하프를 탈 때, 우리는 줄을 조이기도 하고 늦추기도 한다. 긴장과 완화의 결합에서 조화가 생겨난다. 세계는 혼돈이 아니라 조화다. 겉보기의 무질서 속에 엄연한 질서가 있다. 모든 것은 필연성에 따르고 있다. 필연성의 채찍이 각 짐승들을 먹이가 있는 곳으로 내몰고 있다. 하늘의 해도 자기 한계를 넘을 수는 없다……."

그럭저럭 하는 사이에 해가 서쪽으로 기울었다. 손님들은 주인에게 작별을 고했다. 그들은 무게는 없지만 무거운 금보다 값비싼 선물을 얻어 돌아갔다. 그것은 새로운 생각이요, 새로운 견해였다. 그들은 물을 틈도 없이 대답을 듣고 말았다.

"낡은 것으로 되돌아가는 일은 있을 수 없다. 폭풍우는 우연이 아닌 법칙이다. 모든 것은 흐르고, 같은 강으로 두 번 들어갈 수는 없다……."

떠나려는 손님들은 문간에서 다른 손님들을 만났다. 이들 새로운 손님은 머뭇거리거나 하지 않았다. 주인의 태도도 다른 사람을 맞이할 때처럼 엄격하지 않았다. 아이들이 시끄럽고 명랑한 한 덩어리가 되어, 늙은 현인의 좁은 집으로 몰려왔다. 아이들은 어제처럼 함께 구슬치기놀이를 하자고 그를 데리러 찾아온 것이다.

이 늙은, 사람을 싫어하는 괴팍한 노인네는 아이들을 좋아했다. 세계의 왕국은 아이들의 것이라고 그가 말하는 것도 이상할 일이 없었다.

이리하여 도시의 시끄러움에서 멀리 떨어진 산중 숲속에서 낡은 신앙을 뒤엎은 새로운 학설이 무르익어 갔다. 그것은 필연성과 세계를 지배하는 불변의 법칙에 관한 학설이었다.

어떤 이름을 이 새로운 지배자에게 주면 좋을 것인가?

세계의 지배자 제우스의 이름을 줄까? 그러나 옛날 이름은 옛날 사상을 눈뜨게 하여 옛 신들에게로 되돌아가게 할 것이다.

헤라클레이토스는 새로운 이름을 찾았다. '노모스' 즉 법칙이라 이름을 붙일까? 아니면 '코스모스', 즉 우주의 질서로 할까? 또는 법칙과 말과 이성을 뜻하는 '로고스'로 할까?

새로운 사상을 낡은 말로 표현하기는 어려웠다. 그러나 헤라클레이토스에게는 '로고스'라는 말이 가장 확실하게, 전세계의 법칙에 대한 생각을 전하는 것처럼 생각되었다. 이 법칙은 이성으로 이해하는 것인데, 자연도 사람의 이성도 그 지배 아래 있었다.

밀레투스나 에페소스의 번화한 항구에 가까운 해안에서, 철학자 헤라클레이토스는 로고스(온 세계의 법칙) 학설을 만들어 냈다. 이것은 제우스의 권력을 뒤엎는 운명을 지는 것이었다.

헤라클레이토스는 날마다 생각을 계속하여 그것을 쓴 두루마리를 아르테미스의 성역에 숨겨 두었다. 그는 이렇게 생각했던 것이다.

'이들 두루마리는 이곳에 놓아 두자. 배우는 사람의 눈에 띌 수 있으면 좋으니까. 이 깊은 지혜는 민중을 위한 것은 아니다. 이것은 빛처럼 밝은 것이지만, 민중에게는 어둡고 뭐가 뭔지 알 수 없는 지식으로 생각될 것이 틀림없다.

그들은 헛간에 물건을 늘어놓듯, 모든 개념을 늘어놓으려 한다. 그들은 모든 것을 적당한 것과 적당하지 못한 것, 어두운 것과 밝은 것, 좋은 것과 나쁜 것으로 나누려 한다.

그러나 바다의 물은 물고기에게는 알맞지만, 사람에게는 부적당하지 않은가. 돼지는 진흙탕에 들어간다. 돼지에게 진흙은 더러운 것이 아니다. 가장 예쁜 원숭이도 사람에 비하면 못생겼다. 자유인에게 선은 노예에게는 악이다.

사람들은 아직 이것을 이해하기까지에 이르지 않았다. 그들은 사물을 한쪽으로밖에 보지 않는다. 어둠이 없으면 빛도 없고, 거짓이 없으면 참도 없을 터라는 것을 그들에게 알게 하기란 불가능하다. 병이 없으면 건강이 어떠한 것인지 사람들은 몰랐을 것이다. 노동이 없으면, 쉰다는 것이 무엇인지 모르지 않는가. 빛과 어둠, 참과 거짓, 죽음과 생겨남, 끝과 처음……. 이것은 하나다. 동그라미에 있어서는 끝이 처음이요, 처음이 끝이다. 얼음의 죽음은 물의 생겨남이요, 물의 죽음은 김의 생겨남이다. 우리는 존재하고, 그리고 존재하지 않는다. 우리는 한 순간마다 다른 존재가 되는 것이다.'

헤라클레이토스는 이렇게 생각하고 있었다. 그러나 그는 그런 생각이 사람들로부터 당장은 이해되지 않을 것임을 알고 있었다. 사람들은 비좁은 세계에서 자랐다. 세계는 넓어졌지만 사람들의 마음은 아직 옛날처럼 얕았다. 그들의 시야는 좁고, 그 생각은 무디었다. 그들은 자기의 진실을 알고 있을 뿐으로, 어떤 것이라도 다른 쪽에서 볼 수 있다는 것을 알아채지 못했다.

이것을 그들에게 말한들 무슨 소용이 되겠는가. 결국 그들은 알지 못하는 것이다. 그들은 자기 배를 불리는 일밖에 생각지 않는다.

늙은 현인은 이런 식으로 사람들을 나무랐다. 그러나 실은 사람을 싫어한 모든 사람들 가운데서 그는 가장 사람을 좋아했던 인물이다. 그가 진리를 탐구한 것은 인류를 위한 것이었다. 그는 새로운 생각을 사람들에게 가르쳤다. 성역에 사는 이 신관은 신들을 계속 넘어뜨렸다.

몇백 년이 지나면 사람들은 헤라클레이토스에 대해 이렇게 말할 것이다.

"그는 자연 속에 휴식은 없다는 것, 자연은 쉴새없이 변화하고 다시 새로워진다는 것을 안 선구자였다."

또 사람들 가운데서도 특히 널리 배운 사람은, 감동에 차서, 고대의 현인 헤라클레이토스의 다음 말을 되풀이할 것이다.

"만물의 통일인 세계를 만들어 낸 것은 어떤 신도 어떤 사람도 아니다. 그것은 과거와 현재와 미래를 통해 이치에 따라 불타고, 이치에 따라 꺼지는, 영원히 사는 불이다."

너무 일찍 쓴 월계관

헤라클레이토스는 장님만이 사는 어둠의 세계에서, 단 한 명 눈뜬 사람으로서 살고 있었다. 그러므로 그는 머지않아 사람들의 눈이 보이게끔 되리라고는 기대하지 않았다. 그러나 사람들을 내려다보지 않고 그들 속에 살며 자신의 지식의 힘을 모조리 그들에게 준 현인도 있었다. 바로 엠페도클레스(기원전 493?~432?)가 그런 사람이었다.

그 또한 헤라클레이토스와 마찬가지로 왕가 출신이었다. 엠페도클레스의 조상은 그가 태어난 시칠리아 섬의 도시 아크라가스를 다스리고 있었다.

엠페도클레스는 아크로폴리스 안에서 태어나 그곳에서 자랐다. 그러나 그는 아무 망설임도 없이 왕의 정원을 내던졌다. 시장이 서는 광장과, 대장간의 망치 소리와 목수의 도끼 소리가 끊이지 않는 시끄러운 거리와, 아크로폴리스를 가로막고 있는 높은 성벽이 싫어 그는 견딜 수 없었다. 그는 바실레우스 즉 왕이 아닌 평민이 아크로폴리스에 들어와 살기를 바랐다.

도대체 왕의 권력이란 어느 정도나 되는 것일까? 그것은 훨씬 전부터 이름뿐 실상은 없는 것으로 되어 있었다. 아크라가스를 지배하고 있는 것은 왕이 아니고 몇 사람의 귀족이었다. 엠페도클레스는 이들 교만한 귀족의 적이었다.

그는 모든 자유민의 평등을 옹호했다. 그리고 끝내 평등의 승리를 목격할 수 있었다. 오랜 싸움 뒤에 민중이 아크라가스의 권력을 잡은 것이었다. 아르콘(집정관)으로 뽑힌 엠페도클레스는 민중의 권력을 침범하는 사람이 없도록 감시를 계속했다. 같은 지배자의 한 사람인 다른 아르콘이 모든 권력을 움켜쥐려 했을 때, 엠페도클레스는, 그 아르콘과 음모에 가담한 사람들을 엄하게

그리스 항아리에 그려진 '달리는 사람들'

처벌할 것을 요구했다. 엠페도클레스는 국민회의에서 연설을 하며, 남보다 자기가 뛰어나다고 생각하는 사람들을 비웃었다.

그는 자신이 지닌 지식의 힘을 남김없이 사람들에게 바쳤다.

그 무렵의 시민들은 엠페도클레스를 이렇게 말했다.

"세리누스란 도시에서, 가까운 강에서 나는 고약한 냄새 때문에 전염병이 퍼진 일이 있었다. 도시 주민들이 잇따라 죽어 갔다. 이때 엠페도클레스는 재난을 막는 방법을 생각해 냈다. 그는 자기 비용으로 가까운 두 강과 이 강을 연결시켰다. 그로 인해 물이 서로 섞이어, 그 강물까지 깨끗해졌다. 덕분에 전염병이 가라앉아, 세리누스 주민들이 기뻐 강둑에서 술잔치를 벌이고 있었다. 거기에 엠페도클레스가 찾아왔다. 사람들은 일어나 그 앞에 엎드려 그가 하느님이라도 되는 것처럼 절을 했다."

엠페도클레스는 그가 태어난 도시 아크라가스에 대해서도 마음을 썼다.

어떻게 된 일인지 산에서 가슴 답답한 해로운 바람이 불기 시작했다. 바람이 너무 세게 불어 과수원의 과일이 해를 입었다. 엠페도클레스는 당나귀의 가죽을 벗겨 털가죽을 만들도록 명령했다. 그러고는 이 털가죽을 언덕과 산꼭대기 둘레에 치고, 그것으로 바람을 막았다.

그 이야기는 모두 거짓이라고 말하는 사람도 있다. 엠페도클레스는 벽을 쌓고, 평야를 향해 남풍이 불고 지나가는 옆 골짜기를 그 벽으로 가로막았다

엠페도클레스와 가난한 사람들

는 것이다.

나라는, 과일의 흉작으로부터도 전염병으로부터도 구제되었다. 그래서 엠페도클레스는 '바람잡이'라는 별명을 얻게 되었다.

그는 폭풍우만이 아니고, 죽음에게 싸움을 거는 것도 두려워하지 않았다. 그가 죽은 사람의 영혼을 저승으로부터 데리고 돌아오는 데도 성공했다고 전해진다. 그를 둘러싼 이야기 가운데는 진실과 허구가 이상한 모습으로 뒤얽혀 있다.

그는 차례로 도시를 찾았다. 그러자 많은 사람들이 구세주로서 그를 맞이했다. 어떤 사람은 그가 병을 고쳐 줄 것을 바랐고, 다른 사람은 그에게 진리의 길을 물었다.

그는 임금의 옷을 입고 있었다. 보라색 외투에 황금빛 띠를 두르고, 발에는 구리신을 신고, 머리에는 월계관을 쓰고 있었다.

그것은 총지휘관의 모습이었다. 그러나 그의 뒤를 따르는 것은, 군대가 아니고 병자와 괴로워하는 사람들의 무리였다. 그의 모습을 볼 수 있는 곳은, 아크로폴리스의 성벽 안에 있는 궁전이 아니고, 도시 변두리의 가난한 오두막집이나 먼지투성이인 큰길이었다.

그는 승리자였다. 그러나 그의 승리는 그의 할아버지처럼 마술 경기장에서 승리를 얻은 것도, 다른 도시의 성벽 아래에서의 피비린내 나는 격렬한 싸움에서 얻은 것도 아니었다. 그는 폭풍우와 바람과 강물의 흐름과, 눈에 보이지 않는 전염병의 독과, 죽음의 신비로운 힘과의 싸움에서 승리를 차지한 것이다.

사람들에게는, 그가 사람이 아니라 땅 위에 내려온 신처럼 생각되었다. 그는 자신의 지성의 힘이 사람들보다 나음을 알고 있었다. 그러나 그것을 자랑하거나 하지 않았다. 그는 말했다.

"끊임없이 고통과 죽음에 위협 받는 사람들보다 내가 낫다고 하더라도, 그것이 얼마나 차이가 나겠는가."

그는 현인으로 자연을 노래한 노래도 지었다. 그는 지식을 숨기지 않고 사람들에게 전하려 힘썼다. 젊었을 때, 피타고라스 학파의 우애연맹의 비밀을 사람들에게 폭로한 이유로, 연맹으로부터 제명을 당한 그였다.

"새로운 것과 색다른 것이 머리로 들어오면, 사람들은 괴로워한다."라고 그는 말했다.

그러나 그는 사람들로부터 떨어지지 않고, 그들과 함께 있으면서, 과학으로 사람들의 지력이 넓혀지기를 바라고, 그들을 계속 가르쳤다.

그는 무엇을 가르친 것일까?

그는 그때까지 탈레스와 아낙시만드로스와 아낙시메네스와 헤라클레이토스가 시작했던 것을 이어받았다.

엠페도클레스는, 세계를 만들어 내는 것은 불과 물과 흙과 공기의 네 원소라고 했다. 과거와 현재와 미래를 통해 존재하는 것은, 모두 이들 원소에서 만들어졌다. 그것들의 결합에 의해 물건이 만들어지고, 그것들의 분리에 의해 물건은 없어진다. 어느 것 하나도 없이 사라지지는 않는다. 또 어느 것 하나도 무(無)에서 생겨나지는 않는다. 사람들이 죽음이니 삶이니 하고 부르는 것은, 결합과 분리에 지나지 않는다.

언제나 그러하다. 하나에서 많은 것이 생겨나고, 많은 것에서 하나가 생겨난 것이다.

빛이 반짝이는 해의 얼굴도, 거무칙칙한 땅의 몸뚱이도, 물결치는 큰 바다도 존재하지 않은 때가 있었다. 적의가 모든 것을 분열시키고, 모든 것에서 사랑과, 연결이 없어지게 했다.

그러나 사랑과 우애가 적의를 상대로 싸웠다. 사랑은 분열된 여러 원소를 결합하여 거기에 물건의 모습을 주었다.

빛나는 뜨거운 태양도, 태양의 광선을 반사하는 희푸른 달도, 허공도, 대지의 땀인 바다도, 모두 이렇게 해서 생긴 것이다. 생물도 4원소의 결합에서 생겨났다. 처음은 몸뚱이가 없는 머리가 많이 생기고, 어깨가 없는 팔이 떠돌아 다니고, 이마가 없는 눈이 돌아다녔다. 그것들이 서로 만나 들러붙었다. 머리가 둘 있는 생물, 사람의 머리를 한 소, 소 머리를 한 사람이 나타났다. 그러나 이들 괴물은 망하고, 단정한 모양을 한 것만이 남았다.

집이 벽돌로 지어지듯이, 세계는 이들 원소에 의해 만들어졌다. 그러나 적의가 다시 우애를 쳐서 이기는 때가 올 것이다. 세계라는 큰 건물은 무너져 내리고, 모든 것은 다시금 처음부터 고쳐 만들어지게 될 것이다.

언제나 같은 일이 행해져 우애가 모든 원소를 섞어 배합하는가 하면, 적의라는 파괴자가 그것을 산산조각 내고 만다.

엠페도클레스의 이야기를 듣는 사람들은, 세계를 뛰어다니는 그의 재빠른 생각에 좀처럼 따라갈 수가 없었다.

그들은 대지도 하늘도 생물도 신이 만들었다는 생각에 친숙해져 있었다. 그런데 엠페도클레스는 그들에게, 모든 것은 필요에 의해, 신들의 뜻이 아니라 저절로 원소가 결합해 생긴 것이라고 일깨웠다.

그러나 관습의 힘과 오랜 신앙은 매우 강해서, 사람들은 신들에 반대하여 일어선 이 현인마저도 죽지 않는 신이라고 생각하게끔 되었다…….

엠페도클레스는 훨씬 전에 죽었는데, 민중 사이에서는 아직 살아 있다고 믿어지고 있었다.

아크라가스에서는, 그의 최후의 모습이 다음과 같이 전해지고 있었다. 어느 날 밤 술잔치가 벌어진 뒤에, 그는 친구들과 식탁 앞에 누워 있었다. 그때 갑자기 공중에서 빛이 비치며 횃불이 보였다. 그리고 엠페도클레스를 부르는 큰 목소리가 울려퍼지는가 싶더니, 다시 어두워지고 조용해졌다. 이튿날 아침이 밝았을 때, 사람들은 엠페도클레스의 침대가 비어 있는 것을 보았다. 사람들은 노예를 시켜 그를 찾게 했다. 그러나 그는 어디에도 없었다. 그래서 사람들은 기도를 올릴 사건이 일어났다고 생각하고 이제부터는 신이 된 엠페도클레스에게 제물을 바쳐야만 한다고 판단했다.

엠페도클레스는 죽었지만, 그 죽음은 보통 사람의 죽음이 아니라고 말하는 이도 있었다. 그는 스스로 자신을 불태웠다. 그를 화장한 불은 타오르는 화산의 분화구였다. 그는 자기 생명이 다 되어가고 있음을 알자, 에트나 산 꼭대기로 올라가, 그 불구덩이 속으로 몸을 던졌다. 화산에 의해 그의 구리 신이 한짝 날아올라왔기 때문에 그것을 알았다.

그러나 실제로는 어떻게 된 것일까?

엠페도클레스는 고향을 멀리 떠난 곳에서 죽음의 운명을 만났다. 아크로폴리스에서는 귀족들이 다시 권력을 잡고 있었다. 민중의 어깨에는 다시금 멍에가 지워졌다.

엠페도클레스는 도시에서 추방되어 페로포네소스의 험한 산 속으로 들어가, 반 미개한 양치기들 속에 숨어 살 곳을 찾았다.

낯설은 땅에서 그는 슬픈 노래를 읊었다.

> 눈부신 존경과 행복의 날은 사라지고
> 이 내 몸은 슬픔과 죽음의
> 목장을 떠돈다
> 낯선 땅에 이르러 나의 눈물은 흐르고
> 저기 보도다, 살육의 죄
> 미움, 그리고 온갖 처참한 병을

그는 무엇을 노래한 것일까? 운명에 이끌려 가게 된 딴 나라의 일이었을까? 아니면 이제야 그에게는 전세계가 어두운 딴 나라로 생각된 것일까? 바람을 다스리고 죽음을 정복한 사람이었던 그는 일찍이 얼마나 자랑스럽게 또 즐겁게 세계를 바라보았던 것일까? 얼마나 많은 것을 사람들에게 약속했던 것일까? 그는 말했다.

"세상에는 약초란 것이 있다. 그것은 사람들을 병과 늙음으로부터 지켜준다. 그대는 그 모두를 알게 될 것이다. 내가 그것을 가르쳐 주겠다. 그대는, 그 숨결에 의해 밭을 휘저으며, 지칠 줄 모르는 바람의 무서운 위엄을 잡아누를 수 있을 것이다. 그대가 원한다면 다시 바람을 불러올 수도 있다. 불처럼 뜨거울 때는, 밭을 적시는 비를 내리게 할 수도 있다. 그대는 저승에서 죽은 사람의 영혼을 불러올 수도 있는 것이다……."

예언자와 시인의 눈으로, 그는 사람의 미래의 자유를 바라보고, 사람의 눈으로 자연의 지배를 바라보았다. 그에게는 승리가 이미 이루어졌거나 내일에라도 이루어질 것으로 생각되었다. 그는 승리자의 월계관을 썼다. 사람들은 신에게 절하듯 그에게 절하고, 그도 또 그 존경을 받아들였다. 그러나 승리를 축하하기는 아직 너무 일렀다. 엠페도클레스는 어두운 추방시대에 이것을 알았다.

그는 죽음을 앞두고 비통하게 외쳤다.

"아아, 불행한 사람의 불운한 시대여! 어떤 불화와 어떤 탄식에서 너는 태어난 것인가?"

엠페도클레스의 학설은 모두 불화에서, 그리고 낡은 것과 새로운 것과의 싸움에서 생겨났다. 이 싸움은 그의 고향 도시에서도, 그리스 전국에서도, 그 자신의 영혼 속에서도 행해지고 있었다.

그의 저서에서는 새로운 것인 과학과 낡은 주술이 결합되어 있었다. 그는 '자연에 대하여'라는 시를 써서 과학을 말하고, '깨끗함을 위하여'란 시를 써서 주술을 이야기했다.

참다운 학자로서의 그는, 우리의 감각과 그 조수인 이성이 포착한 세계야말로 참다운 세계라고 생각했다. 그는 신을 배격했다. 그러나 그의 시에는 제우스도 헤라도 나온다. 그는 자연의 힘에 신들의 이름을 붙여 주었다.

이와 같이, 엠페도클레스는 과학이냐 주술이냐의 선택을 하지 않았다. 그래도 우리는 그를 학자로서 생각한다. 엠페도클레스가 만물은 여러 원소에서 생겨나고 또 이들 원소로 분리된다는 학설을 제창했을 때, 사람들은 진리에 다시 한 걸음 가까이 간 것이다. 확실히 그의 관념은 아직 우리의 관념에서 훨씬 멀다. 현재의 화학원소는 엠페도클레스가 말하는 여러 원소와는 전혀 다른 것이다.

3 승리와 패배

여행가 헤로도토스

지도를 보면 그리스 최초의 학자와 최초의 철학자들이 태어난 도시가 소아시아의 자그마한 땅에 흩어져 있는 것을 알 수 있었다.

밀레토스에서 역사가요 여행가이기도 한 헤로도토스(기원전 484~425년)가 태어난 할리카르나소스까지는 얼마 안 된다. 옆에는 피타고라스가 청년시대를 보낸 사모스 섬이 있다. 사모스 섬에서 에페소스로는 앞바다를 건너 쉽게 갈 수 있다. 그곳에 있는 아르테미스 여신의 성역에, 헤라클레이토스가 살고 있었다. 에페소스에서 음유시인 크세노파네스가 태어난 크로톤까지는 걸어서 세 시간이다. 그리고 크로톤에서 철학자 아낙사고라스(기원전 500?~428년)의 고향인 클라조메네까지는 아주 가깝다.

시대에 있어서도 그들은 서로 이웃해 있다. 탈레스와 아낙시만드로스의 활동기는 기원전 6세기 초다. 아낙시메네스는 아낙시만드로스의 제자였다. 피타고라스와 크세노파네스는 탈레스의 손자 정도의 나이였다. 이들은 모두 기원전 6세기 사람이다. 피타고라스가 완전히 노인이 되었을 무렵, 늙은 현인 헤라클레이토스는 아직 갓난아기였다. 아낙사고라스와 헤로도토스는 더 어렸다. 이것은 벌써 기원전 5세기로 들어간다.

이들이 거의 때를 같이하여, 한 줌밖에 안 되는 땅에 살고 있었던 것이다. 그러나 그들은 그들 시대와 땅을 명예로운 것으로 만들었다.

관습과 신앙이 한데 섞이고, 물건뿐 아니라 사상까지 손에서 손으로 건너갔다. 이 세기와 길의 교차점에서 그리스의 과학은 시작된 것이다.

그것은 고뇌에 찬 시대였다.

동쪽에서 다른 나라의 큰 군대가 쳐들어왔다. 기원전 6세기와 5세기 경계에, '왕의 왕'으로 불리운 페르시아 왕의 군대가 소아시아에 침입했다. 도시는 차례로 침략자의 손에 넘어갔다. 소아시아, 즉 이오니아의 여러 도시와 그 식민지와 해외 통상지를 연결하던 바닷길은 끊기고 말았다. 페르시아와 동맹관계에 있었던 페니키아인들이, 그리스인이 자기 것이라고 생각하던 수역을 지배한 것이다.

'사람 가운데 가장 행복한 사람'이라고 불리우던 폴리크라테스는 페르시아인에게 잡혀 죽임을 당했다. 못박혀 죽은 것이다. 밀레투스는 페르시아에 대항해 보았으나, 그리스의 군함은 페니키아 함대의 습격을 견뎌낼 수 없었다. 반항은 진압되고 밀레투스는 파괴되었다.

동쪽에서 서쪽의 아테네와 시칠리아, 남쪽의 이탈리아로 피난민이 물밀듯이 밀려나갔다. 이들 피난민 속에는 학자도 있었다. 그들은 자기가 쓴 두루마리와 그린 그림과 지도를 가지고 갔다. 자기들에게 가장 중요한 과학을, 적에게 건네주지 않고 떠난 것이다.

그러나 야만인 대군은 더 멀리까지 나아가, 아시아에서 유럽으로 밀고 건너갔다. 그들은 가는 동안에 마주치는 것들을 모조리 파괴했다.

머지않아, 세계는 다시금 오랜 동안 거꾸로 되돌아가게 되었을지도 모른다. 그러나 야만인이 가는 앞에는 아테네가 있었다.

바다 위에서 싸움이 행해졌을 때, 아테네 사람들은 앞장섰다. 격전이 뭍에서 펼쳐졌을 때도, 아테네 사람들은 다른 사람들 앞에 섰다.

아테네는 그리스의 자유를 끝까지 지켜 냈다…….

승리와 함께 번영도 찾아왔다. 이제(기원전 5세기) 밀레투스가 아닌 아테네로, 해외의 상품을 실은 배가 곳곳에서 찾아왔다.

아테네의 제작소와 조선소와 항구에서는 아침부터 저녁까지 일이 계속되었다. 그곳에는 도공·베 짜는 사람·무기 만드는 사람 같은 뛰어난 기술자들이 있었다. 이오니아의 여러 도시에서 피난해 온 과학자도 여기서 자기의 새로운 고향을 찾아냈다.

세계의 경계는 다시 넓어졌다.

이리하여 우리는 많은 나라들을 찾은 여행가요 역사가인 헤로도토스와 만나게 된다. 그의 모습은 페니키아의 항구에서도, 피라미드의 아래에서도, 바빌론의 신전에서도 '왕의 왕'으로 불리우는 페르시아 왕의 수도에서도 볼 수 있었다.

그는 작은 배로 나일 강을 코끼리의 섬 엘레판티네까지 거슬러 올라간 일도 있고, 흑해 해안에서 오래 산 일도 있다. 여기서는 그리스 신전 옆에 세워진 스키타이 추장의 금빛 찬란한 천막을 볼 수 있었다.

헤로도토스는 신전 안에서 신관과 이야기를 나누고, 부두에서 선장들에게 갖가지 것을 물었다.

고향인 아테네에서는 가끔 피레우스로 떠나갔다. 피레우스 선착장에는 먼 나라들의 배가 웅성거리고 있었다.

그곳은 아침 일찍부터 온갖 소리로 시끌시끌했다. 부두에는 스키타이에서 온 곡식 자루와 밀레투스의 양털 자루가 산더미처럼 쌓여 있었다. 한편에선 짐을 내리고 다른 한편에선 짐을 싣고 있었다. 중개인들이 선원들과 마주 보고 욕설을 퍼붓고, 장사꾼이 선주와 흥정을 하고 있었다.

발을 옮겨놓을 때마다 외국 사람과 마주칠 수 있었다.

사람들이 같은 곳에서 살고, 친척과 같은 겨레붙이들 사이에서 일생을 보내는 시대도 있었다.

이 무렵은 어떤 늙은이라도 지나가는 한 사람 한 사람에 대해, 그 내력을 말할 수 있었다. 외국 장사꾼은 마치 신기한 짐승이라도 되는 것처럼 여겨졌다. 만일 그가 시내에 머물러 지내려 하면, 먼저 보호자를 찾아야만 했다. 왜냐하면, 이곳에는 친척이 없었기 때문이다. 자기 일족이 아니면 누가 편이 되어 주겠는가?

도시는 마을과 비슷했었다. 그러나 지금은 그렇지 않다. 아크로폴리스(성채)의 튼튼한 벽 둘레에 장사꾼과 기술자들이 사는 새로운 거리가 생겼다. 도공들이 사는 곳만도 한 구역을 차지했다. 전부터 있는 아테네 사람들 옆에 밀레투스에서 온 장사꾼이 살고, 모퉁이를 돌아선 곳에서는 에페소스의 무기 만드는 기술자가 보금자리를 마련했다.

바다는 사람들까지도 뒤섞어 놓은 것이다.

일찍이 도공은 자기와 한 고장 사람들을 위해 그릇을 만들고 있었다. 계집 노예는 자기 안주인을 위해 망토를 짰다. 대장장이는 '구리 집'에서 자기 부족의 군대와 지휘자를 위해 칼을 만들었다.

지금은 어느 도시에서 만들어진 그릇을 다른 도시의 사람이 썼다. 아테네에서 짠 망토가 먼 시칠리아에 사는 다른 나라 여자의 어깨를 감쌌고, 칼 또한 시리아니 페르시아니 하는 곳에서 다른 나라 군대들이 쓰게 되었다.

의탁할 곳이 없는 장사꾼은, 전에는 누구에게나 천대를 받았었다. 그러나 지금은 법에 의해 보호를 받게 되어 있었다. 외부 사람도 노예와 배와 황금을 가지고 있으면 천한 사람이 아니고, 그 도시의 상류층의 한 사람으로 인정받았다.

귀족이 장사꾼과 기술자를 천대한 시대가 있었다. 그러나 지금은 이름이 아닌 재물이 모든 것을 결정하게 되었다. 이름이 없는 사람이라도 어떻게든 부자가 되어 땅과 배와 노예를 가질 수 있다.

어느 부자의 아버지는 한낱 도공으로 자기 스스로 물레를 돌려 모양을 만들고 구웠다. 그러나 아들은 제도소를 둘이나 가지고 있고, 어느 제도소에도 수십 명의 노예를 두었다. 이런 도공의 손에는 돈이 저절로 굴러 들어왔다. 그는 또 드라크마 은화와 오보로스 은화를 재워두지만은 않았다. 옛날 지휘자였던 사람들의 몰락한 자손에게, 이자를 받고 돈을 빌려주었다. 부자에게는 돈과 함께 집과 배와 영지도 생겼다.

영지에서는 농사도 새로운 방법으로 행해졌다. 가난한 사람은 아직 나무로 만든 쟁기로 밭을 갈고, 절구로 곡식을 빻았으나, 부자의 영지에서는 벌써 쇠로 만든 날이 붙은 쟁기와 탈곡판과 무거운 맷돌이 달려 있는 제분기를 쓰고 있었다. 그 맷돌은 다부지게 생긴 노예들이 긴 자루에 매달아 돌리고 있었다.

부와 함께 권력도 찾아왔다.

일찍이 아테네를 다스리던 것은 귀족들이었다. 그러나 귀족의 권력은 훨씬 전에 뒤엎어지고 말았다.

지금은 국민회의가 나라일을 모두 결정했다. 국민회의란 것은 바로 저 베 짜는 기술자, 그릇 만드는 도공, 가죽 다루는 기술자, 장사꾼, 배주인을 말한다.

옛날 지배자의 자손도, 장사를 해야만 살 수 있게 되었다. 그들도 또한 돈 버는 생각에 사로잡혀 있었다. 그들은 배를 만들어 물건을 싣고 바다 저쪽으로 장사를 하러 떠났다.

아크로폴리스가 아니고, 시장이 도시의 중심이 되었다. 매일 아침 사람들은 시장이 있는 광장을 향해 서둘러 갔다. 그곳에 가면 온갖 새로운 것을 알 수 있었다.

시장에서 대화하는 헤로도토스

이발소에서는 국민회의에서 행해진 연설이 열심히 논의되고 있었다. 이발소 주인이 면도칼을 갖고 있는 동안 잡담을 나누는 곳으로써 이발소는 안성맞춤이었다.

그런 모양이 한낮까지 계속되었다. 시장 사람들은 뜨거운 햇볕을 피해 회랑 그늘로 들어갔다.

여행가인 헤로도토스도 그들 속에 섞여 있었다. 그는 계단에 걸터앉아, 어제 먼 나라에서 갓 돌아온 선장과 이야기를 나누었다. 헤로도토스는 집에 돌아온 다음, 항해자들로부터 들은 이야기를 적어 두었다. 그에게는 벌써 들은 것과 본 것을 적어 둔 비망록과 기록들이 많이 쌓여 있었다. 해와 더불어 그것을 바탕으로 하여 나라와 부족과 사건을 말한 책이 만들어져 갔다. 이 책을 읽으면 외국에 갔다온 선원들이 그 무렵 어떤 이야기를 했는지를 쉽게 되새길 수가 있었다.

사람들이 알고 있는 세계의 경계는 차츰 넓혀졌다. 그러나 그 끝은 아직 안개에 싸여 있었다. 선원들 이야기도, 사실보다도 허구에 가까운 것이 많았다.

선원들은 이렇게 말했다. 멀리 남쪽에 있는 리비아에 에티오피아라는 검은 사람이 살고 있다. 그들은 말을 하지 않고 박쥐 같은 목소리를 낸다. 그리고 우리는 입에 대지도 않는 뱀이나 도마뱀 따위를 먹는다. 그곳에는 큰 코끼리와 큰 뱀이 있다. 뿔이 난 나귀와, 뿔이 땅바닥까지 구부러진 소가 있다. 풀을 먹을 때, 소는 뿔이 땅바닥에 걸리지 않도록 뒷걸음을 쳐야만 한다. 또 아틀라스라는 산이 있는데, 어찌나 높은지 꼭대기가 보이지 않을 정도다. 이것은 하늘을 떠받치고 있는 기둥이다. 이 기둥이 없었다면 하늘은 먼 옛날에 무너지고 말았을 것이다.

훨씬 옛날에는 개 머리를 가진 사람(개머리사람)이 살고 있었다. 머리가 전혀 없는 사람도 있었다. 그렇다면 그들은 장님이었을까? 아니, 눈이 가슴에 붙어 있었다.

동쪽에는 거대한 새와 짐승이 살고 있다. 그곳 사막에는 크기가 개 만한 개미가 황금을 지키고 있다. 아침 동안은 몹시 덥기 때문에 개미들은 땅 속에 숨어 있다. 이때를 놓쳐서는 안 된다. 감시하는 개미가 자는 동안에, 이 나라 주민들은 발이 빠른 낙타를 타고 사막으로 달려간다. 그리하여 황금을 훔쳐 낙타에 싣고 정신없이 도망쳐 돌아온다. 우물쭈물해선 안 된다. 개미가 땅 밑에서 달려나와 뒤쫓아 오기 때문이다. 이 개미보다 빨리 달리는 짐승은 없다. 재빨리 도망치지 못하면 사람도 낙타도 개미에게 물려 죽고 만다.

북쪽에 있는 나라들은 더 이상하다. 그곳에서는 길을 찾아 낼 수가 없다. 하얀 솜털이 허공을 꽉 메우고 있어서 둘레가 새하얗기 때문이다.

그곳에는 염소 다리를 가진 사람과, 눈이 하나뿐인 사람(아리마스포이)이 있다. 또 1년 가운데 여섯 달을 잠자는 사람이 있고, 1년에 세 차례 늑대로 변하는 사람도 있다.

헤로도토스 같은 현인이 이런 이야기를 정말로 믿었던 것일까? 아니, 그는 무엇이고 적어 두기는 했지만, 모든 것을 믿지는 않았다. 세상에 외눈인 사람이 과연 있을까, 사람이 늑대로 변할 수 있을까. 그는 크게 의심했다.

'이들 선원들은 이야기에 거짓말을 섞기도 하고, 허풍을 치기도 하며, 자기 이야기에 색깔을 내기를 좋아한다.'

외국을 여행할 때 꼭 빼놓을 수 없는 안내인 또한 믿기 힘들다.

그러나 아주 먼 나라와 세계 끝에 살고 있는 부족의 이야기가 되면, 정말인지 꾸민 이야기인지 분간할 방법이 없지 않을까?

리비아나 인도에 간 사람은 아직 얼마 없었다.

안내인이나 페니키아인 선원들은 뿌리도 잎도 없는 이야기를 하며, 다른 나라 사람들이 그것을 정말로 받아들이기를 바라고 있었다. 그러나 헤로도토스는 다른 사람들처럼 줏대없이 좋기만 한 사람은 아니었다. 그는 새로운 유형의 사람이므로 무슨 일이고 그대로 믿거나 하지는 않았다.

그는 믿을 수 없는 것은 직접 확인해 보려 했다.

사람들에게서 들은 날개 달린 뱀이 정말 있을까? 헤로도토스는 두 눈으로 직접 확인하기 위해 아라비아로 떠났다.

이 얼룩무늬뱀은 냄새가 좋은 나무진을 내는 라단이란 나무를 지키고 있다. 봄이 되면 뱀들은 이집트로 날아가지만, 토키라는 거룩한 새에게 쫓기어 다시 자기 나무로 돌아온다. 사람들은 담배를 피우는 생각으로 라단이란 나무를 불태운다. 뱀들은 연기에 놀라 도망쳐 날아가고 만다.

아라비아에 온 헤로도토스는, 날개 달린 뱀 따위는 없다는 것을 현지에서 직접 확인했다.

자기 집에서 수많은 기록들을 훑어보기도 하고, 파피루스 두루마리 더미를 뒤지기도 하며, 그는 놀라기도 하고 의심을 품기도 했다.

믿어지지 않는 사건을 책에 써넣기에 앞서 그는 오랜 시간 계속 생각했다. 자기까지 거짓말쟁이라는 평판을 듣지는 않을까? 그렇다고 재미있는 이야기를 버리기도 아까웠다.

헤로도토스는 다시 끝을 뾰족하게 만든 갈대 줄기를 집어든다. 그것을 먹물에 적시어 쓰기 시작한다. 박쥐의 울음소리 같은 목소리를 내는 에티오피아 사람의 이야기를 다 쓴 다음 그는 덧붙인다.

“적어도 리비아 사람은 그렇게 말한다.”

그는 자기 의문을 독자에게 털어놓으며 말한다.

“사실 이대로인지, 나로서는 알 수 없다. 나는 다른 사람들에게서 들은 것을 말하고 있을 뿐이다.”

가능한 경우에는, 그는 진실 같지 않은 것을 위해 진실 같은 설명을 찾아내려고 애썼다.

그는 거리로 날아와서 ‘이곳에 신전을 세워야만 한다’고 일러 준 비둘기의 이야기를 전하고 있는데, 이 경우 아마 그 비둘기는 새가 지저귀는 것을 닮은 외국인 여자였을 거라는 설명을 더하고 있다.

헤로도토스는 들은 것을 그대로 되풀이하지는 않았지만, 참과 거짓 또는 꾸몄거나 엉터리인 이야기와 실제 이야기를 구별하는 일은 그에게도 어려웠다.

그는 북극지방의 밤이 6개월이나 계속된다는 것을 믿지 않았다. 그러나 인도에서 황금을 지키고 있는 거대한 개미는 믿었다.

그의 머릿속에서는 아직도 낡은 생각과 새로운 생각이 싸우고 있었다. 그리고 낡은 생각이 이기는 일도 가끔 있었다.

헤로도토스와 같은 시대의 많은 학자는 강물이 햇볕에 의해 증발하는 것을 벌써 알고 있었다. 그런데 헤로도토스는 아직 옛날대로 비를 내리게 하는 것은 신이라고 믿고 있었다. 해가 허공의 길을 걸어가는 도중, 목이 마르면 강물을 마신다는 것을 의심하지 않았다.

아낙시만드로스·아낙시메네스·피타고라스는 천체의 운행을 지배하는 법칙과 수를 연구하고 있었는데, 헤로도토스는 아직도 차가운 바람이 해에게 곁길을 가도록 하는 일이 있기 때문에 겨울은 춥다고 생각했었다.

엠페도클레스에게는 천체였던 것이, 헤로도토스에게는 하늘의 영이며 신이었다.

그러나 과학은 그 힘을 발휘하여 새로운 눈으로 사물을 보고, 눈으로 본 것을 이해하는 사람들을 차츰 갖게 되었다. 헤로도토스가 자신의 책을 읽고 있으면, 아테네 사람들이 무리를 지어 그것을 듣기 위해 모여들었다. 아테네 사람들은 감탄했다. 이 학문적인 이야기는 듣기만 해도 즐거웠던 것이다. 광장의 아케이드 아래서도 경기장에서도 연회 석상에서도 사람들은 우주와 별에 대한 것을 이야기하고 달과 해는 무엇이냐에 대해 서로의 뜻을 주장했다.

그것은 차디찬 학문적인 대화가 아니고 어떻게 살고 어떻게 생각하고 믿어야 하느냐에 대한 열렬한 논쟁이었다.

아테네의 선택된 사람들의 모임

아테네의 전략가인 페리클레스(기원전 495~429년)의 집에서는, 술잔치가 한창이었다. 손님들은 이미 빈 배를 가득 채웠다. 그들은 꽃으로 장식된 관을 쓰고 자비로운 수호신을 찬양하고, 술을 따르고, 물을 타지 않은 포도주를 단숨에 들이켰다.

술자리를 돌보는 아스파시아(기원전 428~?)의 신호로, 춤추는 사람들은 물러가고,

피리 부는 여자는 입술에서 피리를 떼었다. 이야기가 시작되었다.

무엇 때문에 손님들은 페리클레스의 집에 모였던 것일까? 단순히 식사와 음악과 술과 향료를 즐기기 위해서였을까?

그렇지는 않다. 대화로 마음을 즐겁게 하고 그들의 스승인 아낙사고라스의 이야기를 듣기 위해서였다. 이들은 아낙사고라스의 제자이며 친구였던 것이다.

주인 페리클레스도 또한 나라 일에 대해 자주 아낙사고라스와 의논했다. 페리클레스는 뛰어난 전략가이며, 아테네 시민의 지휘자였다. 아테네에서는 그를 올림푸스 족이라고 부르고 있었다. 민중 앞에서 이야기할 때, 그는 제우스처럼 천둥 소리를 내고 번갯빛을 던졌다. 그의 시대에 아테네는 일찍이 없을 정도로 강력한 힘을 발휘했다. 몇 년 동안에 아테네 사람들은 자기들의 도시를 세계에서 가장 아름다운 도시로 만들었다.

그리고 이 지휘자는 철학자에게 조언을 청하고, 자기 웅변술을 돋보이게 하기 위해 과학을 이용하기까지 했다.

술자리의 여주인인 아스파시아와 아낙사고라스도 오랜 시간 환담을 나누었다. 아스파시아는 안방에 종일 들어앉아 물레 앞에서 시간을 보냈다. 그러나 아테네의 여자들과는 달랐다. 그녀는 나라일이든 학자들의 논쟁이든 모두 잘 이해했다. 철학자 소크라테스도 제자들을 데리고 가끔 그녀를 찾아왔다. 제자들에게 아스파시아의 총명한 이야기를 들려주기 위해서였다.

밀레투스 태생의 외지 사람인 아스파시아와 결혼하기 위해, 페리클레스는 아테네 귀족 출신인 아내와 헤어졌다. 그 일로 페리클레스는 많은 사람들로부터 비난을 받았지만, 그는 아스파시아에 대한 사랑을 감추지 않았다.

술자리에서 볼 수 있는 사람에 그 밖에 누가 있을까?

대조각가이자 화가요 건축가인 페이디아스(기원전 490~430년)가 있다. 페리클레스의 아테네 재건에 큰 공헌을 한 사람이다.

그의 지휘 아래 아크로폴리스에서는 수천이나 되는 건축가와 조각가와 목수와 구리세공사와 석공과 금은세공사들이 일하고 있었다. 각 기술자 우두머리들이 부대장이라도 되는 것처럼 노동자 부대를 거느렸던 것이다.

이들 전사의 장비는 칼과 창이 아니고 조각칼과 석공들이 쓰는 망치였다. 그들의 일은 죽이는 일도 아니었고, 산 사람을 죽게 하는 것도 아니었으며, 죽어

포세이돈·디오니소스·데메테르의 모습을 새긴 부조

있는 것에 생명을 불어넣는 것이었다. 그들은 무거워 움직이지 않는 대리석 덩어리를 영원히 젊고 금방 움직여 다닐 수 있을 것만 같은 신과 여신의 몸으로, 균형이 잡힌 신전의 기둥으로 바꾸었다. 또한 방풍과 허리 선을 장식하는 얇은 돌을 새겨 소리 없는 소리에 의해 돌에게 말을 하게 했다.

수백 척의 배가 아테네 항구에 건축용 대리석과 구리와 금과 상아와 노송나무와 흑단 같은 것들을 싣고 왔다.

페이디아스는 아름다운 건축물 하나를 세우는 건축가가 아니고, 아름다운 도시 그 자체를 만들어 내는 건설부대의 우두머리였다. 페이디아스 옆에는 에우리피데스가 있었다.

그 또한 아낙사고라스의 제자였다. 그는 다른 사람들이 진리라고 생각하는 것에 의심을 품었다. 운명과 신들의 권력 위에 머리를 숙이지 않았다.

그가 쓴 비극의 말 하나하나가 극장을 찾는 관객들의 마음을 흔들었다. 전차에 맨 말 네 마리도 조종하기는 어렵다. 그런데 에우리피데스는 다른 방향으로 달리려는 수천이나 되는 영혼을 조종하여, 그것들을 하나의 생활과 하나의 사상과 하나의 감정으로 통일하였다.

극장을 찾는 관객의 대부분은 아직도 낡은 신들을 믿고 있었다. 그들의 정신은 미신이 깊고 겁이 많았다.

그러나 에우리피데스는 고삐를 꽉 잡고 있었다. 그래서 어떤 겁많은 사람이라도 자기 뜻과는 달리 앞으로 나아갔다. 미신이 깊은 사람들도 '만일에 신이 바르지 못하다면 그것은 신이 아니다'라는 비극의 말을 되풀이했다.

페리클레스와 아스파시아, 페이디아스와 에우리피데스……. 위대한 스승의 위대한 제자들이었다.

옛날 지휘자들은 튼튼한 궁전의 성벽 안에서 군대들과 함께 술 잔치를 베풀었다. 수백 마리의 소가 제물이 되어 신들에게 올려졌다. 제물을 굽는 자욱한 연기, 명랑한 외치는 소리와 노래, 술잔치에 참석한 사람들의 높은 웃음소리 등을 바람이 멀리까지 실어 갔다.

마치 거인의 술잔치처럼 생각되었다.

그리고 여기 또 다른 잔치가 있었다. 여기에 모인 사람들도 작은 사람은 아니었다.

에우리피데스는 아킬레우스(《일리아스》의 주인공)에 해당한다.

아킬레우스는 사람들에게 결투를 요구했지만, 에우리피데스는 신들의 책임을 물었다.

그렇다면 페리클레스는? 그는 오디세우스만 못한 사람이었을까?

그가 지배하던 것은 작은 이타케 섬이 아니고, 해안과 여러 섬에 흩어져 있는 도시의 대동맹이었다.

이들의 힘줄은 호메로스 이야기의 주인공들의 힘줄처럼 세지 않았을지도 모른다. 그러나 그들은 지성에 있어서 훨씬 뛰어나고, 그 눈은 훨씬 먼 곳을 보고 있었다.

이들 힘이 센 사람들은 그들 장로의 이야기를 듣기 위해 모였던 것이다.

시대의 안개 너머로 그들을 분간하기는 어렵다.

그들은 반원형으로 줄지어 놓여 있는 긴의자에 기대어 있다. 긴의자 옆에는 낮은 탁자가 당겨붙어 있고, 높은 술잔에는 포도주가 따라져 있고 광주리에는 포도가 가득 담겨 있다.

이야기하는 사람들은 차례로 몸의 위치를 바꾼다. 쿠션에 팔꿈치를 세우고 옆의 사람을 돌아보는 사람도 있다. 그들의 입술이 움직인다. 그들의 질문과 대답이 우리에게 들려오는 듯한 느낌마저 든다.

그러나 그들이 무엇을 이야기하는지, 그것은 미루어 살필 수 있을 뿐이다.

그들의 얼굴은 아낙사고라스 쪽으로 향해 있다.

오늘의 이야깃거리는 무엇일까? 아낙사고라스는 사람들에게 우주에 대한 것을 이야기하고 있다. 사람들은 지구 이외에도 세계가 있다는 것을 알고 놀란다. 이를테면, 우리가 달이라고 부르는 것은 큰 땅덩어리인 것이다. 달에는 산이 솟아 있고, 나무가 자랄 뿐 아니라 동물도 있다.

저 태양은 회오리바람에 실리어 간다. 불타는 뜨거운 거대한 돌이다. 이 회오리바람은 세계의 모든 것을 도는 운동이 만들어 낸다. 그것은 차고 어두운 것을 뜨겁고 빛나는 것으로부터 분리시켰다.

배가 파도의 거품을 가르고 나아가듯, 해는 아이테일(공기 윗 부분)을 가르면서 하늘을 나아간다. 이 무서운 운동 때문에 해는 차츰 뜨거워진다. 도중에 조각이 떨어져나가 별똥별이 되어 온갖 방향으로 날아간다.

이런 조각이 땅에 떨어지면, 미신이 깊은 사람들은 좀처럼 거기에 가까이 가려 하지 않는다. 그래도 큰마음 먹고 가서 보면, 하늘에서 온 손님이 돌에 지나지 않다는 것을 알게 된다.

다른 사람들에게 보이지 않는 것을 보고 있는 현인의 이야기에 사람들은 귀를 기울인다. 그의 지성은 하늘 깊은 곳으로 파고들어가, 어느 누구도 꿈꾼 일조차 없는 새로운 세계를 그곳에서 발견하고 있다.

아낙사고라스는 이야기를 계속한다. 그는 '만물의 씨앗'에 대해 말한다. '만물의 씨앗'이라는 것은 모든 것이 그것으로 분리하는 동시에, 그것으로 되어 있는 미세한 조각을 말한다. 원소는 넷이 아니라 수없이 많다.

아낙사고라스는 하느님을 믿지 않았다. 그러나 자동인형을 움직이듯이 '최고의 지성'이 세계에 최초의 자극을 주어, 이것을 움직였을 것이라고 생각했다.

늙은 현인이 자주 '최고의 지성'에 대해 이야기하자, 아테네에서는 이 노인까지도 '지성'이라고 부르게끔 되었다.

만일 페리클레스 집의 술잔치에 모인 사람들이 미신이 깊고 겁이 많았다면, 그들은 두려운 나머지 달도 해도 신으로서 우러러 보지 않는 자 옆에서 달아났을 것이다. 그런 다음 거리로 나가는 것마저 무서워했을 것이다. 벌받을 이야기를 들었다고 해서, 해님이 그들을 화살로 쏘아 죽일지도 몰랐기 때문이다.

그러나 페리클레스의 손님들은 새로운 유형의 사람들이었다. 그들은 할아버지들이 믿던 것을 믿지 않았다. 그들은 판단에 의해 모든 것을 확인했다.

주인인 페리클레스 또한 사람의 지성을 무엇보다도 높게 보고 있었다.

웅변술 교사들은 그에 대해 이런 이야기를 하여, 제자들이 교훈으로 삼도록 했다.

전쟁 때의 일이었다. 페리클레스는 150척의 배를 동원하여 거기에 전사들을 태우고 출항하려 했다. 전원이 타기를 마치고 페리클레스도 배로 옮겼을 때, 일식이 일어나 주위가 어두워졌다. 사람들은 이것을 좋지 못한 조짐이라 하여 무서워 떨고 있었다.

그러나 과연 페리클레스는 아낙사고라스의 제자였다. 키잡이가 무서워 출항을 망설이는 것을 보자, 페리클레스는 그의 눈을 자기 외투로 덮고 물었다.

"이 외투를 보는 것이 무서운가?"

키잡이는 놀라며 대답했다.

"아닙니다. 무섭지 않습니다."

그러자 페리클레스는 물었다.

"뭐가 다른가? 일식을 일으킨 것이 이 외투보다 크다고 하는 것뿐이잖은가."

밤이 깊어 잔치가 끝난 뒤, 아낙사고라스는 잠든 아테네 거리를 걸어 집으로 향했다.

플라타너스가 달빛을 받아 흰 꽃을 달고 있는 것처럼 보였다. 멀리 성벽을 두른 아크로폴리스가 검은 산처럼 아테네 위에 솟아 있다. 이것은 신의 성채다. 신들의 신전이 그 언덕에 있었다.

그곳에서는 여신 아테나가 황금빛 창을 별이 총총한 하늘로 향해 들고 있다.

사람들이 잠든 밤, 아고라(시장이 되는 광장)에는 사람의 그림자조차 없었다.

아낙사고라스는 걸음을 멈추고 하늘을 우러러 초승달을 가만히 바라보았다. 그는 눈에 힘을 주었다. 낫처럼 생긴 초승달의 날에 해당하는 곳에 오톨도톨한 것이 보였다. 오톨도톨한 은빛 얼굴에 골짜기와 산의 검은 얼룩점이 나타나 있었다.

그리스 연극의 한 장면(항아리에 새겨진 그림)

그는 새로운 눈으로 하늘을 바라보았다. 하늘 자체가 새로워진 것처럼 여겨졌다.

전에는 그도 달이 우리로부터 그리 멀다고는 생각지 않고, 사냥꾼인 아르테미스 여신의 빛나는 은활이 땅 바로 위에 걸려 있는 것이라고 여겼다.

이제는 그 활도 손이 미치지 않는 깊은 곳으로 가버렸다.

텅 빈 하늘은 맑았다. 밤마다 날개 달린 말이 안드로메다를 데리고 가고, 페르세우스의 창이 용을 물리친 곳에는 이제 작은 우주의 빛나는 섬들을 아로새긴 공간의 큰바다가 펼쳐져 있는 것이다.

이들 무수한 우주 그 어디에도 사는 것이 없다고는 할 수 없는 일이다.

아낙사고라스는 생각에 잠기면서, 사람의 그림자조차 없는 거리를 앞으로 나아갔다.

아테네 위에는 아직 달이 빛나고 있는데 땅 위에서는 벌써 날이 새려 하고 있다. 수탉이 먼저 잠을 깬다. 그 주고받는 울음소리가 자기 손으로 일꾼들의 잠을 깨운다.

변두리의 작은 집들에서는 베짜는 사람과 난로공과 도공들이 어둠침침한 속에서 바쁘게 신을 신고 지금부터 일을 하러 달려간다. 신 만드는 사람은 촛대에 불을 붙이고, 송곳을 손에 든다. 해가 뜨기 전에 신을 한짝이라도 만들어 낼 수 있으면 보릿가루 값을 벌 수가 있다.

무구(武具)를 만드는 어두운 일터에서는 불꽃이 튀고 있다. 노예가 힘껏 풀무를 누르고 도가니 속의 불을 일구고 있다. 안주인은 계집노예들을 두들겨 깨운다.

안주인은 계집노예들의 야만스런 이름을 제대로 부를 수 없어, 손쉽게 계집노예들의 출신지에 따라 '아시아'니 '시리아'니 하는 식으로 부른다.

"아시아! 시리아! 트라키아! 언제까지 잘 거냐! 일은 아무래도 괜찮다는 게냐!"

어느 집에서도 슬픈 듯한 드르륵드르륵 하는 둔한 소리가 나기 시작한다. 여자들이 손맷돌로 가루를 타고 있는 것이다.

신음과 비슷한 애타는 소리는 그날그날의 걱정을 사람들에게 되새기게 한다. 그것은 식사와 아이들을 위한 신성한 고생이다. 곡식 알이 깨지기 전부터 아이들은 벌써 먹을 것을 재촉한다.

농부들이 저마다 시내로 향해 길을 걸어간다. 어떤 사람은 곡식이 든 자루를 지고 있다. 다른 사람은 무거워 보이는 광주리를 둘 매단 멜빵을 메고 있다. 광주리 끝에 아직 이슬에 젖어 빛나는 검은 포도송이가 늘어져 있다.

시장이 서는 광장에는 벌써 많은 사람이 모여 있다.

차츰 날이 밝아오기 시작한다.

장사꾼들은 천막을 치고, 갈대로 엮어 만든 이동 쇠판을 늘어 놓는다.

종이 울린다. 이어서 한 번, 그리고 또 한 번 울린다.

시장에서 장사가 시작되는 것이다…….

아낙사고라스는 시장 광장을 천천히 걸어갔다. 밤중의 아테네는 얼마나 조용하고 장엄했던가! 그런데 지금은 얼마나 바쁘고 시끌시끌한가!

올리브를 파는 사람이 있다. 머리를 뒤로 젖히며, 두 손과 배로 광주리를 버티고, 다른 장사꾼을 억누르려고 고래고래 소리를 지르고 있다. 그는 자기 물건을 자랑한다. 마치 올리브를 먹어 본 그리스 사람이 없다는 것처럼 들린다.

그 외치는 소리는 말을 타고 광장을 가는 전사를 멈추게 한다. 한 손으로 말을 잡아당기며, 전사는 번쩍이는 투구를 벗어 장사꾼 쪽으로 내민다. 1오보로스를 받고 장사꾼은 구리 투구에 하나 가득 올리브를 담아 준다.

아낙사고라스에게는 가끔 올리브를 살 1오보로스의 돈마저 없을 때가 있었다.

전에는 그에게도 자기의 올리브 나무가 있고, 너른 밭과 포도 밭이 있었다. 그러나 지금은 그 밭들에 풀만이 무성했다. 풀뿐인 밭 도랑에서 염소와 양이 풀을 뜯었다. 모든 생각을 단 한 가지 일에 바치기 위해 아직 젊었을 무렵에 그는 자기 집과 땅을 버렸다.

그는 가장 크고 중요한 일을, 뜬세상의 온갖 노고로 인해 잊고 싶지 않았던 것이다. 그것은 진리를 알고 전세계를 눈으로 직접 이해하는 일이었다.

사람을 찬양하는 노래

고향에 있는 강이 세계에서 단 하나뿐인 강이라고 사람들이 믿었던 시대가 있었다. 그 뒤 사람들은, 큰바다에의 문인 헤라클레스의 기둥(지브롤터 해협의 두 곳)까지 가 닿아, 큰바다는 세계를 둘러싸고 있는 강이라고 결정하기에 이르렀다. 그리고 그들 조상이 처음 사자를 보고 '큰 개'라고 불렀던 것처럼, 이것에 '큰바다 강'이라는 이름을 붙였다.

사람들의 시야는 넓어졌다. 그들은 세상에 많은 강과 바다가 있는 것을 알게 되었다. 그러나 땅덩이는 아마 하나뿐일 거라고 생각했다. 먼 곳을 바라보노라면 하늘에는 다른 세계가 있었다. 그러나 하늘의 큰바다 섬은 용과 뱀과 날개 달린 말과 같은 괴물로 보였다.

그러나 이제 사람들은 땅과 하늘을 가로막은 경계를 무너트리려고 꾀하기에까지 이르렀다. 탐구욕이 강한 이성이 탐구욕이 강한 눈을 도왔다.

눈은 가장 가까운 섬에 있는 산과 골짜기의 윤곽을 분간하기 시작했다.

아낙사고라스는 달은 땅이다, 우리의 세계는 우주에서 단 하나뿐인 세계가 아니라고 말했다. 사람은 끝이 없는 길을 자꾸자꾸 나아갔다.

사람은 넓은 우주 속을 헤매고 다녔다. 그러나 아직 큰 것과 작은 것, 먼 것과 가까운 것의 구별을 하지 못했다.

사람은 별이 먼 것인지 어떤 것인지를 알려고 힘썼다. 일찍이 헤시오도스는 하늘에서 모루를 집어던지면 땅에 떨어지기까지 밤낮으로 9일이 걸리지 않을까 하고 생각했다. 그러나 지금 사람들은 벌써 별이 계산으로 알 수 없을 정도로 멀리에 있는 것을 알았다.

땅 위에 있는 산들의 높이마저 아직 잴 수 없는데, 별까지의 거리를 어떻게 잴 수 있겠는가! 산은 실제보다 훨씬 높은 것처럼 생각되었다. 당시는 아직 누구도 눈에 덮인 산 꼭대기까지 올라간 일이 없었던 것이다.

해는 페르포네소스 반도보다 더 크다고 아낙사고라스는 말했다. 그는 아직 땅 위의 자로 하늘을 재고 있었다. 그러나 중요한 것은 그가 하늘을 재고 있었다는 것이다.

그는 달과 해, 어느 쪽이 우리와 가까운 것인지 알려고 했다.

달이 가깝다. 그러니까 일식 때 달이 해를 가린다고 그는 생각했다.

일식은 빛의 번쩍임처럼 사람의 눈앞에서 하늘 반쪽을 비쳐내 보인다.

사람은 지구 위에서도 손이 닿는 세계의 경계를 차츰 벌리고 넓혀 갔다.

광부들은 땅 속으로 들어가서 은과 쇠를 캐냈다.

어두운 굴 안에는 찰흙으로 만든 등잔불이 켜져 축축하고 음산한 채굴단을 비추고 있다. 등잔에는 꼭 열 시간 탈 기름이 들어 있었다. 그렇지 않으면 땅 밑에서는 시간을 알 수가 없었다. 그곳은 영원한 밤이었던 것이다.

광석도 전처럼 등에 지고 올리는 것이 아니라 나무로 만든 감아올리는 기계로 담아 올렸다.

광석을 녹이는 것도 구덩이가 아니라 화로가 쓰여졌다. 화로를 써서 더 많은 쇠를 얻을 수가 있었다.

사람은 땅과 바다를 함께 정복해 갔다.

선원들은 바다를 건너가서 온갖 물건들을 아테네로 실어왔다. 코카서스의 산지로부터는 무거운 목재를, 아프리카로부터는 상아를, 크림으로부터는 소와 곡식을, 코르키스로부터는 납을, 아라비아로부터는 향유를 실어 왔다.

사람들은 차츰 대담하게 땅의 모양을 바꾸어 만들었다.

어느 곳에서는 선박을 위한 운하를 파고, 다른 곳에서는 돌로 방파제를 쌓아 해안을 고쳤다. 이 방파제를 사람들은, 열 사람이 차례로 어깨 위에 올라서도 맨 위의 사람이 아직 물 위에 나올 수 없을 정도의 물 속 깊은 곳에 쌓았다.

사람들은 도시 가까운 어딘가에 경사가 완만한 언덕을 골라, 여기에 새로운 임무를 주었다. 바위에 계단식 자리를 만들었다. 이 언덕을 지붕이 없는 푸른 천장의 큰 극장으로 바꾼 것이다.

이 좌석은 3만 명 이상의 관객을 수용할 수 있었다.

사람들은 땅 밑에 목적도 없이 잠자고 있는 대리석을 자기들의 필요에 알맞게 사용했다. 신들을 위해 세워진 신전의 기둥 하나하나가 신전을 세운 사람을 찬양하고 있었다.

수백 년, 수천 년의 세월이 흘렀다. 아테나와 제우스의 신앙은 사라져 없어졌다. 그러나 사람들은 옛날대로 그 상과 신전을 계속 신성한 것으로 존경하고 있다.

헬라스(그리스) 하늘에는 비구름이 별로 끼지 않는다. 그래도 수천 년이 지나는 동안 나쁜 날씨가 작용하지 않는 것은 아니다. 펜테리콘(아티카 북부의 대리석 산)의 흰 대리석 기둥은 검어지기도 하고, 황갈색으로 변하기도 한다. 기둥 가운데는 방풍과 허리띠 같은 낯익은 무거운 짐을 없애 버린 채 서 있는 것도 있다. 다른 기둥은 넘어져 수천 개의 조각으로 갈라지고 만다. 기둥을 넘어 뜨리는 것은 롱기의 큰바다에 휘몰아치는 바람이 아니라, 사람의 역사의 폭풍우다. 적의 배가 쏜 무쇠 폭탄이 순식간에 수백 년 동안에 몰아친 폭풍 이상의 파괴를 가져오는 일도 있다.

그런데도 이들 반파된 신전은 결코 늙는 일이 없는, 영원히 젊은 것으로 생각되리라.

창조의 힘이란 그런 것이다. 창조는 파괴보다도 강하다.

몇 세기나 뒤에 사람들은 무사히 남은 여신의 입상을 보고, 사람의 위대함을 생각할 것이다.

파괴한 사람의 이름은 잊혀져도, 생각하고 만들어 내고 건설한 사람들의 이름은 영원히 인류의 기억에 남을 것이다.

창조자로서의 사람은 위대하다! 그리고 사람 또한 자신의 위대함을 자각하고 있다.

아테네의 디오니소스 극장에서는, 수천 명의 관중이 바위에 새겨진 계단에 앉아 숨을 죽이고, 아이스퀼로스(기원전 525~456년)와 소포클레스(기원전 496~406년)와 에우리피데스가 쓴 비극의 주인공의 운명을 지켜보고 있다. 관객들은 오이디푸스왕과 안티고네의 고통을 보고, 마음의 아픔을 느낀다. 예술의 힘이 좁은 마

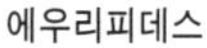

에우리피데스

소포클레스

음의 칸막이를 밀어 연다. 자기만이 아니고 남의 일도 느껴 알고, 단 하나의 생활이 아니라 많은 삶을 사는 것을 배우게 된다. 아이스퀼로스의 《묶인 프로메테우스》가 되었든, 소포클레스의 《안티고네》가 되었든, 에우리피데스의 《이피게네이아》가 되었든, 어떤 비극이 무대에 올라 있더라도, 눈이 어두운 운명의 힘과 사람의 자유로운 의지 중에서 어느 쪽이 이길 것인가 하는, 단 한 가지 생각, 단 한 가지 걱정이 관객을 조마조마하게 만든다.

지금 헤파이스토스는 망치를 휘둘러 티탄 족의 프로메테우스를 바위에 못 박고 있다.

프로메테우스는 하늘의 불을 훔쳐 그것을 사람에게 주었다.

운명은 그를 배반했다. 그는 코카서스 암벽에 못 박히게 되었다. 그러나 제우스 앞에도 신들이 정한 규칙 앞에도 머리를 숙이지 않았다.

안티고네는 바위집에 갇힌다. 죄를 지은 형제(폴리네이케스)를 매장했기 때문에 그녀는 죽임을 당하게 되었다. 사랑했기 때문에 죽는 것이다. 사람들이 만든 어떤 규칙도 그녀의 마음에서 사랑을 빼앗을 수는 없다.

수천의 관객이 자유로운 사람의 영혼과 가혹한 운명의 힘과의 싸움을 지켜보고 있다. 그리고 지금 사람의 영광을 찬양하는 노래의 합창이 시작되자, 감동의 떨림이 줄에서 줄로 달려간다.

자연계에는 이상한 힘이 많아라
그러나 사람보다 강한 것은 없어라
겨울이 되어 눈보라가 칠 때 사람은, 울부짖으며
날뛰는 물결 위를 대담하게 나아간다
해마다 대지의 불멸의 가슴을
쟁기로 뒤집는다
또 날갯짓 가벼운 새들과
깊은 바다에 사는 물고기를
그물로 잡는다
사람은 갈기가 긴 말을 길들이고
억센 소의 목에 멍에를 건다
무서운 추위의 차가운 화살도
하늘에서 내려오는 소나기도 무서워하지 않는다
사람은 전염병 약을 생각해 냈다
그러나 죽음을 피할 수만은 없었다
바람보다도 빠른 말과 사상을 만들어 내고
도시를 꾸미고, 무법자로부터 지키는 규칙을 만들었다
사람의 재산은 희망이 아니라
예지와 뛰어난 기술이어라.

그렇다, 사람은 강하다. 그리고 사람은 벌써 자신의 힘을 알고 있었다.

그 옛날엔 자연이 사람을 지배했다. 자연이 얼굴을 찌푸리면 사람은 무서워 떨고, 자연이 목소리를 거칠게 내면 사람은 그 앞에 엎드렸다. 자연이 한번 입김을 불기만 해도 화덕의 불은 꺼지고, 초라한 집은 땅 위로 날아 흩어졌다. 사람은 날마다 굶어죽지 않게 해주소서, 얼어죽지 않게 해주소서, 하고 자연에 빌고 바랐다.

그러나 사람은 크게 자랐다. 그는 이제 어느 쪽이 지배자가 되느냐 하고 자연과 싸우게 되었다.

고대 시인이 다음과 같이 말한 것도 무리는 아니었다.

자연이 우리를 이기려 해도
술책으로 우리는 자연을 이기노라.

사람은 물에게 밭을 적시라고 명하고, 바람에게 배를 옮기도록 명령했다. 또 불로 쇠를 죽이고, 땅에게 곡식과 술을 만들어 내게 했다.

사람은 방파제를 쌓아 폭풍우가 밀고 들어오는 것을 막았다.

바로 얼마 전까지 사람은 신들의 의지 이외에 의지를 갖지 못했다.

너의 사랑하는 딸을 신들의 희생으로 바쳐라, 하면 울부짖는 소리가 들리지 않도록 딸에게 재갈을 물리고, 무서워 떨며 몸부림치는 딸을 안고 제단으로 옮겨갔다.

그러나 이제 낡은 신앙은 지나간 것이 되었다.

극장에서 아가멤논 왕이 자기 딸 이피게네이아를 희생으로 여신에게 올리면 합창단이 노래를 부른다.

가엾은 이피게네이아여, 당신의 영혼은 거룩하다
그러나 여신과 운명은 간악하다.

이피게네이아는 죄가 없는 사람으로서 찬양을 받고, 간악한 여신 아르테미스는 이렇게 비난을 받는다.

"만일 신이 바르지 못하다면 신이 아니다."

일찍이 사람은 지도자의 권력에 따르고 있었다. 가문이 좋지 못한 사람은 자기 운명이 결정되려 할 때에도 큰 소리를 낼 수 없었다.

그래도 그가 회의 때 자기 자리에서 일어서려 하면, 지도자는 지휘봉으로 그를 후려치고 입을 다물게 했다.

"이 무례한 놈, 앉아서 다른 사람의 말을 들어라."

지금은 민중이 자기들의 지도자를 선거하고, 지도자가 바람직하지 못할 때에는 권력을 빼앗아 버린다.

여기서 말하는 민중이란, 아테네의 모든 주민이 아니라 자유민만을 가리키는 것에 지나지 않는다.

노예는 자유민보다 훨씬 수가 많은데도 아무 권리도 갖지 못했다.

아테네의 민주주의는 노예를 소유한 사람들의 민주주의였던 것이다…….
아테네 시민은 그 자유를 자랑하고 있었다. 그리고 이 자랑은 전쟁이 일어나 싸움터에서 적과 마주쳤을 때, 그들의 힘을 열 배로 강하게 만들었다.

데모크리토스에 대하여

사람은 진리에로의 험한 길을 위로 위로 올라갔다.
그리하여 마침내 자기 둘레의 우주가 무한한 것을 깨닫고, 하늘의 별 하나하나와 땅 위의 모래 한 알 한 알을 형성하는 미립자인 원자를 알 때가 되었다.
이 사실을 처음 사람들에게 이야기한 것은 위대한 철학자 데모크리토스(기원전 460~370년)였다.
그는 트라키아의 압델라 사람이라고 전해진다.
그의 아버지 다마시포스는 시민들로부터 크게 존경을 받았다.
페르시아 왕 크셀크세스(재위 기원전 486~465년)가 원정 때 집이 넉넉하고 손님 대접을 잘하는 다마시포스 집에 머물렀다. 왕에게는 마기라고 불리는 학자가 몇 사람 따르고 있었다. 압델라를 떠날 때, 왕은 몇 명의 마기를 남게 하여 다마시포스의 아들들에게 학문을 가르쳐 주라고 지시했다.
소년 데모크리토스를 가르친 마기들은, 많은 사물을 그리스 사람과 달리 보고 있었다.
그들은 조로아스터교를 말하며, 낡은 신들을 믿는 사람을 어리석은 자로 여겼다. 또한 큰 세계인 우주와 작은 세계인 사람의 두 세계가 있다고 가르쳤다.
데모크리토스는 스승들로부터, 모든 물건은 미립자인 점으로 되어 있다고 하는 인도의 현인들의 학설을 들을 수 있었다. 점으로는 직선을, 직선으로는 평면을, 평면으로는 물체를 만들 수가 있다고도 배웠다.
데모크리토스에게는 그 밖에도 다른 스승이 있었는데, 그가 그리스 학문의 깊고 먼 사상을 제자에게 가르쳤다.
데모크리토스의 스승이요 친구였던 이 사람의 이름을 레우키포스(기원전 480~?)라고 했다.
데모크리토스는 그에게서, 세계의 근원은 물질이라고 하는 밀레투스 철학자들의 학설을 들었다.

아버지 다마시포스가 죽고, 데모크리토스는 압델라 시의 큰 부자 중 한 사람이 되었다. 아버지는 그에게 1천 달란트라는 큰 재산을 남겼다.

데모크리토스는 존경과 권력을 마음껏 누리면서 자기 집에서 편안히 지낼 수 있었을 것이다. 그는 아르콘이라는 국가 최고의 권력자로 뽑히었다. 그에게 경의를 표하기 위해, 화폐에 그의 이름과 하프 모양이 찍힐 정도였다.

그러나 데모크리토스는 그대로 고향에 눌러 있지 않았다. 지식을 찾아 방랑의 여행길에 올랐다. 일찍이 그는 말했다.

"현명한 사람에게는 모든 땅이 열려 있다."

많은 세월을 그는 먼 나라들을 여행하면서 보냈다. 이집트에도 바빌론에도 갔고, 이집트의 신관과도 바빌론의 학자와도 인도의 철인과도 이야기를 나누었다.

그러나 그의 가장 큰 스승은 자연이었다. 그는 이렇게 썼다.

"나는 꽤 넓은 지역을 돌아다녔다. 어떤 하찮은 것도 연구했다. 하늘과 땅의 끝까지도 바라보았다. 많은 학자들의 이야기를 들었다."

그는 빈털터리가 되어 고향에 돌아왔다. 만일 형제들이 보살펴 주지 않았다면, 그는 살아갈 수 없었을 것이다.

그는 도중에 자기 돈을 다 써버렸다. 장사꾼으로서가 아니라, 세계를 연구하는 사람으로서 여행을 계속한 때문이다. 그가 세낸 배는 돈이 들어갈 뿐, 벌게는 해주지 않았다.

압델라 시민들은 분개했다. 그토록 존경하던 자가 철없는 젊은이처럼 다른 나라에서 자기 재산을 다 써버리고 왔기 때문이다.

데모크리토스는 재판을 받았다고 전해지고 있다.

재판관 앞에 나온 데모크리토스는 큰 두루마리를 펴고, 변명 대신에 자기 저술을 읽기 시작했다.

이 저술은《큰 디아코슴》이라 불리었다. '큰 우주기구'란 뜻이다.

처음 재판관들은, 어째서 데모크리토스가 우주의 생성과 구조를 논한 이 책을 읽기 시작했는지 까닭을 알지 못했다. 고소와 그 책과는 아무 관계도 없는 듯 생각되었던 것이다.

그러나 데모크리토스가 사람들 앞에서 펼쳐 보인 세계의 경관은 너무도 아름답고 웅대했으므로, 고발자들도 고발에 대한 것을 잊고 말았다.

낭독이 끝나자 재판관은, 데모크리토스는 압델라의 관습과 규칙을 어긴 일이 없다고 판결했다. 확실히 그는 2천 달란트의 돈을 여행으로 다 써버렸다. 하지만 그 대신 지식이라는 다른 재산을 가지고 왔다. 압델라 장사꾼 가운데 이런 이익을 항해에서 가지고 돌아온 사람은 한 명도 없었다.

재판관들은 데모크리토스에게 5백 달란트를 주고, 생전에 동상을 세운다는 결정을 내렸다. 또 그가 죽었을 때는 시의 비용으로 장례를 치르기로 결정했다.

그러나 데모크리토스에게는 죽은 다음에의 생각 따위는 없었다. 또 돈이 생겼으므로, 그것을 또다시 지식의 탐구라는 같은 일에 쓰기로 했다.

이번에 그는, 다른 그리스의 도시보다도 유명한 학자가 많은 아테네로 향했다.

그 무렵 아테네에서는, 아낙사고라스와 소크라테스를 비롯한 많은 철학자가 가르치고 있었다.

데모크리토스는 자기가 지은 책의 평판이 자기보다 먼저 아테네에 가 있으리라 상상하고 있었다. 그러나 아테네로 와서 보니, 그에 대한 것을 아는 사람은 아무도 없었다.

그는 소크라테스를 알았는데, 소크라테스는 그를 알지 못했다. 그는 아낙사고라스를 찾아갔다. 그러나 아낙사고라스는 그를 자기 친구나 제자 속에 넣어주지 않았다.

아낙사고라스는 최고의 지성이 있다는 것을 믿지 않는, 이 압델라의 젊은 철학자를 너무 대담하게 생각했던 것이다. 그러나 데모크리토스로선, 세계를 움직이는 힘 같은 것은 없어도 좋았다.

데모크리토스는, 세계는 영원한 것으로 생각했다. 만일 세계가 영원한 것이라면, 처음이 없는 것의 처음을 이야기하는 것은 아무 의미가 없지 않을까? 아낙사고라스는 이러한 그의 생각을 불손하게 여겼다. 이에 대해 데모크리토스는, 아낙사고라스의 견해를 '노인 냄새가 난다'고 느꼈다.

나이를 먹은 철학자들은 데모크리토스를 같은 패에 넣어주지 않았다. 그 대신 젊은이들 사이에는, 데모크리토스의 한마디 한마디를 탐내듯이 받아들이려는 사람이 적지 않았다.

데모크리토스는 말했다.

"빈 그릇에 물을 담고 뚜껑을 꼭 닫은 다음 불에 올려놓아 보라. 물이 그릇을 깨뜨릴 것이다.

그 원인은 어디에 있는가? 그것은 물과 그 밖의 온갖 물건이 많은 미립자 아트마(원자)로 되어 있기 때문이다. 아트마는 작기 때문에 우리 눈에는 보이지 않는다.

그러면 우리는 어떻게 아트마에 대한 것을 알 수 있는가? 미립자는 청각과 후각과 미각과 촉각 그 어느 것으로도 식별할 수 없을 정도로 작다. 그러나 이때 응원하러 달려오는 것이 지성이다.

뚜껑을 꽉 닫은 그릇을 불에 올려놓으면, 바라보고 있는 가운데 터져 깨진다. 뜨거워진 물의 원자가 분열하여 자기가 들어 있는 감옥 벽을 파괴했기 때문에 이런 결과가 되었다고 지성은 우리에게 일러 준다.

신전에 안치되어 있는 황금상의 손이 차츰 야위어 가늘어지는 것은 어째서인가, 우리는 그것을 모른다. 이에 대해서도 지성이 설명해 준다. 그것은 기도하는 사람들이 황금상의 손에 입술을 댈 때, 눈에 보이지 않는 황금의 원자가 떨어져 나가기 때문이다. 이와 같이 명백한 것이 명백하지 않은 것을 볼 수 있게끔 해 준다."

스승은 이렇게 말했다. 제자들 또한 스승에 이어, 눈에 보이지 않는 미립자인 원자의 세계를 들여다보았다.

원자는 허공의 어딘가를 무질서하게 멋대로 돌아다니고 있다. 마치 새들이 무리를 지어, 비둘기는 비둘기끼리, 두루미는 두루미끼리 모이듯이, 같은 원자가 서로 상대를 끌어당긴다. 이 당기는 힘에 의해 원자의 길이 일그러지며, 원자는 회오리바람에 휘말린 모래알처럼, 또는 소용돌이에 말려든 나뭇조각처럼 돌기 시작한다. 소용돌이 속에서 무거운 것은 한가운데로 들어가고, 가벼운 것은 밖으로 내던져진다.

여기서도 마찬가지이다. 무거운 원자는 세계의 회오리바람 속으로 들어가고, 가벼운 원자는 무거운 원자에 견디지 못해 바깥 쪽으로 밀려난다.

데모크리토스는 말했다. 원자의 행동은, 광장에서 군중에 휘말렸을 때의 사람의 행동과 같다. 사람 수가 적은 동안은 사람들은 방해를 받지 않고 돌아다닌다. 그러나 차츰 그 수가 많아지면 서로 떠밀며 싸움이 시작된다. 센 것이 이기고, 약한 것은 밀려나야만 한다.

세계의 중심으로 모인 무거운 원자는 땅덩이를 형성했다. 그보다 가벼운 물의 원자가 둘레를 둘러쌌다. 그리고 그보다 더 가벼운 공기가 중심에서 아주 먼 곳에 나타났다.

물의 원자는 땅의 중심을 향해 가는 동안에 땅의 표면에 있는 두 개의 깊은 웅덩이를 발견했다. 한 웅덩이는 지중해로 그 둘레에는 사람이 살고 있다. 또 한 웅덩이는 땅 반대쪽에 있다. 그곳에도 또 사람이 살고 있을 것이다. 그들은 안티포데스, 즉 거꾸로 걸어다니는 사람일 것이다. 우리의 아래는 그들의 위다.

땅은 계속 변하고 있다. 물이 증발하여 바다 밑바닥이 드러난다. 지금도 산 속에서 조개껍질이 보이고, 굴에서 물고기와 돌고래의 화석이 발견되는 것은 그 때문이다.

땅은 빙글빙글 돌면서 허공 속을 계속 날고 있다. 그 도중에 다른 세계의 깨진 조각인 큰 돌과 마주쳤다. 이들 돌은 우리 세계로 들어와 함께 돌기 시작했다. 바로 이것들이 해와 달과 별과 같은 천체를 만들어 낸 것이다. 땅에서 멀면 멀수록, 빨리 돌면 돌수록, 그것들은 뜨거워졌다.

불을 얻기 위해 막대기를 구멍에 넣고 돌리면, 막대기가 불타는 것과 마찬가지다.

천체는 계속 날았다. 그 운동은 매우 빠르고, 그 때문에 천체는 불타기 시작하여 녹아 없어졌다.

앞쪽에는 다른 세계와 다른 천체가 있었다.

같은 사람을 둘 발견할 수 없는 것과 마찬가지로, 두 개의 같은 세계를 발견할 수는 없었다.

어느 세계는 달도 해도 없어 어둡고 음산했다.

다른 세계에서는 두 개의 해가 밝게 빛나고 있고, 밤이 되면 달이 줄을 지어 하늘로 올라왔다.

봄날 과수원처럼 꽃이 피어 있는 세계도 있고, 가을 추위를 만난 것처럼 말라붙은 세계도 있었다. 그들 세계가 서로 부딪쳐, 사람이 싸우는 것과 마찬가지로 계속 싸웠다. 보다 큰 세계가 이기고 작은 세계는 산산조각이 나 흩어졌다.

그러나 그들 조각에서도 새로운 세계와 새로운 땅과 새로운 해가 만들어졌다.

"그럼 땅 위의 생물은 어떻게 생겨났습니까?"

제자들이 물었다. 이에 대해 데모크리토스는 대답했다.

"땅은 다 굳어지기 전에는, 열로 인해 부풀어올라 여기저기 작은 언덕이 생겨났다. 이들 작은 언덕이 나무의 어린 싹처럼 터지고, 이 어린 싹 속에서 생물이 나온 것이다.

무거운 땅의 원자를 더 많이 가진 생물은 뭍에서 살고, 물의 원자가 더 많은 생물은 물로 향해 갔다. 가벼운 공기의 원자를 많이 가진 것은 날개가 있는 공중의 생물이 되었다.

이들 최초의 생물은 대부분이 죽어 없어졌다. 지금 살아 있는 것은 영리하거나 용감하거나 발이 빠르거나 했기 때문에 살아남은 것으로, 이로써 종족을 보존할 수 있었던 것이다.

사람 또한 그 뒤 고대의 생물에서 생겨났다.

사람은 최초에는 짐승처럼 살았다. 벌거숭이로 옷도 집도 불도 없고, 먹을 것을 찾아 일생을 보냈다. 저마다 먹을 수 있는 풀과 나무에 열려 있는 과일을 찾아 떠났다."

황금시대에 대해서는 많은 전설이 내려오는데, 그런 시대는 과거에는 없었던 것이다. 당시 사람들은 많은 괴로움을 견뎌내야만 했다. 약한 사람은 죽어 없어지고, 강한 사람만이 살아남았다.

사람은 들짐승의 습격을 당했을 때, 서로 돕게끔 되었다. 고된 경험을 통해 겨울이 되면 동굴로 들어가고 상하지 않은 과일을 저장해야 함을 배웠다.

사람은 불을 얻는 방법을 깨달았다. 그 뒤 조금씩 손으로 하는 일도 생각해 냈다. 거미는 베 짜는 것을, 제비는 집짓는 것을, 울새는 노래하는 것을 사람들에게 가르쳤다.

기능과 발견은 하늘이 준 것이 아니다. 필요하다는 그 자체가 사람의 스승이었다.

들짐승과의 힘을 합친 싸움이 사람을 뭉치게 했다. 그러나 이윽고 사람들 사이에서도 싸움이 시작되었다. 그 원인은 시기였다. 어느 사람이 다른 사람을 시기하여, 그가 가진 것을 빼앗으려 했다. 따라서 사람들이 싸우지 않게끔 규칙을 정해야만 되었다.

사람은 다 규칙에 따라야만 한다. 원자가 물질을 형성하듯이, 시민이 국가를 형성하기 때문이다. 원자는 물질 전체에 비하면 없는 거나 마찬가지지만, 어김없이 물질의 법칙에 따르고 있다. 데모크리토스는 말했다.

"그러니까 나라의 일은 다른 어떤 일보다도 훨씬 중요하다. 나라의 질서가 어지럽혀지는 일이 없도록 누구나가 노력해야 할 것이다. 시민은 자기 분수에 맞지 않는 명예를 얻거나, 전체의 이익을 벗어난 권력을 요구해서는 안 된다. 바른 길을 나아가는 국가야말로 가장 큰 받침대다. 모든 것은 국가에 있다. 국가가 무사하면 모든 것이 다 무사하고, 국가가 망하면 모든 것은 다 망하고 만다. 모든 일에서 가장 훌륭한 것은 평등이다. 자유가 노예 제도에 앞서듯이, 군주국가에서 잘사는 것보다 민주국가에서의 가난한 것이 낫다. 이처럼 우주의 모든 것, 즉 땅도 해도 산도 사람도 사람의 규칙도, 신들의 의지가 아니고 원인과 결과의 필연적인 흐름에 따라 만들어지는 것이다."

데모크리토스의 이야기를 들으며, 제자들은 그와 함께 별과 원자에로의 길을 헤매고 다녔다.

제자들은 데모크리토스의 주장을 탈레스와 아낙시만드로스와 엠페도클레스와 같은 다른 철학자의 주장과 비교해 보았다.

탈레스는 최초의 물질에 대해 이야기했다. 아낙시만드로스는 여기에 덧붙여, 물질은 무한하다고 말했다.

아낙시메네스의 '공기의 미립자', 엠페도클레스의 '만물의 씨앗'……. 자연을 연구하는 사람들은 이렇게 차츰 원자라고 하는 생각으로 다가갔다. 그리고 지금 밀레투스의 철학자 레우키포스와 그 뒤를 이은 데모크리토스가, 우주에 있어서의 원자의 영구한 운동이라는 위대한 학설을 세운 것이다. 이 학설은 몇 세기에 걸쳐 세계를 인식하는 데 사람들을 이끌어가게 되었다.

앞선 사람과 뒤처진 사람들

세계라는 것은 고향에 있는 강물에 이어진 골짜기라고, 사람들이 생각하던 시대가 있었다.

그 뒤 사람들은, 세계라는 것은 바다를 말하는 것으로, 개구리가 못 둘레에 살고 있는 것처럼, 그 둘레에 사람이 사는 것이라고 판단했다. 그 뒤 시야는 더욱 넓어졌다. 사람은 세계가 둥근 모양의 땅덩이 또는 공 모양의 땅덩이임을 보았다. 그리고 마침내 우주가 무한한 세계라는 것을 사람은 알았다.

사람은 다른 방향으로, 즉 물질의 미립자 쪽으로도 나아갔다. 모래알은 벌써 이 세상에서 가장 작은 것은 아니었다.

사람은 돌이 부숴지고, 곡식알이 가루가 되고, 신전에 안치된 상의 황금 팔이 수많은 사람 입술에 닿아 닳고 가늘어지는 것을 보았다. 그는 물건에서 미립자가 분리하는 것을 보았다. 그리고 자기 자신에게 물었다. 물건을 더 부숴 나가게 되면 어떻게 될 것인가? 큰 돌에서 작은 돌이 생기고, 그 작은 돌에서 더 작은 돌이 생길 것이다. 그러나 그것에도 끝이 있을 것이 아닌가? 물질의 깊은 곳으로의 길이 한없이 뚫려 있는 것, 마지막에 이를 수 없는 것을 아는 것은, 사람에게 쉬운 일이 아니었다. 그래서 사람은, 그 이상은 쪼갤 수 없는 작은 조각이 있다고 생각하고, 그것에 아트마(쪼갤 수 없는 것)라는 이름을 붙였다.

곧, 세계에 있는 모든 물건은 이러한 원자의 결합이다!

사람은 비로소 눈에 보이지 않는 세계를 생각하게 되고, 눈에 보이는 물건 모두가 눈에 보이지 않는 벽돌로 만들어진 집이란 것에 생각이 미쳤다.

사람은 별이라는 큰 세계와 원자라는 작은 세계로 향해 자꾸자꾸 나아갔다.

지금 우리가 이야기하는 사람이란 것은, 누구를 말하는 것일까? 그것은 한 사람도 아니며, 전인류도 아니며, 혼자의 힘으로 자기 일을 행하는 개개의 사상가를 말한다. 그들에게는 제자가 있었다. 그것은 철학을 연구하는 적은 수의 사람들이었다.

농경인·기술자·노예와 같은, 둘레에 있는 민중은 철학이 무엇인지 잘 알지도 못했다.

그 가운데서도 특히 뛰어난 레우키포스와 데모크리토스에게는 원자가 벌써 보이고 있었다. 그러나 같은 아테네에서도, 그곳에 있는 도공이나 유리공은, 똑같은 시대인데도 여전히 뿔이 달린 사티로스의 머리를 도가니 위에 늘어뜨리고 있었다. 사람이기도 하고 염소이기도 한 이 이야기의 요정에게, 도가니 둘레에 있는 못된 영혼들을 몰아내 달라고 빌기 위해서였다.

유리가 녹거나 그릇이 구워지는 동안 기술자는 부대장이 군대를 지휘하듯이, 원자를 지휘하고 있었다. 기술자는 원자를 부대로 꾸미기도 하고, 장소를 바꾸기도 하고, 흩어지게도 했다. 그러나 이 부대장은 소경이었다. 그에게는 부하 군대가 보이지 않을 뿐 아니라, 군대가 있는 것마저 모르고 있다.

기술자는 일이 성공한 것을 기뻐했다. 그러나 어째서 성공한 것인지, 그 까닭을 알지 못했다. 그는 재난을 무서워했다. 그러나 그것을 미리 막을 수는 없었다.

도공의 일터 문간에 노래하는 거지가 서서 옛날 노래를 부르기 시작했다.

도공님, 돈을 주시면 노래를 하리다
아테네의 신이여, 기도를 받아들여 도가니를 지켜 주소서
항아리·병·접시가 모두 잘 되어
구이도 잘 되고 벌이도 잘 되게 하소서
시장에서도 거리에서도 자꾸자꾸 팔리어
돈벌이 덕분에 노래의 상도 있게끔.

일터에 있는 사람들은 노래에 귀를 기울였다. 사발을 만들고 있던 도공은 도르래를 돌리다 멈추었다. 숯자루를 어깨에 멘 젊은이도 멈춰섰다. 화덕 안의 숯을 휘젓고 있던 노예는 문간 쪽을 돌아보았다. 대머리에 허리가 굽은 늙은 주인이 작대기를 들어 올렸다.

"이놈들, 무얼 멍청히 보고 있느냐? 이 작대기로 등을 얻어맞고 싶으냐?"

문간에 서 있던 거지는, 주인이 자기는 돌아보려고도 하지 않는 것을 보고, 이 노인에게서는 은화 한 닢도 얻지 못할 거라고 생각했다. 순간 노래는 위협하는 가락으로 변했다.

염치없는 무리여, 노래하는 나를 업신여길 생각이면
곧 도가니의 원수들을 부르리라
나오라, 깨는 사람, 부수는 사람
나오라, 솜씨에 자신이 있는 사람!
집을 때려 부수고 화덕을 뒤집어 엎어라
도공들을 울부짖게 만들고
말의 턱처럼, 화덕에 이를 갈게 만들어라
항아리도 병도 접시도 박살이 난다!

또 해님의 딸, 마술의 여왕 키르케여
억센 부하를 보내어 일터를 부수어 버려라! 또 수령인 케이론도
헤라클레스의 화살을 피한 켄타우로스의 일족을 끌고 와서
있는 걸 다 짓부수고, 화덕을 깨뜨려
이 집안에 재난을 보여 주라!

과연 주인도 괴물 켄타우로스 일족이 나타나면 큰일이라는 생각이 들었다. 그런 저주가 효과를 나타내지 않는다고 장담할 수 없었기 때문이다. 노인은 투덜거리며 지갑에서 돈을 꺼내 거지에게 던져 주었다.

주인은 데모크리토스와 같은 시대 사람이었다. 그런데도 여전히 마술이니 요술이니 하는 것과 저주의 힘을 믿고 있었다.

그러나 데모크리토스의 주장에도 아직 원시적인 신앙의 흔적이 남아 있었다. 데모크리토스는 신을 믿지 않았다. 그러나 시기심이 많은 사람이 흘겨보며 남을 저주할 수 있다고 믿었다.

그는 아직 어릴 무렵, 스승인 페르시아 사람들로부터 주술의 비결을 배웠다. 그래서 신의 힘을 부인하면서도 점술·예언·꿈 등을 믿었던 것이다.

수천 년 동안, 사람들은 온갖 조짐을 시험해 왔다. 그 가운데는 바른 것도 있고 그른 것도 있었다. 그러나 사람들이 확실한 것과 확실치 못한 것, 진실과 미신을 언제나 잘 분간한 것은 아니었다. 미신이 뿌리깊게 생명을 이어 온 것은 그 때문이었다.

데모크리토스 같은 지혜로운 사람조차 미신과 싸우면서도 그로부터 빠져나올 수는 없었다. 그는 말했다.

"마녀는 하늘에서 달과 해를 끌어내릴 수 있다고 옛날 사람은 생각했다. 그 때문에 지금도 많은 사람이 일식과 월식을 '끌어내린다'고 말한다."

데모크리토스는 모든 것에 대해서 이치에 맞는 설명을 찾아내려고 노력했지만, 아직도 많은 점에서 진리로부터 멀리 떨어져 있었다.

그는 생각했다. 질투심이 강한 사람은 어째서 눈빛에 미움이 가득한 것일까? 아마 그 눈에서 해로운 광선과 나쁜 환상이 나와 우리 속으로 침입해서 해를 미치는 것이 아닐까.

어째서 우리는 현실과 맞는 꿈을 꾸게 되는 것일까? 그것은 잠들어 있는

동안에 나쁜 환상이나 좋은 환상이 우리 속으로 들어오기 때문이다.

이들 환상은 유령과 같은 것은 아니고 물질에서 분리된 공기의 원자다. 원자가 사람의 눈에 들어오면, 사람에게는 무엇인가가 보이고, 원자가 귀에 들어오면 무엇인가가 들린다.

2천9백 년이 지난 지금 우리에게 데모크리토스의 많은 생각은, 소박하고 단순한 것으로 생각된다.

현재 우리는 원자의 구조가 그가 생각하던 그런 것이 아님을 안다. 원자의 움직임을 설명하는데, 우리는 그것을 두루미나 광장에 모인 무리와 비교하지는 않는다. 원자에는 새나 그리스 도시의 군중과는 전혀 다른 법칙이 있다.

그렇다고는 하지만, 오늘의 과학은 데모크리토스의 학설에서 출발하고 있는 것이다.

현재까지 전해지는 데모크리토스의 전서의 단편들을 읽으면, 세월이 지나도 없어지지 않는 황금과 같은 사상이 곳곳에 빛나고 있는 것을 보게 된다.

데모크리토스의 아트마는 분해되어 없어지는 일이 없는 오늘의 원자와는 다르다. 그러나 눈에 보이지 않는 입자의 세계로 들어가는 일은, 데모크리토스가 올바르게 밝혀낸 것이다.

운동은 영원하다는 것, 우주는 무한하다는 것, 세계는 여럿이라는 것, 가장 순응성이 강한 동물만이 살아남는다는 주장이 바로 그것이다.

오늘의 과학이 받아들인 생각을 데모크리토스에게서 많이 볼 수 있다.

그가 잘못 생각한 것도 많았다. 그러나 그 때문에 그를 꾸짖을 수 있을까?

그는 그 시대 최고의 현인이었다. 그렇지만 그 또한 그때 사람이며, 그 겨레와 그 계급의 사람이었던 것이다. 노예제도의 민주주의를 지지했던 그는, 자유는 자유민의 운명이요, 노예는 또한 노예여야 한다고 생각하고, '자기 손발을 쓰는 것처럼 노예를 쓰라'고 말했다.

그는 평등주의자였다. 동시에 권력은 천한 백성, 즉 넉넉한 사람들과 힘 있는 사람에 반대해 그리스 여러 도시에서 반란을 일으킨 '노예' 손에 들어가선 안 된다고 생각했다.

원자의 세계만이 아니고 국가에도 힘 있는 사람이 높은 자리를 차지해야 한다, 가난한 사람과 신분이 낮은 사람은 권력을 가질 자격이 없다, 재산이 넉넉하고 노예를 가진 사람들은 다 그렇게 생각했다. 이 점에 대해선 다마시포스의 아들 데모크리토스도 예외가 아니었다.

길은 막히고 만다

사람은 자유에의 길과 운명을 극복하는 길을 줄곧 멀리까지 걸어갔다. 그러나 승리를 축하하기에는 너무 이른 것이 아닐까?

아테네는 자유민의 도시로 보였다. 그러나 아테네 거리에서 가끔 이마에 이런 낙인이 찍힌 사람들, 즉 '도망치려 합니다. 붙잡아 주시오' 하고 말하듯, 씻어 낼 수 없는 표시를 눈 위에 붙인 사람들과 마주치는 것은 어째서일까 ?

열심히 낟알을 가루로 만들고 있는 이 여자의 목에 고리가 매달려 있는 것은 어째서일까?

인파로 들끓는 시장, 사람들이 타국인을 마치 물건을 늘어놓은 좌판을 구경하듯 바라보고 있는 까닭은 무엇일까?

사람들은 이들을 뛰어다니게도 하고, 입속을 들여다보기도 하고, 힘줄을 만져 보기도 했다. 상대가 자유민이라면, 이런 짓을 할 수 있을까?

아니다, 이들은 노예인 것이다. 아테네에는 자유민보다도 노예가 더 많았다.

노예는 어디든지 있었다. 그들은 식사 준비뿐 아니라 아기도 돌보았다. 일터와 채석장에서도 일하고 있었다.

목에 고리를 끼고 있는 이 여자는 계집노예였다. 여자 목에 고리를 끼워 둔 것은, 곡식을 집어 입으로 가져가지 못하도록 하기 위해서였다. 다른 상품과 마찬가지로 사람이 시장에 진열되어 있는 것이었다.

소는 50드라크마이고, 사람은 그보다 좀 비싸서 100에서 150드라크마였다.

일터에 팔리는 노예는 쇠판 둘, 망치 셋, 노예 다섯이라는 식으로, 도구 가운데 들어갔다. 쇠판은 누구에게나 필요한 것은 아니었다. 그러나 노예는 누구에게나 필요했다. 노예는 대장장이로도, 베 짜는 직공으로도, 도공으로도, 가루 빻는 사람으로도 쓸 수 있기 때문이다.

아테네 시민 가운데서 특히 총명한 사람들과 이야기를 한다 해도, 그들은 다같이 노예가 없어서는 안 된다고 말할 것이다. 노예는 살아 있는 연장인 것이다. 연장 없이 살아갈 수 있겠는가? 키잡이에게, 배의 키는 생명이 없는 연장이며, 뱃머리에서 밤을 새는 선원은 산 연장이다. 노예는 산 재산으로, 연장 가운데서도 가장 완전한 것이었다. 아테네 시민의 어느 한 사람도 산 연장라는 말의 뜻을 깊이 생각해 보려고는 하지 않았다. 영혼을 가진 연장, 생각하는 물건, 이것은 그를 차지한 사람에게는 편리하기도 할 것이다. 그러나 물건 자신으로 보면, 자기가 물건이란 것을 의식하기란 그리 쉬운 일은 아닐 것이다.

쇠판은 두들겨 맞아도 느끼지 않는다. 망치도 자유가 무엇인지 알지 못한다. 그러나 사람은 느끼고, 괴로워하며, 자신의 고통을 안다. 자기 운명의 쓰라림을 느끼면 느낄수록, 노예의 의지는 주인의 의지에 강하게 반항하게 된다. 망치로서는 복종을 거부하고 심한 짓을 하는 주인의 머리를 후려치거나 할 수 없다. 쇠판도 밤 사이에 대장간을 도망쳐 숲속에 숨거나 할 수는 없다. 그러나 사람은 할 수 있다.

이리하여 물건과 그 주인, 산 연장과 노예를 가진 사람과의 사이에 싸움이 시작되었다.

노예는 들고 일어났다. 노예는 일터와 채석장과 광산에서 도망쳤다. 광산에서 일하는 사람에게 잃을 것이라고는 아무것도 없었다. 그들의 운명은 곧 죽음이었다. 그들은 사막에서 한 모금의 물을 그리워하듯이, 얼마 안 되는 신선한 공기를 그리워 하면서, 고약한 냄새가 풍기는 어두운 공간에서 헐떡이고 있었다.

연장은 달아났다. 그리하여 숲과 산 속에 숨어들었다. 붙잡히면 낙인이 찍히게 되었다. 주인은 물건이 없어지지 않게끔 낙인을 눌러두어야만 했다. 연장이 밤 사이 도망치지 못하도록 자물쇠를 채워 가둬 둘 필요가 있었다.

도망친 노예는 궤짝 같은 감옥에 들어가게 되었다. 거기에서는 허리를 펼 수도 다리를 뻗을 수도 없었다.

산 사람의 몸이 정말 쇠로 되어 있어 아무것도 느끼지 못하기라도 한다는 듯 꽉꽉 잡아눌리고 구부러졌다.

자유의 맛을 잊게 만들기 위해 도망친 노예는 둘씩 붙들어맸다. 한 나무로 된 큰칼에 머리를 둘 집어넣고, 다리를 함께 묶어 두었다. 하나가 일어나면 다른 하나는 넘어지고 말았다.

아테네 시민이, 그토록 자유를 사랑하고 그토록 인체의 조화에 감탄한 아테네 시민이, 이런 짓을 한 것이다!

그리스의 대장간(항아리의 그림)

광산의 노예들(항아리의 그림)

노예제도가 얼마나 큰 위험을 간직하고 있는지, 그들은 알지 못했다.

노예를 손에 넣기 위해서는 잇따라 전쟁을 해야 했고, 그 전쟁에는 많은 희생이 따랐다. 얼마나 많은 아테네 시민이, 육상과 해상의 전투에서 죽음을 맞아야 했던가! 그리고 전쟁은 그때마다 황폐를 가져왔다.

노예의 수는 차츰 많아지고, 자유민의 수는 차츰 적어져 갔다. 게다가 전쟁은 모든 사람에게 이익을 가져다주지 않았다. 어느 사람은 전보다 더욱 풍족해진 반면, 다른 사람은 병신이 되거나 다친 것 이외에는 무엇 하나 얻지 못했다.

모처럼 싸우고 돌아왔으나, 빵도 일자리도 얻지 못한 아테네 자유민도 드물지 않았다. 누구든 간에, 부리는 사람을 고용하기보다는 산 연장을 사는 편이 득이었다. 그래서 새로운 노예가 일터로 끌려오게 되었다. 그렇게 자유민은 자연히 밀려나게 되었다.

아테네에서는 해마다 일자리를 얻지 못한 사람이 불어나기 시작했다. 그들에게는 자유민이라는 자랑스런 신분이 있을 뿐, 그 밖에는 아무것도 없었다. 그래서 그들은 이 자랑스런 신분을 밑천으로 얼마라도 벌기 위해 갖은 고생을 했다.

그날이 국민회의가 열리는 날이라면 일은 아주 간단했다. 회의 때마다 3오보로스를 받을 수 있었기 때문이다. 그것으로 먹는 것쯤은 살 수 있었다. 사람들은 연설과 외치는 소리와 박수 소리가 요란한 가운데서 마시고 먹기 시작했다.

그러나 이런 재수 좋은 날은 그리 흔치 않았다. 그래서 아테네 시민은, 오늘은 뭔가 새로운 연극이 없는가 하고 생각해 냈다. 돈이 없는 시민에게는 연극 구경할 돈이 주어지는 것이다. 아이스큐로스의 비극도 좋지만 좀더 속이 후련해지는 것은 없을까?

그러나 오늘은 연극도 없었다. 아테네 시민은 재판소로 달려갔다. 그곳에는 벌써 아침 일찍부터 사람들이 모여 있었다. 배심원의 심지를 뽑으려는 사람들이었다. 아테네 시민은 좋은 심지를 뽑도록 해달라고 신에게 기도를 하며, 군중을 헤치고 들어갔다. 배심원은 3오보로스씩 받을 수 있었다. 속도 후련해지지만 명예스런 일도 되는 것이다! 그러나 언제고 좋은 운이 굴러들어 온다고는 볼 수 없었다. 누구나 배심원이 될 수 있는 것은 아니었다.

이밖에 법정에서 고소인이 되는 권리를 아테네 자유시민이 가지고 있는 것은 틀림없는 일이었다. 그런데 이것마저 돈을 버는 일로 삼으려는 사람이 있었다. 그는 밀고하겠다고 누군가를 위협했다. 그러면 상대는 돈을 주고 벗어나려 했다. 그리고 이들 중상자들은 뻔뻔스럽게 자기들만이 사회의 행복을 생각한다며 떠벌렸다.

이처럼 일을 얻지 못한 아테네 자유민은, 자유 그 자체를 돈을 버는 수단으로 삼고 있었다. 배가 고파 조바심이 생긴, 볼일 없는 사람들이 거리와 시장을 서성거리며 돌아다녔다. 그들은 한낮의 산책을 나온 부자 멋쟁이들을 못마땅하게 바라보았다. 지금 그 같은 멋쟁이 한 사람이 친구 집 잔치에 가고 있었다.

그의 몸에서는 마치 향유병처럼 향수 냄새가 풍겨오고 있었다. 입고 있는 겉옷은 20드라크마 이내의 싼 물건은 아니었다. 그만한 돈이 있으면 석 달쯤은 살아갈 수 있었다. 노예 하나가 도중에 쉴 때를 위해 의자를 메고 있었다. 이들은 손만이 아니고 발을 움직이는 것마저 잊은 모양이었다.

또 한 사람이 왔다. 이 사나이는 가마를 타고 있었다. 그는 평민들로부터 얼굴을 돌렸다. 그에게는 셀 수 없을 정도로 돈이 많다는 소문이었다. 그는 꿀을 로도스에서 가져오고, 개를 키지코스에서, 향료를 투리오이에서 가져오고 있었다. 그의 집에서는 벽에까지 값비싼 페르시아 벽지를 발라 놓았다. 아무런 할 일이 없으므로, 그는 그저 원숭이를 기르며 온갖 재주를 가르쳤다.

노예제도 위에 쌓아올린 자유란 이런 것이었다. 자유는 어떤 사람은 실업자로 만들고, 어떤 사람은 게으름뱅이로 만들었다.

실업자는 노는 사람을 미워했다. 도시 안에 두 개의 도시가 있었다. 굶주린 사람의 도시와 배가 부른 사람의 도시였다.

굶주린 사람의 분노가 높아져, 국민회의에서 폭풍우를 일으켰다. 이 폭풍우를 어떻게 가라앉힐 것인가?

아크로폴리스의 신전과 도시 주변의 성벽을 건설하는 데 실업자를 보내기로 했다. 그러나 모든 사람에게 일거리를 찾아줄 수 있겠는가? 게다가 아테네 시민은 이제 일하는 것에 싫증 나 있었다.

노예가 나타난 뒤로는, 그들은 노동을 노예의 일이라고 생각하게끔 되었다. 전에는 아무것도 하지 않고 사는 사람은 신의 마음에 들지 못한다고 여겨졌었다. 신들은 일하는 사람을 좋아하고, 사람들의 재물도 모두 노동에서 생겨난다고 가르쳤다. 그러나 지금에 와서 사람들은 노동을 천하게 여기게 된 것이다.

사람들은, 노동은 마음과 몸을 병신으로 만든다고 했다.

"앉아서 종일 일을 하면, 먼저, 나라 일을 생각할 겨를도 없거니와, 자기 마음을 높일 틈도 없다. 또한 등이 구부러지게 되는데, 몸이 약해지면 마음도 힘도 잃게 된다."

사람을 사람으로 만든 것은 노동이었다. 그런데도 그들은 노동을 천하게 여기게 되었다.

손이 머리에 생각하는 것을 가르쳤다. 그런데 머리는 이제 손을 내려다보기 시작했다.

지혜로운 사람들조차 자기 생각을 경험을 통해 확인하려 하지 않았다. 이런 일은 과학의 진보를 방해했다.

생각하는 사람이 있고, 일하는 사람이 있었다. 손은 머리를 도우려 하지 않고, 머리는 손을 도우려 하지 않았다.

학자는 역학을 연구하는 것을 부끄러움으로 여겼다. 기계를 꾸며 만들려면 손을 놀려야만 하는데, 그것은 노예의 일이었기 때문이다. 그러나 요새와 선박과 전쟁의 기계를 만들기 위해서는 역학이 필요했다.

그래서 학자들은 재미삼아 한다든가, 나라의 통치자들의 부탁을 받은 거라고 변명을 하며, 역학 문제를 푸는 일에 착수했다.

사람들은 자연의 정복과 자유를 향해 나아갔다. 그러나 막다른 골목으로 들어가고 말았다. 나가는 길을 어디에서 찾으면 좋은가?

나가는 길은 노예제도의 폐지에 있었다. 그러나 사람들은 그것을 알지 못했다. 아직 그 시기가 오지 않았던 것이다.

사람들은 노예제도가 없이는 살아갈 수가 없었다. 세상이 만들어진 이래로 신들이 그렇게 정해 놓았다고 생각했다.

굶주림과 가난에서 벗어나려면, 어디로 가야 좋을까? 다른 나라로?

이리하여 이민을 태운 배가 항구에서 떠나갔다.

사람들은 고향에서 행복을 찾을 수 없자, 바다 저쪽에서 그것을 찾으려 했다. 그들에게는 잃을 것이 아무것도 없다고 여겨졌다. 그들에게는 아직 조국이 남아 있었지만 지금 그들은 그것마저 잃으려 하고 있었다.

그들은 바다 위에서 어미새에 의지하는 새끼처럼, 또 한 번 아크로폴리스의 산기슭에 빽빽하게 들어선 집들을 바라보았다. 그 집들 가운데는 그들이 버리고 온 집도 있었다. 아테네는 차츰 멀어지기 시작했다.

이윽고 푸른 언덕이 그것을 가로막고 말았다. 먼 언덕 위에서 파라스라고도 불리는 아테네의 금빛 창이 빛나고 있었다. 그러나 이윽고 그것도 흐릿해지고 말았다.

자유민은 자기 고향을 잃었다. 그 원인은, 고향에 노예가 너무 많아진 때문이었다.

사람은 뒤를 돌아본다

사람들은 자주 과거를 되새기게 되었다. 그들에게는 옛날이 훨씬 좋았던 것처럼 여겨졌다.

그 무렵 진리의 여신은 천상이 아니라 지상에 살고 있었다. 노예도 없고, 부자도 가난한 사람도 없었다.

디오니소스 축제의 며칠 동안 사람들은 '황금시대'의 노래를 불렀다. 그것은 땅 위에 전쟁이 없었던 즐거운 노래였다. 자연은 평화로 가득 차 있었다. 땅 위에는 병이 없었다. 땅은 사람들이 필요로 하는 것을 무엇이고 아낌없이 주었다.

시내에는 물 대신 황금색 술이 흐르고 있었다. 벌꿀이 든 과자는 알맞게 노르스름한 색깔로 구워져, 부디 드시지요, 하고 사람들에게 권해졌다. 물고기는 제 스스로 식탁으로 뛰어올라, 나를 잡수시면 건강해집니다, 라고 말했다. 나무에서 떨어지는 것은 나뭇잎이 아니라 구운 통닭이었다.

노랫소리는 차츰 커졌다. 합창은 후렴을 되풀이했다.

> 그 무렵은 사내노예도 없었고
> 계집노예도 없었다.

즐거운 노래였다. 그러나 즐겁지 않아 부른 노래였다. 분명히 그들은 날마다 배가 부르지는 않았다.

부모와 작별 인사를 나누는 병사(항아리의 그림)

그들은 황금시대가 아닌 철의 시대(철기시대)에 태어났다. 그래서 사람들은 걸어온 길을 되돌아보았다.

사람들은 이제 자기가 어디서 왔는지 알지 못했다. 그는 석기시대의 가난을 잊고 있었다. 석기시대조차 사람들에게는 황금시대인 것처럼 여겨졌다.

그것이 공상이라 하더라도 공상 안에는 힘이 있었다. 사람은 처음으로 황금시대를 꿈꾸게 되었다.

그는 후렴을 되풀이했다.

그 무렵은 사내노예도 없었고
계집노예도 없었다.

그러자 이 과거의 그림자, 지난날의 환상이 사람에게 희망을 심어주고 살 힘을 주었다.

꿈은 한 번 생겨나면 없어지는 일이 없으니, 그것은 수백만 사람들의 믿음이 되었다. 사람들은 황금시대가 과거가 아니라 미래에 있음을 보았다. 자연이 사람에게 복종하고, 세계에 전쟁이 사라지며, 땅 위의 사람 하나하나가 자유로워지는 시대로 향하는 길고 괴로운 여행에서 황금시대의 꿈은 사람들에게 길동무가 되어 줄 것이었다.

그러나 지금으로서는, 사람들은 아직 철기시대에 살고 있었다.

생활은 해마다 괴로워졌다. 아테네 거리는 조용하지 못했다. 불만을 품은 사람들의 불행의 목소리가 차츰 높아져 갔다. 사람들은 차츰 뒤를 돌아보게 되었고, 황금시대가 아니라도, 할아버지와 증조할아버지 시대만 해도 지금보다 훨씬 살기 좋았다고 떠들었다. 아테네 자유의 적들이 이 말을 열심히 되풀이했다. 올림푸스 족인 페리클레스는 차츰 거세지는 폭풍우를 잡아누를 수 없게 되었다. 그것은 바다 위에서 부는 폭풍이 아니라, 국민회의 날에 푸닉스 언덕에 휘몰아치는 폭풍우였다.

페리클레스에게는 많은 적이 있었다.

그는 귀족 출신이었다. 그러나 귀족들은 그를 싫어했다. 그가 천민 쪽에 붙었기 때문이다. 옛날 지배자의 자손들은 이들 베 짜는 사람과 도공과 갖바치들에게, 즉 푸닉스 언덕에서 떠들어대는 잡다한 군중에게 미움을 품고 있었다.

귀족들이 다시 한 번 권력을 잡으려고 하자, 민중은 그들을 추방할 것을 요구했다. 명사의 이름이 그릇 조각에 쓰여졌다. 만일 과반수의 그릇 조각에 '추방'이란 말이 쓰여져 있으면, 추방을 선고받은 사람은 10년 동안 아테네를 떠나야만 했다.

그러나 대다수는 아테네에서 추방되기를 기다리지 않았다. 그들은 스스로 떠나갔다. 낡은 관습이 아직 잊혀지지 않은 고장으로.

산 저쪽 스파르타 사람들은, 옛날 증조부 시대 그대로의 생활을 하고 있었다. 그들을 기르는 것은, 바다도 수공업도 상업도 아니었다. 헤로트라고 불리는 노예인 농부(원주민으로, 땅을 빼앗기고 노예가 된 사람)가 농사 짓는 땅이었다.

스파르타에서는 신분이 낮은 사람은 신들과 영웅의 자손에게 머리를 숙였다.

이곳에서는 돈까지도 증조부 때와 같았다. 그것은 큰 쇳덩어리로, 소에 실어 운반해야만 했다. 하기는 이들 덩어리는 대개는 집안에 쌓여 있어서 별로 쓰이지 않았다.

아테네를 바라보는 스파르타의 눈초리는 어두웠다. 스파르타 사람들은 가끔 생각했다. 아테네는 벌써 수십 개의 도시를 정복했는데, 그러다가 헬라스 지역을 모두 정복하면 어떻게 될 것인가? 그러면 옛 질서는 끝장이다. 산마저 무서운 시대의 흐름을 막을 수는 없을 것이다. 그것은 와락 밀려들어 오랜 습관과 제도를 모조리 파괴할 것이다.

스파르타와 아테네, 뭍과 바다, 과거와 현재의 적대감정은 해마다 커져만 갔다.

스파르타는 아테네의 모든 적, 즉 바다 위의 지배권을 둘러싸고 아테네와 싸우고 있는 모든 도시를 온갖 수단으로 응원했다. 그러나 아테네의 적은 아테네 자체 속에도 있었다.

그것은 불만을 품은 사람들과 생활에 고통받는 사람들이었다.

부지런한 대장장이처럼 스파르타는 꾸물꾸물 타고 있는 불만의 불을 불러일으켰다. 국민회의에서는 민주주의와 페리클레스에게 반대하는 사람들의 소리가 차츰 높아져 갔다.

그러나 올림푸스 족인 그를 드러내놓고 싸워서 이길 수 있을 것인가? 따라서 적은 정면으로 요새를 공격하는 대신에 뒤로 돌았다. 적은 페리클레스에서 시작하지 않고, 그의 친구들부터 시작했다.

대조각가 페이디아스가 감옥에 들어갔다. 아테네의 방패에 자신과 페리클레스를 새겼다는 죄목으로 몰린 것이다. 불멸의 신들 속에 죽게 될 사람을 넣는 것이 무슨 짓이냐는 것이었다! 페이디아스는 감옥 안에서 죽었다.

이로써 페리클레스의 친구는 제거되었다. 적은 이번에는 페리클레스의 아내인 다른 나라 여자 아스파시아에게로 손을 뻗쳤다.

아스파시아의 죄는 무엇인가? 이 또한 옛 습관과 옛 신들에 대한 불경죄였다.

페리클레스는 시내를 돌아다니며, 아스파시아를 용서해 달라고 아테네 시민에게 머리를 숙여 부탁했다. 그는 겨우 아스파시아를 살려 낼 수가 있었다.

그러나 적은 좀처럼 조용해지지 않았다.

프로메테우스의 자유를 빼앗다

국민회의에서 예언자인 디오페이테스가 자기 자리에서 일어섰다. 옛날 신앙을 존중하지 않는다는 이유로 그가 누군가를 고발하려고 별렀던 것을 사람들은 알고 있었다. 그의 모습은 언제나 신전 계단 입구에서 볼 수 있었다.

신관에게 제물인 닭이라든가 새끼돼지를 건네준 다음, 그는 기도하는 말을 재빨리 중얼거렸다. 그는 크고 작은 온갖 남신과 여신을 찬양했다.

그 안에는 에피다우로스에 사는 아스클레피오스(의사의 신)도, 그의 어머니 코로니스도, 수호의 여신 아테나도, 힘이 센 키레네도, 아폴론도, 파나케이아(모든 것을 치료하는 여신)도, 에피오네(아스클레피오스의 아내)도, 마카온(아스클레피오스의 아들)도 들어 있었다.

디오페이테스는 온갖 조짐들을 믿고, 암양이 뿔이 하나밖에 없는 새끼를 낳으면 아테네는 망할 것이라고 예언했다.

지금 이 수상한 사람이 일어나, 불경하다는 이유로 '지성'을 비난하기 시작했다. 그는 아낙사고라스를 고발했다.

아낙사고라스는 곳곳에서 전능하신 신들이 거룩한 뜻으로 만들어 낸 하늘의 여러 현상에 대해 쓸데없는 말을 하고 다닌다, 신들이 사람에게 알리고 싶지 않았던 일들을 캐내려 한다, 땅 위의 일과 하늘 위의 일을 알려고 힘쓴다, 뻔뻔스럽게 달을 땅이라고 말한다, 그에게 해는 신이 아니고 보통 돌에 지나지 않는다, 그는 모든 것을 최고의 원인이 아니라 최저의 원인으로 설명하려 한다, 그의 죄가 크다, 그는 많은 것을 알고 싶어하며, 아테네가 인정하는 신들을 부정하고 그것을 다른 사람에게 가르치고 있다…….

페리클레스의 적, 온갖 새로운 것의 적이 국민회의에서 승리를 거두었다. 분명 페리클레스는 아테네를 새로 세웠다. 그러나 아테네 사람들의 마음을 가느니 돌을 갈기가 쉬웠다.

그들의 마음속에는 화석처럼 되어버린 옛날의 신앙이 뿌리깊게 남아 있었다. 아래 세계인 땅 위에서는 수백 년 동안에 모든 것이 변하고 말았다. 그런데 올림푸스 산꼭대기에는 옛날대로 아직도 신들이 살고 있었다. 제우스가 일족의 신들에 둘러싸여 지배를 계속하고 있었다.

아테네의 시민은 훨씬 전에 제우스 혈통을 이은 귀족들의 권력을 뒤엎었다. 그러나 제우스 그 자체에 대해서는 왕에게 진상물을 올리듯이, 지금도 신전에 제물을 바치고 있었다. 프로메테우스는 사람들에게 하늘의 불을 가져다 주었다. 그리고 다시금 제우스의 뜻에 의해 자유를 빼앗겼다.

아낙사고라스는 감옥에 들어갔다.

그는 겉옷을 머리에 쓰고 누워 태연히 죽음을 기다리고 있었다. 자신을 죽일 수는 있어도 진리는 죽일 수 없음을 그는 알고 있었다. 아낙사고라스는 자기가 가진 모든 것을 불멸의 진리에 바쳤던 것이다.

감옥에 들어간 아낙사고라스

갑자기 무거운 문짝이 열렸다. 아낙사고라스의 제자들이 들어왔다. 페리클레스가 자기들을 보냈다고 그들은 말했다. 옥지기는 매수되었다.

서둘러 길을 떠나자!

배가 바닷가에서 기다리고 있었다. 돛은 바람을 싣고 헬라스가 스스로 자기들의 지성이라고 부르던 사람을 헬라스 해안에서 실어 갔다.

4 갈림길에 선 거인

사람은 자기 힘을 의심하기 시작한다

자유와 진리와 자연에의 지배를 향해 나아가는 길은 차츰 험해지기 시작했다.

사람은 이제 자유에 이르렀다고 생각했다. 그러나 자유는 노예 제도와 함께 얻어졌던 것이다.

사람은 진리에 가까워지는 것으로 믿었다. 그러나 진리에로의 길은 미신과 편견의 벽이 가로막고 있었다.

사람은 자기의 부를 자랑했다. 그러나 부는 빈곤과 손을 맞잡고 찾아왔다.

사람은 쇠를 얻는 방법을 배웠다. 그리고 그 쇠로 쟁기뿐 아니라 칼도 만들었다.

사람은 땅 위에 과수원을 일구고 올리브나무를 심었다. 그러나 뒤에 그것을 잘라 내고 불사르기 시작했다. 사람은 바다의 파도를 정복하고 바람을 부려 배를 달리게 했다. 바다의 지배자가 된 사람이 가라앉힌 것만큼 많은 배를 파도와 바람이 가라앉히지는 않았다.

사람에게는 많은 적이 있었다. 사람이 아직 작고 무방비였을 무렵에는 들짐승이 그를 덮쳤다. 산은 사람 위에 산사태를 내리고, 땅은 그들 발밑에서 입을 벌렸다. 그러나 사람에게 그들 자신보다 큰 적은 없었다.

인류의 모든 생활은 사람과 자연과의 투쟁의 역사일 뿐 아니라, 사람과 사람과의 투쟁사였던 것이다. 이러한 불화가 없어지고, 거인이 된 사람이 지닌 모든 힘을 여전히 무서운 위엄을 떨치는 자연의 힘으로 돌릴 때가 언젠가는 찾아올 것이었다. 그러나 그때까지 사람은 엎어지기도 하고 넘어지기도 하고 길을 잃고 헤매기도 하면서 간신히 전진해 나갔다.

그는 계속 뒤를 돌아보았다. 그러나 뒤로 되돌아갈 수는 없었다. 사람이 자기 힘을 믿지 않게 되고 자기 힘에 대해 의심을 품기 시작한 시대가 있었다. 사람을 찬양하는 노래가 울려퍼지던 디오니소스 극장에서는 이제 사람과 그 이성이 비웃음을 당하고 있었다.

이리하여 무대에 '생각하는 집', 즉 사상가의 집이 나타나기에 이르렀다. 집 앞에 제자들이 서 있다. 그 가운데 하나가 땅바닥을 들여다보고 있다. 그는 무엇을 찾는 것일까? "마늘이겠지." 누군가가 짐작으로 그런 말을 한다. 그렇지는 않다. 그는 타르타로스 즉, 저세상의 깊이를 알아보고 있다.

또 한 제자는, 만일 벼룩이 뛰지 않고 걷는다면 한 번 뛰는 것은 벼룩의 다리로 몇 걸음이나 될까, 하는 문제를 풀고 있다.

사상가 자신도 나온다. 관객이 와아 웃는다. 누군지를 안 것이다. 그것은 아테네의 모든 사람이 알고 있는 소크라테스다. 그는 가마를 타고 땅 저 위로 떠올라 구름을 연구하고 있다. 그러나 그는 저녁 값 1오보로스조차 없는 처지이다.

희극 시인 아리스토파네스(기원전 445~385년 무렵)는 누구를 웃음거리로 삼았던 것일까?

땅 위의 것을 잊은 채, 구름 속에서 명상에 잠겨 있는 철학자들을 그는 비웃고 있다. 땅 속의 온갖 비밀보다도 마늘을 고마워하는 어리석은 사람들 또한 조롱하고 있다. 씁쓸한 마음으로 사람은 자신을 비웃고 자기 힘을 의심한다.

불행이 잇따라 사람이 가는 길목을 지키고 있는 것이다. 어떻게 의심하지 않을 수 있겠는가…….

예술과 과학의 나라 헬라스에 무서운 시대가 찾아왔다.

전쟁이 잇따라 일어나고 황폐와 화재를 가져왔다. 대체 누가 누구와 싸운 것인가?

모든 사람이 싸웠다. 노예와 노예의 주인, 가난한 자와 부유한 자, 귀족과 민중, 연안도시와 농경도시가 싸웠다. 사람들은 칼을 맞대었을 뿐 아니라 사상도 맞부딪쳤다. 어느 사람은 지난날의 폐쇄된 좁은 세계로 되돌아가기를 외쳤다. 다른 사람은 부족을 서로 뒤섞어 세계의 벽을 넓힌 새로운 체제를 지키려 했다.

전쟁은 화재의 불길처럼 땅 위로 번지며 피난민의 무리를 내몰았다. 사람들은 서둘러 자기 아이와 세간을 성벽 안에 숨기려 했다. 그러나 사는 집은 그들 모두를 받아들일 수 없었다. 수백의 가족이 집에 들어갈 수가 없어 천막이나 신전 계단에서 밤을 새기도 하고, 푸른 하늘을 우러러보며 땅바닥에서 잠을 청하기도 했다.

먹을 것도 모자랐다. 성벽은 아직 무너지지 않고 대문도 굳게 잠겨져 있었지만 굶주림이 먼저 성 안으로 침입해 왔다.

굶주림에 이어 외국에서 온 손님인 전염병이 찾아왔다. 전염병 또한 빗장이나 성벽을 무서워하지 않았다. 그것은 거리에 손발을 뻗고 자는 사람들 사이를 돌아다녔다. 시장의 군중 속으로 몰래 들어갔다. 사람을 죽이는 데는, 전염병이 약간 건드리거나 입김을 부는 것만으로 충분했다. 전염병에게는 상대가 노예가 됐든 자유민이 됐든 부자가 됐든 가난한 사람이 됐든 마찬가지였다. 젊은이를 죽이고 늙은이를 살려 둘 수도 있었다. 또 전투 직전에 사령관에게 따라붙고, 황금을 세고 있는 수전노의 손을 벌리게 하기도 했다.

시체가 거리에 깔려 있어 산 사람의 길을 방해했다. 죽어가는 사람들이 견디기 어려운 목마름을 달래기 위해 마지막으로 다시 한 번 샘까지 가 닿으려고 기를 쓰고 있었다.

사람들은 신전으로 달려갔다. 그러나 신들은 귀를 기울이려 하지 않았다. 돌로 된 신은 마음도 돌이었던 것이다.

사람들은 신탁에 매달리려 했다. 그러나 예언도 애매하여 확실치가 않았다. 신을 믿던 사람들은 신을 버렸다. 이성을 숭배하던 사람들에게도 미신이 파고들었다.

아낙사고라스의 제자였던 페리클레스는 죽기 전에 아밀레트(몸을 보호하기 위해 지니는 부적)에 전염병을 몰아내는 힘이라도 있다는 듯 그것을 몸에 지녔었다.

무기 만드는 기술자는 전쟁을 환영했다. 그들에게 전쟁은 축제나 같았다. 장사꾼들은 값을 올리기 위해 곡식을 숨겨두고, 곡식을 실은 배가 적에게 압수되었다고 거짓 소문을 퍼뜨렸다.

역사가인 투키디데스(기원전 460~400년)는 같은 시대 사람들의 완전히 달라진 얼굴을 보고 놀랐다. 그가 쓴 《전쟁사》에 다음과 같은 어두운 글이 나온다.

“사람은 자신이 어떻게 될 것인지 예측할 수가 없어서 신의 규칙도 사람의 규칙도 돌아보지 않게 되었다……. 누구나가 그때까지는 사람의 눈을 피해 몰래 행하던 것을 드러내놓고 하며 부끄럽게 여기질 않았다…….

신에 대한 두려움도 사람의 규칙도 구속력을 완전히 잃어버렸다. 모두 똑같이 죽어가는 것을 보고, 신을 존경하든 존경하지 않든 마찬가지라고 생각하게 되었기 때문이다. 죄를 저질러도 재판에 벌을 받을 때까지 살아 남으리라고는 아무도 생각지 않았다. 눈앞의 두려움이 미래의 두려움을 잊게 했다. 그래서 너나없이 죽음에 붙잡히기 전에 인생에서 뭔가 거머쥐려고 했다."

한 전쟁이 끝나고 숨을 돌릴 사이도 없이 다음 전쟁이 시작되었다. 적의 침입이 같은 도시의 시민끼리의 전쟁으로 바뀌었다. 거리와 집 안에서 사람들은 서로를 죽였다. 남자뿐인가, 여자까지도 싸웠다. 여자들은 지붕으로 올라가 기왓장을 비처럼 적에게 내던졌다.

밀레투스 거리에서는 아이들이 불덩이로 변해 있었다. 잘 타게끔 아이들에게는 석탄기름이 발라져 있었다. 귀족들은 민중에게 이런 복수를 했던 것이다.

무엇이고 다 황폐해지고 말았다. 밭은 묵은 채 몇 해나 버려져 있었다. 올리브나무는 나라 안으로 쳐들어온 적에게 잘려 넘어져 열매가 달릴 틈도 없었다.

사람들은 재난의 원인을 자신에게서 찾아보았다. 어떤 이는 사람이 나쁘기 때문에 모든 것이 나빠졌다고 말했다. 다른 이는 사람의 본성이 나쁜 것은 아니며 사람이 만든 규칙과 약속이 나쁘다고 말했다.

철학자들 또한 땅 위에서 세울 수 없다면 책 위에서라도 바른 나라를 세워 보려 했다.

그러나 무엇이 바르고 무엇이 그릇된 것인가? 어디에 선이 있고 어디에 악이 있는가?

이 물음에 대해 사람들은 자기 나름의 대답을 했다. 자유민은 노예가 악하다고 일컫는 것을 선하다고 일컬었다. 귀족들에게 바른 것은, 민중 출신에게는 바르지 못한 것이었다.

모든 사람에게 공통된 정의는 없었다. 누구나가 자기 자신에게 좋은 것을 선하다 본다고 스승은 제자들에게 말했다.

많은 사람들은 온갖 것에 의심을 품기 시작했다. 만일 저마다 각각 진실이 있다고 한다면 어떻게 거짓과 참, 지식과 무지를 구별하는가? 과연 진실을 알 수는 있는 것일까? 모두 자기 나름으로 사물을 보고 있지 않은가? 돌은 우리 눈에는 희게 보인다. 그러나 정말로 흰 것일까? 어쩌면 다른 사람의 눈은 달리 생겨서 검게 보일지도 모른다.

대체 이 세상에는 뭐가 있는 것일까 하고, 그것마저 의심하기 시작한 사람도 있었다. 이 돌이 있다고 하는 것은, 우리만의 생각일지도 모른다고 그들은 말했다. 만일 돌이 있다고 하더라도 그것이 어떤 것인지 우리로서는 알지 못할 것이다. 안다 하더라도 다른 사람에게 그것을 설명해 줄 수는 없을 것이다.

모든 문제가 풀 수 없는 것으로 여겨지기 시작했다. 사람의 이성은 자신의 약점을 알고 무엇인가를 이해하는 일을 그만두고 말았다.

잘못된 길

아테네 주민 가운데서 가장 현명한 사람들조차, 자기들은 아무것도 모른다고 말했다. '나는 아무것도 알지 못한다는 것을 알고 있다'는 철학자 소크라테스(기원전 469~399년)가 즐겨 쓰던 말이다. 제자들은 그에 대해 다음과 같이 말하고 있다.

"소크라테스를 처음 보는 사람에게는 낡아빠진 겉옷을 입은 이 맨발의 노인이 유명한 철학자라고는 도저히 믿어지지 않는다. 얼른 보기에 그는 어느 집에도 있는, 배불뚝이에 대머리에 들창코인 실레노스(산과 들에 사는 귀신)의 모습을 닮았다."

소크라테스는 무엇을 가르치고 있는가? 어떤 학문을 가르치고 있는 것일까?

자신은 누구에게도 그리고 아무것도 가르치지 않는다고, 그는 말한다.

희극 《구름》 속에서 아리스토파네스는 부당하게도 소크라테스를 가마에 태워 하늘과 땅 사이에 매달아두고 별의 움직임을 알아보게 했다.

소크라테스는 하늘 연구에 시간을 쓸 필요가 있다고 생각지는 않았다. 그런 학문이 사람을 행복하게 했다고 말할 수 있겠는가? 이래저래 사람에게도 천체의 구조 같은 건 알 수 없는 것이다. 아낙사고라스는 이것을 알려고 했다. 이 늙은 멍청이는 불과 해는 같은 것이라고 했다. 그러나 그는, 사람은 불을 바라볼 수는 있어도 해를 바라볼 수 없다는 것에 주목하지 않았다(똑바로 해를 바라보면 눈이 상한다).

소크라테스에게는 제자가 있었다.

아테네에는 유명한 소피스트(처음에는 단순히 지혜로운 사람을 뜻했다), 즉 지혜의 스승이 몇 사람 있었다. 그들은 제자로부터 많은 돈을 받았다. 그러나 소크라테스는 부자로부터도 가난한 사람으로부터도 무료로 질문을 받았다. 하긴 대답하기보다도 질문하는 쪽이 많았다. 그는 가르치는 것이 아니라 배워서 진리를 찾고 있었던 것이다. 자기보다 많은 것을 아는 사람을 만날 수 있으면 그로서는 더없이 기뻤을 것이다.

어느 때 그의 친구 중에 한 사람(카레이폰)이 델포이에 있는 아폴론 신전에 가서 퓨티아 즉 무당에게 물었다.

"소크라테스보다 현명한 사람이 이 세상에 있을까요?"

퓨티아는 그런 사람은 없다고 대답했다. 그것을 소크라테스에게 이야기하자, 그는 몹시 놀라고 또 당황했다.

"퓨티아가 어째서 그런 말을 하는 것일까? 나는 현명한 사람도 아무것도 아닌데."

그는 오랫동안 이 예언의 뜻을 알려고 애썼다. 그리고 마지막에 세상을 돌아다니며 참다운 현명한 사람을 찾아내리라 결심했다.

소크라테스는 정치가에서부터 시인, 시인에서 미술가라는 식으로 사람들을 찾아 돌아다녔다. 그러나 어디를 가도 똑같은 일의 되풀이였다. 그들은 각각 자기 일에 능통했다. 첫 사람은 국민회의에서 연설할 수가 있고, 다음 사람은 시를 훌륭하게 지었으며, 그 다음 사람은 솜씨가 뛰어난 조각가였다. 그러나 한 가지 재주에 능한 그들은 모두 다른 일에 있어서도 자기는 지혜로운 사람이라고 생각하고 있었다. 그리고 그것으로 인해 그들은 현명한 사람이 되지 못하고 있었다.

이처럼 소크라테스는 사람들을 살피기도 하고 질문도 하면서, 정말로 현명한 사람을 찾아 아테네 거리를 헤매고 돌아다녔다.

지금 소크라테스는 청년들이 체조 연습을 하는 체육장으로 들어가고 있다. 청년들은 늙은 친구를 반가운 듯이 맞는다. 소크라테스는 벤치에 앉는다. 젊은이들이 그를 빙 둘러싼다. 이야기가 시작된다. 언제나처럼 각자에게 중요한 것이 무엇이냐 하는 것에 초점이 맞춰진다.

소크라테스는 가장 젊은 크리니아스라는 청년에게 묻는다.

"사람은 누구나 행복을 바란다는 것은 정말일까? 이것은 우스운 질문일 수도 있겠지? 이런 것을 묻는다는 그 자체가 바보스런 것일지도 몰라. 행복을 바라지 않는 사람은 없으니까."

"물론 그런 사람은 없습니다."

크리니아스는 대답한다.

"그러나 행복이란 무엇일까? 자네는 행복이 잘사는 거라고 말할지도 모르겠군 그래."

"그렇습니다. 잘사는 겁니다."

"그러나 행복은 재물에만 있는 것은 아니야. 건강과 권력도 마찬가지겠지."

"그렇습니다. 그것도 행복입니다."

"그렇다면 명성이나 명예는 어떨까? 자기 나라에서 이름을 내는 것도 나쁘지는 않겠지?"

"물론 나쁘지 않습니다."

"그럼 용감한 것은 좋은 것일까?"

"저는 좋은 거라고 생각합니다."

"결국 재물과 건강과 권력과 명성과 용기라고 하는 것을 모두 가지면 사람은 행복하다고 할 수 있겠군. 그럼, 대답해 주게. 어느 쪽이 사람에게 좋은 삶이 될까. 자기가 가진 것이 자기를 위한 것이 되는 때일까, 아니면 자기를 위한 것이 되지 않는 때일까?"

"자기를 위한 것이 될 때입니다."

"그러나 물건은 사람이 그것을 쓰지 않으면 도움이 된다고는 말할 수 없겠지? 재료와 연장을 갖추고 있을 뿐, 목수가 아무것도 세우지 않았다면 어찌 될까. 그 경우 갖고 있는 것이 자기를 위한 것이 될 수 있을까?"

"될 수 없습니다."

"그렇다면 지금 문제가 된 재물과 그 밖의 모든 행복은 어떨까? 그것들을 가지고 있다 해도 사람이 쓰지 않으면 도움이 된다고 말할 수 있을까?"

"아닙니다. 도움이 되지 않습니다."

"결국 사람은 그들 행복을 가지고 있을 뿐 아니라, 그것들을 쓸 필요가 있다는 것이 되겠군?"

"그렇습니다. 저는 그렇게 생각합니다."

"그러나 사람은 그것을 어떻게 써야만 하는 것일까? 바르게 쓰느냐, 잘못 쓰느냐 하는 것이 문제인데, 만일 목수가 연장을 바로 쓰지 않으면 재료를 못쓰게 만들 뿐이지. 이래서는 연장을 전혀 쓰지 않는 것보다 훨씬 나쁘다네."

"그렇습니다."

"바르게 톱을 쓰기 위해서는 목수에게 무엇이 필요할까? 또 피리 부는 사람이 피리를 불고, 조각가가 조각을 하는 데는 무엇이 필요할까? 자기 일에 대한 지식이야. 그렇겠지?"

"그럼요."

"그렇다면 우리가 문제 삼은 재물과 건강과 권력과 같은 행복은 그 자체로서는 행복한 것이 아닌 셈이야. 그것들은 지식에 지배되었을 때 비로소 행복이 된다네. 만일 무지가 지배하면 악이 되지. 그렇지 않은가?"

"정말로 옳은 말씀이라 생각됩니다."

"그럼 결론은 어떻게 되는 것일까? 선도 악도 없다. 선은 뛰어난 아는 힘일 뿐이고, 악은 무지일 뿐이라는 것이 되지 않겠는가?"

소크라테스는 이런 식으로 제자들과 이야기를 주고받았다. 그는 제자들에게 진리의 탐구에서는, 개개의 문제에서 전체의 문제로 올라가서, 다음에 전체의 문제에서 개인의 문제로 내려와야만 한다고 가르쳤다.

피리를 불 수 없는데 피리를 부는 사람이나, 조각하는 방법을 모르는 조각가나, 자기 연장을 제대로 쓸 줄 모르는 목수 등은 어느 것이나 개개의 경우다.

그리고 전체의 결론은 '피리와 조각칼과 도끼를 가지고 있을 뿐'만으로는 충분치 못하고, 그 쓰는 방법을 알고 있어야만 한다는 것이 된다.

지식, 이것이 모든 것을 지배해야 할 것이었다.

여기서부터 소크라테스는 다시 개개의 경우로 내려간다. 재물과 건강과 권력과 용기를 가진 것만으로는 충분치 않다. 무엇보다 지식과 예지를 갖추어야만 한다.

차례로 질문을 받는 가운데 상대는 한 걸음 한 걸음, 자기 생각이 모순이라는 것을 알기 시작한다. 권력은 행복한 것이라고 자신있게 말을 했었는데, 이제 그 권력이 악한 것으로도 될 수 있다는 것을 인정하게 된다.

두 반대 의견이 충돌한다. 그러나 예지의 지배를 받느냐, 무지의 지배를 받느냐에 따라 권력이 악도 되고 선도 된다는 것은 진리다.

소크라테스와 이야기를 주고받는 가운데 청년들은 판단하고 생각하는 것을 배우고, 모순을 분명히 하여 참된 개념을 발견하기를 배웠다.

소크라테스는 청년들과 함께 진리를 찾아냈다. 그러나 판단 능력은 그에겐 목적이 아니라 수단일 뿐이었다. 그의 목적은 어디에 진실이 있고 어디에 거짓이 있는지를 아는 것이었다.

소크라테스에게는 땅 위에는 벌써 정의라는 것이 없는 듯 여겨졌다. 바른 사람은 망하고 그릇된 사람이 잘 살고 있었다. 탐욕과 적대감이 판을 치고 있었다. 사람들에게는 이미 '정의'의 목소리가 들리지 않았다. 그들은 들짐승처럼 서로 잡아먹었다.

'정의'의 여신이 날마다 도시와 사람들 사는 곳을 돌아다닌다고 믿던 시대도 있었다. 올림푸스 산으로 돌아가면 여신은 아버지 신인 제우스 옆에 앉아 땅 위에서 보고 온 것을 모두 이야기했다. 그녀는 울면서 자기에게 고통스럽게 대하거나 모욕을 주거나 한 사람의 일을 아버지 신에게 호소했다. 그러면 제우스는 '정의'를 모욕한 사람에게 호된 벌을 내렸다. 그러나 지금 이 소박한 낡은 신앙은 사라지고 없었다. 사람들에게는 '정의'가 사람에게서 떠나, 영원한 신들 옆으로 가버리고 만 것처럼 생각되었다. '양심'도 또한 눈처럼 하얀 겉옷에 싸여, '정의'의 뒤를 따라가고 말았다.

그래서 소크라테스는 다시 '정의'를 찾아 헤맸다. 그는 거리를 돌아다니며, 누구에게나 말을 걸었다.

"착한 친구여, 당신은 예지 정신의 힘으로 세워진 자랑스럽고 위대한 도시 아테네의 시민이오. 그러면서 명성과 영예와 돈을 될 수 있는 대로 많이 차지할 것만을 생각하고, 그것을 부끄러워하지도 아니하오. 생각과 진리와 영혼을 보다 좋게 하는 것에 대해서는 조금도 걱정하거나 마음을 쓰지 아니하오."

사람들이 될 수 있는 한 유리하게 팔고 사기에만 정신을 빼앗기고 있을 때, 소크라테스는 시장 넓은 마당에 서서 사람들에게 이렇게 이야기를 했다.

잔치 자리에서도 그는 같은 말을 되풀이했다. 그곳에는 웅변을 뽐내는 사람도 있었고, 최근 선거에서 이긴 것을 자랑하는 사람도 있었고, 또 자신의 말이 경마에서 이겨 자기가 가장 훌륭하다고 생각하는 사람도 있었다.

사람들은 소크라테스를 피하려 했지만, 그는 떠나려 하지 않았다. 사람들을 귀찮게 만들어 잠자고 있는 양심을 흔들어 깨우는 것이 자기 의무라고 생각했기 때문이다. 그는 말했다.

"자기 영혼에 대해 생각하고 자기 자신을 깨달으시오. 비록 한 번일지라도 자기의 가진 물건이 아닌 자신을 생각하고, 아테네의 소유물이 아닌 아테네 그 자체를 생각하시오."

소크라테스는 자신의 도시를 사랑했다. 다른 사람들과 마찬가지로 그는 뒤를 돌아보았다. 그에게는 옛 조국의 생활이 좋았던 것처럼 생각되었다. 상업이 사람들을 타락시켰던 것이다.

수공업도 학문도 사람들에게 행복을 주지는 않았다. 아테네 시민은 자유를 자랑하면서 재물 앞에 엎드리고 있었다. 앞쪽에는 나가는 문도 보이지 않았다. 그렇다면 뒤로 돌아가서 힘든 농사꾼이며, 전사였던 조상의 깨우침을 받아들이는 것이 옳지 않은가? 소크라테스는 그렇게 판단했다.

귀족 젊은이들도 자진해서 그의 이야기에 귀를 기울였다.

"옛날 체제로 돌아가라!"

그들은 단체 모임에서 그 일을 이야기했다. 옛날 제도를 간직하고 있는 것은 스파르타뿐이다. 그래서 그들은 조국의 전쟁 상대인 스파르타의 것이면 무엇이라도 좋은 것이라며 흉내내기에 이르렀다. 겉모양까지 스파르타 시민을 닮으려고 그들은 뻣뻣한 겉옷을 두르고 머리칼을 길게 기르고 턱수염을 길렀다. 그들 가운데는 몰래 적과 내통하는 사람도 있었다.

소크라테스는 이런 귀족 사람들과는 전혀 관계가 없었다. 그는 조각사 소프로니스코스의 아들이었다. 젊었을 무렵에는 그도 조각사로서 일했다. 그가 새긴 카리스(미와 우아의 여신)들은 지금도 아크로폴리스에 서 있다. 그러나 그는 아버지의 일을 버렸다.

기술자의 일은 영혼을 약하게 만들고 나라 일을 생각할 시간을 거의 주지 않는다고 그는 생각했다. 아테네에서는 모든 것이 국민회의에서 기술자(베 짜는 사람·갖바치·도공들)에 의해 결정되지만, 그것은 잘못된 것이 아닐까 하고 그는 생각했다.

"갖바치가 좋은 통치자가 될 수 있을까? 통치자에 어울리는 사람은 통치의 학문을 배운 사람뿐이다."

소크라테스는 학자들의 일을 비웃으며 말했다. 학자들은 서로 사귀지 않고 상대를 미치광이로 보고 있었다. 실재는 하나라고 생각하는 사람도 있었고 한없이 수가 많다고 보는 사람도 있었다. 모든 것은 생겨났다 없어진다고 주장하는 사람이 있는가 싶으면, 어느 하나도 생겨났다 없어졌다 하지는 않는다고 말하는 사람도 있었다.

학자들은 자연을 알기를 원했다. 그러나 자기가 원할 때 비 또는 바람을 부를 수 있겠는가?

사람으로서는 신이 하는 일을 이해할 수 없었다. 신 자체가, 사람에게 숨겨두고 싶은 것을 밝히려는 사람을 기뻐할 리 없었다. 그렇다면 무엇을 연구해야만 하는가? 신이 하는 일이 아니고 사람이 하는 일, 자연이 아니고 사람의 영혼을 연구하는 일이었다.

너 자신을 알라! 이러한 인식만이 사람들에게 이익을 가져다 줄 수 있었다. 주위 사람들은 선한 것과 악한 것, 바른 것과 그릇된 것을 구별하지 않게 되었다. 소크라테스의 말은 부잣집이나 귀족 출신 청년들의 마음에 감동을 주었다.

수공업자의 아들, 떨어진 겉옷을 두른 가난한 사람, 여러 번 조국을 위해 용감하게 싸운 늙은 병사들, 그 사이에서 누구보다도 욕심이 없는 사람인 소크라테스는 자기도 알지 못하는 가운데 교만한 야심가·욕심꾸러기·배신자들의 스승이요 훈육자가 되고 말았다.

이윽고 그들이 바라던 일이 일어났다. 스파르타가 아테네를 이긴 것이다. 그리고 아테네 시민이 조상의 제도로 돌아간다는 조건으로 강화가 맺어졌다.

스파르타를 지지한 귀족들이 정권을 잡았다. 아테네는 수천 명의 장사꾼과 수공업자가 아니라, 30명의 배신자에게 지배당하게 되었다. 그리고 '30인파'의 주요한 지위는 소크라테스의 제자인 크리니아스와 카리클레스에게 쥐어졌다.

크리니아스나 카리클레스 같은 패들과 소크라테스가 주고받은, 정의와 진리와 영혼에 대한 대화가 좋은 열매를 맺으리라고 사람들은 생각할지도 모른다. 그러나 아테네에서는 벌써 정의 같은 것은 문제가 되지도 않았다.

참주로 불리는 지배자들은 자기들의 적을 사정없이 처벌했다. 때로는 재산을 빼앗기 위한 목적으로 아무 죄도 없는 시민을 처형했다. 그들은 소크라테스와 다른 네 명의 시민에게 사라미스 섬으로 가서 유명한 아테네 사람인 레온테스를 데리고 오라고 명령했다. 레온테스는 생명의 위험을 느끼고 사라미스로 달아났던 것이다.

그는 크리니아스와 카리클레스가 재물을 빼앗기 위해 자신을 처벌할 것임을 알고 있었다. 그러나 소크라테스는 법에 어긋나는 이 명령을 거절했다. 그는 바로 조금 전까지 제자였던 사람들을 공공연히 비난했다. 그들은 자기 양의 수를 줄이려 하는 나쁜 양치기라고 소크라테스는 말했다.

참주들은 소크라테스가 청년들과 이야기하는 것을 금지했다. 크리니아스와 카리클레스는 소크라테스에게 이렇게 말했다.

"선생님, 조심하는 것이 좋습니다. 우리가 양의 무리에서 또 한 마리의 양을 줄이지 않아도 되게끔 말입니다."

제자들이 죽음을 들어 스승을 협박했던 것이다.

민중을 양의 무리로 보고, 자신들을 양치기로 생각하는 귀족들의 지배가 무엇인지를 소크라테스는 비로소 경험을 통해 알았다.

이윽고 참주들의 권력은 무너졌다. 그러나 민주주의자들은 너그럽게 행동했다. 국민회의에서는 민주주의의 적을 용서하는 법률이 채택되었다. 그러나 소크라테스를 용서하려고는 하지 않았다.

소크라테스가 청년들에게 민주주의 제도를 가볍게 여기게끔 가르쳤기 때문이다. 살인자나 강도보다 그는 위험에 처했다.

살인자는 분명 나쁜 사람이다. 그러나 소크라테스는 많은 사람들의 눈에 욕심이 없고 고결한 사람으로 비치고 있었다. 악한 사람의 무기는 칼이었다. 그러나 소크라테스의 무기는 보다 날카로웠다. 그는 사람을 설득하는 기술과 온갖 관념을 판별하는 기술인 문답법을 완전히 몸에 지니고 있었다.

민중이 채택한 법률로서는 민주주의의 적이었다는 이유로 소크라테스를 직접 처벌할 수 없었다. 그래서 다른 죄가 덮어 씌워졌다. 소크라테스가 청년들을 타락시켜 새로운 신들을 끌어들이려 한다는 것이었다. 소크라테스는 어떻게 행동할 것인가 속삭이는, 신과 같은 속마음의 소리(다이몬의 신호)를 언제나 말하고 있었는데 거기에는 확실한 근거가 있었던 것이다.

소크라테스는 재판에 부쳐졌다. 부자인 가죽장수 메레토스, 변호사인 류콘, 비극 작가인 아니토스 같은 고발인이 차례로 말을 했다. 아니토스는 마침내 극장의 무대에서가 아닌 법정에서 멋진 비극을 상연하는 데 성공했다. 사람들은 소크라테스가 어떤 변명을 하는지 기다리고 있었다. 그는 자기 말에 화려한 옷 따위를 입히지 않고 언제나처럼 담담하게 말했다. 그는 용서 따위를 바라지 않았다.

"가령, 여러분이 '소크라테스여, 이번에는 아니토스의 말에 따르지 않고 그대를 놓아줄까 한다. 다만 거기에는 조건이 있다. 그대는 앞으로 지혜에 대한 사랑이나 요구를 그만두어야 한다'고 말했다고 하자. 그러면 나는 이렇게 대답할 것이다. '내 숨결과 힘이 계속되는 한 지혜를 사랑해 찾기도 할 것이다. 상대가 노인이든 청년이든 가리지 않고 육신이나 돈이 아닌 영혼에 대해 근심하고 그것을 완전히 하도록 타이를 것이다'라고. 아테네 사람들이여, 아니토스를 믿어도 좋고 믿지 않아도 좋다. 나를 놓아 주어도 좋고 놓아 주지 않아도 좋다. 그러나 몇 번을 죽는다 하더라도 나는 내 행동을 바꾸지는 않을 것이다……. 아테네 사람들이여, 떠들지 말기를 바란다. 내가 하는 말을 떠들지 말고 귀담아 들으라. 여러분이 만일 내 목숨을 앗는다면, 나보다도 오히려 여러분 자신을 해치게 될 것이다. 등에가 둔하고 어리석은 군마의 눈을 뜨게 하듯이, 여러분 한 사람 한 사람을 설득하며 귀찮게 굴어 눈을 뜨게 하는 나 같은 사람은 쉽게 찾아낼 수 없을 것이다. 여러분은 아마 잠을 설친 사람처럼 화를 내며 홧김에 나를 죽일지도 모른다. 그러나 그렇게 하면 여러분은 앞으로 평생 잠만 계속 자게 될 것이다. 집안일 따위는 내버려둔 채 오로지 여러분을 위해 있는 힘을 다하고, 여러분 한 사람 한 사람과 이야기를 나누며 바른 일을 추구하라고 타이르는 것이야말로, 내 의무인 것이다."

이윽고 재판관들은 소크라테스에게 유죄 판결을 내린다. 그러나 어떤 형에 처해야 할 것인가? 고발인들은 사형을 요구하고 있었다.

그러나 국법에 따르면 소크라테스 자신도 자기 형을 청할 수가 있었다. 어느 쪽 의견을 따를 것인가. 원고인가, 아니면 피고인가. 그것을 결정하는 것은 재판관의 일이었다.

소크라테스는 물었다.

"나는 자신에게 어떤 벌을 내릴 것인가? 벌금형일까? 가령 당연히 형벌을 받아야 한다면, 나 같으면 나라의 비용을 가지고 나를 기르는 편을 택할 것이다. 이렇게 말하면, 아마 여러분에게는 오만하다든가 애원하는 것으로도 들릴 것이다. 아니면 다른 형을 택할 것인가? 투옥인가? 그러나 어째서 간수나 재판관의 노예가 되어 감옥 속에서 살아야만 하는가? 아니면 추방의 형인가? 그러나 내가 어디로 가더라도, 무엇을 거기서 이야기하더라도 젊은이들은 내 말에 귀를 기울일 것이 틀림없다. 여러분은 '소크라테스여, 이곳을 떠난 뒤 잠자코 조용히 살 수는 없는가?' 하고 물을 것이다. 침묵의 생활은 불가능하다고 내가 말해도, 여러분은 물론 그것을 믿지 않을 것이다. 또 만일 내가 사람의 행복을, 날마다 선한 것에 대해 생각하고 나와 남을 생각하는 것이라고 덧붙였다고 하면 여러분은 더더욱 받아들이기 어려울 것이다. 그러나 그것이 없으면 사람은 살 가치가 없는 것이다."

재판관들은 다시 한 번 의논했다. 판결이 내려졌다. 소크라테스는 사형을 선고받았다.

그는 마지막 진술을 했다.

"마침내 나이 늙어 우둔해진 나에게도 죽음이 따라붙었다……. 이제 가야 할 때가 왔다. 나는 죽음으로 향하여, 여러분은 삶으로 향하여……."

소크라테스는 감옥 안에 있었다. 그의 친구와 제자들은 소크라테스가 법정에서 자신을 변호하게끔 하지 않은 것이 이상하게 여겨져 견딜 수 없었다. 그것이 그들에게는 어리석게 여겨졌다. 소크라테스는 쉽게 자기의 불운을 줄일 수가 있었던 것이다. 그는 추방형을 요구할 수 있었다. 재판관도 거기에 동의했을 것이다.

어째서 그 같은 짓을 했느냐고 묻자 그는 대답했다.

"죽는 편이 좋다."

그는 달아날 것을 권고받았다. 그러나 그는 말했다.

"아니, 그건 옳지 않다. 싸움터에서고 법정에서고 자기 자리를 버리지 않는 것, 어디에 있더라도 조국의 명령을 따르는 것, 그것이 옳은 것이다. 만일 내가 겉옷을 두르고 도망치는 사람이 하듯 변장을 하고 감옥에서 달아난다면, 사람들은 남은 목숨이 얼마 되지 않는 늙은이가 국법을 어기고 위험한 다리를 건너기까지 하며 죽음에서 벗어날 작정이었더냐, 하고 말할 것이다. 그렇다면 내가 일찍부터 말하는 정의는 대체 어떻게 되는가?"

처형되는 날이 찾아왔다. 소크라테스는 마지막으로 다시 한 번 그의 침상 옆에 모인 친구들과 이야기를 나누었다.

사형되기 직전 소크라테스 곁에 모인 사람들

이 마지막 날에 소크라테스는 젊은이들과 무슨 이야기를 나누려는 것일까?

소크라테스는 그들과, 삶과 죽지 않는 것에 대해 이야기했다. 영혼의 운명이 어떤 것이든 간에, 육신이 죽은 뒤 두려워하는 일 없이 소크라테스는 죽음을 맞으려 하고 있었다.

이윽고 해가 넘어가기 시작했다. 해가 산 저쪽으로 숨으면 소크라테스에게로 독약 잔이 들어오게 되어 있었다. 제자 가운데 한 사람이 이 마지막 순간을 잡아늘이려 했다. 그리하여 해는 아직 지지 않았다. 산 꼭대기에서는 지금 잠시 해가 빛나고 있을 것이라고 했다.

그러나 소크라테스는 힘겹게 목숨에 매달려 있고 싶지 않았다.

"독약이 준비되었으면 가지고 오도록 해라."

큰 잔을 든 남자가 들어왔다. 거기에는 독미나리 물이 들어 있었다. 소크라테스는 형리에게 물었다.

"가르쳐 주지 않겠는가. 어떻게 하면 좋지? 자네는 잘 알고 있을 테니까."

자기 앞에 서 있는 사람이 의술의 신 아스클레피오스를 섬기는, 즉 의사이기라도 한 것처럼 그는 이렇게 물었다. 그러자 형리는 환자에게 가르쳐 주는 의사처럼 대답했다.

"이것을 마시고 다리가 무겁게 느껴질 때까지 돌아다니십시오. 그러고 나서 누우면 독이 퍼지게 되니까."

소크라테스는 잔을 받아들고 입으로 가져갔다. 손도 떨리지 않고 얼굴빛도 달라지지 않았다. 그는 언제나처럼 밝고 명랑해 보였다.

가장 젊은 제자가 눈물을 참다 못해 겉옷으로 얼굴을 가렸다. 다른 제자들의 눈에서도 눈물이 흘러 떨어졌다.

소크라테스는 말했다.

"어찌 된 일인가, 이상한 사람들이군. 죽을 때에는 좋은 말이 듣고 싶은 거야. 부디 침착해 주게."

그 말을 듣고 제자들은 울기를 멈췄다.

소크라테스는 형리가 일러준 대로 걷기 시작했다. 다리가 무거워지는 것을 느끼자, 그는 반듯이 누웠다. 그러자 독을 준 사람이 다가와서 환자를 진찰하는 의사처럼 소크라테스의 발을 만져보고 물었다.

"느끼십니까?"

"아니."

소크라테스는 대답했다. 이어 사나이는 넓적다리를 만지고, 차츰 위로 올라오며 스승의 몸이 차가워져 감을 젊은이들에게 알렸다.

소크라테스 자신도 몸을 만져보고는 말했다.

"염통까지 오면 마침내 끝이다."

그는 침착하게 마지막 지시를 제자들에게 주었다. 옛 관습대로 의술의 신이며 약과 독물의 신인 아스클레피오스에게 제물을 바치도록 그는 명령했다.

"우리는 아스클레피오스에게 닭의 빚이 있다. 잊지 말고 갚도록 해라."

이것이 그의 마지막 말이었다. 다시 한 순간이 지나자, 그의 눈은 멈추고 입술도 움직이지 않았다…….

몇천 년에 걸쳐 사람들은 소크라테스의 생애와 죽음에 대한 그의 제자들의 이야기를 읽어 왔다. 그러나 이제 비로소 우리는 소크라테스의 비극이 얼마나 심각한 것이었던가를 이해하기 시작한 것일지도 모른다. 그는 정의로운 사람을 기르기를 원했으나, 악한 사람과 배신자를 기르고 말았다.

정의라는 것이 무엇인가를 설명하면, 그로써 사람들은 옳은 사람이 된다고 그는 생각했다. 그러나 크리니아스와 카리클레스는 선한 것이 무엇인지 잘 알고 있으면서도 악한 일을 했다. 그들은 소크라테스를 그들의 악한 일의 공범자로 끌어들였다. 그들을 기른 것은 다름 아닌 소크라테스였던 것이다.

이리하여 '가장 고결한 사람'으로 불렸던 소크라테스는 엉뚱한 길을 밟고 들어가 막다른 골목으로 들어가고 말았다. 결국 그는 죽는 수밖에 다른 길이 없었던 것이다.

소크라테스의 죽음을 둘러싼 제자들의 이야기를 읽으면, 그가 재판관에게 애원하거나 탈옥을 하려고도 하지 않고 '국법을 어기는 것보다 죽는 편이 낫다'고 했다고 전해진다. 이 늙은 철학자를 동정하지 않을 수 없다.

그러나 우리는 정신적인 장점이나 결점을 집어 사상가를 비판하지 않고, 인류의 진보를 도왔느냐 방해했느냐에 따라 그들을 판단한다.

그렇다면 우리는 소크라테스를 어떻게 말하면 좋은가? 그가 사람이 성장해서 거인이 되는 것을 도왔던 것일까?

사람은 자유를 향해 나아가고 있었다. 아테네의 민주주의는 이 길에서 첫 걸음을 내디딘 단계에 있었다. 그것은 분명 현대의 민주주의는 아니었다. 아테네의 자유는, 무수한 노예와 타국인들에게는 전혀 없었기 때문이다. 그래도 당시로서는 귀족적 제도에 비하면 선진적인 제도였다. 그러나 소크라테스는 민주주의의 반대자였다.

자유란, 간악한 접대부가 민중을 곤드레가 되도록 취하게 만들기 위해 쓰는, 물을 타지 않은 술이라고 그는 말했다.

사람들은 진리와 자연의 인식과 자연을 지배하는 것을 향해 나아가고 있었다. 그러나 소크라테스는 자연의 연구에 반대하여, "네 영혼을 알라"고 말했다. 마치 영혼은 자연과 세계 밖에 살고 있는 것 같았다. 그것으로 인해 소크라테스는 그의 같은 시대 사람만이 아니고 수십 세대의 사람들에게 해를 주었던 것이다.

그 뒤 인류의 전진을 바라지 않고, '조상의 체제와 조상의 신앙'으로 되돌아가기를 바라는 사람들은 모두 소크라테스의 말을 근거로 삼았다.

소크라테스는 변증법, 즉 논쟁의 기술, 상대의 모순을 찾아내는 능력을 완전히 터득하고 있었다. 그 이후로 학자들은 개념을 더욱 정확하게 정의내릴 수 있게 되었다. 그러나 소크라테스 자신은 이 무기를 세계의 연구와 진리의 파악을 위해 쓰지 않았다.

소크라테스와 그 추종자들의 손에 있는 한 변증법은 알맹이가 없는 형식으로 남아 있을 뿐이었다. 이처럼 소크라테스는 잘못된 길로 나아갔고, 그로 인해 자기 제자들뿐만 아니라 그 이후의 많은 사상가들까지도 같은 길로 끌어들였던 것이다.

환상의 나라에서

소크라테스의 제자 가운데 스승 이상으로 완고한, 민주주의와 유물론의 적이 된 사람이 있었다. 바로 플라톤(기원전 427~347년)이다.

플라톤은 언제나 자기 생각에 잠겨 있는 사색적이고 음울한 청년이었다. 그는 웃는 일이 없고 다른 제자들을 내려다보는 것처럼 보였다. 스승과 만난 뒤 집에 돌아오면 그는 쇠막대기와 납판을 손에 들었다. 소크라테스와의 대화를 되새기며 한마디 한마디를 적어 두기 위해서였다. 여기에 그는 미처 끝맺지 못한 부분이나 문답의 실체를 좀더 잘 나타낼 수 있다고 보이는 자신의 생각을 덧붙이기도 했다.

플라톤의 기록은, 생생한 장면과 대화로 바뀌어 갔다. 한번은 플라톤이 소크라테스에게 대화의 한 부분을 읽어 주었다. 그러자 소크라테스는 머리를 내두르고 웃으며 말했다.

"놀랐는걸! 그대는 용케도 내가 한 말을 그럴 듯하게 꾸며냈군!"

소크라테스가 죽은 뒤, 플라톤은 고향을 떠났다. 아테네에 남아 있으면 위험했기 때문이다. 그는 귀족 출신으로 조상은 아테네의 왕이었다. 그의 가까운 친척들은 민주주의 반대의 음모에 가담해 있었다. 그 자신도 아테네의 주인이 된 민주정치당의 지도자와 장사꾼과 배 주인과 가죽 장수들에 대한 적의를 감추려 하지 않았다.

플라톤은 아테네에서 메가라로 도망쳤다. 고향을 멀리 떠난 곳에서, 그는 다시 납판을 손에 들었다. 그러고는 스승 소크라테스의 마지막 나날과 그와 제자들과의 감옥에서의 대화를 생각해 내려 애썼다.

플라톤은 기묘한 이중생활을 보내고 있었다. 그는 쉴새없이 돌아다니며 보기도 하고 듣기도 하고, 사람들과 이야기를 나누기도 했다. 그러나 그의 영혼은 그곳에는 없고, 눈길은 언제나 자기 안쪽을 향해 있었다.

마치 스승과의 대화를 계속하고 있는 것 같았다. 플라톤에게는 죽은 스승이 살아 있는 것처럼 생각되고, 살아 있는 사람들이 환상인 것처럼 여겨졌다. 꿈과 현실이 뒤바뀐 것 같았다. 나쁜 꿈을 꾸고 있는 것처럼 둘레의 모든 것이 흔들리기 시작했다. 옛날 관습과 신앙과 규칙이 무너져 갔다.

권력은 플라톤이 '천한 백성'으로 여기는 사람들의 손에 쥐어져 있었다. 무엇에 매달리면 좋은가? 어디에서 받침대를 찾을 것인가?

플라톤은 도시에서 도시로, 나라에서 나라로 돌아다녔다. 그는 학자들과 이야기를 나누고, 국가 기구와 국민의 생활을 연구했다. 정의가 명령하는 대로 사람들이 생활하는 나라를 계속 찾았다.

그는 바닷길을 따라 그리스에서 이집트로 건너갔다. 이집트 사람의 관습과 신앙은 그에게는 낯설게 생각되었다. 단 하나 옳아 보이는 것이 있었는데, 바로 이집트에서는 사람마다 자기 출신에 의해 정해진 일에 종사한다는 것이었다. 기술자는 수공업에 종사하고, 농사꾼은 밭을 갈았다. 농사꾼의 아들은 수공업자가 되려고 하지 않고, 수공업자의 아들은 조정의 서기가 될 수 없었다.

아테네에서는 어떤 도공이나 피혁공이나 항구의 짐꾼이라도 국민회의에서 나라의 정치를 논했다. 그러나 이집트에서는 평민이 나라 일에 참견을 하고, 그에게 맞지 않는 통치라는 '왕의 일'에 손을 대려고 하면 당장 벌을 받게 되어 있었다.

플라톤의 머릿속에서 농사꾼과 수공업자가 일을 하고, 전사와 철학자가 국민을 지키고 지배하는 국가가 형성되어 갔다. 플라톤에게는 대다수 사람들에게 강제노동과 무지를 강요하는 이런 계급제도 쪽이, 민중이 지배하는 쪽보다 옳은 것처럼 생각되었다. 귀족인 플라톤에게는, 민중과 평민 같은 것은 중요하지 않았다.

"갖바치가 어떻게 되든, 어떤 사람이 되었든, 나라에 있어서 그들은 별로 상관이 없다. 나라에 있어서 중요한 것은 방위하는 사람이다. 나라의 목적은 갖바치들에게 행복을 주는 일이 아니라, 완전한 것을 향해 나아가는 것이기 때문이다."

방위자라는 것은 '가장 훌륭한' 사람들을 말했다. 그러나 '가장 훌륭한' 사람들이 반드시 양심적이고 바른 사람은 아니었다. 통치자는 국가를 위해서라면 거짓말을 하거나 속이거나 해도 상관이 없지만, 흔해빠진 수공업자가 거짓말을 하거나 속이거나 하면 반드시 벌을 받아야만 했다.

이것이 플라톤이 말하는 '정의'였다!

플라톤은 이집트에서 시칠리아와 이탈리아로 향했다. 그는 엘레아(남이탈리아)에서 유명한 엘레아 학파의 철학자인 파르메니데스(기원전 515~445년)의 학설을 알게 되었다. 또 타라스에서 사상가요, 정치가인 아르키타스(기원전 430~365년)를 만났다.

아르키타스는 피타고라스 학설의 깊은 뜻을 그에게 가르쳤다. 각 철학자로부터 플라톤은 자기 견해에 가까운 것을 받아들였다.

사람의 눈에 보이는 땅 위의 것은 참다운 세계가 아닌 환상의 세계다. 낡은 지혜의 눈으로 밝게 볼 수 없는 최고의 세계가 달리 있다고 하는, 피타고라스와 파르메니데스의 생각에 플라톤은 마음의 편안함을 느꼈다.

그러나 이 '참' 세계에 오르려면 어떻게 하면 좋은가?

플라톤은 죽은 스승 소크라테스와의 대화를 잘 기억하고 있었다. 소크라테스는 사물에서 개념에로 이르려고 하는 플라톤에게 자주 손을 빌려 주었다. 제자는 지금 다시, 이 눈에 보이지 않는 사다리를 올라갔다. 그는 자기 둘레의 떡갈나무와 월계수와 플라타너스 같은 나무들을 바라보았다. 그리고 그들 나무로부터 나무라고 하는 이데아(관념)에 이르렀다.

이들 나무는 영원한 것은 아니다. 폭풍우에 꺾이고 바람에 잘리게 될지도 알 수 없다. 단단한 떡갈나무도 언젠가는 썩고 말 것이다. 그러나 나무라는 개념은 파괴되는 일도 없고 썩는 일도 없다. 모래 위에 그려진 세모꼴은 지워버릴 수 있지만, 세모꼴이라는 이데아는 남게 될 것이다.

시간은 이데아를 지배할 수 없다. 시간은 우리가 둘레에서 보는 것을 모두 가져간다. 그러나 이데아는 남는다. 이데아는 시간과 공간 밖에 있다. 플라톤은 머릿속에서 환상의 이데아 세계를 만들어 냈다.

이것은 빛깔도 없거니와 모양도 없다. 눈으로 보고 손으로 만지고 하는 것이 전혀 없는 영역이다. 영혼은 여기에 있어서 최고의 이데아인 참과 선과 정의를 꿰뚫어본다. 이곳은 영원히 썩지 않는 진리가 사는 집이다. 우리가 보는 세계는 눈에 보이지 않는 세계의 어둠침침한 반영에 지나지 않는 것이다.

이것은 새로운 생각은 아니었다. 헤시오도스 시대의 그리스인은 벌써 '진리'와 '건강'과 '두려움'과 '힘'이 단순한 개념이 아니라 신이라고 믿고 있었다.

플라톤은 이들 낡아빠진 묵은 표상(관념)을 부활시키려 했다. 그에게 추상적인 개념이란 사물과는 달리 어딘가 다른 세계에 사는 썩지 않는 존재를 말한다. 그는 나무 또는 돌 이외에 어딘가에 '일반적인 나무'와 '일반적인 돌'이 있다고 생각했다…….

이와 같이 플라톤은 꿈을 현실로, 현실을 꿈으로 생각하면서 이중된 생활을 했다. 그는 자기 영혼의 안쪽을 가만히 지켜보았다. 그러면 영혼 속에서 사물의 개념과 개념의 개념이 생겨나는 모양이 보였다. 그것은 전세계의 그 소리와 빛깔과 모양이 그의 영혼에 반영되어 있는 것이었다.

그러나 그에게는 반영이야말로 참다운 세계인 것처럼 생각되었다. 플라톤은 강물을 바라보며, '물 속의 이 떡갈나무야말로 참다운 떡갈나무로, 언덕에 나 있는 것은 그 반영이다'라고 말하는 사람과 닮아 있었다. 살아 있는 사람이 생명 없는 환상의 세계에 사는 것은 어려운 일이었다.

플라톤은 숨어 사는 사람과는 달랐다. 그는 냉정이란 것을 이야기하고, 세계와의 이탈을 이야기하지만, 자기 자신은 다시 한 번 싸움 속으로 들어갈 것 같았다. 그는 공상 속에서만이 아니고 실제에 있어서도, 환상의 세계라고 보는 세계를 자기 나름으로 바로잡아 보았으면 하고 생각했다.

그는 시칠리아의 시라쿠사이 왕 디오니시오스를 찾아갔다. 디오니시오스의 도움을 빌려 권력과 학문이 적은 수의 '가장 선한' 사람들, 즉 철학자에게 맡겨진 나라를 만들기 위해서였다. 그러나 이 왕에게는 철학자와 권력을 나눠 가질 생각 같은 것은 전혀 없었다. 플라톤의 머리에 벼락이 떨어졌다.

디오니시오스는 플라톤을 아이기나 섬의 노예로 팔도록 명령했다. 귀족이요, 노예제도의 옹호자인 플라톤 자신이 노예가 되려 하고 있었다. 친구들이 많은 몸값을 치르고 간신히 플라톤을 자유롭게 해주었다.

전설은 이렇게 말하고 있다. 어쩌면 사실은 그렇지 않았을지도 모른다. 확실한 것은 플라톤이 시라쿠사이를 떠나야만 했다는 것 뿐이다. 이리하여 그는 또다시 아테네로 돌아오게 되었다.

그는 학교를 열어 젊은이들을 교육하기 시작했다. 소크라테스처럼 장이

제자들과 이야기하는 플라톤

서는 시끌시끌한 광장에서가 아니고, 나무 그늘이 많은 조용한 정원 안 신화의 영웅 아카데모스 상 옆에서 제자들과 이야기를 나누었다. 지금으로서는 아카데모스가 무엇으로 유명했는지 아는 사람이 적다. 그러나 '아카데미아'라는 말은 잊혀지지 않고 있다. 이 말은 지금도 우리에게 학문을 뜻한다.

플라톤은 아카데미아 출입문 위에 '기하학을 모르는 사람은 들어올 수 없다'라고 써두도록 명령했다. 수학은 수의 정관과 이데아의 정관에로의 실마리를 제자들에게 주었을 것이다.

이데아, 즉 사물에서 떼어 낸 개념의 정관은 그리 쉬운 것이 아니다. 플라톤 자신도 눈으로 보고 손으로 만질 수 없는 형상을 떠나서 생각할 수는 없었다.

일찍이 청년 시절에 그는 시를 썼다. 그러나 그는 "헤파이스토스여, 플라톤은 당신을 필요로 한다." 하고 불의 신인 헤파이스토스의 도움을 청한 다음, 그 시를 불에 던져 버리고 말았다. 시는 추방되었으나 그래도 아직 지배력이 있었다. 시를 아카데미아에서 추방하려 한다면, 플라톤은 먼저 자기 자신을 아카데미아에서 추방해야만 했을 것이다.

제자들과 대화를 할 때, 그는 비유를 찾아냈다. 그는 볼 수도 없고 만질 수도 없는 이데아 세계에, 하는 수 없이 살아 있는 시의 형상을 주었다.

플라톤 이외에 아카데미아에서는 그의 친구와 추종자들이 제자들을 가르쳤다. 제자들은 네 가지 학문, 즉 수학과 천문학, 음악과 변증법을 배웠다.

역학과 의술 같은 다른 학문은 수공업자에게만 필요하다. 양갓집 자제는 영혼과 전쟁에 필요한 것만을 알 일이다.

플라톤은 제자들을, 자기 뒤를 이을 사람 그리고 모르긴 해도 모범적인 귀족국가를 다스리는 사람이 될 철학자로 보고 있었다. 아카데미아의 조용한 숲속에 있어도, 플라톤은 세계를 정치적으로 개조하는 계획을 잊지 않았다. 이리하여 그는 또 시라쿠사이로 갔다.

늙은 임금은 죽고, 디오니시오스 2세가 정권을 쥐고 있었다. 그러나 새 임금도 충고를 듣고 싶어하지 않았다. 그는 자진해서 찾아온 충고자를 감옥에 가두라고 명령했다. 플라톤은 친구의 주선으로 겨우 무사할 수 있었다

이와 같이 플라톤은 아테네와 시라쿠사이, 아카데미아와 왕의 궁전 사이를 오갔다. 이제 그는 빛나는 이데아 세계와는 거리가 먼 어두운 세계라고 느껴지는 세계를 떠났다. 그러나 내일은 또 이 세계로 돌아와 자기가 생각하는 대로 그것을 바로잡으려 꾀한다. 돌이킬 수 없는 과거로 돌아가라고 사람들에게 외치는가 하면, 있지도 않은 세계의 꿈에 잠겼다.

지금 그는 정원의 플라타너스 나무 그늘에 앉아 있다. 둘레에 있는 것은 제자들이다. 도시의 시끄러움도 이곳에는 들리지 않는다. 이곳은 신전 안처럼 조용하다.

플라톤은 세계의 몸뚱이를 만들고, 그 속에 세계의 영혼을 집어 넣는다. 제자들에게 세계를 만든 무엇(데미우르고스)에 대해 이야기한다. 세계는 영혼과 지혜를 받은 생물로서 태어난 것이다.

어느 항성과 어느 행성에도 영혼이 있다. 해와 달과 별은 눈에 보이는 신이 보고 있다. 그것들은 살아 있기 때문에 또 영혼이 있기 때문에 운동하는 것이다. 영혼은 나무와 동물에도 있다. 만든 것은 선량하고 아름답다. 그러므로 아름다운 세계를 만든 것이다.

"만일 그렇다면 어째서 세계에는 이토록 악한 것이 판을 치고 있습니까?" 하고 제자들은 물었다. 플라톤은 대답했다.

"그것은 그대들이 보고 있는 세계가 아름다운 영혼의 세계의 그림자에 지나지 않기 때문이다. 그대들은 빛을 등지고 땅 속 굴에 앉아 있는 것이다. 그대들이 눈앞의 벽에서 보는 것은 사물 자체가 아니라 사물의 그림자이다. 그대들에게 들리는 것은 메아리로서 본디의 소리는 아니다. 뒤를 돌아 보고 좀더 가파른 비탈을 올라 땅 밑에서 밖으로 나가 보라. 그대들에게는 하늘이 보이고 해가 보일 것이다. 바른 삶을 산 사람의 영혼은 하늘로 올라가 그곳에서 상을 받게 될 것이다. 오랜 세월 뒤에 그들 영혼은 땅 위로 돌아온다. 그러나 영혼은 하늘 위에 있는 고향을 기억하고 있다. 우리의 아름다운 것에 대한 그리움은 그 추억인 것이다. 각자는 삶과 어짐에 따라 살도록 노력해야만 한다. 삶은 기막히고 희망은 큰 것이니까……."

플라톤의 이야기를 듣고 제자들은 대낮에 꿈을 꾸며, 실생활의 커다란 진실을 보는 것을 그만두고 말았다. 그들은 있지도 않은 것을 뒤쫓아 생각하고, 그로 인해 현실에 있는 것을 잊고 말았다.

플라톤이 말하는 이 꾸며 낸 이야기 속에는 동양과 서양의 수많은 민족의 낡은 신앙이 뒤얽혀 있었다. 이 이야기를 꾸며 낸 사람은 귀족으로 노예제도의 옹호자이며, 왕의 자손들이었다. 이 이야기의 타고난 운명은, 노예와 가난한 사람들의 위안이 되었다.

땅 위를 보아도 자유가 없는데, 사람들은 하늘 위에서 그것을 찾기 시작했다. 플라톤은 동포들에게 민주주의에서 소수의 지배로 되돌아가도록 하라고 외쳤다.

이리하여 플라톤의 학설은, 망해 없어지게 하려는 체제의 지지자들에게 무기가 되었다. 플라톤과 소크라테스는 소피스트(사람에게 지식을 가르치고 사례금을 받았다)들과 싸웠다.

소피스트들은 모든 사람에게 외부적인 진리는 없다, 사람의 수만큼 의견이 있는 것이라고 말했다. 여기에 대해 소크라테스와 플라톤은, 진리가 실제로 존재하는 것을 증명하려 했다. 그러나 진리를 옹호하면서 그들은 아직도 영구불변의 환상의 세계인 이데아 세계에 진리를 살게 한 것이다.

일찍이 과학과 종교는 한 몸뚱이를 이루고 있었다. 그 뒤 과학은 종교에서 떨어져 나와 자기 길을 나아가기 시작했다. 그런데 플라톤은 또 이 둘을 결합시켜 학문의 형태를 갖춘 종교를 만들어 내려 했다. 피타고라스 이상으로 앞으로 나아갔다. 그는 이데아야말로 존재하는 모든 것의 기초이며, 자연은 이데아 세계의 그림자에 지나지 않는다고 주장하여 관념론에 첫 실마리를 주었다.

플라톤 시대에서부터 철학에서는 관념론과 유물론의 싸움이 시작되었는데, 지금도 아직 그것이 계속되고 있다. 플라톤의 잘못된 학설은, 사상가들의 저서 속에서 자주 되살아나 있지도 않는 영혼계에 과학을 끌고 가서, 인류의 전진을 방해해 왔다. 엥겔스의 말을 빌리면, '영혼이 자연보다 먼저 있다고 주장하는 사람들은 관념론의 진영을 형성했다. 자연을 기초적인 처음이라고 보는 사람들은 유물론의 온갖 유파에 가담했다'.

두 진영

꾸며 낸 이야기의 세계가 사람을 둘러쌌던 시대가 있었다. 이 세계에서는 마치 안개 속에서처럼 희미하게 신기한 풀과 돌과 짐승과 정령들의 윤곽이 빙글빙글 돌고 있었다. 어느 나무에도 영혼이 있고, 어느 돌도 말을 할 수가 있었다. 그러나 사람들은 차츰 세계를 인식해 갔다. 이미 알고 있는 밝은 범위가 차츰 넓혀졌다.

그러나 지금 또 안개는 짙어지기 시작했다. 원시시대도 아닌 기원전 4세기에 철학자 플라톤은 과학의 조국인 그리스에서 다시금 자기 제자들을 환상과 정령의 세계로 끌고 갔다.

탈레스와 아낙시만드로스와 아낙사고라스와 그 밖의 많은 자연을 연구하는 사람이 있었다고는 생각할 수 없을 정도다.

인류는 뒷걸음질 하기 시작한 것일까?

많은 수의 대담한 자연 정복자들의 노력은 헛일이었던 것일까?

그렇지는 않다. 일부의 청년이 아카데미아에서 플라톤과 대화를 하고 있던 바로 그때, 다른 청년들은 데모크리토스의 저서를 주의 깊게 연구하고 있었던 것이다. 플라톤은 어느 한 방향으로, 데모크리토스는 또 다른 방향으로 사람들을 불렀다.

플라톤은 사람들을 환상의 정령의 세계로 데리고 들어가, 이것이야말로 참다운 세계라고 주장했다. 데모크리토스는 자연 이외에 아무것도 존재하지 않는다고 말하고, 제자들을 무한한 공간과 시간 속으로 끌고 갔다. 논쟁이 펼쳐졌다.

무엇을 만물의 처음이요, 바탕이라고 보아야 할 것인가? 탈레스에서부터 데모크리토스까지의 자연 연구자가 말했듯이 질료를 자연의 바탕으로 보아야 할 것인가? 아니면 모든 것은 수라는 피타고라스나, 세계의 기초는 이데아라고 주장하는 플라톤을 믿을 것인가?

플라톤은 데모크리토스를 미워하고 있었다. 그는 데모크리토스의 책을 사서 거두어들였는데, 그것은 오로지 그 책들을 태워버리기 위해서였다.

데모크리토스와의 논쟁 때, 플라톤은 데모크리토스의 이름을 들지 않았다. 상대의 이름을 길이 남기고 싶지 않았기 때문이다. 데모크리토스의 학설이 이미 사람들 사이에 퍼져 있는 것을 보고 플라톤은 못마땅한 생각을 할 수밖에 없었다.

그는 이렇게 쓰고 있다.

"많은 사람들은 이 학설을 온갖 학설 가운데서 가장 현명한 것이라고 한다. 그러므로 청년들이 종교를 업신여기고, 규칙에 따라 믿게끔 되어 있는 신들은 없다느니 하고 말하는 것이다. 여기에 혁명의 원인이 있다."

플라톤은 신들과 내세의 오랜 신앙을 동요시킨 데모크리토스의 학설과 평생 싸웠다.

데모크리토스는 '제우스는 만물에 이름을 주고 일체를 알고 일체를 준다'고 말하는 사상가들을 비웃었다. 내세에 대한 이야기는 허구에 지나지 않는다고 본 그는 이렇게 말했다.

"일부 사람들은, 죽게 된 것은 반드시 없어지게 된다는 것을 모른 채, 인생의 불행을 계속 맛보고 있다. 그렇기 때문에 내세에 대한 거짓 이야기를 만들어 내며 불안과 두려움 속에 일생을 보내는 것이다."

플라톤은 이런 '내세에 대한 거짓 이야기'를 만든 사람이었다. 그렇기 때문에 그에게는, 데모크리토스의 견해가 마음에 들지 않았다.

그는 사람들에게 다시 한 번 '세계를 만든 무엇(데모우르고스)'을 믿게 하고, 내세야말로 단 하나뿐인 진실의 세계로, 사람들은 거기서 불행의 보상과 죄의 보복을 받는다는 것을 믿게 했다.

그러나 플라톤도 자신이 한 말의 힘을 별로 믿지 않았던 것 같다. 그러므로 그는 적을, 내세에서의 보복을 가지고 위협한 것뿐 아니라, 땅 위에서의 감옥과 고문과 사형을 가지고 위협했던 것이다.

그는 데모크리토스의 추종자들에 대해서 다음과 같이 쓰고 있다.

"사형에 처할 사람도 있고, 매를 때려 감옥에 집어넣을 사람도 있고, 시민권을 빼앗을 사람도 있고, 재산을 몰수하여 나라 밖으로 추방할 사람도 있다."

이러한 싸움은, 상반되는 두 학설 즉 관념론과 유물론 사이에서 계속되었다. 상반되는 사상은 같은 사상가의 저서 속에서도 충돌하고 마주 싸웠다.

사람은 길을 탐구한다

플라톤의 제자 가운데 단 한 명 스승을 맹종하지 않는 사람이 있었다. 의사의 아들이었던 이 제자는 육신을 갖지 않은 영혼의 존재를 쉽게 믿을 수가 없었다.

그는 아버지로부터 혈관의 따스함이 염통에서 나오고, 이 따스함이 생명, 즉 생물의 영혼을 붙들어주고 있다는 말을 들었다. 그래서 그로서는 돌이니 불이니 공기니 하는 것에 무슨 영혼이 있을 수 있는지 이해할 수 없었다.

나무라면, 그 속에 아주 낮은 식물의 영혼이 있어서, 생각하거나 느끼거나 하지는 않더라도 나무의 생명을 붙들어주고 그것을 자라나게 하며, 과일 속의 씨가 익도록 하여 그 씨에서 새로운 나무를 자라게 할지도 모른다. 그러나 돌에는 생명이 없다. 땅의 물을 영양으로 하지도 않거니와 자손을 낳지도 않잖은가!

이 의심이 많은 제자는 아리스토텔레스(기원전 384~322년)라고 불렸다

그는 아카데미아에서 오랜 세월을 보냈다. 거기에서 문답을 하고, 논쟁 속에서 진리를 찾아 내고, 사물에서 개념으로 올라가도록 가르치는 스승을 존경했다. 스승 또한 제자인 그를 높이 평가했다. 그러나 플라톤은 아리스토텔레스에 대해 자주 '다른 사람들에게는 박차가 필요하지만 아리스토텔레스에게는 당기는 고삐가 필요하다'라고 했다.

육신이 없는 영혼, 사물 그 자체를 빼버린 사물의 집——있을 수 없는 꾸며낸 세계로 스승이 끌고 가려 하면, 이 제자는 고집을 부리며 완강히 저항했다.

아리스토텔레스는 용감하고 양심적이었다. 그는 나이가 들수록 '플라톤은

내게 중요한 분이기는 하나, 진리 쪽이 더 중요하다'라는 말을 차츰 더 되풀이하게 되었다.

그는 아카데미아를 떠나 자기 자신의 길을 걷기 시작했다. 눈을 감고 이성만으로 세계를 안다는 것이 불가능한 일이란 아리스토텔레스에게 분명한 일이었다. 알기 위해서는 보고 듣고 느끼는 것이 필요하다. 느끼지 않는 사람은 아무것도 인식할 수 없고, 이해도 하지 못한다.

아리스토텔레스는 생각했다.

'짐승들마저 느끼지 않는가. 동물 가운데는 본 것과 느낀 것을 기억하는 것마저 있다. 불에 델 테니까 불에 다가가면 위험하다는 것을 동물은 기억할 수 있다. 즉, 동물에게도 기억력이 있고 경험이 있다는 것이다. 그러나 경험 때문에 기술과 학문을 얻는 것은 사람뿐이다. 불이 물건을 태우는 것을 경험으로 아는 사람은 불을 가지고 흙그릇을 굽는다. 이것은 벌써 기술이다. 그러나 도공은 관습을 바탕으로 행동할 뿐으로, 어째서 불이 물건을 태우느냐고 묻거나 하지는 않는다. 그러나 학자는 일어나는 사태의 원인을 알면서 행동한다.'

그래서 아리스토텔레스는 다음과 같이 결론을 내린다.

"과학이란 것은 원인에 대한 지식이다. 이해할 수 없는 것은 모두 지식이 없는 사람에게 놀라움을 준다. 어린아이는 태엽을 장치한 장난감이 움직이는 것을 보고 놀란다. 그러나 장난감의 장치를 아는 사람은, 장난감이 움직이지 않으면 더욱 이상하게 생각할 것이다. 이 점에, 지식이 있는 사람과 없는 사람과의 차이가 있다. 그러면 사물의 원인은 어디에 있는가!"

아리스토텔레스는 자신이 이 같은 점에 가장 먼저 의문을 던진 사람은 아니라는 것을 알고 있었다.

성급한 상속인이 손에 들어온 트렁크를 열어 보듯이, 아리스토텔레스는 철학자들의 저서를 펴 보았다. 거기에는 세계를 비추는 황금 같은 사상이 가득 들어 있었다. 그러나 금과 동시에 구리도 많이 눈에 띄었다. 그래서 그는 금과 구리, 진리와 잘못을 골라 내기 시작했다.

그는 고대 철학자들이 반드시 명백하게 생각할 수 있었다고는 말할 수 없다는 것을 깨달았다. 그에게는 이들 철학자가 투기에 서투른 사람과 비슷한 것처럼 생각되었다. 그들은 싸우는 동안 정확한 일격을 가하는 일도 있었다.

그러나 그것은 어떻게 싸워야 하느냐를 알고 나서의 행위는 아니었다.

아리스토텔레스는, 최초의 철학자들이 만물의 시초를 질료라고 본다는 것을 알았다. 만물이 거기서부터 생겨나고, 사물이 거기서부터 생겨나고, 무너져 다시 그것으로 바뀌는 것이 질료였다. 만물의 처음을 탈레스는 물이라 보고, 아낙시메네스는 공기라고 보고, 헤라클레이토스는 불이라고 보았다. 엠페도클레스는 이들 세 원소에 제4의 원소, 흙을 더했다. 그리고 아낙사고라스는 원소가 무한히 많다는 것을 가르쳤다.

아리스토텔레스는 생각했다.

'그렇다, 질료가 없으면 사물은 있을 수 없다는 것은 옳다. 동상에는 구리가 필요하고, 은그릇에는 은이 필요하다. 그러나 은은 아직 그릇이 아니다. 다시 모양이 필요하고, 그릇을 만드는 원형이 필요하다.'

아리스토텔레스는, 질료보다 모양을 중하게 여긴 사상가도 있다는 것을 생각해 냈다. 그는 피타고라스 추종자들의 책을 펴 보았다. 처음 수학을 앞에 꺼내두고, 수와 선과 도형의 힘을 안 이들에게, 아리스토텔레스는 경탄했다.

이들에게는 수학이 모두를 설명해 주는 것처럼 생각되었다. 그들은 모양만으로는 사물을 만들어 낼 수 없다는 것을 잊고 있었다. 구리 공이 있기 위해서는, 공이라고 하는 기하학적인 모양만으로는 충분치 않다. 그 밖에 구리가 필요하다. 그들은 이 질료에 대해서는 별로 생각지 않았다.

아리스토텔레스는, 플라톤과 아카데미아에서의 이데아에 대한 오랜 시간의 대화를 되새겼다. 이데아야말로 영원한 원형이며 영원한 형상으로, 이 세상에 있는 온갖 만물이 이를 바탕으로 만들어진다고 플라톤은 말했다. 그러나 아리스토텔레스가 아카데미아에서 완고한 제자라고 일컬어진 데에는 그만 한 이유가 있었다.

그는 질문으로 스승을 궁지에 몰아넣는 제자 중의 하나였던 것이다. 그는 몇 번이고 플라톤에게 이렇게 물었다.

"사물에서 독립해서, 어떻게 형상이 존재할 수 있습니까? 은 그릇이 은에서 독립해 있을 수는 없지 않습니까? 이 그릇이 있는 것과 동시에 '그릇 일반'이 있다든가, 이들 나무가 있는 것과 동시에 이곳 이외의 다른 세계에 '나무 일반'이 있다고 해서, 모든 물건을 이중으로 만드는 것은 어떤 뜻이 있는 겁니까? 과연 이것은 나무란 무엇인가, 나무는 어째서 씨앗에서 자라나는가, 어째서 나무는 열매를 맺는가를 이해하는 데 도움이 될까요?"

아리스토텔레스는 몇 번이고 이 오랜 논쟁으로 되돌아갔다. 그리고 다시금 같은 결론에 이르렀다.

형상을 질료에서 떼어내고, 그릇의 재료인 은에서 그릇을 떼어낼 수는 없다. 기술자가 손을 더할 때, 은은 그릇 모양을 갖는다. 그럼 뭐가 세계를 만들어 내는가?

아낙사고라스는 기술자가 그릇을 만들고 조각가가 상을 만들듯이, 자연에는 세계를 만들어 내는 지성이란 것이 있다고 대답했다. 그러나 아낙사고라스 자신은, 될 수 있는 대로 이에 대한 원인을 피해 지나가려 했다. 그는 달리 설명할 수 없을 때에만 세계 창조의 기계로서의 '지성'을 끌어 내고 있다.

엠페도클레스는 다른 판단을 내리고 있다. 그는 이러한 원인은 하나가 아니고 둘이다, 이것은 미움과 사랑이라고 말한다. 사랑은 원소를 결합하고, 미움은 분리시킨다.

또 레우키포스와 그 친구인 데모크리토스는, 만물은 원자의 운동에 의해 만들어진다고 생각했다. 즉, 형상과 질료 이외에 운동이 필요하다는 것이다.

그러나 운동은 어디서 나타나는 것일까?

아리스토텔레스는 이 의문에 대한 대답을 책 속에서 발견할 수 없었다. 오랜 동안의 사색을 몸에 지닌 그는, 보고 듣고 느끼기 위해, 숲과 들판으로 나갔다. 그의 눈은 오랜 동안 책을 읽은 뒤이므로 훨씬 총명해졌다. 이제 눈에는 일찍이 보이지 않았던 것이 보일 것이었다.

아리스토텔레스는 갈아엎은 밭을 돌아다니며, 축축한 땅에 농부가 씨앗을 뿌리는 모습을 보았다. 그는 그들 씨앗으로부터 이삭이 자라나는 것을 생각했다.

각 씨앗마다 이삭이 자랄 가능성이 숨어 있다. 씨앗은 이삭과는 닮지 않았다. 그러나 씨앗 속에는 그것을 이삭으로 바꾸게 하는 무엇인가가 있다. 아리스토텔레스는 둥지 안에서 새끼가 차례로 껍질을 깨고 머리와 무엇이 먹고 싶은 듯이 부리를 내미는 것을 보았다. 거기서 그는 알 속에는 새끼를 만들어 내는 무엇인가에 운동 원인이 있다고 생각했다. 그러기 위해서는, 어미새가 푹신한 부드러운 몸으로 알을 덥게 하는 것만으로 된다.

이리하여 다시금 아리스토텔레스의 생각은, 늘 다닌 길을 더듬어 개별적

들을 걷는 아리스토텔레스

인 것에서 보편적인 것으로, 한 알의 곡식에서 자연으로 나아갔다. 곡식알 속에 이삭이 나올 가능성이 들어 있듯이, 자연 속에는 온갖 사물의 가능성, 온갖 존재의 가능성이 들어 있다.

사람은 은에 그릇 모양을 주고, 의식적으로 창조한다. 자연은 목적을 추구하는 내적인 충동에 의해 무의식으로 창조된다. 때로 자연은 목적에 이르지 않는 일이 있다.

이 실태가 기형이다. 그러나 목적을 가지고 일을 꾸미는 것만이 잘못을 저지르는 것은 아닐까, 아리스토텔레스는 그렇게 생각했다.

자연의 목적은 무엇인가? 자연은 무엇을 목표로 하는 것일까? 아리스토텔레스는 자연, 그것에 이렇게 물었다.

그는 나무뿌리를 살펴보고, 이들 뿌리가 동물의 입과 같다고 생각했다. 그는 바닷가를 걸어가서 그물 옆에 멈추었다. 그물 속에서 물고기가 뛰고 있다. 물고기는 숲의 짐승과는 전혀 다르다. 그러나 물고기도 숨을 쉬고 있다.

물고기에는 아가미가 있어서, 그것이 허파 구실을 한다. 물렁뼈는 우리의 뼈와 같다. 물고기는 귀가 없다. 그래도 소리를 듣는다. 노를 젓는 배가 바다를 나아가면, 물고기는 노 소리를 알아듣고 달아난다. 그러므로 고기잡이들은 될 수 있는 대로 노를 가만히 물에 넣는다.

아리스토텔레스는 가끔 날카로운 칼을 들고, 작은 짐승의 몸을 가르고, 염통과 간과 허파와 지라를 살펴보았다. 그는 동물의 내장을 보고 사람 몸의 생김새를 알려고 꾀했다. 사람의 시체를 해부하는 것은 범죄였기 때문에 인체의 구조에 대해서는 거의 모르고 있었다.

여러 가지 동물을 비교하여, 그는 높은 계단의 계단마다 그것을 늘어놓을 수 있다는 것을 알았다. 연체동물·불가사리·해면동물 같은 하등동물에서, 털옷을 입은 네발동물에 이르기까지 차례로 늘어놓을 수가 있다. 그 위는 원숭이다. 원숭이는 얼굴 생김새부터 손과 손가락 손톱까지도 사람의 그것과 비슷하다. 그리고 가장 높은 곳에 사람이 있다. 모든 생물의 아래가 풀과 나무고, 또 그 아래가 돌과 찰흙과 흙이다.

아리스토텔레스는 이 사물과 생물의 계단을 아래에서부터 위로 주욱 보았다. 위로 가면 갈수록, 질료는 차츰 더 복잡하고 따뜻하고, 활발하고 활동적이고 의식적으로 되어갔다. 자연은 한 존재에서 다음 존재로, 지칠 줄 모르고 창조를 계속해 간다. 그리고 새로운 창조물은 어느 것이나 앞의 창조물에 비해 보다 더 완전하다.

자연은 단번에 완전에 이를 수는 없다. 질료가 자연에 저항한다. 대리석마저 조각가의 조각도에 저항하지 않는가. 그러고 보면 사람은 최후 단계라고 말할 수 있을 것인가? 보다 완전하고, 보다 의식적인 존재가 있을 수 있지 않겠는가? 아리스토텔레스는 자연이 무엇을 목표로 하는지 알았다고 생각했다. 자연은 가장 완전한 것, 즉 사상 그 자체와 이성 그 자체로 되려 하고 있는 것이다.

아리스토텔레스는 어느덧 청년 시절의 플라톤에게로 이끌려 갔다. 옛날로 돌아갔다. 바로 아까까지 아리스토텔레스는 그릇이 없으면 그릇 모양이 있을 수 없다, 육신이 없으면 영혼도 있을 수 없다고 말하지 않았던가? 그런데 이번에는 그 자신이 이 세상 밖에 사는 육신이 없는 이성을 믿기 시작했다…….

아리스토텔레스는 흙과 식물과 동물과 사람이라는 억센 쇠사슬을 가지고 생물과 무생물을 하나로 붙들어맸다. 그리고 새삼스럽게 스승인 자연에 물었다. 흙이란 무엇인가? 내 둘레에 보이는 물과 공기와 불이란 무엇인가? 그것들은 독립해서 존재하는가, 아니면 서로 연결되어 있는가? 바람과 비구름과 비와 눈과 쇠와 돌에 대해 그는 생각했다.

그는 거리를 돌아다니며 연기 낀 대장간 문간에 섰다. 다른 구경꾼들과 함께 대장장이의 일하는 것을 보기 위해서였다. 망치의 요란한 소리도 그가 생각하는 일을 방해하지 않았다. 불이 광석을, 번쩍번쩍 빛나는 펴지고 늘어나는 쇠붙이로 바뀌는 것을 그는 바라보았다. 그는 광석을 낳는 것이 땅이란 것을 생각해 냈다. 즉 쇠붙이도 땅 속에서 나오는 것이다.

그는 장작이 불 속에서 타서 연기로 변하는 것을 보았다. 연기는 공중으로 날아간다. 그러나 나무도 또한 어머니인 땅이 낳은 것이다. 주인의 명령으로 노예가 불에 물을 뿌렸다. 아리스토텔레스는 공중으로 날아가는 하얀 김의 구름을 바라보았다. 그리고 이런 흰 구름 속에서 물이 땅 위로 떨어지는 것을 생각해 냈다. 이와 같이, 사물은 하나에서 다른 것으로 옮겨 변한다.

새로운 것은 낡은 것에서부터 형성될 뿐 아니라, 낡은 것에서 생겨나는 것이다. 벌써 헤라클레이토스도 '물의 죽음은 김의 탄생이다'라고 말하지 않았는가.

아리스토텔레스의 눈앞에 옮겨 변하는 쇠사슬이 나타났다. 흙에서 나무가 난다. 불이 나무를 모두 삼킨다. 불에서 연기와 김이 생겨 공중으로 사라진다. 김에서 물이 생긴다. 그 물에서 다시 흙이 생겨 앙금이 되어 강바닥에 쌓인다. 사슬이 이루어졌다. 흙—불—공기—물 그리고 다시 흙, 세계는 네 가지 원소(4원인)로 되어 있다.

벌써 엠페도클레스가 그렇게 생각하고 있었다.

네 원소가 차례로 다른 것으로 옮겨 변한다. 까닭인즉, 이들 모든 원소가 이 세상 온갖 사물을 형성하는 제1원소 제1질료가 나타난 것이기 때문이 아닐까?

오직 하나인 제1의 질료에서 사람에 이르기까지의 기다란 사슬이 생겨난다. 이 사슬은 이 세상의 모든 사물과 온 우주에 미친다.

아리스토텔레스는 산 몸의 깊은 곳과 무생물의 안을 들여다보았다. 그는 우주의 전구조를 바라보고 싶었다. 그보다 전에 아낙사고라스는 많은 철인들이 바라보았던 것처럼, 밤이 되면 별을 바라보았다.

그는 우주의 구조에 대해 상상하려 했다.

그는 벌써 지구가 타원형이 아니고 공이란 것을 알고 있었다. 피타고라스 학파 사람들이 벌써 그렇게 말했다. 그는 선원들로부터 항로를 북쪽으로 잡으면 북극성이 수평선 위에 떠오르고, 남쪽으로 나아가면 가라앉는다는 것을 듣고 있었다. 지구가 타원형이라면 이렇게 될 것인가?

월식의 경우, 등불과 벽 사이에 둔 사과처럼, 지구가 달 위에 둥근 그림자를 던진다는 것을 그는 알고 있었다. 결국 지구도 또 사과처럼 둥글다는 것이다.

그의 제자 가운데는 아직, 지구를 공 모양으로 상상할 수 없는 사람이 있었다. 그들의 머리에는 이런 사상이 자리잡을 수 없었다. 그들은 말했다.

"지구가 공이라면 반대쪽 사람들은 머리를 아래로 하고 거꾸로 걸어다닐 것이 아닙니까? 어떻게 배가 지구의 가파른 비탈을 오를 수 있겠습니까? 배는 어째서 굴러 떨어지지 않습니까?"

아리스토텔레스는 웃음을 띠며 그들의 말을 듣고 있었다. 그는 벌써 어느 사람의 아래는, 다른 사람의 위라고 하는 반대 의견이 얼마나 단순한 것인가를 알고 있었다. 지구가 공이라는 것은 아리스토텔레스에게는 의문의 여지가 없었다.

그는 지구에서 항성에로의 여행을 떠났다. 그는 데모크리토스보다도 신중했다. 그래도 아직 우주는 단 하나라고 생각했다. 우주의 중심에 지구가 정지해 있다. 그 둘레를 달과 해와 행성과 항성들을 고정시킨 각 천구가 돌고 있다.

그러나 행성이 다른 별과 함께 앞으로 나아가기도 하고, 흐름을 거스르면서 항해하는 배처럼 뒷걸음질치기도 하는 것은 어째서일까? 그것은 우주의 도형이 겉보기보다 훨씬 복잡하기 때문이다.

각 행성은 투명한 공에 고정되어 있다. 이 공은 제2의 공에 박혀 있고, 제2의 공은 제3의 공에 박혀 있고, 제3의 공은 제4의 공에 박혀 있다. 각자의 운동에 각 공이 대응하고 있다. 한 공은 항성이 나아가는 앞쪽으로 행성을 이끌고, 다른 공은 뒤로 뒤로 이끈다. 제3의 공은 행성을 위로 올리고, 제4의 공은 아래로 내린다. 해와 달에는 각각 세 천구가 있고, 그것들은 뒷걸음질치는 운동을 하지 않는다.

항성권이 가장 멀다. 이것은 우주의 경계다. 아리스토텔레스는 우주라는 자동 장난감을 분해하여, 다시 조립할 수가 있다고 생각했다. 하늘과 이 세상의 모든 사물을 함께 운동하게 하는, 영원부동의 무엇인가가 있을 거라고 생각했다. 그래서 그는 항성권인 하늘 경계 저쪽에 영원부동의 운동자를, '저 세상' 어딘가에 사는 이성을 차려 놓는다.

좋은 설명을 찾아낼 수 없을 때, 아낙사고라스는 '지성'이라는 장치를 움직인다며, 아리스토텔레스가 그를 비웃은 것은 바로 아까의 일이다. 그런데 이번에는 아리스토텔레스 자신이, 이 낡은 기계를 끌어 내다가, 여기에 '제1운동자(첫째로 움직이는 것)'라는 새로운 이름을 주었다.

길은 아리스토텔레스를 다시 존재하지 않는 세계로 데리고 갔다. 그는 생각했다.

'달 아래에 있는' 우리 세계에서는, 모든 것이 변화한다. 그러나 달 천구 저쪽에는 변화가 없다. 그곳은 영원한 것의 영역이다. 그것은 천체가 지상의 재료, 즉 흙과 물과 불과 공기로 되어 있지 않고, 순수한 영원불멸의 아이테르(에테르)로 되어 있기 때문이다.

아리스토텔레스는 다시금 플라톤의 학설을 생각해 내어, 세계 위에 환상의 하늘 세계를 세웠다. 그곳에는 파괴도 멸망도 없고, 운동도 땅 위의 운동과는 달라서, 오르는 것도 떨어지는 것도 없고, 일체가 어지러워지는 일이 없는 영원한 회전을 계속하고 있다.

이와 같이 아리스토텔레스는 바른 길을 발견했는가 싶자, 또 길을 잃고 말았다. 오늘 그는, 육체가 없는 영혼, 질료를 동반하지 않는 형상은 없다고 주장하여, 플라톤의 이데아 설을 사정없이 비판했다. 그러나 내일이 되자 플라톤의 추종자로 변해, 물질적인 것이 전혀 없는 '제1운동자(첫째로 움직이는 것)'와 '다른 세계'에 대한 것을 말한다. 그리스의 지혜를 모조리 하나로 뭉치려 하여, 그는 끊임없이 플라톤과 데모크리토스, 낡은 종교와 새로운 과학, 관념론과 유물론 같은 결합되지 않는 것을 결합시키려 했다. 어찌 되었거나, 많은 점에서 잘못을 저지르고는 있지만, 아리스토텔레스가 고대 세계 최대의 사상가였던 것에는 변함이 없다.

5 학자의 나아갈 길

세계 정복의 두 가지 길

아리스토텔레스에게는 제자가 있다. 그는 아테네의 한 학교인 리케이온에 있는 페리파토스(지붕 있는 산책장)를 거닐며 제자들과 대화하는 것을 즐겼다. 아테네 시민은 아리스토텔레스와 그 제자들에게 '페리파토스 학파', 즉 '산책학파'라는 이름을 주었다.

그들은 갔다가는 또 돌아왔다. 제자들은 한마디도 놓치지 않으려고 스승 옆을 떠나지 않았다. 방향을 바꿀 때는 공손히 길을 열어 먼저 스승을 앞서게 했다.

단순한 산책과는 다른 이 산책이 끝나면, 제자들은 서로 헤어져 각각 일을 시작했다. 어느 사람은 풀을 채집하고, 다른 사람은 동물의 조직을 연구했다. 모래 위에 동그라미와 세모꼴을 그리는 사람도 있었다. 책과 두루마리에 둘러싸여, 그 속에서 뽑아 쓰는 사람도 있다.

그들은 스승을 돕고 있는 것이었다. 나라에 대해 단 한 권의 책을 쓰기 위해, 아리스토텔레스는 158개나 되는 그리스 여러 나라의 제도를 연구해야만 했다. 그런데 아리스토텔레스가 지은 책은 1천 권에 가깝다. 이것은 그 같은 거인이 아니면 도저히 해낼 수 없는 큰 사업이었다. 그러나 그로서도 제자들과 조수가 없었다면, 이 일을 해낼 수 없었을 것이다.

이 작은 부대는 날마다 진리를 향해 전진을 계속했다. 그들의 산책은 정복자의 진군이었다. 사령관은 학자들의 서로 다른 관찰과 결론을 세계에 관한 한 과학으로 정리하도록 임무를 주었다.

과학은 벌써 3백 살이 되었다. 3백 년, 즉 기원전6·5·4세기 사이에 많은 학자가 나타났다. 그리고 그 한 사람 한 사람이 무엇인가의 기초를 두고, 무엇인가를 쌓았다. 그리스 여러 도시와 마찬가지로, 학설은 가끔 서로 대립했다.

이들 모두를 비교·점검하여, 과학의 큰 왕국으로 통합할 필요가 있었다.

이 강력한 왕국은 차츰 경계를 넓혀 갔다. 학원의 우두머리(스콜랄코스)는 각 분야의 경계를 정했다. 한 분야의 이름은 수학, 다음 분야는 물리학, 제3의 분야는 식물학, 제4의 분야는 동물학, 제5의 분야는 과학, 제6의 분야는 윤리학, 제7의 분야는 정치학이다……. 과학의 나라에는 이렇게 많은 지방이 있다. 그리고 이들 모두를 지배하는 것이 학원장의 최고 과학인 철학이었다.

식물학 주임은 아리스토텔레스의 가장 뛰어난 제자이며 추종자인 테오프라스토스(기원전 327~288년), 과학 쪽에 착수한 것은 우데모스(?~기원전 354년)였다. 조화의 법칙을 연구하는 것은 아리스토크세노스, 또 지리를 연구하는 것은 디카이아르코스(?~기원전 335년)였다. 제자들은 매일 리케이온에 모였다. 그러나 아리스토텔레스는 제자들과 이야기를 나누면서도, 모르긴 해도 가장 뛰어난 제자였던 첫 제자를 가끔 생각해서인지 침울한 기분에 잠겼다. 그 제자는 학자의 평화스런 무기를, 여러 민족을 정복하는 사람의 날카로운 칼로 바꾸고 말았다.

마케도니아 왕 필립포스(기원전 382~336년)에게서 다음과 같은 편지를 받았을 때는, 아리스토텔레스는 아직 젊었다.

"내 아들 알렉산드로스를, 당신 시대에 태어나게 해주신 신들에 감사하오. 당신의 교육을 받아, 내 아들이 임금의 자리에 걸맞은 후계자가 되리라는 것을 기대하기 때문이오."

필립포스 왕은 강력한 임금이었다. 그는, 적대하는 그리스 여러 도시를 한 나라로 통일할 수 있었다.

자유를 사랑하는 아테네에서도 그의 지배를 인정해야만 했다. 그는 위대한 정복을 꿈꾸었다. 그래서 그는 자기가 시작한 일이 알렉산드로스의 시대에 이룩되기를 바랐다.

왕자의 스승, 특히 전세계의 패권자가 되려는 왕자의 스승이 되기란 쉬운 일이 아니다. 알렉산드로스(기원전 356~323년)는, 아리스토텔레스를 공경하고 학문을 존중했다. 그는 자기 스승에게 8백 달란트의 돈을 기증했다. 그것은 마차 열 대에도 다 실을 수 없을 정도의 양이었다. 아리스토텔레스는 이 돈으로 귀중한 책과 사본(寫本)을 샀다.

만일 알렉산드로스가 왕이 아니고, 스승의 말을 따랐더라면, 그는 다른 제자들과 함께 철인의 길인 리케이온의 좁은 길을 걸었을 것이다. 스승도 그를, 땅의 끝은 말할 것도 없고, 하늘의 빛나는 먼 천체와 헤아릴 수 없는 공간 깊숙이까지도 이끌고 갔을 것이다.

그는 세계를, 자기와 마케도니아를 위해서만이 아니라 과학과 온 인류를 위해 정복한 것이리라. 그러나 알렉산드로스는 먼 곳에 있었다.

그는 땅 끝에 있으면서, 재빨리 달리는 기마족과 싸우고, 인도의 코끼리 부대의 무서운 습격을 막고 있었다.

무엇이 그를 여기까지 이끈 것일까?

그는 원정을 떠나기 전에, 자기 노예와 영지를 모두 친구에게 나눠 주었다. '당신에게 남아 있는 것은 무엇인가?' 하고 물으면, 그는 '희망이다'라고 대답했다 한다. 희망의 여신이 아시아로 대군을 이끌고 갈 것이다. 그곳 보물 창고에는 페르시아 왕의 재물과 보물이 쌓여 있고, 세계의 끝인 인도에서는 사자의 머리와 발톱을 가진 괴상한 새가 황금을 지키고 있다.

알렉산드로스와 동행한 사람들은 모두 자기가 공상하고 있는 것을 동쪽 나라에서 찾아내려 했다. 노예와 황금을 많이 가진 사람은, 재산을 불리려 했다. 아무것도 가지지 못한 사람은, 무엇이고 좋으니 손에 넣어, 끈질기게 따라다니는 얄미운 가난과 헤어졌으면 하고 바랐다.

집에 남은 사람들은 울지 않았다. 그들도 '희망'에 위로를 받고 있었다. 가난한 사람의 아내와 자식들은, 집에서는 볼 수 없었던 행복을 남편과 아버지가 동쪽에서 가져다 줄 것으로 믿고 있었다.

잘 사는 사람들은, 굶주림에 시달리는 거지와 같은 떠돌이들의 원망스런 눈초리를 받지 않게 된 것을 기뻐했다. 알렉산드로스를 따른 사람들 가운데는 학자도 있었다. 그들은 새로운 땅을 살펴보고, 누구도 알지 못하는 나라로 가서, 신기한 풀과 본 적도 없는 짐승들의 박제를 가지고 돌아왔으면 했다. 알렉산드로스 왕은 학자들을 데리고 갔다. 과연 그는 아리스토텔레스의 제자였다.

'희망'은 들을 건너고 산을 넘어, 대군을 이끌고 갔다. '희망'은 사람들에게 페르시아 사막의 뜨거운 더위와 목마름을 잊게 했다. 또한 눈에 파묻힌 힌두쿠시 산맥 고개에서도 사람들을 따스하게 해주었다. 나뭇가지인가 하면 독사인, 타는 인도의 덤불 속에서도 '희망'은 사람들의 힘을 지탱해 주었다.

전투는 그 수를 알 수 없고, 행군도 끝나는 일이 없었다. 수천 대의 마차가 군대가 빼앗은 황금을 서쪽으로 실어 갔다. 그러나 군대 자체는 차츰 누더기를 입은 거지의 무질서한 큰 무리를 닮아 갔다. 병사들의 옷은 누더기로 변해 갔다. 칼은 무디어지기 시작했다. 말발굽은 오랜 이동 때문에 닳아 있었다.

세계의 제왕이 되기란 쉬운 일이 아니란 것을 알렉산드로스도 알게 되었다. 땅이 얼마나 넓고 큰지 알았다면, 그것을 정복하는 것이 얼마나 어리석은 짓인가도 알았을 것이다.

그가 자기 군대의 진로를 정한 지도에 따르면, 세계의 끝은 그리 멀지 않고, 두 큰 강, 즉 야크사르트와 인더스 바로 앞에 있었다. 이 지도에서는 카스피 해는 굽어든 바다로 되어 있어서, 세계를 둘러싼 오케아노스와 이어져 있었다.

이윽고 알렉산드로스는 야크사르트, 지금의 시르다리아 강에 이르렀다. 여기서 에우로페는 끝나고, 그 앞이 오케아노스라고 그는 생각했다.

그러나 강둑에 선 알렉산드로스가 저쪽에서 본 것은, 물이 아니고 풀의 바다, 끝이 없는 대초원이었다. 초원에는 스키타이·사카·마사게타이 같은 호전적인 부족이 유목을 하고 있었다. 그 자손은 지금도 러시아에 살고 있다. 끝이 뾰족한 펠트모를 쓴 말탄 사람들이 느닷없이 나타나 공격을 가하고는 번개처럼 모습을 감추었다. 때를 같이하여 뒤쪽에서는 중앙아시아의 여러 부족이 벌 떼처럼 일어났다.

무적이라 불리며 전진만을 계속해 온 알렉산드로스는, 처음으로 퇴각의 수치를 맛보아야만 했다. 그는 인도로 방향을 바꾸었다. 불패의 대군은, 비처럼 쏟아지는 화살에 맞아 죽고, 인도 코끼리 부대의 무거운 발에 짓밟혀 죽었다. 또 밤낮 없이 쏟아지는 비에 따른 홍수에 휩쓸려 빠져죽었다.

벌써 10년이나 여행을 계속했는데도, 세계의 끝은 아직 보이지 않았다. 인더스 강 저쪽에는 아직도 넓은 땅이 펼쳐져 있고, 알지 못하는 바다로 들어가는 강이 흐르고 있었다. 군사들은 앞으로 나아가고 싶어하지 않았다. 그들은 칼과 방패를 버리고, 더는 지휘자의 명령에 따르려 하지 않았다.

'희망'은 그들을 속였다. '희망'은 그들에게 전세계를 약속했다. 그런데 무엇을 주었단 말인가? 불구와 부상, 병과 굶주림이다. 병사들은 불평을 늘어놓았다. 그들의 입을 다물게 하기 위해, 알렉산드로스는 수송병이 싣고 온 술통 마개를 뽑게 했다. 무적군은 갈대피리와 엽피리의 신음하는 듯한 소리에 맞추어, 주정뱅이 노래를 부르며 천천히 되돌아갔다.

알렉산드로스와 디오게네스

알렉산드로스는 세계를 정복할 수가 없었다. 그뿐인가, 그에 의해 정복된 세계의 한 부분인 이탈리아에서 인도까지의 부분마저, 그가 죽은 뒤, 시멘트로 다져져 있지 않은 돌무더기처럼 무너지고 말았다.

거기에 비하면, 그와 동행한 학자들은 다행이었다. 그들이 과학을 위해 얻어 낸 것은, 1년이나 10년이 아니라, 백 년이나 계속 살아 있었다. 그들은 집에 돌아온 뒤, 보고 온 것과 발견한 것을 학문하는 친구들에게 이야기했다.

알렉산드로스와 디오게네스가 여행 중에 적은 것은, 테오프라스토스가 《식물지》를 지을 때, 그의 눈앞에 놓여 있었다.

테오프라스토스는 이들 기록을 통해, 더운 나라에 '숲 같은 나무'가 있다는 것을 알았다. 이 나무를 보면, 줄기가 하나가 아니고 여러 개 있는 것처럼 여겨진다. 그러나 이것은 줄기가 아니다. 가지에서 나온 공기뿌리인 것이다.

그곳에는 밤 동안 줄곧 자는 나무도 있다. 저녁녘이 되면 깃털 같은 잎을 접고, 아침이 되어 잠이 깨면 속눈썹처럼 잎을 연다. 그곳에는 나무보다도 더 높은 갈대가 자라고 있다. 또 새 깃털을 닮은 잎 사이에서 송이되어 늘어져 있는, 가늘고 길쭉한 달콤한 과일이 있는데, 그것을 몇 개 먹으면 배가 충분히 부르게 된다.

그것은 모두 꾸며 낸 이야기가 아니었다. 어떤 나무고, 잎에 나 있는 작은 털에 이르기까지 정확히 적혀 있었다.

여행자는 나뭇잎에 나 있는 털을 본 것만은 아니었다. 날카로운 그들의 눈은 그들 앞에 펼쳐진 녹색의 식물계를 남김없이 파악하게 했다.

높은 산기슭에서 그들은 야자 숲과 바나나와 대나무 숲을 보았다. 그보다 높은 곳에서는 상록수가 자라고 있었다. 그것은 그들에게 고향을, 월계수와 목련나무들을 생각하게 했다. 더 높아지면, 활엽수 숲과 침엽수 숲이 비탈을 차례로 오르고 있었다. 침엽수 숲보다 높은 비탈에는 이끼류와 풀이 덮고 있었다. 어느 산도 땅 위와 변함없이, 더운 남쪽에서 추운 북쪽까지 가 있었다.

알렉산드로스를 따라간 학자들은, 그 밖에도 많은 것을 발견하여 돌아왔다. 알렉산드로스는 아마 긴 원정 동안, 자기를 위해 많은 것을 요구하지 않고, 과학을 위해 많은 것을 요구한 이들을 여러 차례 부러워했을 것이다.

아시아 원정을 떠나기 전, 알렉산드로스는 언젠가 코린토스의 철학자 디오게네스(기원전 404?~323?)를 찾아갔다고 전해지고 있다.

디오게네스는 간단한 이유로 인해, 집에서 손님을 만날 수 없었다. 집이 없었기 때문에 개처럼 낡은 술통 속에서 살고 있었다. 그래도 이 거지나 다름없는 철인은 자기가 왕보다 행복하다고 말했다.

어떤 불행도 디오게네스를 낙심하게 만들 수는 없었다.

어느 날 그는 노예로 팔려가는 사람들에 섞여 노예시장에 서 있었다. 그는 사는 사람을 보고 말했다.

"노예가 아니고 주인을 살 생각이 있으면 나를 사시오."

이리하여 지금, 자존심이 높은 두 사람, 전세계의 소유자인 알렉산드로스와 술통 소유자인 디오게네스가 얼굴을 마주하게 되었다.

알렉산드로스는 일광욕 중인 디오게네스에게 소원을 무엇이고 들어주겠다고 말했다. 그러나 디오게네스는 알렉산드로스에게 단 한 가지만을 부탁했다.

"옆으로 비켜 햇빛을 가리지 말아 주시오."

알렉산드로스는 떠나가면서 이렇게 말했다.

"내가 알렉산드로스가 아니라면, 디오게네스가 되고 싶다."

정복자 알렉산드로스는 원정의 먼지와 화재의 연기로, 수백만 명에게서 햇빛을 빼앗았다. 그러나 연기는 사라지고, 먼지는 가라앉고, 빼앗아 차지한 것은 흩어지고 말았다.

적의와 우정

이 책에서 우리가 말하고 있는 것은, 인류의 역사가 아니다.

우리는 사람이 어떻게 전진하여 갔는가, 어떻게 해서 자기 세계의 벽을 넓혀 갔는가에 대해 이야기하고 있는 것이다.

우리는 사람이 나아가는 길 위에 떨어져 있는 한 개 한 개의 작은 돌과 한 그루 한 그루의 나무를 살펴볼 때, 이따금 이야기의 속도를 떨어뜨리는 일이 있었다. 그러나 언제나 그런 식으로 천천히 걸어가서는, 나무를 보고 숲을 보지 못하는 결과가 될 것이다.

인류의 역사를 펼치면, 얼른 보기에 그것은 피에 물든 끝도 없는 정복의 연속인 것처럼 여겨진다.

바빌로니아·앗시리아·이집트·페르시아의 왕들은, 전세계를 정복하기 위해 몇 차례나 원정을 했던 것일까! 신전의 벽에 새겨진 글 가운데서, 그들은 미리 자기들을 가리켜 '동서남북의 왕'·'왕 중의 왕'·'전세계의 왕'이니 하고 과장해 불렀다.

그들은 인구가 조밀한 번영하는 나라들을 사람 없는 벌판으로 바꾸면서 나아갔다. 열린 수문에서 강물이 폭포처럼 흘러내렸다. 흙탕물로 인해 도시는 진흙에 파묻히고 말았다. 전에 도시였던 곳에는, 마치 무덤이라도 되는 것처럼 모래언덕이 남게 되었다.

정복자 가운데 누가 전세계의 지배자가 될 수 있었던 것일까? 아시리아 왕들은 아르메니아 산지에서 나일 강 여울까지, 키프로스 섬에서 에람(지금의 이란 북서쪽)까지, 둘레의 나라들을 모조리 그 권력 아래 두었다.

페르시아의 왕들은 서쪽은 트라키아, 동쪽은 인도, 북쪽은 흑해, 남쪽은 아라비아까지 자기 나라의 경계를 넓혔다. 마케도니아 왕 알렉산드로스는 페르시아도 바빌론도 이집트도 정복했다.

그러나 세계 정복자 어느 한 사람도 세계를 정복할 수는 없었다. 세계는 그들이 생각하는 것보다 넓었다.

그들의 '전세계의 왕국'은 끝없는 땅 위에서 얼마 안 되는 곳을 차지한 것에 지나지 않았다. 그것도 오랜 기간에 걸쳐 차지했을까?

채 성장도 하기 전에, '전세계의 왕국'은 벌써 산산이 무너지기 시작했다. 그리고 그 무너진 빈터 위에서, 세계를 정복한다는 아무 쓸모 없는 피투성이의 싸움만이 다시금 시작되었다.

그러나 이런 적의만이 극성을 부린 시대에도, 위대한 창조 사업은 끊기는 일이 없었다.

바다에서는 배가 잇따라 언덕을 향해 나아갔다. 뭍에서는 대상들이 사막과 산을 넘어갔다. 농부와 대장장이와 광부의 팔이 쉴새없이 일을 계속했다. 그들은 땅에서 그 재물을 받아 가졌다.

구리 섬으로 불리우는 키프로스 섬에서는 구리를, 황금의 나라 누비아에서는 황금을, 은항아리에 그려진 그리스의 전차 타우로스에서는 은을, 시다의 골짜기 페니키아에서는 배 만드는 재목을, 호박 해안으로 불리는 발트 해 연안지방에서는 호박을, 주석의 섬 브리타니아에서는 주석을 사람들은 손에 넣었다.

튼튼하게 만들어진 배와 낙타의 등에 실려, 쇠붙이 덩어리와 천과 그릇과 파피루스의 책과 두루마리가 바다 위와 뭍을 이동해 갔다. 우편물을 가진 페르시아의 파발이 에페소스에서 스자에 이르는 국도를 두루미보다도 빨리 달려갔다. 파발은 소포와 편지를 다음 파발에게 건넸다. 여관에서 땀과 거품투성이가 된 말의 안장을 벗기고 있을 때는, 다른 말이 벌써 쏜살같이 달리고 있었다. 아침에 에개 해에서 왕의 식탁에 올리기 위해 잡힌 물고기는, 저녁에는 싱싱한 채로 페르시아 왕국 반대쪽 끝에 있는 스자에 전해졌다.

물자와 소식, 관습과 신앙, 말과 이야기가 나라에서 나라로 이동해 갔다. 글자와 함께 무게·길이·시간의 단위, 날과 달을 부르는 방법이 민족에게서 민족에게로 전해졌다. 파운드는 바빌론의 금의 단위 마이나와 같고, 미터는 바빌론의 두팔길이자보다 몇 밀리미터 짧을 뿐이었다.

화폐는 동쪽에서 들어왔다. 처음 화폐를 만들기 시작한 것은 소아시아의 류디아 사람으로, 이웃한 여러 나라 사람들은 그들을 '장사꾼 백성'이라 불렀다. '체크(수표)'라는 것은 페르시아 말이다. 러시아 말인 체토베리크는, 로마의 크와드란토리스(4분의 1피트)와 똑같다.

솜씨 뛰어난 기술자가 발명한 연장과, 원예가의 주의깊은 손이 길러낸 과일이 각 나라로 퍼져 갔다.

그리스의 전차(항아리 그림)

우리 둘레에 보이는 모든 것, 소년 시절부터 친숙한 인간 세계의 사물 하나하나에서, 먼 옛날로 향해 각각 실이 뻗어 있는 것이다.

여러 민족과 세대의 노동이, 우리의 재산과 '문화'라는 이름의 것을 만들어 냈다. 민족은 서로 마주 손을 뻗었다. 어느 민족이 갖지 않은 것은 다른 민족이 갖고 있었다. 어느 민족이 할 수 없고 알지 못하는 것을, 다른 민족이 알고 있고 할 수도 있었다.

노동으로 만들어진 재산은 계속 불어났다. 그러나 부지런하고 솜씨가 뛰어난 사람들이 있는 곳에는, 다른 사람의 희생으로 돈 벌기를 좋아하는 사람도 나타났다. 정복자가 땅 위를 나아갔다.

그들이 필요로 한 것은, 땅 그 자체가 아니라 그것을 경작하는 사람이었다. 그들은 살아남은 사람을 노예로 만들기 위해 수만, 수십만이란 사람들을 죽였다. 죽은 사람에게서 무엇을 얻겠다는 것인가! 그러나 살아 있는 사람은 일을 하게 할 수 있다. 그들에게 가장 바람직한 전리품은 황금도 은도 아닌 노예였다.

이집트에서는 노예를 '산송장'이라 부르고 있었다. 노동은 차츰 강력해져 갔다. 전쟁 또한 더욱 무서운 위엄을 떨쳤다. 전쟁은 방패의 반쪽과 같은 것이었다. 전쟁은 노동이 없이는 할 수 없었다.

노예의 손이 칼을 만들었다. 그 칼은 노예를 새로 손에 넣기 위해 필요했다. 노예는 군선을 만들고, 정복자가 나아가는 길을 새로 닦았다.

정복자는 칼의 힘으로 나라를 차례차례 정복해 갔다. 어느 정복자도 이제 자기를 세계의 왕이라고 보고 있었다. 그러나 칼의 힘만으로 과연 오랜 기간에 걸쳐 여러 민족을 통합할 수가 있을까?

마케도니아의 알렉산드로스에 대해 사람들이 말한 것에 따르면, 언젠가 그는 아무도 풀 수 없는 매듭을 칼로 잘랐다. 그러나 알렉산드로스는, 칼로 할 수 있는 일은 끊는 것뿐으로, 마주 잇는 일은 할 수 없다는 사실을 알고 있었다.

여러 민족을 굳게 연결시키기 위해, 그는 2만의 군사와 페르시아 여자를 결혼시키고, 자기도 같은 날에 페르시아 공주를 아내로 맞이했다. 이것은 역사상 최대의 결혼식이었다.

철학자 디오게네스는 자신을 우주의 시민이라고 말했다. 알렉산드로스는 온 세계의 임금이 되고 신이 될 것을 바랐다. 그는 바빌론을 수도로 정하고, 이집트 신관들이 자기를 아몬 신의 아들이라고 찬양하는 것을 허락했다. 또한 많은 그리스인을 아시아로 이주시켰다.

그는 나아가는 길 위에 있는 곳곳에, 알렉산드리아라는 같은 이름의 도시를 만들었다. 이들 새 도시에서는 생활 그 자체마저 옛 도시의 생활과는 달랐다.

낡은 것과 새 것

일찍이 아테네는 큰 도시로 알려져 있었다. 그것은 단순한 도시가 아니었다. 호수가 1만이나 되는 나라였다. 그러나 사람들이 이 나라를 거북하게 느낄 때가 왔다.

노예노동이 상품을 산더미처럼 만들어 냈다. 상품을 처분하기 위해서는, 장이 서는 광장에 모이는 사람만으로는 충분하지 않게 되었다. 이제 상품을 해외로 실어 내야만 했다. 그러나 일단 배주인이 배를 멈추면, 짐을 내리지 않더라도, 어느 항구고 배주인으로부터 세금을 받았다. 도처에 세관과 관문이 있었다. 마지막에는 좁은 해협 기슭에 사는 사람들이 해협을 막고, 억지로 외국 상선을 뭍에 대게 한 다음, 돈을 치르게 하는 데까지 이르렀다.

다른 도시에서는, 아무리 부자든 지위가 높든, 외국인은 권리가 없는 외국인에 지나지 않았다. 외지 사람은 집이나 땅을 살 수 없었다. 그는 자기 권리와 재산을 지키기 위해, 그곳 주민 누군가에게 보호자가 되어 달라고 해야만 했다.

장사꾼 가운데에는 한꺼번에 많은 도시와 거래를 하며, 큰 선단을 보내는 사람도 있었다. 그들에게는 어떤 작은 도시에도 세관과, 특별한 돈과 외국인에 대한 법률이 있는 것은 좋지 않았다. 더 손 크게 사업을 하기 위해 이들 부호는 한 도시가 아니고, 많은 도시와 나라를 둘러싼 경계를 가진 국가를 필요로 하게끔 되었다.

이자를 받고 장사꾼에게 돈을 빌려 주는 고리대금업자나, 큰 사업장 소유자도 그것을 바랐다. 수백 명의 노예가 일하는 이들 사업장은, 자기 도시의 시장 이외에, 멀리 떨어진 여러 도시의 시장을 위해서도 상품을 만들고 있었기 때문이다.

국경을 넓히기 위해서는 침략이 필요했다. 침략은 정복된 나라들에서 노예는 물론이고 짐승의 털과 가죽, 쇠와 구리 같은 원료를 손에 넣기 위해서도 필요했다. 이렇게 해서 침략을 목적으로 한 원정이 시작되었다. 아테네의 아르키비아데스(기원전 450~404년)가 시칠리아로 배를 끌고 갔다.

그는 서부 그리스와 동부 그리스의 여러 도시의 통일을 꿈꾸었다. 그러나 원정은 아테네 군의 패배로 끝났다. 훨씬 뒤에 이르러, 마케도니아의 필립포스가 그리스 여러 도시의 통일에 손을 대고, 그 일을 알렉산드로스가 이어받았다.

알렉산드로스의 국가는 무너지고 말았다. 그러나 남은 조각은 작지 않았다. 시리아·마케도니아·이집트……. 이곳들은 벌써 옛날 도시국가가 아니었다. 그것들은 거대한 나라였다. 침략을 위해, 큰 국가의 건설을 위해, 노예 소유자의 축적된 재산을 보호하기 위해, 온갖 불평분자로부터 체제를 지키기 위해서는, 강력한 권력이 요구되었다. 지배계급은 군주정치의 부활을 바라기 시작했다.

이집트·시리아·마케도니아는 왕의 지배하에 있었고, 왕은 신처럼 존경을 받았다.

새로운 국가기구는 새로운 철학도 필요로 했다. 권력에 대한 복종은 최고의 덕이라는 것, 적은 수의 사람이 지배해야 한다는 것, 민중은 가축의 무리와 같다는 것, 지배자는 목자라는 것, 권력에 맞는 생각을 해야만 한다는 것……. 이런 사상들을 사람들에게 증명해야만 했던 것이다.

과학이 인류를 막다른 골목으로 끌고 들어갔기 때문에, 진리는 함정으로 빠져들고 말았다. 남은 단 하나의 나갈 구멍은 신들에 대한 신앙으로 돌아가는 일뿐이다.

왕의 권력은 하느님에게 받은 것이다. 그것을 증명해야만 했다. 철학에 있어서 이것은 후퇴운동이나 마찬가지였다. 새로운 과학에서, 신들과 환상의 영혼계에 대한 신앙으로 뒷걸음질치는 것과 같았다.

탈레스·아낙시만드로스·아낙시메네스·헤라클레이토스·아낙사고라스·데모크리토스……. 이들은 전진도상의 도표였다. 소크라테스·플라톤 그리고 그 추종자들……. 이들은 벌써 썰물이었고 후퇴운동이었다.

그럼 아리스토텔레스는 어떤가? 그의 저서에는 데모크리토스로부터의 인용이 여러 페이지나 보인다. 그래도 그는 후퇴했다. 그러나 역사에는 과거로의 복귀란 것은 없다. 사람들은 조상의 체제와 조상의 신앙으로 복귀를 외쳤다.

그러나 플라톤의 철학은 '조상의 신앙'은 아니었다. 조상은 생각 없이 신들을 믿고 있을 뿐, 신들의 존재를 증명하려고는 하지 않았다. 그러나 플라톤은 자기 주장에 과학의 겉모습을 주려고 애썼다. 자기 주장이 참된 과학과의 싸움에 견딜 수 있기를 바랐기 때문이다. '조상'은 무엇을 선하고, 무엇을 악하다고 보아야 할 것인가에 대해 생각하지 않았다. 그들은 신의 뜻을 행하는 것을 선하다고 보고, 신의 뜻을 어기는 것을 악하다고 보았다.

소크라테스는, 수학자가 정리를 증명하듯이 덕을 규정하려 했다. 소크라테스의 주장을 낡은 종교와 대립하는 것이라고 보는 경향도 있었다. 그가 새로운 신을 끌어들이려 한다고 고소된 것에는 그 나름의 이유가 있었다. 새로운 신앙도 새로운 체제도, 전의 것과는 달랐다. '조상'의 시대에는 귀족들이 지배하고 있었다. 그러나 이번에는 사업가와 고리대금업자와 전세계를 상대로 거래하는 호상들이 명사가 되었다.

지난날의 도시에서는, 외부 사람은 적으로 보여졌다. 그러나 지금은 주민 모두가 외지 사람처럼 되어 있는 도시, 더 정확히 말하면, 그리스인도 이집트인도 페니키아인도 모두 같은 친구라고 하는 도시가 생겨났다. 새로운 생활이 '조상'의 생활과 어떻게 다른가를 알기 위해서는, 알렉산드리아로 가보는 것만으로 충분했다.

새로운 세계에 대하여

이집트를 주민들이 좁고 작은 집으로 생각한 시대가 있었다. 바다는 넘을 수 없는 벽이고, 외부 사람은 적이며 악마의 자식이었다.

그 바다가 세계로 나가는 넓은 대문으로 열리고, 대문 옆에 도시가 나타나 세계의 중심이 되었다…….

그 알렉산드리아는 아직 멀다. 언저리에는 바다가 술렁거리고 있을 뿐이다. 그러나 선원들의 날카로운 눈에는 벌써, 멀리 저쪽에 있는 등대의 탑이 보이게 되었다. 탑은 차츰 물 위로 올라온다. 그 탑이 보다 높은 다른 탑 위에 세워져 있는 것까지 보이기 시작했다.

배 돛은 바람에 불러 있다. 납을 넣은 수백 개의 노가 일제히 거품을 일으키며, 미끄러지듯 가볍게 노받침 안에서 움직인다. 그러나 선원들에게는 배가 탑 쪽으로 나아가는 것이 아니라, 탑이 이리로 다가오고 있는 것처럼 느껴진다. 탑 꼭대기에서 바다 신인 포세이돈이 외국 손님을 환영하며 삼지창을 내두르고 있다. 알렉산드리아를 목표로 하고 있는 것은, 단 한 척의 배만이 아니다. 수십 척의 배가 세계 여기저기서 찾아왔다.

항구 안은 붐비고 있었다. 경쾌한 3층 노를 젓는 군선 옆에, 곡식 수천 톤을 수송하는 잘 움직일 수도 없는 무거운 배가 닻을 내리고 있었다. 그러나 이들 큰 배도 왕이 타는 여러 층의 배에 비하면 훨씬 작게 보인다.

외국 손님들은 아름답게 꾸민 이 떠 있는 궁전에 놀라 눈을 크게 뜬다. 이 배에는 키가 네 개나 있고, 노잡이가 30줄로 늘어 서 있고, 노는 돛대처럼 길다.

항구로 들어오는 배가 있는가 하면 나가는 배도 있다. 한 번 보아, 나가는 배가 들어오는 배보다 무거운 것을 알 수 있다. 깊숙이 물에 잠겨 있고, 방향을 트는 것도 느리다. 꽤 무거운 짐을 싣고 있는 것으로 보인다…….

손들은 뭍으로 올라와 시끄러운 잡다한 군중과 뒤섞인다. 다른 같은 손들 사이로 섞이고 말면, 금방은 그들을 찾아낼 수 없게 된다. 그런데 여기서는 어떤 말들이 오가는 것일까? 특정된 말은 없다고 하는 것이 좋을 정도다.

여기서는 그리스인·유대인·페니키아인·로마인·페르시아인, 누구와도 만날 수 있다. 황금과 상아의 나라에서 온, 빛이 검은 누비아인이 있는가 하면, 향료의 나라 아라비아에서 찾아온 수염이 흰 족장도 있다.

알렉산드리아에도 특유한 언어가 있다. 군중 속의 사람들과 마찬가지로 여기에는 그리스·이집트·유대의 단어가 뒤섞여 있다. 여기에 오면, 세계가 얼마나 넓어졌는가, 자기 눈으로 볼 수 있다.

알렉산드리아는 메오티아 호수, 즉 아조프 해 기슭에 있는 먼 판티카파이움과도 이어진다. 판티카파이움은 오늘의 케르치 해협과 흑해에 이어지는 아조프 해 기슭에 있다. 바닷길은 또 알렉산드리아에서 비잔티움·아테네·시라쿠사이·카르타고, 나중에 마르세이유로 되는 아시리아 같은 곳으로도 뻗어 있었다.

동양에서 이리로 향료·상아·타조의 깃털·인도의 강철·군대에 쓰이는 인도 코끼리들이 실려 온다. 나일 강은 서양과 동양을 하나로 연결했다. 넓은 운하가 홍해와 나일 강을 연결하고, 배는 나일 강을 지나 알렉산드리아나 지중해로 나아갔다. 이집트 역대의 왕 프톨레마이오스의 모습을 새긴 금화·그리스의 꽃병·색유리 술잔·목걸이·팔찌가 알렉산드리아에서 동양인 중국을 향해 실려 가고, 이에 대해 중국으로부터는 바다와 사막을 지나, 화려한 비단천이 실려 왔다.

그 중국에서도 사람들은 일을 했다. 자연과 싸우며 물길을 만들고, 땅을 경작하고, 도시를 건설하고, 강에 다리를 놓고, 돌로 길을 포장했다.

알렉산드로스가 큰 나라를 만들어 낸 뒤 백 년이 지나, 중국에서는 진나라 임금이 다른 나라 임금을 모조리 항복시켜 진나라 시황제라 불리게 되었다. 그 때문에 중국이 '진나라' 즉 '지나'로 불렸던 것이다.

70만 농민과 노예에 의해, 황제의 수도 함양이 건설되었다. 그들은 강(위수) 양쪽 기슭에 전나무·월계수·산호수나무를 쓴 궁전을 두 줄로 세웠다. 강에는 지붕이 있는 다리가 놓여졌다. 궁전과 궁전 사이에는 회랑이 연결되어 있었다. 아무리 심한 비가 올 때라도, 황제와 그 측근들은 궁전에서 궁전으로 걸어다닐 수 있었다. 그동안 금실로 수를 놓은 옷에는 한 방울의 비도 맞지 않았다.

황제가 살아 있는 동안, 살고 있는 이 수도를 꾸미는 데는 대단한 노동력

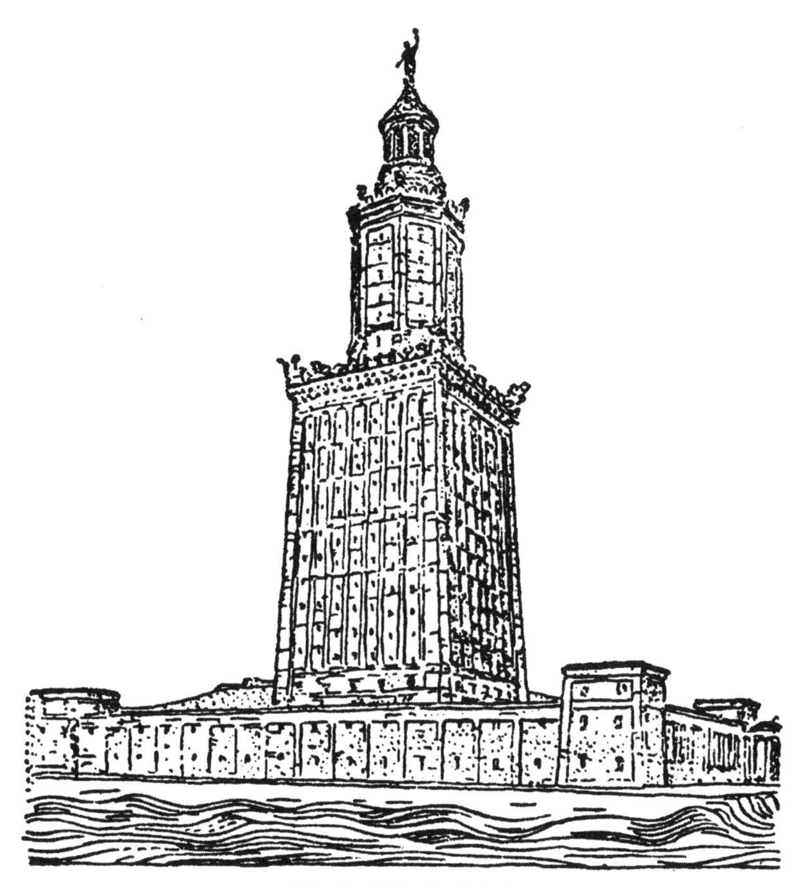

알렉산드리아의 등대(상상도)

이 쓰였다. 그러나 황제가 죽은 뒤의 궁전을 만드는 일은 더욱 큰일이었다.

여산이라는 거대한 산이 황제의 무덤으로 바뀌었다. 골짜기를 흐르고 있는 강바닥을 말려붙여, 무덤으로 통하는 긴 지하도를 만들었다.

기술자들은 이 궁전, 즉 무덤을 우주에 비교해 지었다. 그들은 바닥에 청동을 녹여 부어 산과 골짜기를 만들었다. 천장은 허공을 본떠 만들어졌다. 강바닥에는 수은을 들이붓고, 기계로 그 수은을 움직였다. 번쩍이는 수은으로 된 강 양쪽 기슭에는 모형으로 된 궁전이 줄지어 서 있었다.

학자도 이들 기술자 못지않게 중국의 자랑이었다. 제국의 제1급 인물은, 큰 천문학자, 큰 건축가, 큰 서기였다.

큰 천문학자가 하는 주요한 일은 일식과 월식을 예언하는 것이었다. 만일 틀리거나 하면, 그는 사형에 처해졌다. 이러한 실수를 저지르면, 황제와 제국에 대해 하늘의 노여움을 살 염려가 있다고 생각했다. 훨씬 옛날부터 일식은 큰 사건이라 남김없이 적혀 있었다. 그리스에 아낙사고라스·데모크리토스·소크라테스가 있던 바로 그 무렵, 중국에는 위대한 철인이 있었다.

맹자(기원전 372?~289?)는 인식론을 썼다. 즉 사람의 생각, 바른 추리와 틀린 추리의 차이에 대해 말했다.

그는 질료와 에너지는 무엇인가에 대해 말하고, 질료란 운동하는 물질이라고 말했다. 그는 사치스런 생활을 하는 귀인들을 비난하고, 부정과 압박에 대항해 싸우라고 사람들에게 외쳤다. 그는 옳지 못한 전쟁이 백성에게 얼마나 많은 불행을 가져다 주는가를 보고, 인류를 구할 수 있는 길은 천하가 하나가 되는 것이라고 했다.

이 철인은 위대한 기술자이기도 했다. 그는 요새와 성벽을 파괴하는 기계나 성을 공격하는 사다리로부터 지키는 방법을 생각해 냈다. 맹자에 대해 사람들은 이렇게 말했다.

"나라를 위해 살가죽을 모조리 바쳐야 한다고 하면, 그는 잠자코 살가죽을 벗기게 했을 것이다."

중국에는 이 밖에도 위대한 철인이 있었다. 노자(기원전 5세기 후반)는, 세계에 있는 것은 무엇이나 모두 움직이고, 모든 것이 변화한다고 말했다. 모든 것은 하나에서 생겨나 하나로 돌아간다. 어째서 한 순간의 기쁨을 찾아 헤매는가? 세상 일에 얽매이지 않는 것이 인자(仁者)이다.

열자는 그 저서 가운데서, 권력도 압박도 없는 꾸며 낸 나라를 그리고 있다.

알렉산드리아 장사꾼들이, 여행 도중 처음 들은 세계의 모습은 위에 말한 그대로였다. 그리스인이 세계 동쪽 끝이라고 생각했던 곳이, 중국인에게 있어서는 서쪽 끝이 되었다. 산과 사막으로 가로막혀 있는 두 세계가 이렇게 해서 처음 만나고 서로 알게 되었다. 세계는 서쪽으로도 넓혀졌다.

사람들이 오케아노스를 세계의 끝이라고 생각한 시대가 있었다. 이제 사람들은 이 경계도 넘었다. 그들은 '헤라클레스의 기둥' 옆을 지나 북쪽으로 향해 갔다.

아시리아(마르세이유) 출신의 선원 퓨테아스는, 브리타니아를 발견했다. 고국으로 돌아온 이 고대의 콜럼버스는 브리타니아의 멀리 저쪽에, 6일 거리쯤 되는 곳에 토레 섬이라는 또 하나의 땅이 있다고 말했다. 지금으로서는 벌써, 헤라클레스의 기둥이 아니고, 토레 섬이 세계의 끝이라고 생각하게끔 되었다.

알렉산드리아의 일터에서는, 대장장이들이 키프로스의 구리와 브리타니아의 주석을 섞고 있었다. 또 알렉산드리아 시장에서는 여자들이 '강의 여신의 눈물이 굳어진 구슬'을 사고 있었다. 이것은 엘마 섬에서 나는 호박이었다. 길은 일터와 가게 옆을 지나, 알렉산드리아 항구에서 거리로 통해 있었다.

이 도시는 종래의 도시와 닮지 않았다. 그것은 저절로 만들어진 도시가 아니고, 계획에 따라 건설된 도시였다. 너비 50보인 주요도로가 두 개 직각으로 교차되어 지나갔다. 다른 길도 넓어서, 마차가 서로 방해하지 않고 지나가고, 말을 탄 사람이 달려갈 수 있었다. 이들 거리의 이름도 신식으로, 글자가 쓰여지고 있었다. 웅기전 거리·유리전 거리와 같이 말하지 않고, 알파 거리·베타 거리·감마 거리라고 부르고 있다.

도시의 거의 3분의 1이 궁전과 신전으로 차지되어 있다. 신전 벽은 여전히 상형문자로 덮여 있었지만, 가장 큰 신전인 세라페이온에 모셔져 있는 것은 옛날 신들이 아니고, 많은 부족의 도시 알렉산드리아의 수호신인 세라피스라는 새로운 신이었다. 알렉산드리아 주변의 이야기에 따르면, 어느 때 프톨레마이오스 왕은 이상한 꿈을 꾸었다. 아주 키가 큰 아름다운 젊은이가 왕 앞에 나타나 이렇게 말했다.

"내가 사는 나라 폰토스 기슭으로 나를 맞이할 배를 보내라."

이튿날 아침 프톨레마이오스는 이 꿈 이야기를 신관들에게 말했는데, 신관들은 폰토스라는 나라에 대해서는 아무것도 알지 못했다.

프톨레마이오스는, 꿈을 잊고 있었다. 그러나 그 젊은이는 또다시 그의 앞에 나타나, 앞의 명령을 되풀이했다. 프톨레마이오스는 델포이 신전으로 사람을 보내, 꿈의 뜻을 물어오게 했다.

신전의 설명에 따르면 그 젊은이는 시노페 도시에 살고 있는 아름다운 신이었다. 그래서 즉시 시노페로 배를 보냈다. 그러나 시노페 왕은 외지 사람에게 신의 상을 건네주려 하지 않았다. 그러나 거대한 상은 스스로 신전을 나와 배로 옮겨타고, 지금까지 없는 사흘이란 빠른 속도로 알렉산드리아에 이르렀다.

이처럼 많은 부족의 도시인 알렉산드리아에서는, 신까지가 멀리서 찾아온 손님이었던 것이다. 이 이집트 도시에서는 모든 것이 다 외국 것이었다. 이집트의 지배자는 이집트인이 아니고, 바로 그리스인인 프톨레마이오스였다.

그는 알렉산드로스를 따르던 어느 부장의 자손이었다. 알렉산드리아에서 태어난 사람만 해도, 이집트인보다 그리스인이 훨씬 많았다. 옛날 같으면, 이집트인은 절대로 그리스인과 한 식탁에서 밥을 먹지 않았을 것이다. 그러나 지금 알렉산드리아에서는, 그리스인은 반 이집트인으로 변해 있었고, 이집트인은 이집트 사람이면서 그리스인의 많은 것을 보고 배우게 되었다.

프톨레마이오스 왕은 스스로 파라오라 일컬으며, 자기의 그리스 이름에, '소테프 니 라 미아몬', 즉 라에 의해 뽑히고 아몬에 사랑받는 사람이라는 이름을 덧붙였다.

그리스인은 오시리스에 제물을 바치고, 이집트인은 자기의 신인 푸타(우주와 만물을 진흙으로 만든 신)를 헤파이스토스라 부르고, 토트(붉은 두루미 머리를 가진 지혜와 학문의 신)를 헤르메스라 불렀다.

위에서처럼 이 새로운 도시에서는, 종래 바다만이 아니고 적의 두꺼운 벽으로도 칸막이가 되어 있는 여러 민족의 이름과 신앙과 말과 관습 같은 것이 서로 섞여 있었다. 알렉산드리아는 세계의 중심으로 거울처럼 세계의 모습을 비추고 있었다.

선원들이 이상한 짐승과 땅의 이야기를 하고 있었던 것은 바로 얼마 전의 일이었다. 지금은 누구나 왕궁 옆에 있는 동물원에 갈 수가 있었다. 그곳에는 코끼리와 기린과 열대 아프리카의 큰 뱀과 같은, 꾸며 낸 괴물이 아닌 살아 있는 괴상한 짐승들이 모여 있었다. 이곳에는 식물원도 있었다. 이것도 아마 세계 최초의 것이리라. 알렉산드리아의 판이란 숲에는 숲의 신인 판이, 자기 고향인 그리스에서는 한 번도 본 일이 없는 그런 진기한 나무가 자라고 있다.

알렉산드리아 도서관 책장에는 수십만 권이나 되는 파피루스 두루마리가 보관되어 있었다. 목록만으로도 120권이나 있었는데, '지식의 모든 분야에 빛나는 저서의 목록'이라고 이름이 붙여져 있었다. 도서관장은 유명한 학자에라토스테네스(기원전 275~194년)였다.

플라톤의 아카데미아에는 많은 제자가 있었다. 아리스토텔레스의 리케이온에는 보다 많은 제자가 있었다. 그러나 아카데미아도 리케이온도, 알렉산드리아의 무세이온, 즉 무사(뮤즈) 학원과는 비교할 수가 없었다. 사람들이 신전만을 세웠던 시대가 있었다. 그런데 사람들은 지금 과학을 위한 큰 전당을 세웠다. 이 무사 학원에는 왕의 초청을 받아 많은 도시에서 이곳으로 모여온 학자들이 살고 있었다. 그들은 학문 이외의 것에 마음을 쓰지 않아도 되었다.

일과 여행과 실험을 위해 필요한 것은 모두 국고에서 지급되었다. 그들은 날마다 점심때는 함께 밥을 먹었다. 식사가 끝난 뒤 학문 이야기가 시작되었다.

이집트 왕은 강력한 나라의 지배자였다. 왕은 과학이 힘이란 것을 잘 알고 있었다. 수학과 역학이 요새와 전쟁에 쓰이는 기계나 배를 만들기 위해 필요하고, 천문학이 항해를 위해 필요하고, 의학이 치료를 위해 필요한 것을 알았다.

역대의 프톨레마이오스 왕은 학자와 시인과 철학자에게 기부를 아끼지 않았다. 학자들은 왕의 군사력을 강하게 하고 재산을 불려 주었다.

시인은 왕을 찬양했다. 철학자는 왕의 권력이 신으로부터 주어진 것임을 증명했다. 일찍이 철학과 자연과학은 하나가 되어 있었다. 최초의 그리스 철학자는 자연을 연구하는 사람이기도 했다. 알렉산드리아에서는 벌써 철학과 과학의 길이 따로따로 나뉘어 있었다. 철학자는 아직도 철학에 대해 '과학 위에 위치한 과학'이라고 보고 있었다. 그러나 그들에게 그런 권리 같은 것은 전혀 없었다.

그들은 생활에서 유리된 채, 진리를 끝까지 밝혀내려고 했다. 그러나 세계를 인식하는 것은 개개인의 일이 아니고, 무수한 세대의 일이란 것을 그들은 이해하지 못했다. 그들은 과학을 자기 도식에 집어 넣으려 하지만, 그것은 과학의 전진을 방해할 뿐이었다. 천문학과 역학과 그밖의 자연과학이 성장하고 발달해 가는 것에 비해, 알렉산드리아 철학은 차츰 쇠퇴해 갔다.

알렉산드리아 철학자 사이에서는, 플라톤의 추종자가 가장 많았다. 그들은 왕의 보호를 받고 있었다. 역대의 프톨레마이오스 왕이, 같은 시대의 아테네인 이상으로 플라톤을 높이 평가해 준 것에 대해 플라톤은 만족할 수 있었다.

그 반면, 데모크리토스의 신봉자는, 여기서는 차가운 눈으로 보고 있었다. 데모크리토스의 저서는 어느 누구도 거의 읽지 않았고, 그로 인해 알렉산드리아 도서관의 책선반 위에서 먼지투성이가 되어 있었다. 가끔 물리학자나 수학자가, 정리를 풀거나 어떤 자연현상을 설명하거나 하기 위해, 데모크리토스의 학설을 되새겼다. 그러나 그것은 보이지 않게 행해졌다.

무신론자요 평등주의자인 데모크리토스는 권력에 있어서는 바람직하지도 않거니와, 무세이온 학원의 최고 보호자에게는 아무런 도움도 되지 않았기 때문이다. 설립자들의 계획에 따르면, 학원은 규모를 넓힌 플라톤의 아카데미아였다. 그런데도 학원은 플라톤의 아카데미아와도, 아리스토텔레스의 리케이온과도 닮지 않았다.

리케이온의 학자들은 읽기도 하고 문답도 하고 관찰도 했지만, 실험으로 생각을 확인하는 일은 드물었다. 그러나 무세이온 사람들은 머리만이 아니고 손으로도 일을 했다. 그들은 치수와 무게를 재고, 끓이기도 하고, 뒤섞기도 하고 녹이기도 했다.

이곳 책선반과 책상 위에는, 책만이 아니고 그릇 따위도 보였다. 천문학자들은 그저 하늘을 바라보기만 하지 않았다. 그들의 천문대에는 측정기구가 많이 갖춰져 있었다. 둥근 대리석 기둥 위에는 아미랄리가 놓여 있었다. 이것은 두 개의 청동 고리로 된 기계였다.

'사분의(四分儀)'란 것은, 4분의 1의 동그라미를 잘라 낸 대리석 벽이었다. '천구의(天球儀)'란 것도 있었다. 여기에는 네 개의 청동 고리가 있는데, 그것들이 돌며 천체의 운동을 흉내내어 보이는 것이었다. 이곳에는 '별을 잡는 것'이란 장치도 있었다. 이것은 아스트롤라베〔渾天儀〕를 말한다. 그 장치로 별을 찾아내기도 하고, 하늘에서의 별의 위치를 측정하기도 하는 것이었다.

무세이온의 연구인들은 일찍이 금지된 것을 해냈다. 도서관에서 일하는 학자들은 《일리아스》와 《오디세이아》 안에 거짓 시가 섞여 있다고 생각하고, 호메로스 자체를 바로잡으려 했다. 일부 사람은 호메로스가 실제로 있었느냐 하는 것마저 의심하기 시작했다.

해부실에서는 의사인 헤로필로스(기원전 335~280년)가, 신성 모독이라는 비난을 두려워하지 않고, 시체의 해부를 행했다. 그때 그는, 종래의 생각과 달리, 생각하는 집이 염통이 아니고 골이란 것, 동맥을 채우고 있는 것이 공기가 아니고 혈액이란 것을 발견했다. 엠페도클레스 시대에, 의사인 알크마이온(기원전 500년 무렵)은 벌써 골이 동물의 운동을 지배하는 것을 알고 있었다. 알크마이온이 해부해 본 것은 동물뿐이었지만, 헤로필로스는 종래의 금기(禁忌)를 거역하고 인체를 해부한 것이었다.

이집트의 경우, 이 문제는 그리스보다 처리하기 쉬웠다. 이집트 사람은 훨씬 옛날부터 죽은 몸을 썩지 않게 처리하고 있었기 때문이다.

실험실에는 꼬부라진 대롱으로 이어진 구리 보일러와 공이 줄지어 있었다.

알렉산드리아의 무세이온은, 실험에 바탕을 두는 과학의 요새였다. 그러나 3백 년에 걸쳐 철학자들이 자연에 대해 생각해 오지 않았다면, 이 과학은 있을 수 없었을 것이 틀림없다.

다시 또, 도공과 유리공과 대장장이와 구리공들이 일터와 대장간에서 수천 년에 걸쳐 일을 해오지 않았다면, 그 경우에도 이 과학은 있을 수 없었을 것이다.

머리와 손

수천 년 동안, 머리는 손에게 배워 왔다. 손은 차츰 손재주가 있게 되고, 그에 따라 머리도 차츰 영리해져 갔다. 숙련 때문에 지혜가 넓혀졌다.

영리해지면 질수록 머리가 손을 지배하기 시작했다. 팔에는 큰 널빤지돌을 들어올릴 힘은 없다. 그러나 신전이나 피라미드를 세우는 데는 널빤지돌이 필요했다. 그러자 머리가 널빤지돌 밑에 지렛대를 집어 넣도록 명령했다. 그러나 지렛대로는 돌을 쳐드는 것밖에 할 수 없었다. 돌을 위로 끌어올리려면 어떻게 하면 좋은가?

다시금 머리를 쓰지 않으면 일은 잘 되지 않았다. 머리는 비탈을 생각해냈다. 그리하여 판자돌 밑에 통나무를 깔도록 권했다. 잡아끌기보다는 굴리는 편이 쉬웠기 때문이다. 그러나 무거운 것을 끌어올리기 위한 비탈길을 만드는 것은, 귀찮고 복잡한 일이었다.

머리는 무게의 가장 간단한 해결법을 새로 발견했다. 바로 도르래였다. 도르래에 밧줄을 매면 짐을 끌어올리기가 편리했다. 이 짐을 다시 제2의 이동하는 도르래에 매달면, 지금까지 네 개의 손으로 간신히 끌어올리던 무거운 것을, 그리 힘들이지 않고 들어올릴 수 있었다. 그러나 사람은 그래도 만족하지 않았다. 손과 짐 사이에 다시 제3·제4·제5의 도르래를 집어 넣었다. 도르래가 많으면 많을수록, 사람은 더욱 세어지게 되었다. 사람은 이제, 거인만이 감당할 수 있는 무거운 것을 별로 힘들이지 않고 들어올릴 수 있었다. 머리가 손을 도와주었다. 그러나 손은 머리에 쉴 틈을 주지 않고 잇따라 새로운 과제를 주었다.

밭에 물을 대기 위해 강에서 물을 퍼올리는 것은, 손에게 귀찮은 일이었다. 그래서 머리는 두레박 자루가 달린 우물을 생각해 냈다. 이렇게 하면 긴 지레가 강에서 두레박을 끌어올려 주었다. 그러나 물은 더욱 필요해지기 시작했다. 손으로는 도저히 감당할 수 없었다. 이윽고 감아올리는 기계가 나타났나. 가로대를 자루처럼 달았다. 손으로 가로대를 돌리면 굴대가 돌고, 줄이 굴대에 감겼다. 줄에는 두레박이 매달려 있었다. 감아올리는 기계가 있는 우물, 두레박 자루가 달린 우물, 얼마나 기막힌 발명인가?

그것들은 손이 하는 일을 도우며 수천 년이나 계속 살 것이었다. 그러나 물은 아직 필요했다. 일은 차츰 불어나고 있었다. 필요가 사람에게 지혜를 주었다. 머리는 전혀 손을 쓰지 않고 해나갈 수 없을까 하고 생각하기 시작했다.

그리하여 아주 옛날부터 사람 대신 무거운 것을 끌어당기는 네발 달린 하인을 생각해 냈다. 감아올리는 기계의 가로 대나무에 말을 붙들어맸다. 말이 동그라미를 그리며 걸어가면, 가로대가 돌며 톱니바퀴를 돌게 했다. 톱니바퀴가 굴대에 도는 것을 전달했다. 두레박을 단 줄이 그 굴대에 감겼다. 말의 다리로 대신할 수 있는 일에서, 사람의 손은 해방되었다.

그 대신 손은 굴대와 톱니를 만드는 것과 같은, 보다 귀찮은 일을 해야만 했다. 머리는 차츰 어려운 문제를 풀어 갔다. 손은 또 더 세밀하고 복잡한 일을 짊어지게 되었다.

사람은 말로써 강물을 퍼올렸다. 그 다음에는 말을 쓰지 않고도 될 수는 없을까를 생각하기 시작했다. 도대체 말을 몰 필요가 있는 것일까? 강의 물살로 물을 퍼올려 밭에 대면 되지 않겠는가.

혼자서 물을 퍼올리는 무자위〔水車〕를 만들어 강에 차리는, 새로운 난제가 손에 주어졌다. 강바닥을 흘러가는 가운데, 강은 방해물과 마주친다. 방해물이란 무자위 가장자리에 붙어 있는 물받이판자를 말한다. 강은 이 물받이판자를 밀어붙인다. 이거야말로 사람이 노리는 점이다.

무자위가 돌며 물을 퍼서 위로 올려 홈통에 흘린다. 강은 밭을 적신다. 밭에서는 곡식이 자란다. 가을이 되어 거두어들일 때가 찾아온다. 이삭에서 낟알을 터는 일도 끝났다. 이것을 빻아 가루로 만들어야 한다.

전에는 작은 손으로 돌리는 맷돌에 곡식을 넣고 손으로 가루를 빻았다. 농사꾼의 한 가족을 기르는 데는 이런 맷돌로도 충분했다. 그러나 큰 군대를 먹여야만 하게 되고, 알렉산드리아 같은 큰 도시가 생겨서, 한꺼번에 많은 가루를 빵집에 보내주어야만 하게 되자, 큰 제분기와 무거운 맷돌이 필요하게 되었다.

그런 맷돌은 손으로는 움직일 수 없었다. 그래서 머리는 또 일을 도울 방법을 생각하기 시작했다.

사람들은 몇 차례인가, 이미 시험한 가로대를 맷돌에 달았다. 가로대라면 긴 자루에 매달리듯이 두 개는 물론이고, 네 개·여섯 개·여덟 개의 손으로도 잡을 수 있었다. 노예들이 손잡이나무에 가슴을 밀어붙이고 빙글빙글 돌며 무거운 맷돌을 돌렸다. 맷돌은 자꾸자꾸 커져 갔다. 이제 여덟 개의 손으로도 당해 내지 못했다. 사람들은 또 손을 쓰지 않고 해나갈 수는 없을까 하고 생각하기 시작했다. 그리하여 다시금 소를 생각해 냈다.

가로대에 말을 붙들어맸다. 말은 얌전히 빙글빙글 돌며 곡식을 빻았다. 사람의 손에 남아 있는 것은 채찍을 휘두르는 일뿐이었다. 맷돌은 차츰 더 커져만 갔다.

이제 말 세 마리로도 당해 내지 못했다. 그러나 사람은 말보단 더 힘센 일꾼을 가지고 있었다. 이때 벌써 강을 길들여 두었던 것이다.

사람은 무자위에서 물 푸는 그릇을 벗기고, 물받이판자만 남겨 두었다. 강물이 흘러와서 무자위를 밀어붙인다. 무자위는 굴대를 돌린다. 굴대는 톱니바퀴를 돌린다. 톱니바퀴의 톱니가 다른 톱니 바퀴에 걸린다. 그 톱니바퀴가 다른 굴대를 돌린다. 이 굴대 위에 맷돌이 실려 있다.

일은 러시아 민화(民話)의 한 토막처럼 나아간다. 손녀가 할머니에게, 할머니가 할아버지에게, 할아버지가 카부에 달라붙어 힘껏힘껏 잡아당긴다…….

그러면 둥글고 무거운 맷돌인 카부가 빠져나온다. 이 경우는 빠지는 대신 돌기 시작한다. 최초의 곡식 빻는 무자위가 일을 시작한 날은, 사람들에게 축제일이나 마찬가지였다.

물이 무자위에 와 닿으며 흰 거품이 되어 부서졌다. 흰 가루 먼지가 맷돌 위에 자욱이 떠올랐다. 즐거운 듯한 물소리에 이어 톱니바퀴가 달각달각 소리를 냈다. 그 소리를 듣는 여자들 모습은 정말 행복해 보였다. 그 즐거운 듯한 소리는 손으로 돌리는 까무러치는 듯한 소리보다 여자들에게는 훨씬 듣기 좋았다.

시인들은 무자위를 찬양하는 시를 지었다.

"여인들이여. 그 손에 쉼을 주라! 편안히 잠들라. 새벽을 알리는 수탉의 장난에 몸을 일으키는 것을 맡겨라. 그대들의 일일랑 물의 영혼인 나이아스들에게 맡겨라. 나이아스들이 무자위 위를 뛰어다니면, 무자위는 무거운 맷돌을 돌린다."

사람들은 무자위가 자기들 대신 힘든 일을 해주는 것을 기뻐했다. 그러나 자기들이 얼마나 기막힌 것을 만들어 냈는가, 그에 대해서는 아직 알지 못했다.

무자위는 곡식을 빻는 것만이 아니고, 쇠를 달구고, 광석을 빻고, 천을 짜는 수백 개의 기계의 조상이 될 운명을 지고 있었다. 그러나 당시 사람들은 그것을 미리 내다볼 수 없었다. 이들 기계는 사람을 대신해 사람을 위해 일하고, 그들에게 옷을 입히고, 먹을 것을 먹이고, 그들을 실어나르고, 공중을 날게까지도 할 것이었다.

그러나 고대에도 벌써 공상 속에서 미래의 기계를 만들어 내기 시작한 사람이 있었다. 바로 아리스토텔레스였다. 그는 이렇게 쓰고 있다.

'만일 일하는 연장이, 다이다로스(그리스 신화에 나오는 기술자)가 만든 물건이 혼자 움직이듯이, 명령을 따라서든가 또는 자발적으로든가 혼자서 자기 일을 할 수 있다면, 예를 들어 북이 혼자 베를 짜게 되면, 기술자는 도제(徒弟)가 필요 없고, 주인은 노예가 필요 없게 된다.'

훨씬 옛날부터 사람들은 마법의 물건을 공상하고 있었다. 각 민족이 그런 것에 대해 민간 이야기를 만들어 냈다. 러시아에서는, 생각하는 대로 맛있는 음식이 나오는 식탁보, 자기 혼자서 나무를 베는 도끼, 하늘을 나는 융단 이야기 같은 것이 전해져 왔다.

그리스에서는, 자신을 가리켜 꾸며 낸 기술자 다이다로스의 직계 도제라고 말하지 않는 대장장이는 한 사람도 없었다. 그리스인이 말하는 바에 따르면, 다이다로스는 도끼·톱·돛대·돛을 발명했다. 그는 크레타 섬에 미궁(迷宮) 라비린토스를 세웠다. 또 독수리 깃털로 날개를 만들어, 그것을 아교풀로 단단하게 붙였다. 아들 이카로스와 함께 그는 땅 위 높이 날아올랐다. 그러나 이카로스는 너무 높이 날아올랐다. 해로 인해 아교풀이 녹아 날개는 산산이 흩어지고, 이카로스는 바다에 떨어지고 말았다.

다이다로스는 이 밖에도 살아 있는 것처럼 스스로 움직이는 신기한 물건들을 많이 만들었다. 사람들은 꾸민 이야기를 만든 것만이 아니고, 자신도 마법의 물건을 만들어 내려고 해보았다. 밭에 물을 주기 위해, 무거운 것을 들어올리기 위해, 요새를 공격하기 위해, 사람들은 나무와 돌과 쇠로 만들어진 말을 잘 듣는 일꾼이 필요했다. 다이다로스의 자손은 불어 갔다. 지금은 벌써, 대장장이와 목수와 조각사만이 공상하는 기술자의 자손이라고 말할 수는 없었다. 시라쿠사이와 알렉산드리아에는 무엇이고 할 수 있는 기술자들이 있었다.

건축장에서 무거운 돌을 들어올려야만 할 때에는, '도르래 장치 기술자'가 불려 왔다. 그는 도르래를 짜 맞추고, 복잡한 도르래 장치를 할 수 있었다. '기계 기술자'는 아주 깊은 곳에서 물을 끌어올리는 장치인 무자위를 만들었다.

'캐터펄트 기술자'는 쇠와 돌 탄알을 멀리까지 날려보내는 캐터펄트를 만들어 냈다. '기적사'란 사람도 있었다. 기적을 만들어 내는 것만을 전문으로 하는 사람들이었다. 알렉산드리아 신전 문은 절로 열렸다. 청동으로 된 신관상이 직접 제단의 불을 켜고, 술을 따랐다. 축제일에는 높이 울리는 구리대롱 목소리가 예배하는 사람들을 신전으로 불러 모았다. 이것들은 모두 '기적사'들이 하는 일이었다. 그러나 역학에 종사했던 것은 이들 기술자만은 아니었다.

플라톤이 아직 남부 이탈리아에 있을 무렵, 피타고라스 학파에 속한 그의 친구인 타라스에 있는 아르키타스는, 도르래의 특질을 연구하고 있었다. 아리스토텔레스든가 그의 제자 누군가가 역학 책을 썼다. 이 책은 지레와 도르래 장치와 거울과 톱니바퀴에 대해 모두 연구하고 있다. 이 책에는, 한 톱니바퀴를 돌리기 시작하면 제2의 톱니바퀴와 제3의 톱니바퀴도 돌게 되는 것이 이야기되고 있다.

시라쿠사이에서는 수학자이며 기술자이기도 한 아르키메데스(기원전 287~212년)가 건축기계와 병기를 만드는 것 이외의 역학 법칙도 발견했다. 알렉산드리아의 유명한 역학자 헤론(기원후 62~150년 무렵에 활동)은, 자동기계를 만들고 '어떻게 해서 공기와 불과 물과 흙을 가지고 우리의 생활을 돕고, 또 우리를 놀라게 하는 갖가지 설비를 만드는가'에 대해 책을 썼다. 헤론은 어느 저서의 첫머리에서 다음과 같이 말하고 있다.

"공기와 물의 기술을, 철학자와 역학자는 높이 평가해 왔다. 역학자는 물의 위력 때문에, 철학자는 이들 기술의 실체 때문에 높이 평가한 것이다."

이처럼 역학자의 일은 과학을 전진시키고, 과학은 노동을 전진시켰다. 일찍이 바빌론과 이집트에서는 사람의 노동과 경험이 과학에 실마리를 주었다.

과학은 그리스에서 꽃을 피웠다. 데모크리토스와 아리스토텔레스가 이것을 일찍이 없었던 높이로까지 끌어올렸다. 과학은 지금 자기의 옛 고향 이집트로 돌아왔다. 실험을 바탕으로 하는 과학은 이곳 이집트의 알렉산드리아에서 그리스에서보다도 발달하기 쉬웠다.

광산과 대장간과 건축장에서 노예가 자유민을 대신해서 일하게 된 뒤부터, 아테네에서는 노동을 천한 노예의 일이라고 보고 있었다. 그러나 알렉산드리아는 아직 거기까지에는 이르지 않았다. 알렉산드리아의 일터에서는 아직도 자유민의 수공업자가, 자기 아들과 고용된 도제들과 함께 일하고 있었다. 알렉산드리아에 대해서는 다음과 같이 전해지고 있다.

그 곳에는 놀며 지내는 사람은 한 사람도 없다. 유리를 만드는 사람도 있거니와, 파피루스를 만드는 사람도 있다. 또 삼베를 짜는 사람도 있다. 모두 특기를 몸에 지니고 있다. 절름발이도 장님도 자기 일을 찾아내고, 몸이 약한 사람도 일을 하지 않고 멍청하게 있지는 않다. 그러고 보면, 알렉산드리아에서는 학자들까지 손을 가지고 일하는 것을 두려워하지 않았다고 해도 결코 이상한 일은 아니었다.

무세이온은 뮤즈의 전당, 즉 무사의 학원이었다. 그러나 그것은 전당이나 학원이라기보다는 차라리 일터라고 하는 편이 어울렸다. 그리고 그것은 단순한 일이 아니라, 큰 과학 도시였던 것이다. 어느 곳에서는 물리학자가, 다른 곳에서는 천문학자가, 또 한 곳에서는 역학자가 일하고 있었다.

과학은 성장했다. 아리스토텔레스의 머릿속에서도 과학은 자라나기 시작했다. 아리스토텔레스는 성장한 그의 왕국을 후계자들에게 나눠 주어야만 했다. 그러나 무세이온에서의 과학 분화는, 그 이상으로 나아갔다. 한 머리에 모두를 수용하는 것은 불가능했고, 두 손으로 무엇이고 다 할 수는 없었다. 무세이온에서는 수천 명의 학생이 스승의 지도 아래, 지리학·천문학·역사·역학·수학·철학 같은 온갖 학문을 배우고 있었다.

에우클레이데스(유클리드, 기원전 450~380년)가 여기서 교편을 잡고, 아르키메데스가 여기서 수학을 배우고 있었다. 왕들까지도 공부하기 위해 이곳으로 찾아왔다. 프톨레마이오스는 에우클레이데스에게 수학으로의 가까운 길을 가르쳐 달라고 부탁했다. 그러자 에우클레이데스는, "수학에는 왕도가없습니다"라고 대답했다.

철인의 꿈

아리스토텔레스는 리케이온의 가로수 길을, 즉 철인의 길을 걸어 제자들을 멀리까지 이끌고 갔다. 알렉산드리아 학자들은 보다 앞에까지 나아갔다. 철인의 길은, 그들을 산꼭대기로 데리고 갔다. 그것은 지구를 한 바퀴 돌고, 달과 해로 옮기고 저 멀리 별로 향했다.

일찍이 사람들은 산이 하늘에 닿아 있는 것으로 생각했었다. 구름에 싸여 있는 올림푸스 산의 험한 꼭대기에는 신들이 산다고 했다. 카우카소스(카프카스) 바위에는 프로메테우스가 매여져 있다고도 했다. 그 바위는 산 중턱으로 해가 가라앉아도, 그 뒤 아직 네 시간 동안은 하늘에서 계속 빛나고 있을 정도로 높았다. 그러나 누가 산 꼭대기를 재겠는가? 구름을 쓴 꼭대기까지 손을 뻗을 수 있는 거인이 있을까?

그런 거인이 있었다. 알렉산드리아 학자 에라토스테네스는 교묘한 기구로 각도를 재고, 세모꼴을 그리고, 파피루스 두루마리를 기호로 채웠다. 그는 산 꼭대기에 오르지는 않았다. 아래에 있으면서 산 높이를 계산했다. 그는

에라토스테네스

벌써 길을 알고 있었다. 이 길은 벌써 아리스토텔레스의 제자 디카이아르코스에 의해 알려져 있었다. 에라토스테네스는 그 계산을 해냈다. 그리하여 그는 산이 그렇게 높지 않은 것을 알았다. 그것은 나무껍질처럼 올퉁불퉁한 지구 표면의 혹이었다.

그러면 지구 그 자체는 어떤가? 누가 그것을 한 바퀴 돌고, 끌어안을 수가 있을까? 대담무쌍한 선원들마저, 아직 세계 일주 따위는 꿈도 꾸지 않았다. 그러나 에라토스테네스는, 그런 큰 여행을 하지 않더라도 지구를 잴 수 있는 방법을 알고 있었다. 그러기 위해서는 알렉산드리아에서 시에네로 가는 것만으로 충분했다.

해가 시에네 천장에 있을 때, 알렉산드리아에서는, 해는 천장에서 동그라미의 50분의 1만큼만 벗어나 있다. 시에네에서 알렉산드리아까지 5000스타디온, 즉 750킬로미터다. 동그라미의 50분의 1이 5000스타디온이라면, 전체의 둘레는 25만 스타디온이 된다.

이처럼 사람은 직접 알아볼 수 없었던 것까지도 계산할 수 있게 되었다.

지구의 크기를 알기 위해 사람은 해를 보았다. 25만 스타디온! 알렉산드리아의 지리학자들은, 이 동그라미의 4분의 1에만 사람이 산다고 했다. 그것은 헤라클레스 기둥에서 이탈리아까지, 이탈리아에서 그리스까지, 그리스에서 갠지스 강의 어귀까지다.

그럼 '인류 거주지', 즉 땅 저쪽은 어떻게 되어 있을까? 어떤 사람은 인도까지는 바다뿐이라고 생각했다. 다른 사람은 '큰바다'에 행복의 섬이 있다고 믿었다. 그곳은 언제나 좋은 날씨가 계속되며, 사람들은 지금도 황금시대의 생활을 하고 있다…….

끝이 없는 지구에서, 바다와 산에서 하늘의 달과 해에도 길은 곧바로 향해 있다.

이 길을 걸어가서 달까지 몇 걸음이 되는가? 해가 얼마나 큰가를 가르쳐 주는 것은 누구일까?

학자들은 천문대를 떠나지 않고, 다시금 여행을 떠났다. 이들 지구의 주민은 하늘을 재는 도구와 기계를 가지고 있었다.

천문대에 비치된 어떤 기구 옆에는 한 천문학자의 움직이지 않는 모습이 보인다. 그 손은 청동 고리를 천천히 돌리고, 눈은 눈금을 세고 있다. 이는 사모스의 아리스타르코스(기원전 310~230년 무렵)다.

그는 아리스토텔레스의 학문상의 증손자가 된다. 아리스토텔레스와 아리스타르코스의 사이에는 백 년의 간격이 있다. 아리스토텔레스는 테오프라스토스를 가르치고, 테오프라스토스는 스트라톤(?~기원전 270년 무렵)을 가르쳤다. 그러나 과학은 싸우는 가운데서 만들어져 간 것이다. 제자는 자주 스승을 배반했다.

아리스토텔레스는 플라톤과 논쟁했다. 스트라톤은 아리스토텔레스의 견해를 버리고, 데모크리토스의 학설을 따랐다. 스트라톤의 제자 아리스타르코스는, 그 이상으로 강렬한 데모크리토스의 추종자가 되었다. 데모크리토스와 마찬가지로 그는 지구가 단 하나뿐인 세계가 아니라는 것, 우주에 비하면 하나의 점에 지나지 않다는 것, 세계는 수없이 많다는 것을 믿었다.

밤에 밤을 잇고, 날에 날을 이어, 아리스타르코스는 하늘 비탈을 나아갔다. 그는 별에서 수로 옮기고, 수에서 다시 별로 돌아왔다. 달과 해까지의 길을 재고, 우리 지구에서 해까지의 거리가 달까지의 거리보다 몇 배 먼가를 알았다. 그는 해를 한 바퀴 돌고, 다음에 달로 가서 그것도 재었다. 그의 계산은 아직 정확하지는 않았다.

그는 달까지의 길은 거의 정확하게 재었지만, 해는 실제보다 가까운 것으로 생각했다. 그의 계산에 따르면, 달은 너무 크고, 해는 너무 작다. 그러나 측량기계가 아직 완전치 못했으므로, 정확히 할 수 없었다.

사람이 비로소 하늘을 재려는 것이었다.

세로로 가로로 측정한 자기 하늘집을 바라보고 있는 아리스타르코스는 이제 그 집의 뜻하지 않은 손님이 아니라, 주인이었던 것이다. 그는 집 모양을 그려 보았다. 그러자 우주라는 건물 중앙에 위치한 것은 지구가 아니고 해란 것이 차츰 더 확실해졌다. 나방이 등불 둘레를 날아다니듯이, 행성은 해 둘레를 돌고 있었다. 지구도 행성의 하나에 지나지 않은 것이었다. 이렇게 하면, 우주의 그림은 간단해진다. 행성의 복잡한 운동을 설명하기 위해 생각해 낸 많은 천체는 필요치 않게 된다.

아리스타르코스는, 그의 학설이 사람들에게 받아들여지기까지는, 많은 세월이 필요하다는 것을 알고 있었다. 사람들은 지구가 우주 중심에 위치한다는 생각에 익숙해져 있었다. 여간해서는 지구가 태양계 우주의 행성에지나지 않는다는 사실을 인정하려 들지 않을 터였다.

이제 지구는 체조선수의 손에 던져진 공처럼, 우주 중심에서 내던져지고 말았다. 그 자리에는 해가 앉았다. 그러나 천문학자들은 이 학설에 귀를 기울이려고도 하지 않았다. 만일 태양이 우주의 중심이라면, 배에서 보는 해안의 나무나 바위가 멀어지는 것과 같이 항성도 멀어질 것이라고 그들은 말했다. 아리스타르코스는 다음과 같이 반박했다.

"별은 너무도 멀어서 그 이동이 우리에게 보이지 않는 것이다. 먼 산은 우리가 두세 걸음 걸어간 정도로는 멀어지지 않지 않는가?"

그러나 아리스타르코스의 논증은 별로 효과가 없었다.

고대세계의 코페르니쿠스라고도 말할 수 있는 아리스타르코스는 세상에 너무 일찍 태어났다. 아낙사고라스도, 소크라테스도, 데모크리토스도, 아리스토텔레스도 그러했듯이 아리스타르코스에게도 또한 신을 업신여긴 죄를 묻게 되었다.

어느 날, 또 한 해, 한 세기, 또 다음 세기로 때는 흘러갔다. 그런데도 아리스타르코스의 학설은, 사람들에게 여전히 너무 새롭고 너무 대담한 것처럼 여겨졌다.

기원 2세기로 들어와, 또한 이 알렉산드리아에서, 클라우디오스 프톨레마

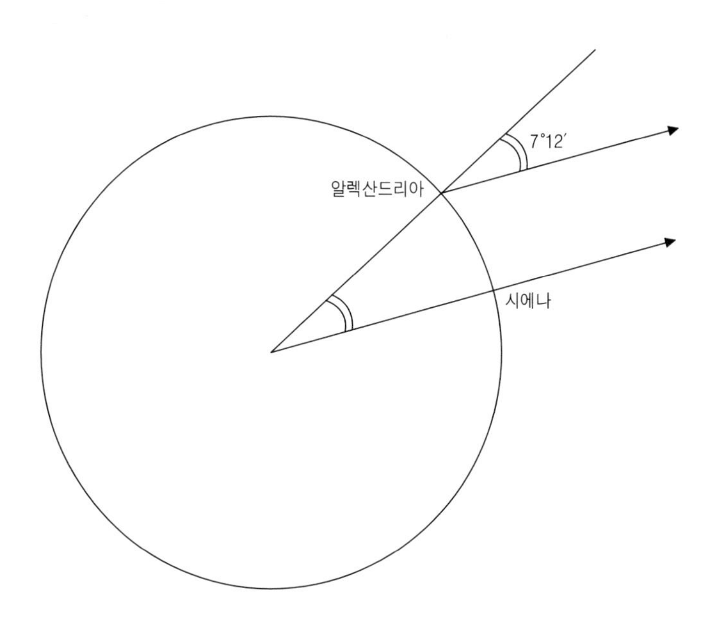

아리스타르코스의 측정법

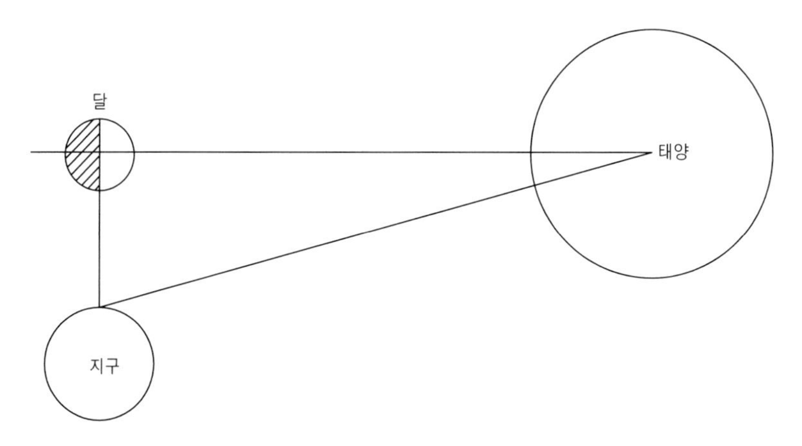

에라토스테네스의 측정법

이오스(기원후 85?~165?)가 지구와 하늘에 대해 13권으로 된 책을 저술했다(《천문학 집대성》, 아라비아어로 번역되어 《알마게스트》가 된다). 그는 이 저술에 다뉴브 강과 라인 강에서 인도와 중국에 이르기까지의 세계지도를 붙였다. 그는 항성 목록을 만들고, 각 별의 바른 위치를 보였다. 또한 새로 우주의 도면을 만들었다. 그는 지구를 어떻게 할 것인가, 어디에 두면 좋을까 하고 오랫동안 생각했다.

아리스타르코스는 훨씬 전에 죽었지만, 그런 그와 프톨레마이오스는 논쟁을 계속했다. 프톨레마이오스는, 아리스타르코스의 학설에 대한 반론을 잇따라 골라냈다. 그는 말했다.

"만일 지구가 한곳에 정지해 있지 않고 움직이고 있다면, 구름이 지구에서 떨어져 나가 하늘 한쪽에 모이게 될 것이다. 던져진 돌은 본디 있던 곳으로 떨어지지 않고, 다른 곳에 떨어질 것이 틀림없다. 그 사이에 지구가 움직여 가버리기 때문이다."

프톨레마이오스는 아직, 지구 위에 있는 온갖 것이 지구와 함께 움직여, 지구에서 떨어져 나가거나 정지하거나 하지 않는 것을 몰랐다. 그는 이 밖에도 아리스타르코스와의 반대 논리를 여러 가지 들고, 지구는 한곳에 멈춰 있다고 생각하는 편이 간단하다고 결론을 내렸다. 죽은 사람은 반박을 할 수 없으므로, 아리스타르코스는 반론을 펼 수 없었다. 그러나 별 자체가 아리스타르코스를 대신해서 말을 했다.

무세이온 옆에 있는 천문대에서는 천문학자들이 매일 밤 행성의 운동을 관측하고 있었다. 그들은 행성이 앞으로 나아가는가 하고 생각하면, 뒷걸음질치는 것을 보게 되었다. 아리스타르코스를 믿는다면 이것을 이해하기 쉬웠다. 그러나 프톨레마이오스를 믿기로 하면, 이것은 설명할 수 없었다.

그러나 프톨레마이오스는 완강히 자기 주장을 굽히지 않았다. 그는 지구가 정지해 있을 수 있게끔, 그는 천체에 이상한 모양을 그리게 했다. 그는 달로 하여금 지구 둘레가 아닌, 있지도 않은 점의 둘레를 돌게 했다. 그리고 이 점을 동그라미에 따라 달리게 했다. 이 동그라미의 중심은 지구의 중심과 일치하지 않았다.

행성에 대해서는, 그는 더 치밀한 장치를 생각해 냈다. 새로운 관찰을 낡은 견해에 맞추는 일은 쉽지 않은 것이었다. 그러나 이야기의 앞으로 달리는 것을 이만해 두고, 기원전 3세기로 돌아가기로 하자.

"여기서 별까지는 먼 것일까? 누가 우주를 잴 수 있겠는가?" 하고 천문학자는 묻는다. 알렉산드리아의 무세이온의 제자인 아르키메데스가 이 문제와 씨름했다. 그는 시칠리아의 시라쿠사이에 살면서, 우주의 크기에 대해 쓴 책을 시라쿠사이 왕 히에론에게 바쳤다. 책 제목은 《모래의 수에 대하여》라는 것이었다.

사람들은 아직도 사물의 가장 작은 단위는 모래알이라고 생각하고 있었다. 아르키메데스도 우주에 얼마만큼 모래알이 들어갈 수 있는지 계산해 보려 했다. 그는 이렇게 쓰고 있다.

"히에론 왕이여. 모래알 수는 한이 없다고 생각하는 사람이 있습니다. 제가 말씀드리는 것은, 시라쿠사이나 시칠리아 전토에 있는 모래 이야기가 아니고 사람이 없는 곳, 즉 사람이 살지 않는 전체의 뭍에 있는 모래에 대해서입니다."

그리고 그는, 지구 이외에 온 우주에 모래알을 넣는다고 하면 얼마나 들어가는지, 그 계산이 가능하다는 것을 증명해 보이려 했다. 그는 아직 우주의 경계는 항성권이라고 생각했다. 그의 생각에 따르면, 항성권까지의 거리는 백억 스타디온이었다. 우주에 모래알을 넣는다고 하면, 그것은 1에 63개의 영을 붙인 수가 될 것이었다.

이는 어마어마한 수다. 그러나 무한에 비하면 별것도 아니다. 가장 걸음이 빠른 나그네인 빛마저 여행을 끝내는 데 수백만 년이나 걸리는 그런 멀고 먼 곳까지도, 사람의 눈이 미치는 때가 올 것이다. 사람은 은하수 저쪽에 다시 많은 은하수를 발견할 것이 틀림없다.

그래도 여전히 사람들 앞에는 무한이 계속 가로놓여 있을 것이다. 그러나 아르키메데스는 아직 무한하게 큰 우주를 상상할 수가 없었다. 그는 여전히 땅 위의 자로 하늘을 재고 있었다. 그래도 벌써 지구와 항성 사이의 거리가 얼마나 엄청난지 알고 있었다.

과학이 그 힘을 보여준다

한쪽에는 모래알이 있고, 다른 쪽에는 산이 있다. 일찍이 사람은 이렇게 작고 좁은 세계 안에서 살고 있었다. 그러나 이제 머리 위의 하늘은 백억 스타디온이나 높아졌다. 모래알 저쪽에도 하나의 세계가 열렸다. 아르키메데스는 눈에 보이지 않는 그림자에 대한 데모크리토스의 학설을 알고 있었다. 그는 입자의 세계를 지배하는 법칙을 알기 위해 작은 우주의 문을 두드렸다.

이 문을 여는 것은 결코 쉬운 일은 아니었다. 모래알이 돌 속으로 파고 들어가려면 어떻게 하면 좋은가? 그곳에서는 입자가 서로 맞붙어 있다. 돌을 깨어 조각으로 만들 수 있는 것은 무거운 망치뿐이다. 물속이라면 들어가기 쉽다. 물의 경우는 손으로도 움직이는 입자를 쉽게 휘저을 수 있다.

아르키메데스는 물의 세계를 연구했다. 그러자 이 세계에도 법칙이 있다는 것이 차츰 확실해지기 시작했다. 멀리 여행을 떠날 필요는 없었다. 물건의 무게가 없어지는 기적의 나라로 들어가는 데는, 물을 부은 그릇에 손을 넣는 것만으로도 충분했다. 이 색다른 세계에서는 온갖 물건이 가벼워진다. 가라앉는 대신 떠오르는 물건도 있다. 어떤 것은 그릇 바닥과 물 표면 중간에 떠 있다. 가장 무거운 것만이 바닥에 가라앉을 뿐이다.

만일 아르키메데스가 이 세상 모든 사물이 눈에 보이지 않는 입자로 되어 있다는 것을 알지 못했다면, 이런 사실을 이해하기는 어려웠을 것이다. 아르키메데스는 물이 어째서 그릇 모양이 되는지, 그 까닭을 밝히려 했다. 그는 생각했다.

'군중을 구성하는 것이 사람인 것처럼, 물은 입자로 구성되어 있다. 군중은 광장의 모양대로 된다. 물이 그릇 모양이 되는 것과 마찬가지가 아닐까?'

아르키메데스는 물 속에 나무 조각을 넣어 보았다. 어째서 나무는 물에 가라앉지 않는 걸까? 아르키메데스는 생각했다.

'물은 입자로 되어 있다. 위에 있는 입자의 무게가 아래 있는 입자에 미친다. 그릇에 나무 조각을 넣은 경우, 나무 조각이 그 아래 있는 입자를 누르는 힘은 물보다 약하다. 나무는 물보다 가볍기 때문이다. 균형이 깨진다. 같은 깊이에서 압력을 많이 받는 입자와 적게 받는 입자가 생기기 때문이다.

압력을 세게 받는 입자가 약하게 받는 입자를 밀어 내려 한다. 입자의 무리가 나무를 압박하여 물 밖으로 밀어낸다. 물체에 의해 배제된 물의 무게가, 그 물체의 무게와 같게 되었을 때, 균형은 회복된다.'

이렇게 물체의 뜨는 힘에 대해 생각하는 가운데, 아르키메데스는 그의 이름으로 불리는 법칙을 발견했다. 수천 년이 지나는 사이에 이 법칙은 초등학

물체가 뜨는 것을 연구하는 아르키메데스

교 학생들마저 알게 되었다.

아르키메데스는 수학과 역학의 어려운 문제를 계속 풀었다. 그리고 그보다 훨씬 전에 데모크리토스가 이 문제를 많이 풀었던 것을 알고 있었다. 알렉산드리아에 살고 있을 무렵, 아르키메데스는 데모크리토스의 이름을 거의 듣지 못했다. 데모크리토스는 무신론자였으므로 그의 학설을 인용하는 것은 적당치 않다고 여겨졌기 때문이다.

시라쿠사이로 돌아온 뒤, 아르키메데스는 데모크리토스의 책을 읽기 시작, 역학과 수학의 어려운 문제를 푸는 열쇠를 그 속에서 발견했다. 열쇠란 것은 쪼갤 수 없는 입자, 즉 원자에 관한 학설이었다.

데모크리토스의 방법을 쓰면 송곳·공·둥근 통의 부피를 쉽게 찾아낼 수 있었다. 물체를 아주 얇은 널빤지로 만드는 것만으로도 가능했다. 데모크리토스가 말했듯이, 물체는 평면으로 되어 있고, 평면은 직선으로 되어 있고, 직선은 나눌 수 없는 점으로 되어 있기 때문이다.

아르키메데스는 알렉산드리아의 무세이온에 있는 옛 친구 에라토스테네스에게 편지를 보냈다.

에라토스테네스는 왕의 보호를 영광으로 삼고 있었다. 그는 무신론자인 데모크리토스의 적이었다. 단순한 천문학자와 철학자가 아니라 임금을 섬기는 조정의 신하였다. 그것은 아르키메데스도 잘 알고 있었다. 그래도 아르키메데스는 과학을 위해 유일하다고 생각되는 것을 에라토스테네스에게 전하는 일을 자기 의무라고 생각했던 것이다. 그는 다음과 같이 써서 보냈다.

'나는 자네를 훌륭한 학자로, 뛰어난 철학자로 생각하고 있네. 그래서 나는 정리를 증명하는 데 도움이 되는 특별한 방법을 자네에게 전하고 설명하려 하네. 이 방법을 최초로 제기한 것은 데모크리토스이네. 나는 이것을 적기로 했네. 그렇게 함으로써 수학에 적지 않은 이바지를 할 수 있다고 확신하기 때문일세. 많은 수의 같은 시대 사람과 뒤의 사람이 이 방법을 알게 된다면, 내가 아직 생각해 내지 못한 새로운 정리를 발견하게 될 것이 틀림없네.'

다른 무세이온 학자들도 이 편지를 읽으리라는 것을 아르키메데스는 알고 있었다. 그러나 그는 과학의 이익을 위해 필요하다면 혼자서 만 명과 맞설 것도 두려워하지 않았다.

그는 언제나 그렇게 행동해 왔다. '모래의 계산' 속에서도 그는 알렉산드리아의 학자들이 부정한 주장을 계산의 바탕으로 삼았다. 그때 그는 다음과 같이 말했다.

"사모스의 아리스타르코스는 많은 가정을 포함한 저술을 지었다. 그들 가정의 결론은, 우주는 우리가 생각하는 것보다도 훨씬 크다는 것으로 돌아간다. 까닭인즉, 아리스타르코스는 별과 해는 움직이지 않고, 지구가 해의 둘레를 돌고 있다고 보기 때문이다."

이렇게 해서, 데모크리토스의 길이 과학의 본질이 되었다. 그리고 그 길을 고대의 대학자 아리스타르코스와 아르키메데스가 걸어갔다.

아르키메데스는 학자인 동시에 기술자이기도 했다. 그 시절 기술에 관한 일은 기술자가 하는 것으로 여겨졌다. 플라톤은, 역학을 한다고 해서 친구인 아르키타스를 비난했다. 아르키타스는 나무로 하늘을 나는 비둘기를 만들었다. 플라톤에게는 그것이 철학자답지 못한 일로 생각되었던 것이다. 역학은 기술자의 일이다. 그런 일은 기술자에게 맡겨 두면 된다.

아르키메데스는 여기서도 플라톤과 그 추종자에게 거역했다. 그는 역학을 정결한 과학으로 만들기 위해 크게 힘썼다. 사람들은 역학에 놀라기는 했지만 그것을 이해할 수는 없었다. 지레를 쓰면 작은 힘으로 무거운 것을 들어올릴 수 있다는 것이, 사람들에게는 설명이 되지 않는 기적이며 요술인 것처럼 여겨졌다. 지레의 작용은 사물의 자연스런 움직임에 어긋난다고 사람들은 생각했다.

아르키메데스는 지레의 법칙을 발견하고, 이 경우도 초자연의 힘이 아니라 자연의 법칙이란 것을 분명히 했다. 아르키메데스와 그 밖의 많은 사람들은 자동 장난감을 만들었는데, 아르키메데스는 이와는 달리 참 기계와 기구를 만들었다. 그는 구리로 천구의(天球儀)를 만들었다. 이 천구의는 구경하는 사람에게 숨겨진 수력원동기로 움직여졌다. 천구의를 움직이면 날이 밝아 달이 해에게 자리를 양보하는 모양, 월식 때 달이 지구 그늘에 숨게 되는 모양, 행성이라고 하는 천체들이 공중을 이동하는 모양을 볼 수 있었다. 알렉산드리아에 있을 때, 그는 '나선형 양수기', 즉 이집트에서 쓰이던 밭에 물을 퍼올리는 기계를 개량했다.

아르키메데스의 양수기는 나중에는 광산에 차려지게 되었다. 에스파냐 광부들은 가끔 땅 속 냇물에 부딪혔다. 그러면 땅 속 내를 경사진 도랑으로 흘려넣기 위해 그 급한 물줄기와 싸워야 했다. 그들은 아르키메데스의 양수기를 씀으로써 물을 완전히 퍼올려 땅 속 내를 밖으로 내보낼 수 있었다.

아르키메데스는 건축가를 돕기 위해, 《버티는 기둥의 책》을 썼다. 이 책을 보면 기둥이 어느 정도의 무게를 버틸 수 있는지를 계산할 수 있었다.

어느 목수든 배를 만들어 물에 띄울 수 있는 시대는 이미 지났다.

아르키메데스가 살고 있는 시라쿠사이 항구에는, 지붕이 있는 회랑과 체조장과 술창고와 제분소 등이 있는 물 위 도시가 닻을 내리고 있었다. 뱃전 위에는 성벽 위의 탑과 마찬가지로 높은 탑이 솟아 있었다. 이런 큰 배를 만들기 위해서는, 솜씨 있는 목수만으로는 될 수 없고, 그 위에 기술자가 있어야만 했다. 그 무렵의 이야기다. 배를 한 척 만들었는데, 너무 크고 무거워서 물에 띄울 수가 없었다. 시라쿠사이 주민 모두가 나와, 이 노젓는 배를 잡아끌었다. 그러나 배는 끄떡도 하지 않았다.

사람들은 아르키메데스에게 도움을 청했다. 아르키메데스에게 이것은 불가능한 과제가 아니었다. 그는 바로 지레의 법칙을 발견한 사람이었기 때문이다.

"나에게 버티고 설 자리를 달라. 그러면 지구를 움직여 보이겠다"는 그의 말은 사람들의 입에 끊임없이 오르내리고 있다. 아르키메데스는 큰 배 둘레에, 지레와 도르래의 복잡한 장치를 하였다. 수백 개의 손이 큰 밧줄을 잡아당겼다. 그러자 큰 배는 얌전히 물 위로 미끄러져 나갔다. 시라쿠사이 왕 히에론은 이것을 보고, "앞으로는 아르키메데스가 무슨 말을 하든, 모두 믿도록 명령한다."고 외쳤다 한다.

사람들이 거인 헤라클레스와 하늘을 어깨로 떠받고 있는 아틀라스 이야기를 만든 시대가 있었다. 그러나 이제는 사람들이 티탄 족이 아닌 학자의 이야기를, 헤라클레스가 아닌 아르키메데스의 이야기를 말하기 시작했다.

왕의 주문으로 시라쿠사이 장인들이 왕을 위해 금관을 만든 적이 있었다. 그런데 황금 일부를 가로채고 대신 은을 쓴 듯한 낌새가 보였다. 왕은 아르키메데스를 불러 이렇게 말했다.

"이건 내 왕관이오. 이 속에 은이 얼마나 섞여 있는지 조사해 주오. 다만 왕관을 이 모양 이대로 두고 말이오."

어려운 문제를 풀기 위해, 아르키메데스는 밤낮으로 고심했다. 사람들이 잠들어 있을 때도 그는 이 문제로 잠을 이루지 못했다. 식사를 할 때도, 산책을 할 때도, 목욕탕에 들어가 있을 때도 그는 계속 이 문제를 생각했다.

사람들의 이야기로는, 어느 날 그가 느닷없이 목욕탕에서 뛰어 나와, 알몸 그대로 환성을 지르며 집으로 달려갔다고 한다.

"알았다!"

마침내 문제를 푸는 방법을 찾아낸 것이다!

그날 그는 천천히 목욕통에 몸을 집어 넣었다. 그러자 물이 넘쳐 흘렀다. 그것을 보고 그는, 왕관도 물을 담은 그릇에 집어 넣으면 된다는 것을 알아챘다. 그러면 물의 한 부분 이 넘쳐 나올 것이다. 그 다음에 왕관과 같은 무게의 금덩이를 가지고 와서 넣어 본다. 만일 같은 양의 물이 넘쳐 나온다면 왕관은 순금으로 만들어진 것이 된다. 넘쳐 나온 물의 양이 그 이상이라면 왕관에 은이 들어 있다는 증거다. 은은 금보다 부피가 크기 때문이다.

그는 그대로 해보았고 금에 은이 섞여 있다는 것을 알았다. 넘쳐 나온 물을 그때마다 계산하는 방법으로 아르키메데스는 왕관에 은이 얼마만큼 들어 있는지 계산할 수 있었다.

범죄가 드러났다. 모두 놀라고 말았다. 그러나 누구보다 놀란 것은 훔친 사람들이었다. 그들은 솜씨가 좋은 금은세공사들로, 금에 은이 섞여 있는 것을 알아볼 사람이 이 세상에 있으리라고는 생각도 못했었다.

이건 아마 만든 이야기일 것이다. 이 이야기를 지어낸 시라쿠사이 주민은 학문이 없는 사람들이었다. 학문이 없는 사람에게는 학자들의 생각이 어떤 경로를 거치는지 이해하기 어렵다. 그래서 그들은 아르키메데스를 이야깃거리로 삼은 가운데 목욕탕에 대한 생각이 떠오른 것이리라. 그들은 뉴턴의 일이 이야깃거리가 되면, 이번에는 나무에서 사과가 떨어진 이야기를 하는 것이다. 그러나 학자들에 대해 이런 꾸민 이야기가 만들진다는 그 자체가, 사람들이 과학의 힘과 이성의 힘을 믿게끔 되었다는 것을 보여주고 있다.

로마 사람이 시라쿠사이를 습격했을 때, 아르키메데스는 온갖 과학의 힘을 적에게 퍼부었다. 역사가 플루타르코스(46~120년)는 이 일에 대해 다음과 같이 이야기했다.

"마르케르스(기원전 270~208년)는 전군을 거느리고 시라쿠사이를 향해 진출했다. 그는 8척의 큰 배를 마주 붙이도록 명하고, 여기에 성을 공격하는 기계를 싣고 성벽으로 다가갔다. 그는 충분한 준비와 자기 명성에 의해 반드시 전과가 있을 것으로 생각했다. 그러나 그런 것들은 아르키메데스와 아르키메데스의 기계에 비해서는 어린애 장난과도 같은 것이었다."

일찍부터 히에론 왕은 역학의 중요성을 인정하고, 어떤 포위를 만났을 때도 공격과 수비 어느 쪽에나 쓰이는 온갖 종류의 기계와 성을 공격하는 장치들을 자기를 위해 만들어 달라고 아르키메데스에게 부탁했었다. 이제 그 기계들이 시라쿠사이 사람들에게 도움이 된 것이었다.

로마 군이 도시를 양쪽에서 포위하자, 시라쿠사이 사람들은 두려워 떨었다. 그들은 겁에 질려 입을 다물고 말았다. 이런 위력에 저항할 수 있으리라고는 도저히 생각할 수 없었기 때문이다. 바로 이런 때, 아르키메데스는 자기가 만든 기계를 쓰기 시작했다.

그가 쏘아 보낸 갖가지 화살과 믿어지지 않을 정도의 큰 돌이 울부짖으며 무서운 속도로 적의 보병을 향해 날아갔다. 어느 것 하나 그것에 견뎌 낼 수는 없었다. 그것들은 닥치는 대로 군사들을 쳐서 넘어뜨리고 대열을 혼란에 빠뜨렸다.

바다 위에서는 갑자기 뿔처럼 휜 통나무가, 성벽에서 배 위로 뻗어왔다. 어떤 통나무는 위에서 배를 때려 그 힘으로 배를 가라앉히고 말았다. 다른 통나무는 쇠로 된 손과 곡괭이처럼 생긴 것으로 뱃머리를 잡고, 배를 쳐들어 물구나무를 서게 한 다음, 갈고리를 벗겨 배를 가라앉히고 말았다. 마르케르스가 배 몇 척에 장치하도록 한, 성을 공격하는 데 쓰는 삼부카라는 사다리가 성턱에 닿기도 전에, 무게가 10달란트나 되어 보이는 돌이 잇따라 날아왔다. 돌은 무서운 소리를 내며 무서운 힘으로 삼부카를 쳐서 박살을 내고 말았다.

마르케르스는 어떻게 해야 좋을지를 몰라 함대를 이끌고 서둘러 물러나기로 하고, 보병들에게도 퇴각을 명령했다. 그들이 멀리까지 도망을 했는데도, 화살은 여전히 뒤쫓아와서, 퇴각하는 군사들에게 큰 피해를 입었다. 적에게 아무 피해도 주지 못한 채, 많은 배가 부숴졌다.

아르키메데스의 기계는 대부분이 성벽 그늘에 놓여 있었다. 마르케르스는 자기 나라 전문기술자와 기계기사를 비웃으며 말했다.

"브리아레오스(그리스 신화에 나오는 손이 백 개인 거인)와 같은 수학자와 싸우는 것은 그만두어야 하지 않겠는가? 그는 바닷가에 가만히 앉아, 우리 군선을 가라앉히고, 다음에 이야기에 나오는 백수거인들을 거느리고 무수한 화살을 우리를 향해 한꺼번에 쏘아 보내는 거야……."

플루타르코스의 이 이야기는, 과학의 힘과 백수거인인 브리아레오스를 능가한 수학자에 대한 찬사로 넘치고 있다. 그러나 플루타르코스는, 과학만이 아르키메데스의 힘이었던 것은 아님을 알지 못했다.

아르키메데스는 백 개의 손이 아니라 수천 개의 손을 가지고 있었다. 그는 온 민중과 함께 도시를 지켰다. 바로 이것이 그를 거인으로 만든 것이었다. 플루타르코스는 말했다.

"시라쿠사이 사람들은, 아르키메데스의 기계의 손발에 지나지 않았다. 아르키메데스야말로 모든 사람을 움직여 이끄는 영혼이었다."

플라톤을 진심으로 추종했던 플루타르코스는, 국가의 영혼과 그 육신을 대립시켰다. 모든 것을 지배하는 것은 정신이다. 즉 왕과 장군과 철학자와 학자들이다. 민중은 정신에 복종하는 육신에 지나지 않는 것이다.

그러나 아르키메데스를 민중으로부터, 그리고 전 인류로부터 떼어 낼 수 있을까? 아르키메데스는 시라쿠사이 사람이며, 이 도시를 이룩한 사람 들의 자손이었다. 역사는 그 사람들의 이름을 남겨 두지는 않았다. 그러나 그들과 같은 나라 사람이 그 노동으로 집들과 거리, 부두와 배, 과수원과 포도밭을 만들고, 그것들을 아르키메데스가 굳게 지켰던 것이다.

수천 개의 손이 아르키메데스의 기계를 만들어 냈다. 아르키메데스보다 훨씬 이전에 수천이라는 사람의 머리가, 지레와 도르래와 도르래 장치를 만들려고 갖가지 연구를 했다.

플루타르코스는 이야기를 끝내는 마당에 로마 군이 오랜 포위 끝에, 시라쿠사이를 점령하는 데 성공한 것을 이야기했다. 로마 군을 도운 것은 배신자였다. 부자들이 로마 군 쪽에 붙은 것이었다. 그들은 아르키메데스도 속해 있었던 국민회의의 적이었다.

로마 군대들은 시내로 쳐들어와, 닥치는 대로 사람들을 죽이기 시작했다. 그들은 늙은 아르키메데스 앞에도 나타났다. 모자이크 그림이, 우리를 위해 이 순간의 모습을 남겨 두었다.

아르키메데스는 긴의자에 몸을 기대고 누워 있다. 그 앞에 삼각 탁자가 있고, 탁자 위에는 모래를 뿌린 판자가 놓여 있다. 아르키메데스는 모래 위에 기하학의 도형을 그려 두고, 그의 머리 위에는 로마 병의 손에 들린 칼이 쳐들려 있다.

사람들의 이야기에 따르면, 적병이 온 것을 알자, 아르키메데스는 "도형에 손대지 말라!" 하고 외쳤다고 한다. 그는 자기를 잊고 학문만을 생각하고 있었던 것이다. 그러나 배운 것이 없는 로마 병에게 학문이 무슨 상관이었으랴. 아르키메데스는 도형 위에 엎드려 넘어졌다. 지구마저 움직일 수 있었을 그를, 단 한 번 휘둘린 칼날이 죽이고 만 것이다.

시라쿠사이는 로마가 지배하는 도시가 되었다. 로마인들은 아르키메데스의 이름이 고향 거리에서마저 사람의 입에 오르내리지 못하도록 눈을 번득였다. 아르키메데스는 로마인에게 가장 두려운 원수였기 때문이다.

그의 무덤은 잡초 속에 묻히고 말았다.

로마의 작가요, 정치가이기도 했던 키케로(기원전 106~43년)는 그의 무덤을 찾아냈을 때의 모습을 이렇게 말하고 있다.

“시칠리아에 머물러 있는 동안, 나는 호기심으로 시라쿠사이에 있는 아르키메데스의 무덤을 물어보았다. 그러나 이곳 사람들은 무덤에 대해 거의 아무것도 몰랐고, 무덤이 있던 자리도 사라졌다고 하는 사람마저 있었다. 그러나 나는 열심히 탐색을 계속하여 마침내 가시덤불과 잡초 속에서 묘석을 발견할 수 있었다. 내가 이를 발견할 수 있었던 것은, 몇 줄의 시 때문이었다. 내가 아는 한, 묘석에는 시가 새겨져 있을 터였다. 그리고 그 시 위에 그려져 있을 공과 둥근 송곳 때문이었다.

시라쿠사이 성문을 나와서 많은 묘석이 줄지어 있는 버려진 땅이 있었다. 주의 깊게 여기저기를 둘러보는 가운데, 나는 문득 덤불 위에 머리를 내밀고 있는 작은 기둥을 발견했다. 거기에는 내가 찾고 있던 공과 둥근 송곳이 그려져 있었다. 나는 그 순간 동행하던 시라쿠사이의 사람들을 보고, 눈앞에 있는 묘석을 보니 아르키메데스의 무덤이 틀림없다고 말했다.

사람을 불러 덤불을 베어내어 길을 내게 하고, 그 기둥으로 다가가 보았더니, 아니나 다를까 바닥돌에는 비명이 새겨져 있었다. 새겨진 시의 한 부분은 아직도 읽을 수가 있었으나, 나머지는 모두 비바람에 지워지고 없었다. 일찍이 세상을 위해 많은 학자를 낳은 그리스의 영광스런 도시의 하나인 시라쿠사이는, 가장 천재적인 시민의 무덤이 있는 곳마저 벌써 모르는 형편이었다.”

로마인들은 시라쿠사이에서 아르키메데스의 기억까지도 없애버리는 데 성공했다. 그러나 세월은 흘러 로마 정복자들의 승리와 개선행렬은 추억으로 변하고 말았다.

인류를 위해 아르키메데스가 싸워 얻은 것은 사라져 없어지지 않았다. 아르키메데스의 저서와 친구들에게 보낸 편지는 지금에 이르기까지 남아 있다. 자신이 지은 수학책 하나를 도시테우스라는 수학자에게 보내며, 아르키메데스는 다음과 같이 썼다.

‘이들 정리는, 오랜 동안 나를 괴롭혀 왔습니다. 나는 여러 차례 그것들을 연구했지만, 그때마다 그 속에서 많은 어려움을 발견했던 겁니다.’

굽힐 줄 모르는 그였던 만큼, 그는 모든 어려움을 다 이겨 낼 수 있었다. 다른 편지 속에서 그는, 미래의 연구인들에게 도움이 되도록 하기 위해, 자기가 발견한 것을 모든 사람들에게 알리는 것을 의무로 생각한다고 말했다.

그는 과학이 손에서 손으로 옮겨가는 가운데 성장하는 것임을 알고 있었다. 수학자 코논의 죽음을 아까워하며 그는 이렇게 말했다.

"더 오래 살았다면, 그는 틀림없이 기하학의 경계를 더 넓혔을 것이다."

아르키메데스는 코논이 시작한 일을 완성하는 것이 자기의 의무라고 생각하고, 증명되지 않은 채로 있는 정리를 증명했다.

오늘날까지 전해지는 아르키메데스의 저서와 그의 발견과 그의 이름이 붙은 법칙은, 그에 대해 전해져 온 갖가지 이야기보다도 훨씬 훌륭하다. 그는 지금도, 옛 편지 속에서 말한 '미래의 연구인들'을 돕고 있는 것이다.

배를 만들 때마다, 사람들은 조선가였던 아르키메데스에게 응원을 청한다. 건물을 세우고 기계를 꾸밀 때도, 아르키메데스가 없으면 아무것도 되지 않는다. 어떤 지레라도, 지레의 법칙을 발견한 사람이 아르키메데스인 것을 생각하게 한다. 위대한 수학자요 기술자인 아르키메데스는 건설을 거들고, 그가 그러했듯이 자기 조국을 지키려는 사람들을 돕고 있는 것이다…….

사람이 사물에 생명을 불어넣는다

아르키메데스는 살해되었다. 다른 기술자와 학자들이 그의 위대한 일을 이어받아, 눈이 없는 자연의 힘을 지배하기 위해 계속 배우고 있었다.

학자들 저서 가운데, 최초로 무자위에 대해 말한 기술이 나타났다. 사람들은 물에 다른 임무를 주었다. 펌프의 두 청동으로 만든 물통 속에서 펌프가 위아래로 움직인다. 피스톤은 날아 흩어지려는 물의 입자를 누르고, 대롱 속을 앞쪽으로 앞쪽으로 내몰아, 불을 향해 공격을 하게 한다. 이리하여 마구 설치려는 불을 물로 달래게 한다.

최초로 민간 소방사들이, 힘을 주어 레버의 가로나무에 매달린다. 물줄기가 소리와 함께 번쩍이며 포물선을 그리고 지붕에 뿌려진다. 물은 좌악좌악 소리를 내며, 불타고 있는 집 벽을 고루 더듬는다. 그러고는 증기로 바뀌어 점령한 진지에서 불을 내쫓게 된다.

불은 사람의 말을 잘 듣는다. 그렇다면 증기는? 또 공기는?

공기는 훨씬 벌써 전부터 선단에 근무하며, 배 돛을 부풀리게 하는 일을 하고 있었다. 그러나 증기는 아직 일자리 없이 빈둥빈둥 노는 형편이었다.

사람들은 증기에도 일을 가르치려 했다. 알렉산드리아의 학자 헤론은 가마솥의 물을 끓이게 했다. 물의 입자가 가마솥에서 튀어나가 공기 속으로 흩어지는 것을 허락치 않은 그는 가마솥의 뚜껑을 닫았다.

증기는, 증기를 위해 남겨 둔 길을 지나감으로써 도망칠 수가 있다. 이 길은 구리로 된 공으로 증기의 입자를 끌고 간다. 구리공은 수레바퀴처럼 굴대에 박혀 있다. 여기로 와서 증기는 비로소 두 개의 출구에서 튀어나가 자유롭게 될 수 있다. 두 출구라는 것은, 공 양쪽에 박혀 있는 두 개의 꼬부라진 대롱을 말한다. 증기 입자는 출구를 향해 몰려온다. 혼잡한 가운데 대롱의 꼬부라진 벽을 압박한다. 그 압력에 의해 공이 차츰 빨리 돌기 시작한다.

헤론은 자기가 만든 공을 제자와 친구들에게 보였다. 다들 쉬 쉬 소리를 내는 이 장치를 보고 놀라고 말았다. 그것은 그들 앞에서 증기를 내뿜으며 팽이처럼 돌기 시작했다. 당장으로는, 이것은 장난감에 지나지 않았다. 그러나 여기서 시작되는 길은, 2천 년 뒤에 사람을 바람보다 더 빨리 실어 나르는 증기기관으로 통해 있었다.

밀고 당기는 눈에 보이지 않는 증기 입자는, 사람의 조수가 되어 온갖 어려운 일을 도울 것이었다. 그것은 물을 긷기도 하고, 짐을 들어올리기도 하고, 베를 짜기도 하고, 쇠를 단련하기도 할 것이다. 또 땅 밑 세계로 들어가기도 하고, 땅 위에 길그물을 치려는 사람을 도울 것이었다.

사람은 물질의 작은 세계 속에서, 지난날처럼 바다로 가는 열쇠만을 발견할 뿐 아니라, 행성의 큰 세계로 가는 열쇠도 발견할 것이었다. 그러나 기원전 2세기에는, 눈에 보이지 않는 증기와 공기의 입자는, 방금 산 새로운 장난감처럼 사람을 즐겁게 할 뿐이었다.

헤론은 이들 입자를 가지고, 인형극장에서 인형을 움직여 보였다. 또 신전 문짝을 여는 자동기계를 만들었다.

제단에 등불을 밝히는 것만으로 그릇 속의 공기는 더워진다. 공기가 물을 압 박하면 물이 통으로 흘러든다. 그러면 통이 줄을 잡아당기고, 다음에 줄이 문짝을 잡아당기는 것이다. 장치는 아무도 알지 못하게끔 되어 있으므로, 사람들에겐 절로 문짝이 열리는 것처럼 보인다.

헤론은 신전 입구에 또 하나 자동기계를 만들어 두었다. 작은 구멍에 돈을 넣으면 신관들에 의해 거룩하게 된 물이, 저절로 손 위로 흘러나온다. 새로

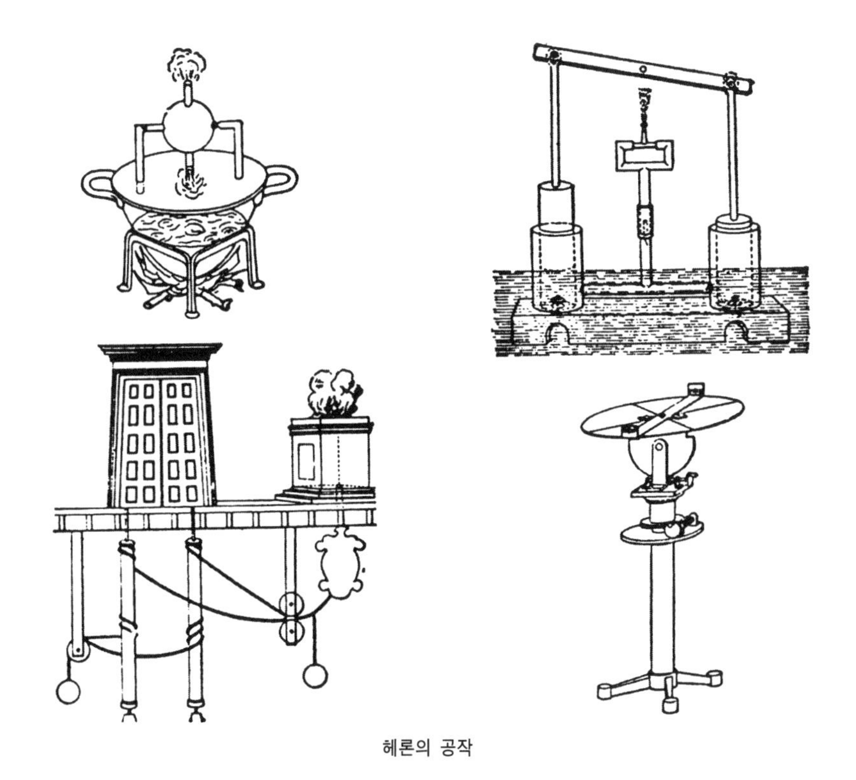
헤론의 공작

운 과학은 여기서는 신들을 섬기고 있다. 그러나 사람은 이제 생명이 없는 물건에마저 생명을 불어 넣을, 자기 지성의 힘을 알고 있었다…….

운명과의 결투

사람은 위대하고, 그 지성은 강력하다. 그러나 승리의 길은 아직 멀다. 이런 말은 사람의 승리와 패배, 고통과 기쁨을 이야기하는 노래의 후렴과 비슷한 느낌이다.

기원전 3세기의 일이다. 로도스 섬 항구에 태양신의 상이 세워졌다. 청동으로 이 거대한 상을 부어 만드는데, 로도스 섬의 기술자들은 12년 동안이나 고생을 했다. 사람 키의 20배나 되는 이 동상은 세계7대 불가사의 중 하나이다. 그러나 땅덩이 위를 지나가는 가벼운 흔들림만으로, 로도스의 큰 상은 넘어지고, 그 자리에는 깨진 조각이 남을 뿐이다.

상은 정말 거대해서, 그 무너진 조각을 치우는 데 낙타 9백 마리가 필요했을 정도였다.

사람이 자연을 지배하는 것은, 아직 멀었다. 사람은 운명에게 결투를 청했다. 그들은 낡은 관습을 깨고, 조상의 명령에 반대하고 일어섰다. 그러나 조상은 아직도 자손들을 지배하고, 죽은 사람은 여전히 산 사람을 지배하고 있었다.

아테네 사람들은 증조부의 명령에 따라 아낙사고라스에게 사형을 선고하고, 아리스토텔레스에게 신성모독죄를 씌웠다. 아리스토텔레스는 영원히 리케이온을 떠났다. 그러나 아테네 사람들은 그의 뒤를 쫓듯이 하며, 그에게 사형선고를 보냈다. 아리스타르코스는 '우주의 심장을 바꿔 놓았다'고 해서 불경죄를 받게 되었다.

그리스 민주주의의 가장 훌륭했던 시기에는, 어느 철학자도 자기 마음대로 생각하고 가르칠 수 있었다. 그러나 그 시대는 지나갔다.

이집트·시리아·마케도니아의 지배자는 민중이 아니라 왕이었다. 왕에 따르는 통치자와 그 대관들은 잔인한 수법으로 호상(豪商)과 고리대금업자 같은 강자의 권력을 지켰다. 이 권력을 뒤흔들 염려가 있는 사람은, 모두 범죄자인 채로 죽고 말았다.

자유로운 생각을 하는 사람은, 누가 되었든 언제 믿음이 없다는 죄를 입게 될지 알 수 없었다. 모든 사람은, 신들의 의사에 배반하는 자는 엄한 벌을 각오해야만 한다는 암시를 받았다.

로도스에는 이 밖에 또 하나, 라오콘 상이 있었다. 라오콘은 고대 트로이아의 신관이었다. 그는 신을 섬기면서 감히 신들의 의사에 배반했다. 그 벌로 신들은 그에게 큰 뱀 두 마리를 보냈다. 조각가들은 뱀들이 라오콘 몸에 칭칭 감긴 순간을 나타내고 있다.

뱀을 떼어 내려고 하는 그의 결사적인 노력은 아무 소용이 없다. 그의 근육은 터질 것만 같고, 부풀어오른 핏줄은 팽팽한 밧줄을 생각나게 한다. 그러나 뱀들은 더욱 세게 감아붙이고 조여 붙이며, 독이빨을 드러내고 라오콘의 넓적다리를 깨물려 한다. 그의 옆에 보이는 것은 아직 어린, 그의 아들들이다. 뱀은 아버지와 함께 아들들도 칭칭 감아, 그들을 괴로워 몸부림치는 한 개의 공으로 만들고 있다. 소년들은 비는 듯한 눈길로 아버지를 바라본다. 저렇게도 크고 억센 아버지인데, 자기들을 죽음에서 구해내 주지 않는가? 그러나 아버지는 이제 엄청나게 힘이 센 적과의 싸움에 지쳐 있다.

로도스 섬의 주민들은, 돌이 되어 불멸하는, 이 죽음 직전의 순간에 눈길을 보냈다. 그들은 신들과 운명 앞에서 사람이 얼마나 무력한가를 생각하며 두려워 떨었다. 운명은 아직 정복되지 않았던 것이다. 사람들 앞에는 투쟁과 괴로움의 시대가, 뱀처럼 그들의 팔다리에 칭칭 감겨 있는 노예제도와의 싸움의 시대가 가로놓여 있었다. 대체 누가 승리자가 될 것인가?

사람은 꽁꽁 묶이고, 쇠사슬에 매인 노예로서 죽어가는 운명을 지고 있는 것일까? 혹인 노예제의 고랑을 끊어내고 자유롭게 될 것인가?

6 정복자와 피정복자

모든 길은 로마로 통한다

옛 속담에 말하기를, '모든 길은 로마로 통한다'고 했다. 역사의 길과 사람의 길도 로마를 지나고 있다. 아테네는 결국 도시국가로서 남고, 산과 산에 끼어 있는 강과 골짜기가 전체 국가였던 먼 시대의 산 증인으로 남았다.

로마의 번영은 산과 바다가 사람의 걸림돌이 아니었던 시대에 벌써 시작되었던 것이다. 이탈리아 북쪽을 가로막은 알프스의 벽마저도, 로마의 강력한 발전을 방해할 수는 없었다. 로마는 이탈리아 전토를 차지하고, 갈리아의 밀림과 시칠리아의 밭으로 손을 뻗었다.

널돌을 깔고 모래로 다진 쭉 곧은 넓은 길이, 로마 가도의 연장인 것처럼, 사방으로 뻗어 있었다. 그 길들은 로마의 공공 광장인 포럼에 서 있는 금칠한 이정표에서 시작하여, 남쪽은 시칠리아, 북쪽은 다뉴브 강과 라인 강, 서쪽은 에스파냐, 동쪽은 비잔티움으로 통해 있었다. 강과 골짜기와 벼랑에 마주치면, 길은 돌로 기둥을 만들고 그 위에 다리를 놓아 앞으로 나아갔다. 길은 해안에 이르렀다. 그러면 눈에 보이지 않는 길이 되어 멀리 그리스와 아프리카와 브리타니아 기슭을 향하여 갔다. 로마인은 새로 바다를 정복하지 않아도 되었다. 그들은 해안에서 이미 만들어진 배를 발견했다. 그 배들은 그리스 식민지 항구에 정박해 있었다. 로마인은 도끼를 쓰지 않고 칼을 가지고 한꺼번에 선단을 만들었다.

모든 길은 로마로 통했다. 그 모든 길을 지나 짐을 잔뜩 실은 배와 대상이 로마로 향해 나아갔다. 이집트에서는 곡식과 다듬어진 돌과 책을 만드는 파피루스와 그릇들이 실려 왔다. 그리스에서는 파로스 섬의 대리석과 코린토스의 청동과 키오스의 포도주와 큐메의 벌꿀과 사모스의 공작과 메로스의 두루미가 들어왔다. 공작과 두루미는 부유한 로마인의 술자리를 흥청거리게 하는 별미가 되었다.

에스파냐는 곡식과 포도주와 밀초와 송진과 은과 금을 로마로 보내 왔다. 로마에서는 에스파냐의 창과 꿀이 귀중하게 여겨졌다. 갈리아는 로마에 곡식과 포도주를 보내 왔다. 노예들에게는 갈리아의 윗옷이 입혀졌다. 로마에서 갈리아의 붉은 모직물은 동방의 붉은 옷과 맞먹는 비싼 값에 팔렸다. 브리타니아에서는 주석이 오고, 엘베 강변에서는 호박이 들어왔다.

타나이스(돈) 강과 큰 라(볼가)강 저쪽, 먼 세계의 끝에 있는 우랄과 알타이 비탈에서는 사냥꾼들이 활과 화살로 짐승을 잡고, 사금 캐는 사람이 사금을 가지고 왔다. 카스피 해 연안의 초원에서는 살마트 사람이 수레 위에 실려 있는 흔들거리는 집, 포장마차에 살며 유목을 하고 있었다. 그들은 메오티아 늪(아조프 해) 연안까지 털가죽과 금을 싣고 왔다. 보리스테네스(드네프르) 강 연안에서는 스키타이의 농부가 소를 쫓고 있었다. 그리스 선원들이 타나이스의 도시와 판티카페움(케르치)에서 비잔티움과 로마로, 스키타이의 곡식과 털가죽과 금을 보내 왔다.

낙타의 행렬이 사막과 산을 넘어 나아갔다. 동쪽의 인도와 아라비아와 중앙아시아와 중국에서, 몰약과 향료, 양념과 후추, 진주와 보석과 옷감을 실어 왔다.

동쪽에서는 따로 또 하나의 길이 있었다. 바닷길이었다. 실론 섬 부근 어딘가에서 야자의 껍질과 나무로 만든 뗏목이 바람과 폭풍우와 싸우고 있었다. 그들은 값비싼 중국 비단을 실어오는 길이었다. 인도의 말라바르(서쪽) 해안에서, 짐은 이집트 배로 옮겨 실렸다. 익숙한 뱃길 안내인이 위험한 소용돌이를 누비면서 배를 이끌고 갔다.

선원들은 며칠이고 물결 위를 헤맨 끝에, 마침내 홍해에 와 닿았다. 사람들은 이제 바다와 바다를 연결할 수도 있었다. 홍해와 나일 강 사이에 운하를 판 것이었다. 배는 나일 강을 지나 알렉산드리아로 향했다. 귀국 화물은 여기서 로마로 배달되었다.

로마의 귀족 부인들이 예쁜 손가락으로 비단을 만져 보았다. 그녀들에게는 살근살근 소리를 내는 이 천이 누구의 손으로 짜여졌는지, 누가 이 세밀하고 선명한 무늬를 골랐는지 상상조차 할 수 없었다. 이 비단 나라는 어디에 있는 것일까? 지리학자마저 이 물음에 대답할 수 없었다.

그들은 비단 나라가 둘 있다고 생각했다. 하나는 진나라로 그곳은 바닷길로 갈 수가 있다. 또 하나는 '세레스인'이 살고 있는데, 그 나라는 먼 물길 끝의 동쪽 사막에 있다. 두 곳 모두 중국이란 것, 세레스인도 진나라 사람도 중국인이란 것을 아직 아무도 짐작하지 못했다.

인도와 중국 사람들 또한, 로마에 대해 잘 알지 못했다. 그곳에서는 로마를 부를 때 큰 중국을 뜻하는 대진이라든가, 마하치나라든가 하는 이름을 썼다.

세계의 변경은 아직 안개에 싸여 있었다. 인도는 상아의 높은 벽에 둘러싸여 있어 쉽게 그 안에 들어갈 수 없다느니 하고, 로마 사람들은 소문을 전했다. 사람들은 코끼리를 '뱀 같은 손을 가진 소'라고 불렀다. 코끼리는 아직 로마 사람들에게는 괴상한 짐승으로, 뱀 같은 손을 가진 거대한 소였던 것이다.

그러나 시간은 흐르고 세계의 끝은 한 세기마다 더 멀리로 옮겨 갔다.

기원전 1세기 첫무렵이 되자, 로마의 장사꾼은 인도를 빈번히 찾게 되었다. 말라바르 해안에 있는 인도의 신들을 모신 신전 사이에, 아우구스투스 황제(기원전 63~기원후 14년)를 기념하는 신전이 나타났다. 아우구스투스 황제의 명령으로 로마의 큰 건물이 세워졌다.

이 건물 안에는 사람들에게 보이기 위해, 큰 로마제국의 지도가 걸려 있었다. 이 지도에 의해 비로소 세계의 광경이 분명해졌다고 로마인들은 말했다.

지도에는 진나라에서부터 스코틀랜드보다도 북쪽 어딘가에 있는 섬들인 투제 나라에 이르는 모든 나라가 그려져 있었다. 그리고 이 세계의 중심이 로마였다.

북쪽의 타나이스(돈) 강도, 동쪽의 오크수스(암 다리아) 강도, 남쪽의 나일 강도, 서쪽의 타메시스(템즈) 강도, 강이란 강은 모두 로마로 짐을 싣고 오는 통로였다. 코르키스·인도·이집트·팔레스티나에 있는 모든 항구와 선착장은, 로마로 가는 길 위에 있는 역이었다.

곳곳에서 흘러 들어오는 재물에 대해, 로마는 무엇을 치렀는가?

로마에는 팔 만한 물자는 거의 없었다. 로마와 가까운 오스티아 항구에서는 포도주와 기름통, 양털을 담은 부대들이 배에 실려 있었다. 북쪽 갈리아에는 로마의 수공업자들이 만든 제품이 실려 나갔다. 그러나 세계가 로마에 주는 것에 비하면, 그것은 아무것도 아니었다.

가마를 메는 노예

로마는 동쪽의 인도와 중국에서 오는 물자에 대해 금과 은을 아낌없이 치렀다. 비단과 루비와 사파이어 대신 금과 은이 강물처럼 흘러나갔다. 데나리온이니 세스테르치아니 하는 로마 화폐가, 2천 년이 지난 뒤에 인더스 강과 갠지스 강 연안 땅 속에서 발견되기도 한다.

로마인은 진짜 금과 가짜 금을 구별하지 못하는 인도인을 예사로 속였다. 그러나 로마인은 어떻게 해서 이토록 많은 금을 가지고 있었던 것일까?

2백 년에 걸쳐, 그들은 정복한 여러 민족을 착취해 온 것이다. 정복된 도시는 어느 곳이나, 정복되었다는 것만으로 수천 달란트라는 돈을 치르고 있었다. 패자가 승자의 경비를 보상하고 있었던 것이다.

화폐를 실은 수백 척의 배가, 로마로 향해 바닷길을 나아갔다. 때로는 이들 배가 가라앉고 말아 화폐는 바다 밑의 괴상한 말미잘과 해면동물 사이에서 잠자게 되었다. 원정 때마다 부장들은 백만장자가 되어 돌아왔다. 병졸들도 뭔가 얻어 가졌다. 귀족의 자제들은 빚과 빚장이를 피하기 위해, 차라리 자진해서 로마를 떠났다. 그들은 부자가 되어 돌아와서는 1데나리온에 대해 2데나리온의 비율로 고리대금업자들에게 순순히 돈을 갚았다.

가마를 메는 노예 카이사르(기원전 102~44년) 군단과 함께, 노예와 금을 매점하는 사람과 고리대금업자, 환전상과 감정인 같은 사업가들이 갈리아로 향했다.

병사들은 기적이라 말할 수 있는 용기를 보였다. 그들은 비처럼 쏟아지는 화살도 아랑곳 않고 급류에 다리를 놓았다. 나무 뒤에 적이 숨어 있을지도 모르는 밀림으로 대담하게 헤치고 들어갔다. 이들은 오로지 갈리아를 고리대금업자의 손에 넘겨주기 위해 싸우고 있는 느낌마저 주었다. 로마인은 웃으며 이렇게 말했다.

"갈리아에서는 로마의 환전상의 출납부에 올리지 않는 한, 한 푼이나 한 세스테르치아라도 움직일 수가 없다."

탐욕스런 고리대금업자와 납세청부인들의 무리가 나라들을 착취했다. 기원전 31년, 로마의 체제가 공화국에서 제국으로 바뀌었을 때도, 정복당한 모든 민족으로 보면 그것은 단순히 약탈 방법이 새로워진 것을 뜻하는 데 지나지 않았다.

공화국의 사업가 대신 황제의 관리가 찾아왔다. 그들은 각지에서 인구조사를 행해, 어느 한 사람도 무거운 세금에서 벗어날 수 없게 되었다. 조사 결과, 로마인 한 사람에 대해 식민지 사람이 15명이라는 것이 밝혀졌다. 이 15명이 한 사람을 길러야만 했던 것이다.

로마는 그 길을, 즉 손을 사방으로 뻗었다. 무엇을 향해 이 탐욕스런 손을 뻗었을까? 그것은 무엇을 찾고 있었던 것일까?

그들이 찾는 것은 땅 위에 있는 모든 것이었다. 특히 필요한 것은 노예였다. 로마 시장에서는 세계 각지에서 데리고 온 노예들이 팔려 나갔다.

발에 백묵을 바른 노예가 있었다. 이것은 바다 저쪽에서 데리고 온 표시였다. 머리에 월계관을 올려놓은 것은 라인 강 연안의 전쟁에서 포로가 된 사람이었다. 이들은 눈이 푸르고 머리칼이 황갈색이었다. 그 옆에는 아프리카의 사막지방에서 온 고수머리의 흑인이 있었다. 다시금 한쪽을 노예로 만듦으로 해서 다른 쪽이 자유민이 되었다. 그리고 다시 노예제는 자유민 자신의 자유를 앗았다.

자유민과 노예, 부자와 가난뱅이, 권리를 가진 사람과 갖지 못한 사람, 승자와 패자라고 하는 옛날 그대로의 싸움이, 새로운 곳에서 일찍이 없었던 격렬함과 함께 불타올랐다. 역사는 되풀이되는 것 같다. 그러나 역사는 결코 되풀이되지 않는다. 모든 것은 흘러간다. 같은 강으로 두 번 다시 들어갈 수는 없는 것이다…….

아테네 사람이 할 수 없었던, 지중해 둘레의 모든 나라를 정복하는 일을 로마 사람은 해냈다.

이집트와 갈리아 어디에선가 농사꾼이 씨를 뿌리고 거둬들이고 타작을 했다. 이윽고 이 곡식은 로마에서 배를 주리고 있는 많은 아이들 이외에, 아무것도 갖지 않은 가난한 시민들에게 무상으로 나눠주게 되었다.

이들 시민은 벌써 훨씬 전부터 일하는 것을 잊고 있었다. 아테네에서도 그러했듯이 노예제는 이곳에서도 많은 자유민으로부터 일자리를 빼앗고 말았다.

그들은 굶주림과 지루함에 고민하고 있었다. 그리고 시내를 돌아다니면서, 사치스런 가마에 드러누워 거리를 지나가는 어느 부자를 부러운 듯이 바라보았다. 철 따라 주는 붉은 옷을 입은 노예들이 가마를 메고 있었다. 아프리카나 인도에서 온 살갗이 검은 시종이 앞에 서서 사람들을 헤치고 나아갔다.

노예와 식객들 무리가 부자를 둘러싸고 있었다. 가마가 멈춘다. 노예들이 급히 오른쪽과 왼쪽에 발판을 놓는다. 주인이 어느 쪽에서 내릴지 모르기 때문이다. 비단 장막이 열린다. 하얀 '토가'를 입은 사람의 모습이 보인다. 이 토가에는 유리처럼 보이는 엷은 천이 씌워져 있다. 토가 밑에서 보라색 투니카(속옷)가 비쳐 보인다. 발판에 내려선 발에는 상아 단추가 달린 붉은 신이 신겨 있다.

이런 신을 신는 것은 로마의 고관이나 명사에 국한된다. 고관의 얼굴은 냉담하고 지루해 보인다. 로마인들은 지루했던 것이다. 그러나 로마인 중에도 배부른 사람이 있는가 하면 배고픈 사람도 있었다. 배고픈 사람이 불평을 말하지 않도록 하기 위해 무상으로 빵을 나누어 주었다.

심심풀이를 위한 구경거리도 열렸다. 그 옛날 그들 조상은, 자기들을 위해 땅과 일자리를 요구했다. 그러나 자손들은 빵과 구경거리를 찾는 것만으로 만족하고 있었다. 땅 대신 무상으로 주는 빵, 노동 대신 구경거리를 요구할 뿐이었다.

오늘은 바루스 들판에서 코뿔소와 길이 25미터나 되는 뱀을 구경하기로 되어 있다. 이튿날이면 사람들은 대경기장으로 간다. 황제의 명령으로 지금까지 본 일이 없는 새로운 구경거리를 보여 줄 것이다.

사람과 짐승

수만 명의 구경꾼이 구경거리가 나오기를 기다리고 있다. 갑자기 열두 개의 문이 열리며 짐승이 투기장으로 달려 나온다. 이런 기묘한 배합은 대경기장 이외에서는 볼 수 없다.

표범 옆에는 오들오들 떨면서 아프리카의 영양이 서 있다. 크게 입을 벌린 사자 앞에서 토끼가 움츠리고 있다. 코끼리 등 뒤에서 곰이 구경꾼을 바라보고 있다. 이들 짐승을 갈라놓는 우리나 쇠막대 같은 것은 볼 수 없다. 짐승들은 당장에라도 상대에게 뛰어들 것 같다.

그런데 어떻게 된 일일까? 표범은 목에 멍에를 걸치고 영양과 짝이 되어 같은 수레를 끌고 간다. 사자는 토끼를 가만히 물고, 제 새끼라도 되는 것처럼 상처를 입지 않도록 조심스럽게 옮겨간다. 곰이 가마에 오르면 네 마리의 코끼리가 네 명의 온순한 노예처럼, 자기들 등에 태워 준다. 정말로 황금시대가 땅 위에 찾아온 것처럼 여겨진다. 그러나 이런 평화스런 구경거리는 구경꾼들의 취미에는 맞지 않는다. 많은 사람들은 투기장을 보지 않고, 황제의 특별한 자리 쪽만 바라보고 있다. 마치 황제와 그 측근들이 가장 신기한 짐승이라도 되는 것 같다.

지루해진 구경꾼들은 하품을 하면서 뭔가 다른 것을 기다리고 있다. 투기장에서는 재주를 가르친 짐승과, 길들이지 않은 짐승이 교체된다. 이 짐승들은 서로 싸워야만 한다. 토끼나 영양 같은 건 쓸모가 없다. 나오는 것들은 모두 엄니와 뿔을 가지고 있다. 코뿔소는 코끼리와, 곰은 물소와, 또 다른 코끼리는 들소와 결투를 한다. 그러나 그들은 싸움을 하고 싶어하지 않는다. 지루해진 로마인들은 기다릴 수가 없어 발을 탕탕 구른다. 긴 채찍과 불이 붙은 등걸을 가진 사람들이 투기장에 나타난다. 채찍과 불로 짐승들을 성나게 만들어, 상대에게 덤벼들도록 하려는 것이다.

뿔과 엄니가 피로 물든다. 물소의 배가 찢어지고 속창자가 모래 위로 흘러나온다. 구경꾼들은 생기가 난다. 피 냄새가 풍긴다. 그러나 그것은 짐승의 피에 지나지 않는다. 구경꾼들은 사람과 털이 많은 아라비아 사자와의 싸움을 흥분하며 지켜보고 있다. 이 사람은 갑옷도 입지 않았거니와 방패도 들고 있지 않다. 무기는 칼뿐이다. 그러나 그는 힘이 세고 날래다. 그는 자기 목숨을 계속 지킨다. 사자가 땅바닥에 몸을 엎드리고 덤벼들려고 도사리고 있다. 그러나 그때 사람은 사자를 향해 돌진하여 그 등에 올라타고 억센 손으로 갈기털을 움켜잡고 다른 손에 잡은 칼을 높이 든다. 구경꾼들은 자리에서 일어나 자세히 보려 한다.

정말로 사람이 이길 것인가? 그러나 좋은 기회는 헛되기가 쉽다. 사자는 사람의 손에서 벗어나 몸을 돌린다. 순간 사람은 사자의 앞발에 잡아 눌려 그대로 뻗고 만다. 다시금 모래 위에 피가 흐른다. 사람의 피이므로 로마인은 만족한다.

그러나 이것도 다음에 행해지는 구경거리에 비하면 어린아이 장난과 마찬가지다.

투기장에 기둥이 세워지고, 이들 기둥에 남자와 여자가 잡아묶인다. 처형되는 것이다. 무슨 죄를 지은 것인가? 어느 사람은 전쟁에서 포로가 되고 다른 사람은 절도·방화·반역죄를 지은 것이다. 어떤 죄가 되었든 기다리고 있는 벌은 마찬가지다.

다시금 투기장에 들짐승이 나타난다. 사형집행인의 구실을 잘할만큼, 일부러 굶겨 두었다. 이 경기에는 싸움이 없다. 희생자는 무기도 없을 뿐더러 묶여 있다. 수만 명의 목구멍이 두려움과 환희의 함성을 지른다. 외치는 소리는 죽어가는 사람들의 비명 소리와 짐승들의 울부짖는 소리를 억누르고 만다. 그러나 로마인들은 이래도 아직 만족치 않는다.

그들은 보다 강렬한 구경거리를 기다리고 있다. 짐승이 사람을 죽여도, 반대로 사람이 짐승을 죽여도 특별한 것은 없다. 그러나 사람이 사람을 죽이고, 같은 나라 사람끼리 마주 싸우고, 친구가 친구의 가슴에 칼을 찌른다면 이야기는 달라진다. 투기장에서는 싸움이 펼쳐진다. 전사들이 창과 칼에 찔려 차례로 넘어지기 시작한다. 이것은 '칼 쓰는 노예 경기'라고 불리는 것이다. 로마인들은 자기들을 위해 어떻게 이런 즐거운 놀이를 생각해 낸 것일까!

사람은 수백 년에 걸쳐 차츰 향상되어 왔는데, 그것은 그들이 정복한 짐승만도 못한 것이 되기 위해서였던가? 이 대경기장을 메우고 있는 수만 명의 구경꾼 가운데 "그만두어라!"하고 외치는 사람은 단 한 명도 없는 것일까?

철학자 세네카(기원전 5~ 기원후 65년)는 얼른 일어나 황제의 특별실에 만들어 놓은 귀빈석을 떠났다. 그는 누구에게도 하직인사를 하지 않고 나가는 문을 향해 재빨

경기장에서의 결투

리 나아갔다. 남이 자기를 어떻게 생각하든 상관없었다. 그는 그 이상 보고 있을 수도 없고 듣고 있을 수도 없었던 것이다. 집에 돌아온 그는 서기를 불러 말로 전했다.

"낮 무렵 우연히 구경거리를 보게 되었다. 피비린내 나는 광경 뒤에, 나는 경기와 어릿광대 연극 같은 눈을 즐겁게 해줄 것을 기대하고 있었다. 그러나 그런 것은 전혀 없었다. 처음에 펼쳐진 결투는 위안거리로는 싱거운 것에 지나지 않았던 것이다."

다음에 벌어진 광경은 무서운 것이었다. 잔혹하기 이를 데 없는 살인이 저질러지고 있었다. 당하는 사람은 알몸이어서 전혀 공격으로부터 자신을 지킬 수가 없었다. 그리고 공격은 정확했다. 이거야말로 군중이 좋아하는 구경거리였다.

군중의 정신이 어떻게 된 것일까? 무엇 때문에 갑옷이니 검술이니 하는 것이 있는 것일까? 죽음과 내기를 하기 위해서일까?

아침에 사자와 곰에게 사람을 주어 갈기갈기 찢게 하고, 낮에는 구경꾼 자신에게 그렇게 시킨다. 구경꾼들은 자기 적을 죽이고 만 사람에게 갈채를 보낸다. 이긴 사람은, 이번에는 자기를 죽이는 사람과 싸워야만 한다.
싸움의 결과는 죽음으로 정해져 있다. 사람을 억지로 싸우게 만들기 위해, 쇠와 불을 쓴다.
그러나 "저것은 도둑놈이 아니냐."라고 한다. 그렇다면 교수대로 보내면 된다.
"저 놈은 살인자다." 살인자라면 당연히 벌을 받아야 한다.
그러나 불행한 사람이여, 너는 어째서 저런 구경거리가 되어 있는가?
"채찍이다, 불이다! 죽여버려라!" 하고 구경꾼들은 외친다. "그렇게 힘없이 찔러서 되겠는가. 넘어지는 모습에 힘이 들어 있지 않다. 죽는 모습이 좋지 않다!"
그러면 채찍이 사람들을 싸움으로 몰아넣는다. 양쪽 적수는 자진해서 벌거벗은 가슴을 공격에 드러내야만 한다. 이래도 구경거리가 아직 너무 시시하다고 하는 건가? 그럼 구경꾼들이 즐겁게 시간을 보내기 위해, 앞으로 몇 명이나 사람을 죽이면 좋은 것일까?
로마인이여, 악한 일은 그것을 하는 사람의 머리 위에 떨어진다는 것을 그대들은 모르는가?
세네카는 말로 전하는 것을 그만두었다. 흥분에 젖어 방 안을 돌아다녔다. 그의 마음속에서는 서로 반대되는 감정이 싸움을 계속하고 있었다. 대체 그는 누구에게 외치려는 것일까? 로마인에게인가? 그러나 로마인은 사람의 탈을 쓰고 있을 뿐, 마음은 짐승인 것이다.
철학자 세네카쯤 되는 사람이, 적도 해치지 마라, 무례한 것을 용서해라, 노예를 가엾게 여겨라, 하고 로마인에게 타이르는 것은 우습지 않은가?
로마인이 노예라고 부르는 사람들도, 똑같은 어머니의 뱃속에서 태어나, 같은 하늘을 우러러보고, 같은 공기를 마시고, 같은 목숨을 지니고, 같은 죽음을 기다리고 있다고 세네카가 아무리 타일러도, 로마인들은 천연덕스럽게 웃을 뿐이었다.
'이것은 노예인가? 아니다, 사람이다. 이것은 노예인가? 그렇지 않다, 친구다. 대체 어떻게 하면 좋은가?' 하고 세네카는 생각했다.
'세계를 다시금 뜯어고칠 것인가? 그것은 힘의 낭비다. 운명은 따르는 사람을 인도하고, 싫어하는 사람은 억지로 끌고 간다. 누구의 소원도 운명의 마음을 움직일 수는 없다. 운명에게는 연민도 없거니와 동정도 없다. 하늘의 별도 땅 위의 사람도 마찬가지로 운명의 지배하에 있고, 마찬가지로 자연의 법칙에 복종하고 있는 것이다.'

그럼 뭐가 남아 있는 것일까?

세네카에게는 단 한 개의 나가는 문이 보일 뿐이었다. 그것은 사람에게 맞는 고결한 용기를 찾아 내어, 운명이 가져다 주는 모든 것을 굳세게 참고 견뎌 나가는 것이었다.

노예가 주인에게 반항해 일어나다

로마 제국의 많은 사람들은, 자기 자신에게 물었다. 대체 어떻게 하면 좋은가? 철학자 세네카가 가르친 대로, 운명의 매를 참고 견뎌야 할 것인가? 아니면 운명에 반항하여 들고 일어나, 그것을 극복해야 할 것인가?

얌전히 이마를 내밀고, 노예의 낙인을 누르게 할 것인가? 그런 다음 노예로서의 몸은 주인의 것이지만, 영혼은 자유라고 생각하고 자신을 위로할 것인가? 또는 칼을 손에 들고, 자기 자유를 위해 숨이 붙어 있는 한 싸울 것인가?

이에 대해 수천 수만의 사람들은 대답했다.

"그렇다, 노예로 있는 것보다는 차라리 죽는 것이 낫다!"

로마에서는 모든 사람이 스파르타쿠스의 반란(기원전 73~71년)을 기억하고 있었다.

스파르타쿠스는 칼을 쓰는 노예였다. 그는 일하는 연장이 아니라, 심심풀이를 위한 장난감이라는 점에서, 보통 노예와 다른 것뿐이었다. 이 장난감은 부수기 위해서만 있었다. 놀이의 매력은 모두가 여기에 있었다. 로마에서는 스파르타쿠스 이상으로 큰 사람을 찾아내려 해도 좀체 찾아낼 수 없었다. 그는 보기에도 거한으로, 근육이 늠름했다. 그러기에 그는 칼 쓰는 노예 양성소로 들어가게 되었던 것이다.

로마인들의 말에 따르면, 그는 체력만이 아니고 정신력도 뛰어났다. 노예라기보다는 교양 있는 그리스인을 생각나게 했다. 좁고 답답한 방 안의 마른 잎 깔개 위에 자면서, 스파르타쿠스는 고향 트라키아 산과 숲을 몇 번이나 생각했을까? 그는 다른 친구와 마찬가지로 자유를 그리워하고 있었다.

그러나 그는 자기 혼자만을 위해서가 아니라, 칼 쓰는 노예와 보통 노예

전체를 위해 자유를 바라고 있었던 것이다. 주인의 손에 쥐어진 장난감이요, 도구라는 것을 스파르타쿠스는 달게 여기고 있을 수 없었던 것이다.

그는 자기 둘레의 늠름한 사람들을 바라보았다. 그것은 무심한 구경꾼에게 칼을 들이대는 대신에, 대경기장의 투기장에서 서로 마주 죽이고 있는 사람들이었다.

그는 같은 패끼리만 있게 되면, 기회 있을 때마다 그들의 노여움을 부채질하여, 너희들은 노예가 아닌 사람이라고 들려 주곤 했다. 스파르타쿠스는 끈기 있게, 날마다 칼 쓰는 노예의 반란을 착실히 준비해 갔다.

그는 칼 쓰는 노예를 몇 개의 대로 나누고, 각 대에 숙련된 대장을 두었다. 준비가 거의 끝났다. 무기를 드는 일만이 남았으나, 그것에는 자물쇠가 걸려 있었다. 그런데 반란의 소문이 로마인의 귀에 들어갔다. 그러자 곧 검노 양성소는 군대에 포위되었다. 무기를 갖지 않은 자들에 대한 몰살이 시작되었다. 스파르타쿠스는 몇몇 동료들과 함께 포위를 뚫고 도망쳤다. 작은 부대는 베수비오 산 위에 틀어박혔다. 스파르타쿠스를 따라 여기저기서 도망친 칼 쓰는 노예와 보통 노예들이 모여들었다.

그 밖에 자유란 이름뿐으로, 누더기 이외에는 아무것도 없는 자유인들도 이곳으로 기어올라왔다. 독수리처럼 그들은 산꼭대기에 보금자리를 만들었다. 로마군은 베수비오로 통한 산길을 모두 막아 버렸다. 이것으로 이제 칼 쓰는 노예들은 독안에 든 쥐나 다름없게 되었다.

길이 없는 곳은 절벽과 바위뿐이었으므로 이 덫을 파괴하는 일은 누구도 할 수 없었다. 노련한 로마의 군사들은 아직 이런 적과 싸운 적이 없었다. 그런데 노예와의 싸움은 진짜 전쟁보다는 사냥 같은 느낌이 들었다.

'짐승'은 덫에 걸려 있다. 이제 와서 신경을 쓸 필요가 있겠는가! 그런데 아직 하루도 지나기 전에 로마군은 그 방심 때문에 큰 봉변을 당하게 되었다. 짐승이었다면 덫의 출구를 발견하지 못했을 것이다. 그런데 칼 쓰는 노예들은 짐승이 아니라 사람이었다. 때문에 불가능하게 보이는 일을 해낼 수 있었다.

그들에게는 지혜와 더불어 노동에 익숙해진 손이 있었다. 그들은 연한 나뭇가지로 사닥다리를 만들어 산꼭대기에서 절벽을 내려왔다. 로마군은 포위당했다. 큰일났다고 깨달았을 때는 벌써 형편없이 패배한 뒤였다. 경기장에서 그들은 몇 번이나 칼 쓰는 노예의 힘과 묘기를 보아 왔던가! 그곳에선 로마인은 구경꾼이었다. 그러나 여기서는 자기 자신이 경기자였다.

로마군은 패배를 거듭했다. 스파르타쿠스군은 커져 갔다. 이젠 몇십 명이 아니라, 잘 무장된 군사가 만 단위를 넘고 있었다. 영지에서 도망친 노예들은 각자의 노동 도구를 무기로 바꾸었다. 농부는 낫과 갈퀴를, 대장장이는 망치를, 요리사는 쇠꼬챙이를 무기로 만들었다. 그리고 스파르타쿠스의 진영으로 들어와서는 로마 군으로부터 빼앗은 칼과 방패를 받았다.

반란군의 깃발 표지는 창의 새빨간 창촉집이었다. 노예가 해방되었을 때에는 그런 새빨간 모자를 쓰는 옛 관습이 있었다. 그 깃발 표지를 보자 노예들은 벌써 눈앞에 자유가 보이는 것만 같았다. 갈리아 마을로, 게르마니아의 숲으로, 고향으로 돌아갈 날은 그다지 멀지 않다.

학대를 받아 기가 죽은 노예들도 스스로 운명을 개척하는 사람으로서의 자랑과 자존심이 되살아났다. 노예군은 이탈리아로 진군하여 로마 군을 무찌르고 많은 도시를 항복시켰다.

로마 원로원은 놀랐다. 이것이 단순한 도망친 노예의 폭동이 아니라, 위험한 대전쟁이라는 것이 차츰 분명해졌다. 반란군의 대장은 야만인일 터이지만, 그 야만인은 로마의 장군보다 군사 기술을 훨씬 잘 알고 있었다. 상대가 어떤 적인지 로마인은 잘 몰랐다. 그런데 스파르타쿠스는 현실을 제대로 파악하고 있었다. 하루 아침에 강대한 로마를 상대할 수는 없으리라. 그가 바랐던 것은 이 승리를 이용하여 이탈리아에서 노예들을 이끌고 알프스를 넘어 그들을 저마다의 고향으로 돌려보내는 일이었다. 스파르타쿠스의 눈에는 로마에 종속된 여러 민족의 전체 반란이 벌써 보였는지도 모른다.

노예의 쓰라림과 자유의 달콤함을 맛본 사람은 그 교훈을 잊지 않고 자기 자식들을 노예로 만들지 않으려 한다는 것을 스파르타쿠스는 알고 있었다. 그런데 노예들은 이제 고향에 돌아갈 것을 생각지 않았다. 그 대신 곧 로마를 짓밟고 채찍·쇠사슬·족쇄에 대해서 복수할 것과, 노예의 손으로 쌓아 올렸던 재산을 노예 소유자로부터 다시 빼앗을 것을 생각하고 있었다. 그것을 끝낸 다음 고향에 돌아가도 늦지 않다고 반란을 일으킨 노예들은 말했다.

10만 군사가 로마로 향했다. 이에 대하여 원로원은 동원할 수 있는 모든 군단을 투입했다. 노예와 노예 소유자의 결전이 시작되었다. 그러나 노예 소

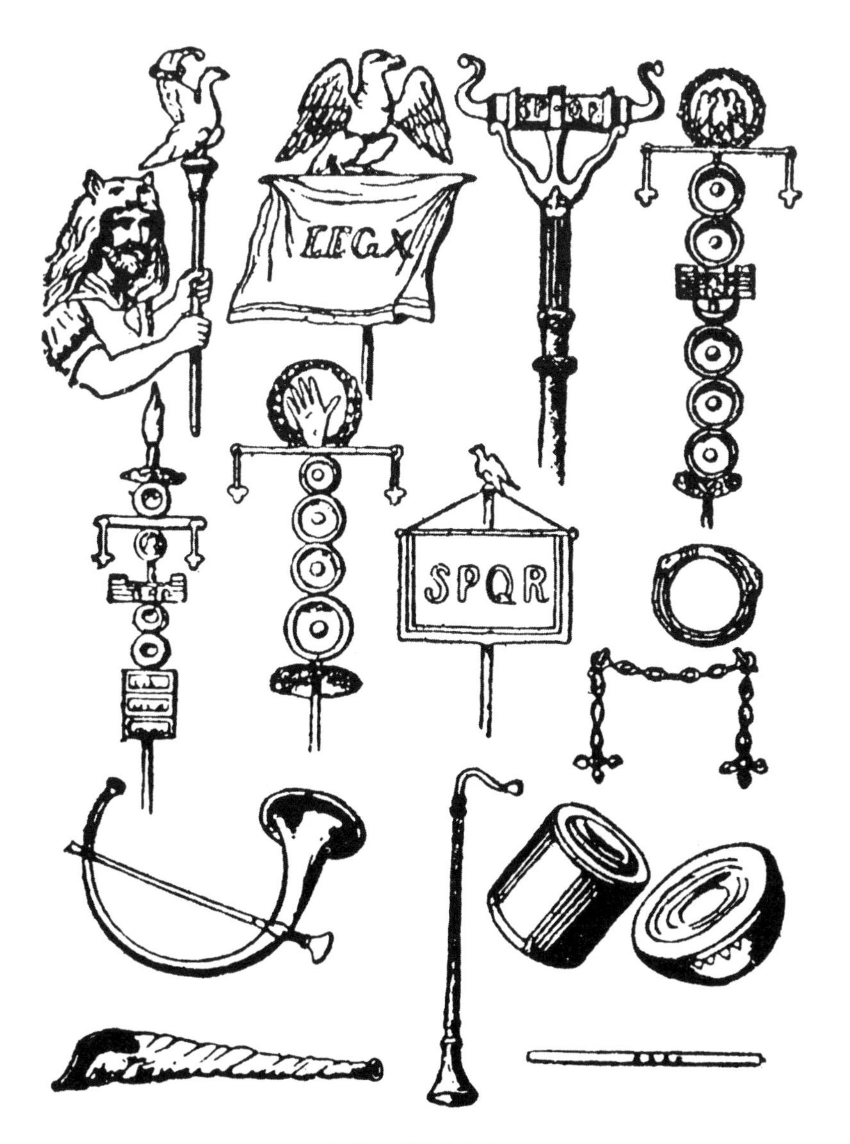

로마군의 깃발과 악기류

유자의 체제는 아직도 굳건했다. 새로운 봉건제의 시대는 아직 오지 않았다. 스파르타쿠스의 군대는 낡은 제도와 교체할 만한 더 새롭고 더 완전한 질서를 가져오지 못했다.

싸움의 어려움은 반란군의 자신감을 무너뜨렸다. 하나 또 하나씩 부대는 스파르타쿠스로부터 떠났다. 스파르타쿠스는 약탈과 살인을 금지하고 엄한 규율을 요구했다. 이것은 많은 사람들의 마음에 들지 않았다.

로마군은 스파르타쿠스군에서 빠져나간 부대를 둘러싸고 전멸시켰다. 이제 승리의 희망은 없어졌다. 스파르타쿠스는 방패와 복병을 돌파하면서 로마군으로부터 후퇴했다. 그리하여 마침내 비극의 마지막 막이 올라갔다. 노예군과 로마군의 주력이 충돌했다.

스파르타쿠스는 맨 앞에 나가 싸우다가 자기 편의 군사들과 함께 전사했다. 노예 소유자는 노예에게 이겼다. 로마에서 카프아에 이르는 연도를 따라 몇천 명의 십자가가 목책처럼 줄을 섰다. 그것은 나뭇가지 대신에 가로대를 하고 말뚝에 사람 몸을 못박은 무서운 가로수 길이었다. 로마인은 이것을 본보기로 하여 노예들의 저항심을 영원히 잠재워 버릴 작정이었다.

그러나 노예들은 스파르타쿠스를 잊지 않았다. 노인은 젊은이에게 스파르타쿠스의 훌륭한 승리와 그 용감한 전사 이야기를 했다. 그러자 젊은이들은 생각했다. 그렇다, 노예로 있느니보다는 그렇게 죽는 편이 낫다고.

스파르타쿠스의 반란은 진압되었다. 하지만 반란은 없어지지 않았다. 반란이 사라지는 것은 노예제도가 없어질 때이리라. 노예들은 또다시 반란을 일으켰다. 종속된 여러 민족들도 반란을 일으켰다. 계속된 타격으로 로마 제국의 보루는 흔들리기 시작했다.

리키아의 크산티 시 주민은, 이 시가 로마인에게 점령되었을 때 노예가 되기보다는 자살을 선택했다. 역사가인 플루타르코스는 경탄하여 그 일에 대해서 이렇게 썼다.

'남자도 여자도 어떤 수단을 취해서든지 자기 목숨을 끊으려고 했다. 그뿐이 아니었다. 어린아이들까지 울부짖으며 불에 뛰어들고 또는 절벽에서 몸을 던지고 아버지의 칼날 아래 목을 내밀었다.'

이 일에는 승리자도 떨었다. 로마 장군은 병사들에게 상금을 약속하고 리키아인들의 구조를 맡겼다. 구조된 사람은 얼마 되지 않았다. 리키아인은 알고 있었다. 구조된다는 것은 곧 파멸을 뜻한다는 것을. 그렇게 판단한 것은 리키아인뿐만이 아니었다. 여러 민족은 도시의 성벽이 무너질 때까지 자유를 위해 싸웠다. 그리고 마침내 정복당해도 굴복하지 않았다. 태풍이 이는 바다 물결처럼 반란은 차츰 높아졌다. 노예가 된 자도 노예가 된 민족도 들고 일어났다.

그 물결은 로마 제국의 보루에 부딪혀 부서졌다. 한 번씩 부딪힐 때마다 노예제도를 토대로 한 체제는 흔들렸다. 로마에서는 한쪽 국경에서 다른쪽 국경으로 군단을 이동시키는 것이 차츰 힘겨워졌다. 군대의 거대한 둑도 굴복하지 않는 종족의 강경한 습격을 막기 어려워졌다. 군인이 부족했다. 외국인, 즉 야만인의 힘을 빌어서 야만인을 격퇴하지 않을 수 없었다. 정복된 사람을 다시금 자유로운 사람들과 싸우도록 했다. 그런데 게르만인이나 갈리아인을 모은 군단이 로마인에게 칼을 들이대는 일이 때때로 일어났다. 그러나 로마인은 동방 여러 민족의 처리를 서방 여러 민족의 처리 못지않게 어려워하고 있었다.

약소국 유대가 강대국 로마와 싸운 경위

로마 군단이 나팔을 불고 길을 전진하면 발소리·파성 무기·투석기·궁노·성벽 파괴기 등의 굉음이 대지를 뒤흔들었다. 아무리 깊은 해자도, 아무리 높게 돌로 쌓은 성벽도 그 진격을 막을 수는 없었다. 이 사태는 도시를 폐허로 만들고 과수원·포도밭·숲을 사막으로 바꾸었다.

이들 군단은 어디를 목표로 하는 것일까? 그것은 알렉산드로스의 발자취를 따라 인도를 정복하고, 흑해와 카프카스를 돌아서 스키타이로 침공하고, 게르마니아 땅을 거쳐 개선하고, 이것에 의해 로마 영토의 원을 맺으려는 생각에서였다. 그들은 세계의 경계인 '대양'을 로마의 경계로 하길 바랐다. 그들의 장군 가이우스 율리우스 카이사르는 그렇게 유언했다. 그런데 인도로 향하는 길 도중에 조그만 방해자가 있었다. 바로 유대였다.

유대는 정복되었다. 그러나 그들은 굴복하지 않았다. 어떻게 유대가 로마에 대항할 수 있었을까? 유대에는 용감한 군대도 있었고, 활도 있었고, 굳건하게 수비된 도시도 있었다. 그러나 거인 로마의 위력에 비하면 그것은 아무것도 아니었다. 그런데도 약소국 유대는 거대한 로마 제국에 대항하여 반란을 일으켰다. 오랜 세월의 노동으로 등이 구부러진 예루살렘의 직공도, 햇볕에 탄 키가 큰 갈릴리 산지의 농부도 일제히 무기를 들었다. 다만 부자와 권세가들만이 로마와 싸우려 하지 않았다. 마을 변두리의 가난뱅이를 상대하기보다 로마의 총독과 이야기하는 편이 훨씬 편했기 때문이다.

유대 왕 헤로데스 아그리파스 2세(27~100년)는 자기에게 충실한 소부대를 이끌고 로마인에게 달려가 도움을 청했다.

로마인은 한 군단을 보냈다. 한 군단이면 2주 안에 예루살렘을 점령하기에 충분하다고 생각했기 때문이다. 유대인은 그들을 추격했다. 군단은 거의 섬멸되었다. 자랑했던 로마의 공성(攻城) 병기가 유대인의 손에 들어갔다. 로마의 금빛 독수리는 산산조각으로 찢겨졌다. 그것은 군인이 신처럼 숭상하여 향을 바른 로마의 깃발이었다.

몇 달 지나서 다시 로마군이 공격해 왔다. 이번에는 3개 군단이었다. 로마 지배하에 있는 시리아의 궁병과 기마병 수천 명이 그 뒤를 따랐다. 그 군대는 측백나무 숲·소나무 숲·포도밭·올리브 밭을 쉽게 점령했다. 그러나 어떤 조그만 성 하나도 무너뜨리지 못했다. 적은 아주 완강하게 저항했다. 한 달, 두 달이 지나고 있었으나 예루살렘을 아직 포위하지 못했다. 그래서 세 번째로 로마는 대군을 모아 예루살렘을 향해 진격했다.

로마인은 상대가 강적이라는 것을 비로소 깨달았다. 그들은 2개 군단으로 이집트를 정복하고 4개 군단으로 게르마니아를 진압했다.

그러나 예루살렘에는 10개 군단을 동원했다. 한 군단의 군사는 6000명이었다. 황제의 아들이 전군단을 지휘했다. 로마는 유대와의 싸움에 온 힘을 기울였다. 만일 유대가 이기기라도 한다면 다른 여러 민족도 잠자코 있지 않을 것이었다. 이미 게르마니아에서도 갈리아에서도 불온한 정보가 들어오고 있었다. 예루살렘을 4개의 높은 둑이 에워쌌다. 그 둑 위를 여러 층의 공성탑이 움직였다. 돛대 같은 긴 목에 쇠로 된 파성 망치의 머리를 단 장갑차 거북이 천천히 기어갔다. 공성 병기는 마침내 활동을 시작하려고 했다. 그런데 유대인은 땅굴을 파고 있었다. 갑자기 지면이 둥그렇게 입을 벌리고 공성 병기를 먹어 버리고 말았다. 마치 대지가 그런 괴물을 얹고 있는 것이 싫다고 하는 것만 같았다. 로마군은 전투로 예루살렘을 점령할 수 없다고 보고 굶겨 죽이는 방법을 선택했다.

성벽 둘레에 또 하나 새로운 긴 벽이 만들어졌다. 이것으로 예루살렘은 외부와 단절되었다. 예루살렘에는 먹을 것이 차츰 없어졌다. 굶어 죽은 사람을 묻을 장소가 없게 되자 시체를 성벽에서 골짜기로 던져 버렸다. 성 밖으로 도망치려는 사람은 모두 로마군에게 붙잡혀 십자가에 못박혔다. 십자가 위를 까마귀가 날고 가까운 산에서 이리가 먹이를 구하려고 내려왔다. 황야에서는 표범이나 들개가 왔다. 짐승들은 배가 가득 차고 사람들은 굶어 죽어 갔다. 그래도 아직 예루살렘은 항복하지 않고 있었다.

새로 둑이 쌓아졌다. 파성 망치의 쇠머리는 낮이고 밤이고 굳건한 성벽을 두들겨 댔다. 마침내 한 곳이 파괴되자 계속해서 다른 곳도 파괴되었다. 이제 로마인은 신전의 높은 벽 앞에까지 밀어붙였다. 신전은 손을 댈 수 없는 요새처럼 언덕 위에 서서 성도를 내려다보고 있었다.

로마인은 여태까지 이런 요새를 공격한 일이 없었다. 신전의 지붕은 금빛으로 반짝이고 대리석 기둥이 서 있고, 벽에는 소나무와 측백나무를 댔고 마루에는 모자이크 석판이 깔려 있었다. 유대인은 긴 세월에 걸쳐 이 훌륭한 신전을 만들고 또한 지켜 왔다. 그곳에 지금 로마인이 왔다. 로마인은 자기들만이 진짜 사람이라고 생각하고 있었다. 나머지는 모두 야만인으로 여기고 있었다. 하지만 건설한 자와 그것을 파괴하러 온 자 중에서 어느 쪽이 야만인일까?

파성 망치의 쇠머리는 엿새 낮밤으로 계속 신전의 벽을 두들겼다. 로마군사들이 사닥다리를 걸고 기어오르면, 유대인은 사닥다리와 함께 그들을 떠밀어 버렸다. 로마 군사들은 신전에 불을 질렀다. 유대인은 불길 속에서 싸웠다. 로마 군사는 제단으로 가까이 다가붙었다. 그러면 유대인은 제단에 궁노를 설치하고 활로 적을 맞아 싸웠다. 요새로 변한 신전이지만 여전히 신전의 역할을 했다.

사제들이 불붙는 연기 속에서 기도를 올렸다. 옛 승리의 노래가 단말마의 신음 소리와 전투의 고함 소리로 뒤섞였다. 신전은 불길의 소용돌이와 적의 병기로 둘러싸였다. 살아남은 사람은 지붕에 올라가고 신전을 장식한 황금판을 벗겨 내서 적에게 던졌다.

다시 사제들의 노랫소리가 울렸다. 그러나 이것을 마지막으로 지붕이 불길 속에 무너져 떨어지는 것과 동시에 노랫소리도 끊겼다. 로마 전사들의 어

예루살렘을 공격하는 로마 군

깨는 전리품의 무게로 휘어졌다. 그들은 연기가 나는 폐허 속에서 가지가 일곱 개인 촛대와 금 그릇들을 주워냈다…….

몇십 년이 지나갔다. 유대는 다시 일어섰다. 지도자의 이름은 바르 코크바(?~135년)로, '별의 아들'이란 뜻이었다. 그는 요새를 만들고 전사들을 무장시켰다. 로마인은 브리타니아에서 '북쪽의 율리우스'라는 강한 장군을 불러왔다. 이번에도 역시 유대인은 쉽게 항복하지 않았다.

요새 사이가 지하도로 연결되었다. 로마 군사가 한 요새를 점령하면 수비대는 아무 손해도 입지 않고 지하도에서 다음 요새로 옮겨갔다.

어떤 역사가는 이렇게 썼다.

'불행한 민족이다! 자기 나라에서 쫓겨날 것 같은 이 민족은 자기 나라에서 쫓겨날 거라면 차라리 땅 속에 틀어박히려고 하는 것만 같았다.'

로마 군사들은 이런 적과 싸우려고 생각하지 않았다. 차례차례 성을 포위하고는 물과 식량을 끊었다. 지하의 싸움은 꽤 오랫동안 계속되었다. 그러나 힘은 로마 쪽이 월등했다. 로마군은 성을 하나하나 함락했다. 드디어 마지막 요새도 점령당하고 바르 코크바는 전사했다. 유대는 황야로 변했다. 많은 도시에서 남자들이 싸우다가 전멸했다. 여자와 아이들은 칼에 맞아 죽었다. 살아남은 사람은 말보다 싼값에 팔렸다.

지하에는 아직 사람들이 숨어 있었으나 밖으로 나오지 않았다. 그들은 굶어죽는 편을 선택했다.

어느 도시 할 것 없이 황폐해졌다. 집 없는 사람들은 쓸쓸한 들판을 넘어 다른 땅으로 피했다. 전에 그들이 살았던 곳은 하이에나나 이리들의 집이 되고 말았다…….

약소국 유대는 정복자 로마와 이렇게 싸웠다. 유대는 로마의 강한 압력을 물리칠 수 없었다. 로마는 몇 세기 동안 다른 민족도 멸망시켰다.

사람이 입학한 엄격한 학교

사람은 규율이 엄격한 학교에 입학했다. 그래도 또한 학교는 학교였다.

로마의 법률은 로마 시민만을 지켰다. 그것은 노예 소유자에게는 모든 권리를 주었지만, 노예에게는 의무만 남겨 두었다. 그러나 그 법률은 형식상으로는 실로 교묘히 만들어졌기 때문에 지금도 법률가들이 연구하고 있을 정도이다. 로마의 기술자는 그리스의 직공보다 훨씬 우수했다. 로마 광산에는 갱도나 수직갱도에 지하수가 넘치지 않도록 하는 양수나 배수 장치가 벌써 만들어져 있었다.

로마에 높은 건물을 세울 때는 사람의 등이 아니라 벌써 기중기로 짐을 끌어올렸다. 거대한 바퀴 안쪽에 계단을 부착했다. 그 계단을 밟고 노예들이 바퀴를 돌렸다. 바퀴는 밧줄을 윈치에 말았다. 그 밧줄은 도르래를 통해 기중기 위에 걸려 있었다. 짐을 올리는 것은 손이 아니라 다리였다. 로마의 작업장에는 이런 새롭고 교묘한 장치가 많았다.

대장장이는 아코디언 모양으로 만들어진 새로운 풍구로 화덕의 불을 일으켰다. 보석세공사는 발로 밟은 연마기로 보석을 깎았다. 큰 빵집에서는 사람 손이 아니라 말의 발굽으로 반죽을 했다. 반죽 막대기가 큰 함지에 들어 있었다. 이것과 연결된 멍에를 말이 빙빙 돌려서 반죽 막대기를 움직이는 것이었다.

로마에는 많은 빵이 필요했다. 그래서 이런 기계를 만들지 않을 수 없었다. 게다가 로마는 엄청나게 많은 물을 먹었다! 로마에 충분한 물을 대기

남프랑스의 님므 부근에 있는 로마의 삼중 수도(수로교)

위해 로마 기술자들은 긴 수도, 즉 수로교를 만들었다.

많은 세월이 지난 뒤에도 사람들은 수로교의 거대한 아치를 보고 놀랄 것이다. 그것은 3층으로 세운 높은 돌다리이다. 이 삼중교의 끝은 까마득히 먼 언덕에 걸려 있고, 반대쪽은 지평선 끝으로 사라진다. 무수한 아치, 즉 교각 사이의 넓은 개구부에서 평야가 멀리 내다보인다. 차가운 산의 물이 급수관 속을 힘있게 달린다. 몇백 년 뒤에도 도시 언저리의 아이들은 풀이 무성한 돌층계에서 놀 것이다. 거대한 층계를 오르거나 내리면서 이 돌층계에서 뛰어다닐 것이다.

그러면 어른은 어린아이들에게 말한다……. 이것은 옛 로마의 원형극장이었다고. 이 돌층계는 의자였으며 몇만의 관객이 앉았다고. 그렇게 말해도 아이들은 진짜로 믿으려 하지 않는다. 몇만, 아니 몇십만의 로마 시민이 모두 앉을 수 있는 그런 큰 극장이 로마에 있었을 것인가?

역사 수업 때 로마인이 어려운 일을 해냈다는 것을 알게 되면 아이들은 아주 감동한다. 어느 날 로마인은 큰 호수를 바다로 흘려 보낼 것을 생각했다. 그 호수는 이탈리아의 중앙부에 있었다. 둘레가 멀리까지 늪지대로 되어 있었으므로 유행병을 전염시킬 뿐 사람에게는 아무 도움도 되지 않았다. 그래서 사람들은 산을 깎고 바위를 파고 수로를 만들었다. 완성되기까지는 3만

명이 일해 꼬박 11년이 걸렸다. 호수는 티베리스 강으로 흘러 떨어지고 간척지는 목초지와 밭이 되었다.

선생님의 이야기를 들은 것만으로는, 열병으로 괴로워하는 노예들의 누리께한 얼굴, 푹 팬 볼, 피부를 뚫고 튀어나올 듯한 갈비뼈 등은 아이들의 눈에 보이지 않을지 모른다. 많은 노예들이 자신이 간척한 늪지대를 자기 무덤으로 했다는, 그 기분 나쁜 냄새가 풍기는 음산한 평야를 아이들의 눈은 떠올리지 못할 것이다.

아이들은 아마 다른 것을 상상하리라. 이탈리아의 파란 하늘, 큰 호수, 그리고 호수의 물을 강으로, 강에서 또 바다로 보내는 거대한 힘을 상상할 것이다. 그러나 진실은 어떤가? 자손들은 로마에 어떤 판결을 내릴 것일까?

자손들의 판결

로마에 대해서 생각나는 것은 쇠사슬에 매인 노예의 대열이나 피를 흘리는 칼 쓰는 노예에 대한 것만이 아니다.

잔인한 폭군 네로(37~68년)와, 그와 같은 시대의 사람, 그리고 그의 희생자, 철학자 세네카의 일이 우리의 기억에 떠오른다.

황제 콤모두스(161~192년)를 생각하면 소름이 끼친다. 그는 경기장에서 자기 손으로 칼 쓰는 노예를 죽이고, 단순한 심심풀이로 불구자를 몽둥이로 때려 죽였다. 그러나 로마에는 살인 황제 콤모두스뿐만 아니라 현명한 황제 마르쿠스 아우렐리우스(121~180년, 콤모두스의 아버지)도 있었다. 로마는 여러 민족의 정복자였다. 로마는 그리스를 정복하여 자유의 환영만을, 자유의 그림자만을 남겼다. 그러나 그리스의 학문, 그리스 예술의 보고에는 손을 대지 않고 그것을 보존하여 후대에 넘겨 주었다.

로마인은 그리스인을 업신여겨 '그레쿨리' 즉 '그리스내기'라고 일컬었다. 하지만 자신은 그 그리스내기로부터 배우기 위해 아테네 학교에서 배우거나 올림픽 경기에서 월계관을 얻으려고 했다.

로마 시민들은 호메로스가 만든 길을 걸어갔다. 베르길리우스(기원전 70~19년)는 트로이아인 아이네이아스의 모험을 읊은 서사시를 써서 《일리아스》의 이야기를 계속했다. 오비디우스(기원전 43~기원후 17년)는 그 매력적인 시로 그리스 고대의 소박하고 감동적인 전설을 읊었다. 로마의 역사가 티투스 리비우스(기원전 59~기원후 17년)와 타키투스(55?~117?)는 헤로도토스나 투키디데스가 시작한 인류의 일기를 계속 썼다.

역사가 자손의 재판에 내놓은 고발은 무겁고 그 증거물은 무섭기까지 하다. 그러나 역사는 검사일 뿐만 아니라 변호사이기도 하다. 현재 우리가 쓰는 말, 즉 유럽에서 널리 사용되고 있는 말조차 로마를 변호하고 있는 것 같다. 왜냐하면 검사나 변호사라는 말은 물론, 그 밖의 많은 말도 로마가 유산으로 남긴 것이기 때문이다. 이를테면 웅변가·법전·법률가·재판권·법학 등 수없이 많다.

또한 중학·대학·아카데미·박물관·연구소·학생·물리학·수학·철학——이것들도 모두 그리스어와 라틴어에서 나왔고 지금 대부분의 유럽어 속에 들어간 말들이다. 우리를 위해 인류의 경험을 저마다의 저서 속에 축적하고 모아 준 고대 학자를 잊는다면 우리는 은혜를 모르는 자이다. 욕심쟁이에 빈둥빈둥 놀기까지한 로마인 사이에도 쉴새없이 노동과 학문에 몸을 바친 사람들이 있었다. 로마의 자연 연구가이며 해군 제독과 정치가를 겸한 플리니우스(23~79년)가 바로 그런 사람이었다. 그는 자연과 같은 규모로 자연을 기술해 보려는 대담한 일을 착상했다. '이 일이 잘 되지 않더라도 그 계획만으로 즐거운 일이 아닌가'라고 그는 썼다.

제대로 자지도 먹지도 않고 그는 지리학자·천문학자·자연 연구가·의사 등이 쓴 자연에 관한 책을 낮이고 밤이고 읽었다. 한 권씩 책을 독파하며 메모를 하고 생각하고 비교해 보았다. 또한 그 자신은 여행이나 해군 원정 때 여러 가지 것을 보았다. 읽은 책의 수는 벌써 2000권이나 되었다. 하지만 그것은 마치 건설 공사장에 운반된 재료에 지나지 않았다.

건물은 차츰 커져 갔다. 그것은 《박물지》라고 이름이 붙여졌다. 한 해 또 한 해가 지나자 한 권 위에 또 한 권이 보태졌다. 이제는 단순한 건물이 아니었다. 그것은 하나의 도시였다.

플리니우스의 《박물지》는 37권이나 되었다. 별에 대한 것, 행성에 대한 것, 동물에 대한 것, 식물에 대한 것, 먼 나라나 먼 시대에 대한 것을 천천히 상세히 플리니우스는 적어 나갔다.

그는 여러 가지 것들을 알고 있었다. 극지에서는 여름에 해가 가라앉지 않고 겨울에는 해가 뜨지 않는다는 것, 빛은 소리보다 훨씬 빠르다는 것, 조수의 간만은 달과 해에 의해서 일어난다는 것 등. 그래도 그는 진실과 허구를

플리니우스의 최후

구별하기 어려웠다. 플리니우스는 박물학의 헤로도토스였다. 머리가 없고 가슴에 눈과 입이 붙어 있는 사람 이야기를 그는 되풀이했다.

달이 하늘에서 커졌을 때에 한하여 조개도 바닷속에서 커진다고 그는 생각했다. 시리우스별자리는 바다에 태풍을 일으키고 또한 포도주를 발효시킨다고 그는 믿었다. 그는 또한 자연이 모든 것을 사람을 위해 만들었다고 생각했다. 과일·포도주, 상쾌한 향유를 사람에게 주기 위해 식물은 존재한다.

나무줄기로는 집이나 배를 만든다. 철은 전쟁을 위해, 금은 사람을 망치기 위해 만들어진다.

"금을 찾으려고 우리는 여기저기 지맥으로 파고들어간다. 그 위에서 사람이 살고 있는 땅을 판다. 그것 때문에 땅에 금이 가고 때로는 땅이 흔들려 깜짝 놀란다."

그는 이렇게 썼다.

그 또한 성스런 어머니인 대지의 노여움이 지진을 일으켜, 그 혈맥으로 파고드는 욕심쟁이들을 놀라게 하는 것이라고 지진에 대해 설명한다. 모든 것은 사람을 위해 존재한다. 그러나 플리니우스는 사람 자체를 높이 평가하지 않았다.

그는 다음과 같이 말했다.

"사람은 짐승보다 못하다. 사자나 바다의 괴물들은 서로 싸우지 않는다. 그런데 사람은 영원히 자기들끼리 싸우고 있다. 두려움 때문에 그렇게까지 침착성을 잃는 생물은 어디에도 없을 것이다. 사람만큼 광포성을 발휘하는 것도 없을 것이다. 야심과 사욕에 사로잡혀 있는 것은 사람뿐이다."

아마 플리니우스가 궁정이나 원로원이나 경기장에서 만난 로마인은 칭찬하고 싶어도 칭찬할 수 없는 자들이었던 모양이다. 그러나 한편으론, 훌륭한 일을 한 로마인도 있었다는 것을 플리니우스는 증명하고 있다.

그는 노력으로 충만된 생애에 의해서, 그 죽음에 의해서 그것을 증명했다. 그의 조카인 소플리니우스(61?~114?)는 역사가 타키투스에게 보낸 편지에서 이렇게 말했다.

"당신은 나의 아저씨, 즉 큰일을 완수하고 훌륭한 책을 저술한 분의 최후에 대해서 알고 싶다고 하셨습니다. 그가 훌륭한 죽음의 장소를 선택한 것은 참으로 운명의 불가사의라고 할 수밖에 없습니다. 그의 이름은 영원히 남을 것입니다. 그때 아저씨는 함대 사령관으로서 미세나 곶 옆에 정박하고 있었습니다. 바로 8월 22일, 이상한 모양의 구름이 보인다는 보고가 있었습니다. 우산 같은 모양이었는데 그 줄기는 하늘을 찌르고 가지는 사방으로 뻗어 있었다고 합니다.

신기한 것이라면 무엇이나 연구하려는 자연 연구가의 정열에 사로잡혀 아저씨는 곧 배를 내보내라고 명령했습니다. 그러자 그때 베수비오 산기슭에서 구원을 부탁하는 편지가 왔습니다. 그래서 모든 함대가 출동하게 되었습니다.

아저씨는 기함을 타고 곧장 위험을 향해 나아갔습니다. 갑판에서는 무서운 자연 현상이 잘 보였습니다. 그는 자신의 관찰을 서기에게 쓰도록 했습니다. 불행한 장소에 접근함에 따라 배에 떨어지는 재는 차츰 짙어지고 뜨거워졌습니다. 그 속에는 가벼운 돌이나 용암조차 섞여 있었습니다.

이윽고 스타비아에에 닻을 내리고 상륙했습니다. 벌써 어두워지기 시작했습니다. 베수비오 산에서 불길이 하늘 높이 솟아올랐습니다. 그와 동시에 대지는 흔들리고 아저씨가 수행원들과 들어가 있었던 집은 곧 무너질 기세였습니다.

모두 밖으로 나갔습니다. 암석의 비를 피하기 위해 저마다 베개를 머리에 이고 있었습니다. 유황의 불길과 연기를 피하려고 모두 함께 뛰어가는 순간, 플리니우스는 갑자기 쓰러졌습니다. 두 노예가 그를 일으켰습니다. 두 번, 세 번 쓰러졌다가 다시 일어났으나 마침내 일어날 수 없게 되었습니다. 그대로 죽은 것입니다……."

이것은 폼페이와 헤르쿨라네움의 두 도시를 재로 묻어 버렸던 기원후 79년의 베수비오의 분화였던 것이다.

몇 세기 동안, 사람들은 이 휴화산 기슭에서 평화스럽게 살아갔다. 그 여름날에도 그들은 여느 때와 다름없이 저마다의 일을 하고 있었다.

이발소 문 앞에서는 손님들이 벤치에 앉아서 차례를 기다리고 있었다. 술집에서는 군인들이 커다란 잔을 부딪치면서 술을 마시고 있었다. 장사꾼들은 가게 앞에 앉아 있었고 여자들은 바쁜 듯이 시장으로 가고 있었다.

시골에서 온 농민들은 노새를 붙들어매고 있었다. 빵집에서는 둥그런 빵에 둘러싸여 주인이 매대 위에 앉아 있었다. 양화점에서는 여자 손님의 샌들 치수를 재고 있었다.

솥 장수는 쇠막대기로 솥 옆구리를 두들기면서 손님을 부르고 있었다. 통행인들은 벽 위에 붓으로 쓴 선거 입후보자들의 이름을 보고 있었다.

'깨끗한 한 표를 브루티우스 바르바에게! 그는 시의 공금을 속일 사람이 아닙니다. 술집 주인 여러분, 프리스쿠스와 루타스에게 투표하시오! 마르켈루스는 훌륭한 조역이 되어 멋진 경기를 보여 줄 것입니다!'

군중의 떠드는 소리와 분수 소리로 가득 차고, 꽃 장식이 화려한 거리가 몇 시간 뒤에 빨갛게 탄 잿더미에 파묻히리라고 누가 생각할 수 있었을까!

한가한 사람도, 돈 계산에 정신이 팔려 있던 사람도, 모두 유황 연기를 뒤집어쓰고 별안간 타 죽거나 또는 숨이 막혀 죽으리라고 누가 생각할 수 있었을까! 또한 며칠 뒤에 살아남은 얼마 안 되는 주민이 아직도 뜨거운 잿더미 위를 헤매면서 어떻게든 자기 집 지붕을 발밑에서 찾으려고 하는 광경을, 지금의 그 누가 상상할 수 있을까!

자연은 다시금 사람이 얼마나 작고 하잘것없는 존재인가를 생생하게 보여 주었다. 하지만 사람은 언젠가는 분화구와 힘을 겨눌 수 있게 되리라!

어떻든 간에 멸망해 가는 도시의 구원을 위해 자기 함대를 이끌고 간 로마

제독의 위대함에는 머리를 숙이지 않을 수 없다.

암석의 비가 갑판에 쏟아졌다. 구름 같은 재가 눈을 가로막았고 얼굴을 태웠다. 그런데도 플리니우스는 끝까지 후퇴 명령을 내리지 않았다. 조금도 주저함이 없이 전진을 계속했다. 그는 제독으로서의 의욕, 또한 연구가로서의 본분에 충실했다.

7 투쟁과 멸망

사람은 바다와 세기를 넘는다

사람은 작은 존재이다. 그리고 그 생명은 짧다. 사람 앞에는 공간의 끝없는 넓이와 시간의 끝없는 깊이가 있다.

그 조그만 발걸음으로 사람은 얼마나 걸어가고 얼마나 측량할 수 있을까? 지상에 살고 있는 얼마간의 세월로 사람은 얼마만한 일을 할 수 있을까?

그러나 사람은 힘을 가지고 있다. 화톳불이나 횃불을 태워서 언덕에서 언덕으로 신호를 전달할 경우, 가장 빠른 파발도 상당한 날짜가 걸리는 길을 따라 그 신호는 불과 몇 시간 만에 전달된다.

이것과 마찬가지로 기술자·학자·영웅의 활동과 승리를 전하는 봉화는 세기와 나라들을 넘어, 세대에서 세대로, 국민에서 국민으로 달려간다. 몇만 가지의 활동은 하나의 위대한 활동으로, 몇만 번의 걸음은 하나의 거대한 걸음으로, 몇만 명의 짧은 목숨은 하나의 무한한 생명으로 모인다. 한 사람이 어떻게 모든 길을 걸어다니고, 모든 길을 측량할 수 있는가?

그런데 벌써 2000년이나 옛날의 고대 로마에서는 사람들이 자기의 대제국을 측량하려고 했다. 지리학자는 지도에 여러 도시를 적어놓고, 측량기사는 도시에서 도시까지의 거리를 쟀다. 일은 30년이나 계속되었다. 그리고 마침내 로마로 통하는 모든 길이 기입된 긴 두루마리가 완성되었다.

하나하나의 도시는 두 개의 조그만 집 모양으로 그려졌다. 하나하나의 꼬불꼬불한 선은 역참에서 역참까지의 길이었다. 여행자는 한눈으로 보고 스파르타에서 아르고스까지, 아르고스에서 코린토스까지 거리가 얼마이고, 며칠이 걸리는 길인가를 알 수 있었다.

발걸음으로 지면을 재는 것은 매우 까다로운 일이었다. 바다를 재는 것은 더욱 어려운 일이었다.

바닷길을 발견하려면 어떻게 할 것인가? 바다 여행자의 편리를 생각하며

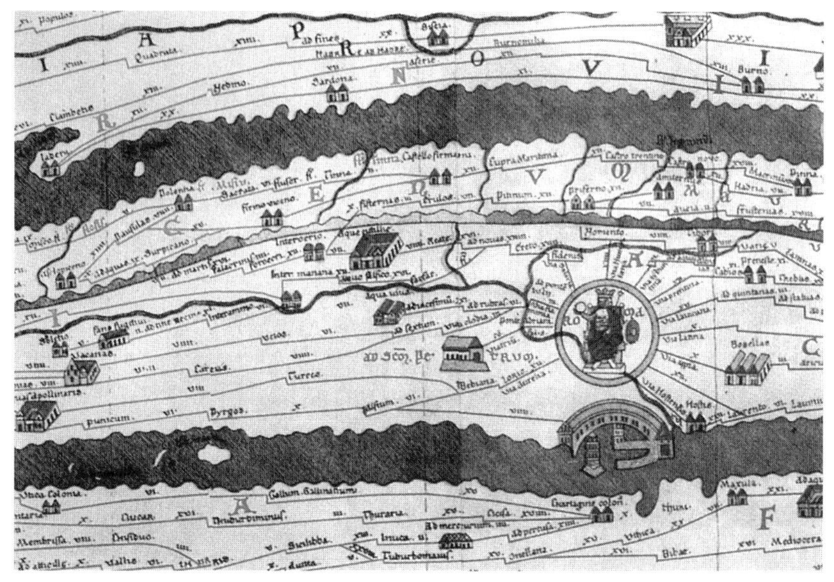

로마 제국의 지도(4세기경에 그려진 것을 중세 사람이 베낀 것)

튀로스의 지리학자 마리투스는 지도 위에 처음으로 경도와 위도의 그물을 그었다. 이 금은 지도에만 있을 뿐, 실제로 바다에는 없었다. 하지만 그것은 뱃사람이 길을 발견하는 데 큰 도움을 주었다.

세계는 차츰 넓어졌다.

얼마 전까지 로마인은 브리타니아라는 섬은 없다고 생각했다. 브리타니아에 관한 모든 이야기는, 아니 그 이름조차도 터무니없이 조작된 것으로 여겼다. 그런데 카이사르는 군대를 이끌고 그 존재하지도 않는 섬으로 두 번이나 바다를 건너갔다.

바로 최근까지 로마인은 '대양'이 세계의 경계라고 생각하고 그것을 로마의 경계로 삼으려고 했다. 그런데 지금 지리학자 스트라본은 '대양' 저쪽에도 사람이 사는 땅이 있다고 추리했다. 그래서 탐험가 유바는 배를 준비하여 그 땅을 찾으러 나섰다. 그는 '대양' 위에서 카나리아 제도를 발견하고 해안의 야자나무를 보았다. 게다가 테네리페 화산 상공에서 깃발 모양의 구름을 보았다. 그는 섬들을 돌면서 사람을 찾았으나 집터 같은 것을 보았을 뿐이었다. 갑자기 개가 짖는 소리가 들려 왔다. 개들은 습성에 따라 텅 빈 오두막을 아직 지키고 있었다.

그것을 보면 이곳 대양에도 사람은 살고 있다! 그렇다면 그 저쪽은?

그곳에도 땅은 있는 것일까? 철학자 세네카는 다음과 같이 썼다.

"언젠가는 '대양'이 자신의 사슬을 끊을 때가 올 것이다. 그러면 대지는 마음껏 넓어지고, 바다 저쪽에 새로운 나라들이 나타날 것이다. 둘레는 이미 세계의 끝은 아닐 것이다."

그 말대로 사람들은 넓은 대지로 발을 내디뎠다. 시간의 깊이 또한 사람들을 이끌어간다. 해시계나 물시계가 발명된 것은 벌써 옛날 일이다.

아테네에는 풍향 관측탑이 세워졌다. 잠깐 그 탑을 보면, 지금 몇 시이며 여덟 가지 바람 중 어느 바람이 바다 위를 불고 있는가를 알 수 있었다. 그러나 시간이 반드시 일정하진 않았다.

하루는 일출에서 일몰까지로 했다. 겨울의 하루는 여름의 하루보다 짧다. 따라서 겨울 시간은 여름 시간보다 훨씬 짧았다.

달력도 있었다. 바빌로니아인은 벌써 한 달을 30일로 정하고, 1년을 12개월로 나누었다. 밀레토스의 탈레스도 태양력은 365일과 4분의 1일이라는 것을 벌써 알고 있었다.

그러나 사람들은 날짜나 주의 수를 제대로 셈할 줄 몰랐다. 날짜 계산을 맡고 있었던 로마의 신관들은 엉터리였다. 1년이 12개월이 되기도 하고 13개월이 되기도 했다. 금년은 1년이 355일이고, 내년은 377일이 되기도 했다. 1월 1일이 10월 15일이 되는가 하면, 계절은 여름인데 달력은 겨울을 알리는 경우도 있었다.

신관들은 학문이나 태양에 대해서도 몹시 뒤떨어져 있었다. 그래서 카이사르는 알렉산드리아의 천문학자 소시게네스에게 날과 달의 질서를 고쳐 줄 것을 부탁했다.

소시게네스는 틀린 것을 모두 고쳐서 12개월, 즉 365일의 달력을 만들었다. 다만 달력이 태양에 늦지 않도록 4년마다 2월에 하루를 덧붙일 것을 제안했다. 사람들은 시간을 계산하고 해를 계산하는 것을 배우는 것만으로 만족하지 않았다. 시간을 여행하기를 바라고, 자기들이 아직 이 세상에 없었던 먼 과거가 어떠했는가를 알고 싶어했다. 지구학자 스트라본은 자신에게 물어보았다.

대지는 언제나 지금과 같았을까?

'아니다, 모든 것은 변화한다'고 그는 결론을 내렸다.

해안선은 전에는 달랐다. 도시가 있었던 곳이 지금은 바다가 되었다. 화산 분화로 깊은 곳에서 섬을 떠올랐다. 이와 같이 에트나의 분화가 바닷속에서 시칠리아 섬을 들어올린 것이다.

스트라본은 어떻게 대륙이 발생했는가를 알려고 노력했다. 그는 행성의 '큰 세계'의 열쇠를 찾으려다 그것을 '작은 세계'의 내부에서 발견했다. 그는 기제의 피라미드에 사용한 석회암을 조사하고 그 돌이 조그만 바닷조개와 갑각류의 껍데기로 이루어진 것을 알아 냈다. 그것은 몇천만 년 동안 해저에 퇴적되어 수성암층을 형성했다. 해저가 물 속에서 밖으로 나와 육지가 된 것이다…….

세계 상공의 비행

로마는 세계 위에 우뚝 솟아 있었다. 높은 봉우리에서는 멀리까지 잘 보였다. 로마의 시인 오비디우스는 하늘에 올라가 그 높은 곳에서 보았다고 하는 파에톤 소년의 이야기를 썼다.

파에톤의 어머니는 보통 여자였으나, 아버지는 태양신 헬리오스였다. 아버지가 4두마차를 타고 하늘을 달리는 것을 소년은 때때로 보았다. 그래서 자기도 아버지의 전차를 타고 달려 보고 싶었다.

그는 태양의 궁전으로 갔다. 순간, 빛에 눈이 부셔서 문가에 멈춰섰다. 헬리오스는 빛나는 옥좌에 앉아 있었으며, 좌우에는 시간·달·세기·해 등이 서 있었다. 봄은 꽃다발을 쓰고 포도즙에 젖은 가을과 나란히 서 있었으며, 백발의 겨울 옆에는 잘 여문 이삭을 팔에 두른 젊은 여름이 서 있었다.

"무슨 일이냐?" 하고 헬리오스가 아들에게 물었다.

"예, 어머니의 이야기로는 당신이 저의 아버지라고 하십니다. 그것이 사실이라면 뭔가 증거가 될 만한 것을 보여 주십시오." 하고 소년은 말했다.

아버지는 머리 둘레에서 반짝이고 있는 빛을 벗으며 소년을 가까이 불러 꼭 껴안았다.

"어머니 말씀은 사실이다. 하지만 아무 의심도 하지 않도록 네가 바라는 것을 내가 주기로 하마." 그렇게 말하자마자 소년은 아버지 목에 매달리며 부탁했다.

"그러시다면 단 하루라도 좋으니 아버지의 말을 제가 몰도록 해주십시오."

아버지는 무심코 엄청난 약속을 한 것을 후회했다. 그렇게 위험한 장난을 해서는 안 된다고 여러 번 소년을 타일렀다.

"너는 사람으로 태어났다. 그런데 너의 소원은 사람의 소원이 아니지 않느냐."

그러나 소년은 고집을 부렸다. 오랫동안 서로 입씨름을 하였지만 마침내 아버지는 한숨을 쉬고 아들에게 양보했다.

황금빛 새벽의 여신 아우로라가 벌써 새빨간 문을 동쪽으로 열고 있었다. 시와 분의 여신들이 천상의 마구간에서 불을 내뿜는 말들을 끌어내었다. 파에톤은 눈이 동그래서 금·은·보석이 반짝이는 전차를 바라보았다.

아버지는, 그의 얼굴에 화상을 입지 않도록 성약을 바르고, 머리에는 반짝이는 빛으로 만든 관을 씌웠다. 슬픈 일이 일어날 것을 짐작하고 아버지는 무거운 한숨을 쉬면서 차근차근 아들에게 일러 주었다.

고삐를 조이지 말 것, 하늘을 태울 염려가 있으니 너무 올라가지 말 것, 땅을 태울 염려가 있으니 너무 아래로 내려가지 말 것 등을.

"한가운데를 지나가야 한다. 바퀴 자국을 놓치지 않도록 하여라."

그동안에 밤은 물러가 벌써 서쪽 기슭이 걷히고, 동쪽에 새벽 빛이 보이기 시작했다. 아버지는 다시 한 번 아들에게 마음을 돌리라고 부탁했다. 그러나 소년은 벌써 신이 나서 고삐를 잡고 있었다. 말들은 서두르며 발로 문빗장을 차고 있었다. 말의 울음소리가 공기를 울렸다.

여신 오케아니스가 문을 열었다. 순간, 끝없는 세계의 경치가 펼쳐졌다. 발로 공기를 차고 동쪽 바람을 따라잡으며 말들은 질주했다. 꽤 가파른 오르막이었으나 푹 자고 나서 힘에 넘친 말들은 거침없이 전차를 높이 끌어올렸다.

소년이 타고 있었으므로 전차는 여느 때보다 가벼웠다. 마치 짐을 싣지 않은 배처럼 공중에 뛰어 오르기도 하며 흔들렸다. 마침내 말들은 길에서 벗어나 질주했다. 소년은 당황했지만 어떻게 고삐를 다루는지, 어떻게 길을 바로 잡는지 몰랐다.

햇빛을 받아 먼저 큰곰자리별이 녹기 시작했다. 몹시 추운 극지 옆에서 언제나 조는 듯한 '용자리'가 왠지 자꾸만 화를 내고 있었다.

파에톤은 아래를 내려다보았다. 아득한 곳에 파랗게 펼쳐진 대지가 보였다. 파에톤은 얼굴빛이 달라졌다. 무릎이 떨리고 눈이 아물아물했다. 아버지 말을 듣지 않은 것이 후회스러웠다. 이젠 다시 아버지 말을 어기지 않으리라고 생각했다. 그는 뒤를 돌아다보았다. 꽤 멀리까지 온 것을 알았으나 앞은 아직도 넓었다.

어떻게 할까? 어떻게 하면 좋을까?

소년은 말들을 멈출 수 없었다. 말의 이름도 몰랐고 다루는 방법도 몰랐다. 겁을 먹고 주위를 둘러보았다.

주위는 괴물투성이였다. 커다란 전갈이 여러 별자리 사이에서 긴 팔과 갈고리 같은 바늘을 뻗어 왔다. 소년은 무서움에 몸을 떨며 깜빡 고삐를 놓치고 말았다. 말들은 몸의 자유를 느끼자 제멋대로 질주했다. 그들은 별들과 부딪힐 정도로 돌진했다. 높이 뛰어오르는가 싶더니 이번에는 아슬아슬하게 땅으로 내려가기도 했다.

자기 형인 말들이 길을 벗어나 날뛰는 것을 달은 놀라서 바라보고 있었다. 아래쪽에서는 벌써 구름이 피어올라 연기를 올리고 있었다. 산 꼭대기들은 불길로 덮였다. 숲도 밭도 불타고 있었다. 초록빛 초원은 금방 재가 되었다. 도시도 성채도 타 버리고 어느 나라도 모두 재가 되었다. 카프카즈도 불타고 에트나도 불꽃을 뿜어 올렸다. 추위가 심한 스키타이조차 뜨거워졌다. 알프스 산맥은 연기를 내기 시작하고 구름 속의 아페닌 산맥에도 불이 붙었다. 불은 온 세계를 덮었다.

난로 속처럼 공기는 뜨거워졌다. 파에톤의 전차는 새빨갛게 타기 시작했다. 그는 이제 솟아오르는 연기와 불빛에 견뎌 낼 힘이 없었다. 어둠 속을 말들이 어디로 달려가는지 그것조차 이젠 분간할 수 없었다. 이때부터 에티오피아인은 검어졌다고 한다. 더위 때문에 피가 검게 탔기 때문이다. 이때부터 리비아도 또한 불모의 사막이 되었다고 한다.

돈 타이나스는 연기를 올렸다. 바빌로니아의 유프라테스도 타기 시작했다. 갠지스도, 다뉴브도., 먼 코르키스의 리용 강도 끓기 시작했다. 에스파냐에서는 열로 인해 금이 녹아서 타호 강으로 흘러들었다. 나일은 세계의 끝으로 도망쳐 무서워서 머리를 감추었다. 그래서 오늘날까지 그 수원지를 알아 내지 못하고 있다.

땅바닥은 모두 금이 갔다. 그 틈으로 타르타로스(지옥의 일부)에 빛이 비쳐들었다. 이것을 보고 땅 밑의 왕과 여왕은 놀랐다.

어제까지 바다였던 곳에 모래땅이 나타났다. 물고기들은 깊은 곳으로 도망치고, 물 위에는 바다표범의 시체가 떠올랐다. 바다의 신은 상을 찌푸리고 세 번 물에서 올라왔다가 더위에 지쳐 세 번째로 자맥질해 들어갔다.

'대양'으로 둘러싸인 '대지'는 목까지 물에 잠겼다. '대지'는 몸을 떨면서 바싹 마른 목에서 겨우 목소리를 쥐어짜내 신들의 아버지에게 호소했다.

"당신은 어처구니없는 보답을 내리시는군요. 저는 1년 내내 일하고 날카로운 쟁기로 입은 상처를 참으면서 사람들에게 곡물과 과일을 주고 있는데, 그 보답이 이것이란 말입니까? 나와 나의 동생 바다의 신에게는 연민을 못 느낀다고 해도 자신의 하늘만은 소중히 보살피십시오. 두 극지를 보십시오. 연기를 올리고 있지 않습니까?

저것이 타면 신들의 집도 무너집니다. 힘이 센 아틀라스이기에 기운 하늘을 그나마 어깨로 지탱하고 있습니다. 만일 바다도 대지도 또 하늘도 파괴되어 버리면 우리는 다시 저 옛날의 혼돈 속에 떨어지게 됩니다. 아직 남아 있는 것을 불 속에서 건지십시오. 우주의 행복을 생각하십시오."

신들의 아버지는 '대지'의 호소를 들었다. 그는 올림푸스 꼭대기로 올라가 천둥을 울리며 가엾은 마부에게 번개를 던졌다. 말들은 멍에를 뿌리치고 전차는 산산조각이 나 버렸다. 불길에 둘러싸여 이미 목숨이 끊어진 파에톤은 별똥별처럼 허공에 떨어졌다. 큰 강 에리다누스가 그를 받았다. 강의 여신들은 그의 얼굴을 깨끗이 씻고 시체를 무덤에 묻었다. 그 비석에 여신들은 이렇게 새겼다.

> 말을 다룰 줄 모르면서
> 엄청난 일을 하여 하늘에서 떨어진
> 아버지의 전차를 몰았던
> 파에톤이 여기에 잠들다.

이와 같이 오비디우스는 동화의 형식으로 옛 전설과 새로운 세계의 지식을 결부시켰다. 물론 그는 그것이 단순한 전설에 지나지 않는다는 것을 알고 있었다. 로마에서는 벌써 시인들이 신들이나 영웅들에 관해서가 아니라, 자연의 비밀을 알아 내려는 학자들을 읊은 작품을 쓰고 있었다.

시인 루크레티우스는 강요하는 듯한 낡은 신앙에 대담하게 반대한 그리스의 에피쿠로스에 대해서 읊었다.

신들의 이야기도 천둥 소리도
하늘이 그를 놀라게 할 수는 없었다
반대로 그의 용감한 마음을 부채질하여
자연의 대왕국의 굳건한 문빗장을 열게 했다
살아 있는 정신력으로 그는 이겼다
그리고 불의 세계의 울타리를 넘어
저 앞으로 나아갔다…….

루크레티우스는 고대 세계의 율법을 겁내지 않는 스승 에피쿠로스의 뒤를 이었다.

이리하여 마음의 두려움은 없어진다
세계의 벽은 허물어진다
그리고 그는 무한의 공간에서
물체의 움직임을 본다.

스승은 그를 무한한 세계의 길로 데리고 갔다.

길에는 벽과 걸림돌이 수없이 있었다. 그 길은 시간의 어두운 깊이에서 시작되었다. 아직 바다도 없고, 대지도 없고, 하늘도 없는 곳, 우리 세계의 사물과 비슷한 것이 하나도 없는 곳, 거기서 길은 시작되었다. 모든 원자는 거친 태풍 속을 날아다니고, 만나고, 충돌하고, 싸우면서 뛰어다니고 있었다.

루크레티우스는 최초의 큰 경계를 대담하게 넘었다. 그는 어떻게 대지와 하늘이 나누어졌는가를 보았다. 원자들은 멋대로 뛰어다니고 있었다. 무거운 것은 함께 모여서 세계의 중간에 단단하고 튼튼한 '대지'를 형성했다. 가볍고 빠른 것은 밖으로 튀어나와 해·달·별 들의 작은 불로 뭉쳐졌다.

대지는 피어오르는 하늘의 에테르를 내뿜으면서 아직 김을 올리고 있었다.

> 보석 같은 이슬에 젖은 풀에
> 떠오르는 아침해가 붉은 불길처럼 빛나고
> 호수와 영원한 강이 안개를 내뿜을 때
> 대지도 또한 증기를 피워올리는 듯이 보인다.

이윽고 길은 루크레티우스를 두 번째의 큰 경계로, 대륙과 대양이 나누어진 곳으로 인도했다.

물은 무거운 굳은 대지에서 분리되었다. 아직 축축하고 부드러운 흙은 아래로 가라앉고, 그 위에 짠 바닷물이 덮였다. 절벽이나 바위 주위에는 평야가 생겼다. 평지가 내려앉은 곳에 산들이 솟아올랐다.

루크레티우스는 시간의 길을 앞으로 걸어갔다. 앞에는 생물과 무생물을 나누는 제3의 큰 경계가 있었다. 자기 지혜로는 아직 넘지 못한 이 난관을 그는 상상으로 뛰어넘었다. 마치 짐승의 몸에 부드러운 털, 거친 털이 나 있듯이 젊은 대지에 풀과 관목이 무성하게 나 있는 광경이 보였다.

동물은 비의 수분과 태양열에 의해 자라나 발생했다. 대지를 가리켜 아무 뜻도 없이 어머니라고 부르는 것은 아니다. 일정한 시간 동안에 성숙하여, 거기서 짐승·새·사람 등이 생겨났다. 어머니인 대지는 젖과 같은 이슬로 아기를 양육했다. 풀은 잠자리가 되고 열은 옷의 구실을 했다.

대지에서는 또 괴물도 나타났다. 다리도 없고 팔도 없는 불구자, 입이 없는 것, 눈이 없는 것 등. 그들은 스스로 먹을 것을 얻을 수 없으므로 생존경쟁에서 멸망했다. 용기·꾀·민첩함이 있고, 자기 종족을 아끼는 자만이 살아남았다. 용기가 사자를, 꾀가 여우를, 민첩함이 사슴을 도와주었다.

사람들은 아직 짐승처럼 살고 있었다. 숲을 헤매고 다니면서 과일이나 도토리 따위를 모았다. 태풍을 만나면 숲이나 동굴 등에 숨었다.

루크레티우스는 사람이 사람이 되는 새로운 큰 경계로 다가갔다. 사람은 숲에서 짐승을 쫓아, 단단한 막대기로 때려 눕히고 또한 돌을 던졌다. 벼락과 산불이 사람에게 불을 가져다 주었다. 최초의 화덕과 최초의 집 벽이 만들어졌다.

사람들은 이제 따로따로 살지 않았다. 서로 어울려 살았다. 물건을 손가락으로 가리키든가 외침 소리나 몸짓으로 설명하면서 이야기하려고 노력했다. 말·물건의 이름이 생겨났다.

최초의 도시, 최초의 전쟁터를 지나서 시간의 길은 더욱 앞으로 뻗어갔다. 사람들은 구리를 손에 넣고 그것으로 전쟁 무기나 작업에 쓸 연모를 만들었다. 구리는 금보다 값졌다. 훨씬 단단했고, 아무리 잘라도 날이 무뎌지지 않았다. 두드릴 수도 구멍을 뚫을 수도 있었다. 그러나 시간은 모든 것을 바꾸었다. 이제 구리 장식물은 푸대접을 받게 되었다. 구리솥은 웃음거리가 되었다.

밭을 가는 연모는 철로 만들어졌다. 전쟁터에서는 잘 드는 철검이 동검을 이겼다. 적이 오면 사람들은 굳건한 탑의 성곽 안으로 피했다.

창고에는 보물이 차츰 많이 쌓였다. 새 금속인 금이 특등석을 차지했다. 이젠 가장 힘센 사람이 존경을 받는 것이 아니라 가장 돈 많은 사람이 존경을 받게 되었다.

도시의 성벽은 무너지고 우두머리가 자랑하던 왕관은 재에 파묻혔다. 모두가 부와 권력과 지배를 향해 돌진해 갔다. 사람들은 서로 싸우다가 지쳐버렸다. 마침내 그들은 스스로 자기 법률의 잔혹한 계율을 지키게끔 되었다.

여기서 시간의 길은 더욱 루크레티우스를 뭍으로, 바다로, 앞으로 앞으로 데리고 갔다. 바다는 배의 돛으로 가득 찼다. 골짜기를 포도원·밭·올리브의 과수원에 양보하고, 숲은 높은 곳으로 후퇴했다. 조각가의 끌은 돌을 생명 있는 것으로 만들었다. 시인은 몇백 년의 사건을 자손을 위해 소중히 모았다. 무엇이든 알고 싶어하는 마음은 사람을 앞으로 전진시켜 예술과 지식의 정상으로 끌어올렸다.

그런데도 사람은 자기 자신을 경멸했다. 사람은 신들에게 모든 기적의 힘을, 우주 관리의 모든 권한을 맡겼다.

벼락이 떨어져 대지가 떨고, 하늘에 천둥이 울릴 때, 사람은 제단 앞에 엎드렸다. 태풍이 바다에서 배를 괴롭힐 때, 사람은 신들에게 제물을 바쳤다. 그러나 아무런 효과도 없었다.

태풍은 배를 조용한 죽음의 만으로 데리고 갔다. 어린애가 어둠 속에서 떨듯이, 어엿한 어른이 한낮에 자기가 모르는 것을 계속 두려워하고 있었다.

다행히 학자가 있었다. 그들은 인식의 불이며 어둠을 비추었다. 태양이 밤을 쫓아버리듯, 자연 그 자체가 자신의 모양이나 내부의 구성에 의하여 사람의 마음에서 두려움을 쫓아버렸다.

길은 마침내 루크레티우스를 그의 시대로, 그의 시로, 그가 태어나고 자랐던 집으로 데리고 왔다.

이미 로마는 세계의 권력을 쥐고 있었다. 벌써 카이사르는 그의 군단을 이끌고 갈리아로 향하고 있었다. 그러나 루크레티우스는 잠깐 멈춰섰다. 그는 다시 미래로 향해 발길을 옮겼다. 오랫동안 사용해 왔던 땅이 메말라 버리듯이 세계가 노쇠해 가는 모양이 눈에 보였다. 시간은 모든 것을 파괴하고 있었다. 아무리 굳건한 성벽이나 탑이라도 세계의 큰 벽이 무너져 잡동사니의 무더기가 되었다. 다만 변하지 않는 것은 원자뿐이며 우주는 무한이었다.

자연은 흩어진 원자를 모으고 있었다. 우리 세계의 조각에서 몇 개의 다른 세계가 태어나고, 다른 사람들이 다른 대지에 살면서 생각할 것이었다.

이리하여 세계의 시작부터 멸망까지의 길을 계속 따라와서 루크레티우스는 눈앞에 다른 세계의 시작을 보았다.

사람의 세기는 짧았다. 그러나 생각하는 힘에는 한계가 없었다. 그가 눈을 깜빡이는 동안에 몇천만 년이 지나갔다. 그러면 그것은 훌륭한 승리일까? 사람이 어떻든 간에 승리의 함성을 지른다고 해도 그것은 우스운 일에 지나지 않는 것이 아닐까? 무한한 시간에 루크레티우스는 모든 것을 보고 모든 것을 알게 된 것일까?

아니, 자연을 인식하는 것은 그렇게 쉬운 일이 아니었다. 루크레티우스에게는 훌륭한 길잡이가 있었다. 엠페도클레스·레우키포스·데모크리토스·에피쿠로스 등이 바로 그들이었다.

그래도 그는 여러 번 상상으로 지식을 보충해야만 했다. 파에톤처럼 어디로 나아가야 하는지 몰랐을 때가 몇 번이나 있었던가!

시간은 지나갔다. 19세기·20세기가 다가왔다. 똑같은 공간과 시간의 무한한 길에서 어떻게 지구가 태어났을까, 어떻게 무생물이 생물로 되었을까, 어떻게 생물에 의식이 생겼는가를 알아내려고 몇천만의 학자들이 달려갔다. 하나하나의 경계 앞에서 논쟁이 불똥을 튀기고 있었다. 그것은 하나의 세계를 다른 세계에서 격리시키는 경계였다.

별의 세계를 땅의 세계에서, 대륙을 대양에서, 생물을 무생물에서 격리시켰다. 언젠가 그곳에는 자연력 사이에, 자연현상 사이에, 모진 싸움이 있었다. 그런 싸움 속에서 대지가 만들어지고 대륙이 발생했다. 여러 가지 새로운 힘이 싸움에 가담하여 대지의 얼굴을 바꾸고 그것에 생물의 옷을 입혔다.

학자들은 그들 옛 전쟁터를 보고 다녔다. 그리고 나루터에서, 경계선에서, 벽가에서 이번에는 자연력 속에서가 아니라 사람들의 생각하는 힘 사이에서 다시 싸움이 불붙었다. 사상가라면 모두 낭떠러지에 다리를 걸고, 자물쇠가 걸려 있는 문에 자기 열쇠를 꽂으려 했다. 그중에는 열쇠가 없거나 그것을 발견하지도 못하는 사람도 있었다. 그러나 미지의 세계로 들어가고 싶다는 지우지 못할 욕망과, 영원한 희망에 용기를 얻어 학자들은 계속해서 그 길로 나아갈 것이었다.

무엇이 2000년 전 거인의 걸음을 늦추었을까

옛날 학자들의 작품을 읽으면, 그들이 꽤 여러 가지 것을 알았다는 사실에 놀란다. 코페르니쿠스보다 훨씬 전에 사모스의 아리스타르코스는, 지구 둘레를 태양이 도는 것이 아니라, 지구가 태양 둘레를 돌고 있다는 사실을 밝혀냈다. 폴즈노프나 와트보다도 훨씬 전에 알렉산드리아의 기계학자 헤론은 증기의 힘으로 바퀴를 회전시켰다. 천문학자 에라토스테네스는 세계 일주 항해를 생각했으며, 지리학자 스트라본은 '대양' 저쪽에 있는 대륙의 발견을 예언했다. 유바라는 탐험가도 있었다. 그는 '대양'으로 나가 카나리아 제도에 상륙하여 테네리페 섬의 화산 상공에서 깃발 같은 모양의 구름을 보았다. 이런 식으로 나가면, 앞으로 몇 세기 안에 사람들은 대서양을 횡단하여 배로 세계를 일주하고, 증기기관을 발명하고, 최초의 철도를 깔고, 최초의 기선을 띄울 수 있을 것이었다.

그런데 인류는 도중에서 머물러 섰다. 그것도 꽤 오랫동안 우물거리고 있었다. 탐험가 유바에서 크리스토퍼 콜럼버스까지는 100년, 200년이 아니라, 실로 1500년쯤이나 지났다. 더 긴 세월이 헤론과 폴즈노프, 그리고 와트를 떼어 놓고 있었다.

대체 그 무엇이 길을 막고 그렇게 강하게 사람의 전진을 방해한 것일까? 용감하게 바다로 나간 거인이 무엇 때문에 그렇게 오랫동안 '대양' 앞에 멈춰 서 있었던 것일까? 원자를 알고서도 무엇 때문에 그 존재를 증명하려고 하지 않았을까?

그것은 거인의 길이 결코 평탄하고 곧은 것이 아니었기 때문이다. 길은 활처럼 곧장 나 있지 않았고 뱀처럼 구불구불했다. 거인은 긴 우회로를 돌면서 때때로 뒤를 돌아보고 다가갈 수 없는 절벽을 잘 돌아왔는가 어떤가를 확인할 수밖에 없었다.

그것은 길이 목적지에서 멀어져 되돌아간 것처럼 보였던 어두운 시대였다. 대체 무엇이 2000년 전에 거인의 길을 늦추게 했을까? 사람이 자유롭게 앞으로 나아갔다고 생각한다면 그것은 잘못이다.

도리어 사람은 손과 발이 묶여 있었던 것이다. 사람은 수로교를 만들고 터널을 파고 호수를 간척했다. 누구의 손으로 그런 일을 할 수 있었을까? 노예의 손이었다. 아침부터 밤까지 발을 움직이면서 기중기의 거대한 바퀴를 돌린 것은 노예들이었다. 끝도 없이 갤리선의 노를 저은 것도, 땅 속의 광석을 채굴한 것도 노예들이었다.

노예 없이는 궁전도 신전도 경기장도 세울 수 없었을 것이고, 로마의 고관들이 한가한 때를 지낸 그 호화로운 별장도 지을 수 없었을 것이다. 그런 별장의 하나로, 뒤에는 산이 있고 양쪽 언덕에는 밭과 포도원이 펼쳐져 있다.

창문은 바다를 향하고 벽 아래 주춧돌에는 물결이 조용히 찰랑거린다. 여기저기에 분수에서 떨어지는 물소리가 들린다. 보기 좋게 아랫가지를 자른 나무 아래에는 새하얀 대리석 의자들이 있다.

별장 주인은 책을 읽고 산책을 하고 친구들과 이야기를 나누고 음악·철학·체조·사냥을 즐기면서 그날그날을 보낸다. 황금빛의 소년 동상들이 받치고 있는 횃불은 밤새껏 주연 자리를 밝힌다.

손님 가운데 한 사람은 두루마리를 펼치고 로마의 농업의 신 사투르누스의 왕국을 읊은 시, 원시인들의 행복한 생활을 읊은 시를 읽는다. 아침 해가 뒤집혀진 술잔과 꽃이 떨어진 장미 화관을 비춘다.

주인은 이제 낭랑하게 울리는 시의 구절을 듣고 있지 않다. 아침과 함께 눈을 뜬 오늘의 일과에 마지못해 마음을 쏟는다. 바구니에 가득 찬 호박색 포도를 보면서 주인은 포도원에 기울여야 할 성가신 보살핌에 대해 생각한다. 포도 덩굴을 보살피는 것은 아기를 돌보는 일과 같다. 땅에는 비료를 주고 물을 주고 잡초를 베어내고, 가지는 접붙이기를 하기도 하고 잘라내기도 해야 한다. 밭에 대한 그런 보살핌은 모두 교활하고 게으른 노예들의 손에 맡겨진다.

땅은 더욱 인색해진다. 마치 사람들에게 곡물이나 과실을 주기 아까워하는 것 같다. 땅은 말라 버린다. 하지만 그것은 지주가 땅 가꾸기를 노예들에게 통째로 맡긴 탓이다. 이런 생각에 별장 주인은 우울해진다. 걱정이라는 초대하지 않은 손님이 주연 자리의 흥을 깨뜨린다.

때마침 별장을 둘러싼 노송나무 울타리 저쪽을 괭이를 멘 노예들이 긴 줄을 짓고 걸어간다. 그곳은 산에 이어져 있어 땅바닥이 돌멩이투성이다. 따라서 그것을 괭이로 일구어야 한다. 병사들이 싸움터에 나가듯이 노예들은 대열을 지어 걸어간다. 그 대열 옆을 감독들이 말을 타고 왔다갔다 한다. 구령에 따라 괭이를 들어올린다. 이 힘 없는 노예들은 세계 각지에서 모여들었다. 파란 눈의 게르만인이 있는가 하면 색깔이 검은 누비아인도 있고 또 수염투성이의 스키타이인도 있다. 그들은 서로 남남이다. 저마다 다른 하늘 아래 태어나 자라났다. 그러나 참혹한 운명이 지금 낯선 타국에서 그들을 형제로 만들었다. 머리칼로 노예 낙인을 가리지 못하도록 모두의 이마는 깎여 있다.

감독들은 껄껄 웃는다.

"녀석들의 등을 봐. 표범처럼 아름다운 줄무늬가 나 있어. 누가 더 채찍을 맞았는지 한눈으로 알 수 있단 말야. 저 녀석은 콩을 한 줌 먹고 그 보답을 받은 거야. 그 옆의 녀석은 소의 시중을 게을리했어. 또 발이 사슬로 묶여 있는 저 녀석은 도망쳤던 죄야. 만약 다시 한 번 그런 맘을 먹는다면, 이번에는 그냥 두지 않겠어. 솥에 집어 넣든가, 사자밥으로 처넣든가, 십자가에 못박든가, 기름 옷으로 태워 죽이든가 해야지. 살아나기는 어려울 거야."

감독들이 하는 말은 거짓이 아니었다. 주인은 노예를 마음대로 할 수 있었다. 노예는 주인의 물건이고 도구였다. 그래도 노예들은 도망쳤다. 그들은 자신의 노동을, 자신의 쟁기를, 자기의 소를, 자기의 감독들을, 자기의 주인을 증오하고 있었다. 그들은 노예 생활을 증오하고, 자유롭게 살 수 있다면 어떤 괴로움도 참으려고 마음먹고 있었다.

단 하루라도 그것이 자기의 하루라면! 노예 역시 사람이었다. 그런데 소나 쟁기처럼 다루어지고 있었다. 그래서 노예들은 그 억울함을 자기에게 충실한 도구나 동물에게 화풀이했다. 그들은 주인을 적으로 여겼다. 도구가 아직 허술하고 가벼운 것이었을 동안은 그렇게 취급해도 그다지 손해는 없었다. 보리를 도리깨로 칠 때, 포도를 발로 밟아 으깰 때, 또는 벽돌을 등에 지고 나를 때도 특별한 숙련은 필요 없었다. 그런데 지금은 새로운 쟁기가 원시적인 쟁기와 바뀌었다. 탈곡기·수확기·압착기·기중기·복잡한 직조기가 나타났다.

이렇게 되니 기술이 필요하고 도구, 재료에 대한 애정과 주의력이 필요했다. 하지만 노예의 어디에 노동에 대한 애정이 있겠는가?

그들은 채찍 아래서 일했다. 노예는 토지를 메말려 죽이는 녀석들이라고 노예 소유자는 말했다.

그런데 진짜 살인자는 누구인가, 그리고 희생자는 누구인가?

노예의 온 생애는 사형이요 쉴새없이 계속되는 고문과 같았다. 지주는 자기 노예들을 겁먹은 듯이 바라보았다. 인두로 낙인이 찍힌 그들의 이마를, 반쯤 깎아 올려진 그들의 머리를, 겁먹은 듯한 눈으로 보았다. 그 흙빛의 얼굴에는 체념한 온순함이 아니라 증오가 강하게 그려져 있었다.

노예들은 반란을 일으켰다. 곳간에 불을 지르고 주인의 별장을 때려부쉈다.

뛰어난 로마의 장군들이 몹시 힘겨워 했던 그 스파르타쿠스의 반란을 잊을 수 없었다.

도로 양쪽에 반란을 일으킨 노예들을 처형한 십자가가 끝없는 가로수처럼 늘어서 있었다. 길은 막혀 버렸다. 어디에 출구가 있을까? 이번에는 노예들뿐만 아니라, 노예 소유자 자신도 노예제도에서 빠져나가려고 했다. 노예 소유자는 자기 땅을 몇 개로 분할하여 그것을 콜로누스, 즉 소작 농민들에게 빌려 주었다.

자유인이라면 토지를 아낄 것이다. 부지런한 손이 만지면 메마른 토지는 다시 기름질 것이다, 라고 그들은 생각했다.

그렇지만 그 부지런하고 믿음직한 콜로누스(로마 제국 말기의 소작농)는 어디 있을까? 소작 농민은 훨씬 전에 농촌에서 떠나 어딘가로 뿔뿔이 흩어졌다. 가장 부유한 농민도 영악해져 버렸다. 장사꾼이 된 사람도 있었고, 직공이 된 사람도 있었다. 지금 그들을 그 상점이나 일터에서 다시 불러올 수 있을까?

나머지 사람들은 거지가 되었거나, 불량배가 되어 서커스단이나 시장터를 헤매고 다녔다. 그런가 하면, 쟁기를 칼로 바꾸어 다뉴브 강 근방에서 야만인과 싸우는 사람도 있었다. 로마를 위해 드넓은 땅을 쟁취했는데도, 자기 자신은 가지고 있던 한줌의 땅마저 잃은 농민이 되고 말았다. 지주들은 머리를 싸매고 이 어려운 문제를 풀려고 했다. 누구에게 토지를 빌려 줄 것인가? 거지들을 자기 소유지에 살게 할까?

하지만 거지들은 결핍이라는 끊을 수 없는 길벗을 데리고 올 것이다. 그들은 평생 빚쟁이 살림이다. 그들에게서 도저히 소작료는 거둬들일 수 없으리라. 더욱이 그들에게는 밭을 일굴 쟁기나 담보할 것이 하나도 없다. 지주의 머리는 더욱 아파졌다. 한편 콜로누스의 생활도 어려워질 뿐이었다. 생각다 못해 자신에게 물어보았다. 어떻게 하면 빚의 무거운 짐에서 빠져나올 수 있을까? 어디서 도움의 손이 뻗어올 것인가?

농촌 생활은 차츰 어려워졌다. 그렇다고 도시 생활이 그것보다 나은 것도 아니었다. 로마의 상인은 불경기를 한탄했다. 불경기는 직조공·도공·유리 제조공·구리 제조공에게도 미쳤다. 여러 곳에서 값싼 물건이 로마로 들어왔다. 갈리아의 모직물도 들어오고, 알렉산드리아의 유리도 들어오고, 또 에스파냐의 은술잔도 들어오고 있었다. 리용·보르도·트리오 등의 지방 도시에 로마 기술자의 경쟁자가 계속 나타났다. 얼마 전까지의 야만인들이 이제는 훌륭한 차 그릇이나 항아리를 만들고 있었다. 로마는 많은 민족을 노예로 만들었다. 그리고 그 노예들을 자기들을 위해 일을 시켰다.

하지만 노동은 훌륭한 스승이었다. 돈·라인·템즈 등의 먼 강변에 사는 사람들에게 로마는 여러 가지를 가르쳤다. 야만인은 배우고 일하고 앞을 향해 나아갔다. 그런데 교양 높은 로마는 자기들이 바라는 것을 다만 그들에게서 요구하고 있을 뿐이었다. 어서, 만들어 달라고!

로마인의 손은 일하는 것을 잊었다. 로마인이 바라는 것은 무엇이나 쉽게 손에 들어왔다. 상거래조차 로마인은 잊었다. 로마인인데 무엇 때문에 고생을 하여 위험한 다리를 건넌단 말인가? 무엇 때문에 폭풍의 바다라든가, 물이 없는 사막을 헤맨단 말인가? 그런 일은 시리아인·파르테이아인·아라비아인·이집트인에게 맡기면 된다.

로마인은 명령하는 것만으로 충분하다. 그러면 인도의 보물도 모두 로마인의 발밑에 모일 것이 아닌가.

명령한다는 것——로마인에게 남은 것은 이것뿐이었다. 그러나 노예를 지

로마 상인의 생활(위 : 고기와 과일을 파는 가게. 가운데 : 왼쪽의 노예가 포도주를 내놓고 있다. 아래 : 로마인의 부엌)

배하는 데는 힘이 들었다. 로마인은 전에 용기 있는 재빠른 군사였다. 하지만 지금은 이미 다른 사람들이 그 구실을 맡고 있었다.

끝없는 전쟁, 국내의 완력, 노예의 반란, 군대의 폭동, 국왕의 폐립 등 정면으로 그 보답을 받았다.

로마 시가에서는 이제 좀처럼 진짜 로마인을 볼 수 없을 정도가 되었다. 옛날부터의 많은 귀족은 모습을 감추었다. 이제는 로마인을 지킬 만한 로마인의 수가 부족했다. 황금빛 독수리의 깃발 아래 6행렬로 행진하는 것은 이젠 게르만인의 군사였다. 그 지휘관도 게르만인이었다. 로마 원로원을 다루는 것도 갈리아·게르마니아·시리아 출신들이었다.

거대한 기생충이 되어 로마는 세계의 심장에서 살고 있었다. 하지만 어떤 기생충도 언젠가는 제거되는 운명에 있다. 그는 스스로 활동할 마음이 없었다. 혼자서는 이제 살아갈 수 없었다. 세기를 넘길 때마다 로마는 차츰 약해지고, 로마에 지배된 민족은 차츰 강해졌다. 로마가 약해짐에 따라 그만큼 주변 여러 민족의 공격은 심해졌다. 자신을 지탱하기가 로마로서는 더욱 어려워졌다.

로마인은 이들 민족을 내려다보고 있었다. 로마인과 그리스인 이외의 사람을 야만인이라고 했다. 그런데 이 야만인이 노예 제도보다 훨씬 앞선 새로운 제도를 가지고 로마에 밀려왔다. 거기에 그들의 힘이 있었다. 야만인의 우두머리에게도 노예는 있었다. 그러나 대다수의 사람들은 거기서는 노예가 아니라 공동체 안에서 살고 있는 자유인이었다. 그 공동체에서는 이미 모든 것이 공동으로 되어 있지 않았다. 초원이나 숲은 아직 함께 썼으나, 토지는 각각 한 가족이 따로따로 경작하고 있었다. 이를테면 큰 족장 집단의 생활이었다.

한 집안의 권력을 잡고 있는 것은 가장 연장자인 아버지 또는 할아버지였다. 우두머리와 그 친위병들에게는 차츰 많은 토지가 주어졌다. 그들 중에서 이윽고 봉건적 토지 소유자라는 계급이 발생했다. 여기서 공동체의 자유인은 반자유인, 즉 농노가 되었다.

농노에게는 자신의 생산 시설, 자신의 말, 자신의 쟁기가 남아 있었다. 그들은 자기 자신을 위해 일할 뿐만 아니라, 자기의 주인, 즉 영주나 토지 소유자를 위해서도 일했다.

야만인의 세계에는 원시 공동체와 노예제에 대체하는 봉건제라는 제도가 벌써 시작되어 있었다. 그러나 로마에는 노예제도가 뿌리 깊게 내려 있었다. 야만 종족은 국경을 파괴하고 번번이 로마 제국의 영토를 위협했다. 로마의 기술자가 댐처럼 둘러친 북쪽의 높은 장성도 야만인을 막지 못했다. 야만인은 끝에서 끝까지 갈리아를 돌파하여 알프스 산을 넘어 성난 파도처럼 이탈리아 평야와 길에 넘쳐 나왔다.

농촌 생활은 매우 위태로워졌다. 별장은 굳건한 성벽과 탑을 두른 요새로 변했다.

도시도 또한 계속 위협을 받았다. 갈리아의 어딘가에 계속 도시가 생겨나고, 각 도시가 새로운 신전·경기장·극장으로 장식한 시대는 지나갔다. 지금

갈리아의 도시는 진지가 되었다. 한가운데에는 병사의 어둠침침한 건물이 솟아 있었다. 그것에 민가가 달라붙고 그 둘레를 성벽이 두르고 있었다.

몇 세기가 지나갔다……. 제3세기도 제4세기도. '중세기'가 가까워지고 있었다. 언어에도, 옷에도, 사람들의 얼굴에도, 모든 것에서 느껴졌다.

라틴어에 새로운 이상한 말이 나타났다. '부르구스'란 게르만인의 말인데, '성'이라는 뜻이었다. 로마인은 턱수염을 기르고 야만인의 옷을 입었다. 예전 같았으면 사회의 비난을 받았을 것이 틀림없었다. 로마인은 토가(로마인의 독특한 겉옷)를 자랑했었다. 이 옷을 입을 권리가 있는 사람은 위대한 로마 시민뿐이었으므로. 하지만 지금은 로마인이 셔츠에 조끼, 긴소매의 옷을 입고 있어도 아무도 이상하게 여기지 않는다. 특히 북쪽 도시에서는 털외투까지 유행하기 시작했다. 로마의 토가 대신에 야만인의 털외투, 이것은 로마인에게는 나쁜 조짐이었다.

사람은 학문을 저주한다

로마 제국은 차츰 어두워졌다. 여기저기서 심술궂은 관리들이 마구 백성을 착취했다. 이제는 황제뿐만이 아니라, 권력자 하나하나가 모두 자기가 왕이나 신이 된 것처럼 생각하고 있었다. 잔치가 밤에서 아침까지 이어지고, 계속 먹기 위해 로마인들이 구토제를 마실 때, 다른 사람들은 굶주려 죽어가고 있었다. 굶주린 사람의 수는 배부른 사람의 수보다 몇백 배 많았고, 말라빠진 사람은 살찐 사람보다 훨씬 많았다.

농촌의 콜로누스는 공출·소작료·부역 등의 무거운 짐으로 지쳐 있었다. 자기의 오두막을 버리고 다른 고장으로 도망치는 사람도 많았다.

살비아누스라는 당시의 저술가가 쓴 글에 의하면, 이들 빈민은 '로마인의 야만스런 무자비에 견디다 못해 야만인이 있는 곳으로 도망쳤다.'

사실 야만인이 있는 곳에서는 세금으로 목을 졸리우는 일도 없었고, 노예들조차 로마의 자유인보다 훨씬 나은 생활을 하고 있었다.

농민은 지주의 땅에서 도망쳤다가 붙잡혀 왔다. 눈에 보이지 않는 사슬이 그들을 땅에 붙잡아 두었다. 도망친 농민이 노예처럼 사슬에 채워지면, 이때 그 사슬은 눈에 보이게 되었다. 그들은 지주의 노예는 아니지만 땅의 노예였다. 법률이 그렇게 정하고 있었다. 콜로누스는 자기가 일군 땅과 함께 팔렸다. 자유인이면서 소나 쟁기와 마찬가지로 지주의 땅에 속한 비품 목록에 적혀 있었다.

직공은 직업에 매어져 있었다. 석탄 광부의 아들은 석탄 광부로, 방직공의 아들은 방직공이 되어야만 했다. 노동은 전에도 노예의 일로서 경멸받아 왔었다. 지금도 또한 노동하여 곡물을 수확하는 자유인은 사람으로 인정받지 않고 있었다.

황제의 포고는 콜로누스와 직공들을 이렇게 말했다.

'노동이라는 치욕으로 더럽혀진 사람들은 가령 그만한 값어치가 있다고 치더라도 사람의 자격을 주장하려고 생각해서는 안 된다. 그들은 언제까지나 같은 상태에 머물러 있어야 한다.'

노동의 치욕!

이 짧은 말 속에는, 노예라는 것을 토대로 하는 제도에 대한 사형 선고가 담겨져 있었다. 그 제도는 지금 마지막 몇 년을 보내고 있었다. 길에는 노상강도가 우글거렸다. 노예나 콜로누스의 눈에, 그들은 영웅이며 구세주로 보였다. 국가의 권위는 땅에 떨어졌다. 지주들은 자기들이 재판을 하고, 요새였던 자기들의 별장을 스스로 지켰다. 로마는 강대한 국가의 건물을 세웠으나, 그것은 무너지고 있었다. 가는 곳마다 무법과 압제가 있었다. 서쪽에 한 황제가 있으면 동쪽에는 다른 황제가 있었다. 때로는 또 같은 제국에 한꺼번에 4명의 카이사르가 나타난 일도 있었다.

모든 길은 로마로 통했다. 그러나 지금 몇 개의 새로운 수도가 나타났다. 토리노에도, 밀라노에도, 니코메디아에도, 콘스탄티노플에도 저마다 카이사르가 살고 있었다.

전에 로마는 세계를 정복한 것을 자랑했었다. 지금은 야만인이 로마의 전리품을 서로 분배하고 있었다. 로마의 무적 군단이 전진했던 그 똑같은 길을 프랑크족·스에브족·고트족·앵글로색슨족이 전진했다. 일부는 갈리아를 점령하고, 다른 부대는 해협을 건너 브리타니아로 들어가고, 또 한 부대는 에스파냐에 정착했다.

로마는 숨이 넘어갈 지경이었다. 동방에서는 초원에서 자란 훈족의 대군이 침입했다. 전쟁의 불길은 빨갛게 하늘을 태우고 핏빛으로 구름을 물들였다.

일찍이 신들은 저마다 로마의 문과 부뚜막을 지켜 주었다. 그런데 그들은 어디에 있는가? 왜 기도의 소리를 들어주지 않는가?

그래서 사람들은 이웃 나라의 신, 예수나 아스타르테(고대 셈족의 여신)에 매달렸다. 로마 황제는 페르시아 신 미트라(태양신의 하나)의 신전을 세웠다. 사람들은 기적·마법·요술에 희망을 걸었다.

세계는 또다시 미신과 편견의 안개로 덮였다.

희망이 사라지고 사람이 자신의 모습을 다시 보고 얼마나 무력하며 덧없는 존재인가를 깨달았을 때는 벌써 두려운 시대가 시작되었다. 사람은 '대체 내가 배운 학문이 나에게 무슨 도움이 되었는가?'라고 생각하게 되었다. 여기서, 이 지상에서 보잘것없이 진창에 빠져 죽어갈 때, 지구가 평평하든지 둥글든지 하는 것이 나에게 무슨 상관이란 말인가. 내가 사슬에 묶여 있을 때, 천구의 구조 따위가 나와 무슨 관계가 있단 말인가? 별이 천구에 못박혀서 움직이지 않는다든가, 또는 자유롭게 공간을 돌아다닌다든가 하는 문제가 무슨 상관이란 말인가? 지식은 나를 행복하게도 자유롭게도 하지 못한다. 그런데도 진리를 발견하려고 힘써야 한단 말인가? 그쪽으로 나아가려고 하면 할수록 진리는 더욱 우리에게서 멀어질 뿐이 아닌가?

사람은 상당한 희망을 걸고 있었던 학문에 이번에는 저주를 퍼부었다. 어디에 구원을 바랄 것인가? 많은 사람들은 노예와 거지의 벗, 짓눌린 자의 보호자 '구세주' 가 찾아오기를 기다렸다. 그런 신앙은 조그만 유대에 태어났다. 유대는 먼 옛날부터 자신의 구세주, 메시아를 끈질기게 기다리고 있었다. 어딘가 갈릴리 산골에서 구세주가 벌써 찾아와 세계의 죄를 십자가로 속죄하였다는 소문이 어부와 농민, 노예와 거지의 입에서 입으로 전해지기 시작했다. 새로운 세기의 시냇물은 다시 세기를 거듭할수록 깊어지고 넓어졌다. 그것은 많은 지류를 모아 물이 풍부한 큰 강으로 변했다. 국가의 토대가 씻겨 내려갈 듯했으므로 로마의 권력자와 관리들은 당황하며 그 거센 흐름을 막으려 했다. 그러나 그러한 둑은 도리어 여러 도시와 국가에 새로운 힘을 더욱더 넘치게 할 뿐이었다.

전부터 써오던 온갖 수단을 동원했다. 그리스도 교도들을 붙잡으면 사자에게 물어뜯게 하고, 불에 태워 죽이고, 그물에 싸서 미친 듯한 소의 발굽에 던져 버리기도 했다.

그리스도를 배반하도록 밤낮으로 사람들을 고문했다. "황제의 자비를 빌어라. 그러면 네 목숨은 살 수 있다"고 했다. 그러나 15살의 소년조차 "나는 그리스도 교도입니다" 하고 되풀이하면서 스스로 사자의 밥이 되었다.

로마인으로서는 그 완고함을 이해할 수 없었다. 몇천만의 사람의 넋이 모두 뭔가 무서운 병에 걸린 것이 아닌가 생각했다.

어떤 권력자는 황제에게 이런 글을 보냈다. '그 미신은 도시뿐만 아니라 농촌에도 전염되고 있습니다. 하지만 아직 전염을 막고 제정신으로 돌이킬 가망은 있을 것 같습니다.'

그 권력자의 예상은 빗나갔다. 그것을 막기란 도저히 불가능했다. 왜냐하면, 로마인은 스스로 세계적인 종교를 위해 길을 성결하게 만들어 주고 있었기 때문이다. 많은 민족을 지배하는 통일 제국에는 통일된 신이 필요하다고 로마인은 생각하고 있었다.

로마인의 신들은 로마인의 집밖에는 지켜 주지 않는다. 또한 정복된 여러 민족이 숭배하기에 유피테르(주피터)는 너무 로마인 냄새가 난다. 그래서 로마인은 황제 자신이라기보다 황제의 수호신을 제국의 통일신으로 높이려고 했다. 천국의 권력과 지상의 권력을 한 인물에게! 이렇게 좋은 이야기가 또 어디 있겠는가. 새 황제를 맞을 때마다 로마인은 '당신은 카이사르, 당신은 아우구스투스, 당신은 신'이라고 받들었다. 그렇게 믿어야만 했다.

군인과 관리는 정해진 날과 시간에 신전에 참배하여 황제의 동상에 제물을 바쳤다. 그러나 그러한 신앙은 변변치 못한 것이었다.

결국 황제를 제국의 통일신으로 만드는 일은 잘 되지 않았다. 그래서 이번에는 다른 출구를 발견하려고 했다. 로마인은 다른 신들도 끌어들였다. 즉 페르시아의 미트라, 이집트의 이시스, 프리기아의 아티스 등이었다.

로마인은 저마다의 신앙을 따로따로 나누고 있는 벽을 없애려고 했다. 그러면 모두에게 공통된 하나의 새로운 신앙이 생겨나리라고 생각했다. 이렇게 여러 민족을 격리하고 있는 벽을 무너뜨리고, 여러 민족을 하나로 맺어주거나 섞어 주는 동안에 옛날부터의 관습과 신앙은 산산조각으로 깨어져 버리고 말았다. 그리하여 지금 고대 종교의 조각 중에서 황제의 명령에서가 아니라, 생각지도 못했던 새로운 종교가 스스로 태어났다. 그것은 만인에게 문을 열어 놓고 있었다.

그 신앙은 그리스인도, 유대인도 구별하지 않았다. 한 명 한 명이 사람이었다. 로마인이 사람이라면 야만인도 사람이었다. 그것은 많은 민족의 신앙과 사상을 자기 속에 흡수하고 있었다. 복음서를 읽고 교양 있는 그리스인은 그리스 철학자를 떠올렸다. 공정한 사람이 사는 더 좋은 다른 세계에 대해서 이야기한 사람은 플라톤이었다. 또한 디오게네스도 자기 자신을 우주 시민이라고 말하고, 그리스인과 야만인을 구별하지 않았다. 복음서를 읽고 교양 있는 로마인은 세네카를 생각했다. 세네카도 또한 악에는 선으로 보답하도록 가르치지 않았는가? 그러나 새로운 신앙은, 플라톤이나 세네카를 모르는 사람들의 마음에도 친숙해지기 쉬운 무엇이 있었다. 알렉산드리아 또는 카에사리아 같은 큰 도시의 길에 많은 사람들이 모여들었다. 직공도, 노예도, 거지도 있었다.

그들은 그리스도교의 전도자를 둘러싸고, 그 이야기에 열심히 귀를 기울였다. 전도자는 외쳤다.

"가엾구나 로마여! 가엾은 것은 신앙심이 없는 로마, 복수의 여신 푸리아이, 여괴물 에키드나의 벗, 너이다! 불이 너를 태우고 네 궁전이 잿더미로 변할 날이 바로 다가왔다. 멀지않아 이리의 일족이 카피톨륨(고대 로마의 카피톨리노 언덕에 있었던 유피테르의 신전)의 폐허 위에서 짖으리라."

전도자는 분노를 담아 백성을 노예로 삼고 있는 신앙심 없는 도읍의 죄를 폭로했다. 그는 이 세상의 부정한 것, 모든 강한 것에 하늘의 심판이 내릴 때가 왔음을 예언했다. 그는 일하는 사람, 압박받는 모든 사람에게 그 괴로움의 보상을 약속했다. 오늘 너는 괴로워하지만, 내일은 하느님의 자리 앞에 있는 성자의 자리에 들어갈 것이라고.

알렉산드리아 언저리의 직공들은 이 말에 조용히 귀를 기울였다. 그들의 눈은 화덕의 연기로, 손은 화상으로 망가지고, 등은 오랜 노동으로 구부러져 있었다. 이마에 낙인이 찍힌 상처투성이의 노예들도 조용히 귀를 기울였다. 대체 이 사람들에게 아직 무슨 희망이 남았겠는가?

그들은 괴로움에 못 이겨 몇 번이나 압제자와 싸웠다. 알렉산드리아에서는 시가전 때 불타 무너지고 파괴된 집터에 아직 잡초도 나지 않았다. 어느 거리도 돌과 잿더미로 변했다.

여러 궁전도, 알렉산드리아가 세계에 자랑했던 그 '무세이온'도 자취도 없이 허물어졌다. 그러나 이 반란도 또한 소름이 끼칠 만큼 잔인하게 진압되었다. 겨우 살아남은 사람들로서 또다시 무엇을 할 수 있었겠는가?

노예와 종속 민족이 하나가 되어 일제히 로마에 반란을 일으키기까지는 아직 상당한 시간이 남아 있었다. 그러므로 노예들에게는 기적과 구세주, 내세에 대한 구원을 바라는 것밖에 남아 있지 않았던 것이다. 노예 소유자도 또한 그리스도교의 전도자가 하는 이야기를 주의깊게 들었다. 그들은 그런 광신자들을 그대로 내버려 두어도 좋은가 어떤가를 자꾸만 망설이고 있었다. 무기를 들지 않는 이상 그 메시아가 오기를 기다리게 해둘까?

몇 년이 지났다. 새로운 신앙은 몇백만 명의 마음을 사로잡았다. 그것은 얼마나 사람들의 시야를 넓혔던가! 얼마 전까지 직공은 내일의 빵밖에 생각하지 않았고, 노예는 자기 고향으로 도망치는 일밖에 꿈꾸지 않았다. 그런데 지금은 전인류의 운명, 세계의 운명을 염려하고 있었다. 이미 신세기인 3세기가 끝나려 하고 있었다.

로마 황제들도 이제 새로운 신앙을 거역할 수 없다는 것을 깨닫기 시작했다. 왜냐하면 그것은 세계 제국에도 손이 미치지 않는 진짜 세계 종교였기 때문이다. 또한 그것은 종속 민족에게 인내와 화해를 가르치는 종교였기 때문이다.

박해의 몇 세기를 지나 그리스도교는 마침내 승리했다. 로마 황제 콘스탄티누스는 그리스도 교도가 되었다. 그는 생각했다. 그리스도는 이교의 신들보다 훨씬 강하다. 제국을 구하려면 이 그리스도에게 제국의 보호를 맡길 수밖에 없다.

물에 빠진 사람이 지푸라기라도 잡듯이 로마는 십자가에 의지했다. 전에는 노예들을 처벌한 십자가였으나, 지금은 그 사형 도구가 제국의 깃발 표지가 되었다. 그러나 그것도 로마의 멸망을 막아 주지는 않았다. 십자가는 남고, 로마의 사제는 자신의 권력을 자랑할 것이었다.

이렇게 로마제국은 숨이 끊어져 가고 있었다.

노예제도는 그 생애를 끝냈다. 그것은 죽음의 병이 되었으며, 그것에 걸려 제국은 죽임을 당했다. 그리스도교는 로마를 그 병에서 도와줄 수 없었으며, 또한 도와주려고도 하지 않았다.

겨우 죽음의 시기를 조금 더 일찍 연장할 수 있었을 따름이었다. 설교중에서 사제들은 노예를 그리스도의 형제라고 말했으나 자기가 가지고 있는 노예들은 좀처럼 자유롭게 해주지 않았다. 노예들에게는 천국을 약속했지만, 지상의 제국은 황제와 그 관리들에게 남겨 두었다. 이 관리라는 자들이 또한 이교도의 선배에게 올가미를 씌운 악당이며, 도망친 노예와 콜로누스를 핍박하고 야만인의 폭동을 진압한 장본인이었다.

로마는 스스로 자기 무덤을 팠다. 마침내 무서운 때가 왔다. 야만인이 로마를 포위했다. 로마에는 식량이 없어졌다. 칼로는 죽지 않았던 사람도 굶주려 죽어갔다. 광기가 굶주린 사람들을 사로잡았다. 그들은 서로 베고 싸웠다. 어머니조차 젖먹이를 죽였다. 돈은 값어치가 없어졌다. 돈으로는 목숨을 살 수 없었기 때문이다.

노예가 도시의 주인공이 되었다. 노예는 포위군 앞에 성문을 열어 주었다. 몇백 년이라는 오랜 동안 노예 소유자였던 로마인은, 야만인을 사람으로 생각하지 않았었다. '야만인'과 '노예'는 그들에게 하나이며 똑같은 것이었다. 그리하여 야만인과 노예가 실제로 하나이며 똑같은 것이 되었음을 로마인이 그 눈으로 볼 때가 왔다.

야만인은 밖에서 로마 제국으로 들어왔으며 노예는 안에서 일어났다. 그 동안 로마인은 노예 반란을 여러 번 진압해 왔었다. 그런데 이번 상대는 이미 반란이 아니라 제국 전체에 걸친 대혁명이었다. 야만인은 로마인에 미치지 못하는 바가 많았다. 하지만 중요한 것은, 그들은 앞으로 전진해 갔다는 점이었다.

그곳에서도 우두머리와 친위병을 자기 노동으로 양육해야만 했으나, 그래도 농민은 노예가 아니었다. 자기 손으로 자기 빵을 손에 넣는 사람에게는 그곳이 훨씬 살기 편했다. 로마의 콜로누스나 도시 언저리의 가난한 사람들이 야만인에게로 도망쳤던 것은 그 때문이었다.

노예제도는 로마의 힘이었다. 그리고 그 노예제도는 로마를 멸망시켰다. 고트족은 로마로 마구 밀려왔다. 다른 게르만족, 반달족이 고트족의 뒤를 이어 따라왔다. 그들은 2주간에 걸쳐 로마의 거리거리를 파괴했다. 거대한 신전도 극장도 폐허로 변했다.

조각상들은 길가에 던져졌다. 오비디우스나 루크레티우스의 작품을 담은 두루마리는 불에 타 버렸다. 시나 학문을 어떻게 반달족이 알 수 있겠는가? 그 말조차 그들은 몰랐다.

사실 그들은 얼마 전까지 짐승의 털가죽을 걸쳤던 미개인이었다. 로마의 파괴자, 반달족의 이름은 몇천 년 뒤까지 남으리라. 망각보다 더 잊혀지지 않을 악명이 있으며, 면목도 없는 영광이라는 것이 있기도 하다.

모든 길이 로마의 대광장으로 통해 있었다. 그러나 지금, 그 대광장에는 시골길처럼 잡초가 우거져 있었다. 그리고 세계정복으로 돌진했던 성도의 중심, 금빛 도표가 서 있었던 그곳에서는, 돼지들이 먹이를 찾고 있을 뿐이었다.

제4부 고대편 Ⅱ

1 마지막 로마인들

이탈리아는 황폐했다. 많은 도시가 파괴되었고, 그중에는 처음부터 없었던 것처럼 지상에서 모습이 깨끗이 사라진 도시도 있었다. 사람에 대해서 반란을 일으킨 자연의 힘이 국가의 지배자가 된 듯한 느낌을 주었다. 얼마 전까지 번영했던 땅이 처절하게 파괴되어 버린 것이다.

버려진 밭에는 잡초만이 무성했다. 포도밭은 손질을 할 사람도 없이 버려진 채 온통 수풀로 바뀌었다. 땅은 황폐화되기가 싫어서 그 상처를 스스로 고치려 하고 있었다.

로마 원로들의 별장은 폐허가 되었다. 그 파편과 장미빛과 흰 빛의 대리석을 모으고, 지붕 석재와 기둥 석재를 모아서, 반쯤 미개한 외래인들이 자기들의 마을을 만들고 요새의 성벽을 세웠다.

사이프러스 숲속에는 도끼가 멋대로 돌아다녔다. 사이프러스의 나무 장작은 오두막 아궁이에서 태워졌다.

고트인 마을 길가에서는 어린이들이 조각 파편들을 장난감 삼아 가지고 놀았다. 어머니들은 아기를 로마인의 토가 조각으로 감쌌다.

이웃 영지에는 새 주인이 들어앉았다. 고트 왕의 친위병이었다. 본디 남의 땅이었으므로, 왕은 조금도 인색하지 않았다. 지금 고트족은 이탈리아의 주인이었다. 그러나 노예들의 생활은 아직도 편하지 않았다.

노예들이 기꺼이 손님을 맞이하고 자진해서 도시의 문을 열어 주었던 것은 그다지 오래 전 일이 아니었다.

그런데 노예들은 벌써 쟁기와 괭이를 든 생활로 되돌아갔다.

곳에 따라서는 여태까지 토지 소유자인 로마인이 살아남아 있었다. 전혀 이해할 수 없는 새로운 생활에 어쨌든 적응하려고 애쓰며 그들은 살고 있었다.

그들은 매년 라벤나에 있는 고트 왕에게 수입의 3분의 1을 연공으로 바쳤다. 그래도 모두 빼앗기는 것보다는 낫다고 기뻐했다.

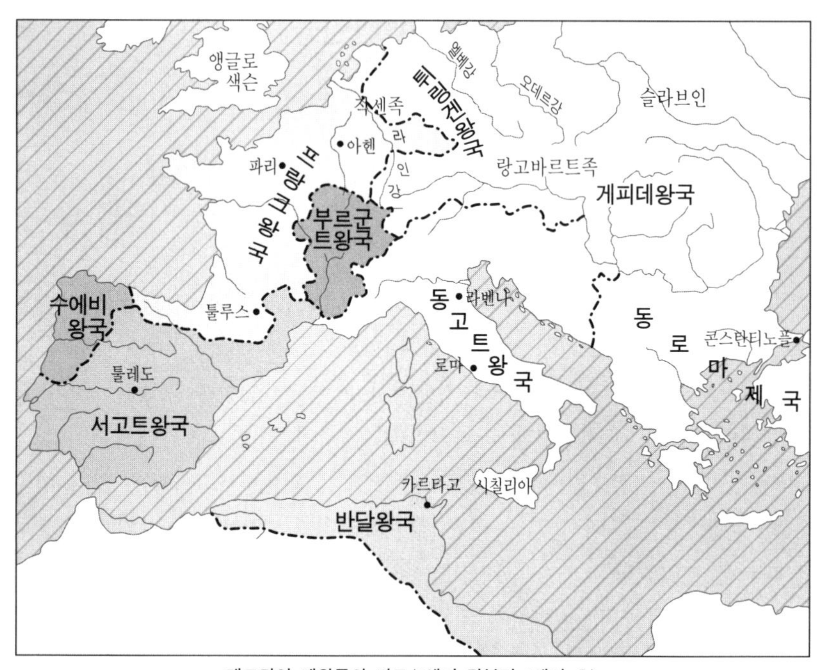

게르만인 제왕국의 지도(5세기 말부터 6세기 초)

새 수도인 라벤나는 전의 수도와는 달리 성채처럼 북이탈리아의 숲 한가운데 솟아 있었다. 그 광장에 있는 옛 이교의 신전 위에는 훨씬 전에 십자가가 장식되었다. 재판소 건물 즉 바실리카 속의, 전에는 재판관석이 있었던 곳에는 제단이 만들어져 있었다.

고트족의 왕 테오도리쿠스(456~526년)는 아우구스투스라고 자칭했다. 따라서 사절을 맞을 때에는 보랏빛의 긴 망토를 걸치고 금빛 왕관을 썼다.

그러나 여태까지의 아우구스투스들과는 전혀 달랐다. 그는 라틴어를 읽을 줄도, 칙령에 서명할 줄도 몰랐다.

부르군트 왕국 또는 프랑크 왕국 같은 이웃 여러 나라의 국왕에게 뭔가 친서를 보낼 필요가 있을 때, 그는 카시오도루스(487~583년)라는 비서 겸 고문관을 불렀다.

카시오도루스는 로마의 명문 집안 출신으로, 로마 원로원 의원이었다. 그러나 그는 납판을 손에 들고 얌전하게 출두하여 왕의 명령을 한낱 서기처럼 납판에 적었다.

카시오도루스는 거친 야만인들에게 뭔가 가르쳐 줄 수는 없을까 하는 희망을 버리지 않았다. 아무리 야만인이라도 학문 없이는 해나갈 수 없다는 것을 알고 있었기 때문이다. 게다가 이 풋내기 아우구스투스, 즉 이 야만인의 우두머리에게 국가란 아직 익숙한 것이 아니었다. 로마인 고문인나 관리 없이는 질서를 유지할 수도 없었고, 복잡한 통치 문제를 처리할 수도 없었다. 고트족이 의지하는 것은 힘뿐이었다. 군인의 일은 펜을 쥐는 것이 아니라, 칼을 다루는 데 있다고 말했다. 하지만 과연 학문 없이, 펜 없이 나라 일을 처리 할 수 있을까?

그래서 카시오도루스는 펜을 손에 들고 정중하게 왕에게 충언을 했다. 왕은 서기가 하는 말을 선생님의 강의를 듣는 학생처럼 들었다.

테오도리쿠스에게는 아말라순타(498~535년)라는 딸이 있었다. 그녀는 학습의 필요성을 아버지보다 더 이해하고 있었으며, 책을 들고 학문과 문화를 열심히 공부했다. 몇 년이 지나자, 전엔 야만족의 여자였던 그녀가 베르길리우스의 시를 라틴어에서 그리스어로 번역하게까지 되었다.

그녀의 아들이며 왕위 계승자인 아탈라리쿠스(516~534년)가 커가고 있었다. 그래서 아말라순타는 고트족의 어린이에게 학문을 가르치는 것을 엄격히 금지하고 있었음에도 불구하고 아탈라리쿠스에게 초등 교과서를 들게 하였다.

이것을 알자 가장 용감한 장로격의 친위병들이 왕 앞에 나와서, 아탈라리쿠스의 교육을 중단하라고 흥분해서 요구했다.

그것은 다른 사람들에게 나쁜 본보기가 된다고 그들은 말했다.

더욱이 그것은 왕 자신의 법률을 어기는 일이 아닌가? 용감한 군인을 기르기 위해서는 학문이 필요없다. 가령 한 번이라도 스승의 매를 맞은 사람은 칼끝 앞에 머물러 있지 못할 것이라고 그들은 말했다.

카시오도루스는 잠자코 친위병들이 하는 말을 듣고 있었다. 이 야만인들을 마음속으로는 경멸하고 있었으나, 얼굴빛으로는 나타내지 않았다.

그들은 과거에 무엇을 가지고 있었단 말인가? 야만과 무지뿐이 아니었던가.

그들은 어린이들을 알몸뚱이로 소나 돼지새끼들과 함께 더럽게 키운다고, 역사가 타키투스(55~115년)가 게르만인에 대해서 쓴 것은 얼마 전의 일이었다. 카이사르도 역시, 게르만인 사이에서는 강도 행위를 청년의 교육 수단으로 여겨 부끄러운 일로 생각하지 않는다고 말했다. 카시오도루스는 또한 플리니우스의 이야기를 다시 생각해 보았다. 그것에 의하면 어떤 게르만 부족은 얼마 전까지도 북해 연안에, 말뚝 위에 세운 부락을 만들었으며 농업이란 어떤 것인지 전혀 몰랐다고 했다.

테오도리쿠스는 고트족의 역사를 쓰도록 카시오도루스에게 부탁했다. 그것은 쉬운 일이 아니었다. 왜냐하면 그들의 역사는 이제부터 앞으로 있을 것이었기 때문이다. 카시오도루스는 문화의 힘을 믿고, 그것이 야만을 이겨 내는 날이 오리라 믿고 있었다.

테오도리쿠스 왕에게는 또 한 사람 보에티우스(470~524년)라는 고문관이 있었다. 이 사람도 또한 로마인으로 오랜 명문 출신이었다. 그는 학문을 좋아했다. 그의 집에서 가장 소중히 여긴 것은 책이었다. 한가할 때면 하모니의 여러 법칙을 연구했다. 판자 위에 악기의 현을 여러 줄 달고 그것들을 짧게 하거나 길게 하면서 수와 소리 사이의 비밀을 알아내려고 했다. 그는 음악책을 썼다. 그 책은 훨씬 뒷날까지 전해질 것이었다.

그는 기계에 대해서도 연구하고, 시간 이외에 천체 운동을 나타내는 시계를 테오도리쿠스를 위해 만들었다.

이 소문은 이웃의 부르군트 왕국에도 전해졌다. 부르군트 왕 군도바드는 물시계와 해시계를 보내 달라고 테오도리쿠스에게 부탁했다.

보에티우스는 또 일을 시작했다. 이윽고 테오도리쿠스의 사신들이 진기한 선물을 시용 시에 보냈다. 그것은 시간을 계산할 수도 있고, 천체의 운행을 예언할 수도 있는 물건이었다.

테오도리쿠스는 보에티우스에게 감사했다. 왕의 부탁을 받아 카시오도루스는 보에티우스에게 편지를 보냈다.

"그대의 번역 덕분에 프톨레마이오스의《천문학》도 에우클레이데스(유클리드)의《기하학》도 라틴어로 읽을 수 있게 되었다. 신을 연구한 플라톤, 논리학의 아리스토텔레스도 로마의 말로 논쟁하고 있다. 기계학의 아르키메데스도 그대는 라틴어로 번역했다. 풍요로운 그리스가 낳은 어떤 학문이나 예술도 모두 로마의 말로 친숙해질 수 있다는 것은 오로지 그대 공로이다."

보에티우스는 이 편지를 읽고 생각했다.

'이것은 카시오도루스가 쓴 것이다. 그 미개인이 스스로 아리스토텔레스나

프톨레마이오스를 이해하기까지는 백 년 또는 몇백 년이나 걸릴 것이다.'

보에티우스는 틈만 나면 독서에 몰두했다. 그는 세상의 사건들을 보고 싶지도 않았으며 알고 싶지도 않았다. 영원한 도시, 자랑스러운 로마제국은 어떻게 되었단 말인가! 마치 큰 홍수처럼 야만족이 온 국토를 뒤덮었다. 이어서 굶주림과 전염병이 이 전쟁에서 살아남은 사람들을 사로잡았다. 로마의 원로들은 자신이 로마인임을 잊고 조금이라도 재산을 남기려고 야만족들 앞에 굽신거렸다. 그러나 아첨하는 말 정도로 어떻게 큰 홍수를 막을 수 있으랴! 그것은 모든 것을, 로마인의 재산이나 권리뿐 아니라 철학·예술·과학까지를 휩쓸려 보낼 것이다.

하지만 지금이라도 그것을 막을 수 있을지 모르는 일이다.

그래서 보에티우스는 원로들과 의논해서 아직 카이사르가 지배하고 있는 비잔티움에 편지를 보냈다.

어쩌면 구원의 손을 뻗쳐 줄는지 모른다. 큰 홍수의 물결은 아직 로마제국의 동쪽에는 미치지 않았기 때문이다.

이리하여 라벤나에서 비잔티움으로 음모의 줄이 뻗치게 되었다. 그러나 비밀을 지키기란 어려웠다. 모략은 들키고 말았다. 테오도리쿠스는 몹시 격분하여 보에티우스를 감옥에 가두도록 명령했다.

감옥 속에서 피하지 못할 처형의 날을 기다리며 보에티우스는 다시 철학 속에서 위로의 길을 찾았다. 그는 책을 썼다. 그 이름도 《철학에 의한 위로》(전5권)라고 붙였다.

단단한 문은 굳게 닫혀 있었고, 옥리는 매수당하지 않았다. 친구들에게조차 보에티우스를 만나게 해주지 않았다. 더욱이 친구들도 무사히 있을 턱이 없었다.

그래도 보에티우스는 외롭지 않았다. 그에게는 책이 있었다.

그와 마찬가지로 감옥 속에서 철학을 위안 삼았던 소크라테스가 그를 찾아왔다. 고대의 학자들이 그를 만나러 왔던 것이다. 그러나 사형이 결정된 사람을 위로하기란 쉬운 일이 아니었다. 그의 마음은 쓸쓸했다. 앞날에는 아무런 빛도 보이지 않았다. 모든 것이 허무하다고 생각했다. 이 지상에 있는 모든 것이 허무했다. 영원한 도읍조차도 시대의 파괴력에는 견뎌 내지를 못하지 않았는가.

펜은 종이 위를 달렸다. 머리는 계속 활동했다.

그러나 형리는 벌써 이 사색하는 머리를 벨 도끼를 벼르고 있었다.

'마지막의 로마인', 보에티우스는 단두대의 이슬로 사라졌다.

그런데 카시오도루스는 어떻게 된 것일까? 그도 목숨을 잃은 것일까? 그는 로마인이 아니었던가?

그렇지 않았다. 그도 보에티우스 못지 않게 고대 문화에 열중하고 있었다. 다만 음모에 가담하지 않았을 뿐이었다. 역사를 꽤 오랫동안 연구한 덕분으로, 그 흐름은 이제 멈추려 해도 멈출 수 없다는 것을 그는 깨달았다.

그 또한 자기 나름대로의 방법으로 문화를 위해 싸우고 있었다.

그는 이탈리아 남부에 있는 자기 영지에 들어앉아서, 그곳에 세계에서 처음이라고 할 수 있는 수도원을 세웠다.

이 수도원에 '비바리움'이라는 이름을 붙였다. '생명의 집'이라는 뜻으로, 조금이나마 살아남은 것을 이 집에 그대로 보존해 두려는 것이 카시오도루스의 소망이었다.

수도사들은 그에게 말했다. 베끼는 일 이상으로 값어치 있는 것은 없다고.

수도사들은 아침부터 밤까지 로마와 그리스 학자들의 작품을 베꼈다.

1년 또 1년, 해가 지나갔다.

6세기는 벌써 반을 넘어섰다. 동고트 왕국은 훨씬 전에 멸망했다. 라벤나의 새 주인은 랑고바르드족(롬바르드족)이었다.

그러나 남쪽 비바리움의 생활은 전과 변함이 없었다. 조용하지만 끈질긴 일은 하루도 쉬는 날이 없었다. 벌집의 벌처럼 수도사들은 미래의 세대를 위해 고대 학문의 꿀을 모았다. 그들의 정신상의 아버지 카시오도루스는 벌써 90살을 넘어 있었다. 그러나 그는 죽을 틈도 없었다. 죽음의 신도 '생명의 집'으로 들어가 그의 일을 쉬게 하고, 펜을 버리게 할 생각이 없는 듯싶었다.

때때로 옛 문서에서 눈을 떼고 카시오도루스는 푸른 안개가 낀 산들을 바라보았다. 그러나 그의 눈에 비치는 것은 산들의 모습이 아니라, 로마 거리였으며 자기의 젊은 시절과 친구들의 모습이었다. 보에티우스의 모습이 떠오르고, 그의 저서 《철학에 의한 위로》가 생각났다.

보에티우스를 단두대로 보낸 사람들은 이미 이 세상에 없었다. 테오도리쿠스는 무덤 속에서 잠자고, 그의 딸 아말라순타도 세상을 떠났다. 야만인이기를 바라지 않았기 때문에 그녀는 야만인의 손에 목숨을 잃었던 것이다.

전의 로마도 지금은 없었다.

그러나 책의 생명은 로마보다 길었다. 학문은 몇 세기나 살아 남았다.

카시오도루스는 이 지혜를 미래의 세대에게 유산으로 전하려고 했다. 그의 책은 《자유 예술에 대하여》라고 이름이 붙여졌다. 카시오도루스는 7가지의 자유 예술, 즉 7가지 학문을 알고 있었다. 그것은 문법·수사학·변증법·대수·음악·기하학·천문학 등이었다. 이것들을 어떻게 하면 한 권의 책에 모을 수 있을까? 노인의 손은 떨렸다. 마음도 피로했다. 90년, 이 고된 세월을 마음은 용케도 살아 왔구나!

하지만 노인은 알고 있었다. 아직 죽어서는 안 된다. 일을 완성해야만 한다. 적어도 학자들의 이름만이라도 들어서 보물이 어디에 보존되어 있는가를 사람들에게 알려 주어야 한다.

책은 완성되었다. 카시오도루스는 100년의 생애를 마쳤다. 그러나 뒤에 남은 사람들이 그의 일을 계속했다. 수도원에서는 글을 베끼는 사람들이 두루마리 위에 몸을 구부리고 일을 계속하였다.

글을 베끼는 일 이외에 학문의 벗으로서 어떤 일이 남아 있었을까? 새로운 것을 창작하는 시대는 벌써 지나갔다. 그나마 옛것을 보존하고 전하는 일에 노력할 필요가 있었다.

해마다 사방은 더욱 어두워지고, 학문이 있는 사람은 차츰 줄어 갔다.

'우리 나라에선 학문 연구가 멸망하려 합니다.'

투르의 사제 그레고리우스는 시인인 친구 포르투나토스에게 이렇게 썼다.

수도원의 수는 불어났다. 그러나 카시오도루스가 성직이라고 생각했던 일을 죄라고 생각하는 수도사의 수도 차츰 불어나게 되었다.

교회의 우두머리인 로마 교황은 사제의 한 사람에게 이렇게 써 보냈다.

'당신은 문법을 가르치고 있는 모양인데, 그런 이야기를 듣는 것만으로 나는 얼굴이 빨개집니다. 한심스러워 한숨이 나옵니다. 속인들의 하잘것없는 학문 따위는 더 공부하지 않겠다고 맹세하시오. 중요한 것은 오로지 주님을 찬송하는 일뿐이기 때문이오.'

학문은 경멸당하고 버려졌다. 이제 아테네에는 아카데미아가 없었다. 그것은 900년이나 계속되었다. 마지막 철학자들은 그곳에서 은신처를 찾았다.

그러나 그들도 또한 비잔티움의 유스티아누스 황제의 명령으로 쫓겨나고 말았다. 알렉산드리아에서는 군중이 세라피온, 즉 세라피스 신전의 도서관을 태워 버렸다. 그리스 철학자 테온의 딸 히파티아(370~415년)가 아버지의 길을 이어 기하학과 천문학을 가르쳤다는 이유로 학살되었다.

아테네와 알렉산드리아 같은 곳조차 이젠 학문이 살아 있을 장소가 없었다.

하물며 이국인 갈리아나 게르마니아의 깊은 숲속에 학문이 살 집이 있겠는가.

지금 학문은 어려운 시대에 들어섰다. 굴욕과 시련이 있을 뿐인 시대였다.

겨우 자비심에 의해, 즉 '신학의 종'으로서 학문은 수도원 안에서만 허용되었다. 학문은 신데렐라가 되었다.

그러나 세기는 지나갔다. 그 인내는 보답받을 때가 올 것이었다. 철판 문을 화려한 왕자가 두드렸다. 그는 신데렐라의 손을 잡고 지하실에서 끌어 내어, 그녀를 왕비로 맞을 것이었다. 그 왕자의 이름은 무엇일까?

로저 베이컨(1214~1294, 영국의 철학자, 자연과학자)일까? 아니면 코페르니쿠스(1473~1543, 폴란드의 천문학자)일까? 레오나르도 다 빈치(1452~1519, 이탈리아의 화가)일까? 아니면 죠르다 노 부르노(1548~1600, 이탈리아의 철학자)일까?

이 이야기를 끝까지 읽으면 그것을 알 수 있다.

학문은 피난민이 되어 수도원을 떠돌아다닌다

사방은 차츰 어두워졌다. 성직자들 중에서도 학문이 있는 사람을 만나기가 어려웠다.

군데군데 고립된 암초처럼 수도원이 솟아 있을 뿐이었다. 그 두꺼운 벽 속에서 조그만 창문으로 들이비치는 햇빛을 의지하여 부지런한 수도사들이 아침부터 밤까지 책을 베꼈다.

야만인의 큰 무리가 온 제국에 넘쳤을 때, 그 변경인 브리타니아로, 아일랜드로 피난민의 흐름이 넘쳐 갔다. 몹시 흔들리는 낡은 배가 불안에 떠는 여자나 울부짖는 어린애나, 불안으로 얼굴이 굳어진 사나이들을 물결치는 해협 저쪽으로 운반했다.

그 뒤에는 이 사람들이 사용했던 집·땅·노예 등이 모두 남겨졌다.

가장 소중한 것들만 어떻게든지 가지고 갔다. 조그만 배가 기울고 방금 가라앉을 뻔했던 것은 그런 짐 때문이었다.

어떤 사람은 금과 은을 몸에 지니고, 다른 사람은 값진 털가죽이나 옷감을 짐 속에 갖고 있었다. 그중에는 가장 소중한 물건으로 책을 실은 사람도 있었다. 그들은 불안과 소란 속에서도 아끼는 시인이나 철학자의 책을 잊지 않은 사람들이었다.

옛 학문을 생각하는 사람은 지금 매우 드물었다. 그러나 고대의 학문은 작은 배에 실은 짐과 사람 사이에 몰래 감추어져 있었다. 그것은 참을성 있게 자신의 시간이 오기를 기다리고 있었다.

그때는 마침내 찾아왔다…….

아일랜드의 한 수도원에서 박식한 수도사가 고대의 사가(전설)를 쓰고 있었다. 사가는 본디 발도라는 이교도의 가수들이 만든 것이었다. 그러나 이 박식한 수도사는 단순히 글을 베끼는 사람이 아니었다. 아일랜드의 선원 멜두안의 항해를 이야기할 때, 그는 또 한 사람의 뱃사람 오디세우스의 일을 떠올리지 않을 수 없었다. 그래서 그는 키클로페스 족(외눈박이 거인족)이나 아름다운 아가씨 칼립소(오디세이아에 나오는 님프)까지 지중해에서 큰 바다로 끌어 냈다.

그는 옛 아일랜드의 사가에 시편의 작자 다윗(기원전 10세기의 이스라엘 제2대 왕)의 말을 섞어 넣고, 계속해서 베르길리우스의 시도 섞어 넣었다.

'마지막 툴레'에 가까운 대지 끝에, 고향에서는 잊혀졌던 로마 시인의 소리가 다시 울려 퍼졌다.

시와 더불어 학문도 또한 그 은신처를 아일랜드와 브리타니아의 수도원에서 발견했다.

박식한 베다 베네라빌리스(존경할 베다, 673?~735, 본명 베드, 영국의 교회 박사)는 수도원 부속 학교용의 교과서를 만들었다. 그는 보에티우스의 《음악론》을 자기 말로 다시 설명했다. 그러자 이번에는 브리타니아인 알쿠인(735?~804, 신학자)이 베다의 책으로 수학과 음악을 배웠다.

이처럼 지식의 불은 세기를 꿰뚫어 사람에서 사람으로 이어졌다. 아리스토텔레스에서 보에티우스로, 보에티우스에서 베다 존사로, 베다 존사에서 알쿠인으로.

그리고 알쿠인도 이 불을 손 안에 감추어 둘 생각이 없었다. 그 또한 그것을 다음 세대에게 전하려고 했다.

아리스토텔레스는 알렉산드로스 대왕의 스승이었다.

알쿠인은 칼 대제(742~814, 프랑크 왕)에게 학문을 가르쳤다.

프랑크 국왕 칼은 강건한 용사였다. 전쟁터에서 칼을 내리치면 적의 투구로부터 머리까지 단번에 두 조각이 났다.

그러나 펜은 그의 커다란 손에는 너무나 가볍고 너무나 작았다. 따라서 아직도 잘 다루지 못했다.

침대에 들어갈 때면 그는 머리맡에 납판과 뾰족한 쇠막대를 두었다. 잠이 오지 않는 밤이면 이 납판에 쇠막대로 라틴 문자를 써서 열심히 연습했다. 열어 젖힌 조그만 창문에서 바람이 불어 들어와 램프의 불을 흔든다. 긴 턱수염이 납판에 닿아서 글을 쓰는 데 방해를 한다. 글은 비뚤어진다. 긴 수염을 늘어뜨린 학생은 이래서는 안 되겠다고 생각한다. 그래서 그동안 쓴 것을 쇠막대의 둥근 머리 쪽으로 뭉개 버리고 처음부터 다시 쓴다. 국왕은 열성적이었다. 학문이 얼마나 중요한가를 그는 알고 있었다.

큰 나라이고 보면 서기·서류·명령·법률·사절 없이는 다스릴 수 없다는 것이 분명했기 때문이다.

칼의 나라는 작지 않았다. 더욱이 차츰 커 가고 있었다.

전쟁의 불과 칼로써 그는 얼마나 많은 나라와 민족을 정복했던가!

칼에게 기원 800년의 그리스도 성탄제는 잊을 수 없는 날이었다. 이날 교황 레오 3세는 그의 머리에 로마 황제(서로마 황제)의 금관을 씌워 주었다.

적어도 황제가 무식해서는 안 되었다!

밤마다 아헨(칼 대제의 수도, 독일의 도시)에 있는 칼의 궁전에는 학자들이 모였다. 알쿠인도, 역사가 아인하르트(770?~840)도, 시인 앙길베르트(745~814)도 있었다.

칼은 아들과 딸들, 그리고 자매들을 불렀다. 학자들의 이야기를 들려주고 싶었기 때문이다.

이 모임에서는 저마다 별명으로 불리게 되어 있었다.

앙길베르트는 호메로스, 알쿠인은 로마식으로 알비누스, 게다가 로마 시인 호라티우스는 플락쿠스(기원전 65~8년)에 관련시켜 플락쿠스라는 이름이 붙여졌다. 다비드 왕조차도 뜻밖에 그리스인과 로마인의 모임에 참가하게 되었다. 다비드라고 불린 사람은 칼 대제였다.

모인 사람들은 시를 읽고 토론을 하고 웅변술 연습을 했다. 누구나 모두 말로써 상대편을 이기려 했다. 기지에 넘친 대답이 나오면, 칼은 여느 때의 버릇

10세기 아일랜드 세밀화

으로 '한방 당했다! '라든가 '승부가 났다! '라고 외쳤다.

이것은 마치 게임 같았지만 참가자들은 중요하고 진지한 일이라고 생각했다. 그들은 이 모임을 '아카데미아'라고 불렀으며 새로운 아테네를 만들었다며 칼을 찬양했다.

그러나 궁전 창문 너머로 보이는, 쓸쓸한 숲으로 둘러싸인 이 시골 도시는 아테네하고는 닮지 않았다. 게다가 이 궁전이라는 것이 과연 야릇하고 보잘것없는 것이었다. 그 두꺼운 돌벽, 얼마 안 되는 조그만 창문, 철판으로 된 문은 오히려 병영이나 요새 비슷했다.

'아카데미아'라는 말도 이 밤마다 모이는 난로가의 모임에는 그다지 어울리지 않았다. 아카데미아라기보다는 도리어 어른도 어린이도 함께 배우는 학교였다. 여기서는 새로운 발견도 새로운 학설도 들을 수 없었다. 자기 생각을 말하는 공부를 하고 있을 뿐이었다. 그것도 과연 자기 생각이라고 할 수 있을까?

과연 아카데미아하고는 거리가 멀었다!

그러나 어쩌면 주위 100킬로미터 이내에 글을 아는 사람이 없는 곳에서는 분명 필요한 일이었으리라.

세기는 지나갔다.

지식의 불은 손에서 손으로 넘겨졌다.

그러나 어둠을 비치는 빛은 차츰 약해지고 희미해졌다.

칼이 죽은 뒤 나라는 산산이 무너졌다.

칼은 오른손으로 땅을 모으고, 왼손으로 그것을 주민들과 함께 부하인 공이나 백작에게 나누어 주었다.

그러자 이들 공과 백작들은 저마다의 영지에서 주군이 된 듯한 기분이 되었다.

하나하나의 영지는 저마다 작은 국가이며 독립된 작은 세계가 되었다.

세계는 다시 좁아진다

영지――그것은 독립된 작은 세계였다. 언저리의 것은 모두 없어지더라도, 백작의 성과 가까운 시골이 큰 바다 속에 떠 있는 작은 섬처럼 되더라도, 그것은 살아갈 수 있을 것이다. 그곳에서는 농노가 자신 또는 세뇨르(주군)를 위해, 옷감을 짜고 가죽을 무두질하고 구두를 만들고 맥주를 제조하고 밀가루를 빻고 물고기를 잡았다.

그들은 노예가 아니라 농노였다.

노예는 노동을 싫어하지만 농노는 노동 없이는 살아갈 수 없다고 생각했다. 농노는 반 또는 3분의 1의 주인에 지나지 않지만, 아무튼 주인은 주인이었다. 그들은 영주와 자신을 위해 손을 쉬지 않고 일했다. 노예에게는 자신의 것이 하나도 없지만 농노에게는 자신의 연장이 있었다. 그들은 쟁기와 괭이의 손질을 잊지 않았다.

프랑스나 독일의 숲속에 외딴 섬처럼 떠 있는 영지에서는 농노의 노동이 가장 중요했다.

언저리는 어두컴컴한 밀림이었으며 이리나 곰들이 헤매고 있었다. 간혹 영주가 사냥개의 무리나 사냥개 조련사들을 데리고 숲을 빠져나갈 뿐이었다. 개들이 짖는 소리와 뿔피리 소리가 멀리까지 메아리쳐 울리고 다시 조용해졌다.

사람들은 좀처럼 자기 집을 떠나지 않았다. 길이 나빠서 말을 타고도 빠져

나갈 수 없을 때가 있었다. 만일 영구와 신부, 즉 결혼식 행렬과 장례식 행렬이 만난다고 하더라도 서로 스쳐 지나갈 수는 없었으리라.

그러므로 누가 먼 여행을 떠나려 하겠는가! 한길 옆 언덕에 서 있는 성은 어느 것이나 모두 강도의 소굴이었다. 지나가는 사람을 보면 눈 깜빡할 새에 무장한 일당이 습격해 왔다. 게다가 그 두목이 다름아닌 세뇨르이므로 체념할 수밖에 없었다.

짐수레에서 떨어진 것은 분실물이라고 보는 규칙이 있었다. 그래서 짐수레에서 되도록 많은 것을 떨어뜨리려고 기다리는 강도가 그치지 않았다.

짐수레로 지나가는 사람은 몹시 드물었다. 상인들은 대부분 등에 짐을 지고 자기 발로 여행했다. 그 짐은 멀리 동방 여러 나라의 후추나 향료였으며, 프리젠의 모직물이었고, 아가씨들이 좋아하는 눈부신 색깔의 비단 리본이었다.

몇백 년이 지난 뒤에도 런던에서는 장사꾼의 재판을 '먼지 발 재판'이라고 불렀다. 그것은 장사꾼들이 먼지투성이 길을 걸어서 여행한 시대의 잔재였다.

세계는 좁아졌다.

오스트리아의 연대기 작가인 수도사는 노르만인·영국인·프랑스인 등을 전혀 알 수 없는 민족이라고 쓰고 있었다. 한편 영국이나 프랑스에서도 많은 사람들이 오스트리아가 무엇인지도 모르고 있었다.

다들 다른 부족 사람들을 차가운 눈으로 보았다. 다른 고장의 장사꾼을 발견하는 것은 큰 장날뿐이었다. 그 큰 장날도 몇 군데 도시에서 드물게 열렸다.

외국 장사꾼과의 조그만 싸움이 칼부림으로 바뀌거나 장사 거래가 강탈로 돌변하는 일이 곧잘 있었다. 장사꾼들은 서로의 가게를 부수거나 갈빗대를 부러뜨렸다.

사람들은 다시금 자기들이 살고 있는 행성에 대한 것을 먼 별과 마찬가지로 거의 몰랐다. 그걸 모르더라도 충분히 살아갈 수 있었다.

책은 거의 남아 있지 않았고, 수도원에서 볼 수 있을 뿐이었다. 수도사가 아닌 사람에게는, 이를테면 보통 사람들에게는 성경을 읽는 것조차 금지되었다.

세계는 다시 조그맣게 줄어들었다.

학문이 있는 사람들조차 다시 이 세계를 갑갑한 방 모양으로 상상했다. 그

방은 사방이 큰 바다로 둘러싸여 있었다. 큰 바다 저쪽에는 세계의 벽들이 솟아 있었다. 그 벽들은 위로 둥글게 휘어져 있으며 하늘을 이루었다. 거기에는 신과 성인들만 살고 있었다.

이 좁은 세계에는 대지의 한복판에 바다 하나와 큰 강이 셋, 즉 나일, 티그리스, 유프라테스가 있을 뿐이었다. 큰 바다의 끝인 세계의 가장 끝에 또 하나의 땅이 있으며, 그곳은 낙원이었다. 《그리스도교 지리학》이라는 책에는 세계가 그렇게 그려져 있다. 그것은 6세기쯤 이집트의 수도사 코스마스가 쓴 옛 책이다. 그 무렵 코스마스의 고향 알렉산드리아에서는 그리스의 학문이 아직 잊혀지지 않고 있었다.

더욱이 코스마스는 자기 눈으로 세계를 보고 먼 나라를 방문했다. 따라서 '인도 항해자'라는 별명이 붙어 있었다. 그런데도 코스마스는 학문을 인정하지 않았다. 지식은 교만을 낳으며, 교만은 죄악이라고 그는 말했다. 학자는 일식이나 월식에 대해 올바르게 설명할 수 있을지 모르나, 그런 것은 그다지 사람들에게 도움을 주지 않는다. 그리고 코스마스는 겸손하게 덧붙였다.

'이것은 내 생각이 아니라 성경에서 배운 것이다.'

학자들은 이제 자연에 대한 책을 읽으려 하지 않았다. 눈은 성경의 누렇게 바랜 두루마리에 못박혔다. 피곤해서 빨개진 눈을 들고 다시 한 번 세계를 바라보아도 그때는 벌써 세계가 보이지 않았다.

둘레에는 나무도 꽃도 새도 없었다. 있는 것은 글자와 그 행들 뿐이었다. 어떤 것도 거기에 쓰여져 있는 것의 증명, 또는 설명 역할을 위해서만 존재했다.

어두컴컴한 수도원 독방에서 스승은 아이들에게 《피지올로고스》라는 책을 읽어 주었다. 그것은 진기한 동물에 대해서 쓴 책이었다.

"코끼리에게는 이런 본성이 있다. 넘어지면 일어날 수 없다. 무릎이 구부러지지 않기 때문이다. 졸음이 오면 떡갈나무에 기대서 잔다. 사냥꾼은 그런 코끼리의 본성을 알기 때문에 나무에 톱으로 자국을 내어 놓는다. 코끼리가 와서 그 나무에 기댄다. 나무는 자국에서 부러지고 코끼리는 놀라서 비명을 지른다. 비명을 듣고 다른 코끼리가 도우러 온다. 그러나 그 코끼리도 쓰러진다. 결국 두 코끼리가 같이 비명을 지른다. 이번에는 12마리의 코끼리가 온다. 그러나 쓰러진 두 코끼리를 도와 일으킬 수는 없다. 그때 조그만 아기 코끼리가 온다. 쓰러져 있는 코끼리 밑에 코를 집어 넣고 그 코끼리를 일으켜 준다……."

어린이들은 눈을 둥그렇게 뜨고 듣고 있다. 하지만 스승은 아이들이 코끼리가 있는 나라를 공상하려는 틈을 주지 않는다.

큰 코끼리는 사실 코끼리가 아니라 '율법', 즉 옛날부터 내려온 유대의 신앙이라고 스승은 설명한다. 조그만 코끼리는 사실 '구세주'이다. 사람을 구해 주기 위해 일부러 노예의 신분으로 나타난 것이다.

재미있는 이야기는 이상하게도 까다로운 설교로 바뀐다.

성 브렌다누스(484~577, 아일랜드의 성직자)와 그의 종자들의 이야기도 그렇다. 그들은 항해 도중 큰 섬을 발견한다. 상륙해서 텐트를 친다. 그러자 갑자기 섬이 꼬리를 내밀고 물을 헤치며 헤엄치기 시작한다. 그제야 이것은 섬이 아니라 굉장히 큰 물고기임을 알게 된다.

경건한 요하네스 사제가 지배하는 동방의 한 나라에 대한 묘사는 더 세밀히 그려져 있다. 그의 옥좌는 에메랄드·루비·진주로 만들어진다. 궁전의 잔치 때는 3만 명이 테이블을 둘러싼다. 왕 7명, 공 62명, 제후 265명 등이 그의 신하이며, 좌우에 사제가 12명씩 서 있다.

이 이야기를 누구나 믿고 있었다.

사제의 신하나 손님의 수가 이렇게 세밀하게 계산되어 있으니 어찌 진짜라고 믿지 않겠는가! 사람은 다시 좁고 갑갑한 세계에서 살며, 그 벽 저쪽에서 일어나는 꿈 같은 사건을 진지하게 이야기했다.

여자아이들은 물레 앞에서 세계의 끝, 즉 툴레 나라에 살았던 옛 임금의 노래를 불렀다. 바다 물결은 탑 기슭을 씻고 있으며, 탑 안에서는 임금이 신하들과 잔치를 벌이고 있었다.

이 툴레는 옛날 그리스의 뱃사람들이 항해를 시작했을 무렵 소문으로 이야기했던 그 틀레였다.

어린이들은 성지 순례에 대해서 쓴 책을 펴고 신기한 듯이 그 그림을 보았다. 하늘과 땅을 그린 그림이 있다. 땅에는 산과 골짜기, 숲과 평야가 보인다.

조그만 숲 위에 조그만 수도원과 성이 뾰족한 지붕을 내밀고 있다. 하늘이 둥근 텐트같이 땅을 덮고 있다. 이 텐트에 천체가 가득 흩어져 있고, 해도 달도 별도 한눈에 보인다.

세계 경계의 저쪽을 보는 사람

앞의 천체에서 가장 구석진 곳에, 수도복을 입고 지팡이를 쥔 노인이 무릎을 꿇고 있다. 그는 텐트 조각을 열고 목을 밖으로 내밀고 놀란 눈으로 사방을 둘러본다.

그의 눈에 비치는 것은, 세계의 끝 저 멀리에 있는 수정 같은 천구와 그것을 돌리고 있는 커다란 바퀴이다.

이 그림에 그려진 세계는 매우 작았다. 세계의 끝은 바로 가까이에 있었다.

이것은 세계의 끝으로 가려고 꿈꾸는 어린이가 그린 그림 같았다.

세계를 넓히기 위해 사람은 얼마나 일했던가! 그런데 어느새 좁고 갑갑한 세계에 갇혀 버렸다. 하나하나의 영지는 자기들의 경제로 이루어지는 갇혀진 작은 세계였다.

그러나 이 작은 세계에서도 사람의 생활은 계속되고 생활의 재건은 진행되고 있었다. 때가 오면 이 숨겨진 일은 모두의 눈앞에 뚜렷한 모양을 나타낼 것이다. 그때에는 세계의 벽이 전보다 훨씬 넓어지고 확장될 것이었다.

동방에는 아직 희미한 빛이 보인다

서방은 밤이지만 동방에는 아직 조금 밝은 빛이 남아 있었다. 마치 들은 벌써 어둠 속에 가렸지만 산꼭대기에는 아직 빛이 남아 있는 것과 같았다.

동로마제국의 수도 콘스탄티노플에는 계속해서 먼 나라로부터 배와 대상이 들어왔다. 아라비아에서는 향수, 인도에서는 후추·향신료·보석, 아비시니아에서는 상아를 가지고 왔다.

비잔티움의 수도사가 가운데를 뚫은 지팡이에 몰래 숨겨 가지고 온 비단벌레(누에)는 중국에서 빠져나와 먼 여행길에 올랐다.

그리하여 지금 콘스탄티노플의 솜씨 좋은 기술자들이 비잔티움 비단의 값진 직물을 짜고 있었다.

서로마제국은 멸망했는데 어떻게 동로마제국은 살아남았을까?

노예제도를 없앴기 때문이다.

지금 로마 대광장에는 잡초가 무성하게 자라고 있었다. 그러나 콘스탄티노플에서는 새로운 훌륭한 궁전과 큰 성당이 사람들의 눈을 즐겁게 했다.

성 소피아 대성당 위에 솟아 있는, 밝은 창문의 띠를 기단에 둘러친 장엄한 돔은 사람의 손이 만든 하늘 같았다. 이 돔을 세우고 여러 기둥 위에 2층 청중석을 만들기 위해서 건축가들은 고대의 지혜에 의지할 수밖에 없었다. 그들은 아르키메데스의 《받침점의 책》을 면밀히 연구했다.

기둥 머리를 장식하는 흰 대리석의 톱니 모양의 잎 장식은 섬세한 레이스를 연상시켰다. 벽 바탕에는 금빛과 푸른 빛을 바르고, 여러 색깔의 장식 돌로 그리스도와 성자들의 상을 교묘히 새겨 만들었다.

화려한 옥좌에 앉아 있는 하늘나라의 왕자에게는 노예와 거지의 벗이었던 옛 그리스도의 모습은 보이지 않았다! 예술가는 그 발치에 비잔티움의 황제를 그렸다. 황제는 금 자수를 놓은 제복을 입고 머리에는 평가할 수 없을 만한 왕관을 쓰고 있었다. 황제는 무릎을 꿇고 머리를 깊이 숙인 채 하늘나라 왕자의 발 앞으로 양손을 내밀고 있었다.

그것은 궁전에 초대받았을 때, 비잔티움의 명사들이 황제 앞에서 깊이 고개를 숙이고 발에 입맞추는 모양과 꼭 같았다.

옛날에 그리스도 교도는 죽음을 두려워하지 않고 로마 황제를 신이라고 부를 것을 거절했다. 그런데 지금 그들은 자기가 솔선해서 지상의 군주를 신으로 숭상했다. 성상에는 머리 둘레에 후광을 두른 황제가 그려져 있었다.

비잔티움에는 고대 로마를 연상케 하는 것들이 많았다. 이웃한 여러 민족이 비잔티움의 그리스인을 로마인이라고 부르는 것도 이상하지 않았다. 그들만이 지금도 고대의 법률, 고대의 학문, 고대 예술의 잔재를 남기고 있었기 때문이다.

교회에서는 때때로 이교의 신 같은 아름다운 천사의 모습을 볼 때가 있었다. 시편에 그려져 있는 하프를 켜는 다윗 왕의 모습은 이교의 가수 오르페우스와 꼭 닮았다. 다윗의 어깨 너머에는 무사(음악과 시의 여신), 그 발치에는 염소와 산양으로 둘러싸인 반벌거숭이의 판(가축의 신)이 있었다.

그러나 이것은 옛 예술의 잔재에 지나지 않았다. 성상을 나타내는 성자의 얼굴은 차츰 다르게 표현되었다. 예술가들이 나타내고 싶어한 것은 육체의 미가 아니라 정신력이었다. 성화상에서 단식과 밤샘으로 마른 성자의 얼굴은 더욱 엄숙함을 띠고 영감이 넘치는 것으로 되었다.

새로 그려지는 성화상은 어느 것이나 모두 옛것의 되풀이였다. 예술가들은 교회법과 전설에 위배되기를 두려워했다.

예술과 학문은 교회의 발밑에 깊이 고개를 수그렸다. '이단'이라는 무서운 말이 계속 귀에 들려 왔다. 이단이라는 말은 본디 '선택'이라는 뜻이었으나, 교회는 두 가지 의견 사이에서의 선택을 허용하지 않았다. 교회는 이단자를 엄격히 추궁했다. 신학자는 고대의 철학자를 공박하기 위해서만 그것을 연구했다.

데모크리토스를 읽지 않고 데모크리토스에게 반대한 알렉산드리아의 사제 디오니시오스(190?~265년)가 읽혀졌다.

디오니시오스는 다음과 같이 설명했다. '세계는 스스로 카오스(혼돈)에서 생겨난 것이 아니다. 집이 건축가의 손으로 세워진 것처럼, 세계는 창조주께서 만드셨다. 별은 멋대로 자기 길을 나아가는 것이 아니라 신의 말씀으로 인도되고 있다.' 믿음이 깊은 사람들은 그렇게 생각하고 있었다. 가엾은 불신자들이 바라건 바라지 않건 간에 이것은 옳다고 디오니시오스는 말했다.

고대 철학자는 교회의 책 속에서 형편없이 봉변을 당했다. 그들의 사상은 왜곡되었다. 그들을 바보 취급하여 심한 욕설을 퍼붓는 난폭한 수도사 작가도 적지 않았다. 무엇보다 그들은 그리스도 교도가 아니라 이교도가 아닌가 하는 따위로 공격했다. 불가리아의 요안네스는 아리스토텔레스의 학설을 보잘것없는 것이라 하면서 바다의 물거품에 비유했다. 또한 아마르조르의 데모크리토스를 죄인이라고 불렀다.

그 옛날 이교의 신전 기둥은 그리스의 푸른 하늘 아래서 얼마나 하얗게 빛났던가! 그리스 학자의 사상은 그 저서 중에서 얼마나 눈부신 빛을 냈던가! 그러나 지금은 저녁 어둠이 다가와 있었다. 고대 예술의 마지막 빛은 비잔티움 성화상의 금은 빛 속에 사라지려고 하고 있었다. 무너진 이교의 신전 대리석 기둥이 성당의 돔을 지탱하고 있었다.

그리고 불에 타 버린 이교 책에서의 인용문이, 그 적인 신학서의 페이지 위에서 겨우 고대 지혜의 잔재를 남기고 있을 따름이었다.

비잔티움은 황혼의 빛 속에 있었다.

2 새 등장인물 무대에 나타나다

역사의 큰 무대에 새 인물이 등장한다.

이것을 안트라고 부르는 사람도 있고, 롯스라고 부르는 사람도 있다.

'안트'라는 말은'거인'을 의미한다. 안트에 대해서는 다음과 같이 말하고 있다. 키가 크고 힘이 매우 세다. 너무 몸집이 무겁기 때문에 말도 그들을 태울 수 없다.

이 롯스 또는 안트란 사람은 대체 누구일까?

그들은 대러시아인, 우크라이나인, 백러시아인의 선조이다.

전에 헤로도토스도 만난 적이 있는 농민, 즉 스키타이인의 자손이다.

스키타이인의 전설에 의하면, 옛날에 그들의 땅에 하늘로부터 금쟁기·멍에·도끼·그릇 등이 내려왔다고 한다.

물론 하늘에서는 아무것도 내려오지 않았다. 만일 그들이 고대 마을의 땅바닥을 파보았더라면, 그들보다 2000년 이전에 그들의 선조가 땅을 경작했던 여러 가지 도구를 발견했을 것이다.

몇 세기가 지난 뒤, 고고학자들은 드네스트르 강과 드네프르 강 사이의 평야에서 사슴뿔의 괭이, 뼈로 만든 낫, 곡식을 보존해 두는 큰 토기 등을 발견할 것이다.

이 고대 농민으로부터 안트 또는 롯스가 발생한 것이다.

헤로도토스 시대 이후에 많은 세월이 흘렀다. 드네스트르 강과 돈 강 사이의 넓은 평야에 사는 사람들은 이 기간을 헛되이 보내지 않았다.

그들은 땅을 더 잘 경작하는 법을, 집을 더 잘 짓는 일을 배웠다. 시골이 많이 생겼기 때문에 외국인들은 그들의 나라를 '가르다리크' 즉 '마을투성이의 나라'라고 불렀다.

흙담을 두른 그들 마을의 공방에서는 대장장이·주물공·도공·장식공 등이 뛰어난 손재주를 발휘했다. 은덩이와 금덩이·대장간의 집게·거푸집·도가니·

도끼 등 공장이 사용했던 여러 가지 부품은 그 뒤 오랫동안 땅 밑에 보존될 것이다.

안트는 용감한 민족이었다. 도끼·활 같은 무기를 잘 사용했다. 무질서한 무리로서가 아니라 몇백 명, 몇천 명이 부대를 짜고 전쟁터로 나갔다.

안트에는 뛰어난 우두머리가 있었다. 노인들은 젊은이들에게 용감한 지도자 도브로가스트의 이야기를 해주었다. 그는 육지의 싸움뿐 아니고 바다의 싸움에도 뛰어났다. 비잔틴 황제는 도브로 가스트에게 군사 참의관이라는 명예 칭호를 주었으며, 또한 폰토스 즉 흑해를 항해하는 그리스 함대의 총사령관으로 임명했다.

안트 즉 러시아 상인은 남쪽으로는 비잔틴인과, 동쪽으로는 하자르인과 교역을 했다. 먼 아라비아의 대상도 이 하자르 땅을 지나서 안트에게로 찾아왔다.

아라비아의 여행자들은 그들 일기에, 드네프르 강변에는 쿠야비야라는 나라가 있고, 그곳에는 쿠야바라는 도시가 있다고 썼다. 쿠야바는 키예프를 가리킨다.

그 전에는 슬라비아 즉 노브고로트의 땅이 있었으며, 또 그 전에는 알사라는 도시가 속한 알타니아가 있었다.

몇 년, 몇십 년의 세월이 흘렀다.

러시아의 여러 공국은 하나의 큰 키예프 국가로 통일되었다. 키예프는 러시아의 수도가 되고 '러시아 여러 도시의 어머니'가 되었다.

슬라브인이 세계에서 만났던 것은 옛 그리스와 로마 문화였다.

게르만인은 로마를 파괴했다. 그러면 슬라브인은 어느 편인가……. 비잔티움의 적이 되는가, 아니면 한편이 되는가? 고대 문명의 파괴자가 되는가, 아니면 계승자가 되는가?

저울의 접시는 오랫동안 흔들리고 있었다. 적에서 우호로, 우호에서 적으로.

슬라브인에게는 무서운 힘이 있었다. 그것을 그리스인은 알고 있었다. 러시아의 제공은 대군을 이끌고 동로마제국의 영토로 몇 번이나 침공해 들어갔다. 올레그(?~912, 노브고로트 이후에 키예프 공이 되다)는 11개 종족의 병력으로 콘스탄티노플에 접근했다. 이고리(877~945, 두 번 비잔티움을 공격하다)에게는 1만의 함대가 있었다. 스뱌토슬라프(?~972년)에게는 6만의 군사가 있었다.

비잔틴의 역사가인 레오 디아코누스는 스키타이인 또는 롯스인이라고 하여 러시아인에 대해서 이렇게 쓰고 있다.

'타우로스 스키타이인은 목숨이 있는 한 결코 적에게 항복하지 않는다. 이 민족은 어리석을 만큼 용감하고 강하다고 한다.'

전사한 스키타이 병사 중에는, 용감히 싸워서 목숨을 버린 여자의 모습을 발견할 때가 때때로 있었다고 레오는 덧붙였다.

언젠가 비잔틴 황제 요안네스 1세 지미스케스(925?~976, 동로마 황제, 1세)가 로마의 모든 군대를 동원하겠다고, 스뱌토슬라프 공을 위협한 적이 있었다. 그러자 스뱌토슬라프는 대답했다.

"지미스케스 황제께서 일부러 우리 나라까지 올 필요는 없습니다. 머지않아 우리가 비잔티움 성문 앞에 군막을 치고 튼튼한 흙담으로 성을 둘러쌀 테니까요. 그래도 로마 황제가 결전을 하고 싶다면 나는 기꺼이 상대를 하겠소이다."

한번은 러시아군이 적에게 포위되었다. 많은 부하들이 스뱌토슬라프 공에게 후퇴할 것을 권유했다. 그러나 스뱌토슬라프는 말했다.

"만일 우리가 지금 불명예스럽게도 로마군에게 승리를 양보한다면, 고생도 하지 않고 이웃 여러 민족을 굴복시키고 많은 나라들을 정복해 온 러시아군의 빛나는 영예를 잃고 말 것이다. 그러므로 우리 선조들의 용기로써, 또한 러시아의 힘은 여태껏 한 번도 진 적이 없다는 신념으로써, 목숨이 붙어 있는 한 용감히 싸워야 한다. 우리에게는 조국으로 도망치는 습관이 없다. 이겨서 살아남든가, 아니면 빛나는 공훈을 세워 명예로운 전사를 하든가 둘 중 하나가 있을 뿐이다."

비잔틴의 역사가는 플루타르코스의 영웅과 비교하여 스뱌토슬라프를 그러한 웅변가로 묘사하고 있었다.

러시아의 연대기 작가는 똑같은 일에 대해서 더 간결하게 쓰고 있다. 스뱌토슬라프는 그가 아버지처럼 '나의 아들아' 하고 불렀던 군사들에게 이렇게 말했다.

"러시아 나라에 부끄러움을 가져오기보다는 죽어서 뼈가 되자. 죽는 것은 부끄러움이 아니다. 도망치는 일이야말로 부끄러움이다. 적에게 등을 보이지 말고 버티자. 나는 너희를 앞장서서 나아가겠다."

두 가지 이야기는 각각 다르지만 그려진 인물은 같다.

지미스케스 황제는 자진해서 스뱌토슬라프와 화해하려고 했다. 그는 러시아인의 무서운 힘을 알고 있었다. 비잔티움은 아직 올레그를 잊지 않고 있었다. 올레그가 바다와 육지로 황제의 수도에 다가왔을 때, 비잔틴인은 당황하여 그와 우호 조약을 맺었다. 외국 상인들은 모두 황제의 금고에 많은 관세를 바치고 있었지만, 러시아인만은 세금도 없이 자기들 상품을 가지고 올 수 있게 되었다.

올레그는 비잔틴에 대해 너그러운 태도를 취했다. 이고리와 스뱌토슬라프는 그럭저럭 물러가게 했다. 그러나 스뱌토슬라프가 또다시 공격해 오지 않으리라고 누가 보증하겠는가?

"러시아에 돌아가서 더 많은 군대를 데리고 오겠다."

그는 이렇게 말하지 않았던가.

이런 일을 생각하면서 지미스케스는 스뱌토슬라프가 기다리고 있는 도나우 강변으로 급히 갔다. 황제는 금빛의 투구와 갑옷으로 무장하고 있었다.

화려하게 차린 말을 타고 황제가 회견 장소에 가까이 오자, 스뱌토슬라프는 배를 강변으로 저어 갔다.

이리하여 두 사람은 만났다. 스뱌토슬라프는 강기슭으로 올라가려고도 하지 않고 배 안의 걸상에 계속 앉아 있었다. 황제의 발에 입맞추는 것은 다른 사람에게 맡기면 된다 하는 태도였다. 비잔티움의 고관들은 신기한 듯이 러시아 대공을 바라보고 있었다. 대공은 금빛의 갑옷과 투구가 아니라, 뱃사공이나 군사들과 마찬가지로 아무 장식도 없는 청결한 흰 옷을 입고 있었다. 겨우 두 개의 진주 사이에 루비 하나를 박은 금 귀걸이가 반짝 빛날 뿐이었다. 어깨는 떡 벌어졌고 하늘빛의 눈, 길게 늘어뜨린 수염, 밀어올린 머리에는 긴 변발만 남아 있었다.

스뱌토슬라프는 험상궂고 시무룩한 모습을 하고 있었다. 그것을 보고 비잔틴 사람들은, 그가 교만스럽고 힘이 강하고 용감하다는 이야기를 떠올렸다.

혈기와 저돌적인 대담성을 발휘하여 그는 키예프 국의 판도를 크게 넓혔다. 볼가 강변의 하자르인의 성벽 아래서, 코카서스 산 기슭에서, 우야트카 숲속에서, 얼어붙은 카마 강 위에서, 발칸의 비탈에서 그의 모습을 볼 수 있었다. 그는 행군의 피로를 몰랐다.

말안장을 베고 하늘 아래서 자고, 뜻밖의 장소에서 불쑥 나타났다. 그러나 그는 몰래 공격하지는 않았다. 참다운 기사답게 사전에 적에게 공격을 예고했다.

"이번에는 너희를 공격한다."

그럴 때마다 그는 승리자가 되었다.

비잔틴의 역사가는 말했다.

"배 안의 걸상에 앉은 채 황제와 평화에 대해서 잠깐 의논한 뒤 그는 곧 배를 저어 돌아갔다."

스뱌토슬라프의 사공들은 일제히 노를 저었다. 황제는 말에 금박차를 가했다.

1000년 전, 두 개의 세계는 이렇게 해서 만났다. 하나는 아직 로마제국으로 부르는 옛 세계, 또 하나는 얼마 전 '루시'라고 이름 붙은 새로운 세계였다.

전쟁과 우호를 되풀이하면서 이 두 세계는 때때로 부딪쳤다. 그럴 때마다 러시아인과 비잔틴인은 조약을 지킬 것을 맹세했다……. 태양이 비치는 한, 세계가 있는 한.

'사랑을 깨뜨리는 자는 신의 가호도 페룬(고대 슬라브인의 최고신)의 가호도 받지 못하고, 자신의 방패로써도 막지 못하고, 게다가 자신의 칼로 상처를 입고, 이 세상에서도 또한 다음 세상에서도 노예가 될 것이다.'

러시아인은 무기를 페룬의 발 아래에 놓았으며, 비잔틴인은 십자가에 입맞춤했다.

그러나 비잔틴인에게는 맹세가 그다지 뜻이 없었다. 그들은 맹세를 깨뜨리는 것을 두려워하지 않았다. 이번에도 그랬다.

스뱌토슬라프가 고향인 키예프로 돌아가는 도중, 벌써 초원의 유목민 페체네그족이 드네프르의 여울에서 기다리고 있었다. 스뱌토슬라프에게는 얼마간의 친위병만 따를 뿐, 군대는 다른 길을 가고 있었다.

초원의 기마대는 함성을 지르며 러시아인을 습격했다.

러시아인은 힘껏 싸웠다. 그러나 적은 헤아릴 수 없을 만큼 대군이었다. 도대체 스뱌토슬라프가 여울을 통과한다는 것을 누가 페체네그인에게 알린 것일까? 비잔틴인 이외에는 그런 일을 할 사람이 없었다. 전에도 기회가 있으면 그들은 페체네그인을 포섭하여 러시아인과 싸우게 했다. 황제 지미스케

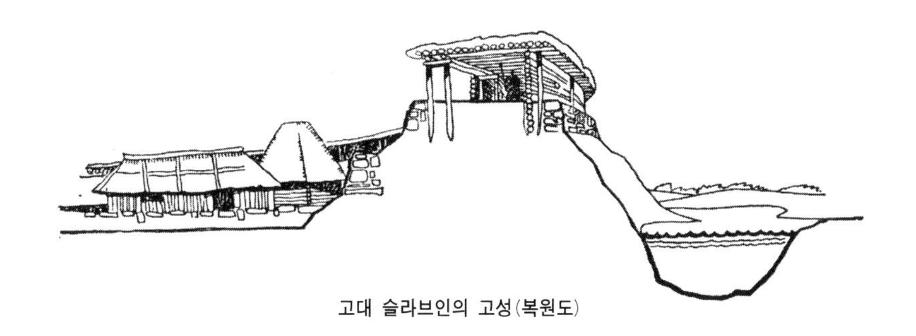

고대 슬라브인의 고성(복원도)

스는 '이번에는 너희를 공격한다'라고는 말하지 않았다. 그는 남의 손을 빌어 러시아 대공을 속여서 죽였다. 스뱌토슬라프의 목에 얼마만한 상금을 걸었는지는 알 수 없었다. 하지만 당당하게 싸워 죽이는 것이 아니라 자객을 보내는 것이 여태까지 비잔틴인의 수법이었다.

그러나 세계의 모습에는 변함이 없었다. 태양도 세계를 계속 비추고 있었다.

그러면서도 비잔티움과 루시(러시아)는 서로 도와야만 했다.

비잔티움이 적에게 압박당하면 황제는 러시아에 도움을 청했다. 그러면 러시아에서는 곧 군대를 보내왔다.

비잔티움이 죽도록 무서워했던 그 페체네그인들로부터 러시아인은 비잔티움을 용감히 지켜 주었다.

비잔티움에는 러시아의 검은담비와 담비, 러시아의 곡물과 꿀, 교회의 초로 쓸 러시아의 초 등이 필요했다.

한편 러시아의 제공과 대귀족에게는 비잔티움의 직물·금·포도주·과일 등이 필요했다.

먼 옛날부터 그리스인은 러시아의 땅에 대하여, 러시아인은 그리스인에 대하여 알고 있었다.

러시아인의 선조인 스키타이인은 크리미아에 자기들의 도시를 갖고 있었다. 그들 도시는 그리스 식민지 가까이에 있었다. 그중에서 가장 큰 도시는 네아폴리스라고 불렸다.

이 스키타이인의 도시를 방문한 이국인들은 적의 습격에서 도시를 지켜주는 굳건한 돌벽을 놀라움의 눈으로 바라보았다.

그리스 식민지에는 그렇게 두터운 성벽이 없었다. 스키타이 왕의 궁전이나 사당의 벽에는 뛰어난 화가들의 그림이 그려져 있었다. 말을 탄 무사의 그림도 있었고, 창으로 멧돼지를 찌르는 사냥꾼의 그림도 있었으며, 또 하프를 무릎에 얹고 있는 수염을 기른 가수의 그림도 있었다. 바위를 뚫은 동굴에는 이웃 그리스인과 교역을 한 곡물이 잔뜩 저장되어 있었다. 이 곡물은 그리스 식민지인 올비아나 케르소네소스로부터 온 것으로, 여기서 더 먼 헬라스(그리스)로 보내졌다.

넓은 바닷길이 스키타이와 그리스를 맺고 있었다.

이 길을 통하여 그리스인은 북쪽 스키타이인의 땅으로, 롯스의 땅으로 갔다.

얼마 지나자 이번에는 러시아인이 차츰 빈번하게 그리스인의 수도를 찾아오게 되었다.

통나무배로 세계 일주

해마다 겨울이 되면 러시아인은 언덕의 떡갈나무를 잘라서 그것을 파내어 통나무배를 만들었다. 그리고 봄을 기다려 가까운 강의 웅덩이에 띄웠다. 통나무배는 눈석임물을 타고 드네프르 강으로 나가 키예프로 향했다. 거기서 배를 기슭으로 끌어올렸다.

곡물·초·검은 담비·담비 등을 실은 수레가 키예프의 볼리체프 언덕을 지나 드네프르 강으로 내려왔다. 배는 그런 짐을 가득 싣고 강변을 떠나 하나 또 하나씩 드네프르 강 중심으로 나갔다.

많은 배들이 큰 무리를 이루고 강을 내려갔다. 혼자서는 위험했다. 배의 무리는 여울에 다가갔다. 물결은 요란한 소리를 내고 뾰족한 바위 둘레에 소용돌이쳤다. 첫번째 여울에는 '잠자지 말라는 여울'이라는 무서운 이름이 붙어 있었다. 장사꾼들은 드네프르 스로브티치의 이름을 부르며 파도 위를 나는 갈매기처럼, 급류를 건너는 물오리처럼 배가 그 신의 가호를 입어 무사히 암초 사이를 빠져나갈 수 있도록 기도했다.

드디어 여울에 접어들면 장사꾼들은 배를 강변으로 끌어올려 땅 위를 끌고 가든가 어깨에 메고 옮겼다.

그곳은 무서운 장소였다! 잡초 사이에 사람의 백골이 뒹굴고 있었다. 그곳에는 몹시 사나운 강도인 페체네그인이 곧잘 기다리고 있었다. 휘파람을 불고 함성을 지르며 그들은 사방에서 습격해 왔다.

여울을 겨우 지나 배가 다시 드네프르 강을 내려가기 시작했을 때 여행자들의 기쁨은 얼마나 컸을까!

바다 어귀에는 조그만 섬이 있고 커다란 떡갈나무가 한 그루 있었다. 장사꾼들은 그 나무 둘레에 화살을 꽂고 암탉과 수탉을 바쳤다. 그리고 떡갈나무에 빌었다. 왜냐하면, 파도를 넘어 그들을 실어다 준 것은 다름 아닌 똑같은 떡갈나무를 파서 만든 통나무배였기 때문이다. 드디어 바다에 나갈 때 장사꾼들은 배에 마스트를 세우고 돛을 달았다.

바다는 출렁거리고 바람은 흰 물결을 해변으로 몰아왔다. 장사꾼들은 바람의 날개에 배를 태우고 푸른 바다를 건너다 줄 것을 스트리보그(고대 슬라브인의 바람의 신)의 자손들에게 빌었다.

러시아인의 선조가 아직 바다에 나간 적이 없었고, 고향의 강 이외에는 강을 몰랐던 시대가 있었다.

러시아 지도에는 그 무렵의 잔재가 남아 있다. '도나우'·'돈'·'드네프르'·'드네츠' 등의 말이 거의 비슷한 것은 우연이 아니다. 이들 말은 사람들이 고향의 강을 단순히 '강'이라고 불렀던 시대에 생겼다. 《이고리 공 원정기》중에서 이고리 공의 부인 야로슬로브나가 푸치블리(우크라이나의 옛 도시) 성벽에 서서 우는 장면이 있다.

도나우에 야로슬로브나의 목소리가 들린다……

그런데 푸치블리는 도나우에서 몇백 킬로미터나 떨어진 세임 강변에 있었다. '군기'에서 세임을 도나우라고 한 것은 옛날 '도나우'라는 말이 '강'이란 뜻이었기 때문이다.

오세트인의 말로는 지금도 '돈'이 '강'을 가리킨다. 그것은 오세트인의 조상, 즉 아르마타이족이 돈 강 지방에서 코카서스로 왔기 때문이다. 사람들은 조그맣고 좁은 세계에 있는 자기네 강기슭에서 살고 있었다. 그런데 강은 그들에게 여행을 가르쳤다. 강은 그 흐름에 통나무를 띄워 주었다. 강은 사람들을 차츰 앞으로 옮겨 주었다.

사람들은 다른 사람들에 대한 것, 다른 종족에 대한 것을 알게 되었다. 강 어귀까지 내려가 그들은 바다를 발견했다. 원류까지 거슬러 올라가 숲속에서 다른 강의 수원지를 발견했다.

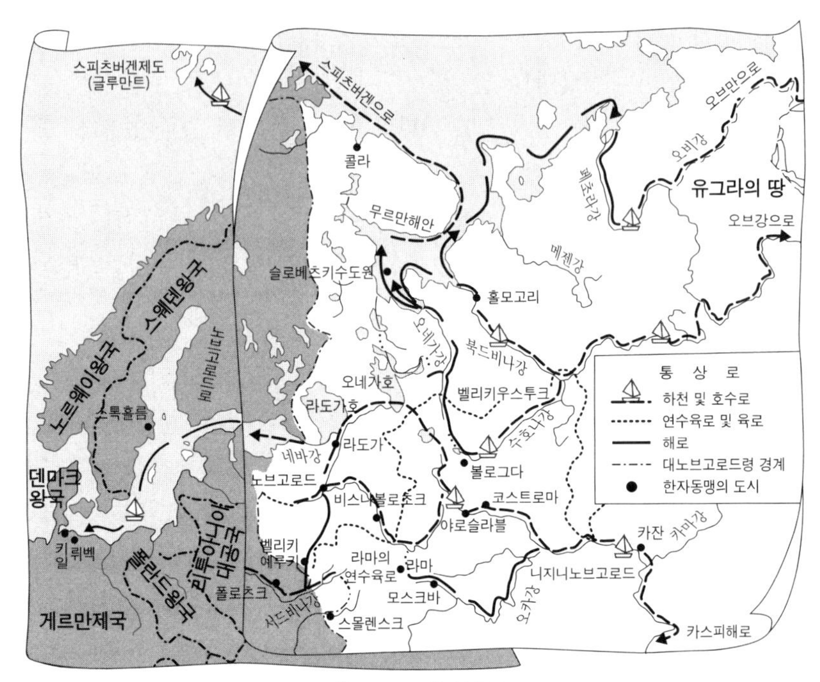

옛노브고로트의 통상로

위태롭게 흔들리는 배는 강대한 민족의 요람이 되었다. 떡갈나무처럼 드네프르는 그 가지들을 서쪽·북쪽·동쪽으로 뻗어갔다.

드네프르를 따라가면 여러 나라들, 여러 민족에 닿을 수 있다고 연대기 작자는 말했다.

상류로 올라가면 오코피스키라는 숲까지 이를 수 있다. 이곳에서 드네프르도, 도나우도, 볼가 강도 흘러 나온다. 또한 이 근방에서 시작되는 로와치 강을 내려오면, 일리메니 호에서 볼호프 강을 따라 나아가 커다란 네보 호, 즉 라도가 호에 이를 수 있다. 거기서 넓은 네바 강을 따라 나아가면 바랴그 해(발트 해)로 나온다. 바랴그 해에서 로마, 로마에서 다른 바다를 지나서 콘스탄티노플, 콘스탄티노플에서는 러시아 해(흑해)를 지나 드네프르를 거슬러 올라가 키예프로 돌아갈 수 있다.

연대기 작자는 이런 식으로 세계 일주의 코스를 그리고 있었다. 사실 이것은 러시아인이 알고 있었던 세계 일주였지만. 러시아인의 눈에도 이제 세계가 넓어졌다. 세계는 이제 하나의 강이 아니라 커다란 수로로 보였으며, 강·

호수·바다를 연결한 푸른 목걸이같이 여겨졌다.

이 수로를 러시아의 통나무배가 오르내리면서 바랴그인(스칸디나비아인의 옛 호칭)과 그리스인 사이를 오가고, 용의 머리같이 구부러진 뱃머리를 붙인 바랴그인의 배도 그들 사이를 왕복했다. 배는 연공을 모으러 가는 제공들을 운반하고, 외국의 상품과 교환하여 제공의 털가죽이나 꿀을 사들이는 장사꾼들을 운반했다.

흑해의 서해안을 따라 며칠이나 걸리는 항해가 계속되었다. 그런 다음 기다렸던 콘스탄티노플의 성벽과 성 소피아 성당의 반원형 돔을 눈앞에 볼 수 있었다.

방문자들은 상륙했다. 그러나 그대로 성 안에 발을 들여놓을 수는 없었다. 황제의 관리가 방문자의 이름을 적고 무기를 갖고 오지 않았는가를 검사했다. 그것을 끝내면 비로소 거대한 문을 열고 방문자를 성 안에 들도록 했다. 하지만 한꺼번에 모두 들어가게 하지 않고 50명씩 들여놓았다.

러시아인은 별로 화를 내지 않았다. 그것이 관습이었기 때문이다. 러시아인 또한 독일인이 노브고로트로 올 때는 그와 똑같이 했다.

방문자는 주인 측에 불평할 수 없었다. 그 대신 조약에 의해 빵·술·고기를 충분히 얻을 권리가 있으며, 그리스 욕탕에서 마음대로 몸을 씻거나 한증을 할 수 있었다. 돌아갈 때는 황제의 창고에서 식량·닻·돛·밧줄 등의 배 용품을 지급받았다.

주인에게 작별 인사를 하고 장사꾼들은 돌아갔다. 금과 금실을 수놓은 사치스러운 직물, 진기한 과일과 술 등의 값진 물품을 싣고.

그들은 화려한 황제의 도읍에 대한 것, 금수를 놓은 사제들의 옷에 대한 것, 옥좌의 양쪽에 황금 사자가 서 있는 궁전의 불가사의 등을 언제까지나 기억했다가 자기 집의 이야깃거리로 삼았을 것이다.

무엇보다 그 사자는 스스로 입을 벌리고 꼬리를 흔드는 것으로 변하니 놀라운 일이었다.

러시아 문명의 시작

짜리그라드(콘스탄티노플) 궁전과 성당의 소문은 온 세계에 알려졌다.

그러나 키예프에도 자랑할 것이 있었다.

키예프 공의 저택 벽에는 뛰어난 화가의 붓으로 그려진 그림이 있었으며,

문틀에는 대리석 조각이 있었고, 벽난로에는 아름다운 색깔의 타일이 박혀 있었다.

그런 타일을 만들려면 얼마만큼의 기술과 지식이 필요했을까? 먼저 법랑을 만들고, 그것을 납을 써서 은백색으로, 구리를 써서 초록색으로 만들어야 한다. 다음은 찰흙판 조각을 쇠도 녹을 만한 고열로 달구어야 한다. 이 빨갛게 구운 조각에 유약을 바르는데, 그때 유약이 너무 타지 않도록 주의해야 한다. 그런 다음 불을 아주 천천히 주의해서 끈다. 갑자기 냉각시키면 유약에 금이 가기 때문이다.

그런 일에는 가마도 특별한 것이 필요하고, 점토제의 도가니는 어떤 고열에도 견뎌 내는 것이 필요하다. 또한 내열 튜브가 달린 풀무를 사용할 필요가 있다.

100년 뒤에 학자들은 키예프의 지하에서 그러한 공방을 발굴했다. 그들은 도가니 조각, 납 알갱이가 굳어져 붙어 있는 유약 조각, 가마를 쌓은 벽돌 등을 조사했다. 그리하여 그 먼 옛 시대에 그렇게도 뛰어난 도공이 루시에 있었다는 것, 이 도공들이 금속과 유리의 성질을 그렇게도 잘 알고 있었음에 놀라고 감동했다.

아마 그 도공들에게 펜으로 씌어진 책을 읽는 힘은 없었겠지만, 그들 눈앞에는 자연의 책이 펼쳐져 있었던 것이다.

실은 1000년 전에 키예프에는 그런 책도 벌써 있었다.

본디 슬라브인은 옛날부터 글을 잘 썼다. 올레그 시대에도 자기 자식에게 유언서를 써서 남긴 러시아인이 있었다. 이고리는 신임장을 주어서 사신을 비잔티움으로 보냈다.

글을 적는 기술은 이웃인 서쪽과 남쪽의 슬라브인이나 모라비아·체코·불가리아로부터 러시아로 들어왔다.

러시아인은 어떤 글자로 쓰고 있었을까?

고대 슬라브인은 '선과 판각'으로 적었다고 한다. 선과 글자를 판자 위나 석판 위에 새겼던 것이다.

얼마 지나자 양피지 같은 것에 그리스 글자를 러시아식으로 쓰기 시작했다.

그런데 그리스의 알파벳에는 러시아어의 몇 가지 발음을 나타내는 글자가 모자랐다. 다른 여러 나라와의 조약을 만드는 대공의 서기, 또는 차용 문서에 사인을 하는 상인은 '체' '샤' '스챠' 같은 글자가 있는 말을 써야 할 경우, 어떻게 하면 좋을지 몰랐다.

러시아 말에는 러시아의 알파벳이 필요했다.

9세기에 키릴로스(827?~869년)라는 수도사가 그리스의 도시 살로니카에 살고 있었다. 이 사람은 러시아어도 할 수 있는 학자였는데, 우연히 흑해 연안의 도시 코르스니를 방문하게 되었다. 그는 그곳에 있는 러시아인 집에서 러시아 글자로 쓰여진 복음서와 시편을 보았다.

이것은 키릴로스의 전기로 알 수 있지만, 그것이 어떤 글자였는지는 아직 알 수 없다.

그 글자 대신 키릴로스는 다른 알파벳을 고안했다.

키릴로스는 슬라브인을 위해 성경 번역 부탁을 받았다. 그것은 훨씬 전부터 모라비아인이 그리스인에게 부탁했던 일이었다.

키릴로스로서는 손에 익은 그리스 글자로 쓰는 것이 가장 빠른 길이었다. 그래서 지금 슬라브인을 위한 새로운 알파벳을 만듦에 있어서 글자의 대부분을 그리스의 알파벳에서 빌려 썼다. '샤'나 '체'에 해당되는 글자는 유대책에서 채택하고 몇 가지는 자신이 고안했다. '스챠' 따위의 글자도 특별한 모양으로 만들었다.

이 '키릴 글자'에서 오늘날 러시아의 알파벳이 생겨났다. '키릴 글자'는 새로운 신앙, 새로운 성경과 함께 키예프에 전해졌다.

이 새로운 신앙은 처음에는 옛 신앙과 결부되어 살아 왔다.

이미 올레그 시대에 최초의 성당이 키예프에 건립되었다. 바로 성 니콜라 성당이다. 그리스도 교도는 교회에서 예배를 드렸지만, 옛 신앙을 믿는 사람들은 전과 같이 자기들의 우상에 예배를 드렸다. 상인들은 더 많은 금화나 은화를 베풀어 달라고 '가축의 신'인 볼로스에게 간구했다. 볼로스는 가축과 돈의 신이었다. 왜냐하면, 금속으로 만든 돈이 아직 없던 시절에는 가축이 바로 돈이었기 때문이다. 무사들은 뇌신 페룬에게 승리를 기원했다. 볼로스의 우상은 장터인 평지에 서 있었다. 한편, 은빛 머리에 금빛 수염을 한 뇌신 페룬의 나무상은 높은 산, 제공의 전각 앞에 세워져 있었다.

그러나 지금 그런 우상은 강에 끌려가 물 속에 처넣어졌다. 새 신앙은 옛 신앙을 물리치고 이겼다.

스바토슬라프의 아들인 러시아 공 블라디미르(956?~1015년)는 세례를 받고 짜리그라드 궁전의 보랏빛 방에서 태어난 '보랏빛 황녀' 안나를 아내로 맞았다.

러시아에는 새로운 종교가 필요했다.

그것은 키예프 공의 권력을 굳히고 키예프 언저리의 모든 러시아 종족을 굳게 단결시켰다.

'입만 있으면 키예프까지 갈 수 있다'고 프스코프에서도, 노브고로트에서도 갈리치 땅에서도 사람들은 말했다.

지금 동슬라브의 폴레족도, 드레브족도, 크리브족도, 라지미치족도 자기들이 하나의 민족이라는 것, 페체네그인처럼 '부정한' 이교도가 아니라 세례를 받은 정교도임을 뚜렷이 느꼈다. 이 때문에 그 뒤 오랫동안 루시는 정교 루시라고 불리고, 러시아 농민은 크레스찬, 즉 크리스찬이라고 불리게 되었다.

그것은 좁은 종족의 작은 세계에서 넓은 민족의 세계로 나가는 길이었다. 또한 여기서 다른 여러 민족으로, 공통의 인류 세계로 통하는 길이 열렸다.

이제 러시아인과 비잔틴인은 서로 다른 신에게 맹세를 할 필요가 없어졌다. 양쪽의 신앙은 하나였다. 따라서 서로 이야기를 나눌 수도, 이해를 하기도 훨씬 편해졌다.

세월은 흘렀다. 새로운 신앙은 러시아인 앞에 모든 그리스도교의 세계, 전 유럽의 문을 열 것이었다. 키예프 공은 딸을 외국의 왕이나 왕자에게 출가시킬 수 있었다. 블라디미르 대공의 손녀는 프랑스의 왕비가 되어 라틴 문서에 슬라브 글자로 '안나 레기나' 즉 '왕비 안나'라고 사인을 했다. 다음 손녀 엘리자베타는 노르웨이의 하랄 왕에게 출가했다…….

그 키예프에서는 지금 숙련된 기술자들이 처음으로 석조 성당을 세우고 있었다.

사방에서 건축 자재가 모여들었다. 크리미아에서는 백옥, 비잔티움에서는 대리석, 카르파티아 산에서는 점판암이 운반되었다.

날이 지나감에 따라 성당의 넓은 어깨 위에, 창문의 목 장식을 한 멋스럽고 둥그런 목 부분이 뻗었다. 목 위에는 머리인 돔이 얹혀졌다. 그 근방의 높은 곳에 세워진 가는 목재 발판에서는 석공들이 일하고 있었다. 아래에서 쳐다보면 아슬아슬해서 떨어지지 않을까 걱정이 되었다.

목 위에 머리가 얹혀졌다. 사람의 둥그런 머리를 꼭 닮아, 건축가들이 그

키예프의 소피아 대성당(11세기)

것을 '이마'라고 말하는 기분을 느끼게 한다. 그 머리 둘레에는 또 다른 머리가 여러 개 만들어지고 있었다.

성당 마루에는 여러 가지 색깔의 대리석판이 깔렸다. 벽과 천장에는 여러 색깔의 돌로 성자의 화상이 장식되었다.

목재가 아니라 벽돌을 쌓은 성당을 보고 키예프인들은 건축가들의 기술에 놀랐다. 드디어 키예프에도 짜리그라드에 못지않은 석조 성당이 만들어졌다.

그리스의 손님들도 키예프의 데샤친나야 성당에 놀라움의 눈길을 보냈다. 그것은 짜리그라드의 '소피아' 대성당과는 전혀 달랐다. 그쪽의 성당 어깨에는 거대한 돔이 하나밖에 얹혀 있지 않았다. 그런데 이쪽에서는 하나의 큰 돔을 24개의 작은 돔이 둘러싸고 있었다. 마치 돔으로 만들어진 피라미드가 하늘을 찌르고 있는 것 같았다.

과연 이 건축 양식은 무엇을 모방한 것일까? 그것을 알고 싶으면 그리스 손님은 노브고로트에 가야만 했다. 노브고로트는 옛날부터 건축가의 출신지로 유명했고, 노브고로트인은 '목수'라는 별명으로 불리고 있었다. 그들도 또한 자기들 성당을 짓고 있었으나, 벽돌로 쌓지 않고 러시아의 옛날 방식대로 떡갈나무로 만들고 있었다.

예로부터 러시아의 목수들은 숲으로 들어가 백 년 묵은 거대한 떡갈나무와 소나무를 베어 내는 것이 특기였다. 톱도 망치도 정도 쓰지 않고 도끼만으로 그들은 농가나 저택을 세웠다. 그들 손에 쥐어진 도끼는 만능 연장으로 변했다. 사실 통나무를 톱을 써서 편편하고 반듯한 판자로 만드는 일조차 쉽지는 않다. 그런데도 러시아의 목수들은 톱을 사용하지 않고 통나무에서 널빤지를 만들어 냈다. 먼저 도끼로 쐐기를 만들고 그 쐐기를 통나무에 박는다. 그러면 통나무는 바라는 대로 쪼개진다. 도끼만으로 통나무를 쌓아서 뼈대를 만들고 가장 윗줄에 들보를 엮는다.

이렇게 만든 집은 튼튼하고 단단했다. 겨울의 심한 추위나 눈에도, 여름의 호우에도, 가을의 센 바람에도, 봄의 홍수에도 거뜬했다.

지붕이 눈에 무너지지 않도록 양쪽에는 급경사를 붙인다. 눈은 쌓일 틈도 없이 산에서 떨어지듯 지붕에서 미끄러져 떨어진다.

지붕은 바람에 날려가지 않도록 굵은 들보에 엮어지고, 들보는 마룻대에 연결된다.

홍수에 잠기지 않도록 집을 땅바닥에 바로 만들지 않고 아래층 위에 세운다. 위쪽의 '고르니(높은)' 방을 '고르니차(거실)'라고 부르는 것은 그 때문이다. 고르니차에는 높고 가파른 승강구를 설치한다.

초대하지 않은 손님인 매서운 추위는 집에 들여놓지 않고, 그냥 출입구에서 재운다. 벽은 두껍게, 창문은 작게 만든다.

이렇게 집을 세우면서 목수는 사나운 자연과 싸웠다. 도끼는 단순한 연장이 아니라 무기였다.

그런데 목수들은 이제 새로운 과제와 맞닥뜨리게 되었다. 저택이 아니라 성당을 세워야 했다. 성당에는 제단과 돔이 있어야 한다는 것을 그들은 그리스의 건축가들로부터 들었다.

그러나 노브고로트의 목수들은 자기들 나름대로의 방식으로 문제를 풀었다.

그들은 머리가 13개 있는 성당을 세웠다. 여태까지 머리투성이의 제공들의 저택을 세우는 일에 익숙해 있었기 때문이다.

성당은 땅바닥에서 들어올려 아래층 위에 얹었다. 그리스 성당의 계단으로 이어진 현관 입구는 러시아식의 입구로 바뀌었고, 돔은 끝이 뾰족한 목조 텐트와 같은 것으로 변했다.

러시아의 여러 도시에 목조 성당과 석조 성당이 차츰 불어났다.

어느 성당에도 예로부터의 러시아식과 외국, 즉 비잔티움식이 뒤섞였다.

그러나 비잔티움 성당 또한 혈통이 분명치 않은 것은 아니었다. 그것은 그리스의 바실리카(공회당)나 모든 신들의 신전, 즉 판테온의 혈통을 잇고 있었다. 전에 그리스의 재판관들이 나란히 앉아 있었던 반원형의 자리는 그리스도 교회의 제단이 되었다. 또한 그리스의 바실리카 위에는 로마 판테온의 둥근 돔을 얹었다.

이리하여 지금은 키예프와 노브고로트에서, 그리스의 바실리카나 로마의 판테온과 러시아 공의 저택이 하나되고 섞여 러시아식의 머리투성이 전당이 되었던 것이다.

키예프의 데샤친나야 성당은 완성되었다.

대공은 모든 도시의 대귀족·시장·시의 장로를 비롯하여 무수한 민중의 대표를 초대했다. 키예프에는 큰 잔치가 벌어졌다. 꿀술만도 300통이나 준비되었다. 교회에서는 예배가 시작되었다.

열어젖힌 문에서 마치 교회 자체가 노래부르듯 길고도 느린 노래가 흘러나왔다.

바깥은 낮이었다. 뜨거운 바람이 초원에서 풀 냄새를 실어왔다. 그러나 교회 안은 밤이었다. 성상 앞의 불이 별처럼 공중에 달려 있고 촛불이 어둠 속을 오락가락했다. 흔들리는 불빛 속에 성자들과 대천사들의 아름다운 색깔의 옷 장식이 반짝이다가 꺼지곤 했다. 성모의 움직이지 않는 눈이 살아 반짝반짝 빛나는가 싶더니, 그 핏기 없는 얼굴은 다시 어둠 속으로 사라졌다.

이곳에서 살아 있는 세계, 실제의 세계까지는 얼마나 멀리 떨어져 있을까. 그 세계는 바로 옆에, 두꺼운 벽돌벽 너머에, 조그만 창문의 깊은 개구부 바깥에 있었다.

이곳 교회 안에서는 냄새조차도 여느 것과 달랐다. 나뭇잎·풀·한길의 먼지 냄새가 아니라 초가 녹는 냄새, 불에서 피어오르는 연기 냄새, 카딜로라는 긴 쇠사슬에 매단 향로에서 피어오르는 머리가 어지러운 냄새로 가득 차 있었다. 축축한 돌벽은 무덤 같은 느낌이 들었다. 찬양대는 저세상을 노래부르고 있었다. 따라서 교회 문을 들어선 사람은 저세상의 문으로 들어서는 느낌을 받았다.

얼마 전까지의 이교도 앞에 새로운 미지의 세계가 열렸다. 그가 교회 안으로 들어설 때에도, 또 책을 펼쳤을 때에도. 책 표지의 패널은 문과 같았고 그 물림쇠는 자물쇠와 같았다.

책은 멀리에서 왔다. 책은 여러 세기와 나라들을 오랫동안 헤매다니다가 왔다. 책은 여행자처럼 보고 들은 것을 사람들에게 이야기했다. 성스런 순교자에 대한 것, 먼 나라들의 일들을 들려주었다. 사람들은 책을 펼치고 다른 도시·풍속·종교에 대해서 알게 되었다.

책은 좀처럼 보기 힘들었다. 책이 있는 곳은 교회나 대공의 궁전 정도였다. 책을 읽을 수 있는 사람은 책의 숫자보다도 적었다. '책의 가르침'이 얼마나 도움을 주는가에 대해선 누구보다 제공들이 잘 알고 있었다. 따라서 블라디미르 공도 영웅전 안에서 대귀족들에게 이렇게 말했다.

'그대들은 나를 위해 좋은 신부를 찾도록 하시오
재색을 겸비하고
러시아어를 읽고 쓸 줄 알고

교회 책도 노래도 알고
그대들이 어머니로 부르며
왕비라고 존경받기에 어울리는
아름다운 신부를 찾도록 하시오.'

또한 연대기 작자는 말했다.

"블라디미르는 전에 우상이 있었던 곳에 교회를 세우도록 명령했다……. 그리고 도시마다 교회를 세우고 사제를 두고 모든 도시와 마을 사람들에게 세례를 받게 하였다. 또한 사람을 보내어 명문 자제를 모아서 책의 가르침을 베풀었다.

이들 아이들의 어머니는 아들을 염려하고 죽은 사람을 애도하듯이 울었다. 어머니들은 아직도 새로운 신앙에 들지 못했기 때문이다."

러시아에는 전에도 읽고 쓸 수 있는 사람이 있었다. 그런데 이제 키예프에 최초의 러시아 학교가 세워지고, 어린이들은 그곳에서 읽기를 배울 뿐만 아니라 '책의 가르침'을, 즉 학문을 배우게 되었다.

러시아에는 교육을 받은 사람들이 필요했다…….

훨씬 옛날 연대기를 펼쳐 보자. 단순한 시 같은 말로, 그것은 러시아 땅의 역사를 이야기하고 있다. 작자가 자기 스스로 적은 일도 있고, 옛 사람들의 이야기·기록·민족의 전설이나 노래를 그대로 베낀 것도 있다.

연대기는 키예프 국가를 자랑으로 삼고 그것을 강대하게 만든 제공들을 찬미하고 있다.

'황금의 문'이 있는 도서관

겨우 몇 줄이 1년에 해당하고, 겨우 1페이지가 1세기에 해당한다.

이제 블라디미르 공은 이 세상 사람이 아니다. 키예프를 다스리는 사람은 블라디미르의 아들 야로슬라프이다.

'세계 창조 기원 6545년(1038년). 야로슬라프는 큰 도읍을 정하고 그 도읍에 '황금의 문'을 세웠다. 성 소피아 성당도 세웠다……. 책 읽기에 열중하여 밤낮으로 책을 읽었다. 또한 서기를 많이 모아 그들과 함께 많은 책을 그리스 어에서 슬라브 어로 옮기고 또한 베꼈다. 성실한 사람들은 이들 책에서 배우고 하느님의 가르침을 받았다. 야로슬라프는 많은 책을 썼으며, 그것을 자기가 세운 교회에 보관하고 그 교회를 금과 은의 여러 가지 성구로써 장식했다…….'

이리하여 키예프의 '황금의 문' 앞에 머리투성이의 성 소피아 성당 속에 최초의 러시아 도서관이 생겨났다.

러시아인들은 책을 읽었다. 그러자 여태껏 들은 적도 없는 먼 땅이나 먼 바다가 안개 속에 떠오르듯 눈앞에 그려졌다.

이를테면 '신의 사람' 성 알렉시우스(?~417년)는 배로 로마에서 스리아(시리아)로 건너갔다. 그곳에서 도중에 당나귀 몰이꾼들을 만나 함께 메소포타미아의 에데사 시에 이르렀다. 그러나 그의 여행은 아직 끝나지 않았다. 그는 에데사에서 다시 바닷길로 해서 카달리아 즉 카탈로니아로 갔다. 그런데,

'하느님의 사려에 따라 배는 거친 바람에 쫓겨 로마로 들어갔다…….'

독자는 다른 책을 연다. 이번에는 성지 팔레스티나의 산들이 눈 앞에 솟아오른다. 표범이 살고 있다는 요르단 강변의 갈대 숲이 보인다. 그 근방 큰길을 밀을 실은 아라비아의 낙타대가 지나가고, 고행자인 수도자가 강에서 수도원으로 물을 나르는 당나귀를 몰아가는 모습도 보인다.

책은 독자를 다른 고장뿐 아니라 다른 시대로 데리고 간다. 마케도니아의 알렉산드로스의 이야기를 통해, 그리스에서는 어린이들에게 어떤 학문을 가르치는지를 알게 된다. 어린이들은 '음' 즉 음악, '별의 법칙' 즉 천문학, '땅을 재는 법' 즉 기하학, '지혜의 말' 즉 수사학, '지혜의 샘' 즉 철학을 배우고 있었다.

책은 러시아의 독자에게 철학자 아리스토텔레스, 트로이아인을 노래한 호메로스에 대해 이야기한다. 그리고 '델포이의 주술사' 즉 델포이의 신탁에 대한 것, 올림푸스의 제우스 신전에 대한 것, 이집트의 도시 멤피스와 알렉산드리아에 대한 것, 바빌론과 페르샤에 대한 것, 브라만 교도가 사는 인도 등에 대해서도 이야기한다.

'알렉산드로스는 많은 숲을 보았다. 강물은 우유와 같이 새하얀 빛이었다. 대추야자가 많이 있었고, 포도나무에는 가지가 휘도록 무성하게 포도송이가 달려 있었다…….'

알렉산드로스가 들렀던 신기한 나라들에 대한 것, '개처럼 짖는 사람'에

키예프의 황금의 문(복원도)

대한 것, '가슴에 눈과 입이 붙어 있는 괴물'에 대한 것, 해가 비치지 않는데 언제나 하늘이 밝은 행복한 나라에 대한 것들을 러시아인들은 눈이 황홀해서 읽었다. 《피지올로고스》라는 책이나 그 밖의 자연을 이야기하는 책에는, 짐승이나 새들에 대해서 더욱 놀라운 이야기가 나와 있었다.

물론 여기에는 사실과 허풍이 뒤섞여 있었다. 코끼리와 사자 옆에는 '페르체스론'이라든가 '멧돼지코끼리'라든가 '낙타표범' 따위의 존재하지도 않는 짐승 그림이 보였다.

전혀 영문도 모를 '치금수'라는 짐승들도 있었다. 그것들은 강에 살며 코끼리를 통째로 삼킬 수 있었다.

그리스의 옛날 이야기와 함께 그리스 철학의 단편들도 러시아 독자들에게 전달되었다.

《벌꿀》이라는 논문집에는 피타고라스·소크라테스·디오게네스·아리스토텔레스·에피쿠로스의 금언이 들어 있었다.

《6일 간》이란 책을 읽고 독자는 엠페도클레스의 4원소에 대해서 알게 되었다. 4원소란 불·바람·물·땅을 가리키며, 그것이 맨 처음에 창조되고, 다른 모든 물질은 그 뒤에 이 4원소에서 창조되었다고 했다. 다섯 번째 원소도 있다고 하여, 아리스토텔레스는 그것에 하늘 즉, 에테르를 덧붙였다. 하늘은 대지에서 팔방으로 똑같이 떨어져 '연기처럼' 대지를 에워싸고 있다는 것이었다.

대지는 구(球)이며, 이쪽이 밤일 때 반대쪽은 낮이라는 것을 알고 러시아인들은 깜짝 놀랐다. 책은 일식의 원인을 설명하고 있다. 달이 지구와 태양 사이의 '울타리'가 되었을 때 일식이 일어나며 '지구의 차단'으로 월식이 일어난다.

그리스의 수도자 아마르트르의 게오르기오스의 책 속에서 주의력 깊은 독자는 '자를 수도 없고 나눌 수도 없는 작은 물체'라는 데모크리토스의 원자에 대한 말을 몇 개 발견할 것이다.

책을 읽는 동안에 독자는 세계가 얼마나 거대한 것인가를 차츰 분명히 상상하기 시작한다. 그는 '크면서 작고, 작으면서 큰' 사람에 대해서 생각한다. 모든 것을 신의 명령이 아니라 필연성에 의해 설명한 현인들이 있었다는 것을 독자는 알게 된다. 부와 가난, 건강과 병, 노예와 자유, 평화와 전쟁 등 모두 필연성에 의한 산물이다. '하늘의 변화도 별의 운행도'도 필연성에 달려 있다.

러시아인들은 세계 속의 자기 위치를 차츰 잘 이해하기 시작했다. 인도의 항해자 코스마스의 책을 보고 세계의 세 부분, 즉 아시아·유럽·리비아에 대해서, '비단의 나라' 즉 중국에 대해서, 대지에 살고 있는 많은 민족에 대해서 알게 되었다. 그러나 러시아의 번역자는 빈틈없이 '서쪽에는 루시라는 큰 나라가 있다'고 덧붙였다.

곳곳에서 사람의 지식과 경험의 흐름이 러시아 문화 속으로 흘러들었다.

성경과 바빌론의 이야기로부터 알렉산드리아의 소설과 그리스 철학자의 작품에 이르기까지, 게다가 한창 자라나고 있는 젊은 문화는 타인의 것을 자기 것으로 바꿀 만한 힘이 있었다.

'황금의 문' 옆에 있는 도서관에는 창작된 러시아 책이 차츰 불어났다.

그 책들 속에서는 러시아의 옛 전설, 속담과 이야기, 영웅을 읊은 서사시, 원정이나 전쟁 이야기 등이 다른 나라 것과 뒤섞여 있었다.

《원초 연대기》나 일라리온(11세기, 키예프 수도의 대사제)의 설교, 블라디미르 대공의 아들 보리스와 그레브의 전기, 결투공 블라디미르 모노마흐(1053~1125, 키예프 대공)의 《교훈》 등에 러시아의 문학과 문어가 태어났다.

'덕이 높은 학자'라고 불린 키예프의 주교 일라리온은 《율법과 지복론》이라는 책을 썼다.

그 책에서 그는 '노 이고리의 손자, 명예로운 스뱌토슬라프의 아들, 스승이며 지도자인 우리 나라의 대공, 블라디미르'를 찬양했다.

'그는 메마른 조그만 땅이 아니라 루시라는, 세계 곳곳에 그 이름이 알려진 땅에 군림하고 있었다.'

일라리온은 루시의 땅을 진심으로 사랑했다. 그러므로 루시에 대해서 말할 때마다, 그는 불같이 타는 말을 발견했다.

그는 지금 고인이 된 블라디미르 대공을 부르고 있었다.

"고결한 용사여, 무덤에서 다시 나오시오. 잠에서 깨어나 일어나시오. 왜냐하면, 당신은 죽은 것이 아니라 만인이 깨어날 때까지 잠시 잠들고 있을 뿐이니까요…….

잠을 버리고 눈을 뜨시오. 그러면 주님이 하늘에서 어떤 명예를 당신에게 주었는지, 또한 당신을 위해 당신 자손들에게 어떤 영광을 주었는지 알 것이오.

장엄하게 빛나는 이 도읍을, 화려한 성당을, 번영하는 그리스도의 가르침을 보십시오, 성화상으로 빛나는 도읍, 테미얀의 향기로운 냄새가 풍기고 주님을 찬송하는 노랫소리가 울리는 이 도읍을 보십시오. 그것을 한 번만이라도 본다면 당신은 얼마나 기쁘고 만족하겠습니까……."

시간은 흘러갔다. 해마다 루시에서는 '책의 맛을 마음껏 맛본'사람이 불어났다.

툴로프(툴로프 공국의 수도)의 주교 키릴은 다음과 같이 썼다.

'꿀물은 달콤하고 설탕은 맛이 좋다. 그러나 두 가지보다 나은 것은 책의 지혜이다.'

교회의 '창고는 책으로 가득'찼다. 수도원의 수도자 방에서는 '성화상과 책 이외에는 달리 눈에 띄는 것이 없었다'. 제공이나 대귀족의 탑에는 반드시 '예배실'이 있었으며, 성상 밑의 책상에는 반드시 책이 쌓여 있었다. 도서실이 없는 수도원은 없었다. 거기에는 책을 베끼는 수도사와, 제본하는 수도사가 있었다.

키예프의 페테르스키 수도원에서는 수도사 네스토르가 《원초 연대기》를 썼다.

이 '로스토프 지방의 농부'는 자기 수도실에서 먼 곳을 내다보고 있었다.

그는 자기 나라를 남김없이 보았다. 키예프에서 바랴그 해(발트 해)로 나가고, 거기서 로마로, 로마에서 짜리그라드로, 짜리그라드에서 키예프로 돌아오는 길을 잘 알고 있었다.

그에게는 슬라브 여러 민족의 가족 전체가 보였다. 따라서 그들이 같은 말과 글을 가진 하나의 가족임을 잘 알고 있었다.

그는 키예프의 여러 공이 고심하여 루시 땅을 구출했음을 생각하고 있었다…….

그것은 루시 문명의 시작이었다. 우리는 지금 커다란 강의 수원지에 서 있다. 세기를 거듭할수록 그 강은 차츰 물이 풍부해지고 넓어질 것이다. 그 강은 위대한 것, 아름다운 것을 세계 문화의 큰 바다로 실어갈 것이다.

연대기 작자가 다음과 같이 쓴 까닭은 아마도 그것을 생각해서가 아닐까.

"우리는 책 속의 말에서 지혜를 발견한다. 왜냐하면 그것은, 우주를 풍요롭게 하는 강이기 때문이다."

3 동방의 풍요로움

지구상에는 같은 시각에 서로 다른 낮과 밤, 아침과 저녁이 있다.

지구의 한쪽에서 들과 숲이 태양의 마지막 빛과 작별하려고 할 때, 반대쪽에서는 새벽이 밝아오며 곧 태양이 떠오르는 것을 알린다.

문화도 마치 그와 같다.

이탈리아에서, 비잔티움에서, 고대 문화의 빛이 사라지고 있을 때, 키예프나 더 먼 동방의 아라비아에서는 새 아침이 밝아 오고 있었다.

옛날부터 대상에게 아라비아는 지나가는 길목이었다. 상인들은 낙타의 혹에 인도의 보석과 향신료, 중국의 비단, 홍해의 좁은 수역 건너편에 있는 뜨거운 누비아의 상아를 얹고 운반했다.

도중에서 대상은 성도 메카에 들렀다.

아라비아 상인은 '흑석'을 예배하러 갔다. 그것은 언젠가 하늘에서 떨어진 돌이라고 했다. '흑석'은 아라비아 모든 종족의 성스런 대상이었다. 아라비아 사막에서는 별과 돌이 사람들에게 길을 가르쳤다. 따라서 하늘에서 별이 떨어졌을 때, 그것을 신으로 숭배하게 되었다.

사방 팔방에서 메카로 순례자가 흘러들었다. 먼 오아시스에서는 농민이 찾아들었다. 유목민 베드윈족이 양을 몰고 와서 흰 성벽 앞에 흰 천막을 쳤다.

농민은 사막의 주민을 적으로 생각하고 있었다. 상인들도 사람 그림자도 없는 사막에서 유목민과 만나는 것을 싫어했다. 그러나 이 성도에 있는 동안은 위험을 느끼지 않고 지낼 수 있었다.

이곳은 언제나 잔치날이었다. 축제가 있는 곳에서는 큰 장이 섰다.

메카에는 밭을 경작하는 사람도 없었고 수공업에 종사하는 사람도 없었다. 그곳은 상인의 도시였다. 그곳에서는 상품을 팔 수도 살 수도 있었으며, 부자에게서 100베잔트나 200베잔트를 빌어 쓸 수도 있었다.

베잔트란 비잔티움의 돈이다.

노예매매. 이슬람교는 노예 존재를 부정하지 않았으므로 가내(家內)노예, 군사노예, 장사 대리인 등 사회의 여러 방면에서 활약하는 노예가 적지 않았다. 그림은 예멘의 자비드에 있던 노예시장 거래 모습. 중앙의 흑인노예 오른쪽에 서 있는 사람이 노예상인이며 왼쪽의 아이를 데리고 있는 사람이 사는 사람일 것이다. 《마카마크》의 삽화. 파리국립도서관 소장.

햇빛이 내리쬐는 장터는 언제나 사람들로 들끓었고 떠들썩했다. 나귀가 울고, 장사치들이 외치고 있었다. 모인 사람들 위로 낙타의 혹이 헤엄치듯 움직였다.

좁은 한길의 양쪽 집 벽 사이와 양쪽 강변의 진흙 사이를 온갖 색깔의 베일·터반·부르누스(아라비아인, 무어인이 사용하는 두건이 붙은 외투의 일종)의 흐름이 끊이지 알고 흘러갔다.

밖에서 보면 그들 흰 집은 창문 하나도 없고 어쩐지 허술해 보였다. 그러나 조그맣고 초라한 문을 열고 어두운 복도를 지나 한 발짝 안뜰로 들여놓으면, 손님은 자기도 모르게 깜짝 놀라 걸음을 멈추었다. 안뜰 둘레에는 둥근 기둥이 나란히 곧게 서서 가볍게 아치를 받치고 있었다. 한복판의 분수는 시원한 비가 되어 대리석 바닥을 적시고 있었다. 실내 어둠 속에는 향로의 푸른 연기가 피어오르고 좋은 향기를 풍겼다. 이것은 무더운 도시 한복판에 있는 오아시스였다. 종려나무 대신 기둥들을, 우물 대신 분수를 차려놓은 오아시스였던 것이다.

성도 메카의 상인은 모두 부자였다. 게다가 그들 위의 대부호는 가장 귀중한 상품, 즉 금화를 취급하는 사람들이었다.

물론 그들은 자기 자신을 행운아라고 생각하고 있었다. 그런데 이제 이들은 불친절해졌다. 다른 곳에서 온 상인들은 지불 연기라든가, 차용금의 이자 할인에 대해서 주인과 이야기하기가 점차 어려워졌다.

바로 메카로서는 나쁜 시대가 온 것이었다.

황금은 로마 황제, 즉 비잔틴 황제의 수중에 있었다. 그리고 이웃 페르샤인은 동방으로 가는 길을 지배하고 있었다.

아라비아는 따돌림을 당했다. 차츰 경기가 침체되었다.

지중해는 차츰 쇠퇴했다. 북쪽의 야만족이 이탈리아의 지배를 굳혔을 때부터 인도 상품의 흐름은 페르샤와 비잔틴 제국을 통과하는 새로운 강바닥을 선택했다.

드디어 마지막 시기가 온 것 같았다. 왜냐하면, 대상이 광장이나 한길을 통과하지 않게 되자, 풍요하기만 했던 상업 도시가 한꺼번에 무인 지경으로 바뀐 일이 이미 여러 번 있었기 때문이다. 물이 끊긴 밭처럼 도시는 황폐했다. 모래는 궁전의 대리석 바닥을 덮고, 폐허는 옛날의 번영을 말해 줄 뿐이었다.

그러한 마지막 때가 메카에도 찾아왔다. 어디에 도움을 구하면 좋을 것인가?

돈 많은 상인들은 아직은 그렇게 어렵지 않았다. 상당한 재산을 저축하고 있었기 때문이다. 그들은 시장의 상인·농민·유목 베드윈족 등 가난해진 동족들을 상대로 돈놀이를 하고 있었다. 그러나 돈을 꾸어 간 쪽은 견딜 수 없었다. 빚의 올가미가 목을 졸라 매기 시작했다. 그들은 1베잔트를 빌어 준 뒤 3베잔트를 갚으라고 요구하는 욕심 많은 채권자를 원망했다.

장터에서는 짐꾼·낙타 몰이꾼·거지들이 불경기를 투덜거렸다.

사람들은 '흑석'을 모셔 놓은 성전 둘레에 모여서 더욱 열심히 기도를 드렸다. 그러나 돌은 잠자코 있었다. 사람들은 대상이 묵고 있는 곳에서 외국 상인들의 이야기에 정신없이 귀기울였다. 상품과 함께 다른 곳의 신앙도 들어왔다. 유대인은 메시아(구세주)에 대해서 이야기하고, 그리스도 교도는 구세주 이야기를 했다.

군중 사이를 점쟁이나 예언자가 돌아다녔다. 그들의 설교에는 자기 신앙과 다른 나라의 신앙이 뒤섞여 있었다. 그들은 부자나 신분이 높은 사람에게 천벌이 내린다고 위협하고, 응보가 내린다고 예언했다. 그러한 예언자 중에 마호메트(571~632년)라는 사람이 있었다. 그는 이슬람교를 포교하고 있었다. 그의 새로운 종교는 많은 신도를 끌어들였다.

메카의 돈많은 상인들은 조상의 신앙에 대한 배신자라고 그를 반대했다.

622년 마호메트는 메카에서 메디나로 피했다. 이 해부터 마호메트 기원이 시작된다.

여러 해의 전투 끝에 마호메트는 적에게 이겼다.

메카는 이슬람교를 믿었다. 그러자 어제까지의 적인 부자도 가난한 자도 이슬람의 깃발 아래 하나가 되어 지금 대상의 길이 통하고 있는 동방에의 여러 나라를 정복하려고 나섰다.

그리스도교와 마찬가지로 이슬람교도 모든 사람 앞에 문을 열고 모든 사람을 받아들였다. 새 종교는 유일신을 내세웠으나 '흑석'에는 별로 반대도 하지 않았다. 마호메트는 유대 예언자들의 직계이면서 그리스도의 직접적인 후계자라고 선언했다. 또한 가난한 사람에게는 천국에서의 큰 행복을, 부유한 사람에게는 지상의 모든 부를 약속했다.

이슬람교는 성전(聖戰)을, 세계 정복을 부르짖었다.

이리하여 세계 정복은 시작되었다. 그것은 이번엔 서쪽에서가 아니라 동쪽에서 시작되었다.

사방을 둘러보았을 때, 아라비아인의 눈에는 다섯 개의 큰 나라가 있었다.

서쪽에는 '루마의 왕' '전사의 왕'이 군림하고 있었다. 그것은 로마 황제이다.

루마, 즉 비잔티움 옆에는 '왕의 왕', '보석 왕'의 영토가 있었다. 풍요로운 페르샤 국가이다.

북쪽 초원에는 '말의 왕', 즉 터키 칸(족장의 칭호)의 지배하에 있는 터키인의 기마족 대군이 우글거리고 있었다.

동쪽에는 '만민의 왕', '예술과 통치의 왕', 즉 중국 황제가 있었다.

남쪽 인도에는 '코끼리의 왕', '지혜의 왕'이 있었다.

이것이 아라비아인이 메카에서 본 세계였다.

그래서 지금 마호메트의 후계자 칼리프(이슬람 국의 교주 겸 국왕)들은, 아라비아의 여러 종족을 통일하여 동서남북으로 세계 정복의 길을 나섰다.

아라비아인은 페르샤를 정복하고 비잔틴 제국에서 이집트를 빼앗았다. 그들은 앞으로 앞으로 나아갔다. 그리고 차례차례 나라들을 정복했다. 그들은 어느 대국의 왕하고도 싸웠다. 비잔틴 제국, 인도, 터키의 유목민, 중앙아시아의 경계에서는 중국의 대군하고도 부딪쳤다. 그들은 에스파냐에서도 주권을 세웠다. 그들은 이런 큰 일을 7세기 말부터 8세기 초에 걸쳐 50년 동안에 이루었다.

정복한 나라들에서 아라비아인은 야영 진지를 만들고 요새를 세웠다. 이윽고 이들 진지는 도시로 바뀌어 갔다.

상인들이 군대의 뒤를 따랐다. 지중해 위의 섬들과 알렉산드리아에 자리를 잡고 그들은 비잔티움의 배 주인들을 위협했다.

아라비아의 대상은 온 세계의 도시에 모습을 나타냈다. 그들은 아르메니아나 그루지야에서 비단과 모직물, 융단과 모피, 말과 양을 운반해 왔다. 또 카스피 해안에서는 당시의 포병을 위해 석유를 운반해 왔다. 포병들은 그 석유를 가연성 액체에 채워서 용기에 넣어 날랐다.

그들은 볼가 강을 거슬러 올라가 하자르인이나 불가르 한국(汗國)에 이르러 또다시 드네프르 강을 거슬러 올라가 키예프에 이르렀다.

그들은 '슬라비아', 즉 노브고로트의 땅에서 모피와 '루시 비단'을 운반해 왔다. 루시 비단이란 삼베를 말한다. 그들은 또 발트 해 연안에도, 더 먼 고틀란드 섬에도 모습을 나타냈다.

그들은 아시아에서는 실론 섬과 중국으로, 아프리카에서는 수단에까지 발을 뻗었다.

이 정도면 지도는 오랫동안 아라비아 여행자들의 기념물을 남길 것이다. 사하라 사막의 '사하라'는 아라비아어이다. 그것은 '큰 벌판' 또는 '사막'을 의미한다. '수단'은 '흑인' 즉 니그로를 의미한다. '자바'도 아라비아어이다.

아라비아인은 훨씬 넓은 세계를 알게 되었다.

그 세계의 한쪽 끝에는 '슬라비아', 즉 노브고로트 국의 눈에 파묻힌 숲이 있었고, 나무로 만든 여러 도시의 통나무 울짱이 있었고, 머리투성이의 제공들 저택이 있었고, 또 금빛 머리칼에 털가죽 모자를 쓰고 털가죽 외투를 걸친 사람들이 있었다.

다른 끝에는 열대의 숲과 정글이 있었고, 야자나무 잎으로 덮은 오두막이 있었고, 또 더위를 피해 물 속으로 들어가는 하마나 문신으로 몸을 장식한 살결이 검은 토착민이 있었다.

아라비아 상인의 발길이 닿지 않은 곳이란 없었다. 썰매로 눈길을, 낙타 등으로 사막을, 이물이 높은 배로 바다를, 코끼리를 타고 인도의 숲 속을 누비고 다녔다.

사람과 함께 물자도 세계를 돌아다녔다. 비단, 번쩍번쩍 빛나는 강철에 마호메트의 금언을 새긴 칼, 후추, 설탕, 향료 등을 넣은 부대 등. 아라비아의 은화 '데빌함'이 세계의 통화가 되었다. 아라비아어는 러시아어·독일어·프랑스어·영어 속에 들어가 있었다.

캐러밴(대상)·마가진(가게)·애드미럴(해군 대장) 등은 아라비아 상인들이 후추·향료·생강과 함께 유럽으로 가져 온 말이다.

후추는, 영국의 로드(귀족) 또는 독일의 바론(남작)의 성에 이르러 떡갈나무 테이블 위에 얹혀지기까지 여러 달이나 걸리는 긴 여행을 했다.

영주는 자기 영지에 있으면서 무엇이나 손에 넣을 수 있었다.

식량·옷 모든 것을 농노들이 거들어 주었다. 다만 후추만은 자기 영지에서 재배할 수 없었다. 목을 자극하는 이 매콤한 가루는 어딘가 먼 동방의 들은 적도 없는 나라에서 생산되었다. 때문에 그것에는 3배나 비싼 돈을 지불해야만 했다. 그런데 후추가 없으면 음식이 목에서 넘어가지 않았다. 돼지의 넓적다리 고기도, 커다란 접시에 얹힌 백조의 통구이도 싱거워서 전혀 맛이 없었다.

게다가 의사 이야기로 후추는 몸에도 좋다고 했다.

대체 그 후추가 어떤 여행을 하여 오는 것일까?

후추는 인도에서 바다를 건너 아라비아 해안에 닿았다. 그러면 이번에는 순례자들이 그것을 낙타에 싣고 메카로 날랐다. 예언자 마호메트의 무덤을 참배할 수 있다니, 그렇게 고마운 일이 없었다. 더욱이 돈벌이도 겸해 할 수 있었다. 그것은 별로 죄도 되지 않는 일이었다. 순례자는 동시에 상인도 겸했다.

요즘 메카는 더욱 풍성해지고 사람들도 훨씬 늘었다. 지금은 이곳에서 세계의 끝에서 온 상인들, 여러 가지 피부색을 한 사람들을 볼 수 있었다.

후추는 메카에서 출발하여 서쪽으로, 아시아와 유럽을 나누고 있는 좁은 수로 사이를 향했다. 여기 보스포러스 해안에서 즉 콘스탄티노플에서, 인도의 상품은 새 주인인 황제의 손에 들어가게 되었다. 황제의 궁전은 세계에서 가장 사치스러웠다. 비잔티움 성당의 성화벽은 황금빛으로 빛나고, 금촛대의 불빛은 보석들을 반짝반짝 비추어 냈다.

그것은 결코 불가사의한 일이 아니었다. 황제는 세계 제일의 부자 상인이 아닌가. 황제의 창고에는 양곡·비단·술·올리브유·동방의 향신료 등이 놀라울 만큼 가득 차 있었다. 그곳에서도 후추는 말석을 차지하지 않았다.

동방의 물자는 거기서 다시 수로나 육로를 지나고 언덕과 평야를 건너 마르세이유·생 드니·라인 강 유역·플랑드르로 향했다.

칼리프의 궁전과 책방

세계 일류의 대도시로 '바그다드'라는 이름이 나타났다. 《아라비안 나이트》를 읽지 않은 사람이 과연 있을까? 칼리프의 궁전에 대한 이야기를 듣지 않은 사람이 과연 있을까?

그 궁전의 아름다운 무늬가 있는 기둥과 아치는 마치 사막의 신기루처럼 가벼웠다. 예술가의 손은 그 벽에서 둔중한 무게를 없애버렸다. 그곳에서는 분수의 물이 하얀 수반에 떨어졌다. 얼핏 보기에는 물이 움직이지 않고 머물고 있는 것인지 대리석이 흐르는 것인지 분간하기 어려웠다. 어느 벽도 천장도 마치 석호로 만든 융단 같았으며, 거기에 이슬람교의 성경 코란의 금언이 기묘한 무늬로 새겨져 있었다.

금언은 무엇을 말하고 있을까? 그것은 알라와 마호메트를 찬양하고 칼리프의 궁전을 찬미했다. 이 궁전은 사람이 세운 건물 중에서 가장 아름다운 것이었다.

이 궁전보다도 더 훌륭한 것이 이 세상에 있을까? 그 궁전에서 나와서, 이번에는 바그다드 거리에서 나딤이라는 책방을 찾아보자.

마룻바닥에 책이 산처럼 쌓여 있으므로, 가게 안에 있는 주인 얼굴은 찾아보기조차 어려웠다.

알함브라 궁전

얼핏 보아 값어치가 있는 듯한 책은 여기에 한 권도 없었다.

여기 있는 것은 값진 양피지 책도, 이집트의 파피루스 책도 아니고, 중국에서 발명된 값싼 종이 책들뿐이었다.

많은 종이와 먼지뿐이었다. 그러나 그곳에는 칼리프의 궁전보다도 더 많은 기적이 있었다.

주인은 친절하게 어떤 책을 찾습니까, 하고 물었다. 그는 자기가 편집한 《목록》을 보여 주었다. 그것은 아라비아어로 발행된 책의 목록이었다. 거기에는 페르샤의 시도 있었고, 그리스 철학자의 작품도 있었으며, 또한 인도 학자의 논문도 있었다.

뭔가 재미있는 책은 없을까? 인도의 수학이나, 아니면 민족과 국토에 대한 학문 '지리학'은 없을까? 또는 예언자나 국왕들의 역사는 없을까?

거기에는 세계 역사에 대해서 적은 타바리(838~923년)의 대작이 있었다. 이 책에는 여러 민족과 국가의 위인들에 대해 써 있었다.

유대 예언자 모세에 대한 것, 위대한 정복자 알렉산드로스에 대한 것, 큐로스 왕에 대한 것, 로마 황제 아우구스투스에 대한 것 등.

또한 정확하고 믿을 수 있는 다른 역사 책이 있었다. 저자는 반드시 자기가 쓴 것을 누구한테서 들었다고 분명히 적고 있었다. 첫 페이지에 '누가 나한테 이야기한 바에 따르면…….' '누가 이런 것을 나에게 말했다.' '그가 말하기를…….' 이어 그 다음도 또한 목격자의 말을 빌어 사건 이야기를 진행하고 있었다.

지혜에 대한 것을 알려면 샤흐라스타니라는 페르샤 학자의 책을 보면 된다. 그 사람은 한편으로 치우침 없이 여러 가지 종교와 교리에 대해서 이야기했다.

땅과 하늘의 구조를 알려면 아라비아어로 번역된 프톨레마이오스의 저서 《알마게스트(천문학 전서)》 16권을 보면 된다.

칼리프의 궁전에서 볼 수 있는 것은 칼리프 궁전에 있는 것뿐이었다. 그러나 어둑하고 먼지투성이인 나딤 책방에서는 먼 별부터 깊은 바닷속에 이르기까지 세계에 있는 것은 무엇이나 있었다.

거기에는 여러 세기와 여러 세대의 지혜가 모여 있었다. 그 재산을 손에 넣는 것은 대리석이나 진주를 얻기보다 훨씬 어려운 일이었다.

따라서 칼리프도 이렇게 말했다.

"학자의 잉크는 순교자의 피와 같이 고마운 것이다."

그렇다고 칼리프들이 누구나 다 책의 값어치를 알고 있었던 것은 아니다. 이야기에 의하면, 칼리프인 우마르(586~644년)가 페르샤에서 많은 책을 발견했다. 그의 장군은 이 책을 어떻게 하면 좋겠느냐고 물었다. 다른 전리품과 함께 이슬람 교도에게 나누어 줄 것인가?

우마르는 대답했다.

"그들 책 속에 코란에 써 있는 것과 같은 내용이 적혀 있다면 이제 와서 별로 도움이 되지 않을 것이다. 만일 다른 것이 쓰여 있다면 그것은 독이 될 뿐이다. 어쨌든 태워 버리는 편이 좋겠다."

이것은 페르샤에서의 사건이 아니라 알렉산드리아에서의 사건이라고 생각한다. 알렉산드리아의 도서관은 몇 번이나 불에 탔다. 카이사르의 군대가 불을 붙였고, 테오필루스 주교의 축복을 받고 그리스도 교도가 불을 붙였다. 그리고 아라비아인이 알렉산드리아를 점령했을 때 나머지 도서관을 태워 버렸다고 한다.

아마 그런 일도 있었을 것이다. 하지만 그런 시대는 벌써 지나갔다. 아라비아인은 학문을 존중하고 저마다 마음대로 믿거나 생각해도 좋도록 되어 있었다. 칼리프 왕국의 여러 도시, 즉 다마스커스에도, 부하라에도, 바그다드에도, 우르겐치에도 많은 학자들이 있었다. 아라비아인과 페르샤인, 호라즘인이나 유대인은 자유롭게 자연을 연구하고 세계가 어떻게 생겨났으며, 어떻게 만들어졌는가에 대해서 자유롭게 논쟁하고 있었다.

몇 세기가 지나갔다. 9세기·10세기·11세기…….

아라비아의 칼리프 왕국은 많은 국가로 분열했다. 그러나 그것은 학자들이 연구를 계속하는 데 방해가 되지 않는다. 코르도바 또는 부하라에 있거나, 바그다드 또는 우르겐치에 있거나, 아무튼 어디에 있어도 학자는 자신을 세계의 한 시민으로 생각하고 있었다. 어느 곳의 왕도 태수도 명성 있는 학자나 작가를 서로 경쟁하여 궁전에 초대하려고 했다. 학교·도서관·천문대는 아무리 훌륭한 궁전보다도 훨씬 도시를 보기 좋게 장식했다. 비잔틴 황제조차 칼리프 궁전에서 평판이 좋은 학자들을 콘스탄티노플로 불렀다.

중앙아시아의 사막에 있는 우르겐치에서도 별을 연구하고 우주에 대해 쓴 책을 읽는 사람들이 있었다.

그 무렵, 우르겐치 뒤에는 폐허만이 남아 있었으며, 이슬람 사원의 뾰족탑만이 사람 없는 사막 속에 솟아 있었다. 그러나 옛날 그곳은 번창한 큰 도시였다. 그것은 호라즘 샤(황제) 왕조의 수도였으며, 중앙아시아도 이란도 그의 지배하에 두고 있었다.

그 호라즘에서 여행가 알 비루니(973~1048년)가 인도로 출발했다. 비밀로 둘러싸인 이 나라를 조사하기 위해서였다.

이방인인 그는 인도의 북부 지방을 정복한 인도의 적의 종교를 신봉하고 있었다. 그는 '신은 하나밖에 없다'고 믿고 있었다. 그런데 인도에는 사람의 수보다도 신의 수가 많았다. 그는 우상 숭배를 거절했다. 그러나 인도에서는 바위란 바위에는 다 부처의 상이 새겨지고 몇백 명의 무용수들이 밤낮으로 신전에서 네 팔을 가진 신 시바를 둘러싸고 춤추고 있었다.

그런데도 인도인들은 정중하게 알 비루니를 맞았다. 브라만 교도들은 학문상의 형제로서 그에게 자기들의 교리를 상세히 설명했다.

귀국하자 알 비루니는 책을 썼다. 거기에서 여러 나라의 신기한 풍속, 전혀 뜻을 알 수 없는 인도인들의 신앙과 관념에 대해 경의를 표하면서 이야기했다.

서쪽에서 쫓겨난 학문은 동쪽에서 승리의 행진을 계속하고 있었다. 그리스의 여러 학자들의 작품은 두루마리에서 두루마리로, 말에서 말로 옮겨졌다.

아리스토텔레스는 알렉산드로스처럼 칼이 아니라 펜으로 동방을 정복했다.

프톨레마이오스의 《알마게스트(천문학 전서)》는 시리아·이란·호라즘을 통하여 인도로 들어갔다. 이집트 학자 이븐 알 하이삼(965~1038년)의 논문 중에서 그리스의 기하학은 인도의 대수와 만나게 되었다. 아라비아의 수학자들은 그리스의 아르키메데스와 함께 인도의 아리야바타(476~550?)도 알고 있었다.

학문은 이번엔 동쪽에서 역류했다. 아랍 여러 나라를 통하여 인도 수학은 유럽으로 향했다. 도중에서 이름이 바뀌어 어느덧 아라비아 수학이라는 이름이 되었다.

게르베르트라는 학문 있는 수도사가 유럽에서 처음으로 인도 방식으로 숫자를 쓰고 인도의 수판으로 계산을 했다.

중국에서 아라비아로, 아라비아에서 유럽으로 발명이 전달되었다. 바로 자침(磁針)과 종이었다. 이탈리아의 항해사들은 나침반과 의논하여 항로를 찾았다. 그들은 자침을 짚에 꽂아 십자형으로 만들었다. 이 십자형을 물을 담은 접시 수면에 띄우면 바늘은 스스로 돌며 남과 북을 가리켰다.

이탈리아의 베껴 쓰는 사람은 양피지를 사용하지 않고 처음으로 시리아에서 들어온 종이에 글을 썼다.

사람의 크고 작은 여러 가지 사상의 흐름은 마침내 하나의 세계적 학문이라는 큰 바다에 모이기 시작했다.

사상은 도중에 얼마나 많은 걸림돌과 부딪혔던가! 먼저 언어·관습·사고방식의 차이라는 방해물이 있었다. 또한 남의 의견은 받아들이지 않는 인공적인 장애도 있었다.

하지만 사상은 대담한 옹호자를 얻으면 큰 바다를 향해 돌진하는 강처럼 모든 장애물을 둘러서 흘러가든가 또는 그것을 뚫고 나아갔다.

이리하여 사람은 위대한 발견의 입구에 서게 되었다.

마젤란(1480~1521년)보다 훨씬 전에 시리아인 아부 알피다(1273~1331년)는 이렇게 논증했다. 세계를 일주하는 여행자는 자기가 나가는 방향에 따라 달력을 하루 낮밤 늦추든가 빨리해 두어야 한다고.

코페르니쿠스보다 훨씬 전에 아라비아의 학자 알 비루니는 이렇게 공표했다. 태양의 주위를 도는 지구의 회전은 별자리와 모순되지 않는다고. 이 별자리를 만든 상으로 술탄(황제)은 은화를 가득 실은 코끼리를 그에게 선물했다고 전해진다. 그런데 알 비루니는 모처럼의 선물을 국고에 반납했다. 그에겐 은화 따위가 필요 없었다. 왜냐하면 최고의 재산, 즉 지식이 있었기 때문이다.

또 한 명의 학자 이븐 알 하이삼은 박명(薄明)의 경계까지의 공기층의 높이를 측정했다. 그는 태양이 지평선으로 지는 모양을 관찰했다. 이미 태양은 숨어 버렸다. 그런데 그 빛은 얼마 동안 대지 위의 공기를 비추고 있었다.

모래시계를 손에 들고 이븐 알 하이삼은 시간을 재고 천문학 기구로 태양의 궤도를 측정했다. 그리고 오랜 시간 계산한 뒤, 그는 박명의 상한층까지 5만2천 보라고 대답했다. 이것은 오늘날의 학자가 계산한 높이보다 조금 낮을 뿐이었다.

공기층의 깊이를 재고 여러 행성의 궤도를 계산하는 사람이 있는가 하면, 또 다른 사람들은 작은 세계를 걸어다녔다.

그들은 아리스토텔레스를 연구했다. 알렉산드리아의 여러 학자들의 작품을 읽었다. 그들은 세상의 어떤 물질도 다른 것으로 변화한다는 것을 알고 있었다. 만일 그렇다면 구리를 금으로 바꿀 수는 없을까? 금은 땅 속에서 몇 세기나 걸려서 만들어진다. 사람의 기술로 하면 몇 시간 안에 금을 만들어 낼 수 있지 않을까?

아라비아의 연금술사들은 이 문제의 답을 알렉산드리아 학자의 파피루스 속에서 찾았다. 전하는 바에 의하면, 그들 책을 쓴 것은 사람이 아니라 이집트의 신 토트였다. 토트는 그리스에서는 헤르메스라고 불렸으므로, 그 이름을 따서 책은 《헤르메스 문서》, 즉 밀봉한 책, 마술책, 또는 그대로 연금술서라고 불렸다. 따라서 이 방면의 전문가가 아닌 사람에게는 엄하게 숨긴 책이었다. 그들 책 중의 하나인 《태양을 만드는 법》이라는 것을 잠시 들여다보기로 하자.

"만물이 하나에서 발생하듯, 만물은 하나의 물건에서 태어났다. 그 아버지는 태양, 그 어머니는 달이다. 바람이 그것을 배에 넣고 운반했다. 대지가 그 유모였다. 연기를 고체에서 분리하듯이 땅의 것을 불의 것으로부터 분리하라. 그러면 너는 세계에서 가장 값진 것을 얻을 수 있으리라……."

학문이 없는 일반인이 그 수수께끼를 풀려면 헛수고로 끝날 것이었다.

그러나 그 방면의 전문가는 태양이 금, 달이 은, 토성이 납, 수성이 수은으로 되었다는 것을 알고 있었다.

이리하여 아라비아 학자들은 고대 알렉산드리아의 연금술사의 실험을 되풀이했다. 그들은 태양, 즉 금을 얻기 위해 여러 가지 물건을 녹이든가 태우든가 증류했다.

학자들은 구리에 다른 것을 섞어 보았다. 하얀 합금이 만들어지기도 하고 노란 합금이 만들어질 때도 있었다. 그래서 그들은 열을 올렸다. 조금 더 노력하면 구리가 은으로도 바뀌고, 금속의 왕인 금으로도 바뀔 것이라고.

유령을 뒤쫓아 그들은 작은 세계의 어둠 속을 헤매고 있었다. 그러나 진짜 보배를 도중에서 발견하게 되었다. 여러 가지 물건을 여러 가지 물건과 섞든가 녹이든가 하는 동안에 초산이나 황산을 발견했다. 그들은 금속을 녹이는 방법이나 염류를 만드는 방법을 발견했고, 유황·수은·비소의 성질을 배웠다.

어둠침침한 좁은 실험실 안에서 목이 둘 있는 증류관이나 목이 긴 실험병이라든가, 이상한 기구 사이에서 화학이라는 진짜 학문이 태어났다.

사람들은 눈에 보이지 않는 미립자를 이용하는 것을 배웠다. 그들은 그런 미립자가 통과하는 길에 필터(여과기, 여과지)라는 교묘한 덫을 놓았다. 사냥을 나가서 짐승을 쫓듯이 구불구불한 나선관 속에 그것을 몰아 넣었다. 미립자는 용액에서 빠져나와 용기 바닥에 떨어져 조용히 결정이 되었다.

사람은 다시금 큰 걸음을 내디디었다. 이제 단숨이면 될 것이라고 생각했다. 그러나 동방에서도 빛은 어두워지기 시작했다. 셀주크투르크 제국이나 십자군의 대부대가 먹구름이 되어 밀려왔다. 주위는 차츰 어두워졌다. 여기저기에서 책을 태우는 불길이 도시의 광장 하늘을 붉게 물들였다. 그러나 학문을 태워 없앨 수는 없었다. 바그다드에서 쫓겨난 학문은 에스파냐의 코르도바에서 그 은신처를 발견했다. 학문에게는 자신을 존중해 주는 곳이 어디나 제집이었다.

코르도바의 책방은 한 권의 사본에 칼리프가 1천 데나리아의 금화를 지불해 주었던 시대를 잊지 않았다.

동쪽 멀리 바그다드에서는 세상을 등진 학자 알 가잘리(1059~1111년)가 지식의 헛됨, 지성의 무력함에 대해서 책을 썼다. 그런데 코르도바에서는, 그와 똑같은 12세기에 아리스토텔레스를 추종하는 철학자 아베로에스(1126~1198년)가 용기를 내어서 학문 옹호를 위해 나섰다. 그는 논증했다. 가장 큰 행복은 '인식할 수 없는 것' 앞에 머리를 숙이는 일이 아니라, 모든 것을 인식하려고 하는 굳센 의욕에 있다고 말했다. 그는 인류의 보편적인 이성에 대해서 말했다. 사람들은 죽지만 인류는 남는다. 사람의 생애는 짧다. 목숨이 있는 잠깐 동안에 얼마나 많은 것을 알 수 있겠는가? 그러나 인류는 불멸이며 그 이성은 영원하다. 이 보편적 이성에는 이해되지 못하는 것이 아무것도 없으며 경계도 한계도 없다. 이리하여 사람은 자신을 큰 바닷물의 한 방울, 커다란 전체의 일부분으로 느끼기 시작했다. 거인은 자신이 거인이라는 것, 대문자로 씌어진 '사람'이라는 것을 이해하기 시작했다.

전에 사람의 넋은 조그만 종족의 조그만 벽 속에 갑갑하게 갇혀 있었다. 그 무렵의 사람들은 입으로는 '사람들'이라고 해도, 뱃속으로는 '이집트인'을 생각하고 있었다. 이집트인이 아닌 것은 사람이 아니었다. 그런데 사람은 이 갑갑한 '나'의 벽을 넓혔다. 사람들은 모두가 사람들이며, 그것이 하나가 되어 인류라는 것을 차츰 의식하기 시작했다. 아베로에스는 자신이 코르도바 태생의 에스파냐에 사는 아랍인일 뿐만 아니라, 사람이라는 것도 잘 알고 있었다.

다시 몇 세기가 지나갔다.

에스파냐의 아랍인, 즉 모르인의 주권은 마지막을 향해 달리고 있었다. 그리스도교 기사들, 즉 십자군에 쫓기어 그들은 에스파냐에서 도망쳤다.

다시금 고대 학문은 위기를 맞게 되었다. 그리스의 철학책은 사라질 것만 같았다. 그러나 이들 책은 다시 보호자를 발견하게 되었다.

에스파냐에서, 프로방스에서, 남이탈리아에서, 유대인 의사·천문학자·철학자는 아라비아어의 아리스토텔레스·아베로에스·에우클레이데스(유클리드)·프톨레마이오스를 헤브라이어, 라틴어로 번역했다.

유대인 학자 유다 이븐 티본(1120~1190년)은 '번역가 집안의 아버지'라고 불렸다. 그의 아들 사무엘은 의사이며 철학자로서, 아리스토텔레스의 《기상학》을 번역했다. 그의 손자 모세는 의사이며 작가로서, 에우클레이데스의《기하학 원본》, 아베로에스의 여러 작품, 아라비아 학자 이븐 시나(980~1037년)의 저서를 번역했다. 그의 증손인 야콥은 그리스도 교도로서의 이름을 돈 프로피아 트 티본이라고 하며, 프랑스 몽페리에의 의학부에서 천문학을 강의하는 한편 에우클레이데스를 번역했다.

이런 대대의 학자이며 또 번역가에게 책만큼 귀중한 것은 없었다. 고대의 사본을 찾아야 할 때에는 어떤 먼 여행도 마다하지 않았다. 모세 이븐 티본은 배를 타고 마르세이유에서 알렉산드리아로 갔다. 그곳에서 다시 고대의 파피루스를 발견할지도 모르는 일이었다. 게다가 항해 시간을 헛되이 보내지 않았다. 그는 철학 용어사전을 편찬했다.

집안의 선조인 유다 이븐 티본은 그 아들 사무엘에게 유언을 했다. 그는 금화가 든 가방이 아니라 책을 사무엘에게 남겼던 것이다.

> "나는 책을 모아서 큰 서고를 만들었다. 그것을 잘 정리해 두어라. 모든 서가의 책 목록을 만들어 책 하나하나를 일정한 서가에 꽂도록 하여라. 서가에는 아름다운 커튼을 치고 비나, 쥐처럼 해되는 것들이 못 들도록 하여라. 책은 너의 최고의 보물이자 벗이니까 말이다. 많은 서가로 둘러싸인 서고라는 것은 어떤 훌륭한 정원보다도 훨씬 학자의 눈을 즐겁게 해줄 것이다."

이븐 티본의 서고가 어떻게 되어 버렸는지 우리는 모른다. 소중히 보존하도록 그렇게도 주인이 간절히 당부했던 그 책들은 아마 훨씬 전에 없어졌는지도 모른다.

그러나 티본은 자신의 일을 훌륭히 완수한 사람이었다. 그는 고대의 지혜를 보존하고 그것을 후세에 전했다.

파피루스에서 양피지로, 그리스어에서 아라비아어로, 아라비아어에서 헤브라이어로, 헤브라이어에서 라틴어로 이동하면서 학문은 돌고 돌아 다시 전의 서방으로 돌아왔다.

서방에서는 그리스 학자가 아라비아 학자로 혼동되는 일이 곧잘 일어났다. 아르키메데스를 아랍식으로 '아르히메니드' 따위로 불렀던 것은 그의 책이 직접 그리스에서가 아니라, 돌고 돌아서 아랍 여러 나라로부터 유럽으로 들어왔기 때문이다.

이리하여 사람들은 매우 귀중한 것을 보호하듯이 손에서 손으로 넘기면서 학문을 구출했던 것이다.

동방에서 그런 사건이 일어났을 때 서방에서는 무엇을 하고 있었을까?

그러는 동안 서방에서도 사람은 또한 멍청히 서 있지 않았다.

1세기마다 그들은 차츰 걸음을 재촉했다.

영지(領地)가 숲속의 조그만 섬처럼 여겨진 시대가 있었다. 이 작은 섬에 사람들은 로빈슨처럼 살고 있었다. 농노들이 영주와 자신을 위해 모든 것을 만들고 있었다.

농노는 어떻게든 노동을 피하려고 하는 노예와는 달랐다. 그들은 손을 쉬지 않고 열심히 일했다.

숲의 뿌리나 나무를 파내고, 늪을 마른 땅으로 바꾸고, 황무지를 개간하여 밭으로 만들었다. 줄기차게 애쓴 노동은 결실을 맺었다. 차츰 많은 곡식을 거두어들이게 되었다. 그러나 농민의 손에는 자신이 만든 것의 일부분밖에 들어오지 않았다. 그들의 주거지는 형편없이 초라하고 꺼멓게 그을음이 낀 짚을 인 오두막이었다.

그와 반대로 영주의 성 안에 있는 큰 테이블에는 언제나 음식이 산같이 쌓였다. 영주는 손님을 좋아했다. 자기 자신이 미식가일 뿐만 아니라 손님에게 실컷 대접하거나 취할 때까지 마시도록 하기를 즐겼다. 그를 둘러싼 패들도 주인에 못지 않았다.

얼마나 많은 사람이 성에 살고 있었을까? 기사·시동(侍童)·말구종·주방장·술잔을 올리는 시종·사냥개 당번·문지기·요리사, 그리고 특별히 맡겨진 일이 없는 인부 등 그 수를 헤아릴 수 없었다.

식탁에서 먹는 사람이 있는가 하면 시중드는 사람도 있었다.

통구이 햄, 기품이 번지르르한 백조, 고기 또는 생선을 넣은 만두는 눈 깜빡할 사이에 없어졌다.

어느 요리에도 정향유·후추·생강 따위의 향신료를 사용했다.

술에까지 그런 외국산 향신료를 넣었다. 그러니 배가 가득 찼는데도 또 먹고 싶어졌다.

누가 이런 사람들을 부양했을까? 그것은 농노들이었다.

누가 그들의 옷을 만들어 주었던 것일까? 전에는 영주도 영주의 부인도 손으로 짠 옷감으로 만든 옷을 입고 있었다. 그런데 지금 영주는 비로드로 된 아랫단이 긴 옷이 마음에 들었으며, 부인에게는 검은 담비의 깃을 단 비단 코트가 어울려 보였다.

하지만 어디서 그것을 손에 넣을 수 있겠는가? 도시의 큰 시장에서 구할 수 있었다. 이들 비단이나 비로드, 진주나 보석 등은 모두 먼 나라에서 가져왔기 때문이다. 무엇을 사든지 값은 금속 화폐로 지불해야 했다.

영주는 어디서 그 금속 화폐를 얻었던 것일까? 그것도 또한 짚을 이은 농가에서 가지고 왔다.

전에는 부역으로 시달림을 받던 농민은 이번엔 연공으로 시달림을 받았다. 아침부터 밤까지가 아니라, 아침에서 아침까지 일해야 했다. 마지막 한 마리 남은 소마저 팔아야 했다. 마을에 나가서 목수 일을 도와야 하고 신을 만드는 일을 거들어야 했다. 아무튼 기한까지는 세금을 내야 했던 것이다.

세뇨르(영주)는 1년 내내 돈이 모자란 듯 했다. 군사를 움직이고, 병사들에게 칼이나 투구를 마련해 주려면 돈이 필요했다. 집에서 잔치를 여는 데도, 외국의 향신료나 옷을 마련하기 위해서도 돈이 들었다.

성읍에서 도시로 술·초를 만들 납·비단·비로드 등을 구하기 위한 주문이 쉴새없이 보내졌다.

그 도시는 요 10년 사이에 얼마나 커졌단 말인가! 통나무 울짱을 두른 시골 마을이었던 것이 바로 얼마 전의 일이 아니었던가? 진흙투성이의 광장, 교회와 시장을 둘러싼 얼마 안 되는 오두막, 채소밭과 공동 목장, 이것이 도시의 모든 것이었다. 그런데 지금은 상점·베 짜는 집·무구를 만드는 가게 등이 차례차례 집을 세웠다. 시의 청사를 중심으로 마치 솜씨를 부린 보석함처럼 금빛 장식을 한 집들이 서로 그 아름다움을 다투고 있었다.

전에는 무거운 상자를 등에 진 장사꾼들이 이 영지에서 저 영지로 걸어다녔다. 떠돌이 재단사가 가위를 쥐고 성으로 왔다. 그리고 두세 달 성에서 살며 부활제나 혼례용에 맞도록 어린아이부터 어른까지 옷을 맞추어 주었다.

그런데 지금은 장사꾼도 베 짜는 직공도 재단사도 도시에 정착하여 자기 친척들을 불러들였다. 이와 마찬가지로 도공은 도공대로, 염색집은 염색집대로 저마다 한 구역을 이루고 살게 되었다.

아버지는 아직 영지에서 목수를 하고 있었지만, 아들은 이제 농노가 아니라 솜씨 뛰어난 목수가 되어 동업 조합의 우두머리가 된 사람도 있었다.

그런 사람들은 새로운 옷을 입고, 아름다운 호크가 달린 구두를 신고, 허리에는 단검의 칼집을 차고 있었다. 칼집도 구리 세공이 아니라 은 세공이었다. 비버 털모자를 쓰고 흰 모직 외투를 입고 말을 타고 가는 상인의 모습은 볼 만했다. 그런 상인은 빚 따위가 없었고 무엇이나 현금으로 지불했다.

다른 사람들은 모두 잘 사는데 농민들만 언제나 어려웠다. 나라에 전쟁이 일어나면 도시의 시민은 성벽 뒤에 숨었다. 기사들은 성문에 빗장을 걸었다.

그러나 농민의 밭에는 방비가 없었다. 무장한 무리에게 밭은 짓밟히고, 집은 불에 타고, 가축은 빼앗겼다.

영주들의 싸움으로 화를 입는 것은 언제나 농노들이었다.

밭은 잡초투성이가 되었다. 가을이 와서 수확할 때가 되어도, 농민은 자기가 심은 몫의 6분의 1도 거두어들일 수 없었다.

그들이 아직 어렸을 무렵, 어머니에게 빵을 달라고 조르면 어머니는 "빵은 영주님이 가지고 가셨다"고 말했다.

아버지 일을 거들게 되어서 쟁기를 밀 만한 힘을 내지 못하면 아버지는 "밭을 가는 것은 영주님의 명령이야"라고 말했다.

교회에서 사제는 일요일마다 그리스도도 참고 견디셨으니 참으라고 가르쳤다. 무엇이나 다 참으라고 했다. 어떻게 하면 참을 수 있을까? 무엇 때문에 참아야 하는 것일까?

누구라도 아들 대에 가서는 조금 나아질 것이라고 기대했다. 그러나 묘지의 십자가 수는 차츰 불어났다. 이제는 아들의 아들이 땅 속에 잠자고 있는데도 조금도 편하게 될 가망이 없었다. 남겨진 길은 단 하나뿐이었다. 고향의 밭을 버리고 어둠에 잠긴 마을을 뒤돌아보지도 않고 도망하는 것뿐이었다.

어디로 갈 것인가? 도시로! '도시의 공기는 사람을 자유롭게 한다'는 속담까지 있지 않은가.

그러나 죄수가 감옥 벽에 갇혀 있듯이 땅에 붙잡혀 있는 사람으로서는 그리 쉽게 도망칠 수도 없었다. 첫째로 농노는 영주의 재산이었기 때문이다.

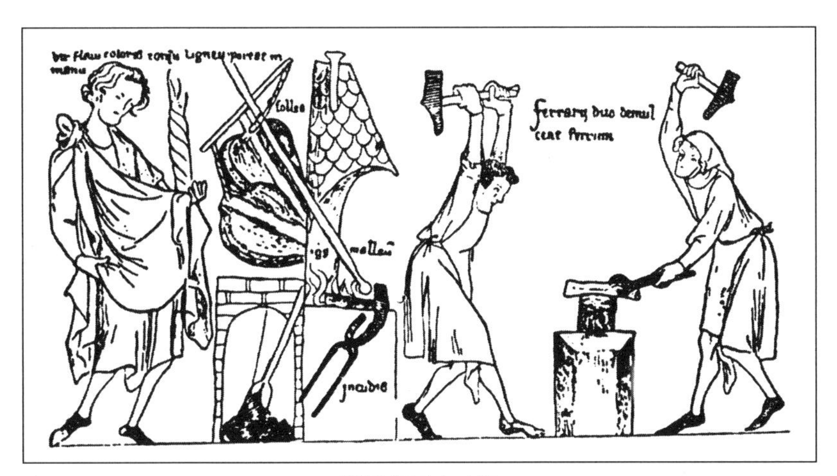

대장간(중세의 판화)

살림은 차츰 어려워지고, 무거운 세금과 강압은 더욱 견디기 힘들어졌다. 드디어 참을성도 마지막 한계까지 왔다. 폭동을 일으킨 농민들이 사방에서 불을 붙여 영주의 성은 불에 타 버렸다. 뾰족뾰족 솟은 높은 탑은 검은 연기로 덮였다……. 전쟁에 이어서 황폐한 땅에 굶주림이 번졌다. 이탈리아에서 남프랑스의 프로방스로, 프로방스에서 부르고뉴로.

곡물 한 말 값은 이제 금화 한 움큼이나 나갔다. 굶주림 뒤에 이번에는 전염병이 뒤쫓아왔다. 마을에서 마을로 '죽음의 신'이 걸어갔다. 묘지는 더욱 좁아지고 마을에는 차츰 사람 그림자가 없어졌다.

사람들은 다시금 두려움에 떨며 세상의 종말을 기다렸다. 세상은 악마에 의해 만들어진 것이다. 그렇지 않고선 이렇게 형편없는 꼴이 될 리가 없다고 신을 모독하는 사람까지도 나타났다.

미신과 사교가 땅 위에 파고들었다. 불과 칼로 그것을 근절하려고 하지만, 그렇게 쉽게 절망을 퇴치할 수 있을까? 그럼 어디에서 출구를 찾으면 좋을까? 집에선 출구를 발견할 수 없다고 사람들은 생각했다. 따라서 길이란 길에는 모두 사람의 무리로 넘쳐 흘렀다. 자기 손으로 만든 칼이나 창으로 무장한 농민들이 한길의 흙탕 위를 걸어갔다. 어깨에 십자가 표지를 단 기사들이 투구와 갑옷을 번쩍거리면서 그들을 따라 넘었다. 삐걱거리는 두 바퀴 수레 위에서는 농민의 아이들이 울고 있었다. 소가 울고 말이 히힝거렸다. 두 번 다시 집에는 돌아오지 않을 각오로 사람들은 모든 잡동사니를 끄집어 냈다. 영주들은 부하를 데리고 갔다. 농노도, 하인도, 광대도, 가수도 데리고 갔다. 사냥용의 매까지 매 조련사의 오른손에 앉아서 여행을 떠났다.

시장이나 나루터는 밀고 밀리는 혼잡을 이뤘다. 장사는 여테껏 볼 수 없었을 만큼 번창했다. 집을 떠날 때 많은 사람들은 갖고 갈 수 없는 것을 모조리 팔았다. 그런 돈이 다시 강물처럼 장사꾼의 돈궤 속에 흘러들었다. 장사꾼은 창고의 무거운 자물쇠를 열고 값이 오르기를 바라며 숨겨 두었던 식량들을 시장에 실어 냈다.

어린아이들까지 긴 대열을 이루고 한길을 걸어갔다. 대체 어디로 가려는 것일까? 무엇을 기대하는 것일까? 그들은 기적을 기다리며 동쪽으로 갔다. 사라센인의 손에서 '성지' 팔레스티나를 빼앗고, 그것과 함께 동방의 부를 남김없이 손에 넣기 위해서였다.

4 세계는 다시 넓어진다

팔레스티나는 십자군에게 빼앗겼다.

십자군의 손으로 예루살렘 왕국이 세워졌다. 그곳에는 프랑스인·영국인·이탈리아인·독일인·시리아인·그리스인·아르메니아인이 어깨를 나란히 하고 살게 되었다. 올리브 숲이나 포도원 한가운데에, 기사들의 능선 모양 성의 벽과 탑이 나타났다. 예루살렘 왕궁에는 이상한 칭호로 불리는 귀족들이 드나들었다. 갈릴라야 공이나 야하 백작, 세뇨르 시돈도 있었다. 그런 귀족들은 저마다 넓은 영지를 소유했으며, 그곳에서는 시리아인 농노들이 일했다.

고대 페니키아의 도시 티루스에서는 1천 년 전과 조금도 다름없이 기술자들이 소라조개에서 진홍색 물감을 얻고, 유리를 불어 값진 잔을 만들었다. 그러나 티루스 거리에서는 이제 얼굴·이름·사투리가 기묘하게 뒤섞였다. 도시의 거의 3분의 1을 베네치아인이 차지하고 있었다. 그곳에 베네치아인의 구역이 있고, 장이 서는 광장이 있고, 베네치아인의 교회·상점·목욕탕·빵가게가 있었다.

베네치아인뿐이 아니었다. 프랑스인도 영국인도 모두 고향과 마찬가지로 이곳 동방에서 이웃과의 사이에 울타리를 세우고 살고 싶어했다. 그러나 여기서는 그 일이 말처럼 쉽게 되지 않았다. 그들을 이곳으로 인도한 것은 사라센인에 대한 증오 때문이었다. 그러나 지금 그들은 사라센인과 사이좋게 지내고, 이슬람교인 시리아 여자와 결혼하게 되었고, 카프탄(아랫단이 긴 오버)·부르누스(두건이 달린 오버)·모슬린·피스타치오(열매의 이름)·레몬 따위의 이 고장 말을 대화 사이에 많이 쓰게 되었다. 그리스도 교도인 영주들은 코란의 금언이 새겨진 금화를 주조했다. '사라센의 베잔트'라고 불리는 이 금화는 이슬람 교도와의 교역에 필요했다.

이탈리아 배는 이집트의 술탄에게 노예와 무기를 보내 주었다.

그들이 그리스도 교도의 적이었음을 상관하지 않았던 것이다.

로마 교황은 사라센인과의 통상을 금지하는 엄한 법령을 내렸다. 그러나 전혀 효과가 없었다. 향신료·물감·비단·포도주·설탕 등 값진 물건을 싣고 시리아를 떠나 제노바를 향해 가는 수백 척의 배를 과연 멈출 수 있을까? 양피지 두루마리 한 권으로 시리아 사막을 횡단하는 대상의 앞길을 과연 막을 수 있을까? 또한 동방의 상품을 얻으려고 알프스 고개를 넘어 이탈리아로 오는 독일의 장사꾼들을 과연 되돌려보낼 수 있을까?

다시금 역사의 거대한 추는 오른쪽과 왼쪽으로 두 번 흔들렸다.

8세기가 되자 동방의 아라비아인은 서쪽 피레네 산맥까지 이르렀다. 11세기에 십자군은 서쪽에서 동쪽으로 예루살렘에 이르렀다.

추는 두 번 흔들렸을 뿐이다.

그런데도 모든 것은 다시금 변했다. 바다와 사막, 관습과 신앙 때문에 떨어져 있었던 여러 민족은 서로 다가가기 시작했다.

프랑스 또는 독일 기사가 곰이 굴에 들어가 동면하듯이 자기 성에 조용히 있었던 것은 그다지 먼 이야기가 아니었다.

세계나 다른 나라에 대해서 그들은 무엇을 알고 있었을까?

그들은 대지의 한복판에 예루살렘이라는 도읍이 있다는 말을 들은 적이 있었다. 그 밖에도 두 개의 큰 도읍, 로마와 콘스탄티노플이 있다고 했다. 그러나 그것이 누가 사는 어떤 도시인지는 거의 아무것도 몰랐다. 그들은 지금도 대지의 끝에 달도 해도 없는 나라가 있으며, 머리에 뿔이 나고 손에 사자의 발톱이 난 사람들이 살고 있다고 믿었다.

간혹 행상인이나 순례하는 수도사가 성에 들르는 일이 있었다. 그들은 진실에 거짓의 꼬리를 달아서 보고 들은 것을 이야기했다. 떠돌이 가수나 마술사 등의 노래에는 더 많은 거짓이 섞여 있었다.

따라서 세계의 일을 생각할 때, 거인이 길을 돌아다니고 용이 나그네를 습격하는 그런 이상한 나라를 보기 위해 일부러 몇백 킬로미터나 되는 길을 갈 필요가 있을까 하고 기사들은 고개를 갸웃했던 것이다.

그런데 지금, 그런 세상을 모르는 기사의 모습이 콘스탄티노플·안티오키아·예루살렘에 나타나게 되었다.

그들은 '창문에서 보이는 것이 세계의 모든 것'이 아님을 알았다.

그들은 비잔티움의 화려한 성당을 보았고, 동방의 궁전과 이슬람 사원을 보았다. 그들이 그리스나 시리아에서 본 것과 비교하면, 고향에서의 생활은 초라하고 하잘것없는 것으로 여겨졌다.

거기서는 대지 그 자체가 위대한 고대의 모습을 전하며, 아랍 학자는 지금도 아리스토텔레스나 프톨레마이오스를 읽으며, 또한 지리학자는 중국이나 인도의 불가사의한 것들을 책 속에서 이야기하고 있었다. 여기저기 고대 건축물의 폐허에서는 지나간 몇 세기의 전설이 아직도 살아 있었다.

그리고 지금, 페니키아의 도시 티루스에서는 그리스도교의 주교 빌헬름이 코란과 아라비아 역사가의 저술을 연구하고 있었다.

그는 《해외의 사업과 사건의 역사》라는 책을 썼다.

이 책 중에는 이슬람교에 대한 증오도, 다른 관습과 신앙에 대한 나쁜 감정도 없었다.

이렇듯 전쟁과 적대 속에서, 인류 문화의 통일은 차츰 성숙되어 갔다.

칼리프 왕국은 붕괴되었다. 예루살렘 왕국도 무너졌다.

그러나 공동의 노력으로 굳혀진 것을 파괴하기란 그렇게 쉽지 않았다. 몇천만의 사람들이 서쪽에서도 동쪽에서도 일하고 있었다. 밭과 포도밭을 경작하고, 누에를 기르고, 뽕나무를 심고, 소라에서 물감을 만들어 내고, 올리브에서 기름을 짜내고, 사탕수수에서 설탕을 뽑아 내고, 솜을 따고, 양의 털을 깎아 내고, 쇠를 단련하고 직물을 짰다.

사람들의 활동으로 서쪽에서도 동쪽에서도 차츰 부가 불어 났다.

서방에서는 동방이, 동방에서는 서방이 필요했다.

그래서 그들은 바다와 사막을 건너, 서로간의 적대 관계로 이루어진 모든 걸림돌을 넘어서 손과 손을 뻗었다.

그러나 이 적대 관계는 꽤 오랫동안 지속되었다.

뱃전이 높은 이탈리아 상선이 몇백 명의 선원을 태우고 지중해를 나아갔다. 사라센의 배를 발견하면 이탈리아인들은 곧 전투를 시작했다. 긴 갈퀴를 적의 뱃전에 걸고 이쪽으로 끌어댔다. 무장한 사람들이 이쪽 갑판에서 상대편 갑판으로 뛰어넘었다.

어느 쪽 깃발이 배 위에 올라갈 것인가? 어느 쪽이 이길 것인가, 제노바인의 십자가인가, 아니면 사라센인의 반달인가?

양쪽 다 자기들이 바다의 주인이고, 다른 자들은 모두 해적이라고 생각했다…….

이윽고 배는 항구에 들어가고 상인이나 순례자들의 무리가 상륙했다.

레반트(동부 지중해 연안의 여러 나라)의 여러 도시……야파·안티오키아·카에사레아 등에서는 유럽의 말이 때때로 귀에 들리게 되었다.

이슬람교 사원의 뾰족탑과 아울러 종탑이 시리아의 뜨거운 하늘에 솟아 있었다. 무에진(이슬람 사원에서 예배 때 시각을 알리는 사람)의 외침 소리가 종소리와 섞였다…….

그 무렵 북방의 자유 도시 뤼벡에서는 노브고로트의 상인들이 발뒤꿈치까지 이르는 긴 털가죽 외투를 입고 운두 높은 모자를 쓰고 자기들의 러시아 교회에 다니고 있었다. 이들 외국 상인들도 또한 다른 나라에 살면서 자기들의 관습에 따라 고향에 있을 때와 마찬가지 생활을 했다.

세계는 남쪽으로도 북쪽으로도 넓어져 갔다.

최초의 극지 탐험가들인 노브고로트인이 작은 배를 타고 북방의 강을 저어 넘어갔다. 그들이 부르는 노랫소리는 멀리 흘러갔다.

백양나무 배를 타세, 형제들이여
힘껏 노를 저어 가자, 형제들이여.

노브고로트인은 알고 있었다. 이 가난한 북쪽 나라는 겉보기만 가난할 뿐이다. 깊은 숲 나뭇가지 사이의 빈터에는 금보다 값진 검은담비나 담비들이 숨어 있었다.

두툼하고 보드라운 털가죽은 큰 노브고로트 시 귀족들의 창고와 상인의 가게에 천장까지 차 있었다.

그 옆에는 플랑드르의 이프르에서 온 값진 '이프르 모직물'의 두루마리가 놓여 있었다.

세계는 차츰 넓어졌다.

영국 어딘가의 큰 장에서는 프랑스·이탈리아·독일의 상인이 만났다. 그들은 모두 장날에 늦지 않으려고 서둘러 갔다.

큰 장터에서 큰 장터로

큰 장은 언덕 기슭에서 열렸다.

높은 기둥 위에 나부끼는 깃발을 보아 정기시(定期市)가 국왕의 입김 아래 열린다는 것을 알 수 있었다. 국왕의 국도에서 국왕의 상인으로부터 무엇을 강탈한 자는 국왕의 재판을 받도록 되어 있었다.

깃발 밑에는 시장 감독관들의 큰 천막이 쳐져 있었다. 그들은 치수나 분량을 속이는 사람이 없는가, 사용하는 돈이 진짜인가, 파는 물건이 가짜가 아닌가 등을 감시했다.

그곳에는 사기꾼이나 곡물·포도주·맥주 따위를 법에 어긋나는 비싼 값으로 판 자를 묶어 놓는 기둥이 있었다.

큰 텐트를 중심으로 하나의 거리가 형성되었다. 집이 아니라 판매대와 조그만 가게로 이루어진 거리였다. 여기에는 여느 거리와 마찬가지로 길이 갈래 져 있었다. 어떤 길에는 잡화상들이 육두구 열매·후추·겨자 등을 진열해 놓았고, 다른 길에는 직물 상인이 브리제·간·상파뉴 등에서 사온 초록색이나 빨간 옷감 두루마리를 판매대에 쌓아 놓았다. 외국 상인들은, 프랑스인은 프랑스인끼리, 독일인은 독일인끼리 따로따로 모여 있었다.

이 나무로 만든 거리에는 방벽이 있었다. 그것은 문이 있는 통나무 울짱으로 어느 문에도 문지기가 지키고 있었다.

문지기들은 통행세를 지불하지 않고 도망치는 자가 없는가를 감시했다.

드디어 장이 열리는 식이 시작되었다. 시장장은 금수를 놓은 길다란 외투를 입고 특별한 단장을 손에 들고 큰 소리로 정기시를 개장할 것을 선언했다. 감독관들은 말을 타고 문 앞에서 열쇠를 받은 뒤 장터를 한 바퀴 돌았다.

곧 요란한 잔치가 시작되었다. 그 번화함은 이루 표현할 수 없을 정도였다. 외치고 떠들었다. 살 사람들은 몇 번이나 판매대 옆을 떠났다가는 다시 돌아와 흥정을 했다. 저쪽에서는 소경이 찬송가를 노래부르는가 하면, 이쪽에서는 점쟁이가 점을 쳤다. 의사가 이를 빼고, 이발사는 수염을 깎고, 분장을 한 광대가 가설 무대에서 공중제비를 했다. 먹는 사람, 노래 부르는 사람, 싸우는 사람, 춤추는 사람…….

여기에 이웃 성에서 영주가 찾아왔다. 그는 거나하게 취해서 가게 사이를 돌아다녔다. 물건을 살 때마다 그의 돈지갑은 가벼워졌다. 농노들로부터 거두어들인 돈이 가을의 가랑잎처럼 흩어졌다.

노인들은 유혹으로 가득 찬 장터에 가지 않도록 인내심을 발휘했다. 그러나 젊은이들은 그렇지 않았다.

아버지가 여러 해 걸려서 모은 재산을 분별심이 없는 제2세들은 겨우 며칠 안에 사치와 기분 풀이로 다 써 버렸다.

성안의 어두운 지하실에 둔 쇠테로 두른 돈궤는 차츰 비워졌다. 무거운 은화도, 베네치아 총독의 초상이 새겨진 2카트 금화도 차츰 줄어들었다.

정기시를 위해 만든 금화이기 때문에 뭔가 이상한 힘이 장터로 그것들을 다시 돌려보내는 모양이었다.

돈은 큰 장터를 좇아서 남쪽에서 동쪽으로 옮겨갔다. 그 도중에 돈의 대부분은 이탈리아 상인과 은행가의 금고 속에 마치 사금처럼 가라앉았다. 나머지 돈은 좀더 앞으로 달려 콘스탄티노플에서, 알렉산드리아에서 세관이나 관문에 걸리고 비잔티움의 황제나 이집트 술탄의 금고로 들어갔다.

그러나 그것으로 그치지는 않았다. 황금의 흐름은 더욱 앞으로 달려갔다. 비단·보석·향신료 등을 서방으로 보내는 알려지지 않은 나라들을 향해 흘러갔다.

그런 상품이 서쪽으로 왔을 때 값이 10배나 뛰어오르는 것은 무슨 까닭일까? 알렉산드리아에서는 이탈리아의 5배가 되고, 상파뉴의 정기시에서는 알렉산드리아의 또 5배가 되었다. 그것은 상품의 유통로에 몇 군데 댐이 있었기 때문이다. 게다가 그것은 배에서 배로, 낙타의 혹에서 말의 등으로 계속 옮겨지며 길고도 어려운 여행을 계속했던 것이다.

그러나 어떤 장벽도 돈과 상품의 흐름을 막을 수는 없었다. 어떤 위험도 상인에게 먼 여행을 그만두게 할 수는 없었다…….

세계는 차츰 넓어졌다.

세계를 둘러본 사람들의 눈에는 바르야그 해에서 대 노브고로트로, 노브고로트에서 키예프로, 키예프에서 비잔티움으로, 비잔티움에서 동방의 여러 나라들로 끝없이 펼쳐진 숲과 밭, 산과 들, 바다와 육지가 보였다.

그 세계는 아직도 몇천 개의 국경과 관문으로 막혀 있었다. 겨우 한 줌의 땅이 아직도 다른 땅과 싸우고 있었다. 다른 나라 사람들과 싸울 뿐만 아니라 동포나 이웃과도 싸우고 있었다.

그러나 그런 시대에 벌써 민족 통일의 뜻을 이해하는 사람들도 있었다.

하나의 마음

다시 한 번 양피지에 쓰여진 연대기의 페이지를 넘겨 보자.

어느 페이지이건 피비린내 나는 전쟁 이야기가 줄줄이 적혀 있다. 누가 적이며 누가 자기 편인지 쉽게 분간하기 어렵다. 어제의 적이 오늘은 한편이 되었는가 싶더니 내일은 다시 적이 되어 있다.

람페르트(?~1080년)라는 독일의 수도사가 편찬한 연대기가 있다. 국왕·귀족·사제 등이 서로 싸운 모양을 그는 아주 냉정하게 이야기했다. 똑같은 교회, 똑같은 신앙도 그들을 화해시키지는 못했다.

그는 어느 날, 힐데스하임의 사제파 사람들과 풀다의 대수도원 원장파의 사람들 사이에 일어난 충돌을 흔히 있는 사건이라도 말하듯이 담담하게 이야기했다. 성 삼위일체 축제날의 일이었다. 교회는 기도를 드릴 사람들로 넘쳐 있었다. 예배 도중에 칼을 빼어든 사람들이 교회에 쳐들어왔다. 가장 높은 곳에 서 있었던 사제는 폭도들에게 지지 말라고 신자들에게 부르짖었다. 기도와 찬송가는 금세 칼부림의 함성으로, 죽음에 신음하는 소리로 바뀌었다. 대수도원장도 사제도 싸움의 해결을 위해 더 좋은 장소와 시간을 발견하지 못했던 모양이다.

대체 무슨 원인으로 싸움이 일어난 것일까? 싸움의 발단은 대수도원장이 억지로 대사제의 옆에 앉은 것을 보고, 사제가 그 윗자리는 자기 것이라고 항의한 것이 원인이었다.

또 다른 연대기인 러시아 연대기가 있다.

바로 같은 연대인 11세기 후반을 찾아보자. 여기서도 또한 모두가 서로 다투고 있었다. 키예프 공은 체르니고프를 포위하고, 노브고로트 공은 수즈달리와 무롬을 향해 진격했다. 러시아의 제공이 초원의 유목민인 폴로베츠인(11~13세기에 남러시아에 살았던 터키인)에게 구원을 얻어 함께 러시아의 여러 도시를 파괴하고 불태운 일도 있었다.

그런데 연대기 작자 자신은 어느 쪽 편을 들고 있을까? 체르니고프 편일까? 아니면 키예프 편일까?

그는 러시아 땅의 편을 들고 있었다.

그는 기꺼이 뤼베치 회의(1097)에 참석했던 여러 공들의 말을 적었다.

'왜 러시아 땅을 스스로 멸망시키려 하는가? 우리 국토가 잘게 나뉘어져 서로 전쟁만 하고 있는 것은 폴로베츠인을 즐겁게 할 뿐이다. 오늘부터 모두 한마음이 되어 자기 조국을 지켜야 하지 않겠는가.'

먼 장래를 내다보고 연대기 작자는 민족의 '하나의 마음'에 대해서 썼다.

그것은 11세기이며 봉건적 내란 시대의 일이었다. 누구나 아직도 '러시아 민족'이라고는 말하지 않고 '러시아 땅'이라고 했다. 그런데 연대기 작자는 도시가 도시와 싸우는 것을 그만두고 러시아 민족이 하나로 뭉칠 시대를 내다보고 있었다.

연대기 작자에 의하면, 체르니고프도 키예프도 노브고로트도 똑같이 중요했다. 그는 많은 사람들이 '하나의 마음'을 가질 수 있다고 믿었다. 그는 자기 시대를 앞서가고 있었다.

그러나 시대는 어디까지나 그 시대이다.

뤼베치 회의에서 돌아오는 길에 여러 공들은 벌써 나쁜 음모를 꾸몄다. 모노마흐 대공 형제는 생질뻘인 로스치슬라프 집안의 영지를 빼앗으려고 했다.

블라디미르 모노마흐 공은 《자식을 위한 교훈》이란 책 속에서 이렇게 말하고 있다.

"볼가 강변에 있는 우리 형제의 사신이 와서 이렇게 말했다. '힘을 합쳐 로스치슬라프 집안을 쫓아내고 그 영지를 빼앗지 않으시렵니까. 싫다면 우리 멋대로 할 테니 당신도 마음대로 하는 것이 좋아요.' 나는 그것에 대답했다. '그대들이 화를 낸다 해도 그 나쁜 음모에 가담하여 십자가를 더럽힐 수는 없네.' 나는 사신을 돌려보낸 뒤 생각에 잠겨 시편을 열어보았다. 다음과 같은 말이 눈에 띄었다. '영혼이여, 왜 너는 슬퍼하느냐? 왜 나를 괴롭히느냐? …….'"

블라디미르 모노마흐의 가담을 바랐던 것은 형제들의 잘못이었다. 그는 그런 인물이 아니었다. 그가 생각했던 것은 폴로베츠인과 싸우기 위해 필요한 러시아 땅의 통일이었다. 러시아 땅을 위해 그는 여느 사람으로서는 할 수 없는 일을 해치웠다.

뤼베치 회의 조금 전에 모노마흐에게 큰 불행이 일어났다. 체르니고프의 올레그 공과 싸우다가 그의 아들이 전사했던 것이다.

다른 사람이 모노마흐의 처지였다면 복수를 생각했을 것이다. 그런데 올레그에게 모노마흐는 다음과 같이 써 보냈다.

'나는 자네의 적도 아니고 복수자도 아닐세……. 모든 것은 주님에게 맡기세……. 우리는 러시아 땅을 멸망시켜서는 안 되네.'

적에게 손을 내미는 것은 모노마흐로서도 쉬운 일이 아니었다. 그러나 그는 멀리 내다보고 있었다. 그에게는 자기의 땅·저택·영지만이 보였던 것이 아니다. 그의 눈앞에는 러시아의 모든 땅이 있었고, 또 다른 땅이 있었다. 그는 자기 아이들에게 다른 나라 말을 배우도록 권했다. '그렇게 하면 다른 나라에서도 경의를 표한다'고 말하고, 아버지는 다섯 나라 외국어를 알고 있다고 자랑했다.

모노마흐의 시야에는 드넓은 세계가 펼쳐져 있었다.

모노마흐는 《자식을 위한 교훈》 중에서 세상의 위대한 기적을 찬미했다. 그는 하늘의 구조나 물 위에 떠 있는 대지에 놀랐다. 그는 태양과 별, 짐승과 새들에 대해서 말하고, 따뜻한 나라에서 떠난 새들이 여러 나라를 날아가서 숲이나 들에 넘치는 모양을 이야기했다.

모노마흐가 많은 시간을 독서로 보낸 것은 분명하다. 펜도 또한 그의 손에 익숙해졌다는 것을 알 수 있다.

모노마흐는 맨손으로 야생마를 붙잡고, 숲속에서 곰과 1대 1로 싸웠을 정도로 호걸이면서 동시에 사상가이며 시인이었다.

'야인'과 유목민이 싸우기 위해서, 루시를 통일하기 위해서는 아무래도 큰 힘과 지혜가 필요했다.

그러나 모노마흐는 그 시대보다 훨씬 앞을 걸어간 사람이었다. 그가 죽자 내란은 다시 심하게 일어났다. 그 틈을 타서 또 유목민이 루시의 밭을 짓밟았다.

그러나 뛰어난 사람들은 여전히 민족의 '한 마음'을 믿었다.

《이고리 원정기》 중에서 작자는 여러 공들에게 심한 비난을 퍼부었다.

"너희는 서로 분쟁을 일으켜 루시 땅에 이교도들을 끌어들였다. 폴로베츠 땅에 폭력이 침입한 것은 모두 집안 싸움 때문이 아닌가."

《이고리 원정기》를 쓴 위대한 시인이 누구인지는 밝혀지지 않다. 그러나 그의 말은 남아 있다. 그 말은 살아 있으며 가수들의 손가락에 닿은 현처럼 지금도 울리고 있다. '새벽보다도 먼저 멀리서 들려 오는 저 소리는 무엇일까?' 그것은 루시의 기사들이 달려오는 진군 소리이다.

'나팔 소리 아래 태어나고 투구 아래 훈련되고 창끝으로 키워진 용사들이다. 그들은 길을 분명히 알고 있으며 골짜기에서 헤매지 않는다. 팽팽한 활시위, 열려진 화살통, 잘 갈린 칼, 자신과 공의 명예를 위해 들을 질주하는 이리처럼 그들은 달려간다.'

시인은 세상을 떠난 지 오래다. 그 이름조차 잊어버렸다. 그러나 전과 다름없이 그의 손 아래서 현은 울리고 있다. 그리고 《이고리 원정기》 중에서 지나간 날은 되살아나고 있다. 가령 옛날 책, 옛날 노래가 모두 없어진다고 하더라도 《이고리 원정기》 단 한 권이 남아 있다면, 우리를 위해 옛 루시는 보존되어 있는 것이다.

우리는 고대의 루시를 다시 보고 다시 들을 수 있다. 다시 언덕 위에 금빛 지붕을 인 대공의 저택이 선다. 다시 나팔 소리가 울리고 깃발이 바람에 운다. 언덕과 골짜기, 강과 호수, 수로와 앞대가 저 멀리까지 내다보인다. 밭에서는 농부들이 소리를 지르고 있다. 강기슭에 따뜻한 안개가 끼고, 강에는 갈매기와 오리가 뜨고, 나룻배가 강 물결에 흔들리고 있다. 대공은 들로 사냥을 나간다. 매들은 안개를 뚫고 높이 날고, 기러기나 고니가 총을 맞고 떨어진다.

우리는 시인이 어떤 공의 저택에 살고 있었는지는 알 수 없다. 그러나 그가 한 사람의 공을 찬양하여 읊은 것이 아니라 모든 루시 땅의 영광을 노래 불렀던 것은 틀림없다.

그는 폴로베츠 대군이 '함성을 지르며 들을 막고' 루시 군을 포위하는 모습을 보았다. 그래서 용감한 여러 공——갈리치(서우크라이나)의 야로슬라프 명공에게도, 수즈달리의 프세보로드 공에게도 부르짖었다. 그는 블라디미르 모노마흐 공에 대해서 생각했다. '그 블라디미르 모노마흐 노공을 키예프 언덕에 머무르게 해둘 수는 없었다.' 모노마흐는 키예프뿐만 아니라 모든 루시 땅을 사랑하고 지켰다. 《이고리 원정기》는 이고리 군의 이야기이면서 동시에 모든 루시 땅의 이야기이다.

키예프도 노브고로트도, 또한 '그 강철 같은 군대로 우고르 산들을 지키고 있는' 갈리치 땅도 작가에게는 똑같이 중요했다.

그의 세계는 넓었다. 그는 다른 먼 나라도 보고 있었다.

이고리 공이 폴로베츠인의 포로가 되면 그리스인도, 모라비아인도, 베네치아인도 공에게 동정했다. 이고리 공이 키예프로 돌아오면 '여러 나라들은 기뻐하고 어느 도시도 명랑해졌다. 《이고리 원정기》의 작자는 이미 모든 민족이 공통된 생활을 하고 있음을 알았다.

페테르스키 수도원 페오도시 원장은 이쟈슬라프 공에게 이렇게 써 보냈다. '자신과 같은 종교를 믿는 사람들뿐만 아니라 다른 종교를 믿는 사람도 소중히 하십시오. 벌거벗은 사람, 굶주린 사람, 또는 추위나 불행에 괴로워하는 사람을 보았을 때는, 그들이 유대인이건, 사라센인이건, 불가리아인이건, 이단자이건, 카톨릭 교도이건, 또는 어떤 더러운 자라도 그들을 동정하여 되도록 어려움에서 구해 주십시오.' 얼마나 드높은 사상이 이 간단한 말 속에 표현되어 있는가!

몇 세기가 지나갔다. 인류의 힘은 여러 민족의 우호에 있다는 것을 이해하는 사람들의 수는 차츰 불어났다. 사람들은 자기 세계의 벽을 더욱더 넓힐 것이었다. 그들은 자기 하나만의 땅이 아니라 지구 전체를, 행성 전체를 지키고 또한 사랑할 것이었다…….

그러나 이야기를 앞으로 몰지 말고, 봉건 시대로 돌아가기로 하자. 거기에는 아직 사람들을 갈라놓는 벽이 많이 남아 있었다. 그래도 그것은 또 하나의 세계이며, 서로를 모르는 고립된 작은 세계의 집합은 아니었다.

갈리치 땅에서는 정교 교회가 프랑스의 가톨릭 성당과 꼭 같았다. 스테인드글라스 너머로 파란 광선이나 빨간 광선이 성상을 비추었다. 외국 손님들은 키예프의 화려함에 놀라며 짜리그라드와 아름다움을 경쟁할 만하다고 말했다.

모스크바의 북동쪽, 로스토브 수즈달리 공국의 숲속에는 블라디미르라는 도시가 나타났다. 클랴지마 강변 높이 초록색 숲의 물결 위에 가볍고 늘씬한 대성당의 돌벽 조각을 보고, 가공하기 어려운 돌에 여러 가지 인물과 새와 짐승 등을 교묘히 새긴 조각가들의 솜씨에 놀랐다.

파리의 노트르담의 높은 지붕 위에서 아래를 내려다보는, 그 키마이라(사자 머리에 뱀 꼬리를 한 괴수)를 연상케 하는 날개 달린 괴물이 있다. 마케도니아의 알렉산드로스 대왕을 하늘로 실어 가는 독수리들도 있다…….

그러나 더 아름다운 성당도 있다. 블라디미르에서 가까운 넬리르 강변에서 있는 성당은 이고리 공의 원정 20년 전인 1165년에 세워졌다. 경쾌하고 균형과 조화를 이룬 하얀 돌의 걸작과 그 아름다움을 비길 수있는 건축물은 세계에 그렇게 많지 않다.

똑같은 12세기에 그루지야의 대시인 쇼타루스타베리가 '서방의 지혜와 동방의 시정'을 합친 장편 서사시 '범 가죽을 입는 용사'를 창작했다. 비잔티움 사람들은 그루지야 인에게 "당신들은 그루지야 태생이지만 교양면에서는 그리스인입니다"라고 했다.

키예프와 파리에서, 콘스탄티노플과 런던에서 사람들은 수도원의 도서관에 있는 책을 읽고, 소설이나 이야기책을 쓰고, 원고를 금이나 물감을 써서 여러 가지 색깔의 컷으로, 매우 솜씨를 부린 대문자로 장식했다.

학교에서는 어린이들이 글을 배우고 있었다. 하나하나의 책은 그들에게 세계를 열어 주는 창문의 구실을 했다.

책·학교·대학에 대하여

벌집처럼 학교는 언제나 떠들썩했다. 기다란 책상 앞에 학생들이 앉아 있었다. 큰 아이, 작은 아이 할 것 없이, 그곳에서는 모든 학습이 하나였다.

작은 아이들은 '우리 주님'을 합창하고, 조금 큰 아이들은 초등 독본을 더듬더듬 읽었으며, 가장 큰 아이들은 시편을 읽기까지 하였다. 너무 시끄럽기 때문에 조금 틀려도 자신은 깨닫지 못할 정도였다. 그럭저럭 읽게 된 학생은 교사 옆에 앉았다. 그들은 손가락으로 줄을 짚으며 한마디 한마디 교사의 말을 되풀이했다.

이제는 눈보다도 귀 쪽에 의지했다. 교사가 일러 주면 곧 그 뒤를 따라 읽어야 했다. 아이들은 공부 이외의 일이라면 무엇이든 간에 주의를 빼앗겼다. 비둘기가 교회 위를 날아갔다. 이번에는 먼지투성이의 길을 양치기가 양 떼를 몰고 갔다.

머릿속은 자기 일로 가득 차 있었다. 입으로 무엇이라고 발음하든지 그것은 알 바가 아니었다. 아니, 가령 머리로는 알더라도 책에 쓰여 있는 것을 얼마만큼이나 안다는 말인가? 루시에서는, 교회용 슬라브 어를 배우기 위해서 어린이들이 몹시 고생했다. 성직자와 교사를 빼고서는 라틴어를 아는 사람이란 하나도 없었다. 그래서 교사 뒤를 따라서 한마디 한마디 되풀이하는 방법밖에 없었다.

책 한 권을 읽게 되어도 두 권째는 다시 처음부터 읽는 공부를 시작해야 했다. 그래서 교사는 한 권 한 권 떼어 주는 데 따라 수업료를 받았다. 학부형과 교사 사이에 수업료 상담이 끝나면, 새 옷의 흥정이 끝났을 때처럼 두 사람은 손뼉을 쳤다. 그래서 교사를 마치 재단사처럼 '마스터'라고 불렀다. 물론 마스터도 공부를 조금 해야 했다. 그렇지 않으면 하급의 성가 지도 수도사 이상으로 출세할 수 없었다. 출세하고 싶은 사람은 수도원 또는 대성당의 부속 학교로 갔다. 거기서는 문법·수사학·변증법을 가르쳤다. 그것을 익힌 사람은 수학·천문학·음악·기하학을 공부했다. 일곱 가지 학문은 일곱 자매와 같은 것이었다. 문법은 말을 가르치고, 변증법은 진리를 가르치고, 수사학은 말을 장식하고, 음악은 노래를 가르치고, 수학은 셈을 가르치고, 천문학은 별을 연구하는 것이었다.

전에는 사제들조차 어미를 바꾸거나 동사를 활용하는 것을 죄가 많은 쓸모 없는 일이라고 여겼으나, 그런 시대는 벌써 지나갔다.

이제는 누구라도, 가령 사제가 아니라 다만 수도원장을 바라는 사람이라도 문법을 반드시 알아야했다.

문법은 꽤 어려운 학문이지만 수학은 더욱 까다로웠다. 아라비아 숫자를 아는 사람은 아직 적었고, 숫자는 여전히 옛날 방식으로 쓰고 있었다.

로마 숫자에서는 12에 15를 더하는 셈조차 그렇게 쉽지 않았다. 하물며 분수나 소수가 되면 더욱 까다로웠다. 더욱이 각 수의 뜻을 암기해야만 했다.

교사는 학생들에게 다음과 같이 설명했다. 4란 1년의 4계절을 뜻하며, 아침·낮·저녁·밤이라는 하루의 네 가지 구분이다. 이를테면 덧없는 만족으로 가득한 땅에서의 우리의 일시적 생활과 같다. 영원을 바란다면 순간의 만족을 물리치고 단식을 하고 주님에게 기도를 드려야 한다.

이런 식으로 교사는 하나하나의 숫자의 뜻을 가르쳤다.

3은 그리스도 교도가 믿는 성 삼위일체를 뜻한다. 7은 사람이다. 먼저 사람에게는 정신과 육체가 있다. 정신이란 마음·영혼·생각을 뜻한다. 전심, 전령 그리고 모든 생각으로 하느님을 사랑하라는 것이다. 육체란 그것을 형성하는 네 가지 원소를 뜻한다. 이것들을 모두 합치면 7이 된다.

수도원 부속학교(중세초기)

지구와 하늘의 모습, 즉 천문학도 공부했다. 바로 최근까지 학교에서는 비와 천둥, 짐승과 새 등에 대해서 동화처럼 이야기했다. 천사들이 바닷물을 나팔로 빨아 올려서 그것을 땅 위에 떨어뜨리면, 그것이 비가 된다고 이야기했다. 나무처럼 뿌리에서 자라나는 양 이야기와, 과일에서 태어나는 새 이야기도 있었다. 지금은 누구나 세계의 일을 훨씬 잘 알고 있었다. 따라서 그런 어리석은 이야기를 진짜로 믿는 사람이 별로 없었다.

동방의 아라비아인이나 그리스인으로부터 서방의 아리스토텔레스나 프톨레마이오스에 이르기까지 학자들의 책이 들어왔다.

수도원 부속 학교의 학생들은 이미 4원소에 대한 것, 항성이나 행성을 움직이는 투명한 천구에 대한 것을 알고 있었다. 그 편이 인도의 항해자 코스마스가 그린 좁은 방보다 훨씬 세계다운 느낌을 주었다. 볼로냐나 파리에는 벌써 고등학교가 있었다.

봇짐을 둘러메고 지팡이를 든 순례자들이 파리로 향하는 길을 걸어갔다. 그들은 나이를 먹은 순례자들이 아니라 거의 소년들이었다. 그들이 파리로 가는 까닭은, 성자의 유골을 참배하거나 고행을 닦은 늙은 성직자를 찾아가기 위해서가 아니었다. 그들은 파리의 노트르담 성당의 부속 학교로 가서 유명한 학자 귀욤 드 샹포(1070?~1121년)의 강의나 페트루스 아벨라르투수(1079~1142년)의 강의를 듣기 위해서였다. 그들의 학식에 대한 명성은 온 세계에 알려져 있었다. 프랑스에서는 물론 푸아티에·앙주·브레타뉴에서도 모르는 사람이 없었으며 영국에도 평판이 나 있었다.

파리에 이르면 미래의 학생들은 동향인을 찾았다. 누군가가 길을 가르쳐 주었다. 작은 다리를 건너 센 강 왼쪽 강변으로 가면, 그곳에는 학생들이 넘치도록 있다고 말했다.

한두 달 지나는 동안에 풋내기들도 라틴 구의 어엿한 시민이 되었다. 라틴 구는 학생들이 먹거나 배우는 구역이었다.

프랑스에서는 누구나 프랑스어를 쓰고 있었으나 다만 라틴 구만은 달랐다. 여기서는 주요한 언어가 프랑스어가 아니고 라틴어였다. 프랑스인·영국인·이탈리아인·독일인도 학생이라면 모두 라틴어로 말했다.

시민들이 학생들을 보는 눈은 차가웠다. 학생들은 동향인이 아니라 다른 도시나 나라에서 온 시골뜨기였다. 그런데도 몹시 건방졌다. 그래서 한길이나 술집 등에서 시민과 학생들 사이에 곧잘 싸움이 벌어졌다.

상인이나 동업 조합의 우두머리격인 거리의 왕초가 경관을 불러 무례한 학생들을 잡으려 했다. 그러나 학생들을 단속하기란 그렇게 쉽지 않았다. 학생들은 용감히 저항했다. 본디 학생은 거리의 왕초를 인정하려 하지 않았다. 그들에게는 노트르담 성당의 사제라는 자기들의 우두머리와 교장이 있었다.

교사도 학생도 학문이 없는 상인이나 왕초를 멸시했다.

대체 무식한 시민들이 철학·신학·법학에 대해서 조금이라도 안다는 말인가? 의학에 대해서도 의사와 이발사를 구별하는 분별력이 있단 말인가? 머리칼이나 수염을 깎는 일이라면 이발사도 할 수 있다. 그러나 이발사가 갈레노스(129~199, 옛 그리스의 의학자)나 히포크라테스(기원전 460 ? ~375, 고대 그리스의 의학자)를 안단 말인가? 그들은 이런 의학의 아버지의 이름조차 들은 일이 없을 것이다.

가령 시민 하나를 붙잡고 아리스토텔레스란 어떤 사람인가를 물어보자. 한 사람이라도 대답할 수 없을 것이다. 그런데 학생들은 성 아우구스티누스를 연구하는 것과 같은 열성으로 아리스토텔레스를 연구하고 있지 않은가.

바로 얼마 전까지 그리스 작가들은 악마의 일족으로 보여졌다. 유대어나 아라비아어로 번역된 그들의 책은 종교회의의 명령으로 모두 태워졌다. 그런데 오늘날에는 마치 그리스도의 선구자인 것처럼 아리스토텔레스가 존경받고 있었다.

과연 아리스토텔레스는 이교도임에 틀림없다. 그러나 그는 판단을 내려 각 사물의 장소를 발견할 수 있었다. 판단 능력이란 매우 위대한 것이다.

시험 삼아 몹시 불어난 이단자와 논쟁해 보자. 그들은 당신을 단번에 궁지에 몰아넣고, 사람들의 눈앞에서 웃음거리로 만들어 버릴 것이다. 게다가 당신은 스스로 바보처럼 악마의 그물에 걸려 버릴 것이다. 신자라는 것만으로는 되지 않으며, 어깨 위에 머리가 얹혀 있어야 한다.

이리하여 사람들은 한 발짝 앞으로 전진했다. 몇백 년 동안 사람들은 생각하지 않고 믿는 것만을 배워 왔다. 그런데 그들은 다시 생각하기 시작했다.

이렇게 되면 머물러 있을 수는 없다. 증명하려면 반드시 논쟁이 벌어지고 의문이 생기기 때문이다. 클레르보의 대수도원의 베르나르두스(1090~1153년) 원장 같은 사람은 수도복의 두건을 쓰고 귀에다 밀랍으로 마개를 막았다. 그는 번거로운 속세의 이야기를 들으려 하지 않았다. 클레르보의 베르나르두스에 대해서는 다음과 같은 이야기가 있다. 하루는 그가 제네바 호 옆을 지나가고 있었다. 그는 경건한 생각에 잠겨 둘레의 경치 따위는 전혀 눈에 들어오지 않았다. 그러다 같이 간 사람들이 호수 이야기를 하는 말을 듣고 몹시 놀랐다.

눈은 뜨고 있었으나 세계의 모양은 보고 있지 않았던 것이다.

그와는 달리 젊은 교수 아벨라르두스(1079~1142, 프랑스의 철학, 신학자)는 보고 듣고 생각하기를 바랐다. 그의 눈앞에는 하나의 십자가나 좁은 수도원 방이 아닌 큰 세계가 펼쳐져 있었다.

베르나르두스와 아벨라르두스에 대하여

베르나르두스는 아벨라르두스를 이단이라고 비난했다. 아벨라르두스는 어느 쪽이 옳은가를 재판으로 결정하자고 요구했다.

재판 당일 두 적수는 동시에 서로 다른 문으로 거리에 들어갔다. 온 거리의 사람들이 한길에 나와 있었다. 군중들은 정중히 길을 열어 주고 베르나르두스를 통과시켰다. 그는 수도사의 평복을 입고 고개를 떨구고 걸어갔다.

사람들은 단식과 밤샘으로 수척해진 그의 얼굴과 깊은 생각에 잠겨 마음의 불길이 타고 있는 눈을 보았다. 그가 이룩한 기적, 예언적 재능에 대해 사람들은 속삭였다.

그에게는 동생이 있었다. 용감하고 아름다운 기사였다. 베르나르두스는 머리를 깎고 수도사가 되라고 동생에게 권했다.

그러나 동생에겐 반짝거리는 갑옷을 수도복으로 바꿔입을 생각이 없었다. 아무리 설득해도 효력이 없음을 알자, 베르나르두스는 동생의 가슴에 손가락을 대고 말했다. 머지않아 이곳을 창날이 꿰뚫고 하느님의 뜻을 완고한 네 마음에 통하게 할 거다, 라고. 그러자 정말 얼마 지나지 않아 젊은 기사는 전쟁터에서 부상했다. 그는 병상에서 하느님에게 자신을 바치는 맹세를 했다…….

"베르나르두스는 성자야"라고 사람들은 말했다.

병자나 불구자 등은 앞으로 나아가 성자의 발밑에 엎드려 자기를 축복하여 고쳐 달라고 부탁했다…….

아벨라르두스의 이름도 역시 모두에게 알려져 있었다. 엘로이즈를 읊은 그의 시는 온 나라에서 낭송되고 있었다. 엘로이즈는 그의 여 제자였다고 한다.

베를 짜거나 바느질밖에 모르는 다른 아가씨들과는 달리, 엘로이즈는 책을 몹시 좋아했다. 이 아가씨와 함께 아벨라르두스는 성 아우구스티누스를 비롯하여 아리스토텔레스나 플라톤을 읽었다. 때때로 두 사람이 똑같은 책을 들여다볼 때도 있었다.

둘은 사랑하게 되었다. 엘로이즈로서는 어찌 아벨라르두스를 사랑하지 않을 수 있었겠는가? 학생들에게 둘러싸여 밖으로 나갈 때면, 어느 아가씨도 그를 한 번이라도 보려고 아우성이었다. 그는 늘씬한 미남자인데다가 지혜와 매력적인 말투, 우아한 노래 등 여성에게 매력을 사는 재능을 두루 갖추고 있었다.

둘의 사랑은 엘로이즈의 부모에게 발각되었다.

부모는 둘의 사이를 무참하게 갈라 놓았다. 아벨라르두스는 수도원으로 보내고, 엘로이즈에게 수녀가 되도록 권했다. 그녀는 수녀원은 물론 그를 위해서라면 지옥에라도 갔으리라. 그만큼 그녀는 그를 사랑했다.

아벨라르두스는 수도원에 들어가서도 조용히 있을 수만은 없었다. 이 긍지 높은 사람은 지혜로 신앙을 이해하려고 생각했다. 입에 담기도 무서운 일을, 그는 하느님의 아들 구세주란 실은 하느님의 '이성'이라고 주장했다.

이 말을 속삭이면 사람들은 겁을 먹고 둘레를 살폈다. 이런 말을 하면 화형을 받을지 모르기 때문이었다. 이단의 말을 하는 것은 물론 들어서도 안 되었다…….

군중은 떠들기 시작했다. 뾰족한 지붕을 얹은 집들 사이에 난 좁은 길이 성문 쪽으로 꺾어지는 방향으로 그들의 눈이 일제히 쏠렸다.

사람 머리의 바다 위로 말을 타고 천천히 다가오는 모습이 이제는 잘 보이기 시작했다.

아벨라르두스는 베르나르두스처럼 걷지 않고 말을 타고 왔다. 그의 모습은 수도사라기보다는 기사와 닮았다.

나이를 먹은 아낙네들은 성호를 그으면서 뒤로 물러섰다. 군중 속에서 놀라움인지 감탄인지 알 수 없는 속삭임이 일어났다.

두 적수는 대성당 안에서 얼굴을 마주쳤다.

둥근 천장 아래는 얕고 어두컴컴했다. 밝은 햇빛 속에서 들어가면, 그곳에 모여 있는 화려한 사제복을 걸친 성직자나 검은 평복을 입은 수도사의 모습을 얼른 분간할 수 없었다.

베르나르두스는 맹렬히 공격했다.

그도 아벨라르두스와 마찬가지로 기사 집안 출신이었다.

따라서 이것은 종교재판이 아니라 '하느님의 심판', 즉 결투처럼 보였다.

아벨라르두스가 서 있는 쪽으로 양손을 내밀고 베르나르두스는 상대방에게 이단자·거짓말쟁이·이교도라는 악담을 퍼부었다.

"그대는 그대가 존경하는 이교도의 철학자와 마찬가지로 이교도다!"

그는 양피지 두루마리를 펼치고 좁은 창문으로 비쳐드는 희미한 빛에 의

지하여 그것을 읽기 시작했다.

두세 가지의 구절로 모두 그것이 아벨라르두스의 저서 《긍정과 부정》이라는 사실을 알 수 있었다. 아벨라르두스는 이 책 중에 그가 찾아낸 신부들의 대립된 견해를 모두 모아 두었다.

베르나르두스는 더욱 목소리를 높였다.

"어떻습니까? 이 책에서는 이단의 악취가 물씬 나고 있지 않습니까?"

이단자의 머리 위에 신의 벌이 내리도록 베르나르두스는 낮게 드리운 둥근 천장 쪽으로 양손을 높이 쳐들었다.

베르나르두스의 말은 하나하나 메아리쳐 둥근 천장 아래 울렸다.

그러나 그것을 아벨라르두스의 쩌렁쩌렁한 목소리가 막았다.

"나는 당신들의 재판을 인정하지 않습니다! 나는 교황 이외의 재판관을 인정할 수 없습니다."

그는 당당히 가슴을 펴고 대성당 입구 쪽으로 걸어갔다.

100살 된 거지의 옷에서 풍기는 듯한 퀴퀴한 냄새가 가득 차 있는 이 돌벽 속에서 한시라도 빨리 햇빛 속으로, 신선한 공기 속으로 나가고 싶었던 것이다.

재판은 피고 없이 판결을 내렸다.

아벨라르두스는 이단자로 선고받았다.

아벨라르두스는 수도원으로 돌아갔다. 강한 사람도 좁은 수도원 독방 속에서는 숨이 막혀, 살아 있으면서도 무덤에 묻힌 사람처럼 차츰 약해지기 마련이었다. 그의 귀에 저 멀리에서 사랑하는 여인의 목소리가 들려왔다. 엘로이즈는 편지를 써서 그의 마음에 용기를 불어넣고 전의 긍지를 되찾아 주려고 노력했다. 그러나 엘로이즈의 열렬한 호소에도 아무 반응이 없었다. 그녀는 아벨라르두스의 회답 편지에서 무기력과 체념 이외에는 아무것도 보지 못했다. 차가워지는 시체처럼 둘 사이는 식어 버렸다.

자존심은 무너지고 이성은 짓밟히고 사랑은 깨어졌다.

이래도 인생의 무거운 짐을 짊어지고 갈 보람이 있을까?

자기 학설을 버리고 아벨라르두스는 죽어갔다. 시대에 대항하여 다만 홀로 걸어간다는 것이 얼마나 어려운 일인가를 깨닫게 되었다.

많은 세월이 흐른 뒤, 그의 유해는 엘로이즈의 유해 옆에 옮겨졌다. 불행한 연인들을 읊은 옛 이야기에 있듯이, 비석에는 이런 글이 새겨졌다.

'온갖 고생과 사랑으로 맺어져 두 사람이 여기에 잠들다.'

좁은 수도원 독방처럼 자신의 마음을 닫아 버린 사람들과, 보고 듣고 사랑하려고 하는 사람들과의 싸움은 이렇게 이루어졌다. 대성당에서 얼굴을 마주한 사람은 두 적수가 아니라 과거와 미래라는 두 시대였다.

아벨라르두스는 죽음을 앞에 두고 자기 주장을 버렸으나 그래도 할 일을 했던 것이다…….

몇 년이 지나갔다. 역사의 달력은 벌써 13세기가 되었다.

파리 대학에서는 알베르투스 마그누스(독일인, 1193?~1280년)라는 새 이름이 사람들의 입에 올랐다. 그의 강의가 있을 때는 가장 큰 강당도 청강생을 수용하지 못할 정도였다.

마그누스는 '대(大)'라는 뜻이다. 매우 뛰어난 군주나 사령관의 첫 머리에 붙여서 부르는 말이다. 그런데 이번에는 단순한 학자에게 이 '대'라는 글자가 붙여졌다. 대알베르투스에겐 또 하나의 '전과 박사'라는 별명이 있었다. 이것은 '모든 학문에 통달한 사람'이라는 뜻으로 그를 마술사가 아닌가 하고 생각하는 사람들까지 더러 있었다.

그는 실험실에서 여러 금속의 성질을 연구했다. 그는 어떤 금속이 질산에 녹는가, 어떤 금속이 유황과 화합물을 만드는가를 알고 있었다.

그는 하늘을 관찰하여, 은하수는 많은 별이 모인 것임을 발견했다.

그가 사용하는 기구 중에는 동방에서 수입된 나침판도 있었다. 그의 책상은 아라비아어·유대어·그리스어의 사본으로 가득 차 있었다.

그는 동물·식물·별에 대해서 책을 썼다. 그러나 그들 책 속에는 아직 새 지식보다도 옛 동화 쪽이 더 많았다.

그는 아리스토텔레스를 찬미했다.

그러나 그의 아리스토텔레스는 수도사 냄새가 났다. 대체로 중세의 화가는 그리스도보다 훨씬 전에 태어난 사람들에게도 수도복을 입히고 싶어했다.

그러나 '전과박사' 대알베르투스는 벌써 학문의 영역을 종교의 영역에서 분리하려고 시도하고 있었다.

그의 학생 중에는 특히 열심히 아리스토텔레스를 연구하는 사람이 있었다. 바로 토마스 아퀴나스(이탈리아인, 1225~1274년)였다.

그는 아리스토텔레스가 얼마나 위대한가를 알았으며, 이 대철학자를 교회 편으로 끌어들이려고 생각했다. 왜 이렇게 훌륭한 자기 편을 아베로에스(1126~1198년) 같은 불신자의 손에, 이단자의 손에 넘겨준단 말인가?

옛날에 아리스토텔레스는 모든 고대 이교의 학문을 통일했다.

토마스 아퀴나스는 아리스토텔레스의 힘을 빌려 모든 것을 종합한 중세기 가톨릭 신학의 건축물을 세우려고 시도했다.

그는 모든 문제에 대답하고, 모든 의문을 근본부터 끊어 내려는 큰 저술을 시작했다.

영혼이란 무엇인가? 물질이란 무엇인가? 이성과 감정이란 무엇인가? 신은 어떻게 세계를 만들고 어떻게 그것을 지배하는가? 악마란 무엇인가? 악마 밑에는 어떤 악령들이 있는가? 천사들은 무엇을 먹는가? 또한 잠을 자기도 하는가? 토마스 아퀴나스의 책에는 그런 의문이나 의문 비슷한 것이 수백 가지가 있는데, 그 하나하나에 정확한 대답이 나와 있었다. 그 대답에 만족하지 않는 사람은 이단자였다.

신학자들이 사람의 이성에 대한 권리를 부정한 시대가 있었다. 토마스 아퀴나스는 그렇지 않았다. 그는 철학을 부정하지 않았다. 그러나 철학이 교회에 봉사하고 이단과 싸우는 무기가 되기를 바랐다.

그는 '천사적 박사'라고 불렸다.

그런데 이 '천사적 박사'는 이단자의 처벌을 요구했다.

'속계의 군주가 위조 화폐를 만든 자를 다른 악인과 마찬가지로 사형에 처하는 것이 옳다고 한다면, 이단자를 그가 이단이라는 증거가 있다면 곧 사형으로 처벌하는 것은 더욱 정당하지 않은가. 무엇이나 의심하는 머리는 베어 버려라…….'

이것이 토마스 아퀴나스의 주장이었다. 그러고 보니 그는 자신의 논증에 그다지 자신이 없었던 것 같다. 가장 유력한 결정타로, 도끼를 끄집어 낸다면 합당한 이야기가 되지 않는 것이다.

그런 까닭으로, 유럽에는 그런 위협에 굽히지 않고 의심하거나 생각하는 사람들이 해마다 늘어났다.

똑같은 13세기에 프란체스코파의 수도사 로저 베이컨은 이렇게 적었다.

'지식은 힘이다. 학문보다 값어치 있는 것은 아무것도 없다. 학문은 무지

의 어둠을 쫓아 버리고 세계를 행복으로 인도한다.'

베이컨은 이제 단순히 추리할 뿐이 아니었다. 그는 지식을 경험으로 확인하고 있었다. 왜냐하면, 지식은 경험 없이는 성립하지 않기 때문이었다.

마법의 탑으로 헤매어 든다

베이컨은 옥스퍼드 시의 언저리에 있는 자기 집 탑 속에서 밤을 샜다. 지나가는 사람들은 그 탑의 총안(銃眼) 같은 좁은 창문을 두려운 눈으로 쳐다보았다. 그곳에서는 밤마다 새빨간 불길이 올랐다. 뭔가 기분 나쁜 소리가 나며 둘레의 땅이 흔들릴 때도 있었다.

탑 속에서 그는 무엇을 연구하고 있었을까?

바로 온 우주였다.

그는 물질 속으로 들어가기를, 별이 무엇인지를 알기 위해 하늘에 올라가기를 바랐다.

그의 책상 위에는 아라비아어와 그리스어의 사본이 있었고, 오목렌즈와 볼록렌즈가 있었고, 조그만 유리 렌즈가 있었다.

그는 볼록렌즈를 집어들고 눈에서 멀리 하거나 가까이 하면서 책의 글을 보았다.

안경은 아직 발명되지 않았다. 물론 현미경 따위가 있을 리 없었다.

그러나 로저 베이컨은 벌써 유리의 불가사의한 힘을 알고 있었다.

그래서 그는 깃펜을 들고 양피지에 글을 썼다.

'평면이 아닌 유리를 통하여 물체를 보는 경우, 그것이 볼록면인가 또는 오목면인가에 따라서 큰 차이가 생긴다. 큰 것을 작은 것으로, 그 반대로 작은 것을 크게, 먼 것을 가깝게, 숨어 있는 것을 분명하게 볼 수도 있다. 또 해나 달이나 별들을 낮게 내려오게 할 수도 있으며, 학문이 없는 사람으로서는 도저히 믿을 수 없는 여러 가지 일을 할 수도 있다.'

그는 벌써 눈에 보이지 않는 세계의 문 앞에 서 있었다. 한두 발짝 더 나아가면, 그의 눈앞에는 여태껏 사람의 눈이 보지 못했던 세계가 펼쳐질 것이었다.

하지만 그 눈이란 무엇인가? 그는 자신에게 물어보았다. 시력의 비밀은 어디에 있는가?

그는 잘 벼른 칼을 들고 소의 눈 속을 조사했다. 그곳에서 세계가 반영하는 현묘한 눈알의 구조를 보았다.

그는 펜을 들고 자기 책에 적었다.

'시력이 성립되는 것은 눈이 아니라 신경이다.'

뇌란 무엇인가를 사람들이 이해하기까지는 시간이 한참 걸렸다. 그런데 벌써 베이컨은 동물이 눈만이 아니라 뇌에 의해서 물체를 본다는 것을 알고 있었다.

이리하여 눈은 눈을 연구했다. 뇌도 또한 뇌를 연구하기 시작했다.

그런데 빛은 무엇일까? 빛이 없으면 눈도 없을 것이고, 세계는 암흑이 아니겠는가.

베이컨은 하나의 작은 구멍 앞에 촛불 세 개를 세웠다. 그리고 세 개의 광선이 서로 방해를 하지 않고 하나의 점을 통과하는 것을 관찰했다.

그는 나무를 햇빛으로 발화시켜 거울에 반사된 빛의 진로를 연구했다.

빛이란 무엇일까, 무지개란 무엇일까, 신기루란 무엇일까를 이해하려고 그는 마법사처럼 빛과 장난을 했다. 베이컨은, 신기루란 악마의 유혹이 아니라고 생각했다. 빛의 진로를 찾아가면 그것에 합리적인 설명을 줄 수 있을 거라고 생각했다.

베이컨은 창가에 서서 파랑·빨강·하양으로 반짝이는 하늘의 별을 바라보았다. 그의 눈길은 눈익은 오솔길을 걷듯이 별자리에서 별자리로 옮겨 갔다.

우주에 비하면 지구는 얼마나 작은 것인가를 그는 이미 알고 있었다.

그는 태양을 재어 보았다. 그것은 지구보다도 몇 배나 컸다. 은하수는 무수한 별로 흩어져 있었다. 이리하여 베이컨의 눈앞에는 빛으로 찬 일곱 빛깔의 우주가 나타났다. 그래서 그에게도 또한 대알베르투스처럼 마법사·마술사라는 별명이 붙여졌다. 하지만 그만큼 마술의 기적을 믿지 않는 사람은 결코 없었을 것이다.

그렇다, 세계에 충만한 이렇게 많은 기적을 대체 어떤 마술이 만들어 낼 수 있단 말인가! 물체를 보는 눈, 소리를 듣는 귀, 기적을 만들어 내는 말…… 이것이야말로 기적이 아니겠는가?

그는 원고지를 넘겼다. 타이틀 페이지에는 '대창작'이라고 적혀 있었다.

분명코 이것은 모든 학문을 수록한 대저술이었다. 이 저술 속에서 그가 아낌없이 제공하려고 했던 것을 기꺼이 받았다면, 그 사람들은 여러 가지 큰 비밀을 알게 되었을 것이다.

그러나 숨겨 두어야 할 비밀이 있었다.

베이컨의 눈은 비밀 문자 위에 머물렀다. 아무도 알 수 없는 암호로 그가 발견한 한 가지를 적어 두었다.

어느 날, 그는 유황과 질산과 숯을 뒤섞는 실험을 하고 있었다.

그러자 혼합물에 별안간 불이 붙어 폭발하여 땅을 뒤흔들었다. 도가니는 물론 화로까지 날아가 산산조각이 되었다. 그는 간신히 목숨을 구했다.

물질 안에서 그는 파괴자인 악마를 불러냈으므로 그 자신도 무척 놀랐다. 그는 이 발견을 암호로 속에 숨겨 버렸다. 이런 것은 누구에게나 알리지 않는 편이 좋을 것 같았다.

그러나 어떤 비밀 암호도 어떤 수수께끼 문자도 때가 오면 밝혀지기 마련이다.

자신의 무서운 발견을 생각하면서 베이컨은 화약이 벌써 세계의 한편 끝인 중국에서 발견되었음을 알지 못했다. 아라비아인이 그것을 동방에서 에스파냐로 실어와 대포가 굉음을 터뜨릴 시간은 이제 멀지 않았다.

사람은 작은 세계의 내부에서 주인에게 거역하는 운명을 짊어진 파괴력을 발견했던 것이다.

사람은 별에게 묻는다

로저 베이컨은 자기 시대보다 훨씬 앞을 걷고 있었다.

미래를 바라보는 그의 눈에는 벌써 하늘을 나는 비행기, 노 젓는 사람 없이 바다를 가는 배, 말이 없이도 땅 위를 달리는 수레가 보였다.

하지만 또한 그는 시대의 아들이었다.

그의 탑은 점성술사의 천문대였으며 연금술사의 실험실이었다. 그는 '현자의 돌'을 발견하기 위해 금속을 혼합했으며, 사람의 운명을 알기 위해 행성의 위치를 측정했다.

세계에 존재하는 모든 것은 연결되어 있다고 베이컨은 생각했다. 세계는 위대한 천체이다. 눈에 보이지 않는 실이 천체에서 지구로 뻗어 있다. 왜냐하면 바다에 썰물과 밀물을 일으키는 것은 달이 아닌가?

초목에 생명을 주는 것은 태양이 아닌가? 오늘날의 우리도 그렇게 생각하고 있다. 지구가 우주의 일부분임을 우리도 알고 있다. 만일 태양이 빛을 보내 주지 않는다면 지구에서의 생활은 불가능할 것이다. 지구뿐만 아니라 모든 천체도 또한 사람을 자기 쪽으로 끌어들인다. 다만 지구가 가까우므로 더 강하게 당기는 것이다.

빛과 만유인력이 우주에 분산되어 있는 물질을 하나의 큰 천체로 통합하고 있다.

우리는 그렇게 생각하고 있다. 그러나 로저 베이컨의 시대인 13세기에는 만유인력에 대해서 아직 밝혀지지 않았으며, 빛의 본질도 모르고 있었다. 사람들은 물질과 물질의 연결을 막연히 의식하고 있을 뿐이었다. 따라서 별들의 운명이 사람들의 운명에 연결되어 있는 것으로 생각했다.

베이컨은 양피지 위에 사각형을 그렸다. 이 사각형 속에 그것보다 더 작은 사각형을 그렸다. 그들 사각형의 공간을 빗금으로 12개의 삼각형, 즉 12궁으로 나누었다.

하나하나의 궁에 그는 별자리의 그림 모양을 그려 넣었다. 저울은 저울별자리, 두 마리의 물고기는 물고기별자리, 활과 화살은 궁수별자리이다.

궁의 수는 황도 12궁의 수와 같다.

사각형의 중앙부는 공백으로 되어 있다. 그는 그 속에 운명을 알려고 하는 사람의 이름을 적어 넣었다.

이름 아래에는 생년월일을 적었다.

운명을 알기 위해서는, 어떤 천체가 갓난아기의 요람 위에서 반짝이고 있었는가를 계산해야 했다. 천체는 한 군데에 머물러 있지 않기 때문이다. 태양과 달과 행성은 12궁을 차례차례 이동하여 영원히 하늘의 여행을 계속한다.

어느 천체에도 그 특질이 있다.

달은 차갑고 슬프며 사람에 대해서 호의적이 아니다.

파란 금성과 밝은 목성은 행복을 가져주며, 핏빛을 한 화성과 푸르스름한 토성은 불행을 예고한다.

행성의 궤도는 합치는가 하면 떨어진다.

큰 행성과 행성이 하나의 궁에서 만나는 것은 이상한 사건, 즉 국왕의 몰락, 예언자의 출현, 전염병의 유행 따위를 알리는 예고이다.

한 사람 한 사람의 움직임은 천체의 운행이 미리 정해 놓았다.

의사는 환자를 치료하기 전에 먼저 별과 상담했다. 쌍둥이자리는 팔을, 양자리는 머리를, 물고기자리는 다리를 지배한다.

달이 쌍둥이자리에 들어갔을 때에는 탈구된 팔을 고칠 수 없다. 얼마 동안 길조를 기다려야 한다. 연금술사는 일을 시작하기 전에 별을 조사했다. 수성은 수은을, 달은 은을, 태양은 금을, 토성은 납을 지배한다.

태양의 기분이 나쁘면, 이를테면 사이가 좋지 않은 행성의 궁으로 들어가면 일은 성공하지 못한다.

또한 태양이 음침한 토성의 정반대 편에서 떠오르면 그 충(외행성인 화성·목성·토성 등이 지구에 대해서 태양의 정반대 방향에 오는 것)은 더 큰 불행을 예고한다.

목성이 가까이에 있으면 그것을 구할 수 있다. 목성은 '포위를 풀고' 잡혀 있는 태양을 구출한다…….

국왕·장군·항해사도 점성술사와 의논했다.

어느 나라에도 자기 행성이 있다. 토성은 인도, 목성은 바빌로니아, 수성은 이집트를 지배하고 있다.

베이컨이 오늘 밤 알고 싶은 것은 누구의 운명일까?

그가 별에 묻고 있었던 것은 사람이나 나라의 운명이 아니었다. 그것은 종교의 운명이었다.

그는 천체가 종교의 숙명을 이야기해 줄 것으로 믿었다.

토성은 유대인, 금성은 사라센인, 수성은 그리스도 교도를 지배하고 있다. 그리스도교는 목성과 수성이 합해졌을 때 태어난다. 목성은 행복과 힘을 가져온다.

베이컨은 새벽까지 행성의 궤도를 계산했다.

손은 원이나 기호를 적고 있었으나, 그의 생각은 고향의 땅에서 멀리 날아가고 있었다.

그는 대지 전체를, 즉 모든 나라, 모든 민족을 둘러보았다. 그는 무법과 잔혹함과 부정을 보았다.

공이나 귀족이나 기사들은 서로 박해하거나 약탈하거나, 끝없는 전쟁과

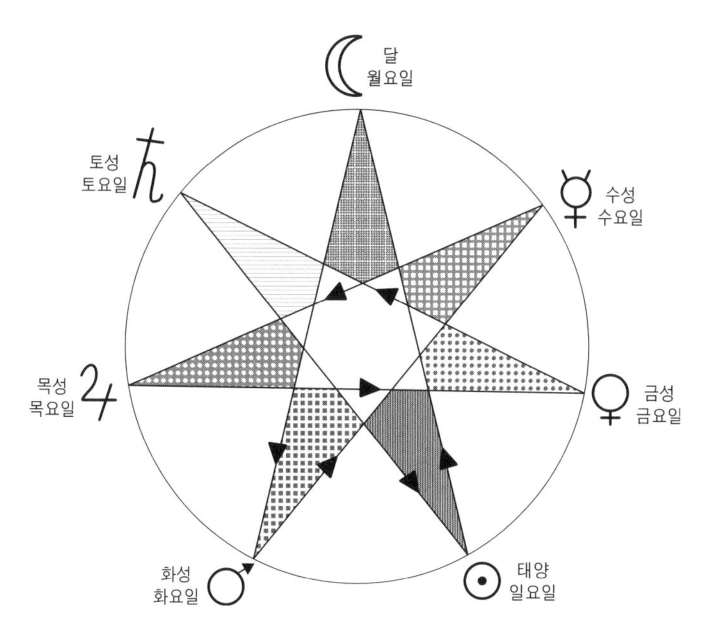

천체와 요일의 이름이 붙은 뾰쪽한 끝이 일곱 개인 원 안의 별은, 점성술사의 신성한 기호이다. 7개의 서로 다른 기호는 점성술자나 천문 학자 사이에서 보통 사용되었던 행성의 표시이다.

무거운 세금으로 국민의 생활을 파괴하고 있었다. 그들은 남의 재산, 즉 남의 영토나 왕국을 몽땅 자기 소유로 삼는 것을 자신들 기쁨으로 여기고 있었다.

백성들은 여러 공들을 미워하고 있었다. 때문에 기회만 있으면 복종에서 벗어나려고 했다.

장사꾼의 말은 거짓과 속임수로 가득 차 있었다. 성직자는 너나없이 교만과 사치, 탐욕에 젖어 있었다. 파리나 옥스퍼드의 학자 제자들은 싸움이나 난폭한 짓으로 일반인을 괴롭혔다. 높은 성직자들은 그들에게 맡겨져 있는 영혼의 구제에는 아랑곳하지 않고 재산 모으기에 정신이 없었다. 음흉한 법률가는 아무 죄도 없는 사람을 위협하고 돈을 뜯어냈다. 호화로움이 교황의 성당을 해치고, 교만이 널리 퍼지고 탐욕이 들끓었다. 신성한 옥좌조차 거짓과 기만의 약탈물이 되었다.

하늘거리는 촛불이 베이컨의 눈을 감은 얼굴의 주름살을 비추고 찌푸린 눈썹을 비추었다.

프란체스코파의 수도복을 입은 이 사람은 귀를 기울이려고도 하지 않는 사람들에게 몇 번이나 진실을 설명했을까? 프란체스코파의 총회장 요한 보나벤투라(1221~1274년)가 그를 싫어했던 것도 무리는 아니었다. 로저 베이컨은 마법사·마술사라고 불렸기 때문이다.

그는 침대에 눕더라도, 내일은 감옥에 갇히는 것이 아닐까 하는 생각이 머릿속을 떠나지 않았다…….

계산은 마지막에 가까워졌다. 계산은 무서운 대답을 내놓았다.

베이컨은 삼각형의 궁 속에 행성의 기호를 적어 넣었다. 달과 목성이 똑같은 하나의 궁에 들어갔다. 그것은 처녀궁이며 수성의 집이다.

처녀별자리는 마음을 지배하고, 수성은 그리스도교를 지배하고 있다. 슬픈 달과 힘센 목성이 수성의 궁에서 합치는 것은 사람의 마음 속에서 신앙이 멸망함을 나타낸다. 베이컨은 생각했다.

'타락과 치욕의 시대이니 이렇게 될 수밖에 없지.'

창 밖은 벌써 아침이었다. 탑 옆길을 이슬에 젖은 풀을 채찍으로 때리면서 양치기가 양 떼를 몰고 갔다. 아침 안개 속에서 모습을 나타내는 어둠침침한 마법사의 탑을 양치기는 신기한 눈으로 쳐다보았다.

탑의 주인이 밤 동안에 별과 무슨 이야기를 했는가를 알았다면 양치기는 뭐라고 말할 것인가?

한 성직자의 하인을 만나 그 이야기를 듣는다

베이컨은 점성술사일 뿐만 아니라 연금술사이기도 했다.

다른 많은 연금술사와 마찬가지로 그도 또한 실험병 바닥에서 금이라는 보물을 발견하려고 노력했다. '현자의 돌'을 찾아낸 사람, 구리나 납을 금으로 바꾸는 방법을 발견한 사람은 세계의 주인이 될 것이었다. 그러나 베이컨을 사로잡았던 것은 탐욕도, 현실의 행복에 대한 애착도 아니었다. 이상한 변화의 비밀, '작은 세계'의 비밀이 그를 이끌었던 것이다.

다른 사람들은 금 자체를 위해 금을 찾았다.

아직은 칼과 십자가가 세계를 지배하고 있지만, 차츰 금이 그 지배권을 얻으려 하고 있었다.

국왕이나 교황은 텅텅 빈 금고를 채우기 위해 대금업자에게 머리를 숙이고 왕관이나 교황관까지 저당잡혔다.
어느 국왕도 연금술사를 거느리고 있었다. 국왕은 군사령관에게 말했다.
"조금 더 기다려 보게. 나의 연금술사가 이제 곧 현자의 돌을 손에 넣을 테니까. 그러면 장병들은 모두 연금술로 생긴 금으로 두 배의 봉급을 받게 될 걸세."
연금술사의 일터를 들여다본 사람은 거의 없었다. 절대로 그 문턱을 넘을 수는 없었다.
그곳에서 무슨 일이 일어나는지 우리로서는 알 도리가 없다. 하지만 우연히 연금술에 열중하고 있는 한 성직자의 하인이 자신의 쓰라린 운명을 마침내 사람들에게 불평한 적이 있었다.
그 불평 이야기를 엿들은 사람이 영국 시인 초서(1340~1400년)이다. 그는《켄터베리 이야기》라는 책 속에 그것을 썼다.
하인의 이야기는 다음과 같다.

"나는 벌써 7년간이나 일하고 있지만 주인님의 일에 대해서는 아무래도 이해가 가지 않습니다. 전에는 나도 언제나 산뜻한 옷을 입고 사람들이 보더라도 부끄럽지 않은 예의를 지키고 있었지요. 그런데 지금은 벌거벗은 거나 마찬가지입니다. 전에는 얼굴빛도 붉고 윤기가 있었지만 지금은 그것도 납처럼 파리하게 시들었어요.
이것이 모두 그 연금술이라고 하는 너절한 일 덕분입니다!
그 엉터리 일 때문에 나는 있는 것 모두를 처넣고 빈털터리가 되었어요. 이런 형편이니 누구라도 나를 수상쩍은 눈으로 봅니다. 아무튼 그 일에 손을 대면 파산하지 않는 사람이 없습니다. 하느님에게 맹세하지만 돈지갑이 텅텅 빌 뿐만 아니라, 머리까지 비어 버리죠. 그렇게 되면 이번에는 다른 사람을 꾀어서 연금술을 해보지 않겠느냐고 끌어들입니다. 사람이란 친한 사람이 실패하거나 불행해지면 기뻐하는 버릇이 있으니까요. 이것은 어떤 학문 있는 수도사가 저에게 가르쳐 준 것입니다.
그것은 어떻든, 이번에는 우리 일을 이야기하겠어요. 처음 그 악마의 일을 시작할 때는 뭔가 갑자기 훌륭한 학자가 된 듯한 기분이 들지요. 사용하는 말이 모두 어려운 학술어니까요. 나는 심장이 터질 듯한 힘으로 불을 불어 일으킵니다.

섞는 것은 은, 태운 뼈, 쇠 부스러기 따위이지만 그 배합의 정도는 이야기해 봐야 소용이 없을 겁니다. 그것을 부드러운 가루로 찧어서 도가니에 넣고 소금과 후추를 넣고 유리 뚜껑으로 덮지요. 그 이외에도 여러 가지 일을 합니다만, 그 설명도 그만두겠습니다. 그런 것은 이야기할 것도 못 됩니다. 아무리 갈팡질팡해 봐야 결국 아무것도 나오지 않으니까요. 헛수고만 할 뿐 돈은 눈 깜짝할 새 없어지지요.

우리가 다루는 물건은 그 이외에도 많아요. 다만 나는 학문이 없는 사람이기 때문에 그것을 순서대로 열거할 수는 없지요. 머리에 떠오른 것만을 이야기하겠어요. 먼저 녹청·청금석·붕사 등이 있고, 거기에 여러 가지 유리 그릇과 토기·증류기·건류기·플라스크·도가니·유리병·실험병 등 도저히 다 예를 들 수 없군요. 게다가 그것들을 모두 세기 위해 멍청히 서 있는 것도 아닙니다. 그것들을 다 써서 일을 하고서도 한푼도 못 버는 겁니다. 그 이야기를 다 하려면 가장 두터운 성경이라도 못지 않을 만큼 이야깃거리가 있지요.

참 중요한 것을 잊었군요. 그 엘릭시르라는 현자의 돌 말입니다. 제가 열심히 찾고 있는 것이지만 아무리 노력해도 아직 한 번도 본 적이 없습니다. 하느님께 맹세코 이것은 정말입니다.

그래도 모두 아직 희망을 버리지 않습니다. 물론 쉽지는 않지만, 그러다가 언젠가는 좋은 일이 생길 거라고 기다리고 있어요. 그런 희망이 있기 때문에 모두 이를 악물고 참고 있지요. 미리 말해 두지만 만일 당신이 현자의 돌을 찾아볼 마음을 먹는다면 다시는 그만두지 못하게 될 겁니다. 연금술사는 모두 그렇지요. 남는 것은 밤에 잘 때 입는 속옷 하나와 낮에 입는 헐어빠진 망토 하나뿐이 된다고 합시다. 그러면 당신은 그 속옷과 망토를 팔아서 그 돈을 또 그 일에 쏟아넣을 겁니다. 결국 벌거숭이 빈털터리가 될 때까지 결코 체념하지 못합니다.

그런 결과는 어디에 가더라도 곧 사람 눈에 띄지요. 낡아빠진 옷과 유황 냄새. 그 냄새는 여간 심하지 않아요. 1마일 앞에서도 코를 찌르니까요.

참 이야기가 옆길로 빠졌군요. 본디 이야기로 돌아가기로 하겠어요.

먼저 금속을 넣은 용기를 불에 얹기 전에 우리 주인님은 열심히 그걸 뒤섞지요. 누구의 손도 빌리지 않고 손수요.

중세의 연금술사

주인님은 학자이며 재간있는 사람이라는 평판이지만, 그래도 그릇이 산산조각이 되어 날아가는 일이 곧잘 생겨요. 이렇게 되면 그릇 속의 물건은 다 없어지지요. 금속에는 대단한 힘이 있어서 돌벽이라도 뚫을 수 있어요. 일부분은 흙과 섞이고 다른 부분은 마루에 흩어지고 또는 얼룩이 되어 천장에 들러붙는 것도 있어요. 그럴 때는 그 악당이 우리 사이를 춤추고 뛰어다니지요. 왜냐하면 금방 싸움과 말다툼이 시작되니까요. 악마가 가득 있는 지옥도 그렇게 요란하지는 않을 거예요.

저마다 욕지거리를 하면서 상대방을 공격하지요.

'불을 부는 방법이 나빴기 때문이야!' 하고 한 사람이 외칩니다.

그것은 나를 빗대어 하는 말입니다. 언제나 불을 부는 것은 내 일이었으니까요.

다른 사람이 외칩니다.

'바보 같은 소리 집어치워. 너야말로 멍청이야. 혼합물의 배합이 틀렸던 거야!'

다른 한 사람이 큰 소리로 모두를 가라앉히려고 합니다.

'기다려. 내 말을 들어봐! 문제는 떡갈나무 장작을 지핀 것이 잘못이야. 떡갈나무가 아니라 너도밤나무라면 잘 되었을 거야. 그렇지, 그것이 원인이었어!'

여기서 주인님이 사이에 들어서지요.

'이러쿵저러쿵 말해도 소용없어. 이미 실수한 것이 아닌가. 내 생각엔 실험병에 금이 간 것 같아. 그러나 이 정도의 일로 실망하다니. 자, 빨리 마룻바닥을 청소한 뒤 마음을 다시 먹고 열심히 해 보게.'

우리는 마룻바닥을 쓸고 걸레질을 한 다음 쓰레기를 담아서 오랫동안 체질하여 선별합니다.

누군가가 이렇게 말합니다.

'모두 모으지는 못했지만 이것으로 얼마만큼 남았으니까 그런 대로 괜찮아. 이번에는 실패했지만 다음 번에는 잘될 거야. 다시 한 번 모험해 보세. 장사꾼도 물건을 바닷속에 가라앉힐 때가 있으니까 말야. 하지만 때로는 배가 무사히 부둣가에 닿을 때도 있어.'

이번에는 주인님이 가로막습니다.

'조용히 해! 다음 번에는 아주 새로운 방법으로 시도해 보려고 해. 그것이 잘되지 않았을 때는 나한테 뭐라고 불평을 해도 좋아. 여태까지 큰 잘못이 있었다는 걸 알아 냈어. 그것은 이를테면……."

이때 다시 누군가가 자기 의견을 되풀이하지요.

'불이 너무 강했기 때문입니다…….'

불이 강했는지 약했는지 나로서는 알 수 없지만 일이 잘된 적이 한 번도 없었던 것은 사실입니다.

다만 목적을 이루지 못했더라도 그들은 여전히 미친 짓을 해 나갈 것입니다."

물론

이 사람 좋은 하인의 이야기는 매우 재미있다. 저절로 웃음이 나올 정도이다.

그러나 아침부터 밤까지 뭔가를 불에 얹고 녹이고 끓이고 뒤섞고 가루로 만들고 무게를 재는 이런 사람들 속에 오늘날의 화학자의 모습이 없었다고 할 수 있겠는가.

환기 장치가 갖추어져 있다 할지라도 숨이 막히고 때로는 유해 가스가 실험실 가득 찰 때도 있다. 불과 연기로 눈이 빨개지고 연신 눈물이 나온다. 손에는 데인 자국이 있고 작업복에는 산 때문에 타서 뚫어진 구멍이 있다.

그래도 사람들은 실험실에서 나와 신선한 공기를 마시려 하지 않는다.

오늘날의 화학자들에게도 또한 때때로 실패가 있다. 도가니나 실험병이 산산조각이 나서 날아갈 때도 있다. 오랜 시간을 걸려 한 일의 성과가 폭발하여 한순간에 수포로 돌아갈 때가 있다.

화학자는 무거운 발길을 끌고 실망하여 집으로 돌아간다. 그러나 다음 날 아침 그는 다시 자기 일자리에 나타난다. 투명한 실험병이 나란히 준비되어 있는 그 검은 실험대 앞에 선다. 대체 무엇이 화학자를 실험실로 이끌어들이는 것일까? 그것은 연금술사를 사로잡고 있는 것과 다를 바 없는 연구심에 대한 정열이다.

과연 연금술사들은 환영을 뒤쫓고 있었다. 그러나 그 환영은, 마치 이끼처럼 돌벽이라도 꿰뚫는 불가사의한 위력을 갖춘 분자의 신비한 세계로 그들을 끌어들였다. 그 세계로 들어간 사람은 기대하지도 않은 뜻밖의 발견을 하게 되었다.

연금술사는 처음부터 끝까지 잘못이었다. 그러나 그 잘못은 진리로 향하는 계단이었다. 뒷날 연금술에서 화학이 태어났다. 현자의 돌이란 존재하지 않는다는 것, 구리는 실험병 속에서는 금으로 변하지 않는다는 사실을 알았을 때에도 학자들은 자신의 실험병을 내버리려고 하지 않았다.

그들은 이미 물질의 '작은 세계'가 얼마나 미묘한 것인가를 알고 있었다. 따라서 그 세계에서 떠날 수 없었던 것이다…….

5 인류에게 위험이 다가오다

서방에서 최초의 학생들이 최초의 교수들의 강의를 듣고, 또한 최초의 연금술사들이 최초의 실험실 연기 속에서 일을 할 무렵, 동방에서는 사람의 운명을 결정할 전투가 진행되고 있었다.

파리에는 벌써 숲 같은 뾰족탑이나 산 모양의 지붕 위에 장엄한 탑이 솟아 있었다. 러시아 땅에는 당당한 대성당이 정교한 조각으로 사람의 눈을 놀라게 하였다.

그러나 먼 동방, 아시아 내륙의 사막이나 평야에서는 사람들이 아직 펠트로 만든 텐트에 살고 있었다. 그들은 곡물의 씨도 뿌리지 않았고 집도 세우지 않았다. 수레 위를 집으로 삼고 평야를 떠돌아다니면서 일생을 보냈다.

가축 무리를 앞세우고 유목민의 집단이 평야를 지나가면 수천 대의 수레바퀴가 삐걱거리는 소리가 울려 가축을 모는 사람들의 소리를 지웠다.

말의 발굽 소리와 우는 소리는 꽤 멀리까지 들렸다. 마치 한 나라가 다른 곳으로 모조리 이사하는 것 같았다.

그들이 지나간 뒤에는 파헤쳐진 벌거숭이 땅과 타 버린 폐허만 남았다. 양과 말의 무리가 풀을 다 뜯어먹었다. 사람들은 마을과 도시를 파괴하고 황폐하게 만들었다. 주인들이 여러 해 걸려서 저장한 것을 포장마차가 남김없이 실어갔다. 그 주인들도 이제는 없었다. 피살되었거나 노예로 끌려갔던 것이다.

노아의 대홍수처럼 이 유목민들의 바다는 기슭을 넘쳐 땅 위에 펼쳐졌다.

바다는 중국 땅으로 흘러들었다. 바다는 중앙아시아의 도시와 오아시스를 휩쓸었다. 바다는 코카서스의 눈이 쌓인 산까지 밀려와 그루지야 평지와 골짜기에 범람했다. 바다는 흑해 주변의 초원으로 밀고 나갔다.

바다는 헝가리에 이르고 아드리아 해안까지 이르렀다.

왜 이런 일이 일어났을까? 옛날부터 몽골 초원에 유목하고 있었던 여러 민족이 왜 주변의 농경 국가를 정복하기 시작했던 것일까?

그것은 태생이 뛰어난 용감한 우두머리 징기스칸(1167~1227년)이 몽골 여러 종족을 하나의 강력한 유목 제국으로 통일했을 때 시작되었다.

징기스칸과 그의 장군들은 중국 북부·동투르키스탄·중앙아시아를 정복하고, 자카프카스와 동유럽에의 침입에도 성공했다. 징기스칸은 1227년에 죽었지만, 침략은 그의 후계자가 계속했다.

전세계는 유목민의 급속한 전진을 두려움의 눈으로 지켜보고 있었다.

로마 교황은 우호와 평화 교섭을 위해 칸에게 사절을 보냈다.

사절은 세 사람의 수도사였다. 이탈리아의 조반니 카르피니(1200~1252년), 체코의 스테파누스, 폴란드의 베네딕투스, 그들은 106일 동안 말등에서 흔들리며 숲과 들을 지나 드네프르·돈·볼가 강을 건너 중앙아시아의 사막에 이르렀다. 가는 도중 군데군데 유목민이 폐허로 만든 땅이 있었다. 길바닥 수풀 속에는 사람의 해골이 흩어져 있었다. 꽤 큰 도시에서도 하룻밤 잠자리를 찾기가 어려웠다. 집이 몇천 채나 있었던 곳에 이제는 집이 몇십 채밖에 남지 않았기 때문이다.

그들은 마침내 칸의 본영에 이르렀다.

로마 교황의 세 사절은, 칸에게 충성을 맹세하기 위해 아시아의 각지에서 찾아온 사절이나 지휘자의 4000명이나 되는 무리 속에 묻혀 버리고 말았다. 본영 한복판에는 굉장히 큰 텐트가 쳐져 있었다. 이 텐트에 매일 아침 2000명이나 되는 사람들이 모였다.

첫날에는 누구나 흰 옷을 입었다. 이틀째에는 빨간 옷, 사흘째에는 푸른 옷을 입었다. 사절들은 융단 위에 앉아 말 젖을 먹으면서 칸이 나오기를 기다렸다. 사람들의 눈은 칸밖에 지나갈 수 없는 문 쪽으로 쏠렸다. 마침내 종자들을 거느린 칸이 나타났다. 종자들은 새빨간 부채로 칸을 부채질해 주었다. 그 순간, 2000명이 칸 앞에 일제히 절을 했다.

전세계가 칸 앞에 머리를 숙인 듯한 광경이었다.

로마 사절은 칸을 만나기까지 꽤 오랫동안 기다려야 했다. 그리하여 겨우 아라비아어와 라틴어와 몽골어로 쓴 편지를 넘길 수 있었다. 칸은 통역의 부족을 느끼지 않을 정도로 많은 포로를 잡아 두고 있었다.

칸은 로마 교황에게 이렇게 써 보냈다.

'그대는 여러 왕들을 인솔하여 직접 내 앞에 나와 신하로서 충성을 다할 것을 맹세해야 하오. 그러면 나는 그대의 성의에 만족할 것이오. 그러지 않을 경우, 나는 그대를 적으로 볼 것이오.'

이런 회답을 가지고 수도사들은 5000킬로미터나 되는 먼 길을 돌아갔다.

세계는 무서운 위협에 놓이게 되었다. 과거는 현재와 싸우고 유목 종족은 자리를 잡고 사는 농경 민족과 싸우게 되었다.

무엇보다 나쁜 것은, 야만족이 전에는 몰랐던 군사 기술을 중앙아시아의 여러 민족으로부터 이미 배우고 있었던 것이다.

도시의 성벽에 접근하면, 그들은 공성 기계를 앞으로 밀어붙였다. 투석기가 거대한 돌덩어리를 작은 돌멩이 뿌리듯 방어진 머리 위로 떨어뜨렸다. 기름에 불을 붙인 용기가 성벽을 뛰어넘어 집들을 태웠다. 또한 성벽 파괴용의 무거운 통나무가 철판을 댄 성문을 부수었다.

유목민은 차례차례 도시를 공격하여 앞으로 앞으로 나아갔다.

그들이 유럽을 남김없이 점령하면 어떻게 될까?

세계는 오랫동안 옛날로 되돌아갈 것이다.

유목민은 번영하고 있는 여러 도시를 폐허로 바꿀 것이다. 책·그림·조각 등 인류가 자랑하는 모든 것은 불길 속에 멸망할 것이다. 아름다운 색깔의 스테인드글라스는 산산조각이 나고, 기마병이 파리 대성당의 둥근 천장 아래서 말에게 먹이를 먹일 것이다…….

그러나 유목민들의 앞길을 둑이 가로막고 있었다.

마치 큰 파도처럼 타타르인의 떡갈나무로 만든 성벽 파괴기는 러시아 여러 도시의 성벽을 계속 때렸다. 돌로 된 성벽은 무너졌다. 그러나 그 뒤에는 하룻밤 새에 통나무와 말뚝으로 된 새로운 벽이 만들어졌다.

하나하나의 도시가 장애물이 되어 타타르인 앞에 막아섰다.

아니, 러시아의 모든 땅이 바다 같은 유목민의 흐름을 막는 둑이 되었다.

틈이 없었더라면, 그 둑은 강한 습격을 이겨 낼 수 있었을 것이다. 그러나 불행하게도 러시아인은 아직 굳게 단결된 민족이 되지 못했다.

1223년에 일부의 공들이 카르카 강변에서 적과 싸우고 있을 때, 다른 공들은 높은 곳에서 타타르 기병이 러시아 군사의 몸을 짓밟는 광경을 내려다보고만 있었다…….

이리하여 여기저기서 불길이 올랐다. 매캐한 연기와 타는 냄새가 동쪽에서 불어왔다. 한 채의 집이 아니라, 한 도시가 아니라, 수십 개의 도시가 불탔다.

유목민들의 바다는 둑을 무너뜨리고 러시아인·폴란드인·체코인의 땅으로 범람했다.

체코인은 자기들의 땅을 지킬 수 있었다. 그들을 도운 것은 고향의 산들이었다. 타타르인은 평야에서는 강한 기마병들이었지만, 산이나 바위 사이에서의 전투에는 익숙하지 못했다. 게다가 러시아 땅에서의 전투 때문에 완전히 힘을 잃고 있었다.

그런데 이번에는 스웨덴인과 독일인이 서쪽에서 러시아로 쳐들어갔다. 러시아인이 유목민으로부터 유럽을 지키고 있는데, 서방의 이웃나라들은 러시아인의 등에 칼을 꽂았다. 그래서 스웨덴인을 격퇴하기 위해 네바 강변으로 달려가고, 독일 기병들을 무찌르려고 츄디 호로 급히 가지 않을 수 없었다. 그러나 타타르인을 아시아로 쫓아 보낼 수는 없었다. 러시아인으로서는 할 만큼 했다. 유목민들을 훌륭하게 막아 냈다.

타타르인들은 더 서쪽으로 진격할 힘이 없었다. 게다가 끈질기게 반항하는 무서운 러시아를 배후에 남겨두는 것이 두려웠다. 타타르인은 발길을 멈추었지만, 러시아인에게는 형편없는 시대가 시작되었다. 많은 도시들이 잿더미가 되었다. 겨우 목숨이 남은 사람들은 숲에 숨었다.

검게 탄 자국 사이에 남아 있는 마을 길에는 초록색의 어린 나무가 자라났다. 얼마 전까지 사람들이 살고 있었던 곳에 숲의 짐승들이 나타나 제 세상인 듯이 돌아다녔다.

역사의 큰 시계바늘이 뒤로 돌아간 듯이 여겨졌다.

연대기 작가가 다음과 같이 말한 것은 조금 전의 일이었다.

'책은 우주를 풍요롭게 하는 강이다. 그것은 지혜의 샘이며 그 깊이를 헤아릴 수 없다. 슬플 때는 책의 위로를 받는다.'

그리고 지금 러시아인들에게는 슬픈 연대가 시작되었다. 사람들은 자기 책을, 자신을 위로해 줄 것을, 적의 손으로부터 지키려고 했다. 적이 가까이 오면 도시와 마을에서는 책을 대성당으로 운반했다.

이들 사본을 전부터 얼마나 소중히 해 왔던가! 그 한 페이지 한 페이지가

책을 만드는 수도사(중세의 판화)

금빛으로 진홍색으로 빛을 냈다. 조그만 흠조차 내지 않도록 주의했으며, 질긴 가죽으로 싸서 구리 패널로 장정하고 호크로 채우고 자물쇠를 걸어 지켰다.

그런 귀중한 책이 지금 교회의 돌바닥 위에 높이 쌓여 있었다.

이곳에도 불길은 다가왔다. 인내력 있는 필경사가 성심껏 장식한 아름다운 페이지는 눈 깜빡할 새 둥글둥글 말려들고 검붉은 불길을 올리며 타버렸다.

'인식의 강은 희멀겋게 혼탁해지고 지혜의 샘은 말랐다…….'

그러나 러시아인은 자기의 과거를 잊지 않고 미래를 믿었다.

어딘가 북방의 숲속에서 조국을 찬미하는 시를 읊은 시인이 있었다.

시인의 이름은 전해지지 않았으나 노래 이름은 알려져 있다. '러시아 땅의 멸망의 노래', 그것은 러시아 땅이 입은 재난을 읊은 시였다.

오늘날까지 전해진 것은 이 시의 첫 부분뿐이다. 그것은 조국에 대한 사랑과 그 위력에 대한 믿음으로 넘쳐 있다.

오, 빛나고 화려한
루시 땅이여!
그대는 온갖 아름다움으로 사람을 놀라게 한다
수많은 호수와 강, 맑은 샘
험준한 산, 높은 언덕

싱그러운 떡갈나무 숲, 아득한 숲의 빈터
온갖 짐승과 수많은 새들
훌륭한 도시에 아늑한 마을들
수도원의 정원
교회의 건축물
당당한 여러 공
성실한 대귀족
많은 귀인으로 하여금 사람을 놀라게 한다
루시 땅이여, 그대는 만물로 가득하다
오, 그리스도 정교여!
여기서부터 우고르인과 폴란드인까지
폴란드인에서 체코인까지
체코인에서 야트빅인까지
야트빅인에서 독일인까지
독일인에서 카렐리야인까지
카렐리야인에서 이교도가 사는 우스체크까지
나아가 백해까지
백해에서 볼가의 볼가르인까지
볼가르인에서 브루타스인까지
브루타스인에서 체레미스인까지
체레미스인에서 몰도바인까지…….
모두 그리스도교의 민족을 위해 신이 정복하셨다
이교의 여러 나라들은 머리를 굽혔다
브세볼로드 대공에게
그의 아버지 키예프 공 율리에게
그의 할아버지 블라디미르 결투 공에게
결투 공의 이름을 물으면 폴로베츠인은
요람에 있는 어린아이까지 놀라고
리투아인은 늪지대에서 밖으로 나오지 못하고
우고르인은 블라디미르 공이

도시에 들어오는 것을 두려워하여
쇠문으로 돌로 쌓은 성벽을 닫았다
독일인은 바다를 사이에 둔
멀리에 있었으므로 기뻐했다
브루타스인도 체레미스인도
핀족도 몰도아인도
블라디미르 대공에게
숲의 벌꿀을 연공으로 바쳤다
짜리그라드의 군주 마누엘조차도
루시의 여러 공을 무서워하여
블라디미르 대공이 짜리그라드에 손을 대지 않도록
막대한 선물을 했다
그리고 그리스도 교도들은 훨씬 전부터
야로슬라프 대공에서 블라디미르까지
그리고 지금의 야로스로프 공까지
그 형제인 블라디미르의 율리 공에게
마음을 의지하고 있었다.

러시아 백성은 결코 힘을 잃지 않았다.

거인은 이기다

거인은 그렇게 쉽게 쓰러지지 않았다.

살아남은 주민들은 어두컴컴한 숲에서 차츰 도시로 돌아왔다.

모든 것이 다 끝난 듯한 느낌이 들었던 일은 그다지 옛 이야기가 아니었다. 고향의 자기 집은 없어졌으며, 수많은 친한 사람들은 또한 이 세상에서 사라졌다. 사방은 완전히 황폐했다. 이것이 자기 도시냐고 눈을 의심할 정도였다. 그들 자신도 또한 다른 사람처럼 되었다. 아직 그럴 만한 나이도 아닌데, 머리는 희어지고 깊은 주름살이 이마에 새겨졌다.

옛 생활은 과거의 것이 되었다.

처음부터 다시 시작해야만 했다…….

이리하여 다시 도끼 소리가 울리고 통나무가 베어졌다. 아직 송진 냄새가 풍기는 통나무가 한 그루 한 그루 쌓여졌다.

새 집이 폐허가 된 곳에 차례로 모습을 나타냈다. 이들 집을 새 도시의 벽이 둘러쌌다. 강의 만곡부에 크렘린(러시아 봉건 도시의 요새화된 부분)을 빙 둘러싸고 강한 나무처럼 모스크바라는 도시가 성장했다. 그러자 이번에는 모스크바를 둘러싸고 러시아 국가가 성장하여 넓어졌다. 모스크바 공들이 부지런히 조그만 마을, 조그만 도시를 하나하나 모아 나갔던 것이다. 모스크바 국은 발전하여 몇십만의 사람들을 하나로 결집했다.

세월이 흘렀다. 13세기는 14세기로 옮겨졌다. 힘은 저장되었다. 결속하여 강해진 국가는 적을 상대로 그 힘을 시험하려고 했다.

전에 러시아의 여러 공들은 저마다 뿔뿔이 평야에서 유목민과 싸웠다. 그러나 지금은 한데 뭉쳐 손에 손을 잡았다. 모스크바 대공 드미트리 이바노비치(1350~1389년)를 우두머리로 모시고 잘 무장한 몇만의 군대를 거느리고 출진했다. 러시아 군사를 짓밟는 것은 이제 유목민이 아니었다. 도리어 러시아인이 돈 평야에서 유목민을 쫓았다.

모스크바는 커지고 강해졌다. 이제 떡갈나무 울타리가 아니라, 돌벽이 크렘린을 둘러쌌다. 솜씨있는 건축가들이 모스크바를 비롯하여 그 밖의 러시아 도시에 성당·수도원·공의 궁전 등을 세웠다.

러시아 화가 중에서 특히 유명한 안드레이 루블료프(1360?~1430년)가 '대공의 저택 안에 돌로 만든 블라고베스체니네(성모 수태 고지제) 성당'을 그렸다.

그러나 그의 작품 중에서 가장 뛰어난 것은 트로이체 세르기예프 수도원에 그려진 '성삼위일체'이다.

그 그림과 어깨를 겨눌 만한 그림은 그렇게 많지 않을 것이다.

천사 셋이 테이블을 둘러싸고 앉아 있다. 테이블에는 과일을 담은 그릇 하나가 얹혀 있다. 천사들은 아무 이야기도 하지 않고 저마다 뭔가 조용히 생각한다. 갸웃한 머리, 길다란 옷주름은 고대 그리스 화가의 작품을 연상시킨다. 다만 그리스 화가는 아름다운 육체를 그리는데, 러시아 화가는 아름다운 영혼을 그려 넣었다.

루블료프의 천사들을 보고 있으면 은근한 러시아의 노래가 들려 오는 것 같은 기분이 든다.

중앙에 앉아 있는 천사 뒤에는 나무가 보인다. 휘어져 있으나 태풍으로 꺾여진 나무는 아니다. 나무 뒤에는 산이 보인다. 나무와 산은 기울어짐으로써, 슬피 기울어져 있는 천사의 머리 곡선에 두 겹으로 자기들의 곡선을 맞추고 있다.

《이고리 원정기》 또한 이와 같이 자연과 사람의 마음을 대조시키고 있다.

'풀은 슬픔에 시들고 나무는 한탄과 함께 기울어졌다.'

루블료프는 슬픔뿐만 아니라 힘도 그 그림 속에 담았다. 그것은 이제 가까워진 자유와 번영의 힘이며, 또 시로 읊어진 것처럼 루시 땅을 '악독한 타타르인이 포로를 나누어 가졌던' 시대의 슬픔을 표현한 것이다…….

다시 한 세기가 지나서 타타르의 칸은 다시금 모스크바로 대군을 진격시켰다. 그러나 그것은 벌써 전과 같은 병력이 아니었다. 루시도 또한 전혀 다른 루시가 되어 있었다.

러시아인이 서로 적대하고 있는 여러 공국을 하나의 국가로 모으는 동안에, 타타르의 킵차크 한국은 서로 다투는 여러 한국으로 분열되어 있었다. 서로 싸우고 있는 것은 이젠 러시아의 여러 공들이 아니라, 타타르의 여러 칸들이었다.

러시아인은 역사의 커다란 계단을 한 단 올라섰다.

한편 타타르는 여전히 뒤떨어져 있었다. 그들은 러시아인이 전에 서 있었던 계단에 겨우 이르렀다.

초대하지 않은 손님이 모스크바 가까이까지 침공해 왔다. 이들을 맞아 치기 위해 러시아인은 출격했다. 그런데 이번에는 사태가 전혀 달랐다.

손님은 그곳에 남아서 잔치를 벌이지 않았다. 같은 장소에 머물러 있는가 싶더니 등을 돌려 자기 집 쪽으로 돌아가 버렸다…….

러시아 땅은 2세기쯤 서유럽보다 뒤떨어져 있었다. 그러나 지금 유목민에 의해서 차단되었던 세계는 다시 모여지고 있었다.

러시아의 공녀가 프랑스를 지배하고 또 다른 공녀가 앵글로색슨인의 왕비가 되는 시대가 있었다. 키예프가 유럽의 여러 수도와 친밀하게 되고, 키예프의 여러 공들이 러시아어 못지않게 라틴어, 그리스어, 독일어를 잘했던 시대가 있었다.

그런데 이 2세기 동안 서방은 러시아인에 대해서는 모두 잊고 있었다. 프랑스와 이탈리아에서는 사람들 사이에 이런 소문이 오갔다. 어딘가 폴란드 서쪽에, 리투아 저쪽에 '타타르의 지배하에 있는 것도 아니며, 폴란드 왕의 통치하에 있는 것도 아닌' 드넓은 '북쪽 나라'가 있는 모양이라고 했다.

러시아인에 대해서 더 잘 아는 사람은 뤼벡이나 브레멘의 독일 상인이었다. 한자 동맹은 노브고로트에 자기들의 사무소와 창고를 가지고 있었다. 그러나 동맹의 상인들은 다른 외국인을 러시아 땅에 들어가지 못하게 했다.

그런데 지금 킵착 한국이 붕괴되었다. 러시아의 여러 공국은 하나의 국가로 통일되었다. 모스크바는 트베리 공국이라든가 랴자니 공국을 상대로 싸우지 않았다. 모스크바는 이미 블라디미르 결투 공 무렵, 연대기 작가가 바라던 것처럼 '한마음'이 되어 있었다. 그 모스크바에도 벌써 모스크바 공이 아닌 '전(全) 루시'의 군주가 앉아 있었다.

모스크바에서 최초의 사절단이 서쪽으로 향했다.

파벨 요비라는 작가는 《모스크바 사절단 이야기》라는 책을 썼다. 이 책은 평판이 매우 좋았다. '당신은 이 세계에서 더욱 새로운 세계를 발견했습니다'라는 독자의 편지가 요비에게 보내졌다. 어떤 철학 애호가는 이렇게 외쳤다.

'당신의 책을 다시 읽고 나는 데모크리토스의 다른 여러 세계를 믿기 시작했습니다.'

러시아 사절은 베네치아로, 로마 등지로 떠났다.

사절들에게는 다음과 같은 사명이 주어져 있었다. 광석을 땅에서 파내는 방법을 알고 있는 기술자, 도시를 세울 수 있는 기술자, 대포를 쏠 수 있는 포병, 석조 궁전을 세울 수 있는 석공, 은 제품 세공사 등을 외국에서 찾아올 것.

모스크바는 일로 들끓었다. 자기 나라 기술자만으로는 부족했다. 외국의 기술자를 초대하지 않을 수 없었다.

크렘린 속에는 먼지가 뭉게뭉게 올랐다. 낡아서 반쯤 망가진 궁전과 성당이 허물어져서 새로 지어지고 있었다.

러시아와 외국 기술자들은 건축 기술을 경쟁했다.

에르몰린이라는 우두머리와 그의 석공들에게는 보츠네세니예(예수의 승천) 성당의 수복이라는 어려운 과제가 주어졌다. 이 성당은 화재에 타고 몇 개의 돔이 떨어질 것만 같은 상태였다.

에르몰린은 돔을 해체하지 않고 수복하려고 했다.

그것은 쉬운 일이 아니었다. 타서 깨어진 벽돌을 떼어내고 언제 무너질지도 모르는 돔을 전과 같게 만들어야 했다. 그러기 위해서는 기술과 배짱뿐 아니라 무엇보다 지식이 필요했다.

에르몰린과 그의 석공들이 책으로 물리학을 배웠는지 어떤지는 알 수 없으나, 그들이 여러 번 자연의 책을 들여다보았던 것은 분명했다. 돌의 무게와 싸우면서 그들은 평형의 법칙을 배웠다. 돌을 제거해야 할 곳에는 지렛대를 사용했다. 돌을 들어올려야 할 곳에는 그 무렵 '리스'라고 부른 도르래를 썼다. 이리하여 기술자들은 맡은 과제를 해결했다.

성당은 불에 탄 적이 없었던 것처럼 다시 상처 없는 완전한 모습을 나타냈다. 연대기 작가는 다른 주요한 사건 중에 이 이야기도 썼다.

'성당을 해체하지 않고 불에 탄 돌만 남김없이 떼어냈다. 어느 돔도 모두 수복되고 완성되었다. 이 신기한 일에 모두 놀랐다…….'

이탈리아의 건축가 아리스토텔 피오라벤티(1415?~1486년)는 크렘린 속에 고대 러시아 형식에 따라 우스펜스키 대성당을 세웠다. 러시아와 외국 기술자들은 힘을 모아 더 '결합하는 힘이 강한' 혼합물의 성분을 연구했다. 무거운 돌을 들어올리는 커다란 도르래를 보고 모스크바 사람들은 놀랐다.

이 대성당에 이어 다른 성당도 세워졌다. 대공의 궁전도 세워졌다. 대공이 사절들을 맞는 '그라노비타야 팔라타'의 화장석도 맨들맨들하게 갈아졌다.

넓고 높은 돌벽이 삼각형을 이루고 크렘린을 둘러쌌다. 성벽 구석구석에는 탑이 서고 어느 측면에도 탑이 7개씩 있었다. 크렘린은 목조의 모스크바 위에, 그리고 팔방으로 뻗어 있는 길 위에 굳건한 요새가 되어 솟아 있었다. 큰길은 군데군데 판자를 깔아 포장되어 있었다.

모스크바는 위로도 옆으로도 뻗어 갔다.

'북쪽 왕국'의 소문은 차츰 서쪽 나라들에 알려지게 되었다. 그러자 그 새로운 강국을 알고 싶어서 서쪽으로부터 사람들이 파견되었다.

모스크바에 포펠이라는 독일인 기사가 나타났다. 그러나 그는 추방당했다. 이 외국인은 호기심이 지나치게 강했기 때문에 신용을 얻지 못했던 것이다.

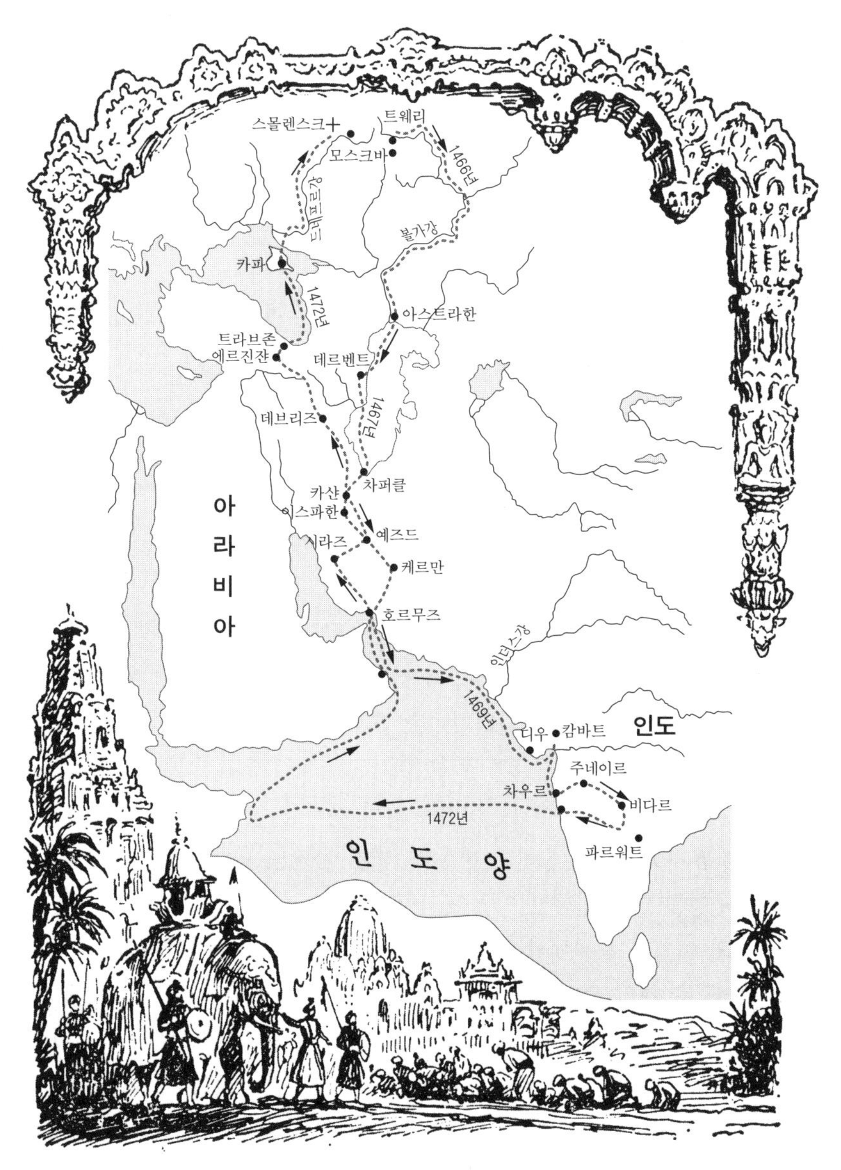

아파나시 니키틴의 여행지도

포펠은 자기 나라로 돌아가 모두에게 여행 이야기를 했다.

그의 이야기에 따르면, 폴란드 저쪽에 모스크바 루시라는 나라가 있다, 이 나라는 폴란드에게도 타타르에게도 지배 받지 않는다. 게다가 그 군주는 폴란드의 왕보다 훨씬 부자이다.

독일 황제 프리드리히 3세는 이반 3세(1440~1505년)에게 서면을 띄워 포펠을 다시 모스크바로 보냈다. 그 서면에는 루시의 군주가 그의 딸을 바덴 변경후에게 출가시킨다면, 그 보답으로 왕의 칭호를 주겠다고 적혀 있었다.

그러나 이반 3세는 사절에게 이렇게 말했다.

"뭔가 왕위의 건에 대한 이야기가 있었지만, 우리는 하느님의 은혜를 입어 선조 때부터 줄곧 이 땅의 군주요……. 우리는 옛날이나 지금이나 남의 지시를 받은 일이 없으며 받을 생각도 없소……."

러시아인은 세계의 무대로 다시 등장했다. 그리고 자신도 그것을 의식하고 있었다.

'전(全)루시'의 군주는 왕으로 임명하겠다는 지시에 따르려고 하지 않았다.

모스크바 대공은 대대로 '모노마흐의 관'을 계승해 왔다. 이것은 어떤 내력이 있는 관인가? 그것은 로마 황제 아우구스투스가 '즐겼던' 홍옥의 술잔과 함께 비잔티움의 황제가 블라디미르 모노마흐 공에게 보냈다고 하는 왕관이었다.

이 전설은 350년 전에 살았던 러시아인의 생각을 전하고 있었다. 그 사람들은 전에 로마와 비잔티움이 그랬듯이, 러시아 땅도 또한 세계 문화의 보배가 되는 운명을 맡고 있다고 믿었다.

러시아의 어느 수도원에서 한 늙은 수도사는 이렇게 예언했다.

지금까지 두 개의 로마가 있었다. 첫번째 로마는 신앙심이 없었기 때문에 멸망했다. 두 번째 로마, 즉 비잔티움은 터키인의 폭력 때문에 붕괴되었다. 세 번째 로마, 즉 모스크바는 흔들림 없이 서 있다. 따라서 네 번째 로마는 있을 수 없다!

이반 3세 시대의 모스크바는 아직 로마에 한 발짝 양보하고 있었다. 그러나 그것은 벌써 전과 같은 커다란 마을이 아니었다. 그것은 번화한 수도였다.

크렘린 앞의 상점가에서는 장사꾼들이 손놀림도 재빠르게 중국의 비단이나 베네치아의 우단 두루마리를 죽 펴 보였다.

청과 잡화 상가를 가면 얼어붙는 듯한 모스크바의 공기에 뒤섞여, 먼 인도의 곡물이나 약초의 냄새가 코를 찔렀다.

유목민의 습격으로 따로 격리되고 분리되었던 세계는 다시 합치기 시작했다.

이탈리아 상인은 흑해를 통해서 모스크바로 가지만 그 도중에서 크림 반도의 이탈리아 도시 카파에 들러 동향인의 집에서 쉬었다. 러시아인은 상품을 터키와 페르샤 시장으로 운반했다. 또한 트베리 상인 아파나시 니키틴(?~1472년)은 세 개의 바다를 건너 유럽인이 찾아간 적이 없는 먼 인도로 갔다…….

6 사람이 지구를 보러 돌아다닌다

사람은 지구를 걸어다녔다. 5000킬로미터의 산책도 그다지 멀게는 느껴지지 않았다.

사람은 '세계의 지붕' 파미르로 올라갔다. 그곳에서는 '너무 추워서 불을 피워도 다른 곳처럼 빛도 나지 않고 색깔도 달랐다'. 사람은 아시아 내륙의 평원을 지나갔다. 그곳에서는 무서운 태풍이 불어 말에 탄 사람 모두를 뒤로 날려 버리고, 모래먼지가 한 치 앞조차 가렸다.

사람은 고비 사막을 횡단했다.

'이 사막은 1년 걸려도 횡단할 수 없을 만큼 컸다. 어디를 보아도 산과 모래와 골짜기뿐이었다. 먹을 것이란 어디에도 없었다. 물이 있는 곳까지 닿으려면 하루 낮밤이 걸렸다. 그 물도 때로는 매우 짰다.'

'마실 것도 먹을 것도 없으니 그런 곳에는 새 한 마리, 짐승 한 마리도 없었다.'

새도 날아 넘지 못했으며 짐승도 달려 넘을 수 없었다. 그러나 사람은 걸어서 넘었다. 나그네처럼 사람은 지구를 걸어다녔다. 따라서 보는 것 듣는 것 하나하나가 놀라움의 대상이었다.

사람은 '장작처럼 타는 검은 돌', 즉 석탄을 보았다.

사람은 대륙에서 코뿔소를, 바다에서 고래를, 수마트라에서 열대의 정글을, 마다가스카르에서 멸종한 거대한 새의 뼈를 보았다.

에피오르니스라는 이 새는 한쪽 날개의 끝에서 다른 날개의 끝까지의 길이가 16보나 되었다.

중국의 금빛 찬란한 궁전, 인도의 거대한 우상은 사람을 놀라게 했다.

고향에 돌아오자, 그는 지구의 불가사의에 대해서 이야기했다.

그러나 그 이야기를 진짜로 받아들이는 사람은 없었다. 훨씬 전에도 페니키아와 그리스의 뱃사람 이야기는 누구도 믿지 않았다.

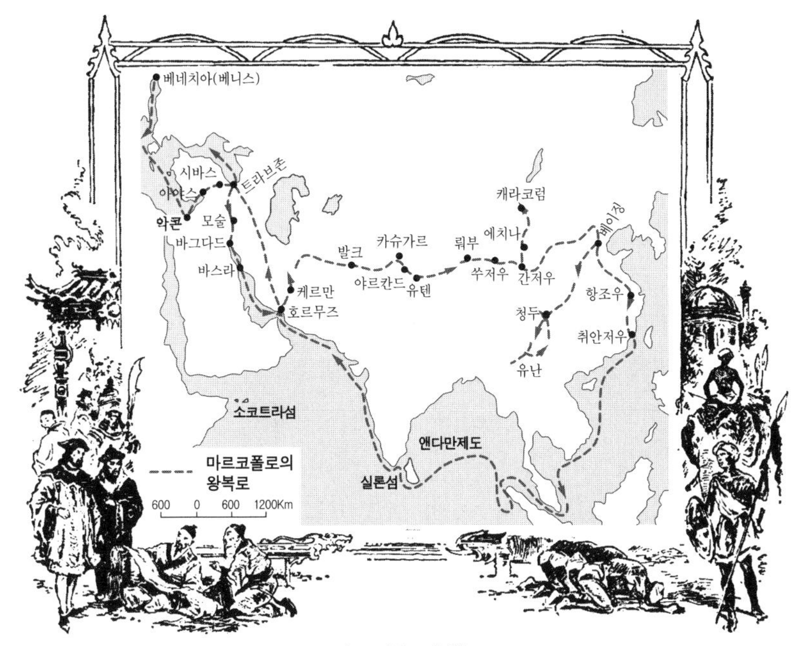

마르코폴로의 행로

13세기말 베네치아의 상인 마르코 폴로(1254~1324년)는 거의 전 세계를 일주했다. 그는 육지를 통하여 넘실거리는 중국의 해안까지 이르고 배로 인도양을 거쳐 돌아왔다.

그는 자기 눈으로 본 기적에 대해서 정직하게 책에 썼다. 그러나 그것은 거짓말이라고 비난받았다.

죽음을 눈앞에 두고 사제는 이렇게 설득했다.

"목숨을 거두기 전에 참회하시오. 그 책에 쓴 거짓말을 취소하시오."

그러나 늙은 마르코 폴로는 대답했다.

"나는 알고 있는 사실의 반밖에 이야기하지 않았습니다."

수십 년이 지났다. 그러자 피렌체 은행의 대리인 발두치 페골 로티(14세기 중엽의 상인)라는 이탈리아인이 마르코 폴로가 말한 여러 고장의 여행 안내서를 만들었다.

최근까지 유럽인의 발은 아직 그런 고장을 밟아 보지 않았다.

그런데 지금은 벌써 밟아 다져진 길을 대상들이 부지런히 나아갔다. 아스트라한과 우르겐치를 지나서 이스익 쿠리 호를 돌아, 고비 사막의 언저리로 나아갔다.

세 개의 바다 건너로의 여행

동방으로 가는 또 하나의 길이 있었다. 먼저 모스크바에서 볼가를 내려가 카스피 해로 나간다. 카스피 해에서 데르벤트나 바쿠로 가고, 거기서 페르샤로 가고, 페르샤에서 인도로 들어가는 길이었다.

트베리의 상인 아파나시 니키틴은 이 긴 길을 걸어서 인도에 도착했다. 그는 그 무렵 '가죽옷'이라고 불린 털가죽을 배 두 척에 싣고 페르샤로 팔러 갔다. 배라고 해도 돛을 단 작은 배에 지나지 않았다. 그런 배로 먼 여행을 떠나려면 적지 않은 용기가 있어야 했다. 베로 만든 돛을 단 마스트 하나, 노 16개, 노 대신 쓰는 길다란 삿대, 넓은 갑판 밑의 창고, 이것이 배의 모두였다.

니주니노브고로트에서 니키틴은 길벗을 발견했다. 모스크바에서 고향으로 돌아가는 셰마하의 사절이었다. 이 사람은 모스크바 대공으로부터 셰마하 공에게로 보내는 살아 있는 선물, 즉 매 90마리를 가지고 있었다.

볼가 강 어귀에서 타타르에게 습격받아 니키틴은 물건을 모두 약탈당했다. 상품은 없어졌지만 그렇다고 해서 맨 손으로 루시에 돌아갈 수도 없었다. 그는 셰마하의 사절 배로 데르벤트에 이르고, 거기서 육로를 잡아 페르샤와 인도로 향했다.

그는 이제 팔 털가죽이 없었다. 그래서 인도에서는 말이 비싼 값으로 팔린다는 말을 듣고 남은 돈을 털어 말을 샀다. 그러나 여기서도 또 실패가 그를 기다리고 있었다.

그는 인도에서 러시아에 필요한 상품을 사려고 했으나 적당한 상품을 찾을 수 없었다. 니키틴은 욕지거리를 했다.

"이슬람 교도의 개들이 나에게 러시아에 필요한 상품이 많다고 거짓말을 했어. 그런 것은 하나도 없는데 말야……. 후추와 물감은 싸지만 세금을 지불해야만 통과시켜 줘……. 바닷길로 운반하는 자는 세금을 물지 않지만 바다에는 해적이 많아서 배가 파괴되고 말 거야."

니키틴은 도시에서 도시로, 시장에서 시장으로 돌아다녔다. 그러나 아무

도움도 되지 않았다. 다른 나라는 그의 마음에 맞지 않았다. 모든 것이 고향과는 달랐다. 모두 검은 피부의 사람들이었고, 벌거벗은 채 걸어다니고 있었다. 음식도 좋지 않았다. 게다가 칼도 쓰지 않았고 스푼이 무엇인지도 몰랐다. 서로 모여서 마시거나 먹는 것이 아니라 모두 외톨이였다.

인도라는 나라는 겨울철에도 한증탕 같았다. '무덥고 숨이 막히고 땡볕이 타는 것만 같다.'

니키틴은 이 고장에서도 러시아의 습관을 지키려 했다. 그러나 그것은 쉬운 일이 아니었다. 이쪽은 혼자였고 둘레에는 모두 이국인이었기 때문이다.

4년이 지났으나 니키틴은 여전히 조금도 익숙해질 수 없었다.

마침내 참지 못하고 귀국하기로 결심했다.

이 피곤을 모르는 여행자 앞에는 다시금 끝없는 길이 뻗어 있었다. 그것은 인도에서 트라페즈스, 트라페즈스에서 흑해로 건너가 제노바인의 요새 카파에 이르고, 다시 카파에서 트베리까지의 몇천 킬로미터의 길이었다.

그러나 죽음은 니키틴에게 고향의 도시, 금빛 둥근 돔이 반짝이는 스파스(구세주) 성당까지 이를 것을 허락하지 않았다. 그는 스몰렌스크에 이르기 전에 객사했다.

가령 자기 집에 돌아갔다고 해도 그는 일생을 헛되이 보낸 것을 후회했을 것이다. 세 개의 바다를 건너 가서 한 재산 챙기려고 했는데 맨손으로 돌아왔으니 말이다.

그러나 그는 자기 운명을 한탄해야 할까? 분명히 그는 황금도 외국 상품도 가지고 돌아오지 못했다. 그의 짐은 가벼워서 어깨의 봇짐 속에 다들어갔을 것이 틀림없다. 그러나 그 짐은 황금 이상의 값어치가 있었다.

니키틴이 죽은 뒤 노트가 발견되었다. 그 노트는 모스크바 대공에게 바쳐졌다.

황금은 손에서 손으로, 금고에서 금고로 흩어지지만, 노트는 '불멸의 돈' 같은 것이다. 누구라도 손에 든 사람은, 그것이 꿈 같은 실화를 들려 줄 것이다. 니키틴은 그 노트에 다른 나라들에서 놀란 일들을 남김없이 적어 두었다.

외국의 짐승이나 새, 궁전이나 신전…….

'술탄의 궁전에는 문이 7개 있다. 그들 문에는 각각 100명의 보초병이 지키고 있다……. 궁전은 조각과 금으로 장식되고 매우 훌륭하다. 어느 돌에도 황금으로 무늬가 그려져 있다…….

때로는 술탄이 모후와 왕비를 데리고 기분풀이로 외출할 때가 있다. 기마병 1만, 걷는 사람 5만의 종자가 따른다. 그 밖에 금빛으로 장식한 코끼리 200마리가 따라간다. 맨 앞에는 나팔수 100명, 춤추는 사람 100명, 게다가 금 안장을 얹은 말 300필, 계속해서 원숭이 100마리…….'

니키틴은 모든 것에…… 춤추는 사람, 원숭이, 코끼리에도 놀라고 있었다.

'모든 코끼리의 코와 엄니에는 30킬로그램 이상이나 되는 커다란 칼을 매단다. 몸에는 갑옷을 입힌다. 등은 조그만 마을이 되어 갑옷을 입은 자 12명, 화포나 활을 쥔 사람이 둘씩 타고 있다…….'

'원숭이는 숲에 살고 있다. 그곳에서는 원숭이의 왕이 집단을 지배한다. 원숭이를 건드리는 자가 있으면 원숭이들은 왕에게 호소한다. 그러면 왕은 그 사람에게 부하들을 보낸다.

도시에 들어가면 그들은 집을 부수고 사람을 죽인다. 소문에 의하면, 그 집단의 수는 대단하며 저마다 자기 말을 가지고 있다고 한다. 니키틴을 가장 놀라게 한 것은 성스러운 도시 부다가야의 대정사(大精舍)였다.

부다가야는 매우 커서 드베리의 반쯤 된다. 돌로 만들어졌고, 그곳에는 부처님의 행적이 새겨져 있다. 부처님이 어떤 기적을 나타내었는지, 어떻게 여러 가지 모습으로 사람들 앞에 나타났는지가 표현되어 있다.

처음에는 사람의 모습으로 나타나고, 두 번째는 코끼리의 코를 가진 사람, 세 번째는 원숭이 얼굴을 한 사람, 네 번째는 맹수의 모습을 한 사람으로 나타난다.

돌에 새겨진 그 형상은 꼬리가 2미터 이상이나 된다. 부처님의 기적을 보기 위해 인도 모든 지역에서 사람들이 부다가야로 모인다…….

부처님의 석상은 엄청나게 크며, 꼬리는 몸보다 길고 오른손을 높이 들고 있다. 마치 짜리그라드의 황제 유스티니아누스처럼 위로 죽 뻗고…… 그런데 얼굴은 원숭이이다.

부처님 앞에는 굉장히 큰 새까만 돌로 만든 소의 석상이 있다. 온몸을 금으로 도금했기 때문에 사람들은 그 발톱에 입맞추고 몸에 꽃을 뿌린다. 부처

님에게도 또한 꽃을 뿌린다.'

니키틴은 이렇게 인도에 대해서 말했다.

그런 신기한 이야기는 루시뿐만 아니라, 유럽의 어디에서도 아직 한 번도 들어본 적이 없었다.

왜냐하면, 그 무렵에는 바스코 다 가마(1469~1524년)가 인도로 항해한 그런 배가 아직 만들어지지 않았기 때문이다.

부는 어떻게 만들어졌는가

세계는 더욱더 넓어졌다. 어딘가 멀리에 검은 사람들이 살고 있는 나라가 있다는 것은 벌써 어린애들도 알고 있었다.

해안 도시 리가의 어린이들은 숯처럼 새까만 얼굴을 한 사람을 찬찬히 바라보았다.

그것은 어떤 상가건물 입구 벽에 그려진 그림이었다.

바다 쪽에서 바람이 불어오면, 상가건물의 뾰족한 지붕 위에서 배라든가 닭이라든가 말탄 기사 따위의 모습을 한 풍향기가 뱅글뱅글 돌았다.

어린이들은 이 재미있는 장난감을 멍하니 쳐다보았다. 그러나 무엇보다 가장 마음에 드는 것은 벽에 그려진 흑인이었다.

상인들은 그런 흑인에게서 해외의 상품을 사 왔다. 이들 상품은 항구의 배에서 실어내렸다.

상가건물은 앞에서 보면 궁전과 비슷하지만 뒤로 돌아가 보면 창고 같았다. 아침부터 밤까지 도르래가 드르륵거렸다. 통이 흔들리면서 차례차례 올라갔다. 열려 있는 2층의 커다란 창문에 통이 가까이 가면 손을 뻗어서 교묘히 그것을 붙잡았다. 그 통은 외국의 부를 저장하는 상가건물의 어둑한 창고 속에 모습을 감추었다.

북쪽으로 보낼 인도의 상품이 호텔 투숙객인 양 이 창고에서 쉬었으며, 그 옆에는 남쪽으로 보낼 노브고로트의 털가죽이 쉬고 있었다.

인도에서 이탈리아로, 이탈리아에서 북쪽 한자 동맹의 여러 도시로, 한자의 여러 도시에서 노브고로트로 긴 길이 뻗어 있었다. 여러 도시나 여러 나라에서 만들어진 상품이 손에서 손으로 전해졌다.

노브고로트의 석조 상가건물에는 털가죽이 고리에 죽 달려지고, 직물의 두루마리가 벽 구석의 상품 선반에 쌓이고, 후추가 든 통이 마룻바닥에 나란히 놓였다.

상가건물은 요새와 비슷했다. 가교를 걸친 해자로 두르고, 벽 두께는 2미터 이상이나 되었다. 도둑이나 강도에 대비하는 물건은 모두 갖추어져 있었다. 지하실은 상품을 두는 곳이고, 2층은 상점이며, 그 위에는 주인이 가족과 함께 화려한 가구를 갖춘 방에서 살고 있었다.

손님은 상점에 들어올 때, 먼저 높은 앞 층계를 오르고 문 위 가로대에 이마를 부딪치지 않도록 몸을 굽히고 얕은 문을 지나서 안으로 들어갔다. 마루의 높이가 똑같지 않기 때문에 가게 안을 걸어다니려면 넘어지지 않도록 조심해야 했다.

두꺼운 벽 속에는 통로나 계단이 있었다. 조그만 창문은 빛을 거의 들여놓지 않았다. 가게 안에는 털가죽·가죽·외국 향신료의 냄새가 물씬거렸다.

수만 명의 손으로 만들어지고 채취된 상품은 도시에서 도시로, 짐마차에서 창고로, 창고에서 행상인의 짐 속으로 옮아 갔다.

그러면 이런 상품의 강의 수원지는 어디에 있는 것일까?

그것은 수공업자의 작업장과 농민의 오두막에 있었다!

해마다 그 강은 넓어지고 그 세력은 커져 갔다. 농촌은 곡물·삼베·양털·가죽 등을 더욱 많이 생산하고, 도시는 직물·구두·칼·도끼를 더욱 많이 만들어 냈다.

인류의 생활은 1년 정도로는 거의 변하지 않지만 100년 1000년이라는 세월로 나누어 보면——중세기의 도시를 옛날의 아테네나 로마와 비교해 보면——사람의 기술이 얼마나 진보되었는지를 한눈에 알 수 있다.

옛날 기술자들은 수동식 선반·용해로·물방아를 자랑했다.

15세기의 기술자들은 이에 대해서 위로 물을 받는 무자위〔水車〕, 발로 움직이는 베틀, 용광로를 보여 줄 수 있을 것이다.

고대의 기술자들은 물에게 일을 시켰다. 그들은 강에 무자위를 설치하고 그 흐름의 힘으로 이것을 돌렸다. 그런데 새 기술자들은 강을 자기 일터로 끌어들였다. 그들은 강을 위해 나무로 만든 길, 즉 홈통을 만들었다. 강은 둑으로 막았다.

수위가 높아지면 물은 홈통을 따라서 얕은 쪽으로 흐르고, 위에서 물방아로 떨어진다. 물방아는 자동적으로 회전하여 회전축을 돌린다. 회전축은 벽을 뚫고 작업장에 뻗어나와 있으므로 거기서 자기에게 주어진 일을 한다. 즉 종이의 원료인 헝겊을 죽처럼 만들고 그것을 넣은 통을 흔들어서 종이를 만들거나, 화덕의 불을 불어 일으키거나, 대장장이의 큰 망치를 들어올린다.

이리하여 제지 물방앗간이 생겨났고, 직물을 바래서 완성하는 물방앗간이 생겨났다. 이들 물방앗간은 밀가루를 빻지는 않았다. 그러나 흔히 그러듯이 새로운 것을 옛날 말 그대로 불렀다. 영국에서는 지금도 여전히 여러 가지 공장을 밀(mill; 물방앗간)이라고 한다. 코튼밀(cotton mill; 방직 공장), 페이퍼밀(paper mill; 제지 공장)이라는 식으로. 사람들은 물을 위로 받는 물방아 덕분으로 광석에서 철을 제련하는 옛 과제를 새로운 방법으로 해결할 수 있었다.

옛날 사람들은 광석을 얕은 화상이나 도가니에 넣어 철을 얻었다.

화덕에 광석과 숯을 넣고 풀무로 공기를 불어넣었다. 그러나 이런 화덕에서는 강한 열이 나지 않았다. 쇠는 녹지 않고 달 뿐이었다. 얻어진 것은 잔 구멍이 송송 뚫린 쇳덩어리였다.

대장장이는 화덕에서 완성되지 못한 것을 망치로 완성해야만 했다. 게다가 그런 신통치 않은 화덕에서는 많은 철을 얻을 수 없었다.

화덕을 조금 더 높여 보았다. 그러자 공기가 부족했다. 풀무로서는 필요한 공기를 불어넣어 줄 수 없었다.

여기에 새로 위에서 물을 받는 물방아가 등장했다. 그것이 힘이 드는 대장간의 풀무를 움직이는 구실을 맡았다. 이번에는 풍로에 공기가 충분히 들어갔다. 화덕의 열이 올라갔다. 철이 녹고 그것에 숯이 섞여서 주철(鑄鐵)이 생겨났다.

불과 물은 언제나 적이었는데, 여기서는 같이 일했다. 물은 불을 일으키기 시작했다.

여느 때의 질척한 철 대신 액체상의 새빨간 주철의 흐름을 처음 보았을 때, 직공들은 광석을 헛되이 낭비했다고 실망했다.

액체 상태의 철! 이런 묘한 것은 여태껏 본 적이 없었다.

모처럼 보물을 발견했으면서도 그들은 금방 그 까닭을 깨닫지 못했다. 그렇지만 보물은 보물이었다. 그것은 주형에 부어 넣을 수 있었다. 어떤 대장장이도 망치로 만들 수 없는 여러 가지 세공품을 주형에 부어 넣어서 만들 수 있었다. 이리하여 위쪽으로 물을 받는 물방아 덕분으로 숯을 지피는 화덕은 용광로로 변했다.

최초의 용광로에서 16, 17세기의 제철 공장까지의 길은 일직선으로 뻗어 있었다. 제철소 한복판에는 사람이 만든 강이 나무 홈통을 통하여 흐르고 있었다. 그 강에서 양쪽 물방아와 거대한 풀무와 대장간용 해머 쪽으로 지류가 흐르고 있었다. 첫 공장의 소음은 실로 요란했다. 그것은 수공업자의 조그만 작업장과는 비교도 할 수 없었다.

용광로가 발명되자 철 생산은 단번에 크게 불어났다. 철은 쟁기·대포·닻·도끼, 마차의 축이나 바퀴의 테를 위해서도 필요했다. 사슬의 한 고리는 다음 고리를 끌어당기는 결과가 되었다. 위 쪽으로 물을 받는 물방아에 이어 용광로가 나타났다. 용광로가 나타나자 철의 생산이 많아졌다. 철이 많아지자 쇠로 축과 바퀴 테를 갖춘 마차를 만들게 되었다. 마차에는 포장된 길이 필요했다. 그래서 길이 만들어지기 시작했다.

제철소에서는 위쪽으로 물을 받는 물방아가, 힘센 대장장이가 10명이 있어도 들어올릴 수 없는 굉장히 큰 해머를 들어 올리거나 내려쳤다. 거기서는 팔의 힘이 아니라 지혜의 힘이 직공들을 도와주고 있었다.

모든 것은 미래의 기계, 미래의 공장으로 빠른 걸음을 옮기고 있었다.

이제 물방앗간에는 엔진·컨베이어·공구 등 기계에 필요한 것은 모두 갖추어져 있었다.

천 년 동안 물방아는 톱니바퀴와, 그리고 톱니바퀴는 맷돌과 헤어진 일이 없었다.

그런데 지금, 물방아는 자신을 위한 새로운 일을 발견했다. 물방아는 이제 밀가루를 빻는 일만 하지는 않았다. 그것은 제분소에서 대장간으로, 모직물 공장으로, 제지 공장으로, 광석을 부수거나 물을 빼내는 광산으로 보내졌다.

맷돌은 이제 보석이 목에 매달려 있듯이 엔진에 매달려 있지는 않았다.

엔진은 자유의 몸이 되었다. 그것은 자기가 일할 장소에서 일하고 있었다.

18세기가 되었다. 쿠지마 플로로프라는 러시아의 댐 기술자는, 펌프와 광석 반출용 엘리베이터뿐만 아니라 광석을 실은 수레를 운반할 정도의 거대한 무자위를 설비한 공장을 세웠다. 또한 기계 기사 폴즈노프는 물이 아니라 증기로 움직이는 엔진을 발명했다.

이윽고 엔진이 바퀴를 갖춘 기관차가 될 날이 올 것이다. 엔진은 또한 배 속으로도 기어들 것이다. 밭으로 나가 땅을 갈기도 할 것이다. 사람을 하늘 높이 날아가게 할 것이다.

사람의 노동은 학문을 크게 전진시키고, 학문 또한 노동을 도울 것이다.

수학자와 물리학자와 기계학자는 서로 손을 잡고, 전에 아리스토텔레스가 꿈꾸었듯이 새로운 자동 기계를 만들어 낼 것이다.

이리하여 동물의 원동력 이외에는 어떤 원동력도 없었던 시대, 어떤 연장도 사람의 손이나 말의 발로 움직였던 시대의 추억은 다만 옛이야기 속에서만 남게 될 것이다.

기술자나 물리학자가 인력이나 마력에 대해서 말할 때, 사람의 두뇌는 다른 것을 생각하고 있었다. 그것은 말이 아니라 기관차에 대한 것이며, 사람의 살아 있는 힘이 아니라 터빈을 돌리는 물살의 힘을 가리키고 있었다.

잠깐, 우리가 너무 앞질러 달린 것 같다.

다시 15세기로 돌아가자. 공업 학교에서 배우는 것이 아니라, 아버지의 작업대 앞에 서서 기술을 배웠던 기술자들에게로 돌아가기로 하자. 선반(旋盤) 모양의 것은 몇천 년 전에도 있었다. 아버지는 아들에게 사용 방법을 가르쳤다. 한쪽 손에는 바이트(쇠를 깎는 날)를 들고, 다른쪽 손으로는 활 모양의 크랭크를 전후로 움직여 보였다.

아들은 활줄이 축이나 공작물에 둘둘 말리고 그 움직임에 의해서 공작물을 회전시키는 모양을 놀라운 눈으로 보고 있었다.

아들은 아버지의 손 움직임 하나하나를 열심히 모방했다. 그리하여 자신이 기술자가 되면, 이번에는 그 기술을 자기 아들에게 가르쳤다.

그런데 시대는 흘러, 지금 아들들은 아버지나 할아버지들과는 다른 방법으로 일하게 되었다. 그들은 새로운 과제를 해결해야만 했다. 여태까지의 구식 선반으로는 펌프의 피스톤도, 나사도, 바퀴통도 만들기 어려웠다.

그 수요는 날로 커지고 있었다. 아무래도 더 큰 선반과 무거운 바이트가 필요했다. 하지만 그런 바이트로서는 오른손 하나만으로 지탱할 수가 없었다. 양손으로 바이트를 쥐기 위해서는 선반공의 왼손을 자유롭게 하는 방법을 고안해 내야만 했다. 여기서 머리가 손을 돕게 되었다.

선반공의 아들은 아버지의 방법과는 다른 방법을 생각하기 시작했다. 그는 한쪽 발로 널빤지를 밟았다. 그러면 그 널빤지가 밧줄을 당겼다. 밧줄은 둘둘 말려서 축을 돌렸다. 밧줄 한쪽 끝은 천장에 매단 잘 휘는 막대기에 연결되어 있었다. 밟은 발이 아래에 닿으면 막대기는 용수철처럼 밧줄을 되당겼다.

선반공의 양손이 자유롭게 되었다. 이제 양손으로 바이트를 쥘 수 있었다.

발로 밟는 선반과 함께 발로 밟는 직조기도 나타났다. 방추(紡錘 ; 북) 대신에 발로 밟는 방차(紡車 ; 물레)가 나타났다.

새 도구를 써서 사람은 새로운 방법으로 일을 하게 되었다.

똑같은 한 사람의 기술자가 방직공, 선반공, 염색공을 동시에 겸할 수 없게 되었다. 사람이 자기가 맡은 일에만 전담하게 되자 일의 능률은 차츰 올라갔다.

모직물을 만들 때도 양털을 씻는 사람, 빗는 사람, 실을 만드는 사람, 직물을 짜는 사람, 염색하는 사람이 저마다 따로 일하면 일은 훨씬 빨리 진척되었다.

일은 더욱 빨라지고 상품은 더욱더 창고에 모이고, 육로에는 짐차가 많아지고 바다에는 상선이 더욱 늘어났다.

상인과 공장의 주인은 부자가 되었다.

부유해진 피렌체의 모직물 공장 주인은 자기 자신이 기계 앞에 설 필요가 없었다. 그를 위해 몇십 명의 고용인이 일을 했다. 피렌체에서는 이런 고용인들을 '치온피' 즉 누더기라고 불렀다. 공장에 있는 새로운 값진 기계는 주인의 소유물이기 때문에 이익은 모두 주인의 호주머니로 들어갔다. 그런데 치온피(직조공)에게는 아침부터 밤까지 북을 움직이는 손 이외에는 아무것도 없었다.

치온피는 굶주리고 있었다. 치온피는 폭동을 일으키려고 했지만 그것도 별로 효과가 없었다. 도시의 권력은 돈많은 상인과 주인들의 손에 꼭 쥐어져 있었다. 피렌체의 봉건 세력은 훨씬 전에 무너졌다. 지금 여기서 왕후처럼 살고 있는 사람들은, 왕후가 아니라 상인과 은행가였다.

부자가 된 상인의 저택은 궁전과 같았다.

그러나 그곳에 가구들은 그다지 놓여 있지 않았다. 소파 몇 개, 솜씨 좋게 조각을 한 테이블 하나, 좋은 냄새가 나는 궤 하나가 놓여 있을 뿐이었다.

그러면서도 휑뎅그렁한 응접실에는 소리 없는 소리, 움직임 없는 움직임이 가득 차 있었다. 천장 벽 여기저기에 사람의 얼굴과 몸, 날개 달린 짐승, 물고기의 꼬리를 단 사람, 그리스 신화의 아모르나 카리스 들, 춤추는 님페나 피리를 부는 파우누스(고대 로마의 숲의 신)들이 가득 그려져 있었다.

그리고 온갖 색채가 빛나는 벽을 배경으로, 겨우 자기 집으로 돌아온 듯이 로마의 신과 여신들의 조각상이 하얗게 떠올라 있었다.

고대 로마인이 그 자손들의 손님이 된다

야만족의 손에 의해 대좌에서 부서져 떨어진 조각들은 1000년 동안 땅 속에 고이 잠들어 있었다.

때때로 농민의 쟁기가 땅 속에서 아름다운 팔을 파낼 때가 있었다. 그것은 아침 햇살을 받아 따뜻한 생명을 되찾은 것처럼 보였다. 농민의 괭이가 덜컹 소리를 내며 둥근 기둥의 머리를 장식한 돌의 아칸서스 잎에 맞을 때가 있었다.

지옥에서 올라온 이교의 우상을 보면, 농사꾼은 몸을 떨고 성호를 그었다. 그러고는 모처럼 벼른 괭이 날이 망가졌기 때문에 그 방해물에 욕지거리를 퍼부었다. 그것은 어두운 땅 속에서 스스로 사람 앞으로 나온 과거였으나, 사람들은 그것에 관심을 나타내려고도 하지 않았다.

그런데 지금 고대의 아름다움은 다시 무덤에서 소생하려 하고 있었다.

사람들은 조각 파편에서 조심스럽게 흙을 씻어 냈다.

이탈리아의 은행가는 손님들을 불러 묵은 포도주 이외에 고대 의미와 지혜로써 그들을 대접하려고 했다. 잔치가 베풀어지면, 플라톤의 《향연》을 낭독했다. 토스카나의 한 포도원에서 발견된 로마 웅변가의 대리석 머리가 금세공을 한 커다란 술잔 옆에 희끗하게 놓여 있었다.

그 로마인은 돌로 된 입술에 희미한 미소를 떠올리면서 뛰어난 작품의 값어치를 이제 겨우 알게 된 자손들을 바라보고 있었다.

만일 눈이 보이고 귀가 들린다면, 그는 무엇을 보고 무엇을 들었을까?

그는 별장의 열린 창문 너머로 사이프러스 나무와 꽃이 만발한 과일나무를 볼 것이다. 그리고 그리운 라틴어 이야기와 호라티우스·오비디우스·베르길리우스 등의 친근한 이름을 들을 것이다.

그는 여기 있는 사람들이 그리스도의 이름뿐만 아니라, 올림푸스의 신들까지 끄집어 내어서 이야기에 열중하는 것을 듣고 꽤 이상하게 생각할 것이다. 여기 있는 사람들이 플라톤의 《향연》을 읽는 것을 들었다면, 그는 이 사람들의 학식에 아주 감동했을지도 모른다.

정말 과거가 돌아온 것일까? 아니, 과거는 결코 돌아오지 않았다.

테이블을 둘러싸고 주고받는 그리스어나 라틴어는 거친 야만족의 농지거리에 의해 중단되었다. 고급 요리 뒤에 뭔가 이상한 음식이 나왔다. 주인은 열심히 이것을 권했다. 손님들은 그것을 먹어치우고 요리사의 솜씨나 주인의 세련된 취미를 칭찬했다.

그러자 갑자기 주인은 참을 수 없다는 듯이 깔깔 웃었다.

"그럴 겁니다. 이것은 까마귀 불고기니까요!"

손님들은 어정쩡한 얼굴이 되었다. 어떻게 하면 좋을지 몰라 주인과 같이 깔깔 웃든가, 아니면 화를 내며 상을 찌푸리고 "제기, 괘씸하군!" 하고 중얼거렸다. 주인은 마음 속으로 '꼴 좋구나' 하고 비웃었다.

로마의 원로원 의원이나 집정관 잔치에서는 이런 나쁜 장난을 하는 사람이 없었다. 어린 닭 30마리와 달걀 40개를 한꺼번에 먹어보라고 시키지는 않았다. 그 밖에도 이 야만족들이 좋아하는 짓궂은 장난 따위는 옛날 로마인이라면 재치있는 장난 쯤으로 생각하지 않았을 것이다.

얼마 전까지도 별장의 주인은 정신을 잃을 때까지 손님에게 술을 권했다. 그런 뒤 그 가엾은 손님을 들어내어 묘지에 버렸다. 가족들에게는 그가 죽었다고 알렸다. 그가 무덤 옆에서 정신을 차렸을 때는 얼마나 우스꽝스러운 모습이었을까! 그것보다도 죽은 사람이 갑자기 자기 집 문을 두드렸을 때 가족들의 놀람은 얼마나 컸을까!

아리스토텔레스나 플라톤에 대해 이야기하고 있었지만, 그들은 아직 미개인이었다. 그러면 이 별장의 주인이란 사나이는 대체 어떤 사람이었을까?

그는 선비도 아니고 귀족도 아니었다. 그저 단순한 상인이었다. 특별히 넓은 영지가 있는 것도 아니었다. 다만 많은 황금을 가지고 있었다. 그에게 권력을 주는 것은 바로 그 황금이었다.

국왕은 그를 만날 때 모자를 벗었다. 그가 모자를 쓰지 않고 서 있는 동안 국왕도 또한 모자를 쓰지 않았다. 그는 '폐하'라고 호칭되지는 않았지만, 그에 못지않게 '각하'라는 새로운 존칭으로 불렸다.

겉보기에 메디치, 즉 '각하'는 교만하지 않은 인품을 지녔다. 그는 매일 아침 조정에 나가서 일하며 정원사와 거리낌없이 이야기했다. 길에서 동업조합의 우두머리를 만나면 상대방의 어깨를 툭 쳤다.

그 자신은 절대로 세뇨룸, 즉 정부의 일에 간섭하지 않았다. 그러나 그의 돈이 그를 위해 무엇이든지 해주었다.

머리에다 왕관을 쓰고, 몸에다 물결치는 리본에 자랑스러운 명패를 나타낸 방패 모양의 사자 문장을 달지는 않았지만, 그에게는 모두 왕후의 예의로서 대접해 주었다.

그는 자기의 적을 단두대에 보내거나 감옥에 가두지는 않았다.

그 대신 엄청난 이자를 받고 상대방을 파산시켰다. 상대방이 궁핍해서 매달릴 때, 그것이 마지막인 가장 필요한 대출을 거절해 버렸다. 이리하여 그는 자기의 적을 아주 조용히, 사람 눈에 띄지 않도록 세상에서 없애 버렸다. 도시 안에는 그보다 더한 부자는 한 사람도 없었다. 그도 그럴 것이, 시민 전체의 돈주머니를 그가 쥐고 있었기 때문이다.

그러나 그에게도 인정할 점이 있었다. 그는 그림·조각·책에는 돈을 아끼지 않았다.

그의 서고에서는 46명의 필경사가 펜을 움직여 방금 발견된 옛 사본을 베끼고 있었다. 저택에는 옛 조각의 훌륭한 수집품이 있었다. 학자들은 그에게 부탁의 편지를 썼다. 편지 속에서는 자존심과 비굴함이 싸우고 있었다. 화가들은 물감을 살 돈 50플로린을 그에게 부탁했다. 그는 결코 싫다고 하지 않았다. 그 대신 준 돈은 1플로린까지 계산해서 영수증을 쓰게 했다. 그의 사업에는 무분별한 기사 같은 너그러움이 없었다.

플로린은 황금의 비가 되어 학문과 예술의 밭을 풍요롭게 했다. 나간 돈은 수확으로 보상되었다. 호화 찬란한 왕궁과 비교하면 이 검소한 한 시민의 저택 따위는 셈 속에도 들지 않겠지만, 여기에는 그런 왕궁이 없었다. 이 도시는 공화국이었기 때문이다.

토스카나 땅에는 훨씬 전부터 농노가 없었다. 옛날부터의 명문은 서서히 그 특권을 잃어 갔다.

장이 서는 광장과 성과의 싸움에서 승리한 것은, 여기서도 밀레투스나 아테네와 마찬가지로 광장 쪽이었다.

이 도시에서 중요시되는 것은 오랜 가문의 이름이 아니라 돈지갑이었다.

이곳을 지배하는 것은 시민이었다.

물론 그것은 명목뿐이었다. 대부호인 상인이나 은행가들끼리 모이면, 그들은 자기들이 명문의 사람들을 물리치고 시의 실권을 잡도록 도와준 직공들을 도리어 업신여기며 건달이라고 불렀다…….

어떤 이단자의 이야기

피렌체의 은행가인 로렌초 데 메디치(1449~1492년)의 술자리 손님들 중에 눈에 띄는 한 남자가 있었다. 그는 젊고 멋쟁이였다.

그는 라우라를 읊은 페트라르카의 시를 암기하고 있었으며 스스로 시를 짓기도 했다. 또 잔치와 카니발을 좋아했다.

밤에 피렌체 거리를 피리 소리도 요란하게 카니발 행렬이 지나갈 때, 불꽃의 빛이 술잔의 은과 금테를, 옷의 비로드를, 창날을 금빛으로 반짝이게 할 때, 언제나 대열 맨 앞에 서 있는 사람이 이 조반니 피코 델라 미란돌라(1463~1494년)였다.

그러나 그는 단순한 변덕장이도, 속이 빈 멍청이도 아니었다. 그는 명랑한 성미와 학식을 갖추고 있었다. 그의 서고에는 그리스의 철학 서적과 유대 밀교의 책으로 가득 차 있었다. 그의 선조들이 여러 경기에서 이겼듯이 그도 토론에서 진 적이 없었다.

토론의 적수들은 그를 이렇게 말했다.

"그런 젊은 나이에 그토록 지식이 깊다니, 그건 분명 악마와 계약한 덕분일 거야."

그의 한 숭배자는, 1463년 조반니가 태어났을 때, 시의 높은 하늘에 밝은 빛이 반짝거리며 새로 태어난 아이의 위대한 미래를 예언했다고 말했다. 그러나 그 빛은 곧 꺼졌다.

그것은 그의 일생이 섬광처럼 밝고 짧았음을 말한다.

피코 델라 미란돌라는 기묘한 사람이었다.

술자리에서 밤을 새기도 하고, 이교의 철학책을 읽기도 하고, 또는 새벽녘까지 성모상 앞에 엎드려 기도를 드리기도 했다.

소문에 의하면 몇 년 동안 그는 몹시 달라졌다. 아직 30살도 안 되었는데 마치 세상을 버린 노인처럼 자신을 채찍질하며 금욕하고 있었다.

신앙심 깊은 수도사와 이단의 학자가 그의 마음속에서 싸우고 있었다. 하나의 마음속에 두 사람이 있음은 견디기 어려운 일이었다. 한 사람은 선조들처럼 아무것도 생각하지 않고 맹목적으로 믿으려 했다. 반면 다른 한 사람은 모든 것을 의심하여, 그것을 결코 믿어서는 안 된다고 상대방에게 말해 주고 있었다.

사람이란 대체 무엇일까, 하고 피코 델라 미란돌라는 곰곰이 생각해 보았다. 환영을 쫓아서 탄식의 골짜기를 걸어가는 나그네일까? 아니면 자기 운명의 지배자일까? 티끌에 의해 만들어지고 다시 티끌로 돌아가는 가엾은 노예일까? 또는 자기 자신의 몸을 만들어 내는 창조자이며 조각가일까? 사람 손이 돌·물감·캔버스로 만들어 낸 위대한 예술 작품을 보면서 조반니의 마음은 환희로 가득 차 올랐다.

세계를 바꾸는 지성의 힘을, 그는 얼마나 자랑으로 삼았던가?

그러나 그 기쁜 마음도 곧 흐려졌다. 사람의 불행이 몇천만 개나 되는 슬픈 눈이 되어 사방에서 그를 바라보고 있었다. 그들 눈은 그가 그렇게도 자랑했고 행복해했던 것들을 책망하는 듯했다.

밖으로 나가면 상처투성이 손이 그에게 뻗어 왔다. 비굴한 거지가 그의 걸음을 멈추게 했다. 이 화려한 피렌체에는 거지·굶주린 사람·노예가 얼마나 많은가!

그는 당황하여 지갑에 있는 돈을, 떨고 있는 메마른 손에 모두 나누어 주었다. 그러나 한줌의 돈으로 밑바닥을 알 수 없는 사람의 불행의 골짜기를 메울 수 있을까!

그는 친구들과 만나기로 한 것을 잊고 급히 집으로 돌아갔다.

그리고 조그만 예배당의 문을 닫고 십자가 앞의 차가운 돌바닥에 엎드렸다.

지금 그는 영혼의 거지였다. 구걸의 손을 내밀었다. 그러나 기도도 눈물도 마음을 가라앉혀 주지는 않았다. 입으로는 습관에 따라 기도의 말을 중얼거리고 있지만, 그의 이성 속에는 그의 자존심이, 비굴한 기원의 허무함이 격렬한 힘으로 다시 떠올랐다.

그는 기도를 중단하고 일어나 뒤도 돌아보지 않고 예배당에서 나갔다. 옛

벗에게서, 고대의 현인들에게서 마음을 의지할 곳을 얻으려고 그는 서고로 들어갔다. 그 친구들은 언제나 무한한 부를 그에게 나누어 주었다.

그는 페이지를 넘기며 책을 읽었다. 그러자 다시 마음속에 이성에의 믿음이 굳어지고, 사람과 그 미래에 대한 믿음이 강해졌다.

그는 책상을 대하고 쓰기 시작했다. 무엇을 쓸 것인가?

사람의 값어치에 대해서였다.

천지의 온갖 법칙을 인식하고, 천지의 아름다움을 사랑하고, 천지의 위대함에 감격하듯이, 신은 창조의 마지막 날에 사람을 만들었다. 하느님은 사람을 한곳에 묶어 두지 않고 사람에게 일정한 일을 정해 주지도 않았다. 사람을 필요에 따라 속박함 없이 움직이는 능력과 자유의지를 주었다.

창조주는 아담에게 말했다.

"나는 너를 세계의 한가운데 놓았다. 거기서 너는 사방을 쉽게 볼 수도 있고 세계에 있는 것을 남김없이 볼 수도 있다. 너는 죽지 않겠지만 그렇다고 죽지 않는 자도 아니다. 너는 지상의 존재도 아니고 그렇다고 천상의 존재도 아니다. 자기 의지와 자기 명예에 걸어서 네가 자신의 창조자가 되고 조각가가 되기를 바라며 나는 너를 만들었다. 너는 동물이 될 수도 있고 신처럼 높아질 수도 있다. 짐승은 본디 있어야 할 모습으로 어머니 태 안에서 태어난다. 최고의 영혼은 본디 처음부터 마땅히 있어야 할 모습을 하고 있다. 자기의 자유의지대로 발전하고 성장하는 것은 다만 너뿐이지만…… 너는 너의 운명의 대장장이이다."

조반니는 펜을 놓고 다시 한 번 쓴 것을 읽었다. 이것은 학회에서 발표할 연설의 결론이었다. 그는 온 세계의 학자를 학회에 초대하고 싶었다. 암흑의 기사들에게, 사람을 경멸하는 모든 사람에게 도전하고 싶었다.

그들은 신의 이름에 맹세하여, 사람은 창조주 앞에서는 하잘것 없는 존재라고 했다. 주님 스스로 사람에게 노예의 운명을 주었다고 했다.

그런 말을 한다면 창조주를 출석시켜 그의 가장 좋은 창조물에 대한 변호를 맡겨 봄이 어떨까…….

그러면 학회에서 적들은 뭐라고 대답할 것인가?

설교하는 수도사(중세판화)

그들은 피코 델라 미란돌라의 논거와 맞설 만한 강한 반론을 발견할 수 있을까?

그들은 아무 대답도 하지 않았다.

피코 델라 미란돌라와 얼굴을 마주 대하기를 두려워했다. 그들은 여러 가지 모략을 세워 교황이 학회를 금지시키도록 하는 일에 성공했다.

피코 델라 미란돌라는 어떤 적도 무서워하지 않았다. 그러나 가장 위험한 적이 그의 마음속에 있으면서, 조금도 쉬지 않고 심한 비난을 계속 중얼거리고 있었다.

낮에 많은 사람 가운데 있을 때도, 밤에 모두가 잠들었을 때도, 그의 마음속의 낡은 신앙과 새로운 사상과의 싸움은 계속되고 있었다.

낡은 신앙이 우세했다. 모두가 그 편이었기 때문이다. 어렸을 때부터 사랑해 왔던 성모의 수심 띤 얼굴은 그를 책망하듯이 내려다보고 있었다. 종소리는 수많은 구리혀로 조상들의 신앙으로 되돌아오라고 부르고 있었다. 성당 벽에 그려진 죄인들의 무리와 마지막 심판을 하고 있는 재판관이 도드라져 보였다. 그리고 설교자의 우렁찬 말은 엎드리고 있는 사람들 위를 날아와서 장작 불처럼 마음을 태웠다.

무엇으로 이것을 대항할 수 있겠는가?

자기 길을 가는 새로운 사람의 용기일까? 그러나 새로운 것은 그의 마음 속에서 옛 것으로부터 분리되어 있지 않았다.

힘은 차츰 그를 버렸다. 마음을 조이는 불안과 싸우기가 차츰 어려워졌다.

예언은 맞았다. 겨우 32살이었는데 죽음은 벌써 그의 집 문 앞에 서 있었다. 그리고 죽음 며칠 전에 그는 여태껏 주장해 왔던 것을 취소했다.

도미니쿠스회의 수도사들은 승리했다. 그들은 방황하는 영혼을 가톨릭 교회의 호주머니로 되돌아오게 할 수 있었다. 피코 델라 미란돌라는 이단자로서 살았으며, 도미니쿠스회의 수도사로 죽었다.

운명은 나쁜 장난을 했다. 이 이단자는 죽음을 앞에 두고 이단자들을 화형에 처한 수도회에 입회했던 것이다.

독자는 진짜 거인을 만나다

좁은 고대 그리스에서 구세대 사람들과 그 세계를 넓히려고 한 사람들이 싸운 시대로부터 벌써 2000년의 세월이 흘렀다.

그런데 지금, 결코 끌 수 없는 옛 것과 새 것의 싸움이 더욱 드세게 불길을 내며 타올랐다.

그때 무너진 것은 씨족제도였으나 이번에는 봉건제도가 무너지려 하고 있었다.

사람들은 선조들과는 다른 사고방식을 배우기 시작했다.

세계는 변하여 다른 것이 되려고 했다. 따라서 낡은 규범은 이미 사람들의 눈에 띄는 사물과 일치하지 않았다.

역사는 되풀이하는 습성이 있다. 그러나 역사는 결코 되풀이하지 않는다.

산길은 차츰 높아지지만, 그 동안에 뒤로 돌아가기도 하고 다시 앞으로 전진하기도 한다. 올라가는 사람은 눈을 인 산꼭대기로 꽤 접근했다고 생각한다.

그런데 그 산꼭대기는 도리어 낮게 멀어져 가는 것만 같다. 눈을 배경으로 전나무 숲이 톱니 모양의 성벽처럼 더욱 검게 똑똑히 보인다. 그러나 아까 건넌 골짜기의 작은 다리는 멀리 아래에 있고 훨씬 작아진다. 사방은 조용해지고 골짜기의 흐름 소리는 거의 귀에 들리지 않는다.

다시 길을 뒤로 돌아가지만 전의 곳으로 돌아간 것은 아니다.

위쪽으로 나아간 것이다.

거인의 길도 그것과 마찬가지였다.

그리스 철학자들이, 전의 신들을 부정하고 새로운 생각으로 세계를 설명하려고 노력한 시대가 있었다.

그리고 지금 다시 '이성'이 그 권리를 주장하려 하고 있었다.

학자와 철학자는 학교에서 가르친 것과는 다른 우주의 도면을 새로 그리고 있었다. 그것은 이미 다른 도면이었다.

길은 산꼭대기에 접근했다. 사람들은 진리에 가까이 다가갔다.

그러자 다시금 죽음이 전에 아낙사고라스(기원전 500?~428년)를 위협했듯이 새로운 것의 옹호자를 위협했다.

싸움은 학회의 논단이나 종교재판 법정에서만 일어나는 것이 아니었다. 어느 쪽인가를 선택해야 하는, 한 사람 한 사람의 마음 속에서도 일어나고 있었다. 그리고 사람은 자기 안의 싸움의 무거운 짐을 짊어지기에는 힘이 너무나 모자라는 경우에 때때로 부딪혔다.

피코 델라 미란돌라는 이 싸움에서 마침내 주저앉고 말았다.

그러나 같은 시대의, 같은 피렌체에 자기 자신과 싸우고도 여유만만했던 강력한 인물이 있었다. 그의 영혼은 부조화라는 것을 몰랐다. 피코 델라 미란돌라는 두 시대의 경계에 서서 결단을 내리지 못했다.

그러나, 레오나르도 다 빈치는 그 경계를 넘었다.

레오나르도 다 빈치에 대해 생각하면, 고대 그리스의 사상가요 예술가였다는 것이 곧 생각난다.

레오나르도 다 빈치와 똑같이 화가·조각가·건축가·음악가였던 위대한 아테네인 페이디아스(기원전 490?~430?)가 머리에 떠오른다. 밀레투스의 탈레스(기원전 640?~546?)도 생각난다. 그도 또한 다 빈치와 마찬가지로 학자·기술자·철학자·발명가였다.

이런 사람들은 시대의 경계에 서서 세계의 넓이를 느낄 수 있었다. 그들의 마음도 또한 세계처럼 무엇이나 받아들일 수 있을 만큼 컸다.

탈레스는 별을 연구하고 다리를 세우고 태풍을 예고했다. 그는 물시계를 발명하고 일식을 예언했다. 그의 눈은 천지를 모두 밝혀 내려고 했다. 어두운 땅 속 동굴에서 빛이 이르는 하늘 끝까지, 미래에서 만물의 기원까지를 파악하려고 했다.

그러나 이 피렌체인의 천성은 그보다 훨씬 풍부했다. 학자의 지혜, 예술가의 솜씨는 기술자와 발명가의 대담성으로 결부되어 나타났다. '모나리자'나 '최후의 만찬'의 작가는 피렌체 공장의 피를 이어받고 있었다. 다 빈치는 수업시절을 조각가와 금세공사의 일터에서 보냈다.

다 빈치가 손으로 적은 노트를 보면, 화가의 스케치와 기술자의 도면을 엿볼 수 있다.

똑같은 종이에 지금도 수수께끼의 미소를 떠올린 미녀의 생각하는 듯한 얼굴과 선반(旋盤)의 윤곽이, 똑같은 손으로 그려져 있다. 가느다란 선으로 크랭크축·크랭크·속도 조절 바퀴가 그려져 있다. 연속해서 회전하는 그와 같은 선반은 그 무렵 어느 선반 공장에도 없었다.

선반·어둠 상자·눈의 구조·영구 동력·요새 포위·램프 유리, 사람 손으로 켜진 촛불의 연소, 하늘에 반짝이는 천체의 비밀……, 그 어느 것에 대해서 이야기할 때에도 우리는 레오나르도 다 빈치의 이름을 생각하지 않을 수 없다.

누구라도 그를 자기의 벗으로 생각한다. 화가는 그가 화가라고 말하고, 기술자는 그를 대선배로 본다. 그는 음악가였다고, 음악가들은 자랑한다. 그는 시인이었다고, 시인들은 떠올린다.

길은 몇천 년 동안 산 사이를 돌고 있었다. 지금 드디어 새로운 정상으로 올라갔다.

탈레스는 자기가 서 있는 높이에서 저 멀리를 바라보았다. 레오나르도의 눈앞에 열린 지평선은 그것보다 더 넓었다.

탈레스가 본 지구는 세계의 대양에 떠 있는 동그란 섬이었다. 어딘가 이 섬 구석에 인도인이나 피그미족이라는 미지의 민족이 살고 있었다. 아메리카는 물론 브리타니아조차 아직 분간할 수 없었다. 유럽은 알프스까지밖에 보이지 않았다. 카스피 해는 겨우 지평선 끝에 보였다. 건너편 해안은 아직 안개에 가려져 있었으므로, 그것은 대양의 만으로 여겨졌다.

레오나르도 다 빈치는 그 시대의 정상에서 훨씬 멀리를 보고 있었다. 벌써 인도와 중국을 분명히 구별했다. 그의 눈은 대양을 넘어가는 콜럼버스의 범선을 뒤쫓고 있었다. 안개 속에서 아메리카 해안이 나타났다. 그것에 이어 고대인이 전혀 몰랐던 또 하나의 굉장히 넓은 대양이 발견되었다.

지구가 편편한 원이 아니라 구(球)라는 것을 분명히 판단할 수 있었다. 레오나르도의 주변 사람들은 구는 구일지라도 그 구는 조금도 움직이지 않고 우주의 중심에 머물러 있다고 생각했다.

그러나 레오나르도는 다른 사람들보다 훨씬 높이 올라갔다. 지구가 다른 별들 중의 하나에 지나지 않는다는 것을 그는 알고 있었다.

탈레스는 아침 안개 속에서 물체의 윤곽을 추리해야만 했다. 아무래도 눈으로 볼 수 없는 것은 상상으로 보충할 수밖에 없었다.

레오나르도는 더 추리할 필요가 없었다. 첫째, 그는 추리를 그다지 신용하지 않았다.

'진짜 선생이며 확실성의 아버지인 경험이 이야기할 때에는, 추리는 잠자코 있는 편이 좋다.'

경험은 틀리지 않았다. 틀리는 것은 우리의 판단이었다.

'오감 중의 하나를 통과하지 않는 학문은 알맹이가 없으며 잘못투성이이다.'

고대의 사상가들도 자연의 소리에 귀를 기울였다. 그러나 의문에 대해서, 자연에 대답을 시키거나 자기 추리를 실험으로 확인하는 일은 거의 하지 않았다.

아리스토텔레스는 아기 새의 눈은 제거해도 다시 나온다고 믿고 있었다. 그러면서도 실험해서 확인해 보지는 않았다.

하지만 아리스토텔레스는 여러 가지 것을 관찰했다. 그중에는 세계를 보지도 않고 세계에 대해 생각하는 철학자도 있었다.

레오나르도는 그런 사람들과 달랐다. 화가의 집요성으로 주위의 물건을 무엇이든지 관찰했다. 그의 눈은 판단을 확인하고, 그의 손은 눈을 확인했다. 불에 대해서도 막연히 판단하지 않았다. 그는 램프의 불길 위에 유리를 얹어 관찰한 뒤 글을 썼다.

'불길이 오르면 그 둘레에 기류가 생긴다. 그 기류 덕분에 불은 계속 탄다.'

실험이 중요하다는 것을 벌써 이해하고 있었던 고대 학자들의 책을 그는 열심히 연구했다.

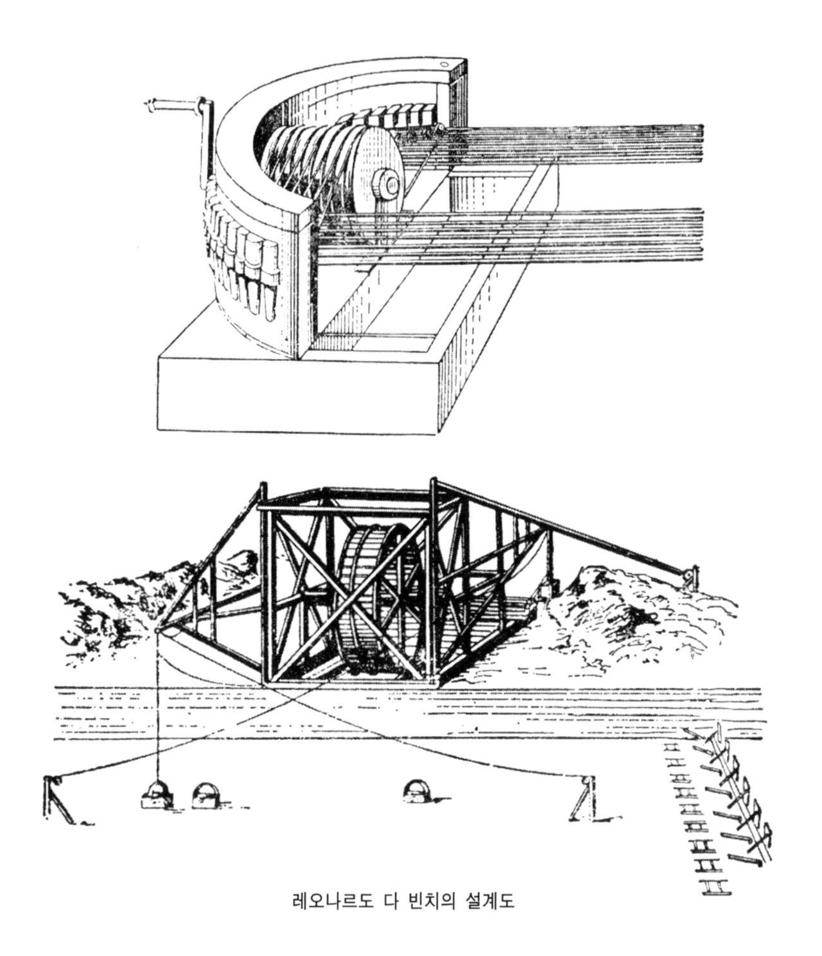

레오나르도 다 빈치의 설계도

신전의 문을 여는 자동기계와 증기로 움직이는 차를 발명한 알렉산드리아의 기계학자 헤론의 저서가 책상 위에 놓여 있었다. 헤론이 시작한 일은 오랜 세기 동안 중단되어 있었다. 그런데 지금 다시 총명한 손이 살아 있는 듯이 보이는 현명한 작품을 만들어 냈다.

따뜻한 공기를 넣은 인조 새가 방 천장으로 올라갔다. 그것은 장난감같이 보였다. 그러나 그 장난감에서 기구(氣球)로 이르는 선은 일직선이었다.

레오나르도는 날아가는 기계도 만들려고 했다. 그는 프로펠러가 달린 기계를 계산해서 도면에 그렸다. 프로펠러가 돌기 시작하면, 기계는 땅 위를 떠나 하늘로 날아오르리라.

창가에 앉아서 그는 몇 시간이고 비둘기가 나는 방법을 연구했다. 비둘기는

가는 다리로 비틀거리며 벽의 튀어나온 곳에 앉았다. 비둘기는 걷기보다 나는 편이 훨씬 뛰어났다. 몇 번 날갯짓을 하더니 앉은 자리에서 떠나 날아올랐다. 배의 노처럼 공기를 뒤로 밀어내면서 지붕 위를 날았다. 이윽고 비둘기는 기류를 탔다. 상공을 돌았다. 날개를 편 채 움직이지 않고 쉬고 있었다.

광장 위를, 풍향기 위를, 탑 위를, 다리 위를 두 번 빙 돌더니 비둘기는 조금도 힘들이지 않고 가볍게 내려왔다. 몸체의 무게가 사면을 이끌 듯이 비둘기를 운반하고 있었다. 한길 가까이까지 내려오자 날개를 한껏 펴고 낙하 속도를 늦추었다. 충격을 줄이기 위해 마지막 날갯짓을 하고 마침내 가볍게 땅바닥에 앉았다.

어리석은 새이지만 나는 방법을 얼마나 정확히 알고 있단 말인가?

그런데 사람은 풍부한 지혜를 가졌으면서도 아직 땅바닥에 매어져 있다!

레오나르도는 창문에서 땅바닥까지의 높이를 눈으로 쟀다. 뛰어내리면 돌에 부딪혀 큰 상처를 입을 것이다. 어떻게든 공중에 머물러 있을 수는 없는 것이라면 그나마 낙하 속도를 늦출 수는 없을까?

그는 오랫동안 생각하고 모형을 만들었다. 그의 노트에 다음의 메모가 나타났다. '사람이 아주 높은 곳에서 뛰어내릴 수 있는 방법에 대하여'. 이리하여 최초의 비행사가 이용하기보다 300년 전에 낙하산이 생겨났다. 레오나르도는 인류에 앞서고 있었다.

메모를 적은 그의 노트 12권은 밀라노 도서관의 잊혀진 사본과 책더미 속에 먼지를 뒤집어 쓴 채 묻혀 있었다.

레오나르도는 1519년에 죽었지만, 그 노트는 겨우 18세기 말이 되어 발견되었다…….

펜에 의한 무수한 글로 생생한 사람의 얼굴이 만들어진다.

함께 모이거나 떨어지거나 옆길로 빠졌는가 싶으면 다시 앞으로 나아가는 무수한 길에서 한 가닥 사람의 길이 나타났다.

몇 세기의 어둠 속에서 살아 있는 거인이 모습을 나타냈다.

언젠가 우리는 상상이 아니라 실제로 그를 본 적이 없을까?

우리는 레오나르도 다 빈치의 아틀리에에서 선·색채·음영의 혼란과 싸우고, 형상·구상·환상의 태풍과 싸우는 이 거인의 모습을 볼 수 있었을 것이다.

그것들은 그의 둘레에서 소용돌이치면서 눈에 보이는 형태를 부여하고, 세계의 사물 중에서 일정한 장소를 주고, 조화가 이루어지고, 또 절대적으로 필요한 질서를 세워 주도록 요구했다. 그러기 위해서 거장은 먼저 자기 자신을 이겨 내고, 가장 다루기 어려운 것, 즉 영감의 충동을 창작으로 드러내야만 했다.

화가의 손은 떨려서는 안 되었다. 구상은 알기 쉽고 또한 명확해야만 했다.

이리하여 그는 자기 자신을 지배했다. 그는 자기의 모든 힘의 주인공이었다.

그의 얼굴은 평온했다. 하얀 수염으로 온통 덮이고, 굳게 다문 입은 총명한 의지를 나타내고 있었다. 하얀 눈썹은 엄숙해 보이지만, 그것은 노여움이 아니라 집중력을 나타내고 있었다.

넓은 이마 아래의 눈은 곧바로 앞을 바라보고 있었다.

그것은 밝은 창문이었다. 자기의 경계를 넓힌 영혼이 그 창문 너머로 무한한 세계를 뚫어지게 바라보고 있었다.

7 사람은 큰 바다의 문턱을 넘어선다

레오나르도 다 빈치가 이미 공기로 큰 바다를 정복하려고 생각했을 무렵, 같은 시대의 사람들은 아직도 물로 지구의 큰 바다를 정복하려고 애쓰고 있었다.

사람은 이 지상에서 얼마나 새로운 것, 놀라운 것을 보아 왔던가! 추운 북쪽 바다에서 마다가스카르까지, 지브롤터에서 수마트라까지 얼마나 많은 나라들을 돌아다녔던가!

그러나 사람 앞에는 대양이 놓여 있었다. 먼 옛날부터 대양은 이 세상 끝이며, 세계를 둘러싼 물의 벽이라고 생각해 왔었다.

아라비아의 뱃사람 이야기에 의하면, 옛날에 헤라클레스라는 거인이 있었다. 그는 대양의 문 옆에 돌기둥을 세우고, 그 기둥에 '여기서부터 앞을 향해 배를 보내서는 안 된다'라고 썼다. 이것은 페니키아의 뱃사람에서 그리스 뱃사람에게로 전해지고, 그리스 뱃사람에서 아라비아 뱃사람에게로 전해진 옛이야기였다.

해안에 서 있었던 것은 기둥이 아니라 헤라클레스 석상이었다고 하는 사람도 있었다. 헤라클레스는 오른손을 뻗어 손바닥을 지중해 쪽으로 향하고 있었다. 그것은 용감하게 배를 저어가는 사람들에게 '멈춰라, 여기서부터 앞을 향해 한 발짝도 나가서는 안 된다'라고 말하는 것 같았다. 또한 거인의 왼손에는 커다란 열쇠가 쥐어져 있었다. 그 열쇠로 대양의 문에 자물쇠를 잠근 것이었다. 지도에도 지브롤터의 위치에 열쇠를 쥔 거인의 모습이 그려져 있었다. 돌의 거인은 살아 있는 사람의 길을 줄곧 막아 왔던 것이다. 사람은 아직 자신의 위력을 몰랐으며, 자신의 힘을 믿지 않았다.

《신곡》이라는 제목의 위대한 책이 있다. 14세기 초에 이탈리아의 시인 알리기에리 단테가 쓴 책이다.

이 책 속에서는 대지를 다음과 같이 그리고 있다.

지상의 조그만 산들 위에 천계가 펼쳐져 있고, 성자와 천사의 낙원으로 통하는 거대한 산이 솟아 있다. 또 반대편의 반구에는 낙원의 산과 마찬가지로 거대한 구멍이 새까만 입을 벌리고 대지의 중심으로 통하고 있다. 이 구멍을 지옥의 테가 둘러싸고 있다. 그곳에서는 죄 많은 영혼이 자기 운명을 한탄하며 슬퍼한다. 그들에게는 편안이란 없다. 떨어진 낙엽처럼 날려가는 자가 있는가 하면, 지옥의 불에 타면서 언제까지나 타 죽지 않는 자가 있다. 대지의 한복판에서는 악인 중의 악인, 이를테면 배신자나 배반자가 얼음 속에 빠져 떨고 있다. 테가 깊으면 깊을수록 형벌은 심해진다.

단테는 자기의 제1원에 오디세우스를 넣었다.

'아무도 앞을 향해 나아갈 마음을 먹지 않도록 헤라클레스가 경계를 정한 그 좁은 해협에 이르러,' 대양의 문턱을 넘으려 했기 때문에 지혜가 뛰어난 오디세우스는 여기서 괴로움을 받고 있다.

단테는 사람의 마음을 알고 있었다. 사람은 가장 큰 품성의 높이까지 이를 수도 있으며, 가장 낮은 배신의 밑바닥에 떨어질 수도 있다. 단테는 이미 아는 것 저쪽의 '미지의 것'으로 사람을 유인하는 충동의 힘에 대해서도 알고 있었다.

하지만 단테는 그 시대의 아들이었다. 그는 월계관을 쓴 그 자랑스러운 머리를 인식할 수 없는 것 앞에 숙였다. 사람의 충동에는 한계가 있으며, 헤라클레스가 열쇠를 잠근 문은 사람 앞에 열리지 않는다는 것을 그는 아직 믿고 있었다.

어찌 그것을 믿지 않을 수 있겠는가!

뱃사람들은 대양을 가리켜 '어둠의 바다'라고 불렀다. 그들 이야기에 의하면, 물에서 증기가 일어나 짙은 안개가 되어 햇빛을 막는다고 했다. 증기 구름이 바다 위를 떠돌며 한 번 돌풍이 불면, 구름을 기둥처럼 말아 올리고 회오리가 되어 물결 위를 달려간다. 대양의 물은 진득진득해서 마치 타르처럼 배에 달라붙는다. 때문에 배는 움직이지 못한다.

그 무렵에는 정말 그렇게 생각하고 있었다. 그러나 과연 거인이 뚫을 수 없는 벽이 있을까?

옛날에 뱃사람들은 한 바다에서 다른 바다로 나가는 것을 두려워했다. 아라비아인은 홍해에서 아라비아 해로 나가는 해협을 '파멸의 문'이라고 했다. 그러나 아랍인 중에도 이 문을 통과한 용감한 자들이 있었다. 그러자 용기가 없는 자들도 그 뒤를 따랐다.

이윽고 대서양의 문턱을 넘는 것을 두려워하지 않는 대담한 뱃사람들이 나타나는 시대가 찾아왔다.

무엇이 그들을 대양으로 유인했을까?

그들은 인도로 향하는 새로운 길을 발견하려고 했다.

그것보다도 거리상으로 짧은 옛날부터의 길은 있었다.

그 하나는 육로로, 바그다드를 지나서 페르샤 만으로 이르는 길이었다.

또 하나는 알렉산드리아와 홍해를 지나가는 더 쉬운 바닷길이었다. 이 바닷길에는 배의 왕래가 많았다. 만일 수면에 자국이 남는다면 거품을 인 항적이 물결 위에 몇천 줄이나 이어져 있었을 것이다.

그러나 이 옛길은 통과할 수 없었다. 통행금지되었기 때문이다.

대체 누가 바다를 차단한 것일까?

바다를 막아버린 자들

알렉산드리아는 한쪽 손을 서쪽으로, 다른 손을 동쪽으로 몇백 년 동안 뻗고 있었다.

그런데 왜 항구에 잡초가 무성해졌을까?

왜 텅 빈 창고에 새들이 보금자리를 틀게 되었을까?

배를 붙들어 매는 밧줄은 썩어 있었다. 뱃전에 부딪히는 일도 없었으므로 파도는 멋대로 항구에 넘실거렸다. 바다에는 돛 그림자도 없었다. 그곳에 거의 모든 나라의 깃발이 나부끼고 있었던 것은 그다지 먼 옛날의 일이 아니었다.

어떤 태풍이 배를 쓸어 버리고, 알렉산드리아 해안 길에 모여 있었던 수많은 떠들썩한 군중을 쫓아 버린 것일까?

그것은 바다의 태풍이 아니라, 사람 역사의 태풍 탓이었다.

1453년의 세계 연대기를 들여다보자. 그것은 큰 재앙과 싸움의 해였다. 아시아로부터 다시 침략의 대군이 몰려왔다. 콘스탄티노플 거리를 터키의 기마병이 뛰어다니고 있었다. 술탄인 마호메트 2세(1430~1481년)는 비잔티움에 대한 승리를 축하했다. 그 축하연 때 그의 테이블은 적의 머리로 장식되었다. 피난민의 무리는 길을 선택할 여유도 없이 비잔티움에서 서쪽으로 도망쳤다. 사람들은 아이들과 가재도구를 둘러메고 갔다. 또한 학자들은 그들에게 무엇보다 귀중한 책을 급히 야만족들로부터 운반해 냈다. 마치 개미가 개미집으로부터 자기들의 알을 운반해 내는 것과 같았다.

그리스 철학자의 작품은 이웃인 이탈리아에 피난처를 발견하려고 여행을 떠났다. 그런데 터키 군은 더욱 전진을 계속하여 흑해의 해안을 따라 북으로, 또한 시리아를 향하여, 이집트를 향하여, 남으로 진격했다.

크림 반도의 제노바인의 요새 카파는 함락되었다. 해자도, 높은 탑도, 이 도시를 구할 수 없었다. 주민들은 남김없이 끌려나와 노예 시장에서 팔렸다.

그로부터 300년 동안 흑해는 황폐된 채 버려져 있었다. 18세기에 러시아 배가 흑해로 배를 띄웠을 때, 바닷길을 아는 사람은 하나도 없었다. 암초나 풍향에 대한 기억조차 남아 있지 않았다.

새로 해도를 만들어야만 했다. 항해사는 무턱대고 배를 몰다가 침몰해 버리기 일쑤였다. 그런 비싼 값을 치르고 바다에 대한 지식을 얻었다.

그런데 그런 대가는 그리스와 러시아의 배가 이 바다를 달렸던 먼 옛날에 벌써 치른 것이 아니었던가…….

여기저기 해안선을 따라 터키 군은 더욱 전진했다. 동쪽으로 향하는 문은 더욱 굳게 닫혀졌다. 터키의 기마병과 친위대는 번화한 시리아의 여러 도시에 이르고, 이집트의 피라미드에까지 다다랐다.

알렉산드리아는 쓸쓸하고 황폐한 도시가 되었다.

그것보다 전에 로마 교황이 그리스도 교도에게 예언자(마호메트)를 믿는 민족과의 통상을 금지하고, 이집트의 술탄이 이단자의 상품에 높은 관세를 붙였을 때, 알렉산드리아의 생활은 벌써 기울고 있었다.

그러나 바다의 도시 알렉산드리아에 심한 타격을 가한 것은 오스만 터키 족이었다. 무엇보다 그들은 언제나 말하고 있었다. 알라는 이슬람 교도에게 육지를, 이교도에게는 바다를 주었다고. 그들에게는 배의 갑판보다도 말안장 쪽이 훨씬 편했다. 서쪽과 동쪽을 잇는 길은 차례차례 차단되었다.

하지만 상인들은 동쪽의 부를 좀처럼 체념할 수 없었다.

두 개의 반짝이는 흐름이 이탈리아 해안의 거리, 즉 베네치아와 제노바에서 만났다.
동쪽에서 서쪽으로 보석·진주·향신료의 흐름이 달려갔다.
그 흐름을 따라 두카트(베네치아의 은화)·플로린·레알 따위의 화폐의 강이 흘러갔다.
동쪽에서는 아름다운 중국 비단이 오고, 서쪽에서는 색깔이 산뜻한 피렌체의 모직물이 보내졌다.
피로를 모르는 사람의 손은 해마다 신속히 움직이게 되었다.
물레의 가락북은 벌써 방차에게 자리를 양보했다. 발은 손을 도와 새 직조기의 페달을 밟았다.
상품과 황금의 흐름은 더욱 빨라졌다. 사람들은 자신에게 물어 보았다. 이런 흐름 중의 가장 큰 것이 멎으면 어떻게 될 것인가?
만일 그런 일이 일어난다면 지중해 연안의 여러 도시의 생활은 메말라 숨을 못 쉬게 될 것이다. 직조기는 멎고 천만의 직공과 견습공들은 일자리를 잃을 것이다. 시장도 정기시도 텅 비고 왕후 같은 세력이 있는 대상인들도 파산할 것이다.
거장의 손으로 그려진 성모상도, 조각이 새겨진 술잔도, 베네치아의 수정유리도, 진귀한 고대의 사본도, 모두 훌륭한 궁전에서 탐욕스런 중개인의 손으로 넘어갈 것이다.
세금도 관세도 들어오지 않게 되어 군주들의 금고는 텅 비어 버릴 것이다.
그런 까닭으로 해서, 왕관이 있는 왕도 왕관이 없는 왕도 서둘러 배를 만들어 대양으로 내보냈다.
그들은 선장에게 말했다.
"새로운 길을 찾게, 해안을 따라 가든지, 똑바로 가든지 아무튼 전진하는 거야. 폭풍도 뚫고 회오리도 두려워 말고 어둠의 진득진득한 바다를 지나고, 불붙는 적도의 땅을 넘어, 필요하다면 지옥의 문도 뚫고 나가 보게!"
이리하여 뱃사람들은 나아갔다.
태풍을 만나 갤리선은 침몰했다. 사람들은 행방불명이 되고, 그들의 아내들은 검은 상복을 입었다. 그래도 새로운 배는 여전히 차례차례 선대에서 바다로 미끄러 내려졌다. 오로지 탐험대를 보내고 싶은 욕심에서 왕들은 다이아몬드를 저당잡혔다. 상인들은 모든 재산을 파는 것도 마다하지 않았다.
또한 원양 항해의 지원자는 넘치도록 풍부했다. 소년들은 집에서 도망쳐서 선창의 부대나 통 속에 몸을 숨기고 동화의 나라로 건너가려고 했다.

베네치아나 제노바보다 더 대양에 가까운 도시가 있었다. 그곳 주민들은 이 탐험열에 매력을 느꼈다. 대양이 그들에게 손짓하는 것 같았다.

금속을 사용하지 않은 교묘한 조각을 한 나뭇조각을 타수가 물에서 주워 올렸다. 여태껏 본 적이 없는 구멍투성이의 큰 나무줄기가 해류를 타고 운반되어 왔다.

문신이 그려진 사람 시체를 실은 배가 아조레스 제도에 표류했다. 그러고 보면, 이 드넓은 대양 건너에는 해안이 있었다. 뱃사람들은 대양의 끝에서 눈을 뗄 수가 없었다. 그 앞에는 분명히 인도의 신전이 있으며, 금빛 찬란한 중국의 궁전이 있었다.

이리하여 차례차례로 배가 지브롤터를 지나갔다.

세 개의 곶에 대하여

지브롤터를 나오면 어떤 배는 오른쪽으로 돌고, 어떤 배는 왼쪽으로 돌고, 또는 그대로 일직선으로 앞으로 나아가는 배도 있었다.

제노바의 갤리선은 오른쪽으로 돌아 유럽의 해안을 따라 전진했다. 뱃사람들은 안트워프에 이르러 시장에서 자신들의 상품을 팔고 무사히 돌아왔다.

제노바의 비발디 형제는 두 척의 갤리선을 타고 곧장 나아갔다. 그들은 대양을 건너 인도로 갈 작정이었다. 그러나 뱃사람도 배도 '어둠의 바다'에 삼켜지고 말았다.

포르투갈인은 관문에서 나가서 왼쪽으로 돌았다. 그들은 조심스럽게 아프리카의 서해안을 따라 나아갔다. 보하도르 곶에서 태풍을 만나서 배를 멈추었다. 대양은 이렇게 말하는 것 같았다.

"안 돼! 여기서 더 나가서는 안 돼."

거기서 그들은 이 곶에 '넘지 못하는 곶'이라는 이름을 붙였다. 그들로서는 목숨을 걸고 나아갈 필요가 없었다.

프톨레마이오스 시대부터 남쪽으로 멀리 배를 보내서는 안 된다고 학자들은 주장했었다. 남쪽은 몹시 더워서 도저히 살 수 없다, 그곳에는 식물도 동물도 없다, 게다가 아프리카는 두꺼운 벽이 되어 극지까지 뻗어 있다, 도저히 남쪽을 돌 수는 없다, 즉 이 길로 인도에 이를 수는 없다는 말이었다. 인도에 이르지 못한다는 것은 앞으로 배를 전진시킬 필요가 없다는 것이었다. 하물며 아프리카 자체에 목숨을 걸 값어치는 없지 않는가. 그것이 학자들의 판단이었다. 그 무렵 아프리카는 인도로 가는 길을 막는 꺼림칙한 방해물로만 생각했다.

그러자, 더 앞으로 나아가서 '넘지 못하는 곳'을 '넘어라'고 말한 대담한 사람들이 나타났다. 그들은 적도 가까이까지 가서 가장 더운 곳에 이르렀다. 그 결과 프톨레마이오스가 한 말이 틀렸다는 것을 알았다.

포르투갈인들은 이런 농담을 섞어 적도의 여러 가지 불가사의에 대해서 말했다.

"폐하의 허락을 얻어 하는 이야기이지만, 폐하가 사람이 살지 않는 곳으로 생각했던 지방에는 색깔이 검은 종족이 많이 살고 있었으며, 나무들도 더위 덕분으로 믿을 수 없을 만큼 높이 자라고 있었지요."

지도에 '베르데(초록색) 곶'이라는 새로운 이름이 나타났다.

햇빛에 탄 누런 땅을 볼 것으로 생각했었는데, 그곳은 온통 초록색이었다. 야자나무와 관목이 우거져 있었다. 그리고 수풀 사이에서 피부가 나무껍질같이 거칠고 귀가 큰 나뭇잎 같은 코끼리가 낯선 사람들 쪽을 바라보고 있었다…….

뱃사람들은 더욱더 대담해졌다. 그들은 앞으로 나아가 해안에 포르투갈의 국장을 새긴 돌기둥을 세우고, 그곳을 십자가와 깃발로 지도에 적어 넣었다.

십자가와 깃발은 1마일 또 1마일씩 앞으로 나아갔다. 그러자 몇천 마일 앞에 있을 극지에 이르기 전에 아프리카 해안은 갑자기 동쪽으로 구부러졌다. 이번에는 드디어 아프리카를 돌 수 있다고 생각했으나 그렇게 쉽게 되지는 않았다. 앞길에 다시 태풍이 일어나고 맞바람이 불어왔다.

포르투갈의 뱃사람들은 또 하나, 아프리카의 가장 남쪽 곶, 즉 '폭풍의 곶'을 지도에 적어 넣었다. 그러나 그 앞을 나아갈 결심이 서지 않았다. 배를 돌리려고 했을 때, 바르톨로메우 디아스는 국장이 새겨진 돌기둥에 기대어 언제까지나 서 있었다. 자기 아들과의 이별처럼 그 기둥에서 좀처럼 떠날 수 없었던 것이다.

배를 동쪽으로, 인도 해안으로 돌리는 운명은 다른 지휘자에게 옮겨졌다.

포르투갈 왕은 '태풍의 곶'을 '좋은 희망의 곶(희망봉)'으로 이름을 바꾸도

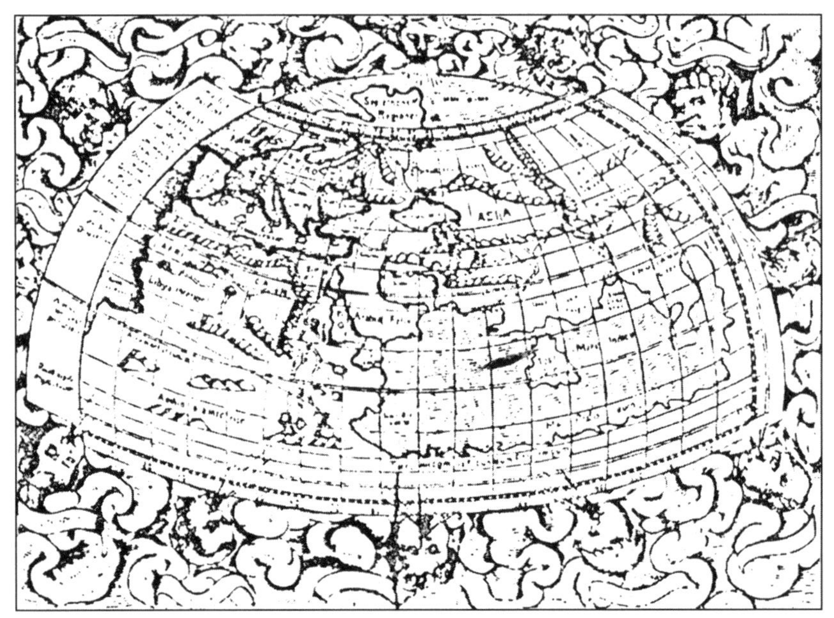

프톨레마이오스 지구의 지도에는 남극 지방에 커다란 대륙이 나타나 있다. 지도 주위에는, 여러가지 그림이 그려져 있다.

록 명령했다. 이 곳도 이제는 그들의 전진을 방해하지 않을 것이었다.

몇 년이 지났다. 그리하여 이 좋은 희망은 실현되었다.

바스코 다 가마의 선대는 아프리카를 돌아서 맞바람과 거친 조류와 싸우면서 동쪽으로 나아갔다.

마침내 지금의 말라바르 해안의 높은 산들이 수평선 위에 보이기 시작했다. 포르투갈인의 선대는 인도의 도시 캘커타 앞에서 닻을 내렸다.

바스코 다 가마의 동행자 중의 한 사람은 그의 일기에서 이렇게 적었다.

1497년 포르투갈 왕 마누엘은 향신료를 발견하기 위해 배 4척을 보냈다. 선대의 대장은 바스코 다 가마였다. 1497년 7월 8일 일요일, 우리는 라스텔로에서 닻을 올렸다. 신이여, 우리 탐험에 좋은 성과를 올려 주소서…….

1498년 5월 17일, 우리는 육지를 발견하고 다음은 캘커타 시에 다가갔다. 대장은 대원 한 사람을 시로 보냈다. 그는 카스틸랴어와 제노바어를 안다고 하는 튀니스 출신의 두 무어인을 만났다. "매우 무모한 사람들이로군. 일부러 위험한 길로 오다니!" 이것이 두 사람의 첫인사였다. 다음에는 무슨 용무로 왔느냐고 물었다. 그래서 사자는 "향신료가 필요합니다"라고 대답했다……. 왕은 화려한 쿠션을 여러 개 놓은 호화로운 긴의자에 느긋하게 반신을 기대고 대장을 맞았다. 그는 우리의 국왕에게 야자 잎에 적은 편지를 전하도록 했다. 거기에는 다음과 같이 적혀 있었다.

'귀국의 명사 바스코 다 가마의 방문을 대단히 환영합니다. 우리 나라는 육계·정향유·생강·후추가 많으며 또한 보석도 많이 산출됩니다. 귀국으로부터 금과 은, 산호와 새빨간 모직물을 받고 싶습니다.'

8월 29일, 발견할 만한 것은 모두 발견했기 때문에 대장은 귀국하기로 결정했다. 우리는 모두 펄쩍 뛰면서 좋아했다. 무엇보다 위대한 것을 발견했기 때문이다. 캘커타로부터 이렇게 여러 가지 향신료를 가져간다면, 포르투갈에서뿐만 아니라 그밖에도 얼마나 많은 나라에서 식사를 즐길 수 있을 것인가.

우리는 바람이 없는 데다가 맞바람 때문에 3개월에서 3일 부족한 날들을 바다 위에서 어물거렸다. 승무원들은 모두 중병에 걸렸다. 잇몸이 몹시 붓는 바람에 이가 모두 덮여 음식을 먹을 수도 없었다…….

그동안에 30명이 죽었지만, 그 전에도 똑같은 수의 사람들이 죽었다. 결국 어느 배에도 7, 8명밖에 남지 않게 되었다. 그것도 겨우 맡은 소임을 할 수 있을 정도로, 건강하다고 할 수는 없었다. 우리는 메린디에 5일 동안 머물고 모두에게 죽음의 위협을 주었던 마지막 항해의 무서운 시련에서 겨우 숨을 돌렸다. 우리는 성 라파엘의 이름을 붙인 배에 태워졌다. 모든 배를 움직이기에는 이제 선원이 부족했기 때문이다…….

일기는 여기서 끝나고 있다. 아마 이것을 쓴 사람도 조국을 멀리 떠난 곳에서 죽음을 맞았으리라.

포르투갈인은 인도로 가는 해로를 발견했다. 그러나 이 사람들은 넓은 대서양으로는 나가지 않았다. 대서양을 횡단한 것은 에스파냐인과 영국인이었다.

포르투갈인이 천천히 아프리카를 돌고 있을 그 무렵, 에스파냐인과 영국인은 무서운 '어둠의 바다'를 건너 곧장 서쪽으로 인도를 향해 나아갔다. 제노바와 베네치아 출신의 경험을 쌓은 노련한 뱃사람들이 지휘를 했다. 지중해는 대양의 정복자들에게 알맞는 학교였다.

이리하여, 제노바의 뱃사람 크리스토퍼 콜럼버스(1446?~1506년)는 카스틸랴 왕과 레온 왕을 찾아 에스파냐로 갔다. 또한 베네치아인 조반니 카보토(1425?~1498년)는 영국의 브리스톨에 조선 회사를 세웠다.

콜럼버스는 돈 크리스토발 콜론이라는 이름으로 바꾸고, 에스파냐의 제독이 되었다.

카보토도 역시 존 카보토라고 이름을 바꾸었다.

한 사람은 대양을 건너 서인도 제도에 닿았으며, 다른 한 사람은 몇 년 뒤에 북아메리카를 발견했다.

인류는 이 두 해, 1492년과 1497년을 잊지 않을 것이다.

이들 최초의 용감한 탐험가에 이어 많은 항해자들이 신세계를 향해 나아갔다.

거인은 신대륙을 발견한다

거인은 한 발짝 내디뎠다. 그러자 그의 발은 아메리카 연안의 섬들을 디뎠다. 섬에서 섬으로 건너 대륙에 이르러, 그들은 해안을 헤매다가 숲과 초원 속으로 들어갔다.

그들 앞에는 그들을 보냈던 세계와 전혀 다른 '신세계'가 열려 있었다.

그곳에는 거대한 숲을 뚫고 거대한 강이 흐르고 있었다. 강은 덩굴 식물이 얽힌 나무들의 초록색 터널을 빠져서 흘렀다. 밀림은 강을 안고 그 숨을 끊으려고 했다. 그러나 승리는 결국 강 쪽에 있었다. 비가 내리면 강은 바다처럼 넘쳐 숲을 침범했다. 몇백 년이나 서 있었던 거대한 나무들이 강의 변덕에 지고 말았다. 강은 승리의 기쁨에 넘친 듯이 큰 나무들을 흔들거나 서로 부딪히게 하면서 희롱했다. 아직 강어귀까지는 몇백 킬로미터가 되는데, 수위는 오르락내리락 했다.

그것은 밀물 때 대양이 파도를 강 안쪽으로 몰아넣었기 때문이다. 그러나 강도 지지는 않았다. 이윽고 해안과 이별을 고하면 넓은 해양 속으로 계속 자기의 여행을 계속했다. 대륙에서 꽤 떨어진 곳에서도, 소금물 속에 강의 민물을 충분히 퍼넣을 수 있었다.

북쪽에서는 커다란 호수가 마치 거대한 술잔처럼 한 호수에서 다른 호수로 이어져 있었다. 물은 한 호수에서 다음 호수로, 세계 제일의 폭포가 되어 요란한 소리를 내고 떨어졌다.

거인은 대륙을 걸어갔다. 그는 구름 위에 솟은 산들을 보았다. 산비탈에는 가장 큰 떡갈나무보다 4배나 큰 나무들이 뻗어 있었다. 그들 나무는 수령이 몇천 년이나 되었다. 그중의 가장 늙은 나무가 처음 초록빛 싹을 이 세상에 내밀었을 때에는, 지상에는 아직 쇠도끼 한 자루도 없었다. 사람은 쇠를 얻기에 이르지 못했던 것이다.

거인은 더욱 앞으로 걸어갔다. 그의 발밑에는 쟁기로 간 듯한 협곡이 있었다. 골짜기 밑까지는 2킬로미터나 되었다. 그 아래로 흘러가는 강은 위에서는 거의 보이지 않았다.

거인이 한 발짝 옮길 때마다 새들이 깜짝 놀라 푸드덕 날았다. 어깨가 불룩 솟은 들소들은 친근하게 다가와 길을 막아서, 돌이나 막대기로 쫓아 버려야만 했다.

거인이 된 사람은 이렇게 하여 새로운 세계를 점령하면서 앞으로 앞으로 나아갔다.

발견의 대가

우리는 우리 자신을 거인이라고 말했다.

그러나 먼 역사를 들여다보면 숲이나 초원 속에서 자취를 감춘 한 줌의 용사들을 이곳저곳에서 발견할 것이다.

지금 곤살로 피사로(1511?~1548년)는 부하들을 데리고 눈에 덮인 안데스 산맥을 넘어가고 있다. 사람들은 얼어붙은 벼랑을 조심조심 올라갔다. 균형을 잡기 위해 양팔을 벌렸다. 매우 높기 때문에 숨쉬는 것조차 어려움을 느끼고 있었다. 모두 숨을 헐떡거리며 지쳐 버렸다. 피사로는 부하 하나가 절벽 아래로 떨어지는 것을 보았다. 이어 또 한 사람…….

다른 곳에서는 케사다와 그의 동료들이 남아메리카의 정글을 도끼와 칼을 휘두르며 길을 열고 있었다. 숲은 그들을 통과시켜 주려 하지 않았다. 덩굴식물이 손에 얽히고, 힘이 빠져 다리가 비틀거렸다. 수없이 많은 가시가 그들의 몸을 찔렀다. 개미·벌·뱀 등은 낮이고 밤이고 할 것 없이 쉴 시간을 주지 않았다. 겨우 한 발짝을 나아가는 데도 사람은 힘겨운 노동과 고통을 치러야 했다.

나무 밑에 빠지고 산비탈을 기어가는 이 사람들은 아주 작게 보인다.

그러나 그들의 힘은 바로 거인의 힘이었다.

그들의 과업에는 큰 용기와 인내와 불굴의 힘이 필요했다.

에스파냐의 뱃사람 나르바에스(1470?~1528년)와 카베사 데 바카(1490?~1557년)가 플로리다 해안에 나가 보니, 자기들의 배는 벌써 그곳에 없었다. 그들이 돌아오는 것을 기다리지 못하고 선대는 떠났다. 하지만 그들은 크게 실망하지는 않았다. 배라고 할 수는 없지만 돛을 단 보트 정도라면 만들 수 있지 않을까 생각했다.

이리하여 뱃사람들은 거의 맨손으로 일을 시작했다. 도끼도 망치도 못도 없었다. 승마 구두에서 박차를, 말안장에서 등자를 떼어 냈다. 쇠로 된 것을 모두 다시 녹였다. 사슴가죽으로 풀무를 만들어 불을 피웠다. 망치를 만들고, 그것으로 꺾쇠와 못을 만들었다.

보트에는 돛이 필요했다. 셔츠를 꿰매서 돛을 만들었다. 로프도 필요했다. 덩굴 식물을 꼬아서 로프를 만들었다. 보트가 만들어졌다. 박차와 등자로 만든 못으로 겨우 조각배 같은 형태를 갖춘 것이 넓은 바다로 나아갔다.

로빈슨 크루소에게 진취의 기상과 불굴의 정신을 가르친 것은 아마 이들이었으리라!

거인이 된 사람은 신대륙을 의기양양하게 걸어갔다. 그러나 하나하나의 작은 사람에게는 이 승리가 얼마나 괴롭게 느껴졌을 것인가! 열대의 정글 속에서 습기와 독기 때문에 무기는 녹슬고 모자와 옷은 썩어서 너덜너덜해져 버렸다.

숲에는 뱀이 기다리고 있었다. 강에 떨어진 사람은 악어의 밥이 되었다.

밤이 되면 사람들은 야수를 피하기 위해 높은 나무에 해먹을 매달고 잤다. 그런데 이번에는 쉽게 나무에 기어오르는 재규어가 그들을 습격했다.

식량이 떨어질 때도 있었다. 그런 때에는 허리띠나 구두창을 삶아서 먹는 일도 있었다.

더욱이 신대륙은 아무도 살지 않는 곳이 아니었다. 남의 집에 들어간 것과 같았다. 따라서 평화는 곧 깨어졌다. 신대륙의 해안에서 포성이 울리자, 그 보복으로 독화살의 빗발이 퍼부어졌다.

신세계의 발견은 손님에게나 주인에게나 매우 비싼 대가를 치르게 했다. 더욱이 주인 쪽이 더 심한 피해를 입었다.

에스파냐인은 인디언을 사람으로 취급하지 않았다. 아메리카에는 아직 말이 적었다. 그래서 에스파냐인은 짐을 운반하는 동물 대신 인디언을 사용했다. 긴 행군 때는 그 인부들이 포가도, 무거운 닻도, 배의 로프도, 모든 것을 둘러메고 가야만 했다.

인디언은 광산에서 은을 채굴하고, 에스파냐인의 영지에서 밭을 갈았다. 조금이라도 말을 듣지 않으면 심한 벌을 받았다. 집과 함께 태워 죽이거나 개에 물려 죽였다.

에스파냐인은 사나운 불도그를 가지고 와서 사람 사냥을 가르쳤다. '토마로(잡아라)!' 하고, 명령하면 불도그들은 금방 인디언에게 덤벼들어 목을 물었다.

인디언은 가엾은 비명을 지르며 손발로 개를 막으려고 했다.

그러나 단말마의 몸부림에 에스파냐인은 웃고 있을 뿐이었다.

물론 이런 일은 조금도 신기한 일이 아니었다. 이미 코르시카 섬에서 로마인이 개를 써서 사람 사냥을 하고 있었다. 그러나 에스파냐인은 잔인함에 있어서 로마인보다 더했다.

사냥감을 나눌 때에는 개들도 병사들과 똑같은 몫을 받았다. 레온시코라는 유명한 개가 있었다. 그 개는 주인을 위해 몇천 플로링을 '벌어 주었다'고 전해진다. 어떤 사격의 명수도 그만큼 벌 수는 없었으리라. 이리하여 가장 영광스러운 역사의 한 페이지는 개들에게 물려 죽은 인디언들의 피로 더럽혀졌다.

그러나 초기에 건너간 사람들 중에는, 그런 부끄러운 일을 할 수 없었던 이들도 있었다는 사실이 인류의 명예를 위해 그나마 다행이었다.

수도사 안토니오 몬테시노는 설교할 때마다 짐승처럼 된 사람들의 죄를 폭로했다. 어떤 협박도 그를 침묵시킬 수는 없었다. 또 한 선교사 라스 카사스(1474~1566년)는 일생을 인디언 보호를 위해 바쳤다.

신세계의 발견은 사람들에게 비싼 대가를 치르게 했다. 인디언 부락은 차례차례 전멸했다. 마을 사람들이 남김없이 모두 자살한 인디언 마을도 있었다. 그들에게 생활은 그만큼 견디기 어려웠던 것이다.

백인들도 결코 편하지는 않았다. 말라리아에 걸려 쓰러지고, 독화살을 맞아 고꾸라졌다. 단두대나 교수대에서 일생을 마친 사람도 많았다. 건너온 사람들끼리도 잘 화합되지 않았다.

선원들은 벌레먹은 빵을 먹고 태풍과 싸우는 일에 싫증이 났다. 자기 집과 고향이 그리웠다. 그들은 반란을 일으켜 선장을 선창에 가두었다. 폭동 진압에 성공하면, 선장은 주모자를 돛 활대에 매달거나 무인도에 버리기도 했다.

정복자가 만든 도시에서는 권력과 강탈물을 둘러싸고 치열한 싸움이 벌어졌다. 콜럼버스는 쇠사슬에 매어져 자신이 발견했던 그 길로 에스파냐에 끌려갔다.

바스코 누느에스 드 발보아(1475?~1517년)는 사형 선고를 받았다. 그는 태평양을 본 최초의 사람이었다. 이 영광스런 에스파냐인의 머리는 에스파냐인이 발견한 땅에 뒹굴게 되었다.

이런 재난이나 위험에도 무엇이 신세계 안으로 사람들을 이끌어 들인 것일까? 바로 황금이었다. 황금이 없는 땅은 지도에다 '쓸모없는 땅'이라고 적어 넣었다.

그런데 북부에서는 그런 '쓸모없는 땅'을 영국인과 프랑스인이 손에 넣었다. 그들은 숲 속에서 값진 털가죽을 얻었다. 그것을 유럽의 시장에 내놓으면, 번쩍이는 돈을 손에 넣을 수 있었다. 그중에는 다시 환영을 좇아서 몇천 킬로미터나 걸어간 사람들도 있었다.

곤살로 피사로, 케사다, 오렐랴나(1505?~1550?) 등은 황금의 나라 엘 도라도를 찾으러 다녔다. 영국의 탐험가이며 시인인 월터 롤리(1552?~1618년)도 그것을 찾고 있었다.

인디언은 그들에게 말했다. 어딘가에 황금의 나라가 있다, 그 국왕은 태양처럼 빛나고 있다, 매일 아침 국왕은 머리에서 발끝까지 금가루를 뿌리는데, 해가 지면 국왕은 그 금가루를 강에서 씻어내린다.

유럽인은 이 이야기를 진짜로 믿고 엘도라도를 찾기 위해 아메리카의 산과 숲을 걸어다녔다. '청춘의 강'을 발견하려고 했던 폰스드 레온(1460?~1521년) 같은 탐험가도 있었다. 이것도 인디언들의 이야기로, 그 강에 들어가면 건강과 청년의 힘을 되찾는다는 것이었다.

이 세상에는 엘도라도라는 나라도, '청춘의 강'이라는 강도 없었다. 그러나 그것을 찾고 있는 동안에 사람들은 그런 허구의 강이나 나라가 아니라 진짜 강이나 나라를 발견했다.

피사로와 오렐랴나는 거대한 아마존 강을 답사했다. 케사다는 오리노코 강의 상류로 나왔다. 폰스드 레온은 플로리다를 발견했으며, 월터 롤리는 귀아나를 발견하고 미래의 합중국 지역에 최초의 영국 식민지 버지니아의 기초를 열었다.

신세계와 낡은 편견에 대하여

사람은 세계를 발견했다. 그런데 여태껏 여러 번 그러했듯이, 낡은 세계가 아니라 새로운 세계로 왔다는 것을 곧 이해하지 못 했다.

발견하고 자기 눈으로 본다는 것은 쉬운 일이 아니었다. 더욱이 본 것을 이해하기란 더욱 어려운 일이었다.

항해자들은 새로운 길을 통하여 인도와 중국에 이를 것을 기대하고 대양 저쪽을 향하여 떠났다. 그러자 대양 저쪽에서 낯선 대륙이 갑자기 얼굴을 내밀었다. 대체 자기들이 어디에 온 것인지 그들로서는 짐작이 가지 않았다.

그들은 인도로 가려고 생각했다. 그런데 아메리카에 가까운 섬에 닿았던 것이었다.

항해 도중 밤마다 범선의 갑판에 나와서 눈도 붙이지 못하고 날을 새울 때, 콜럼버스는 곧잘 꿈도 환영도 아닌 것을 보았다. 그는 자기 선대가 인도의 항구로 들어가는 그날을 몇 번이나 머리에 그렸는지 모른다.

지금 닻을 내린다. 터번을 두른 사람들이 둘레에 작은 배를 저어온다. 가까이에는 거적으로 만든 돛, 마스트처럼 긴 노를 단 커다란 중국의 정크가 물결에 흔들거리고 있다.

해안에서는 장사꾼·선원·짐꾼·수도승 등의 군중이 떠들고 있다. 아라비아산 말을 탄 사람, 또는 금사슬을 목에 건 코끼리가 오면 사람들은 좌우로 길을 열어준다.

콜럼버스는 라자(인도의 왕)의 궁전으로 간다. 라자는 다이아몬드를 박은 옥좌에 앉아서 그를 맞는다.

아라비아 상인들은 여전히 여러 가지 흉계를 꾸민다. 어쩌면 배를 습격할지도 모른다. 하지만 이 강도들을 혼내 주는 데는 포탄을 한 방 먹이면 충분할 것이다.

이리하여 선대는 귀항한다. 선체는 물에 깊숙이 잠겨 있다. 무엇보다 값진 짐이 천장에 찰 만큼 가득 선창에 들어 있기 때문이다. 그 짐은 진주·금·향기 좋은 백단향·육구두·정향유·육계 등이다. 그런 꿈이었다. 그런데 실제로는 어떠했는가?

그가 본 것은 화려한 옷을 입은 사람들이 아니라, 아무것도 입지 않은 사람들이었다. 좋은 옷이라든가 나쁜 옷이라든가 하는 것은 문제가 아니었다. 또 화려한 궁전은 어디로 가고, 있는 것은 다만 오두막일 뿐이었다.

금사슬을 건 코끼리도 없었으며, 금안장을 얹은 말도 없었다. 해안은 텅 비어 있었다. 언저리에서는 중국의 정크도 닻을 내리고 있지 않았다.

여기가 자신이 목표로 한 곳이 아니라는 것을 콜럼버스가 모를 리 없었다.

그러나 콜럼버스는 어디까지나 인도를 볼 작정이었으므로, 실제로는 인도 아닌 곳에서 인도를 보았던 것이었다.

거의 1분간도 생각하지 않고 그는 토착민을 가리켜 '인디언'이라고 불렀다. '인디아'란 말이 머리에서 떠나지 않았기 때문이다. 이를테면 우리도 오늘날까지 그의 잘못을 그대로 되풀이하고 있는 셈이다.

쓸쓸한 해안에 보잘것없는 오두막이 몇 채 보였다. 그러나 콜럼버스는 이것을 풍요로운 나라의 가난한 시골 마을이라고 생각했다.

토착민 중에는 코에 금막대기를 꽂은 사람이 있었다. 그것을 보고 그는 동방의 부가 가까이에 있다고 생각했다. 열대 밀림 숲 속에서 꽃 향기가 풍겨왔다. 그것이 콜럼버스에게는 인도의 향신료와 향나무가 내는 향기로 생각되었다.

인디언은 '시오바'라고 말하면서 서쪽을 가리켰다. '시오바'는 '바위투성이의 땅'이란 뜻인데, 콜럼버스는 그것을 '시팡고'라고 들었다. '시팡고'는 그 무렵 일본의 명칭이었다.

인디언이 '카라이브'라고 하자, 그의 귀에는 '카니바'로 들렸다. 이것은 몽골계의 어떤 부족의 명칭이었다.

그날 밤, 그는 자신만만하게 항해 일지를 썼다. 대한(大汗 : 몽골 민족의 황제에 대한 칭호)의 도읍 쿠인사이 가까이에 있다고. 쿠바 섬에 이르자 그는 이 나라의 왕에게 사절을 보냈다. 사절로 아라비아어를 아는 사람들을 선발하고 향신료 견본을 쥐어 보냈다. 이 나라에 후추나 육계가 어느 정도 있는가를 알아 내기 위해서였다. 그리고 섬 주권자들과 카스틸랴 왕과 동맹을 맺을 이야기부터 시작하라고 명령했다.

사절들은 섬 내륙으로 가서 큰 도시 대신 50호쯤 되는 오두막 마을을 발견했다. 국왕은 땅바닥에 앉은 채 사절들을 맞았다. 물론 아라비아어가 통하지 않았기 때문에 몸짓으로 설명할 수밖에 없었다. 향신료 견본을 보자, 국왕은 몹시 놀라는 표정으로 그런 것은 한 번도 본 적이 없다는 몸짓으로 대답했다.

아무래도 이야기가 이상했다. 전혀 이해가 가지 않았다.

하지만 콜럼버스는 모든 의심을 스스로 물리쳤다. 그는 쿠바 섬을 중국의 한 지방이라고 짐작하고, 부하 선원들에게도 그것을 의심하지 말라고 일렀다.

그 협정서에는 다음과 같이 씌어 있었다.

'이 협정을 배반하는 자가 있으면, 사관의 경우에는 혀를 자르고 1000마라베디스(에스파냐의 옛날 화폐)의 벌금에 처하고 선원의 경우에는 곤장 100대의 벌에 처한다.'

카리브 해를 지나갈 때도 콜럼버스는 그것을 인도양이라 생각하고 의심하지 않았다. 그리하여 홍해와 알렉산드리아를 거쳐 귀국할 작정으로 파나마 지협 근방에서 갠지즈 강 어귀를 찾아보았다.

콜럼버스는 네 번 대양을 항해했다. 그런데도 인도 옆까지 갔다는 것, 에스파뇨라 섬(아이티 섬)이 일본이라는 것을 한평생 굳게 믿고 있었다.

위대한 항해자에 대해서 역사는 엄청난 장난을 한 셈이다.

그는 낡은 생각을 지닌 채 '신세계'로 왔다. 그러한 생각 때문에 자기가 이룩한 위대한 일의 뜻을 잘 이해하지 못했다.

그는 새로운 시대의 제1인자의 한 사람이었다. 그러나 그의 머리는 아직 낡은 사고방식에서 떠날 수 없었다. 세계는 좁고 작아서 대양을 건너면 며칠 안에 동양의 나라까지 갈 수 있다고 믿었다. 구약성서의 '에즈라'에는 육지가 바다보다 5배 넓다고 씌어 있었다.

그는 이제 지구가 구형(球形)이라고 생각했지만, 사과 모양보다는 서양배 모양을 닮았다고 생각하고 있었다. 배의 꼭지 부분에 하늘에 이르는 산이 솟아 있고, 그 산 위에 지상의 낙원이 있다. 자기는 낙원 가까이의 어디에 있는 것일까, 하는 생각이 때때로 그의 머리에 떠올랐다.

그는 조그만 만의 맑은 물에 그림자를 비추고 있는 야자나무를 보았다. 따뜻한 공기에 실려 향긋한 냄새가 풍기고 있었다. 아름다운 앵무새 무리가 나뭇

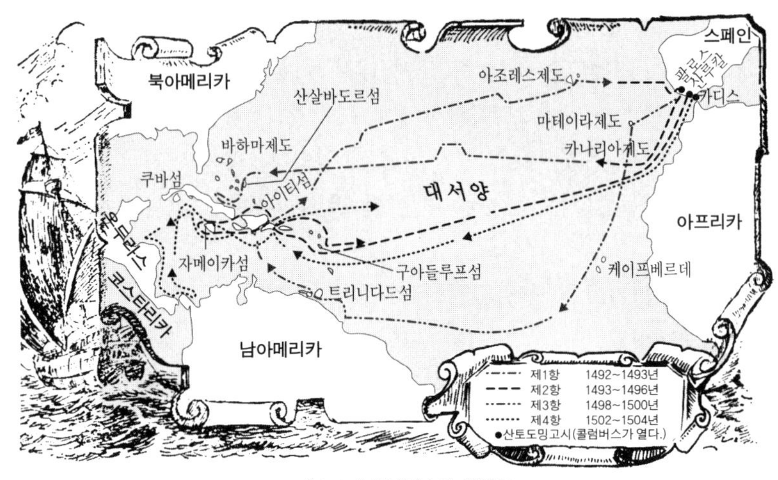

크리스토퍼 콜럼버스의 항해도

잎 위를 날아다니고 있었다. 나무 밑에는 아담과 이브와 같은 벌거벗은 사람들이 오가고 있었다. 그는 황홀하여 지상의 낙원으로 인도해 준 것을 하느님에게 감사했다.

콜럼버스의 일생은 큰 발견과 큰 착각의 역사였다.

이 착각으로 그는 큰 손해를 입었다. 모처럼 그가 발견한 대륙은, 그의 이름이 아니라 아메리고 베스푸치(1451~1512, 이탈리아의 항해자)의 이름으로 불리게 되었다. 이 사람은 아무것도 발견하지 않았다. 다만 아메리카가 '구세계'가 아니라 '신세계'라는 것을 추리했을 뿐이었다.

콜럼버스에 이어 아메리카로 온 항해자들이 그곳에서 본 것은 원시인과 석기뿐이 아니었다. 멕시코나 페루에서는 용수로와 둑, 다리와 길, 궁전과 신전을 보았다. 금세공의 짐승과 새, 아름다운 직물, 상형문자와 그림으로 장식한 항아리가 그들을 놀라게 했다.

과거의 인류가 여기서는 현재에 살고 있었다. 북아메리카의 숲 속에서 사람들은 원시 수렵인의 생활을 하고 있었다. 그들은 주술적인 춤으로 자기들에게 고기를 주도록 들소를 희생으로 바치고 열심히 기도를 드렸다.

푸에블로라고 하는 멕시코의 마을은 에게 해 제도의 큰 씨족 집안과 같았다. 우두머리인 몬테수마는 크레타 섬의 전설의 왕 미노스처럼 자기 궁전의 옥좌에 앉아 있었다.

또한 남아메리카에서는 고대 이집트처럼 농민이 신전에 참배하고 태양을 신으로 믿고 있었다. 잉카 제국의 왕은 이집트의 파라오처럼 백성의 생사를 그 손에 쥐고 있었다.

이 세 가지 일은 그대로 인류 역사의 커다란 세 단계를 나타내고 있었다.

그런데 대양을 건너온 정복자들은 역사를 몰랐기 때문에 눈으로 본 것을 이해하지 못했다.

씨족의 우두머리를 그들은 영주로 착각했다. 인디언 여자의 주술적인 춤을 여관들의 춤으로 생각했다.

정복자들에게는 금은의 조각이나 술잔밖에 눈에 들어오지 않았다.

훨씬 전에 옛 세계에서 잊어버렸던 고대문화가 아직도 살아 있는 도시들을, 그들은 인정사정없이 파괴해 버렸던 것이다.

사람은 지구를 일주한다

지상에서 과거와 현재가 동시에 살고 있었다. 어떤 사람에게는 세계가 아직 좁고 작아 보였지만, 한편에서는 세계가 얼마나 큰가를 벌써 아는 사람이 있었다.

콜럼버스의 일행이 아이티 섬에 상륙했을 때, 선원들은 인디언에게 물었다.

"여기는 무슨 나라입니까?"

"퀴스케이아"라고 인디언이 대답했다.

퀴스케이아란 인디언 말로 '세계'라는 뜻이다. 그들은 자기들의 섬을 전세계라고 생각하고 있었다.

이번에는 인디언이 에스파냐인에게 물었다.

"당신들은 어디서 왔습니까? 용케도 하늘에서 내려왔군요!"

이것은 옛날에 동아프리카의 푼트라는 향나무 나라의 주민이 이집트 뱃사람들에게 했던 질문과 똑같은 것이었다. 그런 천진스러운 말을 듣고, 에스파냐인들이 껄껄 웃었던 것 또한 그때의 이집트인과 똑같다. 왜냐하면 그들은 세계가 크다는 것을 벌써 알고 있었기 때문이다. 자기들의 생애에서 그들은 많은 나라와 민족을 보아 왔다. 아이티 섬에 이르기까지 그들은 몇 날 며칠 밤을 대양의 파도에 시달렸던가! 그리하여 인디언이 전세계라고 생각하고 있었던 이 섬에, '에스파뇨라', 즉 '작은 에스파냐'라는 조촐한 이름을 붙였던 것이다.

그러나 세계는 급속히 넓어졌다.

옛날 에라토스테네스(기원전 275~194?)가 예언했던 것이 사실이 되었다. 사람은 처음으로 지구를 일주했다.

인도로 향해 서쪽으로 도는 항로를 찾으면서 마젤란의 선단은 아메리카 남쪽을 돌아서 태평양을 건넜다. 마젤란은 자기 힘으로 이 일을 마지막까지 완수하지 못했다. 아시아의 동쪽 해안에서 죽음이 그를 기다리다가 길을 막았기 때문이다. 이름도 모를 조그만 섬의 주민과 사소한 충돌이 일어났는데, 그때 마젤란은 싸우다가 칼을 맞고 죽었다.

그러나 거인이 된 사람은 죽이지 못했다.

학자의 손에서 펜이 떨어지면 다른 학자가 그 펜을 주워서 쓰다 만 페이지를 계속해서 쓴다. 도중에 항해자가 없어지면 다음 사람이 키를 잡는다.

마젤란의 경우도 그러했다. 그의 경우 동행자인 엘 카노(?~1526년)가 그 대신 5척으로 이루어진 선단의 마지막 배 1척을 고국의 항구로 이끌고 갔다.

엘 카노는 지구 모양과 '그대 처음으로 나를 일주하다'라는 자랑스러운 글이 새겨진 문장(紋章)을 받았다.

사람은 세계의 끝에 이르기를 몇 번이나 꿈꾸어 왔던가! 그리하여 마침내 그는 지구를 일주하여 전에 생각했던 지구와 전혀 다르다는 것을 눈으로 보았다. 도시에도 끝이 있었고, 섬에도 끝이 있었다. 그러나 세계에는 끝이 없었다. 세계에는 다른 법칙이 있었다.

콜롬버스와 마젤란의 항해 다음에 지상에는 새로운 시대가 찾아왔다.

금과 은을 실은 배가 아메리카를 떠나 대양을 건넜다. 배는 도중에서 아프리카에서 아메리카로 살아 있는 짐, 즉 흑인 노예를 운반하는 다른 배를 만났다. 같은 무렵, 향신료를 싣고 인도에서 출항한 배는 아프리카를 돌고 있었다.

대서양은 육지 사이의 대양이 되었다.

이탈리아의 여러 도시는 육지를 잇는 바다의 주인이 누가 되느냐 하는 문제로 터키인과 싸우고 있었다. 그러나 지중해는 벌써 지중해가 아니었다.

전에 지상에는 '강'의 시대가 있었다. 강을 길로 삼아 종족이 오고갔었다. 다음에 사람들은 바다를 정복했다. 그리하여 '바다'의 시대가 시작되었다.

아메리카 대륙에 상륙한 콜럼버스 일행

그리고 지금 '바다'의 시대 뒤에 대륙과 대륙을 잇는 '대양'의 시대가 찾아왔다.

다음은 무슨 시대일까? 창문가에서 새가 나는 방법을 관찰하던 레오나르도 다 빈치는 벌써 그것을 알고 있었다.

지구는 경쟁의 사과가 된다

인도로 가는 새로운 길이 발견되었다는 것은 커다란 불행의 소식으로서 지중해 연안의 여러 도시들을 놀라게 했다.

베네치아 상인들은 급히 리아르트 다리로 뛰어갔다. 그곳에서는 아침 일찍부터 시장이나 다리 위에서 상거래로 떠들썩했다. 그곳에 가면 언제나 향신료의 값이며 두카트나 플로린의 시가를 알 수 있었으며, 어제 거리에서 무슨 일이 일어났는가, 또는 외국 상인이 어떤 소식을 갖고 왔는가를 들을 수 있었다.

짐꾼들이 어깨에 멘 무거운 짐을 선착장에 던져 내리는가 하면, 행상인들이 목이 쉬도록 값을 부르고 있었다. 아낙네들은 조개나 팔딱팔딱 뛰고 있는 생선을 사느라고 정신이 없었고, 상인들은 돈을 차용하거나 상거래 흥정에 바빴다. 상인들은 상품을 넣은 부대나 통을 가지고 오지 않았다. 상품의 값과 수량을 정하는 것만으로 충분했다. 다만 그것은 눈이 휘둥그레질 만한 숫자였다.

지금 한 척의 곤돌라가 강변에 닿았다. 상인들은 뱃사공의 모자에 잔돈을 던져 넣고 강변으로 올라가, 높은 아치를 이고 운하에 걸려 있는 다리의 지붕 있는 복도 쪽으로 걸어갔다.

그들은 친구들이나 장사 경쟁자들에게도 인사를 했다. 지금은 지나간 계산 따위에는 아랑곳하지 않았다.

누구에게나 공통의 재난과 공통의 걱정거리가 있었다.

"뭔가 재미있는 이야기는 없나?"

상인은 모두에게 물었다.

"없어, 정향유 주문이 전혀 오지 않아."

한 사람이 대답했다.

"계피도 볼장 다 봤어, 캘커타의 짐 때문에 모두 망쳐 버렸어."

"대사는 뭘하고 있지? 아무 말도 없는 거야?"

"분명히 편지는 온 모양이야. 그런데 신통치 않은 소식뿐이야……."

그날의 불경기와 불안으로 기가 죽은 상인은 그날 밤 촛불을 켜고 두꺼운 일지를 펴고 적었다.

24일, 베네치아 대사의 편지가 포르투갈에서 왔다. 그 대사는 포르투갈 왕이 계획한 인도 항로의 사정을 탐색하러 그곳에 보내졌었다. 이 계획은 베네치아로서는 터키와의 전쟁 이상으로 중대하기 때문이다.

대사의 편지에 의하면, 배가 7척 침몰했는데 나머지 6척이 평가를 할 수 없을 만한 거액의 화물들을 싣고 온 모양이다.

만일 똑같은 여행이 되풀이된다면 포르투갈 왕은 금화 왕으로 불리게 될 것이다. 왜냐하면 향신료를 사려고 모두 그 나라에 모여 돈을 모조리 그 곳에 두고 올 것이기 때문이다.

베네치아 사람들은 이 소식을 듣고 모두 놀랐다. 옛날에도, 선조 때에도 들어본 적이 없었고, 생각해 보지도 않았던 그런 길이 지금 우리 대에 와서 통하게 되었다니 정말 어처구니없는 이야기이다. 이 소식은 자유를 잃는 것을 빼놓고는 베네치아 공화국으로서는 가장 나쁜 소식이라고 원로원도 인정하고 있다. 사실 베네치아 공화국이 이런 명성과 명예를 얻을 수 있었던 까닭은 바다를 통한 끊임없는 통상과 항해 덕분이라는 것을 의심할 바가 없기 때문이다.

만일 리스본에서 캘커타 사이의 항로가 열렸다면, 베네치아의 갤리선도 베네치아의 상인도 향신료를 입수할 수 없게 될 것이다. 베네치아가 이 무역을 못하게 되는 것은 어린애에게 우유가 없어진 것과 마찬가지이다…….

이탈리아의 여러 도시는 큰 타격을 입었다.

행복의 태양은 벌써 먼 서쪽의 대양 해안에 있는 다른 도시를 비추기 시작했다.

그런데 그들 다른 나라 또한 누가 바다를 지배하는가, 누가 파도의 주인이 되는가를 놓고 싸우기 시작했다.

위대한 항해자들의 발견은 지구가 사과처럼 둥글다는 것을 가장 의심 깊은 사람들에게 납득시켰다.

왕도, 대신도, 교황도, 추기경도, 뉘른베르크의 상인이며 지리 학자인 마르틴 베하임(1459?~1507년)이 만든 최초의 지구의를 열심히 바라보고 있었다.

마르틴 베하임은 구의 표면에 대륙과 대양, 바다와 산을 그렸다. 그리고 다음과 같은 설명을 붙였다.

'여기에 그려진 것처럼 세계의 모양은 간단하며, 어느 곳이나 항해할 수 있고 걸어갈 수 있다는 것을 아무도 의심하지 않도록 지구를 사과 모양으로 나타냈음을 이해하기 바란다.'

베하임은 훌륭한 지리학자였으나 정치가로서는 뛰어나지 못했다. 그는 지구상에는 이제 장애물도 벽도 없다, 가려고 생각하면 어디라도 갈 수 있다고 생각했다. 그러나 베하임이 생각했던 것만큼 세계는 간단하지 않았다. 그가 '지구의 사과'를 그런 대로 완성한 무렵에는 그 사과 위에 벌써 새로운 분계선이 나타나 다시금 그 선이 세계를 나누어 버렸다.

로마 교황 알렉산데르 보르자(1431~1503년)는 에스파냐인과 포르투갈인을 화해시키기 위해 지구의 대양 위에 극에서 극으로 분계선을 그었다.

그는 서쪽 반을 카스틸랴 왕에게, 인도를 포함하여 동쪽 반을 포르투갈 왕에게 주었다.

교황은 만족했다. 선량한 아버지로서 싸우지 않도록 하나의 사과를 두 아이에게 나누어 주었기 때문이다.

알렉산데르 보르자는 빈틈없는 정치가였다. 그러나 지리학자로서는 낙제였다. 지구의 사과는 그렇게 간단하게 나눌 수 없다는 것을 몰랐으므로.

과연 지구 위에 선을 긋는 것은 어렵지 않다. 그러나 국경의 기둥도 초소도 세울 수 없는 대양 한가운데에 어떻게 선을 그을 수 있겠는가?

측량하고 계산하면, 그 눈에 보이지 않는 선을 대양에 그릴 수 있다. 무엇보다 경도를 정해야 한다. 그러나 그것은 복잡하고 어려운 일이었다.

현재 우리는 정밀한 크로노미터를 사용해서 시차로 경도를 결정한다.

그런데, 그 무렵에는 가장 큰 시계탑조차 바늘이 시침 하나밖에 없었다.

배에서는 모래시계 또는 물시계로 '반시간'을 재는 것이 고작이었다. 정확성 따위는 바랄 수도 없었다.

뱃사람들은 대부분 하늘의 시계를 이용하여 경도를 결정했다. 바늘에 대신하는 것은 달이었으며, 별자리가 하늘의 글자판의 숫자였다. 그러나 하늘을 지나가는 달의 걸음은 빨라지기도 하고 늦어지기도 한다. 그래서 표를 보고 오차를 고쳐야만 했다. 그런데 그 표가 또한 매우 부정확한 것이었으므로 일은 더욱 복잡해졌다.

사람들은 바다를 건너갔다. 그러나 자기가 어디 있는지를 몰랐다.

어느새 배가 남의 영해로 들어가 있는 경우도 때때로 있었다. 그러나 일부러 그러는 경우가 더 많았다.

그러면 대양 한복판에서 포성이 울렸다. 포수가 포신에 포탄을 재고 화승에 불을 붙였다. 포탄이 큰 소리를 내며 상대편 배의 뱃전 옆에 떨어지고 높이 물기둥을 올렸다. 이와 같이 지리학상의 경도의 결정이라는 어려운 문제는, 어느쪽이 강한가에 따라서 여러 가지 모양으로 해결되었다.

바다 위에서 강한 편은 대포와 배를 더 많이 가진 쪽이었다…….

이리하여 조선소의 망치 소리가 더욱 높이 울리게 되었다. 에스파냐인은 계속 새로운 배를 물에 띄웠다. 그것에 뒤질세라 포르투갈인도 열을 올렸다.

한편 북쪽의 영국, 프랑스, 네덜란드 등의 배 목수들 또한 하품을 켜고 있지만은 않았다.

배를 만드는 데는 목재가 필요했다. 마스트가 될 소나무는 벌채되고, 수령 몇백 년이나 되는 나무는 다만 밑동과 가랑잎만이 남겨졌다.

닻·못·대포 등에는 쇠가 필요했다. 쇠를 구하려고 갱부들은 대륙 깊이 자꾸만 들어갔다. 무자위는 삐걱거리며 갱 안에 차는 지하수를 퍼올렸다.

국왕의 신하들은 온 나라를 뛰어다녔다. 그리고 말에서 내리면 그을음이 간 대장간 입구에 섰다.

"국왕의 분부다. 대포·포탄·투구·방패를 빨리 만들어라!"

낮이고 밤이고 화덕은 붉게 타오르고, 무거운 망치가 요란하게 모루를 내리쳤다.

포선에는 몇천 미터나 되는 돛이 필요했다. 병사의 제복용으로는 몇천 킬로미터의 모직물이 필요했다.

여기저기서 천을 짜고 실을 자았다. 주인은 새 견습생을 두었다. 어느 일터에도 12명 정도의 직공이 있었으나, 그래도 아직 손이 모자랐다.

어느 농가에도 물레의 가락북이 움직이고, 물레가 노래를 불렀다. 시골의 아낙네들도, 선원의 아내들도, 어린애들까지도 양털을 빗질하거나 실을 자았다.

베천과 모직물이 차츰 늘어났다. 장사꾼·청부업자·매점 상인들 호주머니 속의 돈이 차츰 불어났다.

어저께 국왕의 군대로 입대한 해군이나 군인들은 목로주점에서 새 군복을 자랑했다.

항구에서는 방금 물에 뜬, 아직 새 나무 냄새가 향긋한, 새로운 배가 돛을 올렸다.

퀴퀴한 갯바람이 맨 먼저 아직 시험한 적이 없는 새 돛의 튼튼함을 검사했다.

무적 함대는 계속해서 바다로 나갔다. 조그만 창문 같은 네모진 포안에서 대포가 겁주듯이 머리를 내밀고 있었다. 모두가 곧 활동해야만 했다. 선원도 대포도 돛도. 사태는 중대한 전환점으로 왔다. 이제는 배와 배의 싸움이 아니라, 선단과 선단, 나라와 나라의 싸움이 되었다.

대체 무엇을 경쟁하는 것일까? 그들은 대양에의 길과 대양 건너의 부를 놓고 다투는 것이었다.

중국의 상선

대서양에서는 에스파냐인이, 인도양에서는 포르투갈인이 지배하고 있었다. 포르투갈인은 인도를 포함하여 사과의 동쪽 반을 손에 넣었다.

실론·수마트라·자바 등지에 포르투갈인의 대리점 거류지가 생겼다. 리스본에서 온 상인은 가마를 타고 정향나무 밭이나 육두구 밭을 보러 다녔다. 포르투갈 배는 좋은 냄새가 나는 짐을 유럽으로 실어갔다.

포르투갈 상인과 관리들은 인정사정 없이 토착민들을 착취하고 학살했다.

인도인은 그들에 대해 이렇게 말했다.

"그나마 하느님이 자비심으로 그 녀석들의 수를 범이나 사자의 수 정도로 제한하신 게 다행이야. 그렇지 않다면 녀석들은 사람을 모조리 죽여버릴 거야."

그러나 이 맹수들에게도 위험한 적이 있었다.

네덜란드인은 리스본에서 중개인의 손을 통해 3배나 비싼 값으로 향신료를 사는 일은 바보짓이라고 생각했다.

네덜란드 배는 때때로 인도양으로 모습을 나타냈다. 네덜란드의 동인도 회사는 섬마다 대리점 거류지를 두었을 뿐만 아니라 요새도 만들었다. 상인들은 돈 계산도 빨랐고, 대포도 잘 쏘았다. 네덜란드 상인이 포르투갈 배와 싸워서 포획하는 일이 때때로 있었다.

이윽고 정향유도 육두구도 국가와 같은 강대한 동인도 회사의 손에 들어가고 말았다. 암스테르담에 있는 회사 창고는 향신료로 가득 찼다. 그 값을 올리기 위해 상인들은 섬들의 육두구 밭과 정향나무 밭을 망가뜨렸다. 그들은 말했다. "하느님이 만든 세계에는 정향유를 500파운드 이상 살 힘이 없다." 정향유의 양을 500 파운드 이하로 눌러두기 위해 상인들은 그것을 태워버렸다. 몇 마일 둘레가 정향유 냄새로 가득 찼다…….

네덜란드인은 전력을 다해 포르투갈인으로부터 지구라는 사과의 반을 빼앗으려 했다.

에스파냐인으로서도 남은 반쪽을 거머쥐고 있는 것이 쉽지 않았다. 그 탐욕스러운 손은 되도록 많은 황금을 모으기를 바랐다. 그러나 그들 손은 일하기를 싫어했다.

카스틸랴의 이달고, 즉 기사의 자손들은 일하거나 장래의 일을 걱정하는 것은 에스파냐인에게 어울리지 않는다고 여겼다.

그들은 부지런한 아라비아인과 유대인을 자기 나라에서 추방해 버렸다. 특별히 열심히 일하지 않더라도 서인도의 황금이 그들의 생활을 편하게 해줄 것으로 기대했다. 그러나 황금은 네덜란드·프랑스·영국의 상품에 대한 지불 대금이 되어 그들의 수중에서 나갔다. 서인도와의 무역에서는 외국의 밀수입업자들이 이익을 보았다. 그들은 에스파냐의 세관은 물론 마드리드에조차 믿을 만한 벗을 두고 있었다.

게다가 영국인조차 계속 아메리카에 배를 보내고 있었다. 그들 입장에서는 지구의 반이 에스파냐에 속한다고 인정할 수가 없었다.

에스파냐의 이달고가 술과 사치에 돈을 쓰고 있을 때, 영국 상인과 수공업자는 열심히 일해서 배를 만들고 식민지를 넓혀 갔다.

에스파냐 국왕은 해외의 에스파냐 영지에 침입하지 말도록 영국에 요구했다. 영국은 아무도 에스파냐 국왕에게 신대륙의 토지 소유권을 주지 않았다고 회답했다. 문제를 해결하는 것은 다시 대포와 배밖에 없었다.

에스파냐의 대무적 함대는 궤멸했다. 아메리카에의 길은 자유롭게 되었다.

그러나 영국에는 또 다른 경쟁자가 있었다. 네덜란드인이었다. 대양을 노리는 싸움은 계속되었다…….

이리하여 지구라는 사과는 싸움의 불길을 피워올리게 되었다.

3척의 배와 위대한 북극의 이야기

선장들이 인도와 중국으로 향하는 서쪽 항로를 개척하고 있을 무렵, 동쪽 항로로 그 먼 나라들에 갈 수 있을지 모른다고 생각하는 사람들이 있었다.

1548년, 런던에 새로이 이상한 이름의 회사가 생겼다. '현재까지 해로를 통해 이르지 못한 미지의 나라·섬·영토의 발견을 위한 상인·기업가 회사' 사장으로는 유명한 항해자 세바스티안 카보트가 선출되었다.

그는 북아메리카를 발견한 조반니 카보트의 아들이었다.

조반니 카보트가 세상을 떠난 뒤, 상당한 세월이 흘렀다. 그의 아들도 노인이 되어 있었다. 세바스티안이 마지막으로 흔들리는 배의 갑판을 밟은 것도 10년이나 훨씬 전의 일이었다. 그래도 그는 향신료의 나라로 가는 새로운 길을 발견하려는 청년시절의 꿈을 버릴 수가 없었다.

지금 그는 런던의 자기 집 창가에 서 있다. 검은 모자·털가죽으로 테를 두른 느슨한 옷, 가슴에 금사슬을 건 키 큰 노인이다. 턱수염은 새하얗다. 바로 화가 홀바인이 그린 세바스티안의 모습이다.

세바스티안은 한손으로 지구의를 누르고 다른 손으로 컴퍼스를 쥐고 있다.

찌푸린 눈썹 아래의 눈은 곧장 앞을 바라보고 있다. 그가 보고 있는 것은 템즈 강의 보트나 거룻배가 아니라 북극해를 전진하는 선단이었다.

언젠가 그는 북서 항로를 통해 뉴펀들랜드 섬을 거쳐 인도로 가려고 한 적이 있었다. 그 섬은 그때 그가 발견한 것이었다. 그러나 지금은 다른 길을 생각하고 있었다. 북서가 아니라, 북동 항로를. 선단의 장비는 이제 끝나 있었다. 배는 내구성 있는 튼튼한 선재로 만들어졌다. 18개월 동안의 식량도, 해적을 막기 위한 대포도 실려 있었다.

자기 자신이 탐험대장이 된다면 세바스티안 카보트는 얼마나 기뻤을까? 그러나 그는 나이를 너무 먹었다. 그는 머릿속으로 선단을 지켜보는 수밖에 없었다.

그렇다고 그가 선단 뒤를 쫓아가는 것도 아니다. 그는 그 앞을 나아간다. 선단은 아직 닻을 올리지 않았지만, 그는 벌써 미개인이 사는, 사람도 자연도 으스스한 황량한 나라를 보고 있다. 태풍과 암초, 싸움과 독화살, 선원들을 기다리고 있는 여러 가지 위험이 그의 눈에 떠오른다.

탐험대에는 무기도 식량도 충분히 있다. 그러나 그것만으로는 모자란다. 여러 가지 경우를 생각하여 선원들에게 좋은 조언을 해두어야 한다.

세바스티안 카보트는 책상 앞에 앉아서 펜을 들고, 하던 일을 계속했다.

'제28조, 해안 모래밭에서 돌·금·금속 또는 그것과 비슷한 것을 사람들이 모으는 모습을 보았을 때는, 그것이 무엇인가를 관찰하면 된다. 그러다가 북을 두드리거나 뭔가 다른 악기를 울려 그들의 주의를 끌고 상상력을 불러일으켜 뭔가를 보고 싶은 마음, 여러분의 연주나 여러분의 소리를 듣고 싶어하는 기분을 그들에게 일으켜야 한다. 그러나 어디까지나 위험을 피하고, 그들에게 난폭한 행동을 하거나 적대적 행동을 보여서는 안 된다…….

제30조, 주민이 사자 또는 곰의 털가죽을 걸치고 긴 활과 화살을 갖고 있더라도 그 모양에 놀랄 필요는 없다. 그런 겉모양을 하는 것은, 다른 이유보다는 낯선 사람들에 대한 두려움이 훨씬 크기 때문이다…….'

이 훈령은 회사의 선장들을 위해 만들어진 것이지만, 세바스티안 카보트는 자기 항해의 경험을 모두 그것에 주입했다. 그는 콜럼버스의 잘못을 되풀이하고 싶지 않았다.

콜럼버스는 대양 저쪽에서 풍요롭고 강력한 군주의 영토를 발견할 수 있다고 생각했다. 그러나 발견된 것은 미개인이 사는 섬들이었다.

세바스티안 카보트는 더 냉정히 사물을 보았으며, 막연한 희망 따위로는 만족하지 않았다. 그는 탐험대의 길에 황량한 땅이 놓여 있다는 것을 알고 있었다. 길고 위험한 길 도중에 선단이 만날지도 모를 일을 그들이 샅샅이 알아주길 바랐다.

훈령을 맺는말에 그는 희망을 말했다. 이번 탐험이 적지않은 성공을 거두어 동인도와 서인도가 에스파냐 왕과 포르투갈 왕에게 안겨준 이익보다 더 큰 이익을 가져오리라 기대한다고. 그리고 탐험대 일동에게 하느님의 가호가 있기를 빌었다. 그는 떨리는 늙은 손으로 마지막 조항 밑에 사인을 하고 도장을 눌렀다…….

영국 왕 에드워드 6세 치세의 7년째인 1553년 5월 11일, 기사 서 휴 윌로비(?~1554년)가 이끄는 선단은 닻을 올리고 천천히 강을 내려가기 시작했다.

목격자들의 이야기에 의하면 강변에는 몇만의 구경꾼들이 모여 있었다. 그리니치 궁의 창틀에서, 또 탑 위에서 궁정의 사람들이 바라보고 있었다. 왕을 위해 선단이 일제히 예포를 울리자, 그것에 메아리쳐 산꼭대기와 골짜기가 답례했다.

선원들은 하늘빛 예복을 입고 배 위에 정렬한 채 하늘도 울릴만큼 만세를 불렀다.

선단은 '좋은 희망'호 '좋은 믿음'호, '에드워드 좋은 장거'호의 3척으로 이루어졌다.

하루 또 하루, 노르웨이 해안을 향해 그들은 북으로 북으로 전진했다. 맞바람이 때때로 배를 멎게 했다. 태풍이 때때로 선원들로 하여금 돛을 내리게 했다.

핀마르겐 근방에서 심한 태풍이 일어나 바다가 거칠어졌다. 그 때문에 예정된 길로 가지 못하고 각 배는 따로따로 방향을 잡을 수밖에 없었다.

'좋은 희망'호와 '좋은 믿음'호는 오랫동안 얼음 사이를 헤매다가 마지막에 한 강 어귀에서 피난처를 발견했다. 기함에 타고 있었던 서 휴 윌로비는 그곳에서 월동하기로 결정한 뒤 팔방으로 정찰대를 보냈다. 그러나 어느 정찰대도, 집 한 채나 사람 그림자 하나 발견하지 못하고 돌아왔다.

세 번째 배인 '에드워드 좋은 장거'호는 홀로 미지의 나라로 여행을 계속했다.

그는 어떤 나라를 발견했을까?

크리멘트 애덤스라는 영국인 이야기를 들어보자.

'하느님은 일행을 너비 100마일 이상이나 되는 만으로 인도해 주셨다. 일행은 그 만으로 들어가 훨씬 안으로 나아가서 닻을 내렸다. 사방을 둘러보고 길을 찾으려니까 멀리에 고기잡이배 하나가 눈에 띄었다.

선장 챈슬러(?~1556년)는 몇 사람의 부하를 고기잡이배 쪽으로 보냈다. 거기에 타고 있는 어부들과 친해지고 싶다, 여기가 어떤 나라이며, 어떤 민족이 살고 있으며, 어떤 생활을 하고 있는지 알아 내기 위해서였다. 그러나 어부들은 이쪽 배의 기묘한 모양과 크기에 깜짝 놀라 뒤도 돌아보지 않고 도망쳤다……'

거기까지는 그나마 훈령대로 일이 진행되고 있었다. 그러면 다음에는, 세바스티안 카보트의 가르침에 따라 주민들의 호기심을 끌기 위해 북을 두드리면 되었다. 그런데 북을 두드리지 않아도 일은 진행되었다.

선의의 조언은 좋은 것이지만 반드시 그것에 따라야 한다는 법은 없었다.

어부들은 낯선 이상한 사람들이 왔다는 소식을 사방에 알렸다. 그 고장 주민을 태운 조각배 여러 척이 큰 배 쪽으로 저어왔다. 그 고장 지사라는 사람이 나타났다.

크리멘트 애덤스는 다음과 같이 썼다.

'이쪽 사람들은 이 나라가 러시아 또는 모스코비아라는 나라이며, 이반 바실리에비치(이것이 당시의 왕 이름이었다)가 멀리 내륙으로 펼쳐진 땅을 지배한다고 했다……'

이 나라의 내륙으로 들어갈수록 이 모스코비아가 가보트의 훈령으로 경고한 바처럼 황량한 동방 제국과는 조금도 닮지 않은 나라임을 선장 챈슬러는 더욱 잘 알 수 있었다.

챈슬러는 다음과 같이 적었다.

'땅은 잘 경작되어 있었다. 매일 아침 곡물이나 생선을 실은 썰매를 700대나 800대 만났다. 모스크바라는 도시도 매우 컸다. 교외를 포함한 런던 시보

북양 어안의 주민 포모르인(1601년 판화)

다도 전체적으로 이 도시가 큰 느낌이 들었다…….'

챈슬러는 모스크바에서 높은 성벽으로 둘러싼 훌륭한 성을 보았다. 성 안에는 화려한 성당이 아홉 개나 있었고, 짜르(황제)의 궁전은 옛날 영국 건물과 닮았다.

미지의 땅으로 출발할 때 챈슬러는 금을 발견할 것을 희망했다. 지금 그는 많은 금을 보았다. 영국인들은 '황금의 홀'이라는 곳으로 안내되었다. 테이블에도 선반에도 금그릇이 가득 진열되어 있었다.

손님은 그곳에서 '식당'으로 안내받았다. 이름에는 황금 글자가 붙어 있지 않았으나 여기도 또한 황금이 가득했다. 금술잔, 높이가 1야드 반(약 137센티미터)이나 되는 금항아리. 그릇장 앞에는 어깨에 냅킨을 얹은 종자가 두 사람 서 있었다. 둘 다 진주와 보석으로 장식한 금술잔을 들고 있었는데, 그것은 짜르의 술잔이었다. 식사가 시작되자, 짜르뿐만 아니라 참석자 모두에게도 금식기로 요리가 나왔다. 접시는 무거웠다. 술잔도 또한 금이었다. 식사에 초대받은 사람은 200명 정도였는데, 그 한 사람 한 사람 모두에게 금그릇에 담은 요리가 나왔다. 또한 급사들이나 종자들도 금수를 놓은 옷을 입고 있었다.
외국 손님들은 궁전의 홀 모양을 이렇게 말했다.
그러나 외국인 일기 중에 러시아인들의 증언이 없었다면, 우리는 그 무렵의 모스크바에 대해서 상세히 알 수 없었을 것이다.
짜르의 궁전은 황금만으로 알려졌던 것이 아님을 우리는 알고 있다. '황금의 홀' 벽에는 멋진 그림이 그려져 있었다. 입구에는 고대(이스라엘)의 장군 여호수아의 전투와 승리가 열 폭에 걸쳐 그려져 있었다. 이 그림을 보면 누구나 최근에 있었던 타타르에 대한 짜르의 승리를 생각하지 않을 수 없었다.
홀 천장에는 천구와 그리스도가 그려져 있었고, 그리스도 둘레에는 벌거숭이와 반쯤 벌거숭이인 몇몇 인물이 그려져 있었다.
그것은 '이성'과 '광기'였으며, 공기와 불, 바람, 1년의 4계절 등의 자연현상을 나타내고 있었다.
외국 손님들은 벽과 아치에서 러시아의 역사를 이야기하는 그림이나 블라디미르부터 시작되는 여러 공들의 초상화를 보았다.
옛날 방법에 의지하지 않고 새로운 양식으로 그려진 이들 그림을 러시아의 대귀족이나 관리들은 되도록 보지 않으려고 애썼다.
전에는 성자의 그림만이 그려져 있었다. 그런데 지금은 그리스도 옆에 '춤이라도 추는 듯한 해롱거리는 여자'가 서 있었다.
그것은 벌써 신앙과는 인연이 없으며 짜르가 고마워하는, 신을 싫어하는 학문과 책 탓이었다.
대귀족들은 긴 턱수염과 운두가 높은 모자를 흔들면서 쓸모 없는 책 덕분에 옛날의 신을 받드는 관념이 무너졌다고 작은 소리로 소곤거렸다.
그러나 그런 이야기는 외국 손님들의 귀에는 들리지 않았다.
대귀족들은 큰 소리로 짜르를 찬양하며 "짜르는 머리가 영민하셔서 책을 잘 읽고 학문에 능통하셔서 어떤 이야기도 잘하십니다"라고 말했다.
그 아첨은 엉터리가 아니었다.
이반 뇌제(1530~1584년)는 교양이 풍부했다. 성경 구절도, 신부들이 쓴 저술들의 단편도 암기하고 있었다. 그는 유대인·그리스인·로마인·고트인·프랑스인 등의 역사에서 교훈적인 실례를 따서 그것을 자기 말의 소재로 삼았다. 그의 서한에서는 다윗·솔로몬·여호수아 등 구약성서에 나오는 왕이나 영웅의 이름 이외에 제우스·아폴론·아이네이아스 등 이교의 신이나 영웅의 이름도 볼 수 있었다.

짜르의 명령으로 모스크바에는 '인쇄국'이 세워졌다. 숙련된 인쇄 기사 이반 표도로프는 인쇄기의 나사를 만들고, 활자의 주형을 만들고, 장식 컷이나 대문자를 만들었다.

인쇄된 말에 깃든 힘을 짜르는 알고 있었다. 그는 인쇄기가 '무식하고 지혜가 뒤늦은' 사람들의 눈을 끌고, 러시아라는 나라를 강하게 할 것을 바랐다.

대귀족들은 건축 목재로 둘러싸인 '인쇄국' 앞을 지나갈 때면, 시무룩한 얼굴로 그 격자문과 높은 탑을 곁눈질로 바라보았다.

그들에게는, 새로운 것은 무엇이든 마음에 들지 않았다. 한 사람 한 사람의 대귀족이 저마다 영지의 주군이었던 옛 시대의 일을 그들은 아직 잊지 않았다.

그런데 지금은 짜르가 주인 행세를 하며 모든 것을 손에 쥐고 있었다. 영주인 여러 공들의 자손은 거들떠보려고도 하지 않았다.

전에 연대기 작가는 민족의 '한 마음'에 대해서 썼다. 또한《이고리 원정기》를 읊은 작자는 여러 공들의 불화가 러시아 땅에 적을 끌어들인 것이라고 비난했다.

그러나 지금 여기서는 여러 공들의 불화와 내분은 끝났다. 이반 바실리에비치 황제가 튼튼한 팔로 제멋대로 하려는 세습 영주들에게 재갈을 물렸다. 러시아에 많은 왕이 아니라 한 사람의 왕이 있도록, 러시아가 강한 통일 국가가 되도록 하기 위해서였다.

옛 것과 새 것의 싸움이 시작되었다. 옛 것의 편, 봉건적 분열의 편은 여러 공과 대귀족들이었다. 새 것의 편, 통일 국가 권력의 편은 작은 봉건 영주, 짜르의 군대에서 일하는 학자들이었다.

싸움은 불이나 칼뿐만 아니라 펜으로도 이루어졌다. 그 무렵의 책이나 편지를 읽으면 그것을 확실히 알 수 있다.

이를테면 여기에 이반 페레스베토프(16세기 중엽의 러시아 사회평론가)의 책이 있다. 그것은 정권이 아직 대귀족들에게 쥐어져 있었을 무렵, 즉 이반 바실리에비치 황제가 즉위했을 초기에 씌어진 것이다.

페레스베토프에게는 관리였던 시절이 있었다. 그는 부정한 수단으로 재물을 모으는 대귀족들을 '게으른 부자'라고 폭로했다. 대귀족들이 학자들을 자기 노예로 취급하는 것에 분개했다.

'대귀족의 영지에서 사람들은 노예이다. 따라서 그곳 사람들은 적을 상대로 싸울 힘마저 없다. 노예 취급받은 사람들은 부끄러움을 모르며, 한편 강하거나 약하거나 관계 없이 명예를 얻으려고 하지 않는다. 그래서 이렇게 말한다. 어떻게 되든지 노예이니까 그 밖의 이름 따위는 우리에겐 필요 없다고.'

페레스베토프는 강한 황제의 편을 든 사람이다. 그는 짜르에 대해서 '뇌제가 없는 국가는 재갈을 물리지 않은 말과 같다'고 말했다.

또 그 무렵의 다른 책이 있다. 《계보》, 《도설 연대기 집성》 등이 그것이다.

그것은 짜르와 짜르의 권력을 찬양하여 씌어진 당당하고도 화려한 기념비이다. 《계보》는 짜르의 측근 가운데 한 사람인 마카리 대주교의 지휘 아래 편집된 것이다. 책은 블라디미르 스뱌토슬라비치로부터 '온 루시의 전제 군주이며 많은 민족과 국가에 대한 승리자'인 이반 바실리에비치 뇌제를 포함해서 대공의 수 17명에 따라서 '17단계', 즉 17장으로 나뉘어져 있다.

17단으로 이루어진 기념비의 맨 위에 서 있는 것은 블라디미르에서 세어서 17번째, 류리크(? ~879, 러시아의 건국자)로부터 제20대의 군주인 이반 뇌제(雷帝)의 초상이다.

《도설 연대기 집성》 역시 훌륭한 기념비이다. 궁정의 서기나 화가의 손으로 그려진 그림이 몇천 장 들어 있다. 거기에는 모스크바의 여러 군주를 찬양하는 장중한 문체로 여러 가지 사건이 차례를 따라 나온다.

반면에, 옛 명문 집안의 사람들이 자기네의 권리를 주장하는 다른 작품도 있다. 짜르와 쿠르브스키 공(1528~1583년)이 주고받은 편지는 지금도 전해지고 있다. 쿠르브스키 공은 야로슬라브리 공의 자손이요, 류리크와 한 집안 사람이었다. 그는 모든 권리가 모스크바의 짜르의 손에 넘어간 사실을 받아들일 수가 없었다.

쿠르브스키는 러시아 땅에서 탈출하여 그 적의 편에 붙었다. 그리고 자신의 행동을 정당화하기 위해 솜씨 있는 문장으로 편지를 써서 짜르의 전횡과

'잔인성'을 비난했다.

짜르는 '과장되고 선정적인' 길다란 교서로 그에게 회답했다.

그것은 책 한 권이 될 만한 분량이었다. 짜르는 쿠르브스키의 배신을 몹시 책망하고 벌을 주는 것도 용서하는 것도 자신의 권리라는 것과, 러시아에는 다만 한 사람의 군주밖에 없다는 것을 논증했다.

짜르는 학문도 있었고 문장가였다.

상대방도 또한 그 무렵 교양 있는 인물의 한 사람이었다. 쿠르브스키는 아리스토텔레스를 알고 있었으며, 키케로를 번역하고 있었다.

둘 사이의 편지 교환은 강한 투사끼리의 결투였다. 다만 한 사람은 옛 것 편에, 다른 한 사람은 앞을 향한 새 것 편에 서 있었다. 역사는 이반 바실리에비치의 편을 들었다.

짜르는 뇌제라는 별명으로 불렸다. 제멋대로인 대귀족들에게, 또한 외국의 적에게 분명히 그는 '번개'였다. 그의 적은 러시아 안에서도 적지 않았다.

예전에는 '바랴그에서 그리스로' 가는 큰길이 러시아 땅을 뚫고 있었다. 그들 문은 지금 닫혀 있었다. 동쪽과 남쪽으로 향하는 길은 타타르가 막고, 러시아의 서쪽 영토는 가까운 나라들에게 점령되었다. 발트 해안에는 리보니아의 기사단이 관문처럼 막아 섰다. 한자동맹의 상인들은 외국 상인이나 기술자가 모스크바로 가는 것을 방해했다.

언젠가 이반 뇌제는 외국에서 기술이 뛰어난 사람들을 1100명 이상 초대한 일이 있었다. 대장장이·주조공·총포 기술자·의사·약제사·인쇄 기술자 등이 가족과 가재도구를 가지고 먼 여행을 떠났다. 그런데 한자동맹의 상인들이 모스크바로 가는 길을 막아 버렸다. 뤼벡 시의 원로원 의원들은 짜르의 특사를 감옥에 가두고 기술자들을 쫓아 보냈다.

서쪽·남쪽·동쪽으로 통하는 길은 막혀 버렸다. 러시아인은 그 문을 부수려고 애썼다. 타타르와 싸우고 리보니아와 싸웠다.

서쪽 문보다 먼저 남쪽 문을 여는 데 성공했다. 러시아군은 코자니의 타타르를 격파하고 볼가 강을 제압하였으며, 이것으로 그 옛날 모스크바로부터 아파나시 니키틴이 상품을 싣고 갔었던 그 먼 땅으로 통하는 길을 열었다.

짜르는 승리의 기념으로 크렘린 입구에 석조 성당 일곱 개를 세우고, 러시아 국가의 힘의 영원한 증인으로 삼기로 정했다.

이 일을 맡은 사람은 '탁월한 명장' 포스트니크와 발마 두 우두머리였다. 그들은 명령받은 대로 하지 않고 '하느님께 받은 지혜에 바탕을 둔 규모로' 일을 완수하려고 했다.

일곱 개의 성당 대신 그들은 아홉 개의 성당을 하나의 토대 위에 세웠다. 때문에 이들 성당은 하나의 거대한 신전처럼 만들어졌다.

47미터의 높이에 끝이 뾰족한 텐트 모양의 탑이 솟아올랐다. 그것을 한가운데 두고, 그 둘레에 그것보다 작은 탑이 여덟 개 있었다. 한 줄 또 한 줄 벽돌이 쌓이고 벽면을 붙여 나가서 그 두께를 차츰 얇게 하면서 건축공들은 한 발 한 발 위로 올라갔다. 거대한 돌 텐트의 무게가 평균적으로 골고루 배분되도록 하고, 그것이 벽면을 무너뜨리지 않게끔 아치 하나하나를 붙이는 데도 충분한 연구를 해서 진행했다.

요즘 시대에 그런 구조물을 만들려면 건축가는 첫째로 구조역학의 여러 법칙에 따라 그것을 계산할 것이다. 그러면 포스트니크와 발마는 아무 계산도 없이 일을 할 수 있었을까?

물론 할 수 없었다. 하지만 그 무렵의 사람들은 역학 법칙을 거의 모르고 있었다. 계산보다도 눈대중이나 감각을 중요시했다.

오늘날의 기술자라면 포스트니크와 발마가 갖고 있었던 그런 감각을 자랑하지는 않을 것이다.

두 우두머리는 멋지게 그 어려운 문제를 해결하고, 지금도 여전히 건축술의 경이라고 할 창작을 남겼다.

연대기 작가는 쓰고 있다. '석조 성당이 세워지자, 여러 가지 모양과 수많은 들보에 몹시 놀랐다.' 그러나 이 바실리 블라제니 대성당에서 가장 놀라운 것은 곧 눈에 띄지 않는다. 그것을 알려면 2층 복도로 가 보아야 한다.

편편한 벽돌 천장……. 이것은 쉽게 설명할 수 없다.

어떻게 하여 돔이 지탱되는지는 누구나 알 수 있다. 거기에는 벽에 벽돌이 지탱되어 있다. 그런데 어떻게 벽돌이 편편한 천장에서 버티고 있는 것일까?

그래서 벽돌 쌓은 곳을 한 군데 뜯어보니, 보강하기 위한 철근이 들어 있었다. 오늘날의 철근 콘크리트처럼 그들은 철근으로 돌을 지탱시켰던 것이다. 그들은 그 시대에서 300년이나 앞서고 있었다! 러시아에는 그런 '뛰어난 솜씨의' 명장이 적지 않았다.

도시·수도원, 짜르의 영지에는 큰 대장간이 있었다. 키릴로 벨로제르스키 수도원의 대장간 하나에도 화덕이 7개, 풀무가 7개, 모루가 7개 있었다.

툴라나 노브고로트의 '대포 주조소'에서는 숙련된 대포 제조 기술자들이 일했다. 그들은 대포를 옛 방식으로 만들 수도, 새로운 방법으로 선철에서 주조할 수도 있었다.

몇천 킬로그램, 몇만 킬로그램이라는 무거운 대포도 있었다. 그것을 주조하기란 쉬운 일이 아니었으리라!

대포에 사용할 둥글고 매끄러운 포탄도 만들어졌다. 화승총에 사용할 철선이나 철환도 만들고 조립했다.

지식과 기술 없이는 할 수 있는 일이 아니었다.

러시아의 대포 제조 기술자는 금속의 성질을 알고 있었다. 그들은 대학을 졸업하진 않았지만 물리학자이고 야금학자였다. 화학자는 '요리사'로 볼 수도 있다. 그들은 상인 스트로가노프 집안의 제염소에서 소금을 만들었다. '요리사'는 염류의 '굳은' 용액과 '묽은' 용액의 성질을 잘 알았으며, 여러 가지 종류의 용액에서 소금을 침전시킬 수 있었다. 군사용 화약을 만드는 기술자도 또한 화학자였다.

핀란드 만의 연안에서, 백해 해안에서, 우스튜지나의 예로부터의 광산에서, 광부들은 철광석을 파냈다. 북드비나 강과 오네가 강에서 운모를, 볼가 강에서는 유황을 캐냈다.

경험을 쌓은 탐광자들은 늪지대의 새로운 광맥을 찾아서 늪지대를 걸어다녔다. 자연과의 큰 투쟁이 시작되었다. 강대한 국가는 끝없이 영역을 넓혀갔다. 땅이 넓어지자 기술자도 도구도 모자랐다. 부족한 것은 서방에서 주문할 수 있어야 했다.

그런데 리보니아가 서방으로 통하는 길에 요새를 쌓고 관문을 세워 방해를 했다. 남은 통로는 겨우 북쪽으로 통하는 조그만 문 하나, 드비나 강 어귀에 있는 호르모고리였다.

러시아의 어부와 상인들은 옛날부터 작은 배를 저어 무르만 해안을 따라 노르웨이로 여행해 왔다.

영국 손님들도 그 조그만 북쪽 문을 통해 들어왔던 것이다.

세바스티안 카보트가 만든 배 3척 중에서 무사히 러시아 땅에 도착한 것은 1척뿐이었다. 나머지 2척 즉 '좋은 희망' 호와 '좋은 믿음' 호는 희망을 달성하거나 믿음을 이룩할 수 없었다.

1555년 겨울, 무르만 해안에서 카렐리야인이 배 2척을 발견했다고 러시아 연대기는 말하고 있다. '닻을 내리는 피난처에 정박하고 있었는데, 배에는 상품이 가득 실려 있고 승무원은 모두 죽은 상황이었다.'

영국인은 극지의 항해에 아직 익숙하지 못했기 때문에 눈과 얼음에 갇혀 얼어 죽었던 모양이다. 세번째 배 '에드워드 좋은 장거'호에 대해서 연대기는 이렇게 말한다.

'배는 바다에서 드비나 하구에 들어가 도착을 알렸다. 작은 배로 호르모고리를 방문한 것은 영국 왕 에드워드의 사절 리처드와 동행한 상인들…….'

리처드 챈슬러는 에드워드 왕의 사절이라고 말했다. 이반 뇌제는 '왕의 사절 리처드와 영국 상인들을 환영하고, 해외의 상품을 가지고 그들이 안전하게 러시아 나라 안을 걸어다닐 수 있도록, 또한 자유롭게 토지와 건물을 사거나 세울 수 있도록 해주었다.'

영국 상인들은 곧 모스크바의 성 막심 성당 앞에 있는 주택을 받았다.

그때부터 해마다 영국 배가 드비나 하구로 들어오게 되었다.

그런데 리처드 챈슬러와 그의 배인 '에드워드 좋은 장거'호는 어떻게 되었을까? 그것에 대해서 러시아 연대기는 아무것도 이야기하지 않는다.

우리는 여기서 다시 세기의 여행의 다른 안내자를 기다려야 한다. 헨리 레인이라는 영국인이 그의 벗에게 보낸 편지는 지금도 남아 있다. 그것에 의하면, 챈슬러는 다시 한 번 모스크바를 방문했는데, 돌아올 때는 요시프 네페이라는 사절과 함께였다. 그러나 스코틀랜드 앞바다에서 '에드워드 좋은 장거'호는 암초에 걸려 부숴지고 말았다. 챈슬러는 죽었으나, 다행이 러시아 사절은 살았다. 메리 여왕과 영국 상인은 곧 마중을 보냈다. 사절은 런던에서 정중하게 대접 받았다.

한편 무르만에서는 피쳉가와 그곳 러시아 수도원 가까이에서 '좋은 희망'호와 '좋은 믿음'호 2척이 아직 얼음 속에 갇혀 있었다. 그것을 구출하기 위해 영국에서 선장과 선원이 보내졌다. 그러나 배는 2년간 월동하여 몹시 파손되었으므로 돌아가는 길에 침몰해 버렸다.

큰 지도책

서쪽에서뿐만 아니라 동쪽에서도 러시아인들은 길을 개척했다.

동쪽 나라 시베리아에 대해서는 터무니없는 이야기가 전해졌다. '큰 바위', 즉 우랄 저쪽에는 아홉 민족이 살고 있다, 그곳에는 입이 머리 꼭지에 있는 괴인이 있다, 눈이 가슴에, 입이 어깨 사이에 달린 머리 없는 사람이 있다, 사람을 잡아먹는 털북숭이 사람도 있다.

그것들은 옛날부터 낯익은 얼굴이다! 헤로도토스의《역사》, 마케도니아의 알렉산드로스 대왕에 대한 이야기, 아직 미지의 나라들에 대한 여러 가지 책 중에서 우리는 몇 번이나 그런 괴물을 보아 왔던가! 존재하지도 않는 생물이면서 그들은 얼마나 끈질기게 살아 왔던가! 지구에 더 이상 살 수 없게 되면, 그들은 아마 화성으로 이주할 것이다.

옛이야기는 참으로 뿌리가 깊다. 그것은 연대기의 여백도 지도의 공백도 열심히 메우고 있다.

여기에 외국의 한 여행가의 손으로 16세기에 만들어진 모스크바 국의 지도가 있다. 그 서쪽 반은 도시·강·호수의 이름으로 가득 차 있다. 도시나 성채의 표지로 할 콩알만한 성당·집·탑의 그림을 기입할 장소가 없을 정도이다.

그런데 지도의 동쪽 반에서는 그런 기호를 발견할 수 없다. 그러면서도 비어 있는 장소도 없다. 공백은 뭔가의 그림이나 타이틀로 채워져 있다. 그림이 있는 것인지 없는 것인지 분간하기 어려운 그림이다. 타이틀은 세밀한 테 안에 적혀 있어 하나하나가 작은 이야기로 되어 있다.

이를테면 우랄 너머에 오비 강이 있으며, 오비 강 건너에는 아기를 안은 여인상이 서 있다. 타이틀에 말하기를 '유골인과 오브돌인이 숭배했던 황금 여인상. 신관이 이 여인상에 무엇을 할 것인가, 어디로 이동해야 할 것인가를 묻는다. 여인상은(불가사의하게도) 그것에 대답한다. 그러면 일은 반드시 그대로 된다'.

카자흐스탄 평원에는 말을 탄 사람들, 낙타·양 등이 그려져 있다. 타이틀에는 '이것들은 모두 바위이다. 양이나 말 떼를 방목하던 사람들, 낙타·말·

양 등이 바위가 된 모습이다. 뭔가 놀라운 이변의 결과로 그들은 갑자기 살아 있었을 때의 모습 그대로 바위로 변했다. 이 기적은 거의 300년 전에 일어났다'. 그림과 괴담뿐으로, 오비 강에서 동쪽에는 강 하나, 산 하나, 도시 하나도 없다. 오비 강은 그 무렵 유럽인이 알고 있었던 세계의 동쪽 경계였다.

그 경계까지 닿으려면 낮에도 어두운 숲속을 몇 달이나 헤매고 얼어붙을 듯한 강을 수없이 오랫동안 저어가야만 했다.

도중의 카마 강에서는 볼가 강 근방에 사는 타타르가 여행자를 노렸다. 시베리아로 100명이 출발하였다가 10명밖에 돌아오지 않는 일은 별로 특별한 사건도 아니었다.

그 대신 담이 크고 게다가 운까지 좋은 사람들은 멋진 선물을 가지고 돌아왔다. 검은담비와 담비의 털가죽, 듀공의 엄니, 카마 강 건너의 금은 세공품 등 많은 수확물이 그들의 손에 들려 있었다. 이들 장신구는 에나멜·유리구슬·수정 등의 정교한 물건으로 먼 우르겐치 나라의 부하라에서 숙련된 직공들이 만든 것이었다. 부하라의 상인들은 털가죽과 교환하기 위해 그것들을 알타이와 시베리아로 가지고 와서 털가죽과 교환했는데, 이번에는 그것이 시베리아 사냥꾼의 손에서 모스크바 지방 장관의 손으로 들어갔다. 장관은 연공을 거두러 시베리아로 가서 오스챠크 족이나 보글 족으로부터 그런 것들을 받았다.

러시아인은 동쪽으로 동쪽으로 진출했다. 상인 스트로가노프 집안은 카마 강과 그 여러 갈래의 지류에 마을을 세웠다. 그리고 그곳에 '의용병'을 입주시켜서 소금을 만들고 재목을 벌채하고 처녀지를 개간했다. 대귀족이나 영주 밑에서 숲이나 초원으로 도망친 자유민 카자흐들이 스트로가노프 집안에 봉사하기 위해 찾아왔다. 당시 농민의 생활은 더욱 어렵게 되었다. 짜르에게 세금을 지불하는 동시에 영주에게 연공을 상납해야 했기 때문이다.

세금은 불어나기만 했다. 짜르에게는 군의 장비나 관리의 봉급을 줄 돈이 필요했다. 짜르는 군무에 복무하는 사람들에게 드보랴네라고 부르는 녹과전(祿科田), 즉 토지를 주었다. 그러자 이 지주들은 그 땅의 농민을 뼈와 가죽만 남게 하고, 이번에는 그 대신 새 땅을 받아 내는 악독한 짓을 했다.

오프리츠니크라고 하여 군주를 지키는 임무를 맡은 군인들은 반란을 가라앉히고, 복종하지 않는 대귀족들의 세습 영지를 멋대로 짓밟았다. 물론 그 화를 입는 것은 농민들이었다.

농민들의 밭은 말발굽에 짓밟히고 집은 불에 탔다.

강력한 국가는 저절로 건설된 것이 아니었다. 백성들이 그 댓가를 지불했다.

바퀴벌레조차 먹을 것이 없었다. 그을음투성이의 오두막에서 농민들은 숲이나 들로, 돈 강·볼가 강·카마 강변으로 도망쳐 자유인이 되었다.

그들은 짐승과 물고기를 잡고, 도둑질을 하며 목숨을 이어 나갔다. 그들은 타타르의 마을을 습격하고 러시아인의 행상대를 습격했다.

짜르의 지방 장관은 카자흐의 '강도단'을 용서하지 않았다. 때로는 카자흐가 귀순하여 러시아 국가의 국경을 타타르로부터 지키고, 짜르의 일을 돕는 일도 있었다. 그런 카자흐의 친위대는 카마 강의 여러 마을을 타타르로부터 지키고, 또한 우랄을 넘어서 이쪽에서 타타르와 유글라 족을 공격했다. 스트로가노프 집안은 벌써 이르트이시 강과 그 지류인 트보르 강 언저리에 도시를 만들려고 했다. 이반 뇌제는 '러시아 온 땅의 군주'라고 자칭했다.

그러나 시베리아는 아직 러시아에 병합되지 않았다…….

에르마크 티모페비치(?~1584년)의 이름을 들어본 사람도 있을 것이다. 얼마간의 카자흐를 몇 척의 나룻배에 태워 이끌고 시베리아 정복을 떠난 그의 모험은 웬만한 용기와 인내력 없이는 불가능하리라!

하루 또 하루, 열차가 시베리아 벌판을 달릴 때, 철교 아래로 시베리아의 큰 강이 흘러갈 때, 승객은 창문에서 그 넓디 넓은 풍경을 바라보며 에르마크를 생각한다. 얼마 안 되는 사람으로 어떻게 그런 넓은 땅을 정복할 수 있었을까? 에르마크의 부대는 평원의 큰 바다에서는 눈에 띄지도 않을 티끌이나 다름없었다. 그 티끌이 큰 바다 같은 땅을 정복했던 것이다.

게다가 문제는 끝없는 공간에 있었던 것이 아니다. 시베리아의 모진 자연, 허리까지 차는 눈, 그 맹렬한 추위와 눈보라는 카자흐 부대의 적이었다. 그리고 타타르의 대군! 러시아인의 수는 1000명도 되지 않았는데, 타타르의 수는 몇 만인지 알 수 없었다. 그 대신 러시아인은 새 병기, 즉 화기로 무장되어 있었다.

타타르는 말했다.

"불을 뿜는 활을 가진 군사들이 왔다. 그것을 터뜨리면 하늘에서 벼락이 떨어진 것과 같다. 화살은 보이지 않는데 다치거나 죽는다. 갑옷도, 껴입는 호구(護具)도 뚫어 버린다."

공격하는 타타르를 사격으로 막으면서 에르마크의 부대는 강에서 강으로 나아갔다. 적은 생각지도 않은 곳에서 갑자기 나타났다. 낮이나 밤이나 카자흐들은 마음이 편할 틈이 없었다. 고향은 멀리 떨어져 있었다. 게다가 날이 갈수록 더욱 멀어져 갔다.

에르마크는 부대를 집합시켜 카자흐들을 설득했다.

"우리는 어디로 가는가? 벌써 가을이다. 강은 차츰 얼기 시작한다. 그러나 명예를 더럽히고 싶지는 않다……. 여기서 되돌아갈까? 그것은 부끄러운 짓이며 자신의 말을 배반하는 일이다. 전능하신 신의 보살핌이 있으면, 우리의 이름은 이 땅에 떨쳐지고 우리의 명예는 이 땅에 오래도록 남을 것이다."

카자흐의 집회는 전진을 결의했다.

하나 또 하나씩 타타르의 마을을 빼앗으면서 러시아인은 전진했다. 러시아인의 피는 물론 타타르·오스챠크·보글인의 피가 엄청나게 흘렀다.

마침내 카자흐 부대는 타타르의 주 진지로 육박했다. 타타르는 이르트이시 강변의 높은 기슭에 방비를 굳히고 있었다. 여기에 군대를 집결시켜 쿠튬 한이 기다리고 있었다.

러시아인은 이르트이시 강을 건너 타타르의 녹채(鹿砦)로 돌격했다. 이 전투에서 러시아인은 몇백 명 중에서 100여 명을 잃었다.

그러나 녹채는 점령되었으며 쿠튬 한은 도망쳤다. 많은 전리품을 얻었다. 금·은·보석 몇천 장의 검은담비와 담비 가죽이었다.

에르마크는 시베리아의 주권자가 되었다. 그러나 그는 자신이 '황제의 신하'에 지나지 않음을 알고 있었다. 이반 뇌제에게 새로운 시베리아 국을 바치기 위해 곧 동료인 이반 골리쵸를 모스크바로 보냈다.

'소문은 바람보다 빠르다'는 속담이 있다. 이반 골리쵸가 아직 모스크바에 도착하기도 전에 '에르마크 강도단'이 시베리아에서 멋대로 날뛰고 있다는 소문이 짜르의 귀에 들어갔다. 농노 생활을 자유로운 카자흐 생활로 바꾼 사람들을 대귀족들은 도둑이라든가 강도라고 불렀다. 짜르는 스트르가노프 집안에 엄격한 추방령을 내렸다. 바로 그때 에르마크의 사자가 도착했다.

짜르는 너그럽게 사자를 만나보고, 자기가 입고 있었던 털가죽 외투를 대장

러시아의 국새(17세기 끝 무렵)

에게 하사했다. 그리고 그에게 지방 장관들의 원군을 보내기로 결정했다.

사실 원조할 필요가 있었다. 시베리아에서 버티기란 에르마크에게는 결코 쉬운 일이 아니었다. 타타르는 쉴새없이 그들의 부대를 공격했다.

어느 날 밤 카자흐 부대는 이르트이시 강변에서 자고 있다가, 타타르의 공격을 받았다. 부대는 전멸하고 에르마크 혼자만이 남았다. 그는 헤엄쳐서 도망치려고 했으나 무거운 갑옷이 그를 강바닥에 끌어넣었다.

에르마크는 죽었다. 그러나 다른 부대가 계속해서 왔다. 그들은 나무를 베고 울창한 숲에 길을 열었다. 미지의 강들을 나룻배로 건넜다. 때로는 강이 그들을 엉뚱한 방향, 즉 북쪽 북극해 기슭으로 실어가는 일도 있었다. 사람들은 겨울의 눈보라와 여름의 무더위와 싸워야 했다. 그들 앞에는 뚫기 어려운 밀림, 습기 찬 툰드라, 뜬 얼음이 기다리고 있었다.

그러나 태평양으로, 북극해로 향하는 이 전진은 누구도 말릴 수 없었다.

야쿠트인·부랴트인·에벤키인은 러시아 국에 합병되는 데 매우 비싼 값을 치렀다. 짜르의 지방 장관도 상인도 탐험사업가도 그들을 압박하고 약탈하기 시작했다. 하지만 이 괴로운 길은 전진의 길이었다. 왜냐하면 시베리아의 여러 민족은 러시아인보다 몇 세기나 뒤떨어져 있었기 때문이다. 북방의 수렵인은 아직 철도 모른 채 돌로 활촉을 만들고 있었다.

러시아인과 교섭한 뒤부터 시베리아의 여러 민족은 급속히 역사적 발전의 길을 걷기 시작했다.

사람이 사는 세계에 넓디넓은 변경이 합쳐졌다. 그곳에서는 때때로 몇 백, 몇 천 킬로미터를 가도 집 한 채 발견할 수 없는 일이 있었다. 그것은 실제로 지도 위에서뿐만 아니라, 땅 위에서도 커다란 공백이었다.

러시아인도 또한 그런 공백을 메꾸어 갔다. 마을을 만들고 황야를 개간하고 숲속에 길을 열고 강에 다리를 놓았다……. 모스크바에서는 관청의 서기들이 '큰 지도책'을 다시 고치고 있었다. 이 책에는 모스크바로 통하는 모든 길이 적혀 있었으나, 지금 그것에 새로운 도시, 츄메니 토볼리스크로 향하는 길이 덧붙여졌다. 오비 강은 세계의 끝이 아니었다. 크렘린의 한 홀에는 러시아의 지도가 그려졌다. 북해에서 카스피 해, 아랄 해에서 드네스트르 강까지 러시아 땅은 넓게 펴졌다. 황태자는 그 지도를 펜으로 더듬어 보았다. 그의 생각은 아득히 멀리로 날아갔다. '암석대' 즉 우랄 저쪽으로, 큰 오비 강 저쪽으로, 시베리아의 숲과 초원 쪽으로…….

이리하여 모스크바에서도, 런던에서도, 마드리드에서도, 리스본에서도 사람들은 모두의 힘을 합쳐 지구의 지도를, 이 행성의 큰 지도를 만들게 되었다.

8 역사의 페이지

옛날에 그리스인과 페르샤인, 로마인과 카르타고인, 비잔틴인과 아라비아인, 비잔틴인과 러시아인, 베네치아인과 터키인이 바다의 지배권을 둘러싸고 차례차례 싸워 왔다. 배는 가라앉고 파도는 피로 물들었다. 그러나 바다는 분할되었을 뿐만 아니라 결합되기도 했다. 연안의 여러 도시에서는 말·관습·종교가 뒤섞였다. 배는 공예품만 아니라 기술 그 자체도 옮겼다. 나라에서 나라로 여행하여 학자는 여러 민족의 경험을 하나로 모았다.

여러 문화에서 하나의 문화가 창조되었다.

그러자 이번에는 '바다의 세기' 대신 '대양의 세기'가 찾아왔다.

누가 바다를 지배하느냐는 예로부터의 싸움이 더욱 치열해졌다.

그러나 대양 위에서 만나면 그 기회를 놓치지 않고 싸우는 배는 대륙에서 대륙으로 사람·동물·관습·나무·금속·외국어를 실어갔다.

자기들의 콩고 강과 니제르 강 이외에 어떤 강도 본 적이 없는 아프리카의 흑인은 어느새 미시시피의 이주자가 되었다.

유럽의 밭에서는 아메리카에서 건너온 손님인 감자가 밭의 주인공인 밀과 더불어 자랐다.

유럽의 말 속에 코코아·타바코·메이즈(옥수수) 따위의 인디언어가 나타났다.

항구에서는 상인과 선원이 연신 침을 뱉으면서 여태껏 들어본 적도 없는, 하느님의 욕을 먹을 것 같은 물건의 연기를 빨아 들이켰다.

파리의 카페에서는 후추를 넣은 멕시코 산 초콜릿이 나왔다.

손님들은 이 향신료가 든 외국 음료로 배속이 타지나 않을까 염려하면서 조심조심 마셨다.

아메리카의 초원에서는 야성으로 돌아간 유럽 산 말이 방목되었다. 말을 보고 이상한 괴물이라고 인디언이 놀란 것은 그다지 옛이야기가 아니었다.

감자수확(16세기 책에서)

몇만의 인디언 용사가 말을 탄 사람을 머리 두 개를 가진 괴물로 보고 넋이 빠져 도망쳤었다. 더욱이 그 괴물이 둘로 나누어졌을 때, 즉 사람이 말에서 뛰어내렸을 때, 그들이 얼마나 큰 공포를 느끼고 두려움에 떨었겠는가.

몇천 킬로미터의 물과 육지로 떨어져 있었던 것이 급속히 섞이기 시작했다.

민족·말·관습·식물·동물이 신대륙 아메리카에서 새로이 섞였다.

대양의 연안에 있는 아메리카의 여러 도시에서는 마치 옛날의 알렉산드리아에서처럼 온갖 피부 색깔의 사람들을 볼 수 있었으며, 몇십 가지의 다른 말을 들을 수 있었다.

인류 역사에 새로운 한 장이 시작되었다……. 먼저 첫 페이지부터 펴 보자.

처음에 원시 수렵인의 무리가 돌칼과 창의 재료를 찾으러 강으로 내려온다.

몇만 년이 지나서 이번에는 그 똑같은 강에 통나무 배가 뜬다. 사람들은 교환을 위해 소박한 무늬를 새긴 항아리나 물그릇을 가지고 간다. 자기들이 이 세상에서 외톨이가 아니라는 것을 그 도공들은 벌써 알고 있다.

우리 눈앞에서 페이지는 페이지를 따라 넘겨진다.

해안에 도시가 생겨난다. 항구에는 배가 흔들리고 있다. 그것은 다른 도시, 다른 나라들에서 찾아온 배이다. 벌써 강이 아니라 바다가 여러 민족을 맺어준다. 그러나 바다는 그들을 떼어놓기도 한다. 바닷길을 놓고 도시와 도시 사이에서 싸움이 일어난다.

이들 페이지에는 전투와 발견, 승리와 패배가 소용돌이친다.

그리고 마지막에 콜럼버스가 이끄는 범선이 대서양을 건너고, 러시아인 부대는 태평양을 향해 나아간다…….

다시 몇 세기가 지나간다. 사람들은 하늘로 날아오른다. '공기의 대양'의 세기가 시작된다. 이번에는 해상이나 육상에서뿐만 아니라, 공중에서도 거센 전투가 벌어진다. 어떤 과거의 전투도 그 앞에 나가면 무색할 정도이다.

그런 반면, 어떤 바다나 대양도 공기의 대양만큼 여러 민족을 접근시킬 수는 없었다. 그 대양의 해안은 어디에도 있다. 어떤 도시도 이 대양의 항구가 될 수 있다…….

잠깐, 우리가 너무 앞질러 달렸다. 지금 우리 앞에 펼쳐진 페이지에 나오는 사람들은 비행기는커녕 기관차에서도 멀리 떨어진 곳에 있다.

그들은 말을 타고 육지를 달리며, 범선으로 대양을 항해하고 있다.

세계를 알기는 어렵다

사람들이 자기 지방, 자기 마을에 살고, 다른 고장에 무엇이 일어나는지를 몰랐던 시대의 그 한가한 생활은 어디로 가 버린 것일까?

사람들은 더는 같은 곳에서 조용히 있을 수 없었다.

국도를 짐마차가 달리고, 말 2필을 단 승용 마차가 길 웅덩이에서 튕겨 좌우로 인사를 했다.

길은 아직 잘 닦여 있지 않았다. 말 6필이 끄는 마차는 사치가 아니라 필수품이 되었다. 무거운 마차가 진창에 빠지면, 가까운 마을에서 말을 빌려와 도와주어야 했다. 그러면 말들은 그것이 귀리로 키우는 지주의 말이든, 또는 짚 먹이와 중노동에 익숙한 농민의 메마른 말이든 모두 힘을 다해 질척한 진창에서 큰 바퀴를 끌어냈다.

물론 돌을 깐 길도 다소 있기는 했다. 그곳에 접어들면 승객들은 시달렸던 옆구리를 마음 놓은 듯이 만지고, 마부는 뭔가에 부딪혀 마부대에서 떨어질 염려없이 조금은 졸 수도 있었다.

바쁜 일이 있는 사람은 말을 타고 달렸다. 상인은 상품 견본을 넣은 부대를 싣고 얌전한 말을 타고 보통 걸음으로 갔다. 빠른 걸음으로 가는 사람은 가방에 편지와 소포를 넣은 세계 최초의 우편 집배원이었다.

편지는 벌써 신기한 것이 아니었다. 우편 집배원, 즉 그 명예스러운 역할을 맡은 마부가 문을 두드려도 이제 사람들은 놀라지 않았다. 상인들은 편지를 보고 다른 도시의 물가를 알고 동시에 그곳에서 일어난 일들을 알게 되었다.

전에는 사람들이 세상에 무슨 일이 일어났는지 모르고 살았다.

그런데 지금은 조그만 마을에서도 왜 에스파냐의 왕이 네덜란드 배를 억류하도록 명령했는가, 그 때문에 정향유 값이 오르지나 않을까 하고 이야기했다.

뉴스는 편지뿐만 아니라 여관에 묵고 있는 손님에게서도 들을 수 있었다.

여관은 곧 그것을 알아차렸다. 밖에는 땀투성이의 피곤한 말 대신에 충분히 배를 채운 힘 있는 말이 매어졌다. 열어 젖힌 문에서는 웃음 소리와 술병 소리, 게다가 공복이 아니더라도 식욕을 당길 듯한 새구이의 훈훈한 냄새가 흘러나왔다.

홀에서는 벽난로를 등지고 먼지투성이의 승마구두를 신은 사람들이 몸을 녹이고 있었다.

길바닥의 작은 기둥에는 금빛 사자 또는 흰 말을 그린 방패가 흔들거렸다. 그런 간판이라면 학식이 없는 사람이라도 곧 알 수 있었다.

간판은 거리에 차츰 불어났다.

이발사의 반짝거리는 세면기 옆에는 빵집의 롤빵이 흔들거렸다.

벌써 첫 상점이 문을 열었다. 거기에는 핀·청어·양말·못 따위가 있었다.

돈 많은 도매상은 소매상을 위에서 내려다보고 있었다. 그들은 자기 손으로 독일의 마르크, 영국의 파운드와 실링, 러시아의 루블 같은 돈을 융통하고 있었다. 서기가 아침부터 밤까지 그들의 회계 장부에 숫자를 기입하고 있었다. 그런 원장이나 거래 장부는 여태까지의 상인들의 수첩과는 전혀 달랐다.

할아버지들은 이렇게 적었었다.

'장갑, 1부대. 값을 잊었음. 빨간 모직물 2장 팔았으나 누구에게 팔았는지 잊었음. 아내에게 옷감으로 비로드를 나누어 주었음.'

때로는 아무것도 기입하지 않고 기억해 두기 위해 손수건에 매듭을 해 두었다. 누구나 다 글을 쓸 수 있었던 것은 아니었기 때문이다.

지금은 읽고 쓰지 못하는 사람은 상인이 아니라고 했다.

사실 인도나 아메리카에서 화물을 싣고 오는 선단에 대한 이야기가 나왔을 때, 어떻게 그 계약이나 거래를 모두 기억해 둘 수 있겠는가! 매듭을 해 두려면 몇천 장의 손수건을 사용해도 모자랄 것이다.

전에는 읽고 쓸 수 있는 사람은 수도사·학생·학사·신학박사에 제한되어 있었다. 그러나 지금은 어떤 신분의 사람이라도 책을 읽었다. 책도 값이 훨씬 싸졌다. 이젠 책 한 권 한 권을 따로 베끼는 것이 아니라, 구텐베르크(1394~1468, 독일인)가 발명한 기계로 한꺼번에 몇백 권도 인쇄했다.

지금은 양피지가 낡은 것이 되었으며, 제지 공장에서 만들어지는 그다지 좋지는 않지만 아무튼 훨씬 값싼 종이가 그것 대신 쓰였다. 서점 앞에는 신간 광고 대신 책 타이틀 페이지가 장식되었다. 책 이름이 어느 것이나 모두 긴 까닭은 책 내용을 손님에게 설명할 필요가 있었기 때문이다.

날개 돋친 듯 팔리는 것은 그리스와 로마 작가의 것, 해외 여러 나라의 이야기, 중세기의 낡은 질서를 풍자한 책들이었다.

사람들은 라블레(1494?~1553? 프랑스 작가)의 책을 펼치고 팡타그뤼엘이 소시지와 싸우는 이야기, 또는 가르강튀아가 다섯 살 때 목마를 타고 시합에 나가는 이야기를 읽고 배를 움켜쥐며 웃었다.

거기서는 기사도 수도사도 박사도 모두 놀림감이 되고 있었다. 기사는 마시고 먹고 싸우는 일밖에 할 수 없었다. 수도사는 단식을 설교하면서 하루 종일 성당을 버려두고 수도원 부엌에 틀어 박혀 있었다. 학식 높은 박사들은 비밀 기호로 사상을 표현하는 재주를 경쟁하지만, 실은 자기 자신도 그것이 무슨 뜻인지 몰랐다.

《무명인의 편지》라는 책도 얼마나 날카롭게, 또 재미있게 쓰여졌는가! 그 편지는 오르투이누스 그라티우스라는 신학박사에게 부치는 것이었다.

이 박사가 모든 새로운 것의 적이라는 생각에 사람들의 견해가 일치했다. 그에게 부친 편지 속에, 그와 친한 벗이나 친지들이 너무 노골적으로 그 무지와 무식을 칭찬하기 때문에, 독자는 이 책이 단순히 장난으로 쓰인 것이 아님을 바로 알아챘다.

이 책을 다 읽고 나면 과연 그렇구나 하고 작가가 의도한 바를 분명히 알 수 있다. 마지막 편지는 천당에 있는 죽은 벗이 직접 오르투이누스에게 부친 것이다. 이 죽은 사람은 조금도 사양하지 않고 오르투이누스 그라티우스와 그의 지지자들을 학문이 있는 당나귀라고 불렀다.

이 책을 쓴 사람이 어리석은 벗들이 아니라, 그 적임을 이해하지 못하는 사람은 그야말로 당나귀가 될 수밖에 없으리라. 어리석은 사람들은 화가 나서 괘씸하게 생각했다. 그들은 이 책을 곧 태워 버리라고 요구했다. 그들의 요구는 대부분 통과되었다. 성당 앞 광장에 장작이 산같이 쌓여졌다. 대학 교문에서 박사·교수·학생들의 행렬이 이어졌다. 악대가 선두에 서서 힘껏 금관악기를 불었다. 책을 태우는 것을 보려고 사방에서 민중이 뛰어왔다.

그러나 책은 몇 백, 몇 천 권이나 인쇄되었다. 그것을 모두 태울 수는 없었다. 살아남은 책은 마루 밑에서 끄집어 내어 사람 눈에 띄지 않는 어느 집에 조심스럽게 감추어졌다.

사람들은 조부들의 생각이나 신학박사의 가르침과 다른, 새로운 사고 방식을 배우게 되었다.

세계는 바뀌고, 낡은 규범은 현실과 일치하기 어렵게 되었다.

그러나 낡은 규범은 칼을 내려놓고 곱게 물러가려고는 하지 않았다.

9 어떤 책의 역사

이 이야기에 나오는 우리 선조들의 이름은 장마다 거의 바뀐다. 우리도 또한 도시에서 도시로, 나라에서 나라로 옮겨가야만 한다.

우리가 이번에 살펴볼 사람들은 누구일까?

발트 해의 안개 낀 해변으로 발걸음을 옮기기로 하자.

뻗어나온 삼각주에 의해 바다에서 가리워진 만이 보인다. 그 조그만 만을 바라보는 평야에 프라우엔부르크라는 폴란드의 조그만 도시가 있다. 여러 층의 다락방 위에 끝이 뾰족한 빨간 기와 지붕을 인 집들이 뭔가 보호를 부탁하듯 언덕 위 성 쪽으로 빽빽이 몰려 있다.

성은 두꺼운 벽으로 둘러싸여 있다. 네 귀퉁이에 높은 탑이 솟아 네 명의 감시병처럼 동서남북을 바라보고 있다. 이 성은 여러 번 튜턴 기사단의 공격을 받았다. 그들은 언저리의 마을을 태우고, 과수원 나무를 베고, 밭을 황폐하게 만들었다. 그래도 성을 점령할 수는 없었다. 정말 그것은 성일까? 성벽 위로 높게 대성당의 꼭대기가 하늘을 찌르고 있다. 예배 시간이 되면 몇 층이나 되는 종루에서 여러 개의 종소리가 울려 멀리 평야에 퍼졌다.

흰 벽 뒤뜰의 나무 그늘 오솔길을, 넓은 소매의 긴 옷에 털가죽을 두른 모자를 쓴 사람들이 산책하고 있다. 얼핏 보건대, 성에 사는 사람들은 속계의 사람들이 아니라 성직자인 것 같았다.

그러면 이것은 수도원일까? 아니다. 사제의 평복을 입은 그들은 수도사와 전혀 다른 생활을 한다. 그들의 대부분은 미사를 맡아 할 차례가 돌아오면 자기 대신 사제를 고용한다. 넓은 땅에서 들어오는 수입으로, 또한 주위의 마을에서 징수하는 세금이나 연공으로 그들의 생활은 더할 나위 없이 편하다. 그들은 기사가 아니라 대성당 참사 회원이다. 더욱이 그들의 우두머리인 바트미 주교에게는 어느 속계의 군주에 못지않은 세력이 있었다. 그들은 주교의 부하였으며 주교의 일문, 즉 참사회 총회의 회원이었다.

그러나 우리가 유럽의 여러 도시 중에서 프라우엔부르크를 선택한 것은 배가 차도록 먹고 빈들거리는 이 벌들을 보기 위한 것이 아니다. 이 벌집 속에는 한 마리의 일벌이 있었다.

밤이 이슥했는데도 북서쪽 탑 높은 창문에는 아직도 촛불이 타고 있었다. 개인 날 밤이면, 탑의 문이 열리고 폭이 넓은 성벽 위에서 한 노인이 나왔다. 한쪽 손에는 손전등, 다른 손에는 몇 개의 자를 세모꼴로 엮은 이상한 기구를 쥐고 있었다. 노인은 손전등을 바닥에 놓고 탁상 위에 기구를 설치했다. 그리고 성벽 위에 팔꿈치를 놓고 주의 깊게 하늘을 바라보았다.

그는 친한 벗인 것처럼 별들에게 인사를 했다. 별들 또한 '안녕하세요' 하고 대답하는 듯했다.

그는 기구를 집어올렸다. 자 하나는 망원경 구실을 했다. 그것에는 구멍을 뚫은 조그만 판자가 두 개 붙어 있었다. 그 기구를 별 쪽으로 향하면 그 두 개의 구멍을 통하지 않고선 별을 볼 수 없도록 고안되어 있었다. 노인은 축을 중심으로 자를 돌리면서, 반짝이는 별 중에서 한 방울의 포도주처럼 빨갛게 타고 있는, 아직 반짝이지 않는 별에 자를 향했다. 그것은 행성의 하나인 화성이었다.

다음 손전등을 기구에 가까이 가져와 잉크로 적어둔 자의 눈금을 읽었다. 화성의 높이를 쟀다.

노인은 기뻐했다. 개인 밤하늘이 고맙게 느껴졌다. 이 북쪽 나라에서는 이런 밤이 좀처럼 없었다. 그는 이탈리아의 하늘을 생각했다. 몇십 년 전, 별의 지식을 공부할 때 이탈리아 하늘은 입문서 구실을 했다.

그의 첫 스승이었던 점성술사 도미니코디 노발라(1454~1504년)의 생각이 떠올랐다. 그 교수의 직무는 결코 편하지 않았다. 교수는 달력과 천궁도를 만들었고, 일식과 월식을 예보하고, 길일과 흉일을 정하는 일을 했다. 그러나 특별히 좋아서 열심히 했던 것이 아니라 생활비를 얻기 위해 하고 있었다. 이를테면 살기 위해 별을 보아야 했던 것이다.

생각해 보면, 그것도 먼 옛날의 일이 되어 버렸다.

노인은 옷 아랫단을 모으며 자기 방으로 돌아갔다.

방 테이블 위에는 원고를 엮은 두터운 책이 얹혀 있었다. 이 책은 그의 아들이었다. 어머니에게 아기가 소중하듯이 그에게는 이 책이 그만큼 중요했다.

코페르니쿠스 시대의 서유럽 천문대(고판화)

더욱이 이 아기는 벌써 30살이 넘었다.

'9년 후에 출판하여라…….'

노인은 로마의 시인 호라티우스의 충고를 생각했다. 9년의 4배나 가까운 세월이 지났는데 원고는 아직 저자의 테이블 위에 놓인 채로 있었다.

노인은 넓은 페이지를 넘겼다. 표제 페이지에는 라틴어로 다음과 같이 씌어 있었다.

'토룬의 니콜라우스 코페르니쿠스가 쓴 천체의 회전에 대한 6권본'

그는 다시금 죽 훑어보았다. 각 장에서 장으로. 이것이 몇 번째일까!

제1권에는 지구의 형태에 대한 설명이 나왔다. '지구는 둥글다'라는 사실을 사람들 머릿속에 이해시키기도 꽤 어려웠다!

코페르니쿠스는 철학자 라크탄티우스(3~4세기 무렵 사람)의 말을 생각했다. '대지의 반대쪽에는 뿌리를 위로 한 풀이나 나무가 자라고, 다리를 머리 위에 둔 사람이 있다고 믿는 것은 미친 사람뿐이다.'

이 로마의 수사학자이며 웅변술의 교사는 그리스도교에 대해서는 상세히 알았을지 모르지만 학문에 대해서는 생각이 모자랐다. 심한 무지함으로써 그는 자기보다 학문이 있는 사람들을 비웃었다. 그러나 정작 웃음거리인 사람은 어린애 같은 비판을 하는 그 자신이었다.

코페르니쿠스는 씁쓸한 기분으로 생각했다.

'벌써 1000년이 넘게 흘렀는데 아직도 라크탄티우스 같은 사람은 사라지지 않았다. 이해하려고 하지 않는 사람들에게는 아무리 일러 주어도 아무 효과가 없다. 이 책을 읽으면 무지한 학자들은 뭐라고 할 것인가? 지구는 움직이지 않는다고 그들은 믿고 있다. 그때 갑자기 이 도표를 보인다. 이 도표에는 지구가 아니라 태양이 세계의 한가운데서 왕좌를 차지하고 있다.

태양은 왕처럼 행성 가족을 지배하고 있다. 지구는 6개의 행성 중의 하나에 불과하다. 지구는 금성과 화성 사이의 일정한 원에 따라 돌고 있지 않은가.'

코페르니쿠스는 적에 대한 것을 잊고, 자기 창조물인 도표를 아까운 듯이 바라보았다. 이 천체의 배치는 아리스토텔레스나 프톨레마이오스 시대에 모두에게 인정되었던 것과 비교하여 얼마나 정확하게 만들어졌는가! 이 도표에서는 여러 행성의 운동을 설명하기 위해 많은 원을 만들 필요가 없다. 조금이라도 수학을 아는 사람이 본다면, 예를 들어 왜 화성이 우리에게 크게 보이는가, 작게 보이는가를 곧 이해할 것이다. 왜냐하면 화성은 지구에서 멀어지거나 가까워지기 때문이다.

이 여러 천체의 배치에는 어디를 찾아보아도 발견할 수 없을 만한 조화와 정연한 연관성이 있다. 그것은 한꺼번에 모든 모순을 날려 버리고, 천문학자를 괴롭히는 모든 의견의 차이를 해결할 것이다. 현재 그들은 1년의 길이를 정확하게 계산할 수도 없다. 여러 천체의 운동을 계산할 때, 그들은 우주의 이 도면 저 도면을 사용한다. 마치 화가가 여러가지 다른 그림에서 손·발·머리를 가지고 와서 그것으로 이상한 불구자를 조작하는 것과 다를 바 없다. 뱃사람들이 훨씬 전부터 별자리 그림은 진로를 혼란케 할 뿐이라고 불평하는 것은 당연한 일이다.

그런 일을 그만두게 해야만 한다! 코페르니쿠스는 자기 일생을 넘기듯이 원고의 페이지를 넘겼다. 이 한 행 한 행마다 얼마나 많은 불안과 의심, 그리고 여러 날의 지새운 밤이 담겨져 있는가! 만인에 반대하여 혼자 걸어간다는 것은 정말 쉬운 일이 아니었다.

그 책은 아직 태어나지도 않았는데, 그 소문이 어디선지 흘러나가 벌써 눈썹을 찌푸리는 패들이 나타났다. 그들은 정부를 향하여 지구를 움직이게 하고 태양을 머물게 하는 불순한 천문학자에게 재갈을 물리라고 요구했다. 그들은 성경의 말을 인용하여, 여호수아는 지구가 아니라 태양에게 머물러 있으라고 명령하지 않았던가라고 부르짖었다. 그러면서 코페르니쿠스를 때려눕힐 트집을 잡기 위해 그 책이 나오기만을 이제나저제나 하고 기다렸다.

안 된다. 이 책은 당분간 이 테이블에 놓아둔 채 더 좋은 시기가 올 때를 기다리는 편이 좋다. 이 책에는 벗도 있기 때문이다. 그 수는 많지 않으나, 모두 교양 있는 사람들뿐이다.

코페르니쿠스는 청년 시절, 그리고 이탈리아 학자들과 만났던 때의 일을 생각했다. 그들은 교회에서 연구가 금지된 것을 연구하고, 신자로서 의심해서는 안 되는 것을 의심해 보았다. 그 무렵에도 생각하는 바를 남김없이 쓸 수 없었으며, 쓴 것을 모두 인쇄할 수도 없었다. 회의를 시작할 때는 엄중하게 문을 닫았다. 왜냐하면 종교 재판관의 귀는 파리보다 더 민감했기 때문이다.

그래도 새로운 사상은 아무튼 그 구실을 다했다. 그때의 회의가 없었다면 이 책조차 쓰여졌을지 알 수 없었다.

코페르니쿠스는 책을 덮은 뒤 손전등을 들고 자기의 조그만 침대로 갔다. 좁은 침대 위 선반에는 흰 돼지가죽으로 제본한 책이 가득 꽂혀 있었다. 사랑하는 시인들과 철학자들의 책이었다. 너무 흥분된 신경을 쉬게 하고 마음을 가라앉히려고, 그는 선반에서 베르길리우스의 책을 끄집어 냈다.

책의 벗이 나타나다

한 해 또 한 해 시간은 지나갔다. 몇몇 지구 주민밖에는 몰랐지만, 지구도 원운동을 되풀이하고 있었다.

한편, 그의 원고는 더 좋은 시기를 기다리면서 여전히 테이블 위에 놓여 있었다. 그런데 시대는 좋아지기는커녕 차츰 나빠질 뿐이었다.

프라우엔부르크에 새로 호시우스(1504~1579년) 박사라는 대성당 참사 회원이 나타났다. 그는 '이단자의 망치'라고 불리는 인물이었다. 어디에 가도 곧 이단자를 알아냈다. 그는 코페르니쿠스의 일거수일투족을 조사하고 그것을 주교에게 세세히 보고했다. 코페르니쿠스는 따돌림을 당했다. 젊은 참사 회원들조차 그를 못 본 체했다. 코페르니쿠스와 이야기한 것만으로도 의심받기 때문이었다.

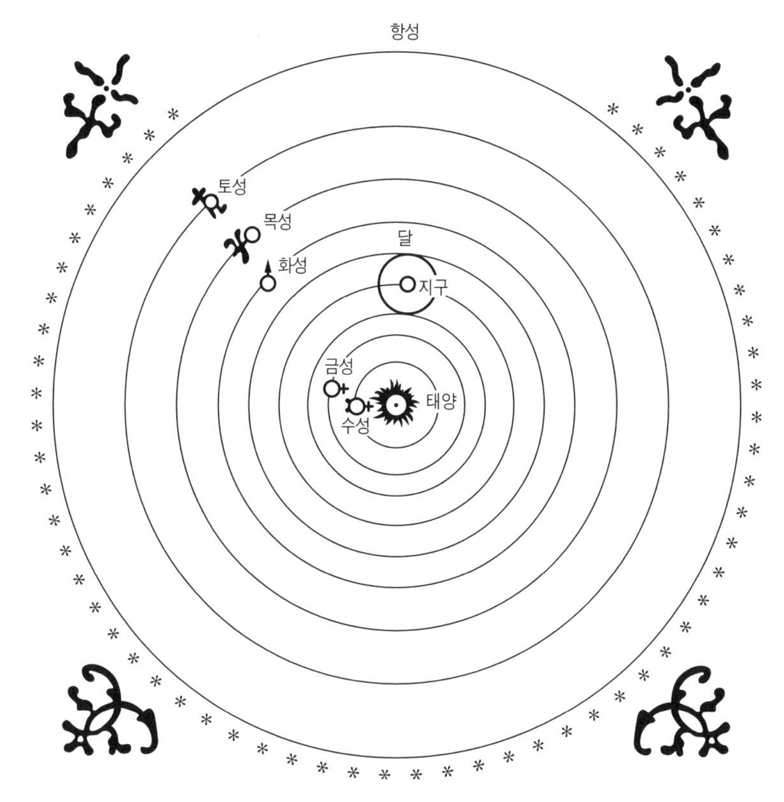

코페르니쿠스 저서에 따른 우주계

그는 차츰 신변에 어려움을 느끼게 되었다.

참사회에 단 한 사람, 코페르니쿠스의 벗이 있었다. 그러나 그 벗도 무신론의 죄로 추방되었다.

늙은 천문학자는 자기 탑에서 거의 한 발짝도 나가지 않았다. 그는 차츰 쇠약해졌다. 그에게는 의지하는 먼 친척 여성이 있었다. 그녀는 오랜 세월 그의 어려운 생활을 도와주었다. 그러나 코페르니쿠스는 그 여성과도 헤어질 수밖에 없었다. 참사 회원의 집에는 여자가 있을 장소가 없다는 말을 들었던 것이다.

코페르니쿠스는 금지받거나 명령받거나 하지 않았다. '아버지 같은' 훈계와 '형제 같은' 충고를 받을 뿐이었다. 그러나 그런 '친절한' 형제, 즉 참사 회원으로 있으면서, 아버지 같은 주교의 보호를 받으면서, 그는 얼마나 고독을 느꼈을 것인가!

그런데 갑자기 전과 같은 기운과 신념을 다시 그에게 찾아준 사건이 하나 일어났다. 레티쿠스(1514~1576년)라는 젊은 수학 교수가 그를 방문했던 것이다. 그는 책 출판을 기다리다 못해 원고로 그것을 읽기 위해 일부러 찾아온 성급한 독자였다.

낡은 탑은 활기를 되찾고 큰 목소리가 울렸다.

그 책에서 레티쿠스는 강한 감명을 받았다. 더 이상 인쇄를 늦추지 말라고 코페르니쿠스를 설득했다. 이렇게 필요한 것을 숨겨 두어서는 절대로 안 된다고 강조했다.

그래도 코페르니쿠스는 아직 망설이고 있었다. 그래서 물었다.

"도표만 발표하는 것이 어떨까? 그러면 일반 천문학자들은 여기에 완성된 계산을 이용할 수 있을 걸세. 유피테르의 은혜를 받은 사람이나 하느님에게서 재능을 받은 사람이라면, 이 도표를 보고 세계의 새로운 체계를 스스로 발견하고 그릴 수 있으리라고 생각하네."

그러나 코페르니쿠스의 젊은 친구는 대답이 없었다. 그는 싸움을 시작하고 싶어 좀이 쑤시는 모양이었다.

이리하여 책방에 조그만 책이 나타났다. 그 표제에는 이렇게 적혀 있었다.

'가장 위대한 학자이며 가장 빼어난 수학자, 그리고 가장 존경할 발미 대성당 참사 회원인 토룬의 니콜라우스 박사가 저술한 책에 대하여 어떤 젊은 수학 학생이 편집한 제1화.'

이 '젊은 학생'이란 누구일까? 말할 것도 없이 코페르니쿠스의 새 친구 레티쿠스 교수였다. 그 조그만 책은 뒷날 나오는 큰 책을 세계에 예고하면서 앞으로 나아갔다.

레티쿠스는 청년다운 혈기를 불태우면서 무학자·시기꾼·음모꾼의 무리를 헤치고 스승을 위해 길을 열어 주었다. 그들 무리 중에는 자기 생각이 없는 어리석은 자들이 얼마나 많았던가! 진리에 편들기보다 권위에 빌붙는 편을 선택하는 비굴한 독단가들이 얼마나 많았던가! 지렁이가 햇빛을 두려워하듯이 그들은 새로운 것을 두려워했다. 그것이 무너지면 이제 어디에도 설 곳이 없었기 때문에 그들은 필사적으로 자기의 가짜 학문에 매달렸다. 코페르니쿠스의 젊은 전우는 마치 선풍처럼 그들 대열을 공격했다. 그는 외쳤다.

"철학자가 되려고 하는 사람에게는 자유로운 머리가 있어야 한다!"

오래된 본보기에는 잘못이 없다고 생각하는 사람들을 레티쿠스는 비웃었다. 천문학자가 하늘의 현상을 지배하는 것이 아니라, 하늘의 현상이 천문학자들 위에 군림하고 있다고 말했다. 프톨레마이오스가 만일 되살아난다면, 자기가 생각했던 체계를 고집할 까닭이 절대로 없을 거라고 그는 잘라 말했다.

책은 싸운다

마침내 코페르니쿠스의 원고는 논증·계산·도표로 완전 무장을 하고 출진했다.

벌써 뉘른베르크 시의 페트리 인쇄소의 기계는 그의 원고를 기다리고 있었다. 코페르니쿠스는 드디어 자기 아들과 헤어질 결심을 했다. 내 아들이여, 너의 인생을 살아 다오. 무지한 자들과 싸워 다오. 진리를 지켜 다오.

그런데 정말 좋은 시대가 온 것일까? 그렇지는 않았다. 코페르니쿠스는 이제 그 시기를 기다릴 수 없었다. 그에게는 남은 삶이 얼마 되지 않았다. 죽기 전에 생애를 걸고 힘들여 쓴 저술을 완성된 형태로 나타내 보고 싶었다. 원고는 파묻혀 버리는 수도 있지만, 인쇄된 책이라면 많은 부수 중에서 가령 한 권이라도 뒷 날에 남으리라…….

아직 독자의 손에 넘어가지도 않고 전투에 돌입하기도 전에 책은 어려움을 거듭하면서 자신의 길을 열어 가야 했다.

편집자는 코페르니쿠스를 설득했다. "신학자를 안심시킬 만한 것을 뭔가 덧붙여 주십시오." 코페르니쿠스는 그 유혹의 말을 귀담아듣지 않았다. 거기에는 협상이란 있을 수 없으며, 뭔가를 덧붙인다는 것은 모든 것을 망가뜨리는 행위임을 그는 알고 있었다. 이제 와서 그런 일을 할 수는 없었다.

그렇다면 책을 살리기 위해서는 어떻게 하면 좋을까?

그는 주변을 둘러보았다. 서유럽의 그리스도 교도는 지금 두 개의 진영으로 갈라져 있었다. 한 진영의 우두머리는 로마 교황이었고, 또 하나의 진영의 우두머리는 루터(1483~1546년)였다. 루터는 독일의 튀링겐 출신의 구리 제련업자의 아들로 교황에게 반기를 들었다. 그는 조금도 말을 꾸미지 않고 가톨릭 신학자들을 마구 공격했다. 그러면서도 새로운 학설의 소문을 듣자마자 그 또한 코페르니쿠스를 바보라고 불렀다.

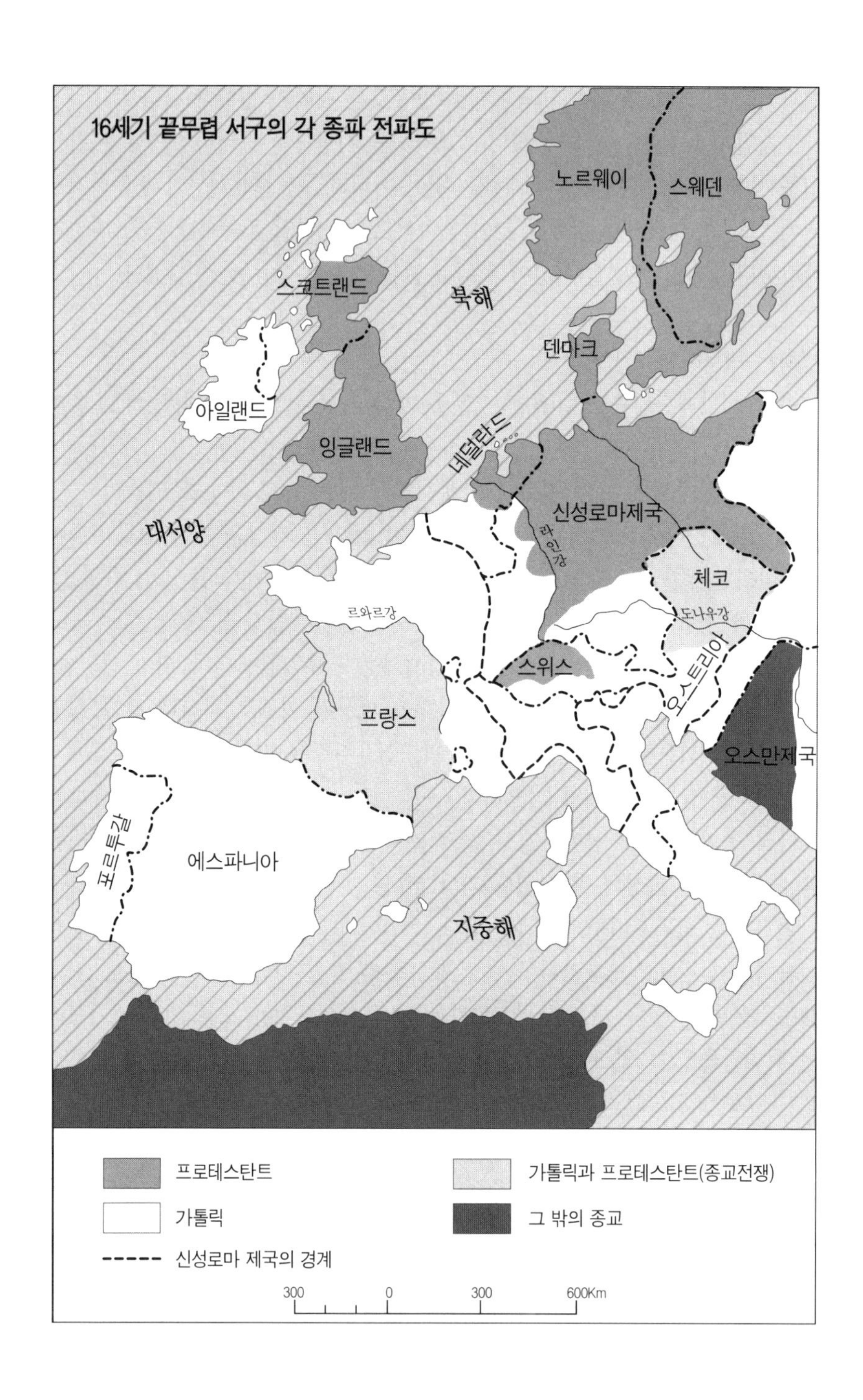
16세기 끝무렵 서구의 각 종파 전파도
노르웨이
스웨덴
스코트랜드
북해
덴마크
아일랜드
잉글랜드
네덜란드
신성로마제국
라인강
대서양
체코
르와르강
도나우강
스위스
오스트리아
프랑스
오스만제국
포르투갈
에스파니아
지중해
프로테스탄트
가톨릭과 프로테스탄트(종교전쟁)
가톨릭
그 밖의 종교
신성로마 제국의 경계
300
0
300
600Km

'그렇다면 교황에게 책을 바치는 편이 좋지 않을까?' 하고 코페르니쿠스는 생각했다.

'루터가 이 책을 비난했기 때문에 교황이 이 책의 편을 들어줄지도 모른다.'

어쨌든 책은 신학자들의 재판에 회부될 것이었다. 그러므로 발미의 주교가 아니라 교황이 재판관이 되어 주는 편이 훨씬 나을 듯했다.

코페르니쿠스는 다음과 같이 헌정하는 말을 썼다.

'성스러운 교황님! 이 책에서 제가 지동설을 설명하는 말을 듣자마자, 그것으로 저를 죄인이라고 몰아붙이며 흥분하는 사람들이 있다는 것을 저는 잘 알고 있습니다…….

실은 저도 제 의견의 참신성과 불합리하게 보이는 것이 모두에게 경멸받아서는 안 된다고 생각하고, 완성된 제 저술의 발표를 묻어 두기로 결심하기까지 했습니다. 그런데 이 책을 출판하라고 꾸준히 권하는 벗이 있습니다……. 다른 많은 학자나 지식인도 똑같이 저에게 요구했습니다. 그들은 제가 그런 생각으로 망설이지 말고, 도리어 수학자들 전체의 이익을 위해 이들 저술을 제공해야 한다고 주장하고 있습니다.

아마 성스러운 교황님께선 몇 밤이나 걸친 노력의 성과를 제가 감히 세상에 묻고자 결심한 것 이상으로, 제가 왜 지구는 움직인다고 생각하기에 이르렀는가에 놀라실 것입니다. 사실 수학자는 모두 반대 의견을 내세우며, 또 일반적으로 그것은 사람의 양식에 어긋나는 것으로 생각하기 때문입니다…….'

계속해서 코페르니쿠스는 무엇이 그로 하여금 모든 사람이나 상식을 반대하게 되었는가에 대해서 이야기했다.

중상의 바늘에 찔리면 고칠 약이 없다는 속담도 있을 정도이니, 중상자들로부터 자신을 구해 주도록 그는 교황에게 부탁했다. 이어서 그는 지독한 경멸의 투로 무식자들이 그에게 퍼부을 것이 틀림없는 비난에 미리 못을 박았다.

'만일 머리가 모자라는 수다쟁이가 나타나서 수학에 대해서는 아무것도 모르면서, 성경 여기저기의 말을 일부러 왜곡하여 이용해서 제 일에 트집을 잡고 또는 부정한다면, 저는 그것을 묵살할 뿐만 아니라 도리어 그런 어리석은 비난을 가엾게 여길 것입니다…….'

한 달 또 한 달이 지나고 겨울 태풍에 뒤이어 봄이 찾아왔다.

프라우엔부르크의 하늘에 별들이 얼굴을 나타내는 밤이 차츰 많아졌다.

그러나 늙은 성직자는 이제 성벽으로 나오지 않았다.

그는 병들어 좁은 침대에 누워 있었다.

그의 책꽂이에는 천문학 책과 수학 책에 섞여 《건강의 뜰》, 《의학의 장미》 등의 의술책이 꽂혀 있었다. 코페르니쿠스는 천문학자일 뿐만 아니라 의사이기도 했다. 전에는 매일 아침 언덕 아래 교외에 사는 환자들을 돌보았다. 그는 가난한 사람에게서는 돈을 받지 않았다. 비싼 수지나 향료로 만든 알약 이외에 은전 몇 닢이 테이블 위에 얹어 있는 일이 흔히 있었다.

그러나 지금 그는 혼자였다. 그를 염려하는 사람은 아무도 없었다…….

이제 목숨이 얼마 남지 않았다는 것을 그는 알고 있었다. 그만큼 그는 특별히 긴장해서 노크 소리, 층계의 발소리 하나하나에 귀를 기울이고 있었다. 문이 열리고 큰 책을 안은 젊은 벗이 나타나는 순간을 그는 상상하고 있었다.

그러나 날은 하루씩 지나가고 남은 시간은 차츰 적어지는데, 책은 아직 나오지 않았다. 그는 이제 완성된 책을 볼 수 없다고 생각했다. 그런데 책은 이윽고 이르렀다. 그의 생애의 마지막 날, 죽음의 몇 시간 전에 닿은 것이다. 그는 책을 손에 들고 그것을 바라보았다. 그러나 의식은 이미 먼 곳을 헤매고 있었다…….

어쩌면 다시 한 번 자기 저서를 넘겨 볼 힘이 코페르니쿠스에게 없었던 것은 다행이었는지도 모르는 일이다. 만일 책을 펼쳐 보았다면, 그는 첫 페이지에 저자의 이름이 없는 서문을 보았을 것이다. 그의 의사를 무시하고 편집자는 제멋대로 해버렸다. 편집자는 책에 '뭔가'를 덧붙였다. 그 '뭔가'는 코페르니쿠스의 마지막 시간을 썩히기에 충분한 한 방울의 독이었다.

편집자는 미리 장래의 고발자들에게 변명을 준비하고 아첨하듯이 앞질러서, 책의 저자는 비난받을 만한 일은 무엇 하나 하지 않았다고 썼다. 그 글에 따르면, 아무도 코페르니쿠스의 학설을 의무적으로 생각할 필요가 없다, 그것은 생각할 수 있는 가정의 하나에 불과하며, 다만 계산을 간단하게 하는데 도움이 될 것이다, 일반적으로 말해서 뭔가 확실한 것을 알고 싶은 사람은 천문학에 의지하지 않는 편이 좋다, 이것은 무엇 하나 확실한 것을 말할 수 없기 때문이다, '만일 이 책에 씌어 있는 것을 진짜로 믿는다면, 그는 다 읽고 난 뒤에는 책을 읽기 전보다 더 바보가 될 것이다……'

코페르니쿠스의 젊은 벗은 이것을 읽고 불같이 화를 냈다. 죽은 사람을 애도하는 마음과 괘씸한 배신자에 대한 분노가 그의 가슴을 쥐어뜯었다. 그러나 어떻게 할 수도 없었다. 책은 벌써 출판되어 책방에서 팔리고 있었다.

자기 편도 적도 그것을 읽었다. 코페르니쿠스가 본대로 적 편이 자기 편보다 훨씬 많았다. 루터의 친구로 '독일의 스승'이라 불린 멜란히톤(1497~1560년) 교수는 코페르니쿠스의 학설은 황당무계하며 그런 책을 인쇄하는 것은 예의에 어긋날 뿐만 아니라 나쁜 예를 남기는 것이라고 썼다.

'24시간으로 하늘이 지구의 둘레를 일주하는 것은 눈이라는 증인이 확인하고 있지 않은가!'

'독일의 스승'의 지휘에 따라 그 무수한 학생들도 또한 목소리를 한데 모아 그 책에 대한 욕설을 합창하기 시작했다.

그러나 이 책이 애초에 목표로 했던 사람들은 하나같이 책의 출현을 환영했다. 그 환영에는 코페르니쿠스도 만족했을 것이다.

유명한 천문학자 티코 브라헤(1546~1601년)는 코페르니쿠스를 찬양하며 감격의 시까지 썼다. 티코 브라헤는 훌륭한 천문대를 갖고 있었다. 그것은 무사(음악, 시의 신)의 하나인 우라니아의 이름을 따서 우라니엔부르그라고 불렸다. 이 학문의 성에는 크고 복잡한 장치가 많았다. 그것과 비교하면, 코페르니쿠스의 손에는 전나무 막대기로 직접 만든 매우 간단한 도구가 하나 있을 뿐이었다. 그가 죽은 뒤 벗들이 그 도구를 티코 브라헤에게 보냈다. 이 저명한 천문학자는 천문학자인 동시에 시인이기도 했다. 코페르니쿠스는 그것을 사용해서 별까지 올라갈 수 있었던 것이다……. 우리는 이 장의 마지막에 이르렀다. 그러나 책에서도, 인생에서도 때때로 일어나듯이 하나의 장이 끝난 뒤는 다음 장의 시작이 되기도 한다.

10 코페르니쿠스의 책 어떤 젊은 수도사의 손에 들어가다

1543년은 코페르니쿠스가 세상을 떠난 해였을 뿐만 아니라, 그의 책이 태어난 해이기도 했다. 코페르니쿠스는 차디찬 돌 밑에 누웠지만 책은 편력의 여행을 떠났다.

비웃는 사람도 있었고 찬사를 보내는 사람도 있었으나, 누구라도 이 책에 대해서 무관심할 수는 없었다. 책은 언제나 같은 것이었지만, 독자가 일단 그것을 손에 쥐면 이제는 여태까지의 그들 자신으로 있을 수가 없게 되었다.

이 위험한 책은 운명이나 천명처럼 독자를 파고들었다. 그것은 잠자고 있는 사람의 눈을 뜨게 하고, 마음이 약한 사람조차도 대담한 이단 사상으로 끌어들였다. 교회의 가르침대로가 아니라, 자유롭게 생각한다는 것에 큰 기쁨이 있었다. 그러나 때로는 이 기쁨 때문에 막대한 대가를 지불해야만 했다.

코페르니쿠스의 책은 나폴리에서 가까운 조그만 도시에 사는 한 젊은 수도사의 손에도 들어갔다. 그는 조르다노 부르노라는 사람이었다. 그의 수도원 독방에는 책이 많았다. 선반 위에 진열된 것도 있었고 사람 눈에 띄지 않도록 숨겨진 것도 있었다.

만일 수도원장이 수도 지원자 조르다노의 독방을 샅샅이 조사했더라면, 교회에서 인정하는 아리스토텔레스의 저서 이외에도 자유사상가 루크레티우스의 시 《만물의 본성에 대하여》를 발견했을 것이다.

또한 '천사적 박사' 토마스 아퀴나스의 두꺼운 책 18권과 함께 로테르담의 에라스무스(1465~1536년)의 《우신 예찬》이라는 독을 품은 책도 발견했을 것이다.

어딘가 침대 아래나 마루 밑에 부르노 자신의 노트도 감추어져 있었을지도 모른다. 수도원장이 그중 한 권을 펼쳐보았다면, 별안간 얼굴이 빨개질 만한 형편없는 것과 부딪혔을 것이다.

'등불'이라는 시, '노아의 방주'라는 대화편……. 이들 시나 대화편은 신성한 무지, 신앙심의 아둔함, 덕행의 가면을 쓴 악덕을 마음껏 비웃고 있었다.

더욱이 이것을 쓴 사람이 도미니쿠스회의 수도사였다! 그렇다면 왜 그들은 사제복을 입고 있었던 것일까?

이 젊은 자유사상가가 수도사라는 것은 분명 이상하지 않은가?

그가 성 도미니쿠스 수도원에 들어갔을 때는 겨우 열네 살의 소년이었다. 도미니쿠스회는 훨씬 옛날부터 신앙의 엄격한 수호자, 이단에 대한 맹렬한 공격자로서 알려졌다. 그것은 '성 종교재판'과, 타고 있는 횃불을 입에 문 개의 얼굴을 그린 단기로 나타났다. 단원들은 하느님의 충견이 되어 팔방으로 뛰어다니며 이단의 냄새를 맡아 냈다. 더욱이 그들은 가장 학문이 있는 수도사로, 까다롭고 알기 어려운 논문 중에서도 이단의 사상을 찾아 낼 수 있었다.

'천사적 박사' 토마스 아퀴나스도 이 교단의 사람이었다. 그는 《신학 대전》이라는 책을 만들었다. 도미니쿠스회의 수도사들은 몇 세대에 걸쳐, 어떻게 생각해야 하는가, 어떻게 생각하면 안 되는가를 판단하는 것을 배웠다.

그리하여 열네 살의 소년은 더 알고 싶다는 희망에 이끌려, 전에 토마스 아퀴나스가 배운 적이 있는 성 도미니쿠스 수도원으로 들어갔다.

이 소년은 책을 좋아했다. 이 풍부한 수도원 도서관 이외에 어디서 책을 발견할 수 있었겠는가? 여기서는 책을 읽는 것만이 일이었다. 소년은 학문에 마음을 모두 빼앗기고 있었다.

분명히 수도원의 높은 벽 속에 자신의 아름다운 공주가 있는 것처럼 느껴졌다.

그렇다, 분명히 있었다. 공주는 그 친절한 노인 카시오도루스에게 처음 이끌려 왔었던 그때부터 줄곧 여기저기의 수도원을 헤매 다니고 있었다.

카시오도루스는 이곳이 공주에게는 살기 좋고 편할 것이라고 생각했다. 그러나 그 옛날 언니나 동생들과 함께 헬라스 언덕이나 골짜기에서 윤무를 추던 그 아름다운 무사(음악, 시의 신)는 이곳에 온 뒤 얼마나 파리해졌는가!

그녀는 신데렐라가 되고, 신학이라는 경건하고 엄격한 마나님의 시녀가 되었다. 종소리와 찬송가 소리에 뒤섞여 그녀의 목소리는 거의 들리지 않았다. 게다가 엄한 스승과 감독들이 붙어 있었다. 여기서는 그녀의 목소리가 거의 들리지 않았다. 토마스 아퀴나스 박사까지 다음과 같이 말하며 신데렐라에게 권리와 의무에 대해서 지시했다.

'마나님 앞에서는 머리를 숙여라. 사람의 지혜는 하느님의 큰 지식보다 얕기 때문이다. 문턱을 넘어서도 안 되며 그 벽 밖으로 나가서도 안 된다. 사람의 이성에는 한계가 있고, 사람은 모든 것을 인식할 수 없기 때문이다. 만일 이 금기를 깨뜨리고 다시 자유의 몸이 되려고 한다면, 너는 엄한 벌을 받으리라. 이단자를 기다리는 것은 죽음뿐이다…….'

이리하여 부르노는 지금 좁은 방 안에 있었다. 왜 그는 이곳에 온 것일까? 왜 번화하고 넓은 세계를 이 좁은 수도자의 독방으로 바꾸었던 것일까? 그는 시인이며 기사의 아들이었다. 그런데 왜 수도사가 된 것일까?

그가 이곳에 온 것은 그 학문이라는 공주를 위해서였다. 자기 눈으로 보는 세계보다 훨씬 넓은 세계를 보고 싶어서였다. 그는 학문이 새로운 눈을 줄 것을, 아무에게도 보이지 않는 것을 보이도록 가르쳐 줄 것을 바랐다.

그 학문은 이곳, 이 수도원에 있었다. 마루에서 천장까지 몇만 권의 책으로 가득 찬 이 도서관에 있었다.

세월은 지나갔다. 부르노는 한 권 또 한 권 읽어 갔다. 흔들거리는 사닥다리 꼭대기까지 올라가 오랫동안 아무도 손을 댄 적이 없는 먼지투성이의 책을 선반에서 빼냈다.

선반에서 선반으로, 마루에서 천장까지 이르는 거리는 멀다고 보면 꽤 멀었다. 그러나 도서실에서 긴 시간을 들여 부르노는 세기에서 세기로, 나라에서 나라로 편력했다. 그는 다시 한 번 인류의 길을 처음부터 걸어왔다. 그리스의 철학자들은 세계의 벽을 차츰 넓히면서 현인의 길로 그를 안내했다. 그리스인에 뒤이어 아라비아인과 유대인이 찾아왔다. 아베로에스(1126~1298년)는 그에게 말했다.

'세계는 영원하다. 한 사람은 인류라는 대양 중의 한 방울에 지나지 않는다. 사람은 죽어가지만 인류는 남는다.'

부르노는 가톨릭 교회 신부들의 저서를 깊이 연구했다. 명쾌한 그리스 학문과 비교하면 이들 '천사적 박사(토마스 아퀴나스)', '최고의 천사적 박사(보나벤투라)', '섬세한 박사', '굳은 신념의 박사' 들의 학설은 얼마나 애매한가! 안개는 더욱 짙어지고 벽은 더욱더 좁아졌다. 세계는 영혼으로 가득 찼다. 위에는 천사가 있고, 아래에는 악마가 있다. 천사는 천구를 돌리고, 악마는 태풍을 일으킨다. 사람은 어디에 있는 것일까? 그런 신비한 힘, 그런 날개 있는 성령의 천군이 싸움 속에서 사람의 마음을 찢어 놓는다.

화염 지옥과 추운 천구 사이에 있는 그 환영의 세계는 갑갑하고 무섭다.

부르노는 토마스 아퀴나스를 옆에 치우고 다시 고대 학자의 책에 몰두했다. 그는 아리스토텔레스를 연구했다. 그러나 진리를 구하려 헤매이고 길을 잃었다가 다시 발견한 아리스토텔레스는 이제 먼저의 생동력을 가지고 있지 못했다. '천사적 박사'는 의문·추리, 장과 절을 산처럼 끄집어 내어서 아리스토텔레스까지 메마르고 굳은 미라로 바꾸어 버렸다.

이 아리스토텔레스의 세계는 부르노에게 얼마나 좁아 보였을까!

'대지는 물 속, 물은 공기 속, 공기는 불 속, 불은 하늘 안에 있으며, 하늘은 다른 어떤 곳 속에도 없다.'고 한 아리스토텔레스의 세계가 부르노에게는 좁게 느껴졌다. 별로 가득찬 천구, 그 저쪽에는 이제 자연도 없고 세계도 없다…….

벽은 차츰 좁아졌다. 부르노는 감옥에 갇힌 사람처럼 수도자의 독방 속에서 신음했다. 부르노는 아름다운 공주, 즉 학문을 위해 이곳에 왔다. 그러나 그 학문은 이곳에 갇혀 거의 죽어가고 있었다.

수도원의 공기를 마시고 묵주를 만지는 손이나 하늘을 우러러보면서도, 하늘을 볼 수 없는 눈을 스스로 깨닫고 괴로운 나날을 보내고 있었다. 부르노는 자기가 이곳과는 인연이 없다는 것을 깨달았다. 게다가 그에게 의심의 눈이 쏠리기 시작했다. 수도사 중 누군가가 성모의 일곱 가지 기쁨에 대해서 쓴 책을 부르노가 비웃었다고, 수도원장에게 밀고했다. 이번에는 다른 수도사가 와서 입에 담기에도 두려운 일이지만, 부르노가 십자가상만을 남겨두고 여러 성자상을 자기 독방 밖으로 내보냈다고 일러바쳤다.

부르노는 이단이라는 의심을 받게 되었다. 감시가 엄해졌다.

그러나 아직은 그에게 누구도 손을 대지는 않았다.

일정한 기한이 지나자, 그는 사제가 되었다. 그는 미사를 맡고, 태어난 아기에게 영세를 베풀고, 죽어가는 사람에게는 성찬을 나누어 주었다.

따라서 수도원에서 나폴리로 가는 기회가 많아졌다. 그는 이 자유의 한 순간을 알뜰히 이용하여 학자들과 사귀고 금지된 책을 입수했다.

천문학자의 서재(16세기의 판화)

이리하여 지금 그의 손에는 코페르니쿠스의 책이 들어오게 되었다. 머리 위의 하늘이 높아진 듯이 느껴져 그는 큰 기쁨을 얻었다. 별들은 무한한 세계로 사라지고 지구는 이제 별들 사이에서 빛나는 한 점으로밖에 보이지 않았다. 위와 아래로 압박된 지구, 낙원의 산과 지옥의 골짜기 사이에 끼어 있는 세계……. 그 갑갑한 환영은 사라졌다.

갑자기 무한한 공간이 나타나고 숨쉬기가 편해졌다. 지구 또한 자매인 행성들과 함께 넓은 하늘의 세계를 날아다니고 있는 것이었다.

코페르니쿠스가 그린 도표를 부르노는 뚫어질듯이 바라보았다. 한가운데에 태양, 그것을 둘러싸고 상당한 거리를 두고 별들의 벗이 있었다.

코페르니쿠스는 우주를 넓혔다. 그러나 우주의 마지막 벽, 다이아몬드의 벽 앞에서 그는 겁을 먹은 듯 멈춰 섰다. 왜일까? 왜 그 앞에는 아무것도 없다고 생각한 것일까? 아리스토텔레스가 그렇게 가르쳤다는 이유에서일까? 그러나 데모크리토스나 에피쿠로스나 루그레티우스는, 대우주는 무한하며 가늠할 수 없다고 가르치지 않았는가!

부르노는 이 마지막 벽을 깨뜨리는 것이 자신의 의무이며 사명이라고 생각했다. 그는 자신에게 외쳤다.

'확실한 결론을 발견하라! 이 다이아몬드의 벽을 무너뜨리고 소리 높이 땅바닥에 부딪쳐라! 우주는 하나가 아니라, 그 수는 무한하다는 것을 사람들에게 증명해 보여라. 우리의 태양 같은 다른 별들이 얼마든지 보이도록 모두에게 문을 열어 주어라.'

이제는 벽도 없었고, 돌로 만든 수도원의 돔도 없었다. 사방은 모두 무한한 공간이며 어디를 보아도 무한한 별의 수를 헤아릴 수 없었다.

항성 둘레를 행성이 떼를 지어 돌고 있다. 그들 행성에는 생물이 있다. 우리는 그 생물에 대해서 모르지만, 저쪽에서도 또한 우리에 대해 모른다. 부르노는 자기 눈앞에 열려진 거대한 우주를 물끄러미 바라보았다.

그는 이제 희미하지만 자신의 고향인 지구를 별들 속에서 식별했다. 그것은 겨우 알아볼 만한 작은 점이 되어 우주에서 반짝이고 있었다.

그 우주와 비교할 때 사람이란 대체 무엇인가? 무엇일까?

그렇다, 사람은 그 무한성을 인식하고 한눈으로 파악하여 자기 이성 속에 흡수시킨다.

부르노는 큰 기쁨에 싸였다. 그는 자기의 지성이 차츰 넓어지 것을 느꼈다.

그는 별들을 보고 원자를 보았다. 그의 마음은 날개를 타고 두 개의 무한 사이에서, 대우주와 소우주 사이에서 가볍게 춤추고 있었다.

부르노는 지구 위에 있을 곳이 없음을 깨달았다

그러나 지금 그는 지구 위에 있었다. 나폴리에 있는 수도원 독방 속에 있었다.

그가 무한한 대우주에 떠 있는 동안 날카로운 눈이 그의 뒤를 계속 쫓았다. 그의 말뿐 아니라 사상까지를 몰래 엿듣고 있었다.

그의 죄상은 130항목이나 모였다. 그는 130회나 성 가톨릭 교회의 가르침에 어긋나게 말하거나 행동했다.

그는 어떻게든 변명의 길을 찾으려고 나폴리에서 로마로 급히 갔다. 그의 뒤를 밀고자가 쫓아갔다. 급히 서둘다가 잊고 온 로테르담의 에라스무스의 책이 그의 독방에서 발견되었던 것이다. 그는 사제의 평복을 벗고 모자를 쓰고 망토를 걸쳤다. 그 속계의 옷이나 허리띠에 찬 칼 쪽이 사제복보다 그에게 훨씬 어울렸다.

지금 그는 공주를 자유롭게 해주기 위해 온 동화의 왕자가 되었다.

그는 항구에 이르러 배를 탔다. 시원한 바닷바람이 얼굴을 스쳤다. 앞길에는 자유가 있었다.

도시와 나라들을 편력하는 여행이 시작되었다. 세계는 넓은 듯이 보였다. 그러나 부르노에게만은 세계가 좁았다.

알프스의 벽을 넘어 자유로운 스위스에 들어가면, 그는 자기의 길손인 공주, 즉 학문도 피신처도 발견되리라고 생각했다. 아무리 도미니쿠스회의 손이 길더라도 설마 그곳까지는 닿지 않을 것이라고 믿었다.

부르노는 제네바에 왔다. 그는 자유로운 공기를 마음껏 마셨다. 그러나 며칠이 지나자 모처럼의 희망도 헛되었음을 알게 되었다. 이곳 종교는 로마와는 달랐으나, 너그러움이 없다는 점에서는 똑같았다. 주위에는 수도사가 아닌 여러 종류의 상인들이 살고 있었으며, 여기서의 도덕은 수도사의 도덕이 아니라 상인들의 도덕이었다. 돈을 많이 가지고 있으면 그것이 성자였다. 여기서도 위선이 날뛰고 있었다.

부르노는 사람들의 눈 속에서 익숙한 빛을 보았다. 그것은 무엇 하나 놓치지 않으려고 하는 탐욕스러운 감시의 빛이었다. 그 도시에는 장로라고 불리는 특별한 공무원이 몇 사람 있었다. 그들의 구실은 한 사람 한 사람의 생활을 감시하다가, 뭔가 잘못을 저지른다든가 방종한 생활을 하면 그 사람에게 친절하게 충고를 해주는 것이었다. 장로로 뽑히는 사람은 각 구역에 살면서 빈틈없이 '눈을 반짝이는' 자들이었다. 휴일에 빈둥거리는 사람이 있으면, 장로들은 대뜸 교회에 빨리 가라고 엄한 주의를 주었다.

모든 일에 절도가 있고 품위를 지키며 조용하고 덕행을 지키는 도시였다. 하지만 이 도시에는 아직 힐책을 받고 죽은 세르베투스(1511~1578년)의 망령이 떠돌아다니고 있었다.

에스파냐의 의사 세르베투스 또한 종교재판의 눈을 피해 스위스에 숨으려고 했었다. 그는 유명한 학자였다. 사람의 몸을 깊이 조사하여 혈액순환의 비밀을 밝혀내려고 했다.

그러나 제네바의 위선자들은 그가 쓴 책을 공격하여 그를 화형에 처했다. 그것도 간단히 태워 죽인 것이 아니었다. 꼬박 두 시간이나 장작불 위에서 구웠던 것이다. 부르노도 입 조심을 해야만 했다. 그러나 그는 잠자코 있으려고도 하지 않았고 잠자코 있을 수도 없었다.

신학박사의 옷을 입은 무식한 자를 보면, 그는 모두에게 들리는 큰 소리로 외쳤다. “저 사람은 자칭 박사입니다! 저런 사람이 어떻게 학자란 말입니까?”

부르노가 제네바에 온 뒤로 몇 달 지나지 않아서, 자칭 학자라는 사람의 무식함을 폭로한 그의 팸플릿이 책방에 나타났다.

이것으로 부르노는 제네바 감옥의 쇠창살과 친해지기에 충분했다. 더 큰 죄를 지을 틈이 없었던 것만도 그나마 다행이라고 할 수 있었다. 앞으로는 제네바인의 친절을 기대하지 말라는 말을 듣고 그는 석방되었다.

사람을 떠들게 한 손님은 사라졌다. 이윽고 그는 툴루즈에서 학생들의 강의를 맡게 되었다. 그의 아름다운 공주, 즉 학문을 위해서는 대학 말고 어떤 곳이 있겠는가! 아직도 어두운데 학생들은 저마다 촛불과 노트를 들고 강당으로 걸음을 재촉했다.

학생들은 점잔을 뺀 늙은 교수와는 전혀 다른 젊은 신임 스승의 강의를 듣고 감격했다.

노인들은 끈질기게 해마다 똑같은 것을 되풀이할 뿐이었다. 그들은 명백한 것도 알 수 없게끔 설명했다. “자연은 텅 비어 있다. 때문에 펌프가 물을 퍼올리는 것이다. 아편은 마취시키는 성질이 있다. 때문에 아편은 마취시킨다.” 이 말을 들은 학생들은 자기들의 교수가 속이 비어 있으리라곤 조금도 의심하지 않았고, 사람을 마취시키는 성질을 분명히 가지고 있는 모양이라고 생각했다.

신임 스승은 그렇지 않았다. 그가 강의를 시작하면 학생들의 펜은 스승의 사고의 비약을 겨우 뒤쫓으면서 노트 위를 달려갔다. 그동안에도 스승의 생각은 저 멀리 앞으로 날아가고, 그것에 따라 전세계가 모습을 나타냈다. 그는 부정할 여지가 없는 것도 모두 의심해 보도록 가르쳤다. 그는 아리스토텔레스와 플라톤에 반대했다.

플라톤의 추종자와 데모크리토스의 추종자 사이의 싸움은 몇천 년의 세월이 지난 지금 새로이 불붙었다.

플라톤의 책은 손상당하지 않고 오랜 세기를 살아왔다. 속계의 권력도 종교계의 권력도 그것을 보호해 왔다. 플라톤은 이교도였지만 그리스도교의 신학자와 마찬가지로 우주는 신이 만들었으며, 신에 대한 신앙이 깊은 사람은 저 세상에 가서도 은혜를 받는다고 가르쳤던 것이다.

그런데 무신론자였던 데모크리토스의 책은 심한 봉변을 당했다. 우연히 다른 작가들의 작품 속에 살아남은 단편만이 남게 되었다. 데모크리토스의 책은 이교도와 그리스도교도에 의해서 태워졌다.

그런데 지금 그들의 책은 잿더미 속에서 되살아난 것처럼 보였다. 데모크리토스는 다시 플라톤과의 싸움을 시작했다……. 그리하여 데모크리토스의 신봉자는 무신론자의 죄를 입게 되었다.

부르노는 툴루즈를 떠나 파리로 갔다.

파리에서는 아직 이단자 위그노(프랑스의 프로테스탄트)의 집 문에 분필로 쓴 십자 표지가 그대로 남아 있었다. 낮에는 장사가 벌어지는 이 다리 위에서, 해가 저물면 거기서 도망치려고 하는 사람들에 대한 살인이 밤새도록 자행되었다. 그리고 그 시체는 모두 센 강으로 던져졌다. 때 아닌 시간에 침대에서 나온 귀부인들이 궁전 창문이나 발코니에서, 좀처럼 볼 수 없는 구경거리를 놓쳐서는 안 된다고 열심히 바라보고 있었다. 그것은 피와 불관용의 제전이었다. 1572년 8월 23일부터 24일까지의 하룻밤 동안에 가톨릭 교도는 파리에서 3000명이 넘는 위그노를 참살했다.

사실 부르노는 다음 일을 기억해 두어야 했으리라. 대담한 사상가 피에르 드 라 라메(페트루스 라무스, 1515~1572년)가 길거리에서 살인자들에게 살해된 것이 바로 이 파리에서였다.

처음, 교회에서 공식적으로 인정된 아리스토텔레스에 반대한 그의 책이 불태워졌다. 이어 책의 저자마저 죽임을 당했다.

처음에는 행복이 부르노에게 미소를 보냈다. 그는 국왕에게 소개되었다. 새로운 것을 좋아하는 국왕은 학문 이야기라는 즐거움에 매력을 느껴, 부르노를 교수로 임명하고 교회에서 미사를 맡는 일까지 면제시켜 주었다.

부르노는 왕실의 학자가 되어 관작과 봉급도 받았다. 그러나 그런 사람을 위해 관복은 만들어지지 않았다. 그는 노예가 아니라 기사였다. 학문을 위해 세계와 싸우려는 사람이었다. 그는 어디까지나 학문을 찬미했다. 때문에 터무니없이 학문을 존중하지 않는 사람을 보면 화가 나서 참지 못했다. 그는 무식함을 폭로하며 좌우로 주먹을 휘둘렀다. 그러나 이쪽은 한 사람이었고 상

옥스퍼드 대학에서 코페르니쿠스를 변호하는 부르노

대방은 여럿이었다. 결국 감옥으로 잡혀 들어가기 전에 그는 배를 타고 해협을 건너갔다…….

부르노는 옥스퍼드에 가서 강단에 모습을 나타냈다. 그는 칼이 아니라 논쟁으로 싸우는 토론회에 참가하여, 권위를 믿고 덤비는 공격에 반격을 가했다. 강당에는 영국 명사·귀족·외국 대사, 더불어 여왕까지 출석하여 마치 꽃이 핀 듯했다. 부르노는 논증을 13개나 열거하여 자기 상대인 옥스퍼드 교수진 중에서도 가장 거물인 눈디니우스 박사에게 열세 방의 치명타를 가했다.

눈디니우스는 참패했다. 그는 자기의 패배를 깨달았다. 그래서 이번에는 기사도에 어긋나게 상대방에게 더러운 욕설을 퍼부었다. 그에게 아부하는 자들이 그것에 합창했다.

박사의 모자는 옆으로 기울고, 가운은 날아가고, 런던의 삯마차 마부도 좀처럼 입에 담지 않는 쌍소리가 입에서 튀어나왔다.

토론회는 끝났다. 고귀한 손님은 모두 돌아갔다. 그러나 승리자는 짐을 챙겨야만 했다. 그 뒤에서 욕지거리가 날아왔다.

"너는 훌륭해. 아리스토텔레스보다 더 학문이 깊고, 플라톤보다 더 학식이 놈아! 어서 여기서 꺼져. 이름도 없는 녀석아! 대체 어디에서 굴러다니다 온 말뼈다귀냐? 대학자들이 모두 타고 내려온 물줄기를 거꾸로 헤엄쳐 올라가다니 건방지기 짝이 없어. 넌 엉터리 풋내기야 …….”

세계가 아무리 넓어졌다 하더라도 이 커다란 배에게는 아직 좁기만 했다.

그러면 이번에는 어디로 향할 것인가?

런던·파리·마그데부르크·비텐베르크…… 앞으로 또 앞으로, 나라에서 나라로, 하나의 관문에서 다음 관문으로. 얼마나 많은 관문이 있을 것인가! 세계는 대립된 공국, 도시, 그리고 종파로 나누어져 있었다.

부르노는 어느 종파에도 속하지 않았다. 따라서 어느 종파에게도 이단자였다. 그는 눈앞에 무한한 우주를 보고 있으면서, 이 조그만 지구에조차 몸 둘 곳이 없었다. 그는 사람의 위대함을 선언하고 있는데, 주변 사람들은 야수보다 광포하게 서로 싸우고 있었다. 서로 쥐어뜯고 있었다.

그래도 그는 다른 사람처럼 될 수 없었고, 되려고 생각하지도 않았다. 눈을 뜬 사람은 눈이 보이지 않는 사람처럼 살 수는 없었던 것이다.

그는 더 앞으로 나아가 프라하·할름스테트·프랑크푸르트로 갔다…….

부르노는 도시에서 도시로 헤매어 다녔다. 광장에서 나팔 소리에 따라 대담한 사상가들의 손을 태우고 있는 곳에서 그는 학문을 찬미했다.

그는 ‘어리석은 사람들’과 싸움을 계속했다. 상대방에게 타격을 가하고, 공격할 것을 미리 경고했다. 비열한 자들을 때려부수고, 뻔뻔스러운 자들에게 재갈을 물리고, 무지한 자들을 폭로했다.

그의 눈이 향하는 곳에는 어디에나 불관용이 만연되어 있고, 역사의 수레바퀴를 멈추려고 그 수레바퀴에 매달리는 간첩·가짜 성자·위선자·어리석은 자들이 있었다.

자유 사상이 있을 곳은 어디에도 없었다. 만일 그렇다면, 고국을 떠날 필요가 없었지 않았는가?

부르노는 인류를 사랑했다. 그래도 조국은 세계의 어느 나라보다 가장 그리웠다. 전세계를 안아 보려는 큰 마음을 가진 사람일수록, 좁고 작은 이기심을 가진 사람보다도 자기 조국을 사랑하는 마음이 더욱 강하기 마련이다.

부르노는 이탈리아로 돌아갔다. 아무튼 죽을 것이라면 조국의 땅에서, 고향의 하늘 아래서 죽는 것이 낫다고 생각했다.

그것은 전에 그가 사랑했던 시인 루크레티우스가 자연을 노래했던 곳이며, 레오나르도 다 빈치가 창작했던 곳이었다.

오랜 방랑 동안, 부르노는 이탈리아를 잊은 적이 없었다. 이탈리아 쪽에서도 또한 부르노를 잊지 않았다. 도미니쿠스회는 어떻게 하면 방황하는 형제를 끌어들일 것인가를 생각하고 있었다.

그리하여 교단에서 고해신부로, 고해신부에서 베네치아의 젊은 귀족으로 교묘한 그물을 쳐놓았다. 그 귀족은 부르노에게 친절한 초대장을 보내, 자리를 잡고 공부하기 위해 필요한 것은 무엇이나 제공하겠다고 약속했다.

유혹은 큼직했다. 부르노는 베네치아로 가서 설치해 놓은 덫에 걸리고 말았다.

사람은 미래를 바라본다

부르노가 고향의 하늘을 즐길 수 있었던 시간은 잠시뿐이었다. 베네치아의 '납감옥'의 조그만 창문에서는 하늘이 제대로 보이지 않았다.

그는 심문에 끌려 나왔다. 두 손을 뒤로 묶인 채 의자에 앉았다. 눈앞의 높은 자리에는 종교재판 판사인 신부를 중심으로 재판관들이 앉아 있었다. 생각하면 이것이 무슨 '아버지'이며 '형제'란 말인가! 그들에게 '아버지의 사랑', '형제의 사랑'이 없었다면 이 세상은 얼마나 살기 좋은 곳이었겠는가!

모든 것은 형식대로 진행되었다. 심문으로 시작되어 고문이 가해졌다. 종교재판에는 본인이 생각지도 않은 것까지 자백시키는 장치가 모두 갖추어져 있었다.

어떻게 하면 육체를 괴롭혀 뜻을 무너뜨리게 하는가를 그들은 경험으로 알고 있었다. 맨처음에 양손을 밧줄로 묶고, 밧줄 사이에 막대기를 찌른다. 사실대로 고백하라고 죄인을 다그친다. 죄인이 잠자코 있으면 다시 한 번 막대기를 돌리고, 또 다시 한 번, 또 다시 한 번 돌린다. 이리하여 다섯 번, 열 번, 스무 번 계속된다.

하느님의 이름에 맹세하여 자백하라고 다시 한 번 죄인에게 재촉한다. 그래도 강하게 버티면 이번에는 물과 불로 고문한다. 물을 넣은 통과 숯불을 피운 화로가 운반된다.

죄인의 목에 물통의 물을 쏟아 넣는다. '만일 죽으면 죄인의 탓이다.'

새빨갛게 달군 부젓가락을 죄인의 얼굴에 눌러 댄다. '부인하고 있으니 동정할 수가 없다.'

고문에 고문이 계속되었다. 종교재판 판사인 신부들은 낮이나 밤이나 감옥에서 근무하며, 먹고 마시는 것도 거기서 했다. 고문실은 그들의 집이며 고문은 재미있는 일거리였다…….

부르노도 그렇게 고문을 받으며 8주일을 보냈다.

몸이 얼마나 들볶였을까! 뜨겁게 단 납지붕이 무겁게 얹혀 있어서 숨이 막힐 듯했다. 차라리 빨리 죽어버리는 것이 낫다! 그러나 재판관들은 육체를 죽이는 것만으로 만족하지 않았다. 그 전에 영혼을 죽이려고 했다.

부르노는 로마로 보내졌다. 로마의 재판관들은 이렇게 멋진 음식을 베네치아의 재판관들에게 양보할 생각이 조금도 없었다.

고통에 들볶인 사람을 그들은 6년 동안이나 희롱했다. 그의 지혜가 얼마나 크며 그의 지식이 얼마나 위대한가를 그들은 잘 알고 있었다.

그를 논쟁으로 이겨낼 만한 철학자는 아직 태어나지 않았다. 그렇다면 어쩔 수 없다. 부르노 자신에게 부르노를 논박시켜 보자. 죽기 전에 그로 하여금 그의 학설을 죽이게 하는 것이다. 그는 학문을 찬미하고 학문을 지키고 있다. 그렇다면 그에게 모두가 보고 있는 앞에서 그 사랑하는 것의 얼굴에 침을 뱉게 하여, 저주의 말로 사랑하는 것을 배반하게 하고 영원히 그것과 인연을 끊게 하자.

그는 훨씬 전부터 이 마지막 시련에 대비하고 있었다. 그는 자기 자신에게 되풀이하여 타일렀다.

'버티어라, 용기를 잃지 마라. 설령 무지스런 재판이 너를 협박하더라도, 너의 고귀한 일을 멸망시키려 하더라도 절대로 기가 죽지 마라.

빛과 어둠을 분간하는 이성이라는 최고 재판이 있다. 네 사건에는 매수당하지 않는 확실한 증인과 옹호자들이 들고일어날 것이다. 이와 반대로, 너의 적들은 자기 양심 속에서 자신의 사형 집행인과 너의 복수자를 발견할 것이다.'

다시금 복도에 발소리가 들렸다. 문이 열렸다. 부르노 앞에 늙은 수도사가 섰다. 도미니쿠스회의 회장이었다.

회장은 다시금 죄수에게 그 학설이 이단임을 인정하도록, 그릇된 생각을 취소하도록 설교했다.

부르노는 다시금 놀라운 용기로 대답했다.

"나는 취소할 수도 없으며 취소할 생각도 없습니다. 나에게는 취소할 것이 하나도 없습니다."

마지막 재판이 열리고, 부르노는 종교재판장 앞으로 나갔다. 그는 꿇어 앉혀졌다. 재판장이 판결문을 읽어 주었다.

평범한 말에는 무서운 뜻이 담겨 있었다. 부르노는 그것을 분명히 알았다.

"형제인 조르다노 부르노를 되도록 온건하게, 그리고 피를 흘리지 않게 다루도록 정부 당국에 인도한다."

그는 이 온건함의 실체를 알고 있었다.

그들은 온건하게 고문하고, 점잔을 뺀 얼굴로 팔다리를 부러뜨리고, 자비롭게 불에 태울 것이었다.

그는 일어나서 얼굴을 들었다. 눈에는 경멸의 빛이 어렸다. 그는 말했다.

"당신들은 판결문을 듣고 있는 나보다도 훨씬 큰 두려움으로 그것을 읽고 있소."

분명히 그는 재판관만큼은 두려워하지 않고 있었다. 그가 죽음을 걸고 지켰던 것은 살아남을 것이 틀림없었다.

가령 그의 고문자들이 몇 년 더 오래 살더라도, 그들의 어두운 행위는 역사가 단죄할 것이었다.

부르노는 사형 선고를 받았다. 그러나 벌써 다른 전사들이 싸움을 시작했다.

벌써 갈릴레이(1564~1642년)가 반론할 여지가 없는 새로운 논증을 준비하고, '아리스토텔레스보다 데모크리토스가 훨씬 더 옳게 생각했다.'고 주장했다.

벌써 숙련된 기술자들이 유리를 닦고 있었으며, 그 유리에서 머지않아 망원경과 현미경이 만들어질 것이었다.

추리와 고찰의 시대는 막을 내리고 있었다. 다음 무대는 다툴 여지가 없는 실증의 시대가 준비하고 있었다.

이윽고 사람들은 여태까지 이성의 눈으로밖에 보지 못하던 것을 맨눈으로 보게 될 터였다…….

1600년 2월 17일

몇십만의 로마인들이 '꽃의 광장'으로 걸음을 재촉했다. 여태껏 없었던 구경거리를 보기 위해서였다. 유명한 이단자의 화형! 교황도 50명의 추기경도 모습을 나타내고, 교회의 대축일을 기회로 들른 여러 나라의 순례자들도 모여들었다.

광장뿐만 아니라 그 부근의 어느 길도 사람으로 가득 찼다. 지붕 위에 올라간 사람도 있었다.

그 옛날 로마인들은 그리스도 교도를 태워 죽이는 것을 보려고 원형 경기장으로 몰려들었다.

그런데 지금 다른 로마인들이 새로운 진리의 사도가 어떻게 화형되는가를 구경하려고 서로 밀고 밀치며 붐비고 있었다.

그 사도는 이제 자기의 골고다로 발을 옮기고 있었다.

예언자는 고향 땅에서는 받아들여지지 않는다는 말이 있다. 로마인은 자랑해야 할 그 사람에게 오히려 조소와 욕설을 퍼부었다.

그는 헐렁헐렁한, 꼬리 달린 마귀들과 타오르는 지옥의 불이 그려진 옷을 걸치고 있었다. 머리에는 어울리지 않는 뾰족한 모자를 쓰고 있었다.

이단자가 우스꽝스럽고 비참하게 보이도록 꾸며진 분장이었다.

하지만 그의 창백한 얼굴에서 사람들의 머리 너머로 끝없는 저 먼 곳을 바라보는 눈을 본 순간, 사람들의 웃음 소리는 딱 멈추었다. 군중 속에서는 이런 소리가 들려 왔다.

"그는 기뻐하고 있어. 왜냐하면 이제 곧 자기가 생각한 그 우주로 날아갈 수 있을 테니까 말야."

그러나 그 비양거림에 공명하는 사람은 없었다.

부르노는 높이 쌓여진 장작에 걸쳐놓은 사닥다리를 태연히 올라갔다.

사형 집행인이 그를 쇠사슬로 기둥에 단단히 묶었다. 집행인은 눈 있는 데만 뚫은 두건을 머리에 씌웠다.

희생자는 겁먹은 빛도 없이 사람들의 눈을 바라보았다. 그러나 사형 집행인은 마스크로 얼굴을 가리지 않을 수 없었다.

장작에 불이 붙었다. 바람이 불길을 일구었다. 불길은 벌써 발 밑까지 기어오르고 옷으로 치달아갔다.

옆에 서 있는 수도사들은 귀를 기울였다. 어쩌면 지금 이 순간에 그는 자기 자신을 배반하지 않을까? 그러나 그 기대는 어긋났다. 용서를 비는 소리는 들리지 않았다. 그의 입에서는 신음 소리조차 나지 않았다.

부르노는 의식을 잃지 않았다.

어떤 힘이 그를 도와서 비명을 억눌렀던 것일까? 이 마지막 순간에 그는 무엇을 생각했을까. 우리는 그것을 알 수 없다.

하지만 우리는 자신의 피할 수 없는 죽음을 예측하면서 쓴 그의 말을 알고 있다.

"승리하리라 믿고 나는 용감히 싸웠다. 그러나 몸은 정신력에는 미치지 못했다……. 그래도 여전히 내 몸속에는 미래의 세기가 살아 있다. 후세의 사람들은 말할 것이다.

'그는 다른 누구보다도 강한 정신력으로, 진리를 위한 싸움을 인생의 어떤 즐거움보다 높이 평가했다'고."

맺는말

우리는 여행길의 중간에서 부르노와 헤어져야 한다.

부르노의 최후는 사람의 최후가 아니다. 부르노가 그처럼 용감하게 죽음을 맞은 것은 바로 그 때문이었다.

맺는말에서는 오랜 세월이 흐른 뒤 이야기의 주인공이 어떻게 되었는가, 그의 일생이 어떻게 끝났는가를 이야기하는 것이 보통이다.

그러나 이 이야기에 나오는 주인공의 일생에는 끝이 없다. 따라서 우리도 끝까지 이 이야기를 끌고 갈 수는 없다.

우리는 그와 함께 도시에서 도시로, 세기에서 세기로 걸어왔다. 밀레투스에도 아테네에도 들렀다. 또 알렉산드리아에도, 로마에도, 비잔티움에도, 키예프에도, 파리에도, 런던에도, 모스크바에도, 또 '신세계'의 연안에도 들렀고, 거기서 다시 로마로 돌아왔다.

이 이야기의 주인공은 탈레스·데모크리투스·아리스토텔레스·아르키메데스·루크레티우스·마르코 폴로·아파나시 니키틴·콜럼버스·예르마크·코페르니쿠스 등으로 불렸다.

주인공의 이름을 모두 열거할 수는 없다. 왜냐하면, 과거와 현재에 걸쳐서

셰익스피어 뉴턴 캄파넬라
로모노소프 푸시킨 괴테

문화를 만들고 있는 이는 몇천만의 사람이기 때문이다.

우리는 새로운 학문의 문 앞에서 멈춰 섰다. 그리하여 우리가 잘 아는, 세계를 연구하는 기구——현미경과 망원경이 갈릴레이의 손 안에 있는 것을 멀리서 보았을 뿐이다.

우리는 늦게 역사의 무대에 등장한 사람들보다도 훨씬 많은 고대인들에 대해서 이야기했다. 어느 사람의 생애도 나무의 일생과 마찬가지이기 때문이다. 누구의 눈에도 똑똑히 보이는 꽃피는 시기가 있으며, 긴 세월에 걸친 눈에 보이지 않는 활동, 즉 만개를 준비하는 시간이 있다.

이 책에서는 이탈리아의 르네상스에 대해서는 조금밖에 이야기하지 않았다. 또 감옥 속에서도 '태양의 나라'를 꿈꾸었던 위대한 이탈리아인 캄파넬라(이탈리아의 철학자, 1568~1639년)도, 셰익스피어도, 뉴턴도, 볼테르도, 라부아지에도, 라이프니츠도, 괴테도 나오지 않는다.

이 책에 있는 것은 방금 발견된 아메리카와 다름없다. 그 미래는 아직 앞날의 일이다.

우리는 위대한 러시아 민족이 무대에 나타났을 때의 일, 그들이 거친 자연과 싸우며 끝없는 대지를 정복한 모습을 보았다. 그러나 로모노소프(1711~1765년), 푸시킨, 로바체프스키(러시아의 수학자, 1792~1856년), 멘델레예프, 파블로프에 대해서는 이야기하지 못했다.

이 책에 얼마나 많은 이름과 운명이 나타나고, 얼마나 많은 사람들과 민족이 등장했을까!

시간은 몇 천만 가닥의 실로 사람의 이야기를 짰다. 실에는 저마다의 빛깔이 있다. 모든 민족이 세계 문화라는 공통의 제 나름대로의 선을 짜 넣었다. 그 결과 다채로운 천이 만들어졌다.

우리는 여기서 이야기를 중단한다. 천은 직조기에서 미완성인 채 남아 있다. 자연은 쉴 새 없이 창조를 계속하고, 사람의 노동 또한 끝나는 일이 없으니. 세기를 거듭할수록, 사람의 활동은 복잡해지고 다양해지고 있다.

'인간은 어떻게 해서 거인이 되었는가' 옮기고

1 일린에 대하여

러시아의 과학소설가이며 아동문학가인 미하일 일린(Mikhail Il'in, 1895~1953)은 1895년 러시아의 돈 강 연안에 있는 작은 도시 볼로네슈 시에서 태어났다. 본디 이름은 일랴 야코플레비치 마르샤크이다.

그는 '복잡하고 난해한 기술 세계의 전문적인 테마와 과학적인 여러 현상을 쉬운 말로 이해하기 쉽게 표현'한 숱한 저서를 남겼는데, 그것은 모두 사회역사의 명저로서 높이 평가되고 있다.

일린의 아버지는 과학자였으며, 형은 아동극 〈숲은 살아 있다〉로 유명한 러시아 아동문학의 제일인자 사무엘 마르샤크이다. 그는 이 두 사람으로부터 과학자와 예술가의 재능을 골고루 물려 받은 셈이다.

일린은 소년 시절을 고향에서 보내고, 상트페테르부르크로 나와 공장 직공으로 일하면서 틈틈이 대학에서 물리와 수학을 배웠다. 그 뒤 공업전문학교에 입학하여 정식으로 과학수업에 전념하였다.

그가 공부를 하면서 느낀 것은 청소년을 위한 과학서적이 의외로 적다는 점이었다. 대부분의 책은 난해하고 지나치게 전문적이어서 이해하기 어려웠고, 또 알기 쉽게 씌어졌다는 책은 가끔 내용상의 오류를 범하고 있음을 발견했던 것이다. 이에 일린은 청소년들에게 과학을 재미 있고 알기 쉽게 이야기 해 주고자, 형 마르샤크의 영향을 받은 글의 재능을 발휘하기 시작하였다. 1924년 아이들 잡지 〈신 로빈슨〉에 과학 이야기를 기고한 것은 그의 과학 작가로서의 첫걸음이었다. 그 뒤 제1차 5개년계획에 관한 《위대한 계획 이야기(1930)》가 대성공을 거두어 M. 고리키에게 높이 평가 받기도 하였다.

일린의 글에는 시정(詩情)이 넘쳐 흘러 마치 문학작품을 읽는 듯한 착각이 들 정도여서 '과학지식을 소설 읽듯이 소화'시킨다는 평가를 받는다. 또한 '다이아몬드를 빛내게 하는 연마공처럼 과학의 아름다움을 사람들의 눈에 보이게 한다'는 찬사를 받기도 한다.

그러나 그의 저술의 성과가 단순한 문학적 재능에만 힘입은 것은 물론 아니다. 그는 언제나 자신이 문필가이기 이전에 과학자인 것을 잊지 않았다.

'수많은 생생한 소재를 있는 그대로 밝혀내고 그것을 분석하는' 명석함과 통찰력을 그는 갖추고 있었던 것이다.

한마디로 '간단하고 명료하다' 평가되는 이면에서는 간단하지 않은 작업이 요구되었다. 일린은 주제를 소홀히 하지 않으면서 복잡한 과학 이야기를 끌어 나가기 위해서 현학적으로 보이기 쉬운 인용문의 사용을 피하고, 광범위한 자료 수집 및 주제에 대한 완전한 이해와 같은 기본 여건을 자기 것으로 충분히 소화한 뒤 다시 재구성하는 데 심혈을 기울였다.

다시 말해, 깊이 분석하고 충분히 조사한 몇 개의 소재를 어떻게 취사 선택하는가, 나아가서 선택된 소재를 어떻게 정리 배열하는가, 그 소재들을 어떻게 이해하고 규정하고 표현하는가 하는 과정에 일린의 진면목이 유감 없이 드러났던 것이다.

'과학적'이라는 말이 실증적이고 객관적이며, 정밀하게 체계적이라는 이 세 가지의 뜻이 집약된 용어라면, 실증적·객관적·체계적으로 사실을 포착하는 일린의 태도야말로 그러한 용어에 합당한 것이리라.

그러나 그의 뛰어난 점은 포착한 사실을 다시 자기 자신의 주관을 통한 일정한 관점에서 재구성하는 데 주저하지 않는다는 점에 있다.

아무리 과학의 객관성이 역설된다고 해도, 과학 그 자체가 시대의 한 문화적 가치인 이상 과학자는 그 나름의 가치관과 역사관을 통하여 과학을 취사선택·배열·해석·규정·표현한다는 주관적인 행위를 하게 된다.

일린은 이러한 면에서 과감히 모든 시대의 객관적 역사관을 탈피해 그 자신의 독창적인 역사관에 입각하여 매우 힘차고 생생하며 용감하다고까지 할 만한 재구성을 시도한 것이다.

그의 역사관에 있어서 주류를 이루는 것은 한마디로 휴머니즘이라 할 수 있다. 인간의 악을 미워하고 불행을 슬퍼하고 인간의 선(善)을 찬양하며 그 성공을 기뻐하는, 인간에의 다할 줄 모르는 깊은 이해와 사랑, 바로 그것이다.

그는 독자에게 과학 지식을 줄 뿐 아니라, 독자의 감정에 호소해서 그 창조력을 일깨울 만한 과학적 읽을거리의 예술적 양식을 창조하였다. 그 양식을 구사해서 과학을 사람들에게 친숙해지도록, '과학의 아름다움에 눈뜨도록' 한 것이 그의 가장 큰 공적이라 해도 과언이 아니다.

1927년에 《빛의 역사》를 비롯하여 1953년 병으로 세상을 떠나기까지, 그는 《자연의 정복》《산과 인간》《등불의 역사》《책의 역사》《원자 여행》《시계의 역사》《행성의 개조》《10만의 질문》 등 많은 자연과학 이야기를 쉽게 풀어 씀으로써 이름을 유럽 여러 나라와 미국·일본 등지에까지 떨쳤다. 이외에도 19세기 러시아 화학자·작곡가인 보로딘의 전기 《보로딘 전》 같은 이색적인 명저도 있는데, 그의 저술 중에도 가장 유명한 것은 이 《인간의 역사》이다.

2 《인간의 역사》에 대하여

《인간의 역사》의 원제는 《인간은 어떻게 해서 거인이 되었는가?》이다. 전편인 〈선사편〉이 1940년, 후편인 〈고대편〉이 1946년에 발표되었는데 통틀어 10년이라는 세월이 소요된 역작이다. 전편은 일린이, 후편은 부인인 엘레나 알렉산드로브나 세갈이 많은 부분을 썼다. 그녀는 처음엔 일린의 조수로 있다가 1929년 그와 결혼, 병약한 그에게 좋은 협조자가 된 재능 있는 여성이었다.

《인간의 역사》는 인류의 문화가 어떻게 발생하고 발전해 왔는가를 그 전체의 흐름에서 바라본 것이다. 여기서 펼쳐진 지식은 학문과 기술의 탄생과 성장뿐만 아니라, 노동이 인류를 어떻게 바꾸고, 교육하고, 완전한 것으로 만들어 주었는가, 또는 사람들의 사고에 있어서 주위 세계에 대한 이해가 얼마나 확실해지고 드넓어지고 깊어졌는가를 말하고 있다.

《인간의 역사》라는 제목은 자칫하면 인류의 진화 발전에 관한 통사(通史)라는 인상을 줄지도 모른다. 이 책의 진정한 목적에 부합되는 제목은 차라리 '인간의 걸음'이라고나 해야 할 것이다.

일린은 이 책에서, 우리와 평소에 친숙한 인간 세계의 사물 하나하나가 아득한 옛날을 향하여 저마다 뻗고 있는 실을 더듬어 보여주고 있다. 이렇게 해서, 비틀거렸다가는 일어서고 길을 잃었다간 찾아내며 오늘날까지 더듬어 내려온 우리 선조의 발걸음이 생생하게 되살아난 것이다.

그때 비로소 우리는 인간으로서 자랑스럽게 여길 일과 부끄러워해야 할 일을 분별할 수 있게 될 것인데, 그것이 이 책에선 표징적(表徵的)인 사건과 교묘하게 다룬 인물로써 흥미롭게 논해지고 있는 것이다.

이 책이 씌어진 때는 제2차세계대전이 한창이었다. 일린은 당시 폐결핵으로 전선(戰線)에는 나가지 못했다. 그 때문에 '인간이란 무엇인가?' '인간의 존엄이란 무엇인가?' 하는 명제에 골몰하게 되었고, 결국 '미래를 만들어 내기 위해서는 과거를 알아야 한다'는 결론을 얻게 되어 온 정열을 이 저서에 쏟게 되었다.

그는 자칫하면 진보나 발전만을 중시하고, 도구를 가지고 생산만을 위해 진화하는 '인간의 역사'에 중점을 두기 쉬운 가치관에서 벗어났다. 진실로 인간적인 '거인의 걸음'이 특히 문제되고 있는 오늘날, 이 책은 진정한 명저로서의 참된 가치를 보이고 있는 것이다.

그런 의미에서 원제의 '거인'은 단순히 '몸집이 큰 인간'이 아닌 '모든 것에 우월한 존재'라는 뜻으로 쓰인 것이다. 요컨대 어떻게 인간이 원숭이 종족과 헤어져 거인, 즉 뛰어난 존재가 될 수 있었나 하는 것이다.

이 책에 나타나 있는 일린의 사고방식은 우리가 역사적으로 사물을 생각할 때 거의 그대로 적용할 수 있다. 그리고 우리가 무심히 사용하고 있는 여러 가지 도구가 인간의 진보에 얼마나 큰 의미를 부여했는가 하는 사실을 알게 된 것만 해도 하나의 커다란 발견이 아닐 수 없다.

이런 발견은 여태까지 우리가 대수롭지 않게 생각하던 여러 사실에 대해 새삼스레 주의를 돌리게 하는 동기가 될 것이다. 아울러 앞으로 역사공부를 하는 데 커다란 구실을 할 것이다.

도구와 불과 언어

지금으로부터 백만 년 전, 인간의 조상은 두려움을 무릅쓰고 나무에서 지상으로 내려왔다. 그리하여 처음에는 혈연을 중심으로, 후에는 같은 땅에 사는 지연을 매개로 하여 공동생활을 시작한 것이다.

도구를 만들고 불의 사용법을 익히고 서로 의사 소통을 하기 위한 기호, 즉 언어를 차례로 만들어 낸 인간——우리 조상들은 대자연의 압력과 맹수들의 습격에 맞서 싸우면서 '공동체'란 말의 뜻을 차츰 이해하게 되었다.

도구·불·언어, 이들 삶을 위한 지혜는 한 세대에서 다음 세대로 전해지면서 지식으로 모이고 쌓여 인류의 재산으로서 영구히 계승된 것이다.

공동생활

인류의 조상은 처음엔 무리를 이루어 살았다. 먹을 것을 찾아 산과 들을 뛰어다니고, 별을 쳐다보며 새로운 땅을 찾아 방랑과 이동을 거듭하다가 드디어는 농경기술을 익히고 가축을 기르며 일정한 지역에 정주하게 되었다.

이 무렵, 가족이나 씨족이라 불리는 인간의 집단이 나타나게 되었다.

씨족에서 가족으로

가족 역사 연구가 중에는 바하오펜·몰간·엥겔스와 같이 '한 사람의 공통 조상에서 나와 모계 혈통에 의하여 묶여진 외혼적(外婚的)인 혈연집단', 즉 씨족이 처음으로 이 세상에 나타나고 이 씨족에서 가족이 파생되었다고 생각하는 사람이 있다.

일린은 이러한 견해에 입각해서 〈선사편〉을 썼다. 그러나 이 학설에는 가족선행설, 가족·씨족 병존설, 또는 씨족이 선행한 종족과 가족이 선행한 종족이 동시대에 역사상으로 존재했다는 설 등 이견도 많다.

가족선행설

혼인의 역사는 일손을 늘리기 위한 무절제한 난혼(亂婚)에서 비롯된 것이 아니며, 가족 또한 모계 혈통의 혈연관계가 선행됨으로써 시작된 것이 아니라 사회집단의 역사 속에서 처음부터 씨족이라는 구성 단위로서 존재했다고 주장하는 설이다.

다윈·웨스터마크·슈미트 등 가족사의 전문가는 '가족은 씨족에 선행하였으며 부계는 모계에 선행하였다. 난혼 상태가 아니고 거의 1대 1의 남녀관계에서 혼인의 역사는 시작되었다' 주장한다. 앞서 말한 씨족선행설은 오늘날 많은 의문점을 던지고 있으므로, 이 점에 유의해서 일린의 〈선사편〉을 읽을 필요가 있다.

상하관계의 발생

원시적인 기초 집단에서는 토지·도구·수확물 모두가 공유재산이었다. 그러나 노동의 생산성이 높아짐에 따라 씨족의 도움 없이 한 가족만의 힘으로도 살아갈 수 있게 되었다. 이로써 씨족의 권위와 분업 의식 등은 무너지고, '자기 것'이라는 사유재산의 개념이 발생하게 되었다.

부족·씨족·가족 사이에는 일손의 쟁탈전이 벌어졌다. 그 결과 약한 자·가난한 자·싸움에 패한 자 등은 강한 자·부유한 자·승리한 자에게 노예로서 복종하게 되었다. 그리고 여기에서 권위와 권력을 주축으로 하는 상하관계, 즉 지배와 복종의 관계가 생겨 사회제도의 모체를 이루게 되었다.

노예제도와 고대문명

흔히 노예제도는 비난의 대상이 되어 왔다. 그러나 인간의 역사를 살펴볼 때 노예의 발생은 자연법칙의 이해와 노동 생산성이 점차 높아짐에 따른 하나의 성과였다고도 말할 수 있다.

이 노예제도 아래에서, 고대 그리스·로마의 수공업이 눈부시게 발달했고 상업·교역을 통하여 인간의 행동 범위와 상호관계 영역이 마을에서 도시로, 도시에서 다시 지방으로 확산되었다.

또한 소수자만의 일시적인 것이긴 했지만 민주정치 체제가 출현하였고, 밀레투스·아테네·알렉산드리아·로마 등지에서는 고대문명이 꽃피었다.

진리에의 도전

인간은 자연세계의 법칙과 함께 그들 자신에 대한 법칙, 그리고 인간이 만드는 사회의 법칙을 밝히려 했다.

사색의 세계에서는 플라톤을 기수로 하는 관념론(유심론)과 데모크리토스를 그 원조로 하는 유물론(존재론)이 적절한 논쟁을 펼쳤고, 탈레스·데모크리토스·소크라테스·플라톤·아리스토텔레스 등의 철학자가 차례로 나타났다.

그러나 새로운 통제와 속박이 자유에 그늘을 드리우고, 미신과 편견이 진리의 앞을 가로막았다. 이로써 인간 사회의 질서는 깨어지고 전쟁이 일어나 인간은 인간의 적으로서 등장하게 되었다.

인간은 걸음을 계속한다

그러나 인간 사회는 여러 걸림돌을 극복하고 가족에서 씨족으로, 씨족에서 마을로, 마을에서 도시로 진화해 왔으며, 나아가서는 '세계는 하나'라고 하는 인간 기초 사회를 이룩할 날이 올 것이다. 이 인간 가족은 인종의 구별을 초월하고 다시 무한한 우주 공간으로 비상할 것이다.

일린의 해답

이 책에서 일린은 이러한 인간 역사의 기본적 흐름과 그 안에 있는 몇 개의 소용돌이를 인간에 대한 깊은 사랑과 믿음을 토대로 엮었다.

이 책은 '인간은 무엇인가?'라는 역사학의 기본 과제에 대답하는 동시에 내일에의 기대와 희망을 우리에게 안겨 줄 것이다.

가슴에 스며드는 풍부한 시정(詩情) 속에서 그는 우리에게 묻고 있다.

"우리는 어떤 방법으로 이 현실을 바꾸고, 어떻게 미래 사회를 구축해 나가야 할 것인가?"

이 질문에 대한 대답은 이 책 곳곳에 아로새겨져 있다.

이번에 《인간의 역사》를 다시 우리 글로 옮김에 있어, 나는 지금까지 우리나라에는 소개되지 않은 제3부 〈고대편〉을 〈선사편 Ⅰ〉〈선사편 Ⅱ〉와 함께 완전히 번역 수록했다. 이 책을 읽을 젊은 독자들로 하여금 '인류의 기원에 대한 사회학적인 탐사'라는 정평이 붙은 《인간의 역사》의 바르고 완전한 모습을 이해하도록 하기 위함이다. 《인간의 역사》의 완역은 이 책을 통해 비로소 이루어지는 것이다.

번역에서 흔히 있을 수 있는 전문용어 및 학술용어의 혼란에 특별한 주의를 기울였고, 현학적이기 쉬운 역주(譯註)를 되도록 피했음을 밝힌다. 왜냐하면 이 책이 다만 전문가만을 위한 책이 되는 것보다는 보편적이고 기초적인 교양서로서 널리 읽혀지기를 바라는 옮긴이의 조그마한 바람 때문이다.

동완(董玩)
러시아어 번역문학가. 만주 국립건국대학 정치과 졸업. 한국외국어대 러시아어과 교수, 소련·동구문제연구소장, 고려대학교 노문학과 교수, 러시아문화연구소장, 한국노어노문학회 고문, 학술원회원 등을 역임. 지은책에 《러시아어》《노한사전》, 논문에 〈소련 청소년과 문학〉〈소련의 정치〉〈소련의 대외문화교류〉 등이 있다. 옮긴책에 톨스토이 《안나 카레니나》《부활》 도스토예프스키 《죄와 벌》《미성년》 푸슈킨 《대위의 딸》 솔제니친 《암병동》 등이 있다.

World Book
48

인간의 역사
미하일 일린/동완 옮김
1판 1쇄 발행/1978. 12. 10
2판 1쇄 발행/2008. 2. 1
2판 3쇄 발행/2016. 4. 1
발행인 고정일
발행처 동서문화사
창업 1956. 12. 12. 등록 16-3799
서울 중구 다산로 12길 6(신당동, 4층)
☎546-0331~6 (FAX) 545-0331
www.dongsuhbook.com

*

*

사업자등록번호 211-87-75330
ISBN 978-89-497-0459-3 04080
ISBN 978-89-497-0382-4 (세트)